Dans la même collection :

Contes d'Ogres et de Sorcières
Histoires de Chevaliers et Troubadours
Histoires de Fantômes
Histoires de Fées et Elfes
Histoires de Géants et Cyclopes
Histoires de Nains et Lutins
Histoires de Pirates
Histoires de Princes et Princesses

Illustrations de couverture : Dominic Groebner

Dépôt légal : 3e trimestre 2003

ISBN : 2.7459.1140.6
Imprimé en Espagne

MILLE ET UN CONTES

Histoires de Monstres et Dragons

MILAN
jeunesse

Sommaire

Le Serpent des mers

Bien des légendes ont couru sur la côte qui longe la Nouvelle-Angleterre, dans le Nouveau Monde. Mais il n'en est guère de plus étrange que celle du serpent de mer. Ce fut un pêcheur qui, le premier, décrivit aux gens de Cap-Ann la terrible apparition. Il avait vu, oui, de ses yeux vu le serpent ! Rien à voir avec les énormes squales auxquels il avait dû parfois faire face, non ! C'était un véritable monstre, celui-là. Aussi long que dix grands mâts de navires, pas moins ! Une énorme gueule poilue et noire comme l'entrée de l'enfer, avec une langue fendue en deux qui sifflait épouvantablement quand elle sortait. Ses écailles viraient parfois au vert, parfois au rouge et ses deux yeux jaunes en disaient long sur sa cruauté.

Pendant longtemps, on ne parla que de ça. On disait que le monstre apparaissait tantôt dans la baie de Gloucester, tantôt dans celle de Nahant. On venait de partout pour tenter de l'apercevoir, de loin si possible. Pas une femme de pêcheur qui ne tremblât à l'annonce de l'apparition ici ou là de l'épouvantable animal. Pas un pêcheur non plus, d'ailleurs, qui ne scrutait désormais l'horizon avec de l'effroi au fond des yeux. La réputation du serpent des mers fut bientôt telle que le Muséum d'histoire naturelle de Londres offrit une récompense à quiconque ramènerait la créature. Ce qui déclencha une véritable ruée vers la Nouvelle-Angleterre.

Chasseurs de baleines, spécialistes en reptiles, aventuriers de tout poil se précipitèrent là-bas.

Parmi eux, un jeune homme du nom de Lawrence.

Ce n'était ni un baleinier, ni un expert ; simplement le plus merveilleux chanteur que la terre eût jamais porté. Sa voix envoûtait quiconque l'écoutait. Nul violon, nulle flûte ne pouvait rivaliser avec lui. Il lui suffisait d'entonner un chant pour que tout s'arrête autour de lui.

Lawrence n'était pas seulement un merveilleux chanteur.

C'était aussi un sacré malin. Pourquoi ne charmerait-il pas le monstre avec sa voix, comme les fakirs le font avec les serpents, en Inde, se disait-il ?

On se moqua de lui : ce gringalet ! Et avec une misérable coque de noix pour tout navire ! Quelle lubie que de vouloir

partir à la chasse au serpent des mers avec un si piètre attirail ! Mais le jeune homme avait confiance dans le pouvoir de son chant.
Il partit sur sa barque un soir de pleine lune et rama vers le large. Quand il fut assez loin de la côte pour ne plus entendre que le clapotis des vagues, il s'arrêta. Puis, debout, il commença à chanter. Une exquise mélodie s'éleva dans le ciel noir, comme si la mer elle-même adressait à la lune et aux étoiles quelque ode mélodieuse. Lawrence chanta, chanta, chanta et c'était féerique. Sur les flots régna soudain un silence extraordinaire. On aurait pu croire que les vagues cessaient de clapoter sur la barque pour mieux l'entendre. Et le jeune homme ne cessa de chanter jusqu'à l'aurore. Lorsque le soleil pointa au-dessus de la mer, quelque chose d'insensé se produisit. Comme Lawrence avait depuis longtemps fermé les paupières, tout à son chant, il ne vit pas les flots s'ouvrir lentement, et deux yeux jaunes s'allumer près de lui. Ceux du serpent des mers, bien sûr, qui se dressait maintenant au-dessus de l'eau, et dont le corps ondulait au rythme de la mélodie, envoûté par la voix du garçon.
Lawrence l'aperçut enfin. Mais malgré la taille gigantesque et le regard terrifiant du monstre, il ne fut pas effrayé, non. Au contraire, il se sentit ému d'avoir pu toucher une telle créature par la seule puissance de son chant, et de la voir, là, aussi inoffensive qu'un gros lézard. C'était fantastique de voir l'animal onduler près de son minuscule esquif, paisible et fasciné, alors que d'un seul coup de queue, il pouvait fracasser la barque et son occupant. Fantastique, vraiment. Lawrence aurait voulu que cet instant durât une éternité.

Hélas, avec le lever du soleil arriva un baleinier, et de la hune retentit un cri :
– Serpent à bâbord !
Puis :
– En avant ! Tenez-vous prêts à tirer les harpons !
Le serpent des mers était si envoûté qu'il n'avait pas même réagi aux cris des hommes. Il faisait une cible parfaite pour les canons du navire.
Lawrence frissonna. Il sut tout de suite que lui seul pouvait sauver le monstre. Alors, il interrompit son chant d'un couac épouvantable, qui réveilla brusquement le serpent. L'animal regarda le navire, avec ses harpons pointés sur lui, il regarda Lawrence, et, dans un grand bouillonnement

d'écume, il plongea dans les flots. Non sans avoir émis un étrange sifflement qui sonna comme un « merci » aux oreilles de Lawrence.

Les pêcheurs tirèrent du canon en vain. Le serpent avait bel et bien disparu. Quand on demanda à Lawrence ce qu'il faisait là, si tranquille, dans son embarcation chétive, le jeune homme répondit par un sourire énigmatique. C'était son secret, et il le garda.

Lawrence devint un grand chanteur d'opéra, ovationné sur toutes les scènes. On disait de lui qu'il avait la voix la plus juste au monde. Mais il garda en mémoire la seule fausse note qu'il eût jamais faite, celle qui avait renvoyé le serpent des mers, son spectateur le plus étrange, dans les profondeurs infinies des océans.

Fillon-Fillette

LA BÊTE À SEPT TÊTES DÉSOLAIT LE PAYS, SE nourrissant de la chair des petits enfants qu'elle avalait sans pitié. Comme elle avait toujours faim, elle parcourait la campagne du matin au soir, juchée sur le dos de sa monture, aussi hideuse qu'elle : la grand'truie.

Ce matin-là, deux gentils enfants allaient se promener. Le garçon s'appelait Fillon et la fille, Fillette. Ils étaient suivis par leur brave petite chienne qui répondait au nom de Courtibette.

Le trio allait à travers champs lorsque la bête à sept têtes les aperçut. Elle poussa sept petits cris de satisfaction, ses quatorze yeux eurent chacun une lueur cruelle, et elle bondit sur le dos de sa grosse grand'truie, en lui ordonnant :

– Trotte et trotte, fais de ton mieux,
T'en mangeras un, j'en mangerai deux !

Seulement la grand-truie était très sotte, elle se trompa de chemin en galopant droit devant. Si bien que les enfants disparurent à ses yeux.

La bête à sept têtes se mit en colère, elle voulut les retrouver à toute force. Des faucheurs fauchaient dans un pré, elle s'approcha d'eux et leur demanda :

– Avez-vous vu Fillon-Fillette
Et leur chienne Courtibette ?

Les faucheurs se firent menaçants :

– Va-t'en ! Sinon tu auras un coup de faux !

La bête prit peur et se sauva. Mais elle n'en continua pas moins ses recherches en tous sens, encourageant sa monture :

– Trotte et trotte, fais de ton mieux,
T'en mangeras un, j'en mangerai deux.

Plus loin, des jardiniers arrosaient leurs jardins. La bête les appela :

– Ho !

Les jardiniers levèrent la tête. Elle leur demanda :

– Avez-vous vu Fillon-Fillette
Et leur chienne Courtibette ?

Comme les faucheurs, les jardiniers répliquèrent :
– Va-t'en ! Sinon on va t'arroser les fesses !
La bête s'écarta une nouvelle fois, criant à sa grand'truie :

– Trotte et trotte, fais de ton mieux,
T'en mangeras un, j'en mangerai deux.

Plus loin encore, des moissonneurs moissonnaient dans un champ de blé :

– Avez-vous vu Fillon-Fillette
Et leur chienne Courtibette ?

– Va-t'en ! répliquèrent les moissonneurs. Sinon tu auras des coups de fourche !

La bête s'enfuit, pleine de rage. Mais voilà que tout à coup, levant ses sept têtes dans toutes les directions, elle découvrit les enfants qu'elle cherchait. Ils étaient en train de cueillir des fleurs, les pauvres petits, sans se douter du terrible danger qui les menaçait. La bête lança sa monture :

– Trotte et trotte, fais de ton mieux,
T'en mangeras un, j'en mangerai deux.

Cette fois, la grand'truie galopa dans la bonne direction. La voyant approcher, Courtibette se mit à aboyer pour alerter les enfants, et tous trois se sauvèrent en courant, Fillon et Fillette poussant des cris de frayeur.

Ils couraient vite, mais la grand'truie courait plus vite qu'eux, elle n'allait pas tarder à les rejoindre, et déjà la bête se pourléchait à l'avance ses quatorze lèvres. Surtout qu'une grande rivière barra le chemin des fuyards.

– Nous sommes perdus ! gémit Fillon.

Mais Fillette flatta de la main la tête de Courtibette, en lui ordonnant :

– Lape, lape la rivière.

Et la chienne en un instant avala toute la rivière à coups de langue. Si bien que les enfants purent la traverser à pied sec. Mais Fillon gémit encore :

– La bête et la grand'truie vont pouvoir passer comme nous.

Alors Fillette ordonna à Courtibette :

– Délape, délape la rivière.

Et la chienne recracha toute l'eau, remplissant à nouveau la rivière. À ce moment-là, la bête et sa monture étaient en train de la traverser à leur tour. Si bien qu'elles se noyèrent. C'est du moins ce qu'on a cru. Certains ont prétendu, au contraire, que la bête à sept têtes avait la vie trop dure pour se noyer si facilement.

La Bête à sept têtes

Vous le savez déjà : elle se nourrit d'enfants et de jeunes filles qu'elle avale tout crus. De temps en temps, on la croit morte, mais elle resurgit toujours. Heureusement qu'un jour, Jean arriva…

Jean était le fils aîné d'un brave pêcheur de Normandie, devenu riche pour avoir attrapé dans ses filets le roi des poissons.

Un beau jour, Jean, devenu un beau jeune homme grand et fort, revenait de voyage. Il se dépêchait de rentrer chez lui, car son père l'attendait. Chevauchant à cheval et suivi de son brave chien, il arriva en terre berrichonne, dans la ville

où vivait le roi. C'était peut-être Bourges. Les marchands avaient fermé boutique et peu de gens parcouraient les rues. Ils étaient vêtus de sombre, marchaient à pas pressés, leurs visages étaient tristes.
Jean s'adressa à une vieille femme sur la place du château royal :
– Que se passe-t-il donc dans cette ville ? demanda-t-il.
– Comment, s'étonna la vieille, vous n'êtes pas au courant ? C'est aujourd'hui que la bête à sept têtes va venir dévorer notre princesse, juchée sur la grand'truie, sa monture.
– Et personne ne peut empêcher cela ?
– Ah, mon bon monsieur, beaucoup ont essayé de tuer la bête, et c'est la bête qui les a écrabouillés. Pourtant, le roi a encore fait proclamer par tout le pays qu'il donnerait sa fille en mariage à qui arriverait à le débarrasser du monstre.
À ces mots, Jean releva la tête. Surtout que la porte du château venait de s'ouvrir et que la princesse en sortait.
Elle était belle, pâle mais décidée. Elle se tourna et dit à sa suite de seigneurs et de domestiques qu'il fallait rester là, et qu'elle irait seule hors de la ville se livrer à la bête, puisque la bête menaçait de tout détruire autrement.
Les gens pleuraient, ils obéirent, la princesse s'éloigna. Jean sentit son cœur battre plus fort dans sa poitrine. Il pressa les flancs de son cheval, et suivit la jeune fille à distance.
Ils se retrouvèrent ainsi en pleine campagne après avoir franchi un pont au-dessus de la rivière. C'est alors seulement que la princesse s'aperçut de la présence de Jean.
Ses yeux mélancoliques furent traversés un instant par une lueur d'espoir. Puis elle soupira en murmurant :

– Fuyez, monsieur, la bête va venir…
– Je vous sauverai, princesse…
Ils n'eurent pas le temps de dialoguer davantage, car la bête à sept têtes surgit à l'instant même, énorme, hideuse, montée sur le dos de l'horrible grand'truie. Jean tira son épée du fourreau et lança son cheval en direction du monstre, tout en criant à son chien de le suivre.
Le combat fut rapide, l'épée de Jean traçait dans les airs des éclairs de feu, les bonds de son cheval, comme les attaques furieuses du brave chien, empêchaient les sept têtes de le saisir et de le mordre. Bientôt une tête roula à terre, tranchée net, puis une deuxième, une troisième… Lorsque la septième tomba, la bête s'affaissa tout entière, morte, et pour de bon cette fois, tandis que la grand'truie s'enfuyait, lançant à tous les échos des grognements aussi sonores que désespérés…

La princesse pleurait de joie, elle tomba dans les bras de Jean.
– Venez au château, dit-elle. Si vous le voulez, je serai heureuse de vous épouser, comme l'a décidé mon père.
Mais le jeune homme se dégagea doucement.
– Ma princesse, répondit-il, oui, je veux vous épouser, car je vous aime, je vous ai aimée dès que je vous ai vue. Mais d'abord je dois partir vers ma province où mon père m'attend. Je reviendrai dans un an, jour pour jour, demander votre main au roi. Attendez-moi.
– Je vous attendrai…
Et Jean partit ; avant cela, il coupa de son épée les sept langues des sept têtes de la bête morte, les enveloppa du mouchoir que la princesse lui donna, et les mit dans les fourreaux de sa monture.
La princesse le regarda s'éloigner au grand galop en agitant sa main pour un au revoir.
– Revenez vite, Jean, cria-t-elle.
Et puis, elle retourna à pas lents vers la ville, pensive…
Seulement voilà, un homme avait assisté à toute la scène, se trouvant là par hasard. C'était un seigneur des environs, méchant et lâche. Après le départ de Jean, il eut une idée diabolique. Il se précipita vers la bête, ramassa les sept têtes gisant par terre, les fourra dans un sac, sauta sur le dos de son propre cheval et partit en direction du château, dépassant en chemin la princesse qui ne fit même pas attention à lui.
– Victoire ! cria-t-il en arrivant en ville, et en agitant son sac, la bête est morte, j'ai tué la bête !

Qu'on imagine le bonheur du roi et de la reine, le bonheur de tous. Le roi serra le seigneur dans ses bras.
– Comment t'appelles-tu ? demanda-t-il.
– Je m'appelle Jean, répondit le menteur.
– Tu épouseras ma fille !
Ce fut une autre histoire lorsque la princesse arriva à son tour, étonnée d'abord de trouver là un inconnu qui se prétendait son sauveur, et puis furieuse.
– Ce n'est pas lui, mon père, c'est un autre qui a tué la bête. Il s'appelle Jean.
– C'est lui, Jean.
– Non…
Chacun crut que la princesse perdait un peu la tête, c'était bien excusable après l'épreuve qu'elle venait de subir.

Sa mère s'apitoya, les servantes l'emmenèrent. Quant au seigneur, il fut fêté en héros, et on enterra sur la grande place les sept têtes du monstre.

Les jours passèrent, les semaines, les mois. Le roi voulait tenir sa promesse et marier sa fille. Mais celle-ci refusait avec obstination, répétant que le seigneur n'était qu'un imposteur. Le roi discutait, essayait de la convaincre, de lui prouver son erreur : elle ne se souvenait plus, elle avait oublié, elle niait l'évidence… À la fin, il entra dans une violente colère :

– Assez de comédie ! Tu épouseras celui qui t'a sauvée. Je le veux, je l'ordonne !

La princesse pleura encore, mais rien ne put fléchir le roi. Heureusement, la résistance de la jeune fille avait duré un an.

Et un jour, juste un an après la mort de la bête, le vrai Jean revint, comme promis.
Cette fois les maisons de la ville étaient ornées de guirlandes et de tissus, des fleurs jochaient les rues, les gens riaient, plaisantaient, chantaient.
– Que se passe-t-il donc aujourd'hui ? demanda Jean.
Les passants lui répondirent que le roi mariait sa fille avec le seigneur vainqueur du monstre. Jean fronça les sourcils et se dirigea vers le château.
– Halte ! crièrent les gardes. On ne passe pas.
– Je dois voir le roi, répliqua le jeune homme.
Il avait un air décidé, et son chien grondait sourdement. Si bien que les soldats lui ouvrirent la porte.
La cour était réunie pour la cérémonie avec les invités venus de toute la province. La princesse aperçut l'homme qu'elle aimait. Radieuse, elle s'élança vers lui en criant :
– Jean ! Enfin, vous voilà !
Il y eut un moment de trouble, le seigneur déloyal tira son épée du fourreau.
– Mon père ! fit la princesse. C'est lui qui m'a sauvé la vie.

– Mensonge ! répliqua le seigneur, fou de rage. Qui donc a rapporté les sept têtes du monstre ?
Jean s'inclina devant le roi et la reine.
– Je viens, dit-il, vous demander la main de votre fille. Nous nous aimons, c'est là l'essentiel. En ce qui concerne la mort de la bête, ordonnez, je vous prie, qu'on apporte devant vous ses sept têtes.
Le roi hésita, mais Jean semblait si sûr de lui, et sa fille si heureuse, qu'il fit déterrer les sept têtes sur-le-champ.
– Qu'on ouvre leurs gueules, demanda Jean.
Les sept gueules furent ouvertes, les sept langues manquaient.
– Les voici, dit Jean, tout simplement, en les tirant de sa selle.
C'était plus que le mauvais seigneur n'en pouvait supporter. Il se rua vers Jean, l'épée brandie, hurlant, prêt à tuer. Jean avait déjà mis pied à terre, et pris son arme, lui aussi. Les deux épées se heurtèrent avec tant de force que des éclairs de feu jaillirent de l'acier... Mais que pouvait le seigneur, aussi enragé fût-il, contre celui qui avait

vaincu la terrible bête à sept têtes ? Il ne pouvait rien ! Jean fit tournoyer son arme, et la tête de son adversaire tomba aux côtés de celles de la bête.

Le roi reconnut son erreur. Le mariage de sa fille était prêt. Il se fit. On changea seulement d'époux, et voilà tout.

Dragoche le Moche

JULIETTE EST DANS SON LIT. ELLE ATTEND QUE SON papa vienne l'embrasser.

– Où est ma princesse adorée ?

Elle va avoir un bisou sur son petit nez ! La voix de Papa est aussi douce que du chocolat. Il fait mille baisers à Juliette, éteint la lumière et repart sur la pointe des pieds.

Soudain, en pleine nuit, un bruit réveille Juliette. Son chaton est peut-être sur le balcon ? Juliette saute du lit et trotte à pas de souris en relevant sa chemise de nuit. Elle ouvre la porte-fenêtre et pousse un petit cri.

Sur le balcon, un dragon lui sourit :
– Princesse Juliette, c'est bien ici ? demande le dragon d'une voix polie.
Juliette n'en croit pas ses yeux. Ce dragon a l'air gentil, mais il est très laid ! En plus, il entre dans la chambre sans être invité.
– Je me présente : je m'appelle Dragoche le Moche.
Et pas gêné du tout, il s'assied sur le coffre à jouets. Il croise ses pattes et déclare :
– Mettez votre couronne, Princesse Juliette, je vous enlève !
Juliette prend sa respiration, puis calmement elle répond :
– Je ne suis pas une princesse, vous vous trompez de maison.
Dragoche éclate de rire :
– Ah, ah, ah ! patati patata ! On vous appelle princesse, je l'ai entendu.
– C'est mon papa qui m'appelle comme ça ! répond Juliette. Et mon papa n'est pas un roi, il conduit des autobus.

Mais le dragon poursuit :
– Patati patata. Ça ne marche pas ! Vous portez une robe en dentelle, Princesse Juliette.
– Ce n'est pas une robe en dentelle, proteste Juliette, c'est ma chemise de nuit !
Dragoche se lève. Il tourne en rond, le pauvre dragon ! Sa queue d'écaille traîne sur le plancher.
– Chut ! Arrêtez de vous dandiner, chuchote Juliette, vous avez réveillé mon papa !
Vite, elle pousse Dragoche derrière le rideau et plonge dans son lit. La porte s'ouvre et Papa passe la tête. Comme Juliette semble endormie, il referme sans bruit.
Dragoche sort de sa cachette. Il est bien embêté : il doit se dépêcher et cette princesse ne semble pas prête à l'accompagner.
Il essaie encore :
– Princesse, dans ma caverne, un prince viendra vous

délivrer pour vous épouser. C'est promis. Patati !
– Non merci ! Je veux aller au lit, bâille Juliette.
Dragoche réfléchit. Si Juliette ne veut pas d'un prince, c'est qu'elle n'est pas une princesse... Le dragon devient grognon :
– Patati patata ! Rentrer sans princesse, je ne peux pas ! Je vais avoir l'air d'une vraie cloche !
Pauvre Dragoche ! Une rivière de larmes coule maintenant sur sa grosse tête moche. Alors Juliette a une idée. Vite, elle court chercher un livre et le tend à Dragoche :
– Tenez, j'ai un cadeau pour vous.
Dragoche lance un petit feu de joie.
– Bonne idée ! un livre sur les princesses du monde entier ! Plus de patati ! Plus de patata ! Je pourrai aller les chercher sans me tromper. Comment vous remercier ?
– En rentrant chez vous ! répond Juliette.
Et Dragoche obéit.

Juliette est déjà dans son lit quand Maman entre dans la chambre :

– Juliette, ton chaton fait du bruit sur le balcon.

– Non, maman, répond Juliette à moitié endormie, c'est un dragon. Mais ne te fais pas de souci, il est parti.

Maman sourit en chuchotant que les dragons n'existent pas.

– Dors bien, ma petite fleur, dit-elle doucement.

Alors Juliette sent un tout petit vent sur son visage. Elle ouvre un œil : un papillon vient de se poser sur son front…

La Belle et la Bête

Des six enfants du marchand Gauthier – trois garçons et trois filles – la cadette était sans nul doute la plus belle et, ce qui ne gâtait rien, la plus douce, la meilleure des personnes. On l'appelait Belle.
Tout le monde l'adorait, sauf ses deux sœurs, Berthe et Gertrude, jalouses et méchantes, qui faisaient tout pour lui nuire. Mais rien ne venait troubler la quiétude de Belle, qui coulait des jours heureux avec sa famille.
Un jour, pourtant, il advint une chose terrible : le marchand Gauthier, par un de ces revers de fortune, perdit tous ses biens. La famille dut abandonner la somptueuse

demeure qu'elle habitait depuis toujours pour aller vivre à la campagne, dans une pauvre ferme.

Belle et ses frères s'habituèrent sans mal à cette vie modeste et champêtre.

Berthe et Gertrude en revanche étaient aussi furieuses que possible.

Un jour, le marchand Gauthier eut enfin des nouvelles d'un de ses bateaux perdus dans les mers lointaines d'Amérique.

Berthe et Gertrude crièrent leur bonheur sur tous les tons, des larmes au rire, du rire aux larmes.

Déjà, elles s'imaginaient princesses dans un château de marbre et d'or, avec des robes vermeilles, des colliers de pierreries, des souliers de jade !

Et elles eurent tôt fait d'ordonner à leur père – le faible homme ! – de leur ramener céans moult toilettes, fanfreluches et colifichets !

– Et toi, Belle, que veux-tu donc ? demanda le père.

– Oh, père, une rose, une simple rose suffirait à mon bonheur.

Le père sourit et s'en alla retrouver son bateau au port.

Mais adieu toilettes, rubis et château ! Dans les cales de son bateau, le marchand ne trouva rien d'autre que des balles de coton moisi. Quant au reste de sa flotte, elle avait sombré au large des côtes d'Amérique.

Le vieil homme était tellement troublé qu'il en oublia de diriger son cheval sur le chemin du retour. Ce n'est que lorsqu'il se vit entouré d'arbres sombres, au cœur d'une forêt, que Gauthier s'aperçut de son erreur.

Enfin, à force de tourner en rond, de revenir sur ses pas, bête et homme arrivèrent devant un immense château.
Le vieillard frappa à la porte et, n'obtenant aucun écho, franchit la porte.
– Holà ! Y a-t-il quelqu'un, ici ? cria-t-il.
Personne. Pourtant, le château avait l'air habité. Dans une des nombreuses pièces qu'il visita, il trouva une grande table dressée. Une seule assiette, entourée de plats remplis de mets délicats, paraissait attendre le marchand. Gauthier attendit quelques instants, appela, puis, n'y tenant plus, s'attabla. Rassasié, il décida de pousser plus loin l'exploration du château. Quelle ne fut pas sa surprise de trouver une chambre avec son propre nom gravé sur une plaque

de marbre au-dessus de la porte ! Il entra : un lit aux moelleuses couvertures lui tendait les bras. Épuisé par sa folle journée, il s'endormit.
Au petit matin, ce fut le gazouillis d'un rossignol qui l'éveilla. « Ma foi, songea-t-il, ce château est sans doute la demeure d'une bonne fée qui m'a fait l'honneur de son hospitalité. » Ravi, il s'habilla et décida de reprendre sa route. La veille, la nuit l'avait empêché d'admirer les jardins. Il s'y rendit à présent. Tout y était superbe : fleurs odorantes, haies finement ciselées, jets d'eau luxuriants... Passant devant un rosier, il eut une pensée pour Belle. Et cueillit une rose. Geste funeste ! À peine eut-il pris la rose, qu'un rugissement épouvantable se fit entendre. Terrorisé, le marchand se retourna. Et il vit une bête immonde, gigantesque, le fixer de ses yeux rouges.
– Voilà comment vous me remerciez ! rugit la Bête. Je vous ai logé, nourri, j'ai même fait soigner votre cheval et vous volez mes roses ! Votre dernière heure est venue !
Le marchand tomba à genoux. Il supplia, pleura, expliqua tant et si bien que la Bête, s'apaisant un peu, dit :
– Vous parlez de vos filles ! Soit ! Si l'une d'entre elles le désire, elle peut venir mourir à votre place. Allez la chercher ! Et sachez que, même à mille lieues d'ici, vous ne pourrez pas m'échapper !
La Bête tourna les talons, laissant le marchand en proie à un immense désespoir.
Le chemin du retour fut pour lui une souffrance sans bornes. À chaque pas de son cheval, c'était vers sa mort qu'il avançait. Car bien sûr, pas question de demander à ses

filles qu'elles se sacrifient ! Il désirait simplement les embrasser une dernière fois avant de retourner dans l'antre du monstre.

À son arrivée chez lui, le marchand n'eut pas besoin d'ouvrir la bouche. À sa mine basse, à ses yeux rougis, tous comprirent qu'il s'était passé quelque chose.

– Et voilà ! s'écria Berthe. Incapable de conclure quelque affaire !

– Au lieu de toilettes et de parfums rares, c'est cette misérable rose qu'il ramène ! ajouta Gertrude, méprisante.

En effet, Gauthier avait gardé la fleur, cause de tous ses malheurs. Belle s'approcha de son père et lui demanda doucement de lui raconter ses aventures.

Il expliqua tout, jusqu'aux moindres détails, et finit par ajouter :

– Il m'a bien proposé de lui amener une de mes filles, en échange de ma vie… Mais il n'en est pas question !

– Évidemment que non ! s'exclama Berthe.

Vous pensez bien que les deux sœurs ne se bousculaient pas pour sauver leur père ! Les trois frères, quant à eux, ne parlaient que de prendre les armes.

– Allons, mes fils, allons ! La Bête est trop puissante

pour être tuée. Une armée n'y suffirait pas.
Alors Belle dit :
– Père, j'irai avec vous. Je mourrai à votre place.
Le marchand protesta avec force. Mais elle ajouta :
– Je ne pourrais survivre à votre mort, père.
Et, imperturbable, elle commença à rassembler ses affaires pour le voyage.
Berthe et Gertrude riaient sous cape. Décidément, cette fille était aussi gourde que belle ! Cette affaire les enchantait. Alors, elles se frottèrent les yeux avec un oignon pour faire croire qu'elles étaient attristées par le départ de leur sœur.

Belle partit en direction du château de la Bête, laissant derrière elle un père et des frères fous de douleur, ainsi que deux sœurs qui empestaient l'oignon.

Quelques heures plus tard, elle était devant la demeure de la Bête. Son père n'avait pas menti. Que de magnificence ! Que de richesses ! Mais la jeune fille n'avait pas le cœur à s'émerveiller. Elle entra dans le château. Bientôt, elle aperçut la table où son père avait mangé.

Montant à l'étage, elle vit une porte où était incrusté en lettres d'or et de diamant son prénom : Belle. « Ce monstre devine donc tout ! » pensa-t-elle. Elle entra dans la chambre et ne put retenir un cri d'étonnement. Il y avait là tout, absolument tout ce dont une jeune fille peut rêver : bijoux, toilettes, parfums capiteux, chaussures à foison. Et, merveille des merveilles : une bibliothèque digne d'un roi ! Puis elle trouva un mot sur le lit : « Veuillez avoir la bonté de vous joindre à moi pour le dîner. » signé : « La Bête ». Alors, elle retrouva ses esprits : la mort prochaine, cet horrible monstre…

Pourtant l'épouvantable châtelain avait tant d'attentions pour elle ! Elle songea que sa fin n'était peut-être pas certaine. Et elle se prépara pour le dîner.

Belle attendait devant la cheminée. Elle s'était vêtue d'une des magnifiques robes entreposées dans la chambre. Elle était calme. Pourquoi ? Elle n'aurait pas su le dire.

Pourtant, quand la Bête apparut pour dîner, elle frémit. Mais la figure monstrueuse de l'animal s'adoucit en voyant la jeune fille.

– Bonsoir, Belle, grogna la Bête.

– Bon… Bonsoir, la Bête, balbutia-t-elle en retour.

– Êtes-vous venue ici de bon cœur ou votre père vous y a-t-il forcée ? demanda le monstre.

Il baissait la voix pour ne pas effrayer Belle.

– De bon cœur, la Bête, dit-elle. Jamais mon père ne m'aurait obligée à faire une chose pareille !

– Vous êtes très bonne, Belle. Vous en serez récompensée un jour.

Ils passèrent à table.

– Mon aspect vous répugne, n'est-ce pas ? demanda le monstre.

– Il est vrai que vous êtes bien laid. Mais je suis persuadée que vous êtes bon. Je le sens, la Bête.

– Je suis bon, mais aussi sot qu'un âne ! grogna-t-il.

– N'est pas sot qui le reconnaît, la Bête !

Le monstre la regarda longuement, les yeux pleins de gratitude et dit :

– Belle, vous êtes ici chez vous. Allez où bon vous semble, dans le château, dans les jardins. Ouvrez tous les livres, toutes les portes. Profitez de la demeure. Soyez heureuse et vous me rendrez heureux.

Le dîner se passa fort agréablement. Belle observait la Bête à la dérobée et sentait une grande compassion monter en elle. « Quel dommage qu'il soit si laid » pensait-elle.

À la fin du repas, la Bête s'en fut. Mais arrivée à la porte, elle se retourna et dit :

– Belle, voulez-vous m'épouser ?

La jeune fille crut que le ciel lui tombait sur la tête.

Elle hésita puis, prenant son courage à deux mains, elle finit par répondre :

– Non, la Bête. Je suis désolée.

L'animal partit, un chagrin fou dans les yeux.

Belle fit comme son hôte le lui avait conseillé. Elle se délectait de tous ces livres merveilleux qu'elle pouvait lire à volonté. Un jour, elle trouva sur son lit un volume, probablement posé là par la Bête. Elle l'ouvrit. Le livre commençait par

cette phrase : « Quoi que vous désiriez, ordonnez-le, vous êtes la souveraine de ces lieux. »
Alors, rêveuse, Belle murmura : « Si je pouvais voir ce que mon père devient, je serais comblée. » À peine finissait-elle de prononcer ces mots, que le livre s'illumina et, au lieu de la gravure illustrant la page, apparut la ferme de son père. Toute la famille dînait, l'air affligé. Berthe et Gertrude, cependant, étaient de bien piètres comédiennes : leurs yeux brillaient de la joie d'être enfin débarrassées de cette sœur honnie. Son père et ses trois frères avaient par contre un visage d'une tristesse infinie, portant le deuil de leur Belle, qu'ils croyaient disparue.

Plusieurs mois passèrent ainsi, Belle partageant ses journées entre le livre magique et ses promenades. Le soir, la Bête ne manquait jamais de se joindre à elle pour dîner et, loin de s'en offusquer, la jeune fille commençait à y prendre goût. Elle se surprenait même à regarder impatiemment l'horloge guettant le chiffre six, l'heure du repas.
Mais chaque soir, après le dîner, son hôte lui demandait de l'épouser. Et elle lui

répondait immuablement, d'une voix douce :
– Vous êtes un ami cher, la Bête, mais je ne puis vous mentir : je ne vous aime pas assez pour devenir votre femme.
Et la Bête baissait la tête, triste et résignée.

Un matin, Belle vit dans le livre magique une chose qui la terrifia : son père, très malade, était alité et semblait sur le point de mourir. Le soir même, elle implorait la Bête :
– Je vous en supplie, laissez-moi le revoir. Je vous promets de revenir finir mes jours à vos côtés, mais laissez-moi partir !
La Bête ne résista pas longtemps :
– Plutôt que de vous voir ainsi chagrine, allez donc voir votre père.
Et il ajouta, comme pour lui-même :
– Mais si vous ne revenez point, j'en mourrai…
– Non, la Bête. Je reviendrai. Le livre m'a montré que mes sœurs sont maintenant mariées, que mes frères sont à l'armée. Mon père a besoin de moi, voilà tout. J'y resterai huit jours, pas une heure de plus.
– Faites selon votre cœur, Belle, grogna la Bête, qui sortit un bijou de sa poche. Prenez cette bague : elle vous conduira chez vous et vous ramènera ici, dès que vous le désirerez. Souvenez-vous de votre promesse. Adieu, Belle.
Le lendemain matin, ce fut dans sa propre chambre qu'elle s'éveilla. La bague l'avait transportée dans la ferme. Elle se précipita dans la pièce où était son père, qui crut s'évanouir, tant sa surprise fut grande. Le bonheur les submergea. Le marchand se leva immédiatement, se sentant déjà bien mieux et courut prévenir ses deux

autres filles, qui habitaient non loin de là.
Cependant, Belle était retournée dans sa chambre pour s'habiller. Quelle surprise, alors ! Elle y trouva son coffre, celui qu'elle avait au château, rempli de robes dorées et scintillantes.

– Merci, la Bête, chuchota-t-elle.

Et elle revêtit une robe en songeant : « Je n'ai point besoin de toutes ces toilettes. Une seule suffira. Les autres seront pour mes sœurs. » Visiblement, la Bête n'était pas d'accord : le coffre disparut soudain. Belle rit de bon cœur.

– D'accord, la Bête ! Je les garde pour moi ! Et le coffre réapparut.

Berthe et Gertrude, au lieu d'embrasser leur sœur, poussèrent des cris d'orfraie.

– Sapristi, Belle, quelle robe ! Et où as-tu pêché pareils bijoux ?

Et elles continuèrent de la sorte à caqueter comme un bataillon de poules, émerveillées et jalouses.

Belle s'enquit de leurs maris. Berthe ne put cacher sa rancœur. Son époux était aussi beau qu'un dieu, mais si entiché de sa personne, qu'il passait ses journées à s'embrasser dans les mille et un miroirs de leur maison.

Quant à Gertrude, elle n'était guère mieux lotie. Son mari était un homme d'esprit, certes, mais qui utilisait son cerveau pour faire tourner tout son monde en bourrique.

Les deux sœurs infernales étaient punies de leur méchanceté et, à écouter Belle leur raconter sa vie au château de la Bête, et combien elle était heureuse, elles devinrent vertes d'envie.

Quand elles furent seules, Gertrude grogna :

– Cette petite peste ne mérite pas tout cela !
Berthe réfléchissait.
– Si Belle reste plus de huit jours ici, la Bête viendra sans aucun doute la dévorer ! Tâchons donc de la retenir plus longtemps !
Elles firent à Belle mille caresses et pas un jour ne passait sans qu'elles pleurent à chaudes larmes à la pensée de voir Belle partir. Elles furent si convaincantes, que leur jeune sœur n'eût pas le cœur de les quitter au huitième jour. Tous les matins qui suivirent, quand Belle annonçait sa décision de partir, Berthe et Gertrude se traînaient à genoux en suppliant leur cadette de rester. Au dixième jour, Belle ne put s'empêcher de penser à la Bête, dont la peine devait être immense. Elle alla chercher son livre magique, et à la vue de l'image qui apparut sur la page, elle poussa un cri d'effroi. La Bête gisait dans son jardin, mourante. Sans l'ombre d'une hésitation, elle courut voir son père.
– La Bête se meurt. Je réalise tout à coup combien j'ai été ingrate. Je suis bien plus heureuse à ses côtés que mes sœurs avec leurs époux. Je m'en vais l'épouser, père.
Le marchand, heureux de cette décision, embrassa sa fille. Alors, Belle caressa sa bague et disparut.

Dans le parc du château, elle trouva la Bête dans la position que lui avait montrée le livre.
– Vous avez failli à votre parole, Belle. Je meurs aujourd'hui. Mais, au moins, aurais-je eu le bonheur de voir votre visage une dernière fois.
Belle se jeta sur sa poitrine.
– Pitié, ne mourez pas ! Je vous aime, la Bête, je veux devenir votre femme.
Ce fut comme si le ciel éclatait en morceaux. Un éclair fabuleux illumina le château, les jardins, les arbres, et Belle, fascinée par les gerbes de lumière, regardait de tous les côtés.
– Vous m'avez délivré du sort qui m'emprisonnait, Belle !
Quelle était cette voix près d'elle, douce, mélodieuse,

si différente de celle de la Bête ?
La jeune fille se retourna lentement. Devant elle, il y avait un jeune homme, beau comme le soleil.
– Où est la Bête ?
– Devant vous, Belle, J'ÉTAIS la Bête.
Et, à la jeune fille abasourdie, le jeune homme raconta son histoire.
– Voilà bien longtemps, une mauvaise fée m'a jeté un sort, me condamnant à vivre sous cette monstrueuse apparence. Seule, une jeune fille pouvait me délivrer, en me promettant de m'épouser. Vous seule avez su voir l'homme que la Bête cachait, Belle. Je vous offre mon château, ma vie, mon amour.
Belle ne disait rien. Le bonheur l'inondait. Elle prit

la main du prince et tous les deux entrèrent dans le château. Dans la grande salle, Belle retrouva son père, ses frères et ses deux aînées, dont les yeux roulaient de rage et de jalousie.
Une femme s'avança alors. C'était la marraine du prince.
– Mon garçon, tu as trouvé là une jeune épouse sans pareille. Sa beauté n'a d'égale que sa bonté. Sois-en digne.
La marraine du prince était une fée. Elle se tourna vers Berthe et Gertrude.
– Quant à vous deux, vous êtes aussi bêtes que méchantes. Je vous condamne donc à devenir statues. Vous aurez ainsi l'éternité pour regretter votre infernale jalousie, à moins que vous n'ayez quelque remords. Alors, seulement alors, vous redeviendrez humaines.
Et les deux sœurs se changèrent aussitôt en pierre.
Belle eut du regret de les voir ainsi, mais que peut-on contre un sortilège ?

Plus tard, beaucoup plus tard, les enfants de Belle et du prince s'étonnaient encore de voir dans le parc du château ces deux étranges statues : et, à les regarder de près, on voyait deux visages hideux, déformés par la jalousie, la rage et la colère.
On dit qu'elles s'y trouvent encore.

La Tarasque

IL Y A TRÈS LONGTEMPS, À L'ENDROIT OÙ S'ÉLEVA PLUS tard le château du roi René, se dressait un rocher dont les pentes plongeaient dans les eaux profondes du Rhône. À quelques pieds en dessous de la surface, béait un large trou. Et, dans ce trou, se tapissait un monstre aussi laid que cruel que les habitants de ce lieu redoutaient plus que tout. Bien peu de gens pouvaient décrire la bête hideuse avec précision, car ceux qui, par malheur, s'étaient trouvés en sa présence, n'avaient rencontré que la mort. L'horrible créature pouvait donc à loisir sortir de son repaire aquatique, grimper sur les berges du fleuve et parcourir la région, décimant tout sur son passage : ânes et chevaux, enfants et agneaux, vieilles personnes et jeunes filles…

Un jour pourtant, douze braves garçons décidèrent de mettre fin à ses méfaits. Dès l'aube, ils firent le guet devant la pierre, armés de frondes et de gourdins. Ils y restèrent jusqu'à la tombée de la nuit mais durent se rendre à l'évidence : le monstre était déjà parti avant même leur arrivée. Sur une plage de galets, ils aperçurent alors les traces de ses pas énormes qui les menèrent à l'entrée de gorges sauvages où s'engouffrait le Rhône. Cet étroit défilé avait pour nom Tarusco. Les pas géants suivaient le cours du fleuve puis bifurquaient à l'intérieur des terres… C'est ainsi que les jeunes gens arrivèrent au cœur d'une épaisse forêt. Là, ils entendirent des mugissements et des rugissements. En approchant, tapis derrière un tronc d'arbre, ils aperçurent un dragon qui dévorait un bœuf.

– La victime provient du troupeau de mon père ! s'exclama l'un des garçons.

– Tais-toi ! protesta un autre.

Trop tard ! Le monstre avait repéré les intrus et se précipitait déjà vers eux, la gueule béant sur des dents carnassières aussi aiguës que des épées et des poignards ensanglantés. Deux des jeunes gens furent déchiquetés par des pattes énormes armées de griffes d'ours, tandis que les autres pattes labouraient le sol d'un piaffement rageur grinçant et crissant sur les pierres. Deux autres garçons, après avoir été à demi asphyxiés par un souffle aussi violent qu'une tornade et aussi pestilentiel que les vapeurs d'un gouffre empli de cadavres,

eurent le crâne fracassé par une lourde queue aux écailles de serpent. Deux autres encore valsèrent en morceaux, coupés net par un dos aux crêtes tranchantes comme des haches.
Les six survivants s'enfuirent, pendant que le dragon dévorait ses premières victimes. Arrivant à la ville, essoufflés, fous de terreur, ils racontèrent ce qu'ils avaient vu. Et plus personne n'osa affronter la bête que l'on appela désormais la Tarasque. Elle poursuivit ses méfaits, de temps à autre, au bord du fleuve, dans les îles, les bois et les marécages.
Un jour, une jeune femme, toute de blanc vêtue, arriva devant une cabane de pêcheurs. La famille en pleurs y veillait les restes de l'un des garçons que le monstre avait en partie dévoré.
– Pourquoi vous lamentez-vous, braves gens ? demanda-t-elle, émue par ce chagrin.
– Nous pleurons notre fils que la Tarasque a massacré.
– Et qui est donc cette Tarasque ?
– Un dragon qui se cache dans un trou, sous les eaux du Rhône. Personne n'a jamais réussi à l'en déloger.
– J'irai demain, répondit la jeune femme.
Les pêcheurs la contemplèrent avec stupeur.
– Elle ne fera de toi qu'une bouchée.
– C'est ce que nous verrons, répliqua la blanche demoiselle. Voulez-vous me prêter un lit de paille et me donner quelque nourriture ? En échange, demain, j'irai laver tout votre linge dans le fleuve.

Au matin, elle se rendit au pied du rocher, portant les vêtements de toute la famille du défunt et elle se mit à les

battre et à les tordre dans les eaux. Cachés derrière les buissons, les pêcheurs l'observaient :

– Cette petite est brave, mais sans doute un peu folle !

– Si elle échappe au monstre, nous l'accueillerons dans notre maison et la prendrons pour fille.

À ce moment, les eaux commencèrent à bouillonner, la berge à trembler, le vent à siffler dans les roseaux... Une odeur pestilentielle s'éleva dans les airs. Une tête hideuse se dressa au-dessus des flots qui déferlèrent sur la tunique blanche de la jeune femme. Une voix tonitruante gronda :

– Qui es-tu, effrontée ?

– Je m'appelle Marthe et je viens du pays de Judée, au-delà des mers.

– Tu n'as pas peur de moi ?

– Pourquoi aurais-je peur ? Qui es-tu donc toi-même ?

– On me nomme la Tarasque. Je suis si laide que les yeux qui me voient ne peuvent me supporter. Mon haleine est si putride que les gens près de moi n'osent plus respirer...

– Mes yeux te voient et n'en sont point aveuglés.

Mon nez respire et n'en est pas incommodé... répliqua l'étrangère, en continuant tranquillement à laver son linge. La Tarasque se rapprocha et les pêcheurs, tapis dans les feuillages, regrettèrent amèrement de ne pas avoir empêché la voyageuse de s'aventurer jusque-là.
Le dragon s'approcha, menaçant et boueux. Son corps couvert d'écailles, ruisselant d'herbes visqueuses, se dressa devant la frêle lavandière qui, sans se départir de son calme, jeta vers lui un regard limpide et quelques gouttes d'eau en disant :
– Attention ! Tu vas salir mon linge...
Alors, la bête s'immobilisa, comme figée par ces paroles et par ces éclaboussures. Un instant, elle demeura pétrifiée. Puis, Marthe ajouta d'une voix radoucie :
– Pauvre bête ! Il semble que personne ne prenne soin de toi. Viens t'asseoir près de moi et conte-moi tes peines... Moi aussi j'ai vécu des moments difficiles, dans mon pays et sur la mer où je me suis enfuie avec quelques-uns des miens...
Alors, le monstre parut retrouver vie. De ses yeux rouges coulèrent quelques larmes. Il s'approcha et s'installa sur une plage de graviers en demandant :
– Dis-moi ce qui t'est arrivé au-delà des mers.
Et Marthe commença à parler. Elle parla de son pays et de ceux qu'elle y avait rencontrés. Elle parla de son voyage et de son arrivée sur une plage de sable fin où l'avait accueillie une Gitane noire... Elle parla d'amour et d'espérance. Elle en parla si bien que la bête, apprivoisée, s'endormit auprès d'elle.

Les pêcheurs, enthousiasmés par ce prodige, s'en furent prévenir les autres gens de la région qui affluèrent au bord du fleuve.

Ils y trouvèrent la jeune femme lavant la boue qui salissait les écailles du monstre et demeurèrent un instant stupéfaits, incapables de bouger ni de prononcer un mot. Lorsque Marthe détacha sa ceinture et l'accrocha au cou de l'animal pour l'emmener avec elle, ils se précipitèrent avec des haches, des pieux et des lances…

– Non ! Je vous en prie… Elle n'est plus méchante… protesta la lavandière.

Mais ceux qui avaient perdu leur frère, leur fils, leur cheval, leur bœuf ou leur agneau ne l'entendaient pas de cette oreille. Ils tombèrent sur le monstre à bras raccourcis et le transpercèrent de leurs armes, faisant gicler autant de sang que la Tarasque en avait fait couler. Avant de rendre son dernier soupir, la bête lança vers Marthe un regard plein de reconnaissance :

– Avec toi, pour la première fois, j'ai senti mon cœur se vider de sa haine, mon souffle devenir pur, mes yeux devenir tendres... Un instant, j'ai même cru que je pouvais devenir belle !

Puis elle expira.

On traîna son corps immense sur une place de la ville où on le laissa exposé au soleil tandis que Marthe était portée en triomphe et sacrée patronne de la ville.

Poupounette la terrible

Poupounette la terrible vivait heureuse avec sa maman. Elle était mignonne, Poupounette, avec ses yeux malicieux et ses petites bouclettes. Un vrai visage d'ange… Mais quelle peste !

Du matin au soir, elle cassait les pieds de tout le monde. Dès qu'on la contrariait, elle criait. Et parfois même, elle mordait. C'est simple, quand elle passait, tous les enfants chantaient :

– Attention, la voici ! Cachez-vous par ici ! Elle mord, elle tape, elle crie ! C'est une vraie chipie !

Un jour, Poupounette partit se promener. Bien sûr,

elle ne demanda pas la permission à sa maman et elle ne l'embrassa pas en partant. Elle ne savait pas que, dans la forêt, se cachait l'abominable monstre dévoreur d'enfants !
Poupounette s'enfonça dans les bois. Les oiseaux chantaient :
– Piou, piou, piou !
Poupounette leva la tête et leur cria :
– Oui, ça va, on le sait que c'est le printemps ! Moi aussi je peux le faire : Piou, piou, piou !
Et elle partit en leur tirant la langue.
En voyant des pâquerettes, Poupounette eut une idée. Elle ne cueillit pas un joli bouquet, non. Elle se mit à sauter sur les pâquerettes en chantant à tue-tête :

– Je fais de la bouillie. De la bouillie de pâquerettes. Je fais de la bouillie. Et j'en mets plein ma jupette !
Poupounette s'amusait tant qu'elle ne vit pas deux grandes oreilles s'approcher… Caché dans les fourrés, l'abominable monstre dévoreur d'enfants fit un abominable sourire plein d'abominables grosses dents :
– Saute, ma jolie, et quand tu seras fatiguée, je t'attraperai !
Quand elle eut bien sauté, quand les fleurs furent toutes écrabouillées, Poupounette tomba dans l'herbe, épuisée. C'est alors que l'affreux monstre surgit de son fourré pour l'attraper.
Il la prit par les pieds et traversa la forêt à grandes enjambées.

Poupounette griffa, battit des bras. Mais le monstre avait le poil si épais que les coups de la fillette le faisaient rigoler :
– Ah, ah, ah ! Vas-tu arrêter de me chatouiller ?
Le monstre arriva devant sa maison. Sa femme, la monstresse, nettoyait un grand chaudron. Près d'elle, deux petits monstres aux dents pointues jouaient à se mordiller.
Dès qu'ils virent leur père, les deux petits se précipitèrent :
– Oh ! la jolie fillette ! On va se régaler !
Mais la monstresse regarda son mari, très en colère :
– Quoi ! C'est tout ce que tu as ramené ? Comment vais-je vous nourrir, moi, avec un petit morceau comme ça ?
Le monstre baissa la tête et se mit à bafouiller :
– Heu, on pourrait l'engraisser…
Mais la monstresse se fâcha :
– Et avec quoi ? On n'a rien à manger ! Tu te crois dans un conte de fées ?
Les petits monstres sourirent, alléchés :
– Si tu n'en veux pas, Mamounette, on peut la garder pour le goûter ?
La monstresse accepta. Elle emmena Poupounette dans le garde-manger et l'enferma dans une grande cage dorée.
Puis elle dit à son époux :

– Cette fois, je retourne dans la forêt avec toi ! Comme ça, tu ne ramèneras pas n'importe quoi !
Dès que le monstre et la monstresse furent partis, Poupounette appela les petits :
– Pstt, les amis, on joue à cache-cache ? Vous comptez jusqu'à cent, et vous venez me chercher !
Les petits monstres répondirent, gênés :
– Heu… on aimerait bien mais on ne sait pas compter !
– Ça ne fait rien ! Ouvrez-moi et allez vous cacher. Je vais compter !
La petite monstresse alla chercher une grosse clé, puis elle ouvrit la cage dorée. Aussitôt, Poupounette sortit et se mit à compter…

Les petits monstres s'enfermèrent en riant dans le placard du grenier :
– Hi ! hi ! Qu'il est drôle, ce goûter ! Dommage qu'on soit obligés de le manger ! Ils attendirent, en essayant de ne pas faire de bruit…, puis ils commencèrent à se chamailler.
Le petit monstre mit la main sur la bouche de sa sœur :
– Tais-toi ! Tu fais trop de bruit ! On va se faire repérer !

– N'importe quoi ! Pousse ta main de là !
Et croc ! la petite monstresse mordit la main de son frère. Alors bam ! il lui écrabouilla le pied. Et dans le placard, ce fut la bagarre !
Quand le monstre et la monstresse revinrent de la forêt, la cage dorée était vide. Et dans le placard, on entendait des bruits bizarres…
Le monstre ouvrit la porte, étonné :
– Que se passe-t-il ici ? Et où est le goûter ?
Les petits monstres cessèrent aussitôt de se disputer. Zut ! ils avaient complètement oublié Poupounette ! Et bien sûr, elle avait filé ! Car cette fois, elle n'avait ni écrasé les fleurs, ni tiré la langue aux oiseaux. Non, non !

Elle était rentrée, bien sagement ! Et en arrivant, elle avait même embrassé sa maman !

Le Basilikoa de la mare

UN SERPENT VOLA TOUT SIMPLEMENT UN ŒUF DE POULE et le couva. Quand le moment fut venu, l'œuf se brisa et de l'intérieur surgit un basilikoa.

Comment donc était ce basilikoa ?

Pas plus grand qu'un chat, avec une tête de coq, un corps de serpent, une crête pleine d'épines et une queue tranchante aussi longue qu'une lance : vraiment l'animal le plus étrange qui puisse exister !

En effet son seul regard produisait les plus surprenants inconvénients : il pouvait flétrir une fleur, dessécher un arbre, faire tomber un oiseau en plein vol. Nul ne pouvait

vaincre le basilikoa. Nul ne pouvait résister à son regard meurtrier. Mais si par malheur on se blessait à l'une de ses épines, on pouvait tout de même se soigner avec du chiendent, « l'herbe qui guérit ».
Toutefois, deux animaux pouvaient sortir vainqueurs d'un combat contre le basilikoa : le coq et la belette. Le coq parce que le monstre en entendant le cocorico mourait sur le champ et la belette parce qu'elle réussissait à lui entrer dans le corps et à le dévorer de l'intérieur.

Mais les habitants du pays étaient bien ignorants. Nul ne les avait informés. Ainsi deux femmes vinrent un après-

midi laver leur linge dans la mare. Le basilikoa était là, assis sur un tronc d'arbre, au milieu de l'eau.

– Qu'est-ce qui se trouve là, sur ce morceau de bois ? demanda l'une.

– On dirait un coq.

– Un coq au milieu de l'eau ! Quand as-tu vu une chose pareille ?

Le basilikoa, qui somnolait, se réveilla et leur décocha son regard. Les deux femmes moururent et le monstre disparut.

On s'interrogea beaucoup au village sur les causes de cette double mort. Personne n'y apporta de raison satisfaisante.

Mais l'inquiétude grandit lorsque le lendemain on trouva un homme mort sur un chemin, puis, le surlendemain, deux autres dans un champ non loin de la mare.

– Il y a un monstre qui rôde autour de la mare.

– C'est une sorcière qui s'est installée là !

– C'est un poison contenu dans les herbes qui poussent sur la berge.

On donna toutes sortes d'explications.

– Peut-être pourrions-nous demander au garçon le plus jeune et le plus habile de faire le guet ?

Ainsi un garçon habile fut-il désigné. Il alla près de la mare avant que le jour ne se levât et monta dans un arbre. Il attendit longtemps caché entre les branches.

La matinée passa. Rien ne se produisit.

Vers midi, il entendit un attelage qui s'approchait sur le chemin. Les voyageurs s'arrêtèrent pour se reposer et trouvèrent l'endroit agréable.

Mais, à cet instant, le basilikoa surgit au milieu de l'eau, regarda les voyageurs puis l'attelage. Tous moururent en un seul instant.

Le garçon, interdit, ne comprit pas ce qui venait de se passer. Il regarda autour de lui, il inspecta l'eau de la mare. Rien. Le basilikoa s'était à nouveau bien caché.

Le jeune garçon décida de revenir au plus vite pour raconter ce qui s'était produit. Devant tant de mystère, tant de danger, certains habitants décidèrent de quitter le village et leurs maisons tombèrent rapidement en ruine.

Ceux qui restèrent vécurent misérablement. Ils ne sortaient plus de chez eux et surtout avaient peur de la mare où ils n'osaient plus aller puiser de l'eau. On disait que le village était maudit.

Les hommes n'allant plus sur les chemins, ce furent aux bêtes d'errer un peu partout pour trouver une quelconque pitance. Leurs maîtres ne s'occupaient plus d'elles.
Quand elles s'approchaient de la mare pour boire, le basilikoa apparaissait et les tuait.
Un jour, un vieux coq qui n'avait plus que quelques plumes vint au bord de la mare.
Le basilikoa était là. Il vit le coq et lui lança son regard meurtrier. Le coq observa l'étrange bête et plongea le bec dans l'eau, puis releva la tête comme font les volailles.

Ils demeurèrent un instant ainsi. Le basilikoa fixa encore intensément le coq. Rien ne se produisait.
Le coq maintenant n'avait plus soif. Il était temps de chanter pour annoncer que tout allait bien.
Il prit son souffle, gonfla son poitrail et fit cocorico.
Le basilikoa vacilla. En un instant, il fut transformé en pierre, la pierre se brisa et tomba dans la mare.
Le coq revint tranquillement au poulailler. Mais nul parmi les derniers habitants de ce pauvre village ne sut ce qui s'était produit près de la mare. Ils avaient toujours très peur et tous pensaient à partir. Pourtant, un coq venait de les libérer de la terrible bête.

Une à une, les maisons tombèrent en ruines. Les arbres poussèrent jusque dans les cuisines et les chambres. On n'entendit plus parler de ce village.

La Bête du Gévaudan

On entendit parler pour la première fois de la Bête, en juillet 1764, au village de Habats. Une jeune fille de quatorze ans n'étant pas rentrée un soir avec son troupeau, les hommes partirent à sa recherche, et la retrouvèrent en forêt de Mercoise, en partie dévorée, son troupeau dispersé comme sous le coup de l'épouvante.

Tout de suite, on accusa les loups, il y en avait de nombreux dans le Gévaudan ; pourtant, il n'était guère fréquent qu'ils s'attaquent ainsi franchement à l'homme.

Quoi qu'il en soit, d'autres jeunes filles furent attaquées. Une en réchappa : elle gardait des bœufs et ceux-ci effrayèrent l'agresseur. La jeune fille, sous le coup de l'émotion, fit de ce dernier une description assez extraordinaire :

– Un monstre ! Il s'aplatit et saute à grands bonds. Sa queue immense fouette l'air.

La présence d'une bête inconnue commença à se répandre dans la région. Elle sembla particulièrement intéresser Jean Chastel, cabaretier à La Besseyre-Saint-Mary, homme bourru et renfermé, possédant un fils dont on se méfiait beaucoup : Antoine. Ce dernier avait eu une jeunesse agitée ; parti comme aventurier, puis marin, capturé en Méditerranée par des pirates, il avait ramené d'Afrique du Nord d'énormes chiens féroces, et des hyènes, enfermés dans une cabane du mont Mouchet où il vivait en solitaire.

En octobre, une bande de chasseurs organisa une battue. La Bête fut débusquée ; atteinte, paraît-il, trois fois de suite par une balle, elle se releva chaque fois, et réussit à s'enfuir, recommençant dès le lendemain ses horribles forfaits.

La terreur grandit dans le Gévaudan, femmes et enfants désertèrent les travaux des champs, les hommes ne se déplaçaient plus qu'armés de haches ou de fourches...

Il fallait en finir. Le capitaine Duhamel arriva de Clermont-Ferrand à la tête d'un détachement de dragons, à pied et à cheval. Les soldats se mirent en campagne. Ils dévastèrent champs et jardins, abattirent seulement quelques loups ordinaires.

La Bête, délogée, dérangée, s'en fut semer la terreur dans le Cantal, précédée par sa terrible réputation, et les descriptions fantaisistes qu'on en faisait :

– La Bête a deux défenses sur la gueule, comme les sangliers. De longues jambes avec des griffes aux doigts...
– La Bête a le dos couvert d'écailles comme les crocodiles et les dragons.
Le capitaine Duhamel, lui-même, écrivit dans une lettre : « La Bête est un monstre dont le père était un lion. »
En janvier 1715 on vit la Bête réapparaître près de Sauges, et attaquer un matin un groupe d'enfants, deux fillettes et cinq garçonnets, dont l'aîné avait douze ans.
Elle surgit de derrière un fourré, et saisit le petit Joseph Panafieu, sans se soucier des hurlements de terreur. Pourtant, les autres garçonnets, armés de longs bâtons à

l'extrémité desquels étaient fixés leurs couteaux, se défendirent avec courage. Ils frappèrent l'animal à coups répétés, l'obligeant à lâcher prise. La Bête recula, disparut. Mais elle n'abandonnait pas le terrain. Les enfants, morts de peur, certains en larmes, l'entendaient toujours tourner autour d'eux dans la végétation.

Le groupe décida de rentrer au plus vite au village, et se mit en marche, entourant le petit Joseph, blessé par plusieurs morsures. Soudain, la Bête, aux aguets, attaqua de nouveau, saisissant cette fois le petit Jean Veyrier.

À nouveau, les enfants ne la laissèrent pas s'enfuir avec sa proie. Conduits par Jacques-André Portefaix, ils s'élancèrent, la dardant de leurs bâtons. L'animal ne pouvait courir vite mais semblait insensible aux coups.

– Frappez la gueule ! criait Portefaix… Attention au petit !

La Bête finit par laisser l'enfant, hurlant, mort de peur. Elle s'enfuit pour de bon.

Joseph Panafieu et Jean Veyrier guérirent de leurs blessures, Portefaix fut récompensé de son courage et devint plus tard lieutenant des armées du roi...

Au cabaret de Jean Chastel, on racontait l'histoire des enfants, on annonçait aussi le départ de Duhamel, un incapable :

– Il paraît que le roi va nous envoyer à la place le seigneur Donneval, le meilleur louvetier du royaume.

– Et si ce n'était pas à un vrai loup qu'on avait affaire ? Hein, quelle est ton opinion, Chastel ?

Le Cabaretier savait à quoi pensaient les autres : aux animaux de son fils.

Lui-même, au début, avait rendu visite à Antoine, et ce dernier lui avait juré que les bêtes d'Afrique restaient enchaînées, et qu'il les surveillait sans cesse.
Mais les clients du cabaretier pensaient aussi à autre chose : Jean Chastel, l'homme renfermé, taciturne, n'était-il pas un meneur de loups, ou mieux, un loup-garou lui-même, se transformant chaque nuit en bête sanguinaire ?
– Je crois qu'on a bien affaire à un loup, dit le cabaretier, ou plutôt à une bande affamée. Dans les temps de famine, jadis, ils étaient si hardis qu'ils entraient parfois dans les fermes pour saisir les gens…
– Tu connais bien les loups, pas vrai Chastel ?
Le cabaretier haussait les épaules.
Monsieur Donneval arriva en compagnie de son fils, de six chiens de race, et d'une bonne escorte de valets. Il ne fit pas mieux que son prédécesseur, le capitaine Duhamel. D'ailleurs, il ne montrait guère de vaillance pour chasser : une fois, c'étaient ses chiens qui étaient fatigués, une autre fois les paysans réquisitionnés trop peu nombreux, ou alors, il faisait mauvais temps… Fort heureusement, le roi Louis commençait à s'impatienter. À Versailles on ne parlait plus que de la Bête du Gévaudan. Le roi décida donc de rappeler Donneval, et d'envoyer, pour prendre sa place, Antoine de Beauterne, son propre lieutenant des chasses.

C'est ainsi qu'en plein été 1765, de Beauterne arriva dans la lointaine province. Il pleuvait, les gens de méchante humeur disaient presque ouvertement :
– Encore des bons à rien qui viennent de Paris…

Les gens se trompaient ; le lieutenant se mit au travail avec courage et intelligence. Il voulait faire vite et revenir à Versailles avant l'hiver. Ses gardes-chasse parcouraient la région en quête d'une piste.
Voilà pourquoi deux d'entre eux rencontrèrent un jour, en plein bois, Jean Chastel en compagnie de ses deux fils, Antoine, le solitaire du mont Mouchet, et Pierre, le plus jeune. Les trois hommes parlaient de la Bête, de ses nouvelles victimes, et Antoine disait que tout le monde le repoussait, à cause des mâtins et des hyènes d'Afrique…
Les deux gardes-chasse parurent, en habit, tricorne sur la tête, hautains, pleins de morgue :

– Holà ! Marauds ! cria le premier. Peut-on passer par cette voie ?

Il désignait un chemin parmi les arbres.

– Pour sûr ! répondit Antoine. Aucun danger, c'est un raccourci.

Sans un remerciement, les cavaliers lancèrent leurs montures. Chastel se tourna vers son fils :

– Pourquoi as-tu répondu ainsi ? Ces hommes vont droit vers un bourbier impraticable.

– Je le sais, père. Mais vous avez entendu comment ils nous traitent ?

Les cavaliers reparurent bientôt, furieux et crottés des pieds à la tête :

– Coquins ! Mauvais drôles !

Ils allaient sortir leurs épées, mais les Chastel portaient tous les trois de solides gourdins.

– Vous entendrez parler de nous ! dirent-ils en repartant.

En effet, le soir même, les gendarmes vinrent arrêter le père et ses fils, qui furent condamnés à trois mois de prison pour insolences et menaces envers les autorités.

Curieusement, à partir du jour même de leur arrestation, la Bête cessa de se manifester.

Antoine de Beauterne se démenait comme un beau diable, désireux de quitter au plus vite cette campagne retirée. Il fit dire des messes, tirer un feu d'artifice en l'honneur du roi de France et déclara :

– Je veux en finir d'une façon ou d'une autre !
Le 20 septembre 1765, il abattit d'un coup de fusil un loup pesant cent soixante livres, énorme, effrayant, avec des griffes et des dents acérées. Certains l'accusèrent d'avoir triché, en faisant amener sur place un loup déjà capturé pour le tuer en public. Quoi qu'il en soit, satisfait de son succès, Antoine de Beauterne rentra aussitôt à Versailles, emportant le loup embaumé, devant lequel s'extasièrent le roi et les belles dames de la cour. Il fut comblé d'or et d'honneurs, et eut droit de faire figurer la Bête du Gévaudan sur son blason de noblesse.
Pour Louis XV, l'affaire était réglée, il ne voulut plus jamais en entendre parler. En revanche, dans le Gévaudan et en Auvergne, l'affaire n'en resta pas là.
D'abord ce fut un grand soulagement, la Bête était morte... Et puis, au mois de novembre, les Chastel sortirent de prison. Coïncidence, les drames reprirent aussitôt : un berger dévoré, une paysanne attaquée, puis deux autres bergers... Les attaques se multipliaient, on aurait dit que le monstre voulait rattraper le temps perdu ; il laissa des traces sanglantes en maints endroits.
– C'est horrible !
– Et notre bon roi nous a abandonnés.
Au total, il semblait que depuis le mois de juillet 1764, la Bête eût fait près de deux cents victimes. Difficile d'en donner le chiffre exact, car un certain nombre de personnes firent état d'attaques imaginaires, quelquefois pour toucher une indemnité des autorités.
Il n'empêche que tout le pays vivait dans la terreur, dans

l'angoisse. Si bien qu'un jeune noble, le marquis d'Apcher, décida de prendre l'affaire en main.

Cherchant des volontaires, il reçut la visite de Jean Chastel, le cabaretier :

– Prenez-moi avec vous, monsieur le marquis, je suis bon chasseur.

Le marquis hésita, il connaissait la réputation des Chastel.

– Justement, lui suggéra-t-on : Jean Chastel est un sorcier, un meneur de loups. S'il le veut, il trouvera la Bête.

Au sortir de l'hiver 1765-1766, il y eut de grands pèlerinages dans le Gévaudan. Jean Chastel assista à l'un d'entre eux. On prétend qu'à cette occasion il fit bénir son fusil, ainsi que trois balles coulées avec le plomb provenant de trois médailles à l'image de la Sainte Vierge. La poursuite dura des semaines. Le 18 juin 1766, la Bête fut signalée aux abords du mont Mouchet, elle venait d'attaquer un enfant. Le 19 juin, à l'aube, sautant par-dessus un ruisseau, elle apparut face à Jean Chastel, caché derrière un arbre, le genou à terre.

L'aubergiste épaula son fusil et cria, les autres chasseurs l'entendirent :

– Bête, tu n'en mangeras plus !

Une détonation retentit, la Bête s'écroula dans les hautes fougères, foudroyée.

Curieusement, personne n'en donna jamais une description exacte. On déclara seulement que l'animal paraissait bien être un loup, mais un loup extraordinaire, fort différent des loups qu'on avait vus dans le pays jusqu'ici. On ajouta plus tard, que là où la bête tomba, l'herbe ne repoussa jamais.

Quoi qu'il en soit, après ce jour, les attaques de la Bête cessèrent, cette fois pour de bon.

Dès le début, la légende se mêla à l'histoire de la bête du Gévaudan.

Qui était-elle ? D'après l'hypothèse la plus sérieuse, il s'agirait en fait de toute une bande de loups qui auraient écumé la Lozère et une partie de l'Auvergne trois ans de suite. Plusieurs fois, en effet, la Bête fut signalée dans un endroit, tandis qu'en même temps elle attaquait dans un autre... On peut pourtant s'étonner de la cruauté particulière de cette horde, et des descriptions fantastiques faites par les paysans, connaissant pourtant les loups de près.

Deuxième supposition : Antoine Chastel, le fils du cabaretier, le solitaire du mont Mouchet, aurait lâché ses monstres dans la campagne, hyènes et mâtins féroces, et aurait peut-être aussi participé directement aux crimes...

Pour le reste, il y a des contes, et des plus extravagants : Jean Chastel, meneur de loups, les poussant au carnage, ou bien se transformant lui-même, la nuit, en loup-garou aux pouvoirs surnaturels, tuant à la fin un vrai loup pour tromper les gens et vivre ainsi en toute impunité.

On a parlé d'un paysan fou courant la montagne,

on a accusé des protestants voulant se venger d'horrible façon des catholiques... Certains ont même prétendu que la Bête n'aurait jamais existé, et qu'il s'agissait seulement d'hallucination collective, avec des victimes inventées...
Il n'empêche que la Bête a la vie dure, et qu'on n'en finit pas de raconter ses méfaits.

La Bébête

DANS UN PLACARD TRÈS NOIR, VIT UNE BÉBÊTE, une Bébête pas commode du tout. Sous ce placard, dort un matou.

Juste en dessous, ronfle un hibou.

Et un peu à l'écart, dans une petite boîte d'allumettes, habite Souricette.

Au fond de son placard, la Bébête souffle, grogne, gigote.

Jamais personne ne frappe à sa porte.

Jusqu'au jour où…

– Je l'ai vue ! crie le matou. Elle est verte des pieds à la tête !

– C'est vrai ! ricane le hibou. On dirait une courgette !

– Moi, chuchote Souricette, je la trouve plutôt chouette. Mais les autres ne l'écoutent pas.

– Eh microbe, tu sais pourquoi la Bébête est verte ? C'est parce qu'elle mange des brochettes… des brochettes de Souricette !

– Tu ne nous crois pas ? dit le matou. Eh bien, écoute ça ! Tout à l'heure, je dormais sous le placard. Soudain, au-dessus de ma tête, j'aperçois la Bébête ! Elle souffle, grogne, gigote. Alors moi je crie : « Ça suffit ce bazar ! » Sur ce, la porte du placard s'ouvre et là… je vois ses doigts de pieds. Ils sont laids et palmés ! Je vois ses pattes. Elle en a vingt-quatre ! Puis la Bébête saute par terre. Pouf ! elle se déplie comme une carte routière et là… je vois ses muscles gros, gras, luisants, rangés du plus petit au plus grand. Ensuite ses pattes s'agitent toutes en même temps. Elle commence à ramper vers chez toi en ricanant et là je vois… deux énormes rangées de dents pas brossées depuis longtemps. Alors moi je dis : « Ça suffit ce bazar ! » Et hop ! la voilà qui rentre dans son placard.

– Ce n'est pas tout ! fait le hibou. Plus tard, je ronflais sur le placard. Soudain, j'entends la Bébête. Elle décroche son téléphone et elle dit à un ami : « Dis donc, tu ne connais pas la nouvelle ? Ce soir, je mange une brochette de Souricette ! »

Ensuite, elle sort du placard enveloppée dans une cape noire. Gare ! Elle se cache sûrement quelque part, et elle te surveille avec ses lunettes pour voir dans le noir.
Mais Souricette n'a pas peur. À son tour, elle raconte :
– La Bébête c'est ma copine ! On s'est connues à la piscine.
Et en disant ça, elle devient toute rouge !
– Hou ! La menteuse ! crient le matou et le hibou.
– Menteurs vous-mêmes, réplique Souricette. Si vous n'arrêtez pas de m'embêter avec vos sornettes, c'est vous que la Bébête mangera en brochettes !
Le matou et le hibou n'ont pas peur, mais alors, pas peur du tout !
– Moi, dit le matou, si la Bébête essaie de m'attraper, je lui fais une prise de karaté !
– Moi, se vante le hibou, je la chatouille sous les pieds ! Ça lui apprendra à vouloir me croquer.
Mais à cet instant précis, quelque chose bondit du placard !
Ce n'est pas la Bébête du matou ! Ce n'est pas la Bébête du hibou ! Ce n'est pas non plus la Bébête de Souricette ! Cette Bébête n'est la copine de personne, car c'est la Bébête la plus horrible du monde !

Les compères prennent leurs jambes à leur cou ! Mais la Bébête se lance à leurs trousses.
– Au secours ! hurle le matou en sautant dans le placard.
– Maman ! gémit le hibou en sautant sur le matou.
Puis, comme il n'y a plus de place dans leur cachette, les trouillards claquent la porte au nez de Souricette.

Pauvre Souricette ! La Bébête approche. Et plus elle approche, plus elle a l'air d'adorer les brochettes de Souricette !
Souricette crie :
– À l'aide !
Mais trop tard ! La Bébête tend sa patte et… clic ! clac ! elle enferme les lascars dans le placard. La Bébête ouvre un large bec et… gloups ! elle avale la clé. La Bébête se penche et…
– Bon ! grogne-t-elle à l'oreille de Souricette. Je veux bien aller à la piscine, mais d'abord, tu vas m'apprendre à nager.

Et les deux copines s'en vont à la piscine, bras dessus, bras dessous, tandis que, dans un placard très noir, soufflent, grognent, gigotent, un matou et un hibou, pas commodes du tout.

Le Baiser de la vouivre

LA NUIT ÉTAIT TOMBÉE. UNE BELLE NUIT PLEINE, à faire lever la tête aux cieux, pour frissonner devant la majesté du monde.

Les biefs, en silence, soufflaient leur rosée sur la combe, éteignaient la lourdeur du jour. L'air sentait bon le pré fané, le cuir des bêtes, la tourbe amère, la forêt... et ce bouquet répandait ses vapeurs, comme une offrande de la terre à la nuit.

Au hameau du Moutat, dans les écarts de Mouthe, Robin, assis sur une pierre devant sa grange, goûtait ce miracle des choses.

« Ne reste pas ici, Robin ! murmura une voix qui veillait au fond de lui. Le soleil levant te trouvera dans ton champ, la faux à la main, à l'attaque de ta journée de foin. Va-t'en dormir, allons. Il n'est que temps ! »

La voix parlait pour son bien, mais Robin ne comprit rien. C'est alors qu'une étoile filante glissa dans le ciel. Non ! pas une étoile ; une braise pour mieux dire. Une braise ? Oui ! une braise, jaillie des sapins, par-dessus la cime du Risoux.

« Allons, allons, Robin, tu délires ! Personne, à pareille heure, ne fait du feu là-haut ! C'est une braise ; je vous dis que c'est une braise ! Elle rougeoie, comme un tison sous le vent du soufflet… Bon ! c'est une braise ; mettons !… »

Robin se leva pour faire taire ses pensées. La lumière survolait la combe en direction de Mouthe. Elle dépassa le village et revint sur sa trajectoire, en décrivant une grande courbe incandescente.

– On dirait qu'elle plane ! murmura Robin.

Elle perdait de l'altitude, tirait tout droit vers le pied de la montagne et, bientôt, disparut dans la lisière du bois.

– Elle s'est posée vers la source du Doubs !

Alors, disant ces mots, Robin sentit un frisson lui étriller la peau.

– Une vouivre ! C'est une vouivre !…

Ce qu'il avait pris pour une étoile, ce qu'il avait pris pour une braise, c'était l'œil de la bête, son œil de rubis : l'escarboucle fabuleuse.

Sans réfléchir, il se précipita. Il courut à travers le marais, se tordit les chevilles dans les mottes, échappa dix fois ses sabots, s'arrêta pour écouter les bruits, sonder la nuit.

Le village semblait tranquille, les hameaux dormaient. Ceux qui avaient vu la lumière dans le ciel – il y en avait plus d'un – se calfeutraient derrière leurs volets. Seul Robin, sous la lune, battait les joncs du marais.

La voix qui veillait au fond de lui essaya de le faire changer d'avis.

« Sais-tu seulement où tu t'en vas, pauvre Robin ! Arrête ici tes pas. Retourne-t'en ! Le rêve qui te fait courir en a fait choir de plus vaillants que toi ! »

Mais Robin n'entendit point. Un trésor faisait flamber sa tête, trembler ses mains.

Il ralentit aux abords de la source, se tapit dans les touffes d'aulnes et de trembles et acheva son approche, en se glissant de tronc en tronc.

Il s'accroupit soudain. À quelques pas de lui, une lueur rougeoyait. La vouivre était au bain, son œil sur la rive. Il s'aplatit et rampa sous les buissons qui habillaient la berge du ruisseau, jusqu'à l'endroit où la source prenait ses eaux. Alors, il vit.

Posée sur un rocher tapissé de mousse épaisse, grosse comme deux poings d'homme, la pierre illuminait la nuit. Sa lumière dansait, mouvante comme celle d'un brasier. Des ombres transparentes animaient le germe du joyau et des effluves chauds sinuaient dans l'air autour de lui.

À plat ventre sur la rive, Robin, ébahi, se laissait réchauffer par la douceur de la pierre. Elle paraissait vivante. Elle palpitait comme un cœur.

La vouivre était un peu plus loin, encore invisible. La source, en effet, naissait dans un creux du rocher ; une grotte

étroite qui se perdait dans les racines de la montagne. C'est là, à l'endroit même où l'eau sourdait, toute chargée des forces de la terre, que la bête se baignait. Elle puisait l'énergie de cette eau vierge, se chargeait de son intensité, retrempait sa vie…
Robin l'entendait nager, battre l'onde et les remous, déformés par la grotte, se changer en murmures, en soupirs, en feulements de plaisir… C'était étrange. Ces rumeurs, ces échos, dans l'écrin de lumière incandescente de la rive, ce n'étaient plus les ablutions d'un animal, mais des jeux d'eau plaisants, des agaceries d'amoureux…
Robin frissonna. La vouivre dissimulait-elle un secret ? Et lui, premier de tous les gaillards du canton, était-il

sur le point de le percer ? Il avança son visage sous les feuilles, se risqua, avec précaution, au-dessus de la berge et soudain, vit la bête…
Elle avait quitté son abri. Son long corps reptile se confondait avec le lit du Doubs que ses écailles hérissaient de vaguelettes. Ses ailes diaphanes largement éployées, elle se laissait porter par le courant et sa gueule, aux mâchoires vigoureuses, se dressait, changeante, tantôt abandonnée sous la caresse du ruisseau, tantôt cruelle, aux aguets de la nuit…
Sur la rive, à l'arrivée de sa maîtresse, des pétillements de feu scintillèrent au sein de l'escarboucle. Le monstre, joyeux, répondit à ce salut. Il se berça dans l'eau, en sinuant, et ses anneaux puissants entraînèrent dans leur ondulation tout le lit du ruisseau. Les rives se mirent à tanguer. Réalité ? Sortilège ?… Robin, pris de vertige, se vit saisi par le monstre, précipité dans l'eau, broyé, englouti… Il s'évanouit de frayeur.
Quand il revint à lui, il grelottait. Ses vêtements étaient trempés de rosée blanche et le jour commençait à récurer le chaudron de la nuit. La source était paisible. Une vapeur

transparente nappait ses eaux ; buée laissée par le souffle de la vouivre. Preuve que Robin n'avait pas rêvé…
Il rentra chez lui en se cachant. Que personne, surtout, ne l'aperçût ! Que personne n'en vînt à se douter !…
À peine arrivé, il saisit sa musette, empoigna sa faux, sa pierre à aiguiser et partit dans ses champs.
– J'ai vu ce que j'ai vu ! marmonnait-il.
Et le soleil au visage écarlate l'approuvait, en attisant dans son esprit le feu de l'escarboucle.
– Je la veux ! Je la veux !

Tout le jour, il travailla sans voir son ouvrage, sans voir sa femme à ses côtés, obsédé par l'escarboucle, obsédé par sa gardienne. Comment tromper sa vigilance ? Comment lui dérober son trésor, sans y laisser la vie. Et, peu à peu, dans la fournaise du vallon où son foin séchait, il élabora ce plan hardi.

Le soir même, il se posterait à l'affût, sous abri, à proximité du rocher où la bête déposait son œil. Il attendrait qu'elle fût au bain, au plein de son plaisir de l'eau. Alors, il sortirait de sa cachette, déroberait l'escarboucle et rentrerait aussitôt, comme escargot dans sa coquille.

À la fin de la journée, il s'apprêta. Il prit un baquet à lessive, le hérissa de crosses de charpentier dont il aiguisa les pointes et, dès la tombée de la nuit, partit. Il gagna la lisière du bois pour échapper aux regards et longea la côte jusqu'à la source. Là, il recouvrit son baquet de mousse, s'installa et attendit.

La nuit passa et la vouivre ne vint pas. Avait-elle éventé le piège ?... Robin revint la nuit suivante, mais au matin d'après, rentra aussi bredouille que la veille.

L'attente affûtait son désir et les veilles déçues, son impatience, mais l'échec ne le rebutait pas ; au contraire, chaque

soir, dès que l'obscurité de la montagne descendait peser sur la combe, Robin, son baquet retourné sur l'épaule, partait prendre sa garde.

À sa septième nuit d'affût, il vit enfin, rouge sanguin, l'escarboucle se faufiler au milieu des étoiles. Il eut à peine le temps de s'abriter que la vouivre était là. Il perçut son plongeon léger et aussitôt, un cercle de lumière filtra sous le baquet.

Robin devint froid comme un mort. Il écouta. La bête semblait hésiter. Il l'entendit glisser autour de sa cachette, passer et repasser, remuer les cailloux sur la rive, puis plus rien. Le gibier, à son tour, semblait à l'affût de son chasseur. Le temps passa. Robin s'efforçait d'oublier le monstre,

pensait à sa ferme, à son cheptel qu'il agrandirait, dès qu'il serait riche. Mais malgré ses efforts, l'image de la vouivre s'insinuait dans son esprit. Il la voyait se dresser, crachant l'eau de la source qui se changeait en venin et plusieurs fois, fou de terreur, il voulut en finir.

Enfin, des bruits d'éclaboussures lui signalèrent que la bête nageait dans la source. C'était le moment où jamais. Il souleva le baquet d'un bras, tendit l'autre, saisit l'œil et s'enferma. Deux secondes à peine ! Mais déjà, la vouivre s'était jetée sur lui en crachant et se déchirait le ventre.

Elle hurla, clouée sur le piège ; se débattit, furieuse. Son ennemi était là ; son voleur. Elle voulut l'étouffer, briser sa coque, fracasser sa pauvre carcasse d'homme. Mais, plus ses anneaux broyaient, plus l'animal s'immolait… Sa douleur décuplait sa rage, sa rage décuplait sa fureur, et sa fureur son impuissance, et son impuissance, à nouveau, en un cycle impitoyable, creusait ses plaies.

Recroquevillé, Robin ne bougeait plus. Il avait enfoui l'escarboucle dans sa chemise et écoutait battre sur lui ce fracas, plus violent que les orages de sa montagne…

Dans une accalmie, une plainte s'éleva, une lamentation de misère. Et la voix qui pleurait, élimée par la douleur, n'était pas voix de bête, mais voix humaine... Voix de femme, lavée par le chagrin, qui épanchait sa souffrance, sans pudeur.
Dans ce chant d'agonie, le gaillard, épouvanté, crut s'entendre nommé :
– Robin... Robin...
C'était la bête. C'était son souffle, pareil à la vapeur qui caressait la source au matin.
Robin faillit céder à cet appel. Mais quelque chose le retint. Le sentiment d'une ruse, d'une tentative ultime de la vouivre qui cherchait à le précipiter avec elle, dans le néant... Il frémit et se mit à sangloter, pelotonné sur son butin, versant des larmes de givre.
La vouivre sentit qu'elle avait échoué et se laissa mourir. Son corps défait pendait sur le baquet...
Quand Robin se décida à sortir, le jour était levé depuis longtemps et le soleil chauffait. Il arriva chez lui vers midi, hagard, après avoir erré la matinée entière.
Sa femme, quand elle le vit, le prit pour un étranger. Ses cheveux étaient gris, son visage livide, creusé d'ombres terreuses. Il balbutiait en soutenant son ventre gonflé.
– La vouivre !... J'ai tué la vouivre... Volé son escarboucle...
Il ouvrit sa chemise et, avec d'infinies précautions, déposa la pierre aux pieds de son épouse.
– Regarde comme elle brille !
La femme regarda la pierre, puis regarda son homme

en portant ses mains devant sa bouche, épouvantée. Son Robin était fou. La pierre qu'il lui offrait comme un trésor, n'était qu'un vulgaire caillou, tout recouvert de mousse…

Le temps passa. Robin avait quitté sa ferme et vivait dans la combe, ici et là, hébergé dans une grange et nourri par les uns, par les autres. Il racontait son exploit, sa ruse, son combat et les confidences de la vouivre à l'agonie, qui lui avait déclaré son amour…
– La preuve ? se fâchait-il en retroussant sa chemise devant ceux qui feignaient de douter. La voilà, la preuve !…
Et à l'endroit où l'escarboucle avait touché son ventre, des taches couvraient sa peau, des tavelures en forme d'écailles de serpent. Le baiser de la vouivre…

La Malebête

D'OÙ VENAIT CETTE MALEBÊTE QUI RESSEMBLAIT à un ours, en trois fois plus gros ? Nul ne sait. Le fait est qu'elle arriva près du village un jour où il faisait chaud. Un ruisseau se trouvait là, elle s'y baigna longuement. À la fin elle sortit de l'eau, le pelage tout hérissé, les poils troussés, retroussés, allez savoir pourquoi ! Depuis le ruisseau s'appelle Troussepoil. Regardez sur une carte si vous ne me croyez pas.

Donc la bête sortit de l'eau, s'ébroua, éternua, toussa, reprit son chemin, à quatre pattes, en roulant les muscles sous le pelage d'un air bonasse, comme font les ours à l'ordinaire.

L'air bonasse, il valait mieux ne pas s'y fier. Comme la baignade lui avait ouvert l'appétit, elle avala deux ou trois vaches qui paissaient dans les grasses prairies alentour. Les cornes, au passage, lui picotaient bien un peu l'œsophage, mais qu'importait… Elle avait encore faim. Et elle avala la bergère.

C'était la première fois qu'elle goûtait à la chair humaine. Elle la trouva bonne, malheureusement.

Il y avait, en ce temps-là, beaucoup de jolies filles au village. Vives et malicieuses avec ça. Moins jolies, la bête les eût mangées, bien sûr, mais la beauté ne gâtait rien à l'affaire. D'ailleurs, elle n'aimait ni les vieilles, ni les acariâtres, trop desséchées à son goût. Quant aux hommes, n'en parlons pas. La peau tannée, de gros muscles, des os épais… pouah ! Non, elle préférait les jeunettes. Elle s'installa à proximité du village.

Au pays, c'était la désolation. Les maris qui travaillaient aux champs n'osaient plus demander à leur femme de leur apporter le repas. Les pères gardaient leurs filles à la maison, les amoureux, le soir, ne retrouvaient plus leur mignonne. Encore si la malebête ne s'était attaquée

qu'aux vaches. Mais là... c'en était trop. Il fallait s'en débarrasser.
Les habitants se creusaient la cervelle. Ne trouvaient rien. Seul un saint homme, à force de prières, serait capable d'exorciser la bête et de l'empêcher de nuire à jamais. Ils décidèrent de s'adresser à un homme d'Église.
Justement, un grand personnage devait passer par le village : le prélat du pape en personne. On le conduisit à la bête en solennelle procession. Mais le légat ne put rien faire, car il était en état de péché : il avait le matin même embrassé une fille qui se trouvait sur son chemin.
Les villageois n'eurent pas plus de chance avec les abbés de la région. L'un, avant de venir, pour se donner du cœur au ventre, avait bu trois bouteilles de vin, l'autre, sur la route en venant, s'était pris de querelle avec un paysan et lui avait cassé la tête. Les pauvres gens du pays se désespéraient. Près de qui donc chercher secours ?
– On pourrait en parler au curé Martin, proposa quelqu'un. On ne risque pas grand-chose !
Ce curé était un simple un peu balourd. En voyant sa bonne tête ébouriffée, on avait tendance à rire.

Mais on n'avait plus le choix. On envoya une délégation pour lui demander d'intervenir. Le brave curé accepta.
D'abord il se plongea dans ses prières et cela dura cinq jours et cinq nuits. Les gens s'inquiétaient. Avaient-ils eu raison de venir le chercher ? Pourquoi ne sortait-il pas de son presbytère ? Dormait-il ? Était-il malade ? Ou simplement mort de peur ?
Mais le matin du cinquième jour, curé Martin ouvrit sa porte, respira l'air vif avec délice, fit le signe de la croix et se dirigea tranquillement vers le repaire de la bête. Il tenait à la main son chapelet.
De loin, les hommes le regardaient. Les filles, les femmes aussi, à l'abri derrière leurs volets. C'était un matin

printanier. Les mouettes, venues de la mer, survolaient les tamaris en fleur et les prés verts.
Curé Martin, sans autres armes que ses mains nues et son cœur pur, s'approcha de la malebête, fit de nouveaux signes de croix, et lui passa autour du cou son chapelet. Puis il la conduisit jusqu'à l'église, à travers les rues du village. Elle le suivait docilement.
Quel spectacle ! Le bon curé, toujours aussi ébouriffé, tirait derrière lui le monstre, trois fois plus gros que lui, avec la même simplicité que s'il se fut agi d'un petit chien… Debout sur le seuil de leur porte, les gens n'en croyaient pas leurs yeux. Si les vieux se signaient, si les hommes et les femmes chantaient alléluia, les filles,

elles, délivrées de leur peur, criaient, toujours moqueuses :
– Depuis quand, père Martin, êtes-vous berger du diable ?
Le brave homme fit semblant de ne pas entendre et, arrivé devant l'église, commanda à la bête de grimper sur le pignon. Elle obéit. Alors il la changea en pierre.
Ceci fait, il lui ordonna :
– Tu ne vivras plus, désormais, que de la beauté des filles de la paroisse.
Aussitôt les filles devinrent laides.

Dieu merci, aujourd'hui, si vous vous promenez dans le village, vous y trouverez la même proportion de belles et de laides que dans le reste du pays. Pourtant le souvenir des paroles du curé Martin demeure dans les mémoires.
La malebête, perchée sur son pignon, surveille toujours l'entrée par le grand porche de l'église – elle y est encore, je vous jure, vous pouvez la prendre en photo.
Les garçons, qui ne tombent pas sous le coup de la malédiction, entrent par là quand bon leur semble. Mais les femmes, surtout les jeunes et les jolies, préfèrent passer par la porte de côté. On ne sait jamais…

Welcome to the world of International Schools Services

Since 1955, International Schools Services has grown into a dynamic educational force in the overseas community. A nonprofit corporation dedicated to educational excellence for children attending international schools worldwide, International Schools Services is the world leader in providing a comprehensive range of quality educational services for schools, educators, families and corporations.

Headquartered in Princeton, New Jersey, International Schools Services is led by a team of professionals, each with decades of overseas educational experience. We pride ourselves in offering individualized assistance to international schools facing the many challenges unique to the overseas community.

ISS Management and Consulting

Multinational corporations turn to ISS Management & Consulting when they require expertise to establish and operate schools or to provide educational solutions for their employees' children in global settings.

From planning facilities and developing core curricula to hiring staff and purchasing supplies, our School Management division partners with corporations and local governmental officials to develop quality schools in an international context. Our Consulting services include educational site assessments, new school planning specialized curriculum planning, recruitment assistance and financial forecasting.

ISS Management & Consulting strives to create or enhance educational operations to meet and exceed the expectations of the families who rely on their companies' schools.

ISS Educational Staffing

Finding qualified teachers and principals willing to relocate overseas is a challenge perpetually faced by international schools. ISS Educational Staffing helps meet that challenge by providing international schools with a large pool of highly qualified, dedicated educators who wish to teach overseas. Our professional staff members screen candidates' references and credentials, and also provide counseling on the overseas recruitment process. In addition to conducting year-round searches, ISS Educational Staffing hosts four annual International Recruitment Centers.

ISS Educational Staffing also assists international schools to recruit school heads. With our extensive knowledge of international education and well-established connections throughout the international school community, we help place superintendent and director candidates, ranging from newly certified administrators from the U.S. to seasoned superintendents with many years of international school experience.

ISS Information Services

ISS Information Services unites the international school community through its informative publications, interactive web site, conferences, seminars and other forums.

ISS Information Services annually publishes The ISS Directory of International Schools, a comprehensive guide to American and international schools worldwide, to help families make the best educational choices for their children. ISS also publishes a newspaper, *NewsLinks*, four times during the school year, which is distributed to more than 500 American and international schools.

ISS School Supply & University Services

ISS School Supply & University Services provides schools with greater access to American and internationally approved teaching materials and supplies, and helps institutions achieve administrative efficiencies and cost savings.

The School Supply department of ISS Purchasing provides complete purchasing services to international schools. From books to supplies to school equipment, School Supply helps schools streamline their procurement efforts and realize cost efficiencies.

The University Services department serves as the procurement arm of international universities, university satellite programs and teaching hospitals. Our staff is knowledgeable about regulations and guidelines, including those required by USAID/ASHA grants. From competitive bidding to consolidated shipping and final invoicing, University Services provides a complete purchasing service.

ISS Foundation Management

International schools that are incorporated in the United States as 501(c)3 nonprofit organizations avail themselves of greater fundraising, investment and tax savings opportunities.

Since 1968, ISS Foundation Management has served overseas schools by providing comprehensive financial services—including legal, financial, administrative and development expertise—to create and manage a school's foundation. In addition, ISS Foundation Management offers US-based payroll processing, which may provide tax advantages for the school and access to several U.S. benefit options, including U.S. Social Security.

ISS Foundation Management manages the foundation and its programs on behalf of the school and provides comprehensive administrative support. Our professionals relieve a school of virtually all administrative responsibilities and report to the schools and foundation boards on the status of the foundation finances, programs and activities.

ISS Financial Network

ISS Financial Network is dedicated exclusively to meeting the financial service challenges of educational institutions worldwide by providing advice and services needed to achieve optimal financial performance.

ISS Financial Network offers the only comprehensive portfolio of financial services to international schools developed by international school experts, including cash and asset management, retirement plans, financial planning and capital financing. We customize financial packages to best meet the individual needs of international schools and their staff.

The ISS Directory of International Schools 2010–2011

"The most comprehensive resource guide to international schools."

Fees and other data are accurate as reported to International Schools Services by the individual schools as of August 2010. Readers are advised to obtain updated information from the individual schools. **Inclusion in the Directory does not imply endorsement of any school or its programs by International Schools Services.** Maps are representational and intended for general orientation only. Country information collected from *The World Factbook* at http://www.cia.gov/cia/publications/factbook/index.html.

Thirtieth edition, September 2010

ISBN-10: 0-9841856-1-5

ISBN-13: 978-0-9841856-1-0

Distributed by International Schools Services,
15 Roszel Road, PO Box 5910, Princeton, NJ 08543-5910, USA.

Cost: $49.95 plus shipping and handling

To order:
International Schools Services
Telephone: 1.609.452.0990
Fax: 1.609.452.2690
Email: directory@iss.edu
Web: www.iss.edu

Published annually since 1981 by
International Schools Services
PO Box 5910, Princeton, New Jersey 08543-5910, USA
Telephone: 1.609.452.0990
Fax: 1.609.452.2690
Email: iss@iss.edu
Website: www.iss.edu

Produced by Candace M. Hawkins Graphic Design 1.609.575.1198

Printed in Canada

Contents

ISS Board of Directors / Staff

ISS Board of Directors

James M. Byer
Elizabeth Duffy
William G. Durden, *Chairperson*
Roger Hove, *President*
Michael S. Mathews
Herman L. Penner
Deborah B. Reeve
Robert R. Spillane
John H. Timoney

ISS Senior Staff

Roger Hove, *President*
Sandra Logorda, *Chief Financial Officer*
Jim Newfrock, *Chief Operating Officer*
Bob Dunseth, *Vice President, Asia*
Bruce McWilliams, *Vice President, Middle East*
Rob Ambrogi, *Vice President, School Management and Administration*
Deirdre Simon, *Director, Accounting and Foundations Management*
Desiree Bryant, *Director, Human Resources*
Keith Cincotta, *Director, School Supply and University Services*
Laura Light, *Director, Educational Staffing*
Nancy Hoppe, *Director of School Management and Governed Schools*
David Randall, *Executive Consultant*
Mary Anne Haas, *Executive Assistant to the President*

ISS Directory Staff

Matthew Rick, *Editor*
Cheryl Baldwin, Heather DiTullio, Anna Madeja, *Publication Assistants*

Data

International Schools

Total number of schools	546
Countries represented	153
Africa	57
Caribbean	18
Central America	23
East Asia/Pacific	145
Eastern Europe	51
Near East/South Asia/Middle East	80
North America	19
South America	50
Western Europe	103

Staff

Total full time staff	39,232
Total part time staff	3,910
Full time staff per school (average)	72
Part time staff per school (average)	7
US	13,698
UK	4,943
Host country	11,311
Other nationalities	10,573

.....as reported to ISS by the individual schools.
Some schools did not supply data in each category.

Students

Total number of students	330,923
Students per school (average)	606
Percentage gaining college admission (average)	97.5%
US	70,817
UK	17,159
Host country	121,684
Other nationalities	121,263
Class size (average)	17
Elementary	18
Secondary	17

Notes

Schools included in the Directory are primarily American and/or international with an English-language curriculum. They are arranged alphabetically, first by country, then by city or town, and finally by school name. Schools in rural areas are listed under the nearest town.

Accredited by: Accreditation is not mandatory, but many overseas schools elect to become accredited. U.S. and international accrediting organizations are listed in an appendix at the end of the Directory.

Boarding facilities: Schools with boarding services are identified within their entries.

Chief school officer: The name and title of each chief school officer is followed by up to eight academic division heads and other administrative staff. Chief school officers are listed alphabetically in the index.

Curriculum: Each school in the Directory provides an English-language curriculum alone or in combination with a host-national curriculum. Some offer the International Baccalaureate Diploma Programme (IB Diploma), a two-year course of study recognized by many colleges and universities, as well as the International Baccalaureate Middle Years Programme (IBMYP), and the International Baccalaureate Primary Years Programme (IBPYP). Schools offering the U.S. Advanced Placement (AP®) Program® are so noted.

Grade levels: The following abbreviations are used: N for Nursery; PreK for prekindergarten; K for kindergarten (usually 5- to 6-year-olds).

Nationalities of teaching staff and nationalities of student body: Teaching staff and students are defined by nationality groups. The United States, the United Kingdom, the host country, and other significant nationalities are noted.

Percentage of graduates attending college: Secondary schools were asked to list five colleges or universities recently attended by their graduates.

Regional organizations: Many schools are members of international regional organizations which provide professional development opportunities and other educational resources to their member schools. Organizations supporting international education are listed in an appendix at the end of the Directory.

School addresses: The street address may differ from the mailing address. When specifically provided, use the mailing address for correspondence.

APO and FPO are U.S. military mail services with strict regulations. No personal name may appear in an APO or FPO address. Use the title of the chief school officer, followed by the address. U.S. Department of State addresses may include personal names.

School governance: Most overseas schools are governed by a board of directors (or the host country's equivalent,) a company, religious organization, or individual proprietor. Sponsors or operators are listed when reported. Individual schools have identified themselves as falling within the following categories: coeducational, boarding, day, company-sponsored, church-related, proprietary, private nonprofit.

School year: Most schools in the directory follow a northern hemisphere calendar and are in session from September to June. Those following a southern hemisphere calendar from March to December are so noted.

Teaching staff: The number of both full- and part-time teaching staff members is listed.

Telephone and facsimile numbers: Numbers include the country and city codes (where applicable) followed by the telephone number.

Tuition: Most tuition figures are given in U.S. dollars. The currency used is noted in each school's entry. School charges other than tuition are also listed.

International Schools Resource Guide

International Schools Services *in cooperation with the* **IB North America** *is pleased to introduce...*

PYP and MYP Teacher Training Workshops

Date: June 2011
Location: Princeton, NJ USA

One-Day Orientation Session

Introduction to the PYP
Introduction to the MYP

The Orientation Session is designed specifically for teachers and administrators who wish to learn about the Primary Years (IBPYP) and Middle Years (IBMYP) Programmes.

Training Workshops

PYP Level I Training *(Two day workshops)*
PYP Level II Training *(Two day workshops)*
MYP Level I Training *(Two day workshops)*
MYP Level II Training *(Two day workshops)*

For registration information, please contact:

International Schools Services
Educational Staffing Department
609.452.0990
ibtraining@iss.edu

ISS is a nonprofit corporation dedicated to educational excellence for children attending international schools worldwide. Established in 1955, ISS has become a world leader in providing a comprehensive range of quality educational services for schools, educators, families and corporations.

The International Baccalaureate Organization (IBO) is a non-profit foundation that works with 1,462 schools to develop and offer three challenging programs in 117 countries to approximately 200,000 students.

ISS

IN COOPERATION WITH ib ®

International Schools by Country

ALBANIA

Area:	28,748 sq km
Population:	3,659,616
Capital:	Tirana (Tirane)
Currency:	Lek (ALL)
Languages:	Albanian

Tirana International School

Phone 355 4 2365239
Fax 355 4 2377679
Email tirana@qsi.org
Website www.qsi.org/alb_home/alb_home.htm
Address Tre Vellezerit Kondi, Villa Germane #6, Tirana, Albania
Mailing address Kutia Postare 1527, Tirana, Albania

STAFF

Director Jerry Ashby, Ed.D.
Director of Instruction Maura Martin
Business Manager Merita Karaj
Librarian Illira Pitarka
Teaching staff Full time 18; Part time 8; Total 26
Nationalities of teaching staff US 9; UK 1; Albanian 12; Other(s) (Canadian) 4

INFORMATION

Grade levels PreK–12
School year August–June
School type coeducational, day, private non-profit
Year founded 1991
Governed by appointed Board of Directors
Sponsored by Quality Schools International
Accredited by Middle States
Regional organizations CEESA
Enrollment PreK 15; Elementary K–5 81; Middle School 6–8 43; High School 9–12 35; Total 174
Nationalities of student body US 41; UK 7; Albanian 62; Other(s) (Dutch, Turk) 64
Tuition/fee currency US Dollar
Tuition range 4,900–15,400
Annual fees Capital Levy 1,600
One time fees Registration 300
Graduates attending college 100%
Graduates have attended Texas A&M U, Franklin Col, Trent U, U of Belgrade

EDUCATIONAL PROGRAM

Curriculum US, AP
Average class size Elementary 12; Secondary 7
Language(s) of instruction English
Language(s) taught French, Spanish, Albanian
Staff specialists computer, ESL, librarian, physician
Special curricular programs art, instrumental music, vocal music, computer/technology, physical education
Extra curricular programs computers, community service, dance, drama, environmental conservation, excursions/expeditions, photography, yearbook
Sports basketball, cross-country, martial arts, soccer, swimming
Examinations ACT, AP, Iowa, PSAT, SAT, SAT II

CAMPUS FACILITIES

Location Suburban
Campus 2 hectares, 11 buildings, 28 classrooms, 2 computer labs, 70 instructional computers, 7,000 library volumes, 1 auditorium, 1 cafeteria, 1 covered play area, 4 playing fields, 1 science lab, air conditioning

ANGOLA

Area:	1,246,700 sq km
Population:	13,068,161
Capital:	Luanda
Currency:	Kwanza (ADA)
Languages:	Portuguese

Luanda International School

Phone 244 222 46 0762
Fax 244 2 2246 0782
Email paDirector@lisluanda.com
Website www.lisluanda.com
Address Rua da Talatona, Luanda Sul, Samba, Luanda, Angola
Mailing address Box 1566, Luanda, Angola

STAFF

Director Tony Baron
Secondary Principal Tony Martin
Primary Principal Carolyne Marshall
Business Manager Wayne Addis
Head of Technology Rodrigo Brasil
Head Librarian Margaret Amos
Teaching staff Full time 60; Total 60

INFORMATION

Grade levels PreK–12
School year August–June
School type coeducational, company-sponsored, day, private non-profit
Year founded 1996
Governed by appointed Board of Directors
Accredited by CIS, New England
Regional organizations ECIS
Enrollment PreK 80; Elementary K–5 300; Middle School 6–8 120; High School 9–12 110; Total 610
Tuition/fee currency US Dollar
Graduates attending college 82%
Graduates have attended U of Chicago, U of California, Los Angeles

EDUCATIONAL PROGRAM

Curriculum Intl, IB Diploma, IBPYP, IBMYP
Average class size Elementary 19; Secondary 18
Language(s) of instruction English
Language(s) taught Portuguese, Spanish
Staff specialists computer, librarian
Examinations IB

CAMPUS FACILITIES

Location Suburban
Campus 6 hectares, 7 buildings, 29 classrooms, 2 computer labs, 100 instructional computers, 6,600 library volumes, 1 auditorium, 1 cafeteria, 3 playing fields, 2 science labs, 2 pools, 1 tennis court, air conditioning

Data from 2009/10 school year.

ARGENTINA

Area:	2,780,400 sq km
Population:	41,343,201
Capital:	Buenos Aires
Currency:	Argentine Peso (ARS)
Languages:	Spanish

Buenos Aires International Christian Academy

Phone 4549 1300
Fax 4549 1300 ext. 17
Email info@baica.com
Website www.baica.com
Address Av. Libertador 2170, San Fernando, Buenos Aires, 1646, Argentina

STAFF

Administrator Robert E. Newman
Principal Andy Simon
Business Manager Silvana Sabella
Teaching staff Full time 38; Total 38
Nationalities of teaching staff US 19; Argentine 16; Other(s) (Cape Verdean, Canadian) 3

INFORMATION

Grade levels PreK–12
School year August–June
School type coeducational, church-affiliated, day, private non-profit
Year founded 1997
Governed by NCIS School Board
Accredited by Southern
Enrollment PreK 12; Elementary K–5 68; Middle School 6–8 40; High School 9–12 56; Total 176
Nationalities of student body Argentine 86; Other(s) 90
Tuition/fee currency US Dollar
Tuition range 3,000–12,000
One time fees Capital Levy 4,000
Graduates attending college 90%
Graduates have attended U of Southern California, Southeastern U, Johannes Gutenberg U of Mainz, U of St Andrews

EDUCATIONAL PROGRAM

Curriculum US, National, AP, Argentine Official Curriculum
Average class size Elementary 15; Secondary 15
Language(s) of instruction English, Spanish
Language(s) taught Spanish
Staff specialists computer, counselor, ESL, librarian
Special curricular programs art, instrumental music, vocal music, computer/technology, distance learning, physical education
Extra curricular programs community service, drama, excursions/expeditions, newspaper, yearbook, chess, violin, rollerskating, singing, guitar
Sports basketball, soccer, swimming, tennis, volleyball
Examinations AP, SAT, Stanford

CAMPUS FACILITIES

Location Suburban
Campus 1 building, 18 classrooms, 1 computer lab, 15 instructional computers, 8,000 library volumes, 1 auditorium, 1 cafeteria, 1 gymnasium, 1 playing field, air conditioning

LINCOLN, THE AMERICAN INTERNATIONAL SCHOOL OF BUENOS AIRES

Phone 54 11 4851-1700
Fax 54 11 4851-1790
Email lincoln@lincoln.edu.ar
Website www.lincoln.edu.ar
Address Andres Ferreyra 4073, B1637AOS, La Lucila, Buenos Aires, B1637AOS, Argentina

STAFF

Superintendent Philip T. Joslin
High School Principal Joelle Basnight
Middle School Principal Jeff Voracek
Elementary School Principal Brad McClain
Assistant to the Superintendent Jane Lowery
Director of National Programs Ray McKay
Business and Finance Manager Carlos Alberto Patío
Head of Technology Phil Giansante
Head of ES/MS Library Susan Voracek
Head of HS Library Nan Miller
Teaching staff Full time 102; Part time 6; Total 108
Nationalities of teaching staff US 49; UK 1; Argentine 47; Other(s) (Canadian, Ecuadorian) 11

INFORMATION

Grade levels PreK–12
School year August–June
School type coeducational, day
Year founded 1936
Governed by elected Board
Accredited by Southern
Regional organizations AASSA
Enrollment PreK 42; Elementary K–5 351; Middle School 6–8 177; High School 9–12 251; Total 821
Nationalities of student body US 200; UK 28; Argentine 151; Other(s) (Korean, Brazilian) 442
Tuition/fee currency US Dollar
Tuition range 5,900–18,600
Annual fees Registration 1,500; Busing 1,600; Lunch 800
One time fees Capital Levy 6,000
Graduates attending college 100%
Graduates have attended U of British Columbia, Boston U, U of Pennsylvania, Purdue U, U San Andrés (Argentina)

EDUCATIONAL PROGRAM

Curriculum US, National, AP, IB Diploma
Average class size Elementary 17; Secondary 17
Language(s) of instruction English, Spanish
Language(s) taught French, Spanish
Staff specialists computer, counselor, ESL, learning disabilities, librarian, nurse
Special curricular programs art, instrumental music, vocal music, computer/technology, physical education, drama, health
Extra curricular programs community service, dance, drama, environmental conservation, photography, chess
Sports basketball, gymnastics, martial arts, soccer, softball, swimming, tennis, track and field, volleyball, softball
Clubs yearbook, newspaper, photography
Examinations ACT, AP, IB, Iowa, PSAT, SAT, SAT II, TOEFL, SSAT-MAP

CAMPUS FACILITIES

Location Suburban
Campus 9 hectares, 6 buildings, 72 classrooms, 6 computer labs, 350 instructional computers, 47,059 library volumes, 2 auditoriums, 1 cafeteria, 1 covered play area, 2 gymnasiums, 1 infirmary, 3 playing fields, 8 science labs, 1 pool, 3 tennis courts, air conditioning

ARMENIA

ARMENIA

Area:	29,743 sq km
Population:	2,966,802
Capital:	Yerevan
Currency:	Dram (AMD)
Languages:	Armenian

QSI International School of Yerevan

Phone 374 10 349 717
Fax 374 10 397 599
Email yerevan@qsi.org
Website www.qsi.org/arm_home/arm_home.htm
Address 2A Karitas Building, Ashtarak Highway, Yerevan, 0088, Armenia
Mailing address c/o American Embassy, Yerevan, Dept. of State, 7020 Yerevan Place, Washington, DC 20521-7020, USA

STAFF

Director Doug E. Shippert
Business Manager Ruzanna Navasardyan
IT Specialist Josh Olson
Librarian Nara Sarkisova
Teaching staff Full time 17; Part time 2; Total 19
Nationalities of teaching staff US 8; Armenian 9; Other(s) (Australian, Canadian) 2

INFORMATION

Grade levels PreK–13
School year August–June
School type coeducational, day, private non-profit
Year founded 1995
Governed by appointed Board of Directors
Accredited by Middle States
Regional organizations CEESA
Enrollment PreK 8; Elementary K–5 48; Middle School 6–8 12; High School 9–12 8; Grade 13 11; Total 87
Nationalities of student body US 51; Other(s) (Canadian, French) 36
Tuition/fee currency US Dollar
Tuition range 4,000–19,400
Annual fees Registration 300; Capital Levy 1,600
Graduates attending college 100%
Graduates have attended London, Col of William and Mary, Pepperdine U

EDUCATIONAL PROGRAM

Curriculum US
Average class size Elementary 8; Secondary 4
Language(s) of instruction English
Language(s) taught Russian, French, Armenian
Staff specialists computer, librarian
Special curricular programs art, vocal music, computer/technology, physical education
Extra curricular programs computers, community service, dance, drama, excursions/expeditions, yearbook
Sports basketball, cross-country, golf, soccer
Examinations Iowa

CAMPUS FACILITIES

Location Suburban
Campus 1 hectare, 1 building, 12 classrooms, 1 computer lab, 26 instructional computers, 4,414 library volumes, 1 playing field

ARUBA

ARUBA

Area:	180 sq km
Population:	104,589
Capital:	Oranjestad
Currency:	Aruban Guilder/Florin (AWG)
Languages:	Dutch

International School of Aruba

Phone 297 583 5040
Fax 297 583 6020
Email info@isaruba.com
Website www.isaruba.com
Address Wayaca 238A, Oranjestad, Aruba

STAFF

Head of School Sarah Putnam
Academic Dean/Counselor Cassandra Bennett
Business Manager Jacqueline Juliao-Wong
Technology Coordinator Michael Lance
Head of Library Elena Musto
Teaching staff Full time 20; Part time 2; Total 22
Nationalities of teaching staff US 10; Aruban 3; Other(s) (Dutch, Venezuelan) 9

INFORMATION

Grade levels PreK–12
School year August–June
School type coeducational, day, private non-profit
Year founded 1985
Governed by International Schools Services, Inc.
Accredited by Southern
Enrollment PreK 10; Elementary K–5 39; Middle School 6–8 36; High School 9–12 50; Total 135
Nationalities of student body US 25; Aruban 50; Other(s) (Dutch, Venezuelan) 60
Tuition/fee currency US Dollar
Tuition range 6,151–15,328
Annual fees Enrollment 1,395; PTO 60
One time fees Capital Levy 6,000
Graduates attending college 98%
Graduates have attended U of Tampa, Boston U, Florida International U, Pennsylvania State U, U of North Carolina

EDUCATIONAL PROGRAM

Curriculum US, Intl, AP
Average class size Elementary 11; Secondary 12
Language(s) of instruction English
Language(s) taught Spanish, Dutch
Staff specialists computer, counselor, ESL, librarian
Special curricular programs art, vocal music, computer/technology, distance learning, physical education
Extra curricular programs computers, community service, drama, environmental conservation, yearbook
Sports basketball, soccer, softball, swimming, tennis, volleyball
Clubs National Honor Society, National Junior Honor Society, Model UN, student council
Examinations ACT, AP, Iowa, PSAT, SAT

CAMPUS FACILITIES

Location Suburban
Campus 3 hectares, 4 buildings, 23 classrooms, 2 computer labs, 60 instructional computers, 20,000 library volumes, 1 auditorium, 1 cafeteria, 1 covered play area, 1 gymnasium, 1 infirmary, 1 playing field, 1 science lab, 1 tennis court, air conditioning

AUSTRALIA

AUSTRALIA

Area:	7,741,220 sq km
Population:	21,515,754
Capital:	Canberra
Currency:	Australian Dollar (AUD)
Languages:	English

International School of Western Australia

Phone 61 8 9285 1144
Fax 61 8 9285 1188
Email info@iswa.wa.edu.au
Website www.iswa.wa.edu.au
Address 22 Kalinda Drive, City Beach, Western Australia, 6015, Australia
Mailing address PO Box 366, Floreat, WA 6014, Australia

STAFF

Principal Melissa Powell
IB Coordinator Damien Kerrigan
AP Coordinator Muna Chiesa
Business Manager Sue Malcolm
Head of Technology Robbie Notman
Head of Library/Media Center Janice Dransfield
Teaching staff Full time 25; Part time 5; Total 30
Nationalities of teaching staff US 4; UK 3; Australian 10; Other(s) (South African) 13

INFORMATION

Grade levels K–12
School year July–June
School type coeducational, day, private non-profit
Year founded 2005
Governed by elected AAIE
Accredited by Western
Enrollment Elementary K–5 54; Middle School 6–8 42; High School 9–12 60; Total 156
Nationalities of student body US 42; UK 27; Australian 8; Other(s) (French, Canadian) 79
Tuition/fee currency Australian Dollar
Tuition range 11,700–26,550
Annual fees Books 850; Technology 550; IB 1,000; AP 500
One time fees Registration 4,200
Graduates attending college 100%
Graduates have attended Purdue U, Northwestern U, Cornell U, Rensselaer Polytechnic Institute, U of California, Berkeley

EDUCATIONAL PROGRAM

Curriculum US, Intl, IB Diploma, AP
Average class size Elementary 15; Secondary 12
Language(s) of instruction English
Language(s) taught Spanish, French
Staff specialists computer, counselor, ESL, librarian
Special curricular programs art, computer/technology, physical education, Online Courses
Extra curricular programs community service, environmental conservation, excursions/expeditions, yearbook
Sports baseball, basketball, cricket, football, martial arts, soccer, swimming, tennis
Clubs National Honor Society, student council, Spanish, French, computer, environmental, drama, yearbook, surfing
Examinations ACT, AP, IB, PSAT, SAT, SAT II, ISA, WALNA

CAMPUS FACILITIES

Location Suburban
Campus 10 hectares, 3 buildings, 15 classrooms, 3 computer labs, 38 instructional computers, 2,500 library volumes, 1 cafeteria, 1 covered play area, 1 gymnasium, 2 playing fields, 2 science labs, 14 tennis courts

THE KILMORE INTERNATIONAL SCHOOL

Phone 61 3 57 822 211
Fax 61 3 57 822 525
Email info@kilmore.vic.edu.au
Website www.kilmore.vic.edu.au
Address 40 White Street, Kilmore, Victoria, 3764, Australia

STAFF

Principal John M. Settle
Head of Senior School/IB Coordinator Rod Mumford
Head of Middle School Sue Phillips
Head of Year 11 Peter Osborne
Head of Years 9 & 10 Paul Szczur
Deputy Principal John Weber
Business Manager Patricia Mahon
Head of Information Technology Jayne Boon
Librarian Shelley Frawley
Teaching staff Full time 52; Part time 10; Total 62
Nationalities of teaching staff UK 4; Australian 43; Other(s) (Chinese) 15

INFORMATION

Grade levels 5–12
School year February–December
School type boarding, coeducational, day, private non-profit
Year founded 1990
Governed by appointed School Board
Enrollment Elementary K–5 24; Middle School 6–8 85; High School 9–12 360; Total 469
Nationalities of student body UK 2; Australian 204; Other(s) (Chinese, Korean) 263
Tuition/fee currency Australian Dollar
Tuition range 16,700–32,020
Annual fees Boarding, 7-day 16,500; Insurance 414; Books 500; Camp 1,100
One time fees Registration 330
Boarding program grades 7–12
Boarding program length 7-day **Boys** 140 **Girls** 140
Graduates attending college 100%
Graduates have attended U of Oxford, London School of Economics, Cambridge U, Australian National U, U of Melbourne

EDUCATIONAL PROGRAM

Curriculum Intl, IB Diploma
Average class size Elementary 20; Secondary 16
Language(s) of instruction English
Language(s) taught Chinese, Korean, Japanese, Thai, Indonesian, German, French, Hindi
Staff specialists computer, counselor, ESL, learning disabilities, librarian, math resource, nurse, physician, psychologist, reading resource
Special curricular programs art, instrumental music, vocal music, computer/technology, distance learning, physical education, vocational
Extra curricular programs computers, community service, dance, drama, environmental conservation, excursions/expeditions, literary magazine, newspaper, photography, yearbook
Sports basketball, cross-country, golf, gymnastics, skiing, soccer, swimming, tennis, track and field, volleyball
Examinations IB, SAT, SAT II, TOEFL

CAMPUS FACILITIES

Location Rural
Campus 6 hectares, 11 buildings, 30 classrooms, 2 computer labs, 50 instructional computers, 30,000 library volumes, 2 auditoriums, 1 cafeteria, 3 covered play areas, 1 gymnasium, 1 infirmary, 2 playing fields, 6 science labs, 1 pool, 2 tennis courts, air conditioning

AUSTRIA

- **Area:** 83,871 sq km
- **Population:** 8,214,160
- **Capital:** Vienna
- **Currency:** Euro (EUR)
- **Languages:** German

American International School Salzburg

Phone 43 662 824 617
Fax 43 662 824 555
Email office@ais-salzburg.at
Website www.ais-salzburg.at
Address Moosstrasse 106, Salzburg, A-5020, Austria

STAFF

Headmaster Paul R. McLean
College Counselor Jeffrey Z. Agardy
Head of Student Life Nicole Cerone
Accountant Daniele Koertner
Business Manager Felicia Gundringer
Computing Technician Peter Burgstaller
Teaching staff Full time 22; Part time 8; Total 30
Nationalities of teaching staff US 21; UK 1; Austrian 4; Other(s) (Canadian, French) 4

INFORMATION

Grade levels 7–13
School year September–May
School type boarding, coeducational, day, private non-profit
Year founded 1977
Governed by appointed Board of Directors
Accredited by Middle States
Regional organizations ECIS
Enrollment Middle School 6–8 16; High School 9–12 78; Grade 13 1; Total 95
Nationalities of student body US 13; Austrian 23; Other(s) (Bulgarian, German) 59
Tuition/fee currency Euro
Tuition range 16,000–28,500
Annual fees Boarding, 5-day 22,000; Boarding, 7-day 24,000; Insurance 400; Books 350; Athletics 100
One time fees Registration 75; Capital Levy 2,000
Boarding program grades 7–13
Boarding program length 7-day **Boys** 38 **Girls** 35
Graduates attending college 100%
Graduates have attended Johns Hopkins U, U of Miami, U of St. Andrews, American U of Paris, U of Edinborough

EDUCATIONAL PROGRAM

Curriculum US, AP
Average class size Secondary 8
Language(s) of instruction English
Language(s) taught German, Spanish, French
Staff specialists computer, counselor, ESL, nurse
Special curricular programs physical education
Extra curricular programs community service, drama, excursions/expeditions, newspaper, yearbook
Sports baseball, basketball, golf, skiing, soccer, softball, tennis, volleyball
Examinations AP, PSAT, SAT, Stanford, TOEFL

CAMPUS FACILITIES

Location Suburban
Campus 3 hectares, 5 buildings, 16 classrooms, 1 computer lab, 25 instructional computers, 10,000 library volumes, 2 cafeterias, 3 gymnasiums, 1 infirmary, 3 playing fields, 1 science lab, 1 pool, 3 tennis courts

St. Gilgen International School

Phone 43 6227 20259
Fax 43 6227 20259 10
Email info@stgis.at
Website www.stgis.at
Address Ischlerstr asse 13, St. Gilgen, A-5340, Austria

STAFF

Headmaster Chris Greulich
IB Coordinator Claire Moore
Activities Coordinator Kirk Wadsworth
CAS Coordinator Adelheid Gruber
Office Manager Natascha Lohse
IT Technician Arnulf Trimborn
Teaching staff Full time 14; Part time 1; Total 15
Nationalities of teaching staff US 2; UK 6; Austrian 2; Other(s) (Australian) 5

INFORMATION

Grade levels 5–12
School year September–June
School type boarding, coeducational, day
Year founded 2008
Regional organizations ECIS
Enrollment Elementary K–5 6; Middle School 6–8 34; High School 9–12 40; Total 80
Nationalities of student body US 5; UK 15; Austrian 25; Other(s) (German, Russian) 35
Tuition/fee currency Euro
Tuition range 25,425–45,765
Annual fees Boarding, 7-day 45,765
One time fees Registration 100; Returnable Deposit 2,000
Boarding program grades 5–12
Boarding program length 7-day **Boys** 20 **Girls** 30

EDUCATIONAL PROGRAM

Curriculum Intl, IB Diploma, IGCSE
Average class size Secondary 7
Language(s) of instruction English
Language(s) taught German, Spanish, French, Mother Tongue Support
Staff specialists computer, counselor, ESL, librarian, nurse, physician
Special curricular programs art, instrumental music, computer/technology, physical education
Extra curricular programs computers, community service, dance, drama, environmental conservation, excursions/expeditions, photography, yearbook, MacBook for all students
Sports cross-country, golf, skiing, soccer, swimming, tennis, volleyball, sailing, rowing, hill-walking
Clubs Model UN, orienteering, radio, snow sports, rock climbing, first aid
Examinations GCSE, IB, IGCSE

CAMPUS FACILITIES

Location Rural

American International School Vienna

Phone 43 1 401320
Fax 43 1 401325
Email info@ais.at
Website www.ais.at
Address Salmannsdorfer Strasse 47, Vienna, A-1190, Austria

STAFF

Interim Director & Middle School Principal David Straffon, Ph.D.
High School Principal Gail MacMillan
Elementary School Principal Deena Tarleton, Ed.D.
Interim Business Manager David Balint
Director of Technology Christopher Rolfe
Secondary School Librarian Theresa Rolfe
Teaching staff Full time 79; Part time 7; Total 86
Nationalities of teaching staff US 63; UK 2; Austrian 8; Other(s) (Canadian) 13

INFORMATION

Grade levels PreK–13
School year August–June
School type coeducational, day, private non-profit
Year founded 1959
Governed by elected Elected Executive Board
Accredited by CIS, Middle States
Regional organizations CEESA, ECIS
Enrollment PreK 16; Elementary K–5 306; Middle School 6–8 189; High School 9–12 279; Grade 13 1; Total 791
Nationalities of student body US 255; UK 31; Austrian 169; Other(s) (Korean, Israeli) 336
Tuition/fee currency Euro
Tuition range 9,714–17,767
Annual fees Busing 987; Lunch 875
One time fees Registration 495; Capital Levy 4,270
Graduates attending college 97%
Graduates have attended Harvard U, Princeton U, London School of Economics, U of Cambridge, John Hopkins U

EDUCATIONAL PROGRAM

Curriculum US, IB Diploma, AP, Matura
Average class size Elementary 18; Secondary 16
Language(s) of instruction English
Language(s) taught German, French, Spanish
Staff specialists computer, counselor, learning disabilities, librarian, nurse, reading resource
Special curricular programs art, instrumental music, vocal music, computer/technology, physical education
Extra curricular programs community service, dance, drama, excursions/expeditions, newspaper, photography, yearbook
Sports basketball, cross-country, gymnastics, soccer, softball, swimming, tennis, track and field, volleyball
Examinations ACT, AP, IB, Iowa, PSAT, SAT, SAT II

CAMPUS FACILITIES

Location Suburban
Campus 15 hectares, 6 buildings, 63 classrooms, 4 computer labs, 300 instructional computers, 25,000 library volumes, 1 auditorium, 1 cafeteria, 1 covered play area, 3 gymnasiums, 1 infirmary, 1 playing field, 6 science labs, 2 tennis courts

DANUBE INTERNATIONAL SCHOOL

Phone 43 1 720 3110
Fax 43 1 720 3110 40
Email info@danubeschool.at
Website www.danubeschool.at
Address Josef Gall-Gasse 2, Vienna, A-1020, Austria

STAFF

Director & Elementary School Principal Pam Defty
Deputy Director & Secondary School Principal Richard Eaton
IB MYP Coordinator Mark Brierley
IB Diploma Coordinator Giles Pope, Ph.D.
Business Manager F. W. Biber
Librarian Hadia Abushady

INFORMATION

Grade levels K–12
School year August–June
School type coeducational, day, proprietary
Year founded 1992
Sponsored by Private Ownership
Regional organizations ECIS
Graduates attending college 100%
Graduates have attended U of Manchester Institute of Science, U of Vienna, London School of Economics, U of London, Vienna U for Economics

EDUCATIONAL PROGRAM

Curriculum National, Intl, IB Diploma, IBMYP
Average class size Elementary 20; Secondary 20
Language(s) of instruction English
Language(s) taught German, French, Spanish
Staff specialists computer, counselor, ESL, learning disabilities, librarian
Extra curricular programs community service, dance, drama, excursions/expeditions
Sports badminton, martial arts, skiing, soccer, swimming, tennis, volleyball
Examinations IB

CAMPUS FACILITIES

Location Urban
Campus 1 building, 22 classrooms, 1 computer lab, 40 instructional computers, 10,000 library volumes, 1 auditorium, 1 cafeteria, 1 gymnasium, 3 science labs

Data from 2009/10 school year.

VIENNA INTERNATIONAL SCHOOL

Phone 43 1 203 5595
Fax 43 1 203 0366
Email visinfo@vis.ac.at
Website www.vis.ac.at
Address Strasse der Menschenrechte 1, Vienna, A-1220, Austria

STAFF

Director Peter M.J. Murphy
Head of Secondary School Elisabeth Stanners
Head of Primary School Neil Tomalin
Deputy Head of Secondary School Derrick Devenport
Deputy Head of Secondary School Anne Sparks
Deputy Head of Primary School Lynda Sarelius
Business Manager Rainer Dobianer
IT Manager Mark Crumby
Head of Secondary Library David Bancroft
Teaching staff Full time 141; Part time 13; Total 154
Nationalities of teaching staff US 24; UK 57; Austrian 40; Other(s) (Australian, Canadian) 33

INFORMATION

Grade levels N–12
School year August–June
School type coeducational, day, private non-profit
Year founded 1978
Governed by appointed and elected Board of Governors
Accredited by CIS
Regional organizations ECIS
Enrollment Nursery 63; PreK 66; Elementary K–5 464; Middle School 6–8 303; High School 9–12 504; Total 1,400
Nationalities of student body US 139; UK 108; Austrian 207; Other(s) (German, Russian) 946
Tuition/fee currency Euro
Tuition range 5,052–15,588
One time fees Registration 2,555; Deposit 370; Application 100
Graduates attending college 95%
Graduates have attended London School of Economics, U of Cambridge, U of London, Boston U, Imperial Col London

EDUCATIONAL PROGRAM

Curriculum Intl, IB Diploma, IBPYP
Average class size Elementary 20; Secondary 20
Language(s) of instruction English
Language(s) taught German, French, Spanish
Staff specialists computer, counselor, ESL, learning disabilities, librarian, nurse, physician
Special curricular programs art, instrumental music, computer/technology, physical education
Extra curricular programs community service, dance, drama, environmental conservation, literary magazine, newspaper, yearbook
Sports basketball, cross-country, football, golf, hockey, rugby, skiing, soccer, softball, swimming, tennis, track and field, volleyball
Examinations IB, PSAT, SAT, Austrian Matura Equivalence

CAMPUS FACILITIES

Location Urban
Campus 6 hectares, 1 building, 58 classrooms, 3 computer labs, 663 instructional computers, 50,000 library volumes, 1 auditorium, 1 cafeteria, 5 gymnasiums, 1 infirmary, 1 playing field, 7 science labs, 2 tennis courts

AZERBAIJAN

Area:	86,600 sq km
Population:	8,303,512
Capital:	Baku (Baki, Baky)
Currency:	Azerbaijani Manat (AZM)
Languages:	Azeri

BAKU INTERNATIONAL SCHOOL

Phone 994 12 440 6616
Email scott-root@qsi.org
Website www.qsi.org/azb_home/azb_home.htm
Address Darnagul Qasabasi, Str. Ajami Nakhchivani, Block 3097, Baku, 1108, Azerbaijan
Mailing address c/o American Embassy, Baku, Dept. of State, 7050 Baku Place, Washington, DC 20521-7050, USA

STAFF

Director Scott E. Root
Director of Instruction Jay Loftin
Finance Manager Oznur Root
IT Specialist Fikret Musayev
Librarian Tatyana Shetinkina
Teaching staff Full time 26; Part time 4; Total 30
Nationalities of teaching staff US 11; UK 1; Azerbaijani 14; Other(s) (Canadian) 4

INFORMATION

Grade levels N–12
School year September–June
School type coeducational, day, private non-profit
Year founded 1994
Governed by appointed Advisory Board
Sponsored by U.S. State Dept.
Accredited by Middle States
Regional organizations CEESA
Enrollment Nursery 31; PreK 30; Elementary K–5 87; Middle School 6–8 15; High School 9–12 22; Total 185
Nationalities of student body US 43; UK 12; Azerbaijani 44; Other(s) (Indian, Turk) 86
Tuition/fee currency US Dollar
Tuition range 6,000–20,400
Annual fees Capital Levy 1,600; Busing 2,160; Lunch 900
One time fees Registration 300
Graduates attending college 100%
Graduates have attended Karl Benz U, Baylor U, U of Texas, Texas State U, American U in Cairo

EDUCATIONAL PROGRAM

Curriculum US, AP
Average class size Elementary 14; Secondary 8
Language(s) of instruction English
Language(s) taught French, Russian, Azeri, Turkish
Staff specialists computer, counselor, ESL, librarian, psychologist
Special curricular programs art, instrumental music, vocal music, computer/technology, distance learning, physical education
Extra curricular programs community service, dance, drama, excursions/expeditions, newspaper, yearbook
Sports basketball, cross-country, gymnastics, soccer, track and field
Clubs student council, gymnastics, ballet, crafts, instrumental music, Boy & Girl Scouts
Examinations ACT, AP, Iowa

CAMPUS FACILITIES

Location Suburban
Campus 2 hectares, 1 building, 18 classrooms, 1 computer lab, 35 instructional computers, 9,000 library volumes, 1 auditorium, 1 cafeteria, 1 covered play area, 1 gymnasium, 1 infirmary, 1 playing field, 1 science lab, 1 tennis court, air conditioning

INTERNATIONAL SCHOOL OF AZERBAIJAN

Phone 994 12 973 028
Fax 994 12 972 194
Email director@tisa.az
Website www.tisa.az
Address Stonepay Royal Park, Yeni Yassamal, Baku, Azerbaijan
Mailing address c/o BP Azerbaijan, Chertsey Rd, Sunbury on Thames, Middlesex TW16 7LN, United Kingdom

STAFF

Director John Gillespie
Secondary Principal Lesley Peacock
Primary Principal David Tigchelaar
Admissions Officer Andrea Gerlich
Business Manager Rustam Gahramanov
Technology Coordinator Anne Kennedy
Resources Coordinator Colleen MacDonell
Teaching staff Full time 78; Part time 2, Total 80
Nationalities of teaching staff US 9; UK 49; Azerbaijani 11; Other(s) 11

INFORMATION

Grade levels N–12
School year August–June
School type coeducational, company-sponsored, day, private non-profit
Year founded 1996
Governed by appointed Board of Directors
Sponsored by BP/AIOC
Accredited by CIS
Regional organizations ECIS
Enrollment Nursery 41; PreK 81; Elementary K–5 244; Middle School 6–8 82; High School 9–12 69; Total 517
Nationalities of student body US 73; UK 136; Azerbaijani 89; Other(s) 219
Tuition/fee currency US Dollar
Tuition range 7,200–29,000
Annual fees Registration 500
One time fees Capital Levy 6,000
Graduates attending college 100%
Graduates have attended Stanford U, Parsons the New School for Design, U of Edinburgh, Rutgers U, Texas A&M U

EDUCATIONAL PROGRAM

Curriculum Intl, IB Diploma, IBPYP, IBMYP
Average class size Elementary 17; Secondary 15
Language(s) of instruction English
Language(s) taught French, Spanish, Russian
Staff specialists computer, counselor, ESL, learning disabilities, librarian, nurse
Special curricular programs art, vocal music, computer/technology, physical education, vocational
Extra curricular programs community service, dance, drama, environmental conservation, excursions/expeditions, newspaper, photography, yearbook
Sports basketball, soccer, track and field
Examinations IB, SAT

CAMPUS FACILITIES

Location Suburban
Campus 8 hectares, 3 buildings, 23 classrooms, 2 computer labs, 53 instructional computers, 8,000 library volumes, 1 auditorium, 1 cafeteria, 1 covered play area, 1 gymnasium, 1 infirmary, 1 playing field, 3 science labs, air conditioning

THE BAHAMAS

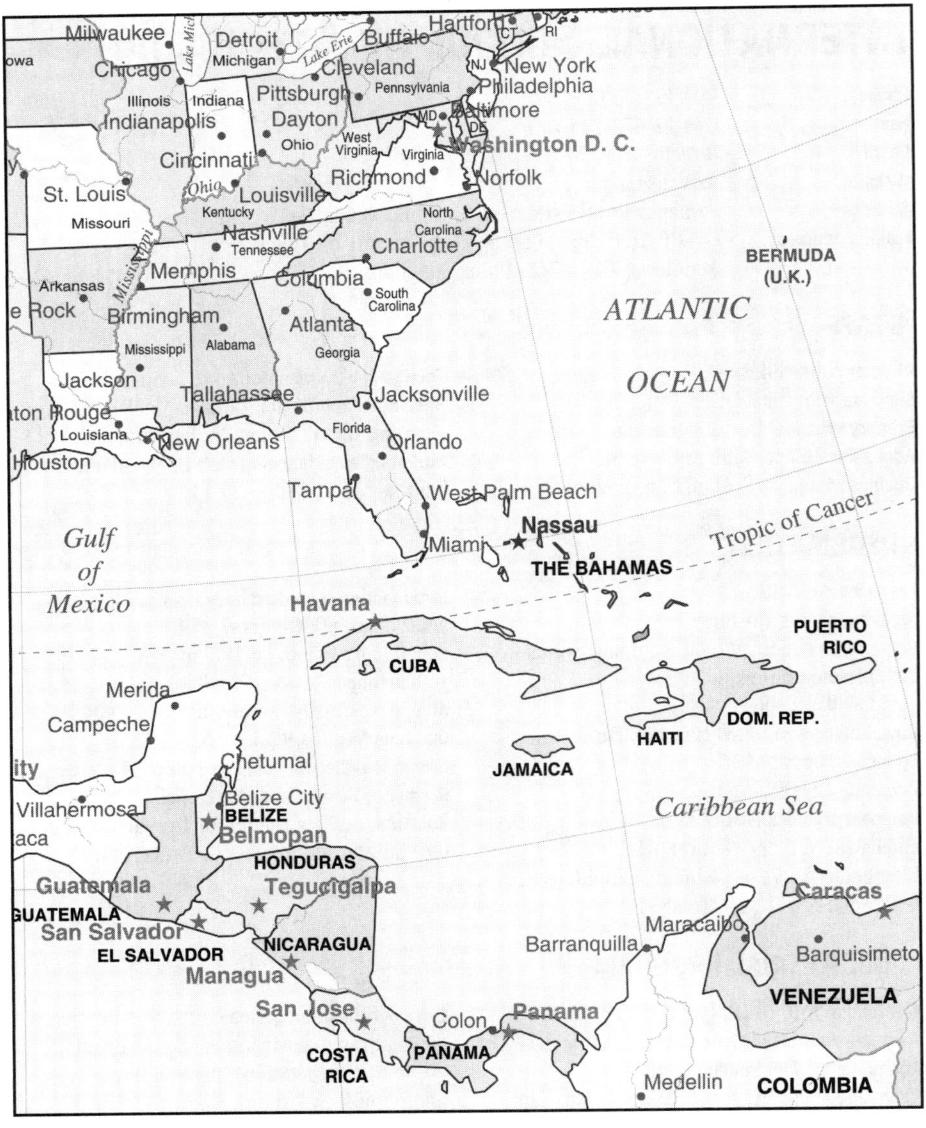

THE BAHAMAS

Area:	13,880 sq km
Population:	310,426
Capital:	Nassau
Currency:	Bahamian Dollar (BSD)
Languages:	English

LYFORD CAY INTERNATIONAL SCHOOL

Phone 242 362 4774
Fax 242 362 5198
Email info@lcis.bs
Website www.lcis.bs
Address Lyford Cay Drive, Lyford Cay, Nassau, Bahamas, The
Mailing address P.O. Box N-7776, Nassau, Bahamas

STAFF

Principal Stacey D. Bobo
Head of Secondary School Frederic Bournas
Head of Elementary School Isadora Blyden
Head of Early Learning Center Tamela Kemp
Guidance Counselor & Admissions Director Rose-Marie Taylor
Business Manager Bathsheba Fernander
Librarian Helene De Jong
Teaching staff Full time 37; Part time 1; Total 38
Nationalities of teaching staff US 3; UK 5; Bahamian 17; Other(s) (Canadian) 13

INFORMATION

Grade levels N–12
School year August–June
School type coeducational, day, private non-profit
Year founded 1960
Governed by appointed Board
Accredited by CIS, New England
Regional organizations ECIS, NESA
Enrollment Nursery 12; PreK 17; Elementary K–5 137; Middle School 6–8 64; High School 9–12 49; Total 279
Nationalities of student body US 79; UK 25; Bahamian 100; Other(s) (Canadian, Swiss) 75
Tuition/fee currency Bahamanian Dollar
Tuition range 14,040–20,490
Annual fees Activity 150
One time fees Registration 250; Development 3,500
Graduates attending college 100%
Graduates have attended U of Edinburg, Kent U, Northeastern U, Savannah Col of Art & Design, Brock U

EDUCATIONAL PROGRAM

Curriculum Intl, IB Diploma, IBPYP, IBMYP
Average class size Elementary 14; Secondary 14
Language(s) of instruction English
Language(s) taught Spanish, French
Staff specialists computer, counselor, ESL, learning disabilities, librarian, math resource, reading resource
Special curricular programs art, instrumental music, vocal music, computer/technology, distance learning, physical education
Extra curricular programs computers, community service, dance, drama, environmental conservation, excursions/expeditions, photography, yearbook, arts & crafts
Sports baseball, basketball, cricket, soccer, softball, swimming, track and field, volleyball
Clubs Bahamas Football Association, Swift Swim
Examinations IB, PSAT, SAT, ERB

CAMPUS FACILITIES

Location Suburban
Campus 5 hectares, 13 buildings, 30 classrooms, 1 computer lab, 250 instructional computers, 12,500 library volumes, 1 infirmary, 4 playing fields, 1 science lab, 1 pool, air conditioning

St. Andrew's School, The International School of The Bahamas

Phone 242 324 2621
Fax 242 324 0816
Email sharon.wilson@st-andrews.com
Website www.st-andrews.com
Address PO Box EE 17340, Yamacraw Hill Road, Nassau, New Providence, EE 17340, Bahamas, The
Mailing address PO Box EE 17340, Nassau, New Providence EE 17340, Bahamas

STAFF

Principal & CEO Sharon E. Wilson
Head of the Primary School Allison Collie
Head of the Secondary School Frank Coyle
Financial Controller Evanne Archer-Bowe
Head of Technology Patricia Watkins
Chair of IT & Libraries Scott Lowe
Teaching staff Full time 79; Part time 2; Total 81
Nationalities of teaching staff US 8; UK 16; Bahamian 38; Other(s) (Canadian, Australian) 19

INFORMATION

Grade levels N–13
School year August–June
School type coeducational, day, private non-profit
Year founded 1948
Governed by elected Board
Accredited by CIS, New England
Regional organizations ECIS
Enrollment Nursery 15; PreK 33; Elementary K–5 326; Middle School 6–8 189; High School 9–12 260; Grade 13 8; Total 831
Nationalities of student body US 83; UK 60; Bahamian 608; Other(s) (Canadian, Swiss) 80
Tuition/fee currency Bahamanian Dollar
Tuition range 5,415–13,230
One time fees Registration 500; Capital Levy 2,000
Graduates attending college 98%
Graduates have attended Yale U, Harvard U, Vassar Col, McGill U, Tufts U

EDUCATIONAL PROGRAM

Curriculum National, Intl, IB Diploma, IBPYP, GenCSE
Average class size Elementary 18; Secondary 18
Language(s) of instruction English
Language(s) taught Spanish, French, English
Staff specialists computer, counselor, learning disabilities, librarian, nurse, psychologist, reading resource
Special curricular programs art, instrumental music, vocal music, computer/technology, physical education, drama
Extra curricular programs community service, drama, environmental conservation, yearbook
Sports basketball, gymnastics, soccer, softball, swimming, track and field, volleyball
Clubs Model UN, sports, chess, dominoes, craft, Rotaract, environment
Examinations GCSE, IB, IGCSE, PSAT, SAT, SAT II

CAMPUS FACILITIES

Location Suburban
Campus 15 hectares, 10 buildings, 48 classrooms, 5 computer labs, 300 instructional computers, 28,000 library volumes, 1 auditorium, 1 cafeteria, 1 infirmary, 2 playing fields, 6 science labs, 1 pool, 2 tennis courts, air conditioning

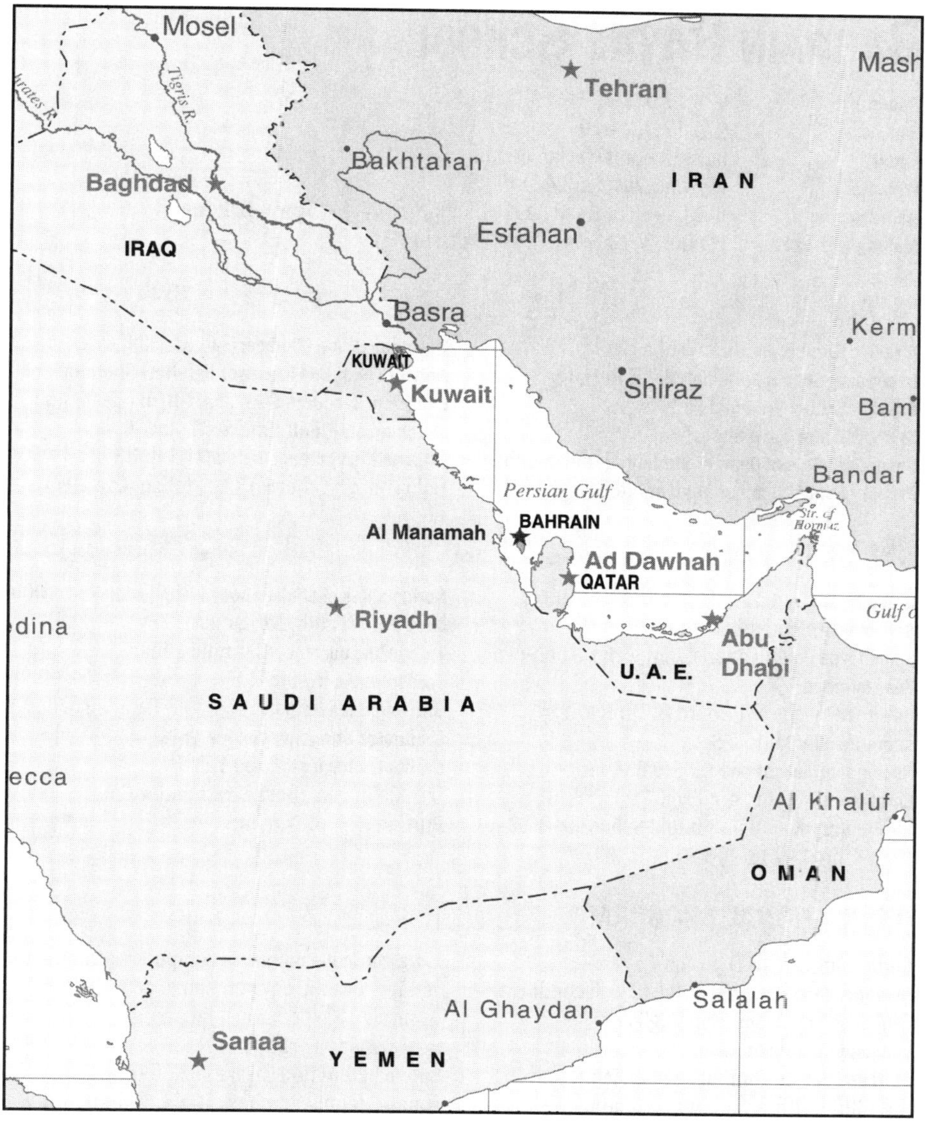

BAHRAIN

Area: 741 sq km
Population: 738,004
Capital: Manama
Currency: Bahraini Dinar (BHD)
Languages: Arabic

Bahrain Bayan School

Phone 973 17 682 227
Fax 973 17 780 019
Email bayanschool@bayan.edu.bh
Website www.bayanschool.edu.bh
Address Bldg No 230, Road 4111, Block No 841, Isa Town, Bahrain
Mailing address PO Box 32411, Isa Town, Bahrain

STAFF

Director General Nakhle Wehbe, Ph.D.
Secondary School Principal Majdi El Hajj
Primary School Principal Sally Evans
IB Coordinator Faye Sharabi
Secondary School Dean of Students Moataz Abbas
Primary School Dean of Students Robert Bates
Business Office Manager Samar Nabhan
Network Systems Manager Saleh Al Shehabi
Librarian/Resource Specialist Norma Kashouh
Teaching staff Full time 86; Total 86
Nationalities of teaching staff US 8; UK 5; Bahraini 29; Other(s) (Australian, Canadian) 44

INFORMATION

Grade levels N–12
School year September–June
School type coeducational, day, private non-profit
Year founded 1982
Governed by elected Board of Directors
Accredited by Middle States
Regional organizations ECIS, NESA
Enrollment Nursery 48; PreK 74; Elementary K–5 445; Middle School 6–8 224; High School 9–12 299; Total 1,090
Nationalities of student body US 10; Bahraini 1,000; Other(s) (Saudi, Jordanian) 80
Tuition/fee currency Bahraini Dinar
Tuition range 1,400–2,890
One time fees Registration 200; Capital Levy 400
Graduates attending college 98%
Graduates have attended Yale U, U of California, Berkeley, Bentley Col, Purdue U, U of Warwick

EDUCATIONAL PROGRAM

Curriculum Intl, IB Diploma
Average class size Elementary 25; Secondary 25
Language(s) of instruction English
Language(s) taught Arabic
Staff specialists computer, counselor, learning disabilities, librarian, nurse, reading resource
Special curricular programs art
Extra curricular programs computers, community service, drama, environmental conservation, excursions/expeditions, literary magazine, newspaper, yearbook
Sports badminton, basketball, football, soccer, squash, tennis, track and field, volleyball
Clubs Model UN, TradeQuest, Roots & Shoots, globe
Examinations IB, PSAT, SAT, SAT II, TOEFL

CAMPUS FACILITIES

Location Suburban
Campus 1 hectare, 9 buildings, 78 classrooms, 4 computer labs, 141 instructional computers, 32,610 library volumes, 1 auditorium, 1 cafeteria, 2 covered play areas, 2 gymnasiums, 1 infirmary, 2 playing fields, 6 science labs, 1 tennis court, air conditioning

IBN KHULDOON NATIONAL SCHOOL

Phone 973 17 780 661
Fax 973 17 689 028
Email hr@ikns.edu.bh
Website www.ikns.edu.bh
Address Road 4111, Area 841, Isa Town Education Area, Isa Town, Bahrain
Mailing address PO Box 20511, Manama, Kingdom of Bahrain

STAFF

President Kamal Abdel Nour, Ed.D.
Elementary School Principal Maisae Affour, Ph.D.
Middle School Principal Sari Manna
Secondary School Principal Chaouki Barake
Director of Studies Ayman Zanoun
IB Coordinator Halima Alkhateeb
Business Manager Hassan Radhi
Network Administrators Karima Matrook & Leslie Badalkar
Librarians Taghreed Quti & Coralie Benidor
Teaching staff Full time 158; Part time 5; Total 163
Nationalities of teaching staff US 15; UK 6; Bahraini 52; Other(s) (Lebanese, Canadian) 90

INFORMATION

Grade levels K–12
School year September–June
School type coeducational, day, private non-profit
Year founded 1983
Governed by appointed Board
Accredited by Middle States
Regional organizations NESA
Enrollment PreK 98; Elementary K–5 616; Middle School 6–8 328; High School 9–12 446; Total 1,488
Nationalities of student body Bahraini 1,208; Other(s) (Saudi, Lebanese) 280
Tuition/fee currency Bahraini Dinar
Tuition range 2,435–3,850
Graduates attending college 98%
Graduates have attended Columbia U, U of Chicago, Babson Col, Syracuse U, Trent U

EDUCATIONAL PROGRAM

Curriculum US, National, IB Diploma
Average class size Elementary 22; Secondary 21
Language(s) of instruction English, Arabic
Language(s) taught French
Staff specialists computer, counselor, librarian, nurse, speech/hearing
Special curricular programs art, vocal music, computer/technology, physical education
Extra curricular programs computers, community service, drama, environmental conservation, literary magazine, yearbook
Sports badminton, basketball, cross-country, soccer, softball, tennis, track and field, volleyball
Clubs heritage, animal lovers, community caring, painting, chess, go green, healthy buddies
Examinations IB, PSAT, SAT, SAT II, TOEFL, IELTS

CAMPUS FACILITIES

Location Suburban
Campus 5 hectares, 8 buildings, 100 classrooms, 6 computer labs, 150 instructional computers, 73,262 library volumes, 1 cafeteria, 3 covered play areas, 3 gymnasiums, 2 infirmaries, 4 playing fields, 6 science labs, 2 tennis courts, air conditioning

Riffa Views International School

Phone 973 1656 5000
Fax 973 1791 0392
Email rvisadmin@rvis.edu.bh
Website www.rvis.edu.bh
Address Bldg. 407, Road 4303, Al-Mazrowiah 943, Riffa, Bahrain
Mailing address PO Box 3050 , Manama, Kingdom of Bahrain

STAFF

Director Des Sjoquist
Principal Dot Loveland
Business/Finance Manager Akeela Mahdi
IT Director Mike Dunlop
Library/Media Center Tracey Dunlop
Teaching staff Full time 28; Total 28
Nationalities of teaching staff US 7; Bahraini 7; Other(s) (Canadian, New Zealander) 14

INFORMATION

Grade levels PreK–7
School year September–June
School type coeducational, company-sponsored, private non-profit
Year founded 2008
Governed by appointed Board of Trustees
Sponsored by Arcapita Bank B.S.C.(c)
Regional organizations NESA
Enrollment PreK 18; Elementary K–5 156; Middle School 6–8 45; Total 219
Nationalities of student body US 52; UK 6; Bahraini 82; Other(s) (Canadian, Saudi) 79
Tuition/fee currency Bahraini Dinar
Tuition range 5,600–7,000
One time fees Registration 50; Books 50

EDUCATIONAL PROGRAM

Curriculum US
Average class size Elementary 20; Secondary 11
Language(s) of instruction English, Arabic
Language(s) taught Arabic
Staff specialists computer, counselor, ESL, librarian, nurse
Special curricular programs art, vocal music, computer/technology, physical education
Extra curricular programs computers, community service, dance, drama, environmental conservation, excursions/expeditions, scuba diving, swimming, gardening, tennis, golf, running, badminton
Sports basketball, golf, gymnastics, soccer, swimming, tennis, volleyball
Examinations MAP

CAMPUS FACILITIES

Location Suburban
Campus 6 hectares, 1 building, 21 classrooms, 200 instructional computers, 10,500 library volumes, 1 auditorium, 2 cafeterias, 1 gymnasium, 1 infirmary, 1 playing field, 5 science labs, 2 pools, 8 tennis courts, air conditioning

Naseem International School

Phone 973 17782000
Fax 973 17687 166
Email naseem@batelco.com.bh
Website www.nisbah.com
Address Muharraq Avenue, PO Box 28503, Bldg. 30, Road 18, Muharraq Ave. Riffa 922, Riffa, Bahrain
Mailing address P.O. Box 28503, Riffa, Kingdom of Bahrain

STAFF

President & Director Sameera A.J. Al-Kooheji, Ed.D.
Middle & High School Principal Bilal Okasha, Ed.D.
Elementary School Principal Patricia Berry, Ed.D.
IB Coordinator Fuad Prins, Ed.D.
Accountant Anil Kumar
Head of IT Ameer Ali
Librarian Fawzia Bastaki
Teaching staff Full time 62; Total 62
Nationalities of teaching staff US 3; UK 5; Bahraini 17; Other(s) (Jordanian, Canadian) 37

INFORMATION

Grade levels PreK–12
School year September–June
School type coeducational, day
Year founded 1981
Governed by appointed Advisory Board
Accredited by CIS, Middle States
Regional organizations ECIS, NESA
Enrollment PreK 11; Elementary K–5 354; Middle School 6–8 171; High School 9–12 322; Total 858
Nationalities of student body US 23; UK 1; Bahraini 657; Other(s) (Saudi, Jordanian) 177
Tuition/fee currency Bahraini Dinar
Tuition range 1,360–2,680
Annual fees Capital Levy 400
One time fees Registration 200; Application 30
Graduates attending college 100%
Graduates have attended U of Bahrain, McGill U, Montreal U, Royal Col of Surgeons Ireland, Bristol U

EDUCATIONAL PROGRAM

Curriculum US, National, Intl, IB Diploma, IBPYP, IBMYP
Average class size Elementary 20; Secondary 25
Language(s) of instruction English, Arabic
Language(s) taught Arabic, English
Staff specialists computer, counselor, ESL, learning disabilities, librarian, nurse, psychologist, reading resource
Special curricular programs art, instrumental music, vocal music, computer/technology, physical education
Extra curricular programs computers, community service, drama, environmental conservation, excursions/expeditions, newspaper, yearbook
Sports basketball, cross-country, football, track and field, volleyball
Examinations IB, SAT, TOEFL

CAMPUS FACILITIES

Location Suburban
Campus 4 hectares, 4 buildings, 60 classrooms, 3 computer labs, 75 instructional computers, 36,000 library volumes, 1 auditorium, 1 cafeteria, 2 covered play areas, 1 gymnasium, 1 infirmary, 2 playing fields, 3 science labs, 1 tennis court, air conditioning

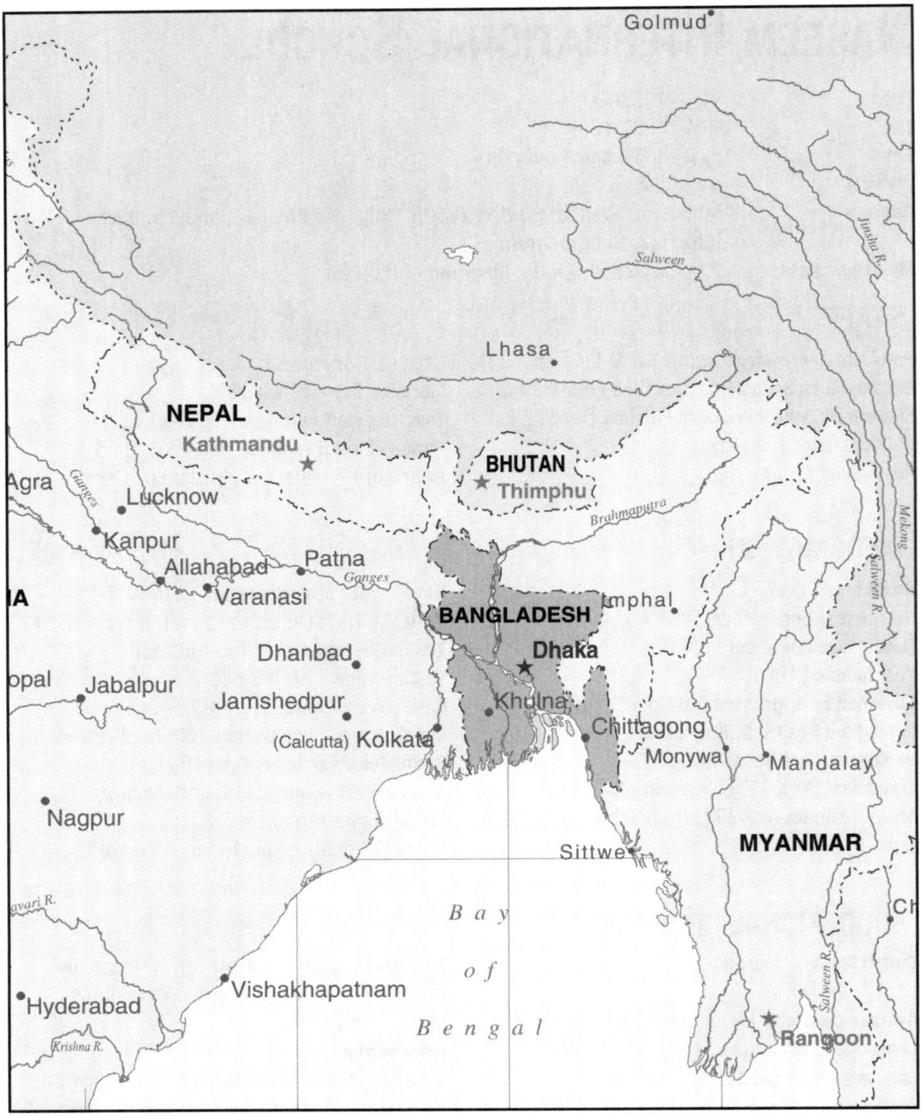

BANGLADESH

Area:	143,998 sq km
Population:	158,065,841
Capital:	Dhaka
Currency:	Taka (BDT)
Languages:	Bangla

Chittagong Grammar School

Phone 880 31 622 472
Fax 880 31 632 001
Email cgs.upper@gmail.com
Website www.chittagonggrammarschool.com
Address 321/11 Sarson Road, Chittagong, Bangladesh

STAFF

Head of Upper School Mahine Khan
Academic Director Shereen Ispahani, Ed.D.
Director of Development Bilquis Dada
Head of Middle School Muna Huq
Head of Lower School Munira Chowdhury
Head of Administration, Upper School Loretta Dias
Finance Director Farhat Khan
Head of InformationTechnology Jalaluddin
Head of Library Philip Clump
Teaching staff Full time 288; Part time 6; Total 294
Nationalities of teaching staff UK 3; Bangladeshi 263; Other(s) (Indian) 28

INFORMATION

Grade levels N–12
School year August–June
School type coeducational, day
Year founded 1992
Governed by appointed Board of Directors
Enrollment Nursery 124; PreK 124; Elementary K–5 822; Middle School 6–8 343; High School 9–12 181; Total 1,594
Nationalities of student body US 4; UK 16; Bangladeshi 1,493; Other(s) (Sri Lankan, Indian) 81
Tuition/fee currency Bangladeshi Taka
Tuition range 76,000–124,000
Annual fees Books 7,200; Miscellaneous 12,000
One time fees Registration 35,000
Graduates attending college 100%
Graduates have attended Harvard U, Brown U, U of Cambridge, U of Edinburgh, Imperial Col London

EDUCATIONAL PROGRAM

Curriculum UK, Intl, Cambridge International Primary Programme
Average class size Elementary 20; Secondary 18
Language(s) of instruction English
Language(s) taught Bengali, French, Hindi
Staff specialists computer, counselor, learning disabilities, librarian, math resource, reading resource
Special curricular programs art, instrumental music, vocal music, computer/technology, physical education, Christian studies, Islamic studies, debating, elocution, general knowledge
Extra curricular programs computers, community service, dance, drama, environmental conservation, excursions/expeditions, literary magazine, newspaper, photography, yearbook, arts & crafts, chess, Duke of Edinburgh Awards, embroidery, Bengali dance & music
Sports badminton, basketball, cricket, football, martial arts, soccer, squash, swimming, track and field, volleyball, table tennis, aerobics, fitness training, karate, yoga, tae kwon do
Clubs science, publishing, youth, Boy Scouts, Girl Guides, Bengali society, young readers, nature society, book
Examinations A-level GCE, GCSE, PSAT, SAT, SAT II, Cambridge Checkpoint

CAMPUS FACILITIES

Location Urban
Campus 3 hectares, 5 buildings, 106 classrooms, 6 computer labs, 230 instructional computers, 37,500 library volumes, 1 auditorium, 3 cafeterias, 2 covered play areas, 4 gymnasiums, 5 playing fields, 4 science labs, air conditioning

American International School/Dhaka

Phone 880 2 882 2452
Fax 880 2 882 3175
Email info@ais-dhaka.net
Website www.ais-dhaka.net
Address 12 United Nations Road, Baridhara, Dhaka, 1212, Bangladesh
Mailing address PO Box 6106, Gulshan, Dhaka 1212, Bangladesh

STAFF

Superintendent Richard E. Boerner
Elementary School Principal Caroline Jacoby
Middle School Principal Ben Marsh
High School Principal Shaundele Leatherberry
Technology Coordinator Reaz Shaheed
Middle & High School Librarian Colleen Boerner
Teaching staff Full time 87; Part time 9; Total 96
Nationalities of teaching staff US 77; UK 2; Bangladeshi 4; Other(s) (Canadian, Australian) 13

INFORMATION

Grade levels PreK–12
School year August–June
School type coeducational, day, private non-profit
Year founded 1972
Governed by elected School Board
Accredited by CIS, New England
Regional organizations AISA, ECIS, NESA
Enrollment PreK 63; Elementary K–5 305; Middle School 6–8 151; High School 9–12 211; Total 730
Nationalities of student body US 171; UK 58; Bangladeshi 86; Other(s) (Indian, Korean) 415
Tuition/fee currency US Dollar
Tuition range 5,140–20,030
One time fees Registration 3,450; Admission Processing 50
Graduates attending college 95%
Graduates have attended Clark U, Col of Wooster, Col of William & Mary, McGill U, Northeastern U

EDUCATIONAL PROGRAM

Curriculum US, Intl, IB Diploma, IBPYP
Average class size Elementary 15; Secondary 15
Language(s) of instruction English
Language(s) taught French, Spanish
Staff specialists computer, counselor, ESL, learning disabilities, librarian, nurse, physician, psychologist, reading resource, speech/hearing
Special curricular programs art, instrumental music, vocal music, computer/technology, physical education, senior project
Extra curricular programs computers, community service, drama, excursions/expeditions, literary magazine, photography, yearbook
Sports basketball, cricket, football, soccer, swimming, tennis, track and field, volleyball
Clubs Amnesty International, National Honor Society, French Honor Society, Spanish Honor Society, student council, debate, service, Habitat for Humanity, Model UN, Boy & Girl Scouts
Examinations ACT, IB, PSAT, SAT

CAMPUS FACILITIES

Location Suburban
Campus 2 hectares, 4 buildings, 70 classrooms, 4 computer labs, 635 instructional computers, 39,000 library volumes, 1 auditorium, 1 cafeteria, 1 covered play area, 4 gymnasiums, 1 infirmary, 2 playing fields, 6 science labs, 1 pool, air conditioning

INTERNATIONAL SCHOOL DHAKA

Phone +880 2 88401101
Fax +880 2 8401622
Email info@isdbd.org
Website www.isdbd.org
Address Plot 80, Block E, Basundhara R/A, Dhaka, 1229, Bangladesh
Mailing address c/o CIS, Dhaka Bag, 21 Lavant Street, Petersfield, Hants GU32 3EL, UK

STAFF

CEO Richard Tangye
Secondary Principal Nicholas Hazell
Primary Principal Craig Salmon
MYP Coordinator Totty Aris
PYP Coordinator Sasha Marshall
DP Coordinator Stephen Crane
Business Development Manager Sayed M. Babar
Technology Coordinator Michael Gau
Librarian Linda Lechasseur
Teaching staff Full time 68; Total 68
Nationalities of teaching staff US 10; UK 7; Bangladeshi 8; Other(s) (Australian, Canadian) 43

INFORMATION

Grade levels N–12
School year August–June
School type coeducational, day, proprietary
Year founded 1999
Governed by appointed Board
Sponsored by STS Educational Group
Accredited by CIS, New England
Enrollment Nursery 57; PreK 33; Elementary K–5 198; Middle School 6–8 120; High School 9–12 161; Total 569
Nationalities of student body US 56; UK 25; Bangladeshi 363; Other(s) (Canadian, Pakistani) 125
Tuition/fee currency US Dollar
Tuition range 2,230–14,450
Annual fees Busing 1,210; Lunch 760; Annual Charge 940; Admission 2,750
One time fees Application 100
Graduates attending college 95%
Graduates have attended McGill U, U Col London, U of British Columbia, Bard Col, Monash U

EDUCATIONAL PROGRAM

Curriculum Intl, IB Diploma, IBPYP, IBMYP
Average class size Elementary 20; Secondary 23
Language(s) of instruction English
Language(s) taught Bangla, French, Spanish
Staff specialists computer, counselor, ESL, learning disabilities, librarian, math resource, physician, reading resource
Special curricular programs art, instrumental music, computer/technology, physical education
Extra curricular programs computers, community service, drama, environmental conservation, excursions/expeditions, newspaper, photography, yearbook, music, piano, painting, debating, chess
Sports badminton, basketball, cricket, football, golf, soccer, softball, swimming, tennis, track and field, volleyball
Clubs School of Hope, Roots & Shoots international award, Model UN, yearbook
Examinations IB, PSAT, SAT, SAT II, TOEFL, ACER, ISA

CAMPUS FACILITIES

Location Urban
Campus 3.6 hectares, 6 buildings, 82 classrooms, 3 computer labs, 150 instructional computers, 22,000 library volumes, 1 auditorium, 1 cafeteria, 3 covered play areas, 1 gymnasium, 1 infirmary, 1 playing field, 4 science labs, 1 pool, 2 tennis courts, air conditioning

BELARUS

Area:	207,600 sq km
Population:	9,612,632
Capital:	Minsk
Currency:	Belarusian Ruble (BYB/BYR)
Languages:	Belarusian, Russian

Minsk **BELARUS**

INTERNATIONAL SCHOOL

Phone 375 17 265 1216
Fax 375 17 265 1216
Email minsk@qsi.org
Website www.qsi.org/blr_home/blr_home.htm
Address Perioluk Bagdonavicha 15, Minsk, 220002, Belarus
Mailing address c/o American Embassy, Minsk, Dept. of State, 7010 Minsk Place, Washington, DC 20521-7010, USA

STAFF

Director Thomas P. Tunny
Head of Technology Sasha Lipski
Teaching staff Full time 11; Part time 3; Total 14
Nationalities of teaching staff US 6; Belarusian 8

INFORMATION

Grade levels PreK–12
School year August–June
School type coeducational, day, private non-profit
Year founded 1993
Governed by appointed Board of Directors
Accredited by Middle States
Regional organizations CEESA
Enrollment PreK 6; Elementary K–5 34; Middle School 6–8 12; High School 9–12 8; Total 60
Nationalities of student body US 3; UK 1; Other(s) (Pole, Korean) 56
Tuition/fee currency US Dollar
Tuition range 6,000–18,400
Annual fees Capital Levy 1,600
One time fees Registration 300
Graduates attending college 100%
Graduates have attended Cornell U, Col of William & Mary

EDUCATIONAL PROGRAM

Curriculum US, AP
Average class size Elementary 6; Secondary 3
Language(s) of instruction English
Language(s) taught Russian
Staff specialists computer, counselor, ESL, librarian
Special curricular programs art, vocal music, computer/technology, distance learning, physical education
Extra curricular programs computers, community service, dance, drama, excursions/expeditions, newspaper, photography, yearbook
Sports basketball, soccer, squash, swimming
Clubs chess, yearbook, student council, Russian, photography,sports
Examinations AP, Iowa, PSAT, SAT, SAT II, TOEFL

CAMPUS FACILITIES

Location Urban
Campus 1 building, 12 classrooms, 1 computer lab, 20 instructional computers, 4,100 library volumes, 1 auditorium, 1 cafeteria, 1 gymnasium, 1 playing field, 1 science lab

BELGIUM

BELGIUM

Area:	30,528 sq km
Population:	10,423,493
Capital:	Brussels
Currency:	Euro (EUR)
Languages:	Dutch, French

ANTWERP INTERNATIONAL SCHOOL, VZW

Phone 32 3 543 93 00
Fax 32 3 541 82 01
Email ais@ais-antwerp.be
Website www.ais-antwerp.be
Address Veltwijcklaan 180, Ekeren, 2180, Belgium

STAFF

Head of School Alun Cooper, Ed.D.
Elementary School Principal Nicola Beale
Middle & High School Principal Gwyn Underwood
Business Manager Tilde Coppin
IT Coordinator Roger Platt
Librarian Barbara Noels
Teaching staff Full time 41; Part time 19; Total 60
Nationalities of teaching staff US 15; UK 17; Belgian 13; Other(s) (Canadian, Dutch) 15

INFORMATION

Grade levels N–12
School year August–June
School type coeducational, day, private non-profit
Year founded 1967
Governed by appointed Board of Directors
Accredited by CIS, New England
Regional organizations ECIS
Enrollment Nursery 15; PreK 18; Elementary K–5 130; Middle School 6–8 106; High School 9–12 174; Total 443
Nationalities of student body US 52; UK 48; Belgian 105; Other(s) (Dutch, German) 238
Tuition/fee currency Euro
Tuition range 7,180–23,520
Annual fees Capital Levy 525
One time fees Registration 1,000
Graduates attending college 95%
Graduates have attended U of Warwick, U Col London, U of Nottingham, U of Birmingham, U of Reading

EDUCATIONAL PROGRAM

Curriculum Intl, IB Diploma, IGCSE, IPC
Average class size Elementary 20; Secondary 18
Language(s) of instruction English
Language(s) taught French, Dutch, Spanish
Staff specialists computer, counselor, ESL, learning disabilities, librarian, nurse, speech/hearing
Special curricular programs art instrumental music, vocal music, computer/technology, physical education
Extra curricular programs computers, community service, dance, drama, environmental conservation, excursions/expeditions, yearbook
Sports basketball, football, soccer, softball, swimming, tennis, track and field, volleyball
Examinations ACT, GCSE, IB, IGCSE, PSAT, SAT, SAT II, TOEFL

CAMPUS FACILITIES

Location Suburban
Campus 3 hectares, 6 buildings, 35 classrooms, 2 computer labs, 150 instructional computers, 10,000 library volumes, 1 auditorium, 2 cafeterias, 3 gymnasiums, 1 infirmary, 2 playing fields, 4 science labs

BEPS–BRUSSELS

Phone 32 2 648 4311
Fax 32 2 646 1653
Email info@beps.com
Website www.beps.com
Address 23 Avenue Franklin Roosevelt, Brussels, 1050, Belgium

STAFF

Head of School Neil Tomalin
Head of School Nicola Claire
Business & Finance Manager Poul Beck Sorensen

INFORMATION

Grade levels N–5
School year September–June
School type coeducational, day, proprietary
Year founded 1972
Governed by appointed Director
Regional organizations ECIS

EDUCATIONAL PROGRAM

Curriculum Intl, IBPYP
Average class size Elementary 16
Language(s) of instruction English
Language(s) taught French
Staff specialists computer, ESL, librarian

CAMPUS FACILITIES

Location Urban
Campus 6 hectares, 2 buildings, 20 classrooms, 1 computer lab, 20 instructional computers, 9,000 library volumes, 1 covered play area, 1 gymnasium, 1 playing field

Data from 2009/10 school year.

BEPS–Waterloo

Phone 32 2 358 5606
Fax 32 2 358 3132
Email waterloo@beps.com
Website www.beps.com
Address 280 Chaussee de Waterloo, Rhode St. Genese, 1640, Belgium

STAFF

Director Charles A. Gellar
Head of School Henny de Waal
Business/Finance Manager Poul Beck Sorensen
Teaching staff Full time 10; Part time 4; Total 14
Nationalities of teaching staff UK 3; Belgian 3; Other(s) (Irish) 8

INFORMATION

Grade levels N–5
School year September–June
School type coeducational, day, proprietary
Year founded 1999
Governed by appointed Director
Regional organizations ECIS
Enrollment Nursery 19; PreK 17; Elementary K–5 40; Total 76
Nationalities of student body US 9; UK 9; Belgian 18; Other(s) (Korean, Kuwaiti) 40
Tuition/fee currency Euro
Tuition range 5,300–18,620
Annual fees Busing 3,000; Lunch 400
One time fees Registration 500; Capital Levy 500; Deposit 800

EDUCATIONAL PROGRAM

Curriculum Intl, International Primary Curriculum
Average class size Elementary 16
Language(s) of instruction English
Language(s) taught French
Staff specialists ESL, librarian
Special curricular programs art, instrumental music, vocal music, computer/technology, physical education
Sports basketball, football, gymnastics, hockey, swimming
Clubs drama, art

CAMPUS FACILITIES

Location Suburban
Campus 8 hectares, 5 buildings, 12 classrooms, 1 computer lab, 15 instructional computers, 4,000 library volumes, 1 covered play area, 1 gymnasium

Data from 2009/10 school year.

The British International School of Brussels

Phone 32 2 736 8981
Fax 32 2 736 8983
Email schooloffice@bisb.org
Website www.bisb.org
Address 163 Avenue Emile Max, B-1030, Brussels, Belgium

STAFF

Head Teacher Stephen Prescott
Junior Department Coordinator Tim Gill
Infant Department Coordinator Helen Prescott
Head of Library & Media Center Alicia Baine
Teaching staff Full time 10; Part time 7; Total 17
Nationalities of teaching staff US 1; UK 7; Other(s) (New Zealander, Italian) 9

INFORMATION

Grade levels N–5
School year September–July
School type coeducational, day, proprietary
Year founded 2000
Governed by elected Board
Regional organizations ECIS
Enrollment Nursery 20; PreK 18; Elementary K–5 80; Total 118
Nationalities of student body US 6; UK 25; Belgian 9; Other(s) (Indian, Swede) 78
Tuition/fee currency Euro
Tuition range 12,950–16,000
Annual fees Busing 3,400
One time fees Registration 500; Refundable Deposit 500

EDUCATIONAL PROGRAM

Curriculum UK
Average class size Elementary 16
Language(s) of instruction English
Language(s) taught French
Staff specialists computer, ESL, learning disabilities, librarian
Special curricular programs instrumental music, vocal music
Extra curricular programs computers, dance, drama, excursions/expeditions, chess
Sports cricket, hockey, martial arts, soccer, swimming
Clubs computers, book making, drama, needlework, soccer, jazz ballet, origami, karate, chess

CAMPUS FACILITIES

Location Urban
Campus 1 hectare, 2 buildings, 12 classrooms, 2 computer labs, 34 instructional computers, 4,000 library volumes

THE INTERNATIONAL SCHOOL OF BRUSSELS

Phone 32 2 661 4211
Fax 32 2 661 4200
Email admissions@isb.be
Website www.isb.be
Address Kattenberg 19, Brussels, 1170, Belgium

STAFF

Director Kevin Bartlett
Head of Early Childhood Center Caroline Nu'u
Head of Elementary School Anna Zeiders
Head of Middle School Michael Crowley, Ph.D.
Head of High School Felim Bolster
Finance Director Francis Trappeniers
Director of Technology Doug Stone
Librarians Katie Basha & Jeffrey Brewster
Teaching staff Full time 207; Part time 74; Total 281
Nationalities of teaching staff US 60; UK 44; Belgian 81; Other(s) (Canadian, Irish) 96

INFORMATION

Grade levels N–13
School year August–June
School type coeducational, day
Year founded 1951
Governed by appointed Board of Trustees
Accredited by CIS, Middle States
Regional organizations ECIS
Enrollment Nursery 33; PreK 34; Elementary K–5 500; Middle School 6–8 360; High School 9–12 570; Grade 13 9; Total 1,506
Nationalities of student body US 349; UK 95; Belgian 135; Other(s) (Dutch, French) 927
Tuition/fee currency Euro
Tuition range 13,300–29,450
Annual fees Busing 2,500
One time fees Registration 1,000
Graduates attending college 98%
Graduates have attended Imperial Col London, Harvard U, Boston U, Queen's U, Maastricht U

EDUCATIONAL PROGRAM

Curriculum US, Intl, AP, IB Diploma
Average class size Elementary 22; Secondary 18
Language(s) of instruction English
Language(s) taught Dutch, French, German, Spanish
Staff specialists computer, counselor, ESL, learning disabilities, librarian, nurse, psychologist, speech/hearing
Special curricular programs art, instrumental music, vocal music, computer/technology, physical education
Extra curricular programs computers, community service, dance, drama, environmental conservation, excursions/expeditions, literary magazine, newspaper, photography, yearbook
Sports badminton, baseball, basketball, cross-country, football, golf, hockey, rugby, soccer, softball, swimming, tennis, track and field, volleyball
Examinations AP, IB, PSAT, SAT, SAT II, TOEFL, AP International

CAMPUS FACILITIES

Location Rural
Campus 40 hectares, 7 buildings, 110 classrooms, 4 computer labs, 1265 instructional computers, 56,000 library volumes, 1 auditorium, 3 cafeterias, 2 gymnasiums, 1 infirmary, 3 playing fields, 10 science labs, 2 tennis courts

St Paul's British Primary School

Phone +32 (0)2 767 3098
Email info@stpaulsbps.com
Website www.stpaulsbps.com
Address Stationsstraat 3, Vossem-Tervuren, 3080, Belgium

STAFF

Headteacher Brett Neilson
Teaching staff Full time 13; Part time 3; Total 16
Nationalities of teaching staff UK 14; Belgian 1; Other(s) (South African) 1

INFORMATION

Grade levels N–5
School year September–July
School type coeducational, church-affiliated, day, proprietary
Year founded 1975
Enrollment Nursery 25; PreK 16; Elementary K–5 52; Total 93
Nationalities of student body UK 45; Other(s) 48
Tuition/fee currency Euro
Tuition range 7,500–20,500
Annual fees Busing 3,850
One time fees Registration 750

EDUCATIONAL PROGRAM

Curriculum UK, National
Average class size Elementary 12
Language(s) of instruction English
Language(s) taught French
Staff specialists computer, ESL, learning disabilities, librarian, nurse
Special curricular programs art, instrumental music, vocal music, computer/technology, physical education
Extra curricular programs computers, dance, environmental conservation, excursions/expeditions
Sports basketball, soccer
Examinations SAT

CAMPUS FACILITIES

Location Rural
Campus 4 buildings, 14 classrooms, 1 computer lab, 16 instructional computers, 10,000 library volumes, 1 auditorium, 1 covered play area, 1 gymnasium, 1 playing field, 1 science lab

St. John's International School

Phone 32 2 352 0610
Fax 32 2 352 0630
Email Admissions@stjohns.be
Website www.stjohns.be
Address Dreve Richelle 146, Waterloo, Brabant Walloon, 1410, Belgium

STAFF

Director Thomas Hawkins, Ph.D.
High School Principal Marjan Blok, Ph.D.
Middle School Principal Ben Kestner
Elementary School Principal Johanna Bambridge
Director of Community Relations Marcia de Wolf
Business Manager Adrian Bowcher
IT Manager Jean-Louis Cornez
Librarian Karen Wilkinson

INFORMATION

Grade levels N–13
School year August–June
School type coeducational, day, private non-profit
Year founded 1964
Governed by appointed Religious Congregation & Board
Accredited by CIS, Middle States
Regional organizations ECIS
Graduates attending college 95%
Graduates have attended Harvard U, Yale U, U of Cambridge, U of Oxford, Massachusetts Institute of Technology

EDUCATIONAL PROGRAM

Curriculum US, IB Diploma, IBPYP, AP
Average class size Elementary 19; Secondary 19
Language(s) of instruction English
Language(s) taught French, German, Spanish, Dutch, Swedish, Korean
Staff specialists computer, counselor, learning disabilities, librarian, nurse, psychologist, reading resource
Special curricular programs art, instrumental music, vocal music, computer/technology, physical education
Extra curricular programs community service, dance, drama, excursions/expeditions, yearbook
Sports baseball, basketball, cross-country, golf, soccer, softball, swimming, tennis, track and field, volleyball, Wrestling
Clubs chess, ceramics, math, science, drama, dance, sports
Examinations ACT, AP, IB, Iowa, PSAT, SAT

CAMPUS FACILITIES

Location Suburban
Campus 7 hectares, 9 buildings, 50 classrooms, 5 computer labs, 280 instructional computers, 40,000 library volumes, 1 auditorium, 1 cafeteria, 1 covered play area, 3 gymnasiums, 1 infirmary, 3 playing fields, 7 science labs, 3 tennis courts

BOLIVIA

BOLIVIA

Area:	1,098,580 sq km
Population:	9,947,418
Capital:	La Paz
Currency:	Boliviano (BOB)
Languages:	Spanish, Quechua, Aymara

THE AMERICAN INTERNATIONAL SCHOOL OF BOLIVIA

Phone 591 442 88577
Fax 591 442 88576
Email direccion@aisb.edu.bo
Website www.aisb.edu.bo
Address Avenida Ecologica km. 1.5, Zona Linde-Tiquipaya, Cochabamba, Bolivia
Mailing address PO Box 5309, Cochabamba, Bolivia

STAFF

Director General Silke M. Scholer, Ph.D.
Secondary Principal Augustine Corcoran
Elementary Principal Paola Villarroel
Curriculum Coordinator Eva Velasco
Chief Administrator Tatiana Jimenez
Computer Technologist Edwin Velasco
Library Coordinator Jorge Sejas
Teaching staff Full time 30; Part time 5; Total 35
Nationalities of teaching staff US 7; Bolivian 23; Other(s) (German, Dutch) 5

INFORMATION

Grade levels PreK–12
School year August–June
School type coeducational, day private non-profit
Year founded 1993
Governed by appointed Board of Directors
Accredited by Southern
Regional organizations AASSA, ECIS
Enrollment PreK 19; Elementary K–5 99; Middle School 6–8 54; High School 9–12 68; Total 240
Nationalities of student body US 28; Bolivian 150; Other(s) (German, Korean) 62
Tuition/fee currency US Dollar
Tuition range 120–394
Annual fees Insurance 27; Busing 34. Yearbook 35; Parent Club 12; IB (11 & 12) 916
One time fees Registration 1,500
Graduates attending college 100%
Graduates have attended New York Institute of Technology, U of Richmond, U of North Florida, Northeastern U, Suffolk U

EDUCATIONAL PROGRAM

Curriculum US, National, Intl, IB Diploma, AP
Average class size Elementary 22; Secondary 22
Language(s) of instruction English
Language(s) taught Spanish, French, German, Mandarin, Dutch
Staff specialists computer, counselor, ESL, librarian, psychologist
Special curricular programs art, instrumental music, vocal music, computer/technology, physical education, vocational
Extra curricular programs computers, community service, dance, environmental conservation, excursions/expeditions, newspaper, yearbook, chorus, folkloric dance, cheerleading
Sports basketball, soccer, swimming, tennis, track and field, volleyball
Examinations ACT, AP, IB, SAT, SAT II, Stanford, TOEFL

CAMPUS FACILITIES

Location Urban
Campus 5 hectares, 9 buildings, 18 classrooms, 1 computer lab, 28 instructional computers, 15,000 library volumes, 2 auditoriums, 1 cafeteria, 1 covered play area, 6 playing fields, 2 science labs, 1 pool, 1 tennis court, air conditioning

Data from 2009/10 school year.

Cochabamba Cooperative School

Phone 591 4 4490 605
Fax 591 4 4490 609
Email coachwieburg@yahoo.com
Website www.ccs.edu.bo
Address Av. Circunvalacion, Cochabamba, Bolivia
Mailing address Casilla 1395, Cochabamba, Bolivia

STAFF

Director Carl Wieburg, Ed.D.
Principal Raquel Wolfe, Ed.D.
Finance Manager Elizabeth Fiorilo
Technology Department Chair Hugo Murillo
Librarian Heidi Balderama
Teaching staff Full time 28; Part time 2; Total 30
Nationalities of teaching staff US 15; Bolivian 15

INFORMATION

Grade levels PreK–12
School year August–May
School type coeducational, day, proprietary
Year founded 1954
Governed by elected School Board
Accredited by Southern
Regional organizations AASB, AASSA
Enrollment PreK 53; Elementary K–5 173; Middle School 6–8 87; High School 9–12 86; Total 399
Nationalities of student body US 10; Bolivian 370; Other(s) (Korean) 19
Tuition/fee currency Bolivian Boliviano
Tuition range 1,000–3,800
Graduates attending college 100%
Graduates have attended Stanford U, U of Arkansas, Illinois Institute of Technology, Baylor U, Tulane U

EDUCATIONAL PROGRAM

Curriculum US, National, AP
Average class size Elementary 15; Secondary 20
Language(s) of instruction English
Language(s) taught Spanish
Staff specialists computer, counselor, ESL, librarian, nurse, psychologist
Special curricular programs art, vocal music, computer/technology, distance learning, physical education
Extra curricular programs community service, drama, environmental conservation, newspaper, yearbook
Sports basketball, soccer, track & field, volleyball
Clubs National Honor Society
Examinations MAT, PSAT, SAT, SAT II, PLAN

CAMPUS FACILITIES

Location Suburban
Campus 5 hectares, 15 buildings, 45 classrooms, 2 computer labs, 55 instructional computers, 15,000 library volumes, 1 auditorium, 1 cafeteria, 1 covered play area, 1 gymnasium, 3 playing fields, 1 science lab

American Cooperative School

Phone 591 2 2792 302
Fax 591 2 2797 218
Email acs@acslp.org
Website www.acslp.org
Address Calle 10 y Pasaje Kantutas, Calacoto, La Paz, Bolivia
Mailing address c/o American Embassy, La Paz, Bolivia

STAFF

Superintendent & Secondary Principal Matthew Kirby
Elementary Principal Bill Newton
Secondary Vice Principal Kurt Garrison
Secondary Counselor Karalee Mann
Business Manager Walter Pena
Head of IT Marcelo Pacheco
Head of Library & Media Center Gaila Chambi
Teaching staff Full time 34; Part time 9; Total 43
Nationalities of teaching staff US 20; Bolivian 20; Other(s) (Canadian) 3

INFORMATION

Grade levels N–12
School year August–May
School type coeducational, day, private non-profit
Year founded 1955
Governed by elected Board of Trustees
Accredited by Southern
Regional organizations AASSA
Enrollment Nursery 25; PreK 32; Elementary K–5 126; Middle School 6–8 67; High School 9–12 82; Total 332
Nationalities of student body US 58; Bolivian 213; Other(s) (Canadian, Peruvian) 61
Tuition/fee currency US Dollar
Tuition range 2,000–12,900
One time fees Capital Levy 10,000; Capital Levy Elementary 7,000; Capital Levy Secondary 10,000
Graduates attending college 100%
Graduates have attended Princeton U, U of Chicago, U of Miami, Virginia Tech, U of Notre Dame

EDUCATIONAL PROGRAM

Curriculum US, AP, Bolivian Bachillerato
Average class size Elementary 15; Secondary 15
Language(s) of instruction English
Language(s) taught Spanish, French
Staff specialists computer, counselor, ESL, librarian, nurse
Special curricular programs art, instrumental music, vocal music, computer/technology, physical education
Extra curricular programs community service, drama, excursions/expeditions, newspaper, yearbook
Sports basketball, soccer, swimming, track and field, volleyball
Examinations ACT, AP, Iowa, PSAT, SAT, SAT II, TOEFL

CAMPUS FACILITIES

Location Suburban
Campus 7 hectares, 9 buildings, 50 classrooms, 4 computer labs, 120 instructional computers, 24,000 library volumes, 2 auditoriums, 1 cafeteria, 1 covered play area, 1 gymnasium, 1 infirmary, 3 playing fields, 4 science labs, 1 pool, 2 tennis courts

Highlands International School

Phone 591 2 274 5113
Fax 591 2 274 5113
Email his@nics.org
Website www.highlandsinternational.org
Address Urbanizacion Valle de Sol, Mallasilla, (ex-fabrica de ladrillos), La Paz, Bolivia
Mailing address PO Box 3-12468, La Paz, Bolivia

STAFF

Director Scott Frost
Buisness Supervisor Roberto Flores
Technology Supervisor Scott Cunningham
Library Supervisor Alison Ziegler
Teaching staff Full time 19; Part time 2; Total 21
Nationalities of teaching staff US 17; Bolivian 4

INFORMATION

Grade levels PreK–12
School year August–June
School type coeducational, day, private non-profit
Year founded 2003
Governed by Network of International Christian Schools
Accredited by Southern
Enrollment PreK 10; Elementary K–5 70; Middle School 6–8 30; High School 9–12 40; Total 150
Nationalities of student body US 20; UK 10; Bolivian 90; Other(s) (Korean) 30
Tuition/fee currency US Dollar
Tuition range 2,000–7,000
Annual fees Registration 200; Books 300
One time fees Capital Levy 7,000
Graduates attending college 100%
Graduates have attended U of Washington, Taylor U, U of Arkansas, Liberty U, Waynesburg U

EDUCATIONAL PROGRAM

Curriculum US
Average class size Elementary 15; Secondary 10
Language(s) of instruction English
Language(s) taught Spanish, German
Staff specialists ESL
Special curricular programs art, instrumental music, vocal music, computer/technology, physical education
Extra curricular programs community service, dance, excursions/expeditions, yearbook, mountaineering, adventure sport
Sports soccer
Clubs games, music, yearbook, photography
Examinations AP, SAT, Stanford

CAMPUS FACILITIES

Location Suburban
Campus 5 buildings, 15 classrooms, 1 computer lab, 6,000 library volumes, 1 cafeteria, 1 playing field, 1 science lab

SANTA CRUZ COOPERATIVE SCHOOL

Phone 591 3 3530 808
Fax 591 3 3526 993
Email wmckelligott@sccs.edu.bo
Website www.sccs.edu.bo
Address Calle Barcelona #1, Barrio Las Palmas, Santa Cruz, Bolivia
Mailing address Casilla 753, Calle Barcelona #1, Santa Cruz, Bolivia

STAFF

Director General William J. McKelligott
Elementary Principal Susan Zapata
Secondary Principal Nicolaas Mostert
Elementary Counselor Vanessa Krewiec, Ph.D.
Assistant Secondary Principal Mike Vandeloo
Administrative & Finance Manager Patricia Vilela
Technology Coordinator Heath Kendro
Media Specialist & Librarian Rebecca Battistoni
Teaching staff Full time 49; Total 49
Nationalities of teaching staff US 30; Bolivian 17; Other(s) (Canadian, Argentine) 2

INFORMATION

Grade levels PreK–12
School year August–June
School type coeducational, day, private non-profit
Year founded 1959
Governed by elected Board of Directors
Accredited by Southern
Regional organizations AASSA
Enrollment PreK 40; Elementary K–5 240; Middle School 6–8 119; High School 9–12 148; Grade 13 547; Total 1,094
Nationalities of student body US 28; Bolivian 500; Other(s) (Canadian, Brazilian) 566
Tuition/fee currency US Dollar
Tuition range 2,400–5,400
Annual fees Registration 300; Insurance 30; Busing 300; Technology 100; Yearbook & Calendar 30
One time fees Capital Levy 6,000
Graduates attending college 99%
Graduates have attended Cornell U, U of Notre Dame, Harvard U, Stanford U, U of Miami

EDUCATIONAL PROGRAM

Curriculum US, National, AP
Average class size Elementary 18; Secondary 21
Language(s) of instruction English, Spanish
Language(s) taught Guarani
Staff specialists computer, counselor, learning disabilities, librarian, physician, psychologist, reading resource
Special curricular programs art, instrumental music, vocal music, computer/technology, physical education
Extra curricular programs computers, community service, dance, drama, environmental conservation, excursions/expeditions, literary magazine, newspaper, photography, yearbook
Sports basketball, soccer, track and field, volleyball
Clubs National Honor Society, student government, Helping Hands, Knowledge Bowl, science fair
Examinations ACT, AP, Iowa, PSAT, SAT, SAT II, TOEFL, ERB

CAMPUS FACILITIES

Location Urban
Campus 4 hectares, 6 buildings, 48 classrooms, 4 computer labs, 160 instructional computers, 15,000 library volumes, 1 cafeteria, 3 covered play areas, 1 gymnasium, 1 infirmary, 2 playing fields, 4 science labs, air conditioning

Data from 2009/10 school year.

BOSNIA AND HERZEGOVINA

BOSNIA AND HERZEGOVINA

Area:	51,197 sq km
Population:	4,621,598
Capital:	Sarajevo
Currency:	Konvertibilna Marka (convertible mark) (BAM)
Languages:	Bosnian, Croatian, Serbian

QSI International School of Sarajevo

Phone 387 33 424 450
Fax 387 33 424 471
Email sarajevo@qsi.org
Website www.qsi.ba
Address Omladinska #12, 71320 Vogosca, Sarajevo, Bosnia and Herzegovina

STAFF

Director Karin Noll
Director of Instruction Reza Keivanzadeh
Business Manager Sladana Hrelja
Teaching staff Full time 21; Total 21
Nationalities of teaching staff US 9; Canadian 7; Other(s) (Australian, Belgian) 5

INFORMATION

Grade levels PreK–12
School year August–June
School type coeducational, day, private non-profit
Year founded 1997
Governed by appointed Board of Directors
Sponsored by Quality Schools International
Accredited by Middle States
Regional organizations CEESA
Enrollment PreK 15; Elementary K–5 80; Middle School 6–8 27; High School 9–12 43; Total 165
Nationalities of student body US 60; UK 3; Bosnian 17; Other(s) (German, Austrian) 85
Tuition/fee currency US Dollar
Tuition 15,400
Annual fees Capital Levy 1,600; Busing 2,000
One time fees Registration 300
Graduates attending college 100%
Graduates have attended Northeastern U, Xavier U, U of Cincinnati, U of Sarajevo, Purdue U

EDUCATIONAL PROGRAM

Curriculum US, AP
Average class size Elementary 15; Secondary 10
Language(s) of instruction English
Language(s) taught French, Bosnian, German
Staff specialists computer, ESL, librarian, nurse
Special curricular programs art, vocal music, computer/technology, distance learning, physical education
Extra curricular programs computers, community service, drama, excursions/expeditions, yearbook
Sports basketball, skiing, soccer, track and field, volleyball
Clubs yearbook, sports, community service, Model UN, Math Counts, art
Examinations AP, Iowa, PSAT, SAT, SAT II, Stanford

CAMPUS FACILITIES

Location Suburban
Campus 1 hectare, 1 building, 20 classrooms, 2 computer labs, 50 instructional computers, 10,000 library volumes, 1 cafeteria, 1 playing field, 1 science lab, air conditioning

BOTSWANA

BOTSWANA

Area:	581,730 sq km
Population:	2,029,307
Capital:	Gaborone
Currency:	Pula (BWP)
Languages:	Setswana

Northside Primary School

Phone 267 3952 440
Fax 267 3953 573
Email administration@northsideschool.net
Website www.northsideschool.net
Address Plot 2786, Tshekedi Crescent, Ext. 9, Gaborone, Botswana
Mailing address PO Box 897, Gaborone, Botswana

STAFF

Head Teacher Mark L. McCarthy
Deputy Head Garth Kitching
Head of Infant Department Jackie Booth
Head of Special Needs Department Bev Dunlop-Jones
PYP Curriculum Co-Ordinator Yvonne Lewis
Bursar S. Masolotate
Head of IT C. Brown
Librarian J. McMinn
Teaching staff Full time 32; Part time 2; Total 34
Nationalities of teaching staff US 3; UK 7; Host 6; Other(s) 18

INFORMATION

Grade levels K–7
School year January–December
School type coeducational, day, private non-profit
Year founded 1974
Governed by elected Council
Accredited by CIS
Regional organizations ECIS
Enrollment Elementary K–5 384; Middle School 6–8 106; Total 490
Nationalities of student body US 16; UK 38; Host 196; Other(s) 240
Tuition/fee currency Botswana Pula
Tuition range 31,050–33,450
One time fees Registration 200; Refundable Deposit 5,575

EDUCATIONAL PROGRAM

Curriculum UK, Intl, IBPYP
Average class size Elementary 20
Language(s) of instruction English
Language(s) taught English, Setswana, French
Staff specialists computer, counselor, ESL, learning disabilities, librarian, speech/hearing
Special curricular programs art, instrumental music, computer/technology, physical education
Extra curricular programs computers, dance, drama, excursions/expeditions
Sports cricket, football, gymnastics, hockey, martial arts, soccer, softball, swimming, tennis, track and field
Examinations CAT, NFER, NARE,

CAMPUS FACILITIES

Location Suburban
Campus 3 hectares, 7 buildings, 22 classrooms, 1 computer lab, 60 instructional computers, 12,000 library volumes, 1 auditorium, 1 cafeteria, 1 gymnasium, 1 infirmary, 1 playing field, 1 science lab, 1 pool, 2 tennis courts, air conditioning

Westwood International School

Phone 267 3906 736
Fax 267 3906 734
Email westwood@info.bw
Website www.westwoodis.com
Address Plot 22978 Mmakgwedi Road, Gaborone West, Gaborone, Botswana
Mailing address PO Box 2446, Gaborone, Botswana

STAFF

Director Michael C. Francis
Head of Primary School Juliette van Eerdewijk
Head of Secondary School Christopher Edmunds
Deputy Head of Secondary School Jannie Kleynhans
Admissions Officer Shireen Melamu
School Counselor Sian Griffiths
Head of Administration/Finance John Abraham
IT Coordinator Reuben Isaacs
Librarian Joy Mnjama
Teaching staff Full time 69; Part time 6; Total 75
Nationalities of teaching staff UK 11; Motswana 20; Other(s) (Cuban, Iraqi) 44

INFORMATION

Grade levels K–13
School year January–December
School type coeducational, day, private non-profit
Year founded 1988
Governed by appointed and elected School Council
Accredited by CIS, New England
Regional organizations AISA
Enrollment Elementary K–5 244; Middle School 6–8 184; High School 9–12 177; Grade 13 15; Total 620
Nationalities of student body US 25; UK 47; Motswana 150; Other(s) (Sri Lankan, Swazi) 398
Tuition/fee currency Botswana Pula
Tuition range 30,300–52,500
Graduates attending college 85%
Graduates have attended U of Edinburgh, Brown U, Melbourne U, U of Cape Town, U of Pretoria

EDUCATIONAL PROGRAM

Curriculum Intl, IB Diploma, IBPYP, IGCSE
Average class size Elementary 25; Secondary 25
Language(s) of instruction English
Language(s) taught French, Setswana, Spanish, Afrikaans, English
Staff specialists computer, counselor, ESL, learning disabilities, librarian, nurse
Special curricular programs art, vocal music, computer/technology, physical education
Extra curricular programs computers, community service, dance, drama, environmental conservation, excursions/expeditions, yearbook
Sports badminton, basketball, cricket, gymnastics, hockey, rugby, soccer, softball, swimming, tennis, track and field, wall climbing, canoeing
Clubs guitar, Latin dance, self defense, aerobics, Judo, Model UN, choir, band, student council, painting
Examinations GCSE, IB, IGCSE

CAMPUS FACILITIES

Location Suburban
Campus 5 hectares, 14 buildings, 39 classrooms, 2 computer labs, 95 instructional computers, 14,000 library volumes, 1 auditorium, 1 cafeteria, 1 covered play area, 1 infirmary, 2 playing fields, 3 science labs, 2 pools, 3 tennis courts, air conditioning

Data from 2009/10 school year.

BRAZIL

Area:	8,514,877 sq km
Population:	201,103,330
Capital:	Brasilia
Currency:	Real (BRL)
Languages:	Portuguese

American School of Belo Horizonte

Phone 55 31 3378 6700
Fax 55 31 3378 6878
Email eabh@eabh.com.br
Website www.eabh.com.br
Address Av. Prof. Mario Werneck, 3002, Bairro Buritis, Belo Horizonte, Minas Gerais, 30575-180, Brazil

STAFF

Director Catarina S. Chen
Brazilian Program Director Juliana Lage Santos
PYP Coordinator Ruth Pesses Martins
MYP Coordinator Gaby Kinsch
Business Manager Jaqueline Oliveira
Teaching staff Full time 25; Part time 15; Total 40
Nationalities of teaching staff US 7; Brazilian 32; Other(s) (Canadian) 1

INFORMATION

Grade levels N–12
School year August–June
School type coeducational, day, private non-profit
Year founded 1956
Governed by elected Board of Directors
Accredited by Southern
Regional organizations AASB, AASSA
Enrollment Nursery 9; PreK 17; Elementary K–5 62; Middle School 6–8 34; High School 9–12 40; Total 162
Nationalities of student body US 11; Brazilian 103; Other(s) (Mexican, Chilean) 48
Tuition/fee currency Brazilian Real
Tuition range 9,888–41,145
One time fees Registration 4,000; Capital Levy 4,500
Graduates attending college 100%
Graduates have attended Georgetown U, Boston U, Pennsylvania State U, Colorado State U, American U

EDUCATIONAL PROGRAM

Curriculum US, IBPYP, IBMYP, AP
Average class size Elementary 10; Secondary 10
Language(s) of instruction English
Language(s) taught Portuguese
Staff specialists computer, ESL, librarian, psychologist
Special curricular programs art, instrumental music, computer/technology, physical education
Extra curricular programs computers, community service, dance, drama, environmental conservation, yearbook
Sports basketball, martial arts, soccer, swimming, volleyball
Clubs student council, Model UN, compost, recycling
Examinations ACT, AP, Iowa, PSAT, SAT, SAT II, TOEFL

CAMPUS FACILITIES

Location Urban
Campus 3 hectares, 6 buildings, 16 classrooms, 1 computer lab, 40 instructional computers, 10,000 library volumes, 1 cafeteria, 1 gymnasium, 1 infirmary, 2 playing fields, 1 science lab

AMERICAN SCHOOL OF BRASILIA

Phone 55 61 3442 9700
Fax 55 61 3244 4303
Email cjohnson@eabdf.br
Website www.eabdf.br
Address SGAS 605, Conjunto E, Lotes 34/37, Brasilia, DF, 70200-650, Brazil

STAFF

Head of School Barry Dequanne
Early Childhood Principal Andrea Pearson
Upper Elementary Principal Beth Lopez
Director of Brazilian Program Darcy Sullivan
Upper School Principal Derrick des Vignes, Ph.D.
Business Office Coordinator Elizabeth Sullivan
Technology Coordinator Daniel De Moraes
Head Librarian Anna Maria Machado
Teaching staff Full time 62; Total 62
Nationalities of teaching staff US 27; Brazilian 34; Other(s) (Canadian) 1

INFORMATION

Grade levels PreK–12
School year August–June
School type coeducational, day, private non-profit
Year founded 1961
Governed by self-perpetuating board
Accredited by Southern
Regional organizations AASB, AASSA
Enrollment PreK 60; Elementary K–5 234; Middle School 6–8 128; High School 9–12 159; Total 581
Nationalities of student body US 101; UK 8; Brazilian 330; Other(s) (Canadian, German) 142
Tuition/fee currency Brazilian Real
Tuition range 33,962–40,716
Annual fees Association 24,428
One time fees Registration 200; Capital Levy 18,000
Graduates attending college 95%
Graduates have attended New York U, U of Chicago, Georgetown U, Col of William & Mary, U of Virginia

EDUCATIONAL PROGRAM

Curriculum US, National, Intl, IB Diploma, AP
Average class size Elementary 22; Secondary 22
Language(s) of instruction English
Language(s) taught Portuguese, Spanish, French
Staff specialists computer, counselor, ESL, learning disabilities, librarian, math resource, nurse, psychologist, reading resource
Special curricular programs art, instrumental music, vocal music, computer/technology, physical education, Digital Film Making
Extra curricular programs computers, community service, drama, environmental conservation, excursions/expeditions, literary magazine, photography, yearbook
Sports basketball, soccer, softball, volleyball
Clubs Model UN, Knowledge Bowl, Math Counts, Zoo Crew, team tutor, Criamar/Casa de Moises (orphanage), Bark Animal Rescue, leadership practicum
Examinations ACT, AP, IB, Iowa, PSAT, SAT, SAT II

CAMPUS FACILITIES

Location Urban
Campus 2 hectares, 6 buildings, 50 classrooms, 3 computer labs, 95 instructional computers, 25,000 library volumes, 1 auditorium, 2 cafeterias, 1 covered play area, 1 gymnasium, 1 infirmary, 3 playing fields, 4 science labs, air conditioning

American School of Campinas

Phone 55 19 2102 1000
Fax 55 19 2102 1016
Email steve_herrera@eac.com.br
Website www.eac.com.br
Address Rua Cajamar, 35, Chacara da Barra, Campinas, Sao Paulo, 13090-860, Brazil
Mailing address PO Box 978, 13012-970 Campinas, Sao Paulo, Brazil

STAFF

Superintendent Stephen A. Herrera
Upper School Principal Davi Sanchez Neto
Curriculum Coordinator Christopher Kuczynski
Elementary School Principal Luciane Garcia
Brazilian Program Director Ester Gonsalez
Business Manager Luiz Percico
Technology Coordinator Leo Goes
Librarian Lais Martins
Teaching staff Full time 57; Part time 3; Total 60
Nationalities of teaching staff US 15; UK 1; Brazilian 40; Other(s) (Canadian) 4

INFORMATION

Grade levels PreK–12
School year August–June
School type coeducational, day, private non-profit
Year founded 1956
Governed by appointed Board of Directors
Sponsored by 3M, Rigesa, CAT, Goodyear, Proctor & Gamble, International Paper
Accredited by Southern
Regional organizations AASB, AASSA
Enrollment PreK 67; Elementary K–5 242; Middle School 6–8 111; High School 9–12 99; Total 519
Nationalities of student body US 65; Brazilian 395; Other(s) (Korean) 59
Tuition/fee currency Brazilian Real
Tuition range 27,525–50,945
One time fees Registration 33,000
Graduates attending college 100%
Graduates have attended U of Pennsylvania, Champan Col, Penn State U, Purdue U, Villanova U

EDUCATIONAL PROGRAM

Curriculum US, National, AP
Average class size Elementary 22; Secondary 18
Language(s) of instruction English, Portuguese
Staff specialists computer, counselor, ESL, librarian, nurse, psychologist, reading resource
Special curricular programs art, instrumental music, computer/technology, distance learning, physical education
Extra curricular programs computers, community service, dance, drama, environmental conservation, excursions/expeditions, newspaper, photography, yearbook
Sports basketball, football, martial arts, soccer, softball, volleyball
Examinations ACT, AP, PSAT, SAT, SAT II, TOEFL, ERBs CTP-IV; MAP

CAMPUS FACILITIES

Location Urban
Campus 14 hectares, 13 buildings, 38 classrooms, 3 computer labs, 100 instructional computers, 20,000 library volumes, 1 auditorium, 1 cafeteria, 2 gymnasiums, 1 infirmary, 2 playing fields, 3 science labs

International School of Curitiba

Phone 55 41 3525 7400
Fax 55 41 3525 7499
Email isc.employment@iscbrazil.com
Website www.iscbrazil.com
Address Av. Dr. Eugenioio Bertolli, 3900, Santa Felicidade, Curitiba, Parana, 82410-530, Brazil

STAFF

Superintendent Bill R. Pearson
Secondary Principal Bruce Leiper
Elementary Principal Paul Combs
Early Childhood Principal Marizete Bolzani
Curriculum Coordinator Carol Carpenter
Admissions/Brazilian Program Director Claudia Lebiedziejewski
Business Manager Rebeca Heinerici
Technology Coordinator Fabio Rocco
Librarian Sandra Sparremberger
Teaching staff Full time 55; Part time 4; Total 59
Nationalities of teaching staff US 15; UK 1; Brazilian 43

INFORMATION

Grade levels N–12
School year August–June
School type coeducational, day, private non-profit
Year founded 1959
Governed by elected Board of Directors
Accredited by Southern
Regional organizations AASB, AASSA
Enrollment Nursery 30; PreK 30; Elementary K–5 150; Middle School 6–8 60; High School 9–12 65; Total 335
Nationalities of student body US 30; UK 6; Brazilian 174; Other(s) (German, Italian) 125
Tuition/fee currency Brazilian Real
Tuition range 23,262–75,139
Annual fees Capital Levy 1,750; Lunch 1,940
One time fees Registration 3,000; Initial Capital 13,390
Graduates attending college 100%
Graduates have attended Johns Hopkins U, Duke U, Carnegie Mellon U, Tufts U

EDUCATIONAL PROGRAM

Curriculum US, National, Intl, IB Diploma
Average class size Elementary 18; Secondary 18
Language(s) of instruction English
Language(s) taught Portuguese, Spanish
Staff specialists computer, ESL, learning disabilities, librarian, math resource, reading resource
Special curricular programs art, instrumental music, vocal music, computer/technology, distance learning, physical education
Extra curricular programs community service, dance, drama, environmental conservation, excursions/expeditions, literary magazine, newspaper, yearbook
Sports basketball, gymnastics, soccer, tennis, volleyball
Clubs National Honor Society, Junior National Honor Society, student council, junior student council, NaturISC
Examinations IB, Iowa, PSAT, SAT, SAT II, ERB WrAP, DRA, IBT ACER, MAP

CAMPUS FACILITIES

Location Suburban
Campus 8 hectares, 19 buildings, 47 classrooms, 4 computer labs, 202 instructional computers, 70,629 library volumes, 2 cafeterias, 2 covered play areas, 1 gymnasium, 2 infirmaries, 3 playing fields, 3 science labs, air conditioning

The Panamerican School of Porto Alegre

Phone 55 51 3334 5866
Fax 55 51 3334 5866
Email director@panamerican.com.br
Website www.panamerican.com.br
Address Rua Jo,,o Obino, 110, Porto Alegre, Rio Grande do Sul, 90470-150, Brazil

STAFF

Director Jeffrey M. Jurkovac, Ed.D.
Elementary Principal Lorrie Turner
MS & HS Principal Lisa Warrilow
ECE & Preschool Coordinator Nancy Nogueira
Curriculum Coordinator Cassie Koscianski
Director of Brazilian Programs Maria Ilma Volkmer
Business Manager Sèrgio Nunes
IT Coordinator Rafael Soto Nogueira
Librarian Alexandra F. Carvalho
Teaching staff Full time 36; Part time 2; Total 38
Nationalities of teaching staff US 10; Brazilian 20; Other(s) (Canadian, Australian) 8

INFORMATION

Grade levels PreK–12
School year August–July
School type coeducational, day, private non-profit
Year founded 1967
Governed by elected Board of Directors
Accredited by Southern
Regional organizations AASB, AASSA
Enrollment PreK 50; Elementary K–5 164; Middle School 6–8 72; High School 9–12 50; Total 336
Nationalities of student body US 15; Brazilian 275; Other(s) (Israeli, Mexican) 46
Tuition/fee currency US Dollar
Tuition range 14,052–26,568
Annual fees Capital Levy 1,171; Activity 585
One time fees Registration 585; Entrance 3,599
Graduates attending college 100%
Graduates have attended U of Chicago, U of Pennsylvania, Westminster U, Pontificia U Catolica Argentina, U of Toronto

EDUCATIONAL PROGRAM

Curriculum US, National, Intl, IBPYP
Average class size Elementary 22; Secondary 16
Language(s) of instruction English
Language(s) taught Portuguese, Spanish
Staff specialists computer, counselor, ESL, librarian, nurse, psychologist
Special curricular programs art, instrumental music, vocal music, computer/technology, distance learning, physical education
Extra curricular programs computers, community service, dance, drama, environmental conservation, excursions/expeditions, photography, yearbook
Sports basketball, martial arts, soccer, swimming, tennis, volleyball, Capoeira, indoor soccer
Clubs Model UN, Destination Imagination, Math Counts, Knowledge Bowl, National Honor Society, National Junior Honor Society, student council
Examinations AP, PSAT, SAT, SAT II, NWEA MAP testing, ENEM, CESPE

CAMPUS FACILITIES

Location Urban
Campus 1 hectare, 1 building, 20 classrooms, 2 computer labs, 100 instructional computers, 10,000 library volumes, 1 cafeteria, 1 gymnasium, 1 infirmary, 2 playing fields, 2 science labs, air conditioning

American School of Recife

Phone 55 81 3341 4716
Fax 55 81 3341 4716, Ext. 17
Email info@ear.com.br
Website www.ear.com.br
Address Rua Sa e Souza 408, Boa Viagem, Recife, PE, 51030 065, Brazil
Mailing address US Consulate Recife, Unit 3080, Box 4011, DPO AA 34030-4011

STAFF

Superintendent George G. Takacs, Ph.D.
Dean of Students & Guidance Counselor Charles Hodges
Brazilian Studies Director Gloria Souza
Elementary Principal Kathy Short
Business Manager Ana Valeria de Sande
Technology Coordinator Jailson Beserra
Librarian Solange Carneiro
Teaching staff Full time 27; Part time 9; Total 36
Nationalities of teaching staff US 5; Brazilian 30; Other(s) 1

INFORMATION

Grade levels N–12
School year August–June
School type coeducational, day, private non-profit
Year founded 1957
Governed by elected Board of Directors
Accredited by Southern
Regional organizations AASB
Enrollment Nursery 20; PreK 25; Elementary K–5 120; Middle School 6–8 71; High School 9–12 63; Total 299
Nationalities of student body US 23; UK 3; Brazilian 228; Other(s) (Argentine, Mexican) 45
Tuition/fee currency Brazilian Real
Tuition range 13,167–31,525
Annual fees Books & Supplies 3,679
One time fees Registration 496; Capital Levy 5,547
Graduates attending college 98%
Graduates have attended Harvard U, Yale U, Boston U, New York U, U of California, Los Angeles

EDUCATIONAL PROGRAM

Curriculum US, National, AP
Average class size Elementary 20; Secondary 16
Language(s) of instruction English, Portuguese
Language(s) taught French, Spanish
Staff specialists computer, counselor, ESL, librarian, nurse, psychologist
Special curricular programs art, instrumental music, computer/technology, physical education
Extra curricular programs community service, dance, drama, environmental conservation, excursions/expeditions, photography, yearbook, VHS
Sports badminton, basketball, soccer, tennis, track and field, volleyball, Capoeira
Clubs Eco
Examinations ACT, AP, PSAT, SAT, SAT II, Stanford

CAMPUS FACILITIES

Location Urban
Campus 8 hectares, 4 buildings, 32 classrooms, 1 computer lab, 65 instructional computers, 20,000 library volumes, 1 auditorium, 1 cafeteria, 1 covered play area, 1 infirmary, 4 playing fields, 2 science labs, 2 tennis courts, air conditioning

Escola Americana do Rio de Janeiro

Phone 55 21 2125 9002
Fax 55 21 2259 4722
Email katia.veiga@earj.com.br
Website www.earj.com.br
Address Estrada da Gavea, 132, Gavea, Rio de Janeiro, 22451 263, Brazil

STAFF

Head of School Robert L. Werner
Upper School Principal Erich Heise
Middle School Coordinator Luther Walbridge
Lower School Principal Cristiana Jurgensen
Early Childhood Coordinator Suely Pecanha
Business Manager Emilia Ferreira
Information Technology Manager Steve Esselink
Librarian Barbara Andersen
Teaching staff Full time 99; Part time 1; Total 100
Nationalities of teaching staff US 25; Brazilian 55; Other(s) (Canadian) 20

INFORMATION

Grade levels N–12
School year August–June
School type coeducational, day, private non-profit
Year founded 1937
Governed by appointed and elected Board of Directors
Accredited by Southern
Regional organizations AASB, AASSA
Enrollment Nursery 30; PreK 40; Elementary K–5 300; Middle School 6–8 150; High School 9–12 280; Total 800
Nationalities of student body US 150; Brazilian 380; Other(s) (Colombian, Norwegian) 270
Tuition/fee currency US Dollar
Tuition range 20,000–28,000
Annual fees Busing 2,000; Lunch 1,000
One time fees Capital Levy 6,500
Graduates attending college 99%
Graduates have attended Harvard U, Yale U, Stanford U, Princeton U, Vanderbilt U

EDUCATIONAL PROGRAM

Curriculum US, National, IB Diploma
Average class size Elementary 18; Secondary 18
Language(s) of instruction English, Portuguese
Language(s) taught French, Spanish
Staff specialists computer, counselor, ESL, learning disabilities, librarian, nurse, psychologist, reading resource, speech/hearing
Special curricular programs art, instrumental music, vocal music, computer/technology, physical education, experiential education, video production
Extra curricular programs computers, community service, dance, drama, environmental conservation, excursions/expeditions, literary magazine, newspaper, photography, yearbook
Sports baseball, basketball, soccer, softball, track and field, volleyball
Clubs National Honor Society, Model UN, yearbook, newspaper, chess, drama, community service
Examinations ACT, IB, PSAT, SAT, SAT II

CAMPUS FACILITIES

Location Urban
Campus 5 hectares, 9 buildings, 75 classrooms, 5 computer labs, 300 instructional computers, 33,000 library volumes, 1 auditorium, 1 cafeteria, 3 covered play areas, 1 gymnasium, 1 infirmary, 1 playing field, 8 science labs, air conditioning

Pan American School of Bahia

Phone 55 71 3368 8400
Fax 55 71 3368 8441
Email info@escolapanamericana.com
Website www.escolapanamericana.com
Address Avenida Ibirapitanga, s/n, Patamares, Salvador, Bahia, 41680-010, Brazil

STAFF

Director Dennis M. Klumpp, Ed.D.
Elementary Principal Megan Maher
Secondary Principal Alex Kremer
Brazilian Program Coordinator Maria Elena Kravchychyn
Business & Finance Director Marina Skelton
Technology Coordinator Leonardo Orrico
Librarian Angela Burkholder
Teaching staff Full time 60; Part time 6; Total 66
Nationalities of teaching staff US 23; Brazilian 41; Other(s) (Romanian, Argentine) 2

INFORMATION

Grade levels N–12
School year July–June
School type coeducational, day, private non-profit
Year founded 1960
Governed by elected Board of Directors
Accredited by Southern
Regional organizations AASB, AASSA
Enrollment Nursery 68; PreK 45; Elementary K–5 289; Middle School 6–8 110; High School 9–12 98; Total 610
Nationalities of student body US 52; UK 7; Brazilian 487; Other(s) (French, Spaniard) 64
Tuition/fee currency Brazilian Real
Tuition range 14,054–30,103
Annual fees Capital Levy 1,404; Activity 200; Yearbook 100
One time fees Registration 5,056
Graduates attending college 98%
Graduates have attended Barnard Col, Brown U, Cornell U, American U of London, U of North Carolina

EDUCATIONAL PROGRAM

Curriculum US, National, AP
Average class size Elementary 24; Secondary 18
Language(s) of instruction English
Language(s) taught Portuguese, Spanish
Staff specialists computer, counselor, ESL, learning disabilities, librarian, nurse, reading resource
Special curricular programs art, computer/ technology, distance learning, physical education
Extra curricular programs community service, drama, environmental conservation, excursions/expeditions, yearbook
Sports basketball, soccer, swimming, volleyball, Handball
Clubs Model UN, Destination Imagination, Knowledge Bowl
Examinations ACT, AP, Iowa, MAT, PSAT, SAT, SAT II, TOEFL, ERB / MAP

CAMPUS FACILITIES

Location Suburban
Campus 8 hectares, 6 buildings, 60 classrooms, 2 computer labs, 124 instructional computers, 17,000 library volumes, 1 cafeteria, 1 covered play area, 1 gymnasium, 1 infirmary, 4 playing fields, 2 science labs, 1 pool, air conditioning

Chapel (Escola Maria Imaculada)

Phone 55 11 2101 7400
Fax 55 11 5521 7763
Email chapel@chapelschool.com
Website www.chapelschool.com
Address Rua Vigario Joao de Pontes, 537, Sao Paulo, SP, 04748-000, Brazil
Mailing address Caixa Postal 21.293, Brooklin, 04602-970, Sao Paulo, Brazil

STAFF

Superintendent John T. Ciallelo
High School Vice Principal Jason Dillon
Elementary Principal Liza Baker
Brazilian Program Director Cristina Muller
Early Childhood Coordinator Carla Winkelmann
Learning Resource Coordinator Cristiana Cavalcanti
Oblate Treasurer Father Peter Curran
Technology Department Head Otavio Garcia Coutinho Jr.
Head Librarian Fernanda Caires
Teaching staff Full time 70; Total 70
Nationalities of teaching staff US 27; UK 2; Brazilian 32; Other(s) (Canadian, Australian) 9

INFORMATION

Grade levels N–12
School year August–June
School type coeducational, church-affiliated, day, private non-profit, proprietary
Year founded 1947
Governed by appointed Board of Directors
Sponsored by Oblates of Mary Immaculate
Accredited by Southern
Regional organizations AASB, AASSA
Enrollment Nursery 36; PreK 36; Elementary K–5 150; Middle School 6–8 135; High School 9–12 185; Total 542
Nationalities of student body US 75; Brazilian 355; Other(s) (Argentine, Korean) 112
Tuition/fee currency Brazilian Real
Tuition range 3,700–4,300
Annual fees Books 1,950; Annual Enrollment 2,250
One time fees Registration 5,750; Admission Test 290
Graduates attending college 100%
Graduates have attended Boston Col, Yale U, Brown U, Columbia U, U of Notre Dame

EDUCATIONAL PROGRAM

Curriculum US, National, Intl, IB Diploma
Average class size Elementary 23; Secondary 20
Language(s) of instruction English, Portuguese
Language(s) taught French, Spanish
Staff specialists computer, counselor, ESL, learning disabilities, librarian, math resource, nurse, reading resource, speech/hearing
Special curricular programs art, vocal music, computer/technology, distance learning, physical education
Extra curricular programs computers, community service, dance, drama, environmental conservation, excursions/expeditions, literary magazine, newspaper, yearbook, creative writing, theater
Sports basketball, soccer, softball, volleyball, indoor soccer
Clubs National Honor Society, community service, retreats, chess, computer, student council, Knowledge Bowl, Math Counts, Model UN
Examinations ACT, IB, PSAT, SAT, SAT II, TOEFL, ERB, MAP

CAMPUS FACILITIES

Location Suburban
Campus 3 hectares, 6 buildings, 55 classrooms, 3 computer labs, 350 instructional computers, 25,000 library volumes, 1 auditorium, 1 cafeteria, 2 covered play areas, 2 gymnasiums, 1 infirmary, 1 playing field, 3 science labs, 1 tennis court, air conditioning

GRADED—THE AMERICAN SCHOOL OF SÄO PAULO

Phone 55 11 3747 4800
Fax 55 11 3742 9358
Email lisa.peixoto@graded.br
Website www.graded.br
Address Av. Pres. Giovanni Gronchi, 4710, Morumbi, Sao Paulo, SP, 05724-002, Brazil
Mailing address Av. Giovanni Gronchi, 4710, 05724-002 Sao Paulo, SP, Brazil

STAFF

Superintendent Lee M. Fertig
High School Principal R. Blair Peterson, Ed.D.
Middle School Principal James Urquhart
Lower School Principal Paige Geiger, Ed.D.
Director of Admissions Lisa Peixoto
Brazilian Studies Director Angelina Fregonesi
Business Manager Jose Carlos Cardozo
Director of Technology Derrel Fincher
Upper School Librarian Carol Fifield
Teaching staff Full time 126; Part time 8; Total 134
Nationalities of teaching staff US 47; UK 3; Brazilian 67; Other(s) (Canadian) 17

INFORMATION

Grade levels PreK–12
School year August–June
School type coeducational, day, private non-profit
Year founded 1920
Governed by appointed Board of Directors
Accredited by Southern
Regional organizations AASB, AASSA
Enrollment PreK 94; Elementary K–5 476; Middle School 6–8 284; High School 9–12 371; Total 1,225
Nationalities of student body US 338; UK 5; Brazilian 541; Other(s) (Korean) 341
Tuition/fee currency Brazilian Real
Tuition range 44,928–60,004
One time fees Registration 315; Capital Levy 28,350
Graduates attending college 100%
Graduates have attended U of Chicago, U of Pennsylvania, Yale U, Columbia U, U of British Columbia

EDUCATIONAL PROGRAM

Curriculum US, National, IB Diploma
Average class size Elementary 22; Secondary 17
Language(s) of instruction English
Language(s) taught Portuguese, Spanish, French
Staff specialists computer, counselor, ESL, learning disabilities, librarian, nurse, physician, psychologist
Special curricular programs art, instrumental music, vocal music, computer/technology, physical education
Extra curricular programs computers, community service, dance, drama, environmental conservation, excursions/expeditions, literary magazine, newspaper, photography, yearbook
Sports basketball, soccer, softball, tennis, volleyball, cheerleading, indoor soccer
Clubs Peer Group Connection, community service, Knowledge Bowl, forensics, Model UN, Math Counts, Destination Imagination
Examinations ACT, AP, IB, PSAT, SAT, SAT II, ERB

CAMPUS FACILITIES

Location Suburban
Campus 7 hectares, 10 buildings, 90 classrooms, 10 computer labs, 750 instructional computers, 50,000 library volumes, 2 auditoriums, 1 cafeteria, 2 covered play areas, 2 gymnasiums, 1 infirmary, 2 playing fields, 8 science labs, 4 tennis courts

BRITISH VIRGIN ISLANDS

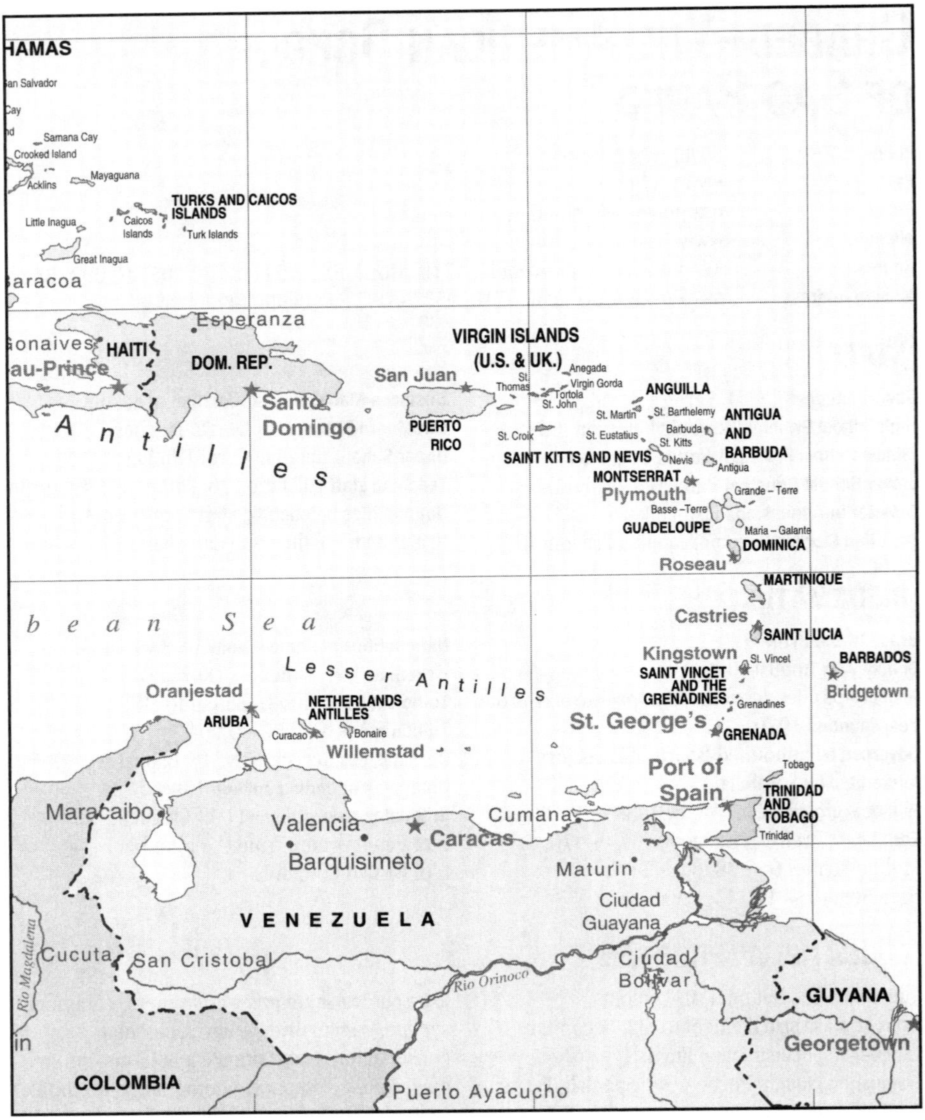

BRITISH VIRGIN ISLANDS

Area:	151 sq km
Population:	201,103,330
Capital:	Road Town
Currency:	US Dollar (USD)
Languages:	English

Cedar International School

Phone 284 494 5262
Fax 284 495 9695
Email cedaradmin@cedarschoolbvi.com
Website www.cedarschoolbvi.com
Address Kingstown, Tortola, British Virgin Islands
Mailing address PMB 5000, PO Box 8309, Cruz Bay, United States Virgin Islands 00831

STAFF

Director Scott Hibbard
Head of Secondary School & DP Coordinator Andy Jenkinson
Head of Primary & PYP Coordinator Greg Cusbert
Business Manager Natasha Nicholas
Head of Technology Wayne Voogt
Teaching staff Full time 35; Part time 7; Total 42
Nationalities of teaching staff US 12; UK 7; Other(s) (Australian, Canadian) 23

INFORMATION

Grade levels PreK–12
School year September–June
School type coeducational, day, private non-profit
Year founded 1987
Governed by appointed Board of Trustees
Accredited by CIS, Middle States
Enrollment PreK 16; Elementary K–5 118; Middle School 6–8 72; High School 9–12 50; Total 256
Nationalities of student body US 50; UK 76; British Virgin Islander 72; Other(s) (Canadian, Australian) 58
Tuition/fee currency US Dollar
Tuition range 9,590–13,880
Annual fees Supplies & Materials 150
One time fees Registration 300; Entrance 2,000; DP 1,000
Graduates attending college 100%
Graduates have attended Brigham Young U, Boston U, U of Derby, Roger Williams U, U of Brighton

EDUCATIONAL PROGRAM

Curriculum Intl, IB Diploma, IBPYP, IBMYP
Average class size Elementary 20; Secondary 16
Language(s) of instruction English
Language(s) taught Spanish
Staff specialists computer, counselor, librarian, nurse, reading resource
Special curricular programs art, instrumental music, vocal music, computer/technology, physical education
Extra curricular programs computers, community service, dance, drama, environmental conservation, excursions/expeditions, photography
Sports basketball, cricket, football, gymnastics, rugby, soccer, squash, tennis, track and field, volleyball
Clubs chess, food technology, surfing, paddle boarding, art, jewelry-making, ukulele, Latin dance, Model UN, drama, snorkeling
Examinations IB, PSAT, SAT

CAMPUS FACILITIES

Location Rural
Campus 2 hectares, 2 buildings, 20 classrooms, 1 computer lab, 30 instructional computers, 6,850 library volumes, 1 auditorium, 1 covered play area, 1 infirmary, 2 playing fields, 1 science lab, air conditioning

BULGARIA

BULGARIA

Area:	110,879 sq km
Population:	7,148,785
Capital:	Sofia
Currency:	Lev(BGL)
Languages:	Bulgarian

THE AMERICAN COLLEGE OF SOFIA

Phone 359 2 434 1010
Fax 359 2 434 1009
Email acs@acs.bg
Website www.acs.bg
Address Floyd Black Lane, Sofia, Mladost 2, 1799, Bulgaria
Mailing address PO Box 873, Sofia 1000, Bulgaria

STAFF

President Thomas M. Cangiano
Deputy Director Maria Angelova
Dean of Students & International Student Coordinator Derek Tellis
College Counselor Kate McKenna
Business Manager Slaveja Milanova
Nationalities of teaching staff US 27; Bulgarian 54

INFORMATION

Grade levels 8–12
School year September–June
School type boarding, coeducational, day, private non-profit
Year founded 1860
Governed by elected Sofia American Schools Board of Trustees
Accredited by Middle States
Regional organizations CEESA
Enrollment Middle School 6–8 142; High School 9–12 550; Total 692
Nationalities of student body Bulgarian 644; Other(s) 48
Tuition/fee currency Euro
Tuition range 5,500–5,600
Annual fees Boarding, 7-day 2,500
One time fees Registration 30
Boarding program grades 8–11
Boarding program length 7-day **Boys** 14 **Girls** 14
Graduates attending college 100%
Graduates have attended Princeton U, Yale U, Harvard U, Stanford U, Massachusetts Institute of Technology

EDUCATIONAL PROGRAM

Curriculum US, National, Intl, IB Diploma
Average class size Secondary 18
Language(s) of instruction English
Language(s) taught French, Spanish, German, Bulgarian
Staff specialists computer, counselor, ESL, librarian, nurse, physician, psychologist
Special curricular programs art, vocal music, computer/technology, physical education
Extra curricular programs computers, community service, dance, drama, environmental conservation, excursions/expeditions, literary magazine, newspaper, photography, yearbook
Sports badminton, basketball, skiing, soccer, softball, swimming, tennis, track and field, volleyball
Examinations AP, IB, PSAT, SAT, SAT II, TOEFL

CAMPUS FACILITIES

Location Suburban
Campus 22 hectares, 14 buildings, 55 classrooms, 4 computer labs, 90 instructional computers, 15,000 library volumes, 1 auditorium, 1 cafeteria, 1 gymnasium, 1 infirmary, 3 playing fields, 4 science labs, 2 tennis courts

THE ANGLO-AMERICAN SCHOOL OF SOFIA

Phone 359 2 923 8810/11
Fax 359 2 923 8859
Email jleahy@aas-sofia.org
Website www.aas-sofia.org
Address c/o The American Embassy, 16 Koziak Street, Sofia, 1407, Bulgaria
Mailing address Dept. of State, 5740 Sofia Place, Washington, DC 20521-5740, USA

STAFF

Director Jim H. Leahy
Deputy Director Lee Ann Griffin
ES Principal Jim Anderson
Athletic Director Shelley Wowchuk
IB Coordinator Ana Leahy
Business Manager Marchela Ignatova
ICT Manager Linda Dimitrov
Librarian Angela Browne
Teaching staff Full time 51; Total 51
Nationalities of teaching staff US 26; UK 2; Bulgarian 13; Other(s) (Canadian, Australian) 10

INFORMATION

Grade levels PreK–12
School year August–June
School type coeducational, day, private non-profit
Year founded 1967
Governed by appointed School Board
Accredited by CIS, New England
Regional organizations CEESA, ECIS
Enrollment PreK 21; Elementary K–5 191; Middle School 6–8 64; High School 9–12 66; Total 342
Nationalities of student body US 68; UK 30; Bulgarian 77; Other(s) (Korean, Israeli) 167
Tuition/fee currency Euro
Tuition range 4,485–14,840
Annual fees Capital Levy 2,385; Busing 1,310
One time fees Registration 765; Entrance Capital 1,190
Graduates have attended Richmond Col, Michigan State U, American U, Erasmus U, U of East Anglia

EDUCATIONAL PROGRAM

Curriculum US, UK, Intl, IB Diploma
Average class size Elementary 16; Secondary 16
Language(s) of instruction English
Language(s) taught French, Bulgarian, Spanish
Staff specialists computer, counselor, ESL, librarian, math resource, nurse, reading resource
Special curricular programs art, instrumental music, vocal music, computer/technology, physical education
Extra curricular programs computers, community service, dance, drama, environmental conservation, excursions/expeditions, photography, yearbook
Sports basketball, skiing, soccer, tennis, volleyball, mountain climbing, horseback riding
Clubs Roots & Shoots, Model UN
Examinations IB, MAP

CAMPUS FACILITIES

Location Suburban
Campus 7 hectares, 1 building, 54 classrooms, 2 computer labs, 150 instructional computers, 14,000 library volumes, 1 auditorium, 1 cafeteria, 1 gymnasium, 1 infirmary, 1 playing field, 1 science lab, 2 tennis courts

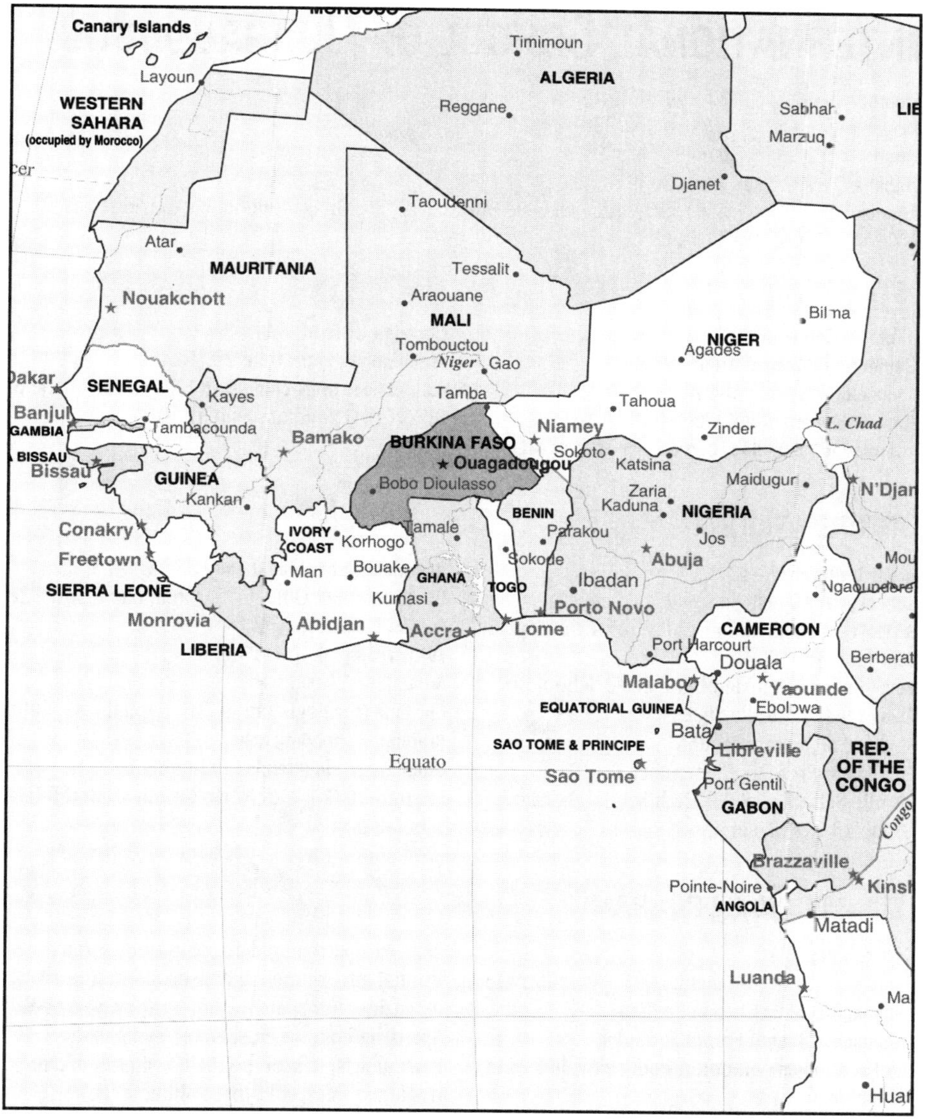

BURKINA FASO

Area:	274,200 sq km
Population:	16,241,811
Capital:	Ouagadougou
Currency:	CFA Franc (XOF)
Languages:	French

INTERNATIONAL SCHOOL OF OUAGADOUGOU

Phone 226 50 362 143
Fax 226 50 362 228
Email iso@iso.bf
Website www.iso.bf
Address s/c Ambassade des Etats Unis, 01 BP 35, Ouagadougou, 01, Burkina Faso

STAFF

Director Glenn Jones
Elementary Principal Angel Prince
Counselor Michelle Allen
Finance Manager Kadia Kamano
Information Technology Coordinator Marcel Niampa
Librarian Elsie McCall
Teaching staff Full time 29; Total 29
Nationalities of teaching staff US 13; Burkinabe 6; Other(s) (Canadian, Dutch) 10

INFORMATION

Grade levels PreK–12
School year August–June
School type coeducational, day, private non-profit
Year founded 1976
Governed by Seven Member Elected School Board
Accredited by Middle States
Regional organizations AISA
Enrollment PreK 20; Elementary K–5 88; Middle School 6–8 43; High School 9–12 67; Grade 13 218; Total 436
Nationalities of student body US 53; UK 5; Burkinabe 50; Other(s) (Dutch, Canadian) 328
Tuition/fee currency ECU
Tuition range 3,900–13,250
Annual fees Busing 400
One time fees Registration 205; Capital Levy 5,000
Graduates attending college 100%
Graduates have attended Columbia U, Dartmouth Col, U of North Carolina, McGill U, U of London

EDUCATIONAL PROGRAM

Curriculum US, AP
Average class size Elementary 15; Secondary 15
Language(s) of instruction English
Language(s) taught French, Spanish
Staff specialists computer, counselor, librarian, physician
Special curricular programs art, instrumental music, vocal music, computer/technology, physical education, drama, journalism
Extra curricular programs community service, drama, environmental conservation, literary magazine, newspaper, photography, yearbook
Sports badminton, basketball, gymnastics, martial arts, soccer, softball, swimming, tennis, track and field, volleyball, ultimate frisbee
Clubs business, Model UN, beading, pottery, batik, cooking, dance, orphanage, student government, community service
Examinations ACT, AP, PSAT, SAT, SAT II, TOEFL, MAP

CAMPUS FACILITIES

Location Suburban
Campus 3 hectares, 10 buildings, 18 classrooms, 1 computer lab, 75 instructional computers, 9,800 library volumes, 1 auditorium, 1 cafeteria, 1 covered play area, 1 infirmary, 1 playing field, 2 science labs, 1 pool, 1 tennis court, air conditioning

CAMBODIA

Area:	181.035 sq km
Population:	14,753,320
Capital:	Phnom Penh
Currency:	Riel (KHR)
Languages:	Khmer

INTERNATIONAL SCHOOL OF PHNOM PENH

Phone 855 23 213 103
Fax 855 23 213 104
Email ispp@ispp.edu.kh
Website www.ispp.edu.kh
Address 146 Norodom Boulevard, PO Box 138, Phnom Penh, Cambodia

STAFF

Director Barry Sutherland
Secondary School Principal Jim Canavan
Elementary School Principal Tracy France-George
Secondary School Assistant Principal Eric Usher
Elementary School Assistant Principal & PYP Coordinator Kim Engasser
Business Manager Sally Relph
Technology Coordinator Erik Wilensky
Librarian Catriona Sutherland
Teaching staff Full time 57; Part time 16; Total 73
Nationalities of teaching staff US 17; UK 12; Cambodian 4; Other(s) (Canadian, Australian) 40

INFORMATION

Grade levels PreK–12
School year August–June
School type coeducational, day, private non-profit
Year founded 1989
Governed by appointed and elected Board of Directors
Accredited by CIS, Western
Regional organizations EARCOS, ECIS
Enrollment PreK 84; Elementary K–5 273; Middle School 6–8 127; High School 9–12 120; Total 604
Nationalities of student body US 80; UK 36; Cambodian 119; Other(s) (Korean, Australian) 369
Tuition/fee currency US Dollar
Tuition range 4,750–15,130
Annual fees Capital Levy 1,775; Busing 650; ESL 5,300
One time fees Registration 2,500
Graduates attending college 84%
Graduates have attended U of Cambridge, Loyola Col of Maryland, U of British Colombia, U of London, York U

EDUCATIONAL PROGRAM

Curriculum IB Diploma, IBPYP, IBMYP
Average class size Elementary 18; Secondary 11
Language(s) of instruction English
Language(s) taught French, Khmer, Spanish, Mandarin
Staff specialists computer, counselor, ESL, learning disabilities, librarian, nurse, reading resource
Special curricular programs art, instrumental music, vocal music, computer/technology, physical education
Extra curricular programs computers, community service, dance, drama, excursions/expeditions, literary magazine, newspaper, yearbook
Sports badminton, basketball, cricket, gymnastics, martial arts, soccer, softball, swimming, track and field, volleyball, table tennis
Clubs chess, cooking, science, dance, tae kwon do, karate
Examinations IB, PSAT, SAT, SAT II, ISA

CAMPUS FACILITIES

Location Urban
Campus 2 hectares, 10 buildings, 40 classrooms, 2 computer labs, 190 instructional computers, 32,062 library volumes, 1 auditorium, 1 covered play area, 1 infirmary, 3 playing fields, 2 science labs, 1 pool, air conditioning

Logos International School

Phone (855) (0)17 473 515
Email office@logoscambodia.org
Website logoscambodia.org/
Address PO Box 1534, House 928, Street Poung Peay & Bayabce, Phnom Penh Thmei, Ruessei Keo, Phonom Penh, Cambodia

STAFF

Principal Dan Hein
Teaching staff Full time 30; Part time 5; Total 35
Nationalities of teaching staff US 18; UK 1; Cambodian 2; Other(s) (Canadian, Australian) 8

INFORMATION

Grade levels PreK–12
School year August–May
School type coeducational, church-affiliated, private non-profit
Year founded 1999
Accredited by Western
Enrollment Nursery 18; PreK 18; Elementary K–5 150; Middle School 6–8 75; High School 9–12 80; Total 341
Tuition/fee currency US Dollar
Tuition range 2,400–3,100
Annual fees Capital Levy 500; Busing 460; Lunch 450; Books 75
One time fees Registration 500; Testing 25
Graduates attending college 100%
Graduates have attended US Navel Academy, Berkeley U, U of Colorado, Liberty U, Messiah Col

EDUCATIONAL PROGRAM

Curriculum US, AP
Average class size Elementary 12–24; Secondary 24
Language(s) of instruction English
Staff specialists computer, counselor, ESL, librarian, reading resource
Special curricular programs art, instrumental music, vocal music, computer/technology, physical education
Extra curricular programs computers, community service, dance, drama, excursions/expeditions, photography, yearbook, community service leadership
Sports basketball, martial arts, soccer, swimming, volleyball
Clubs ballet, Khmer dance, student council
Examinations AP, PSAT, SAT, Stanford

CAMPUS FACILITIES

Location Urban
Campus 1 building, 16 classrooms, 2 computer labs, 60 instructional computers, 8,000 library volumes, 1 auditorium, 1 cafeteria, 1 covered play area, 1 gymnasium, 1 infirmary, 1 playing field, 2 science labs, 1 pool, air conditioning

Northbridge International School Cambodia

Phone 855 23 886 000
Fax 855 23 886 009
Email Carrie_Crawford@niscambodia.com
Website www.niscambodia.com
Address Corner Northbridge Street and Sorla Tollway (Street 2004), Phnom Penh, 3, Cambodia
Mailing address P.O. Box 2042, Phnom Penh 3, Cambodia

STAFF

School Head Roy G. Crawford
Principals Steve Paterson & Rob Cody
Admissions & Human Resources Carrie Crawford
Office Manager Margie Gomez
Office Secretary Bopha Leng Chan
Chief Financial Officer Amporn (Mae) Sirichindakul
Technology Coordinator Jim Cuthill
Media Coordinator Rick Faulds
Teaching staff Full time 35; Part time 1; Total 36
Nationalities of teaching staff US 15; UK 3; Other(s) (Australian) 18

INFORMATION

Grade levels N–12
School year August–June
School type coeducational, company-sponsored, day
Year founded 1997
Governed by appointed Board of Trustees
Sponsored by The Royal Group of Cambodia
Accredited by Western
Regional organizations EARCOS
Enrollment Nursery 23; PreK 20; Elementary K–5 135; Middle School 6–8 61; High School 9–12 71; Total 310
Nationalities of student body US 17; UK 4; Cambodian 130; Other(s) (Korean, Australian) 159
Tuition/fee currency US Dollar
Tuition range 4,400–12,400
Annual fees Capital Levy 2,000; Busing 1,200; ESL / Mainstream 3,700; Cambodia Studies & PE Uniforms 200
One time fees Registration 3,500
Graduates attending college 100%
Graduates have attended Macalester Col, Savannah Col of Art & Design, Washington State U, George Mason U, De La Salle Col of St. Benilde

(Continued)

NORTHBRIDGE INTERNATIONAL SCHOOL CAMBODIA (Continued)

EDUCATIONAL PROGRAM

Curriculum US, IB Diploma, IBPYP, AP
Average class size Elementary 18; Secondary 22
Language(s) of instruction English
Language(s) taught French, Khmer, Mandarin
Staff specialists computer, counselor, ESL, librarian
Special curricular programs art, instrumental music, vocal music, computer/technology, physical education
Extra curricular programs computers, community service, drama, excursions/expeditions, yearbook, karate, summer camp, dance, cooking, art, games
Sports basketball, soccer, swimming, volleyball
Clubs Habitat for Humanity, Operation Smile, Model UN, student council, talent show
Examinations AP, PSAT, SAT, SAT II, TOEFL, ISA

CAMPUS FACILITIES

Location Suburban
Campus 7 hectares, 5 buildings, 38 classrooms, 3 computer labs, 150 instructional computers, 10,000 library volumes, 1 auditorium, 1 cafeteria, 2 covered play areas, 1 gymnasium, 1 infirmary, 3 playing fields, 2 science labs, 1 pool, 3 tennis courts, air conditioning

CAMEROON

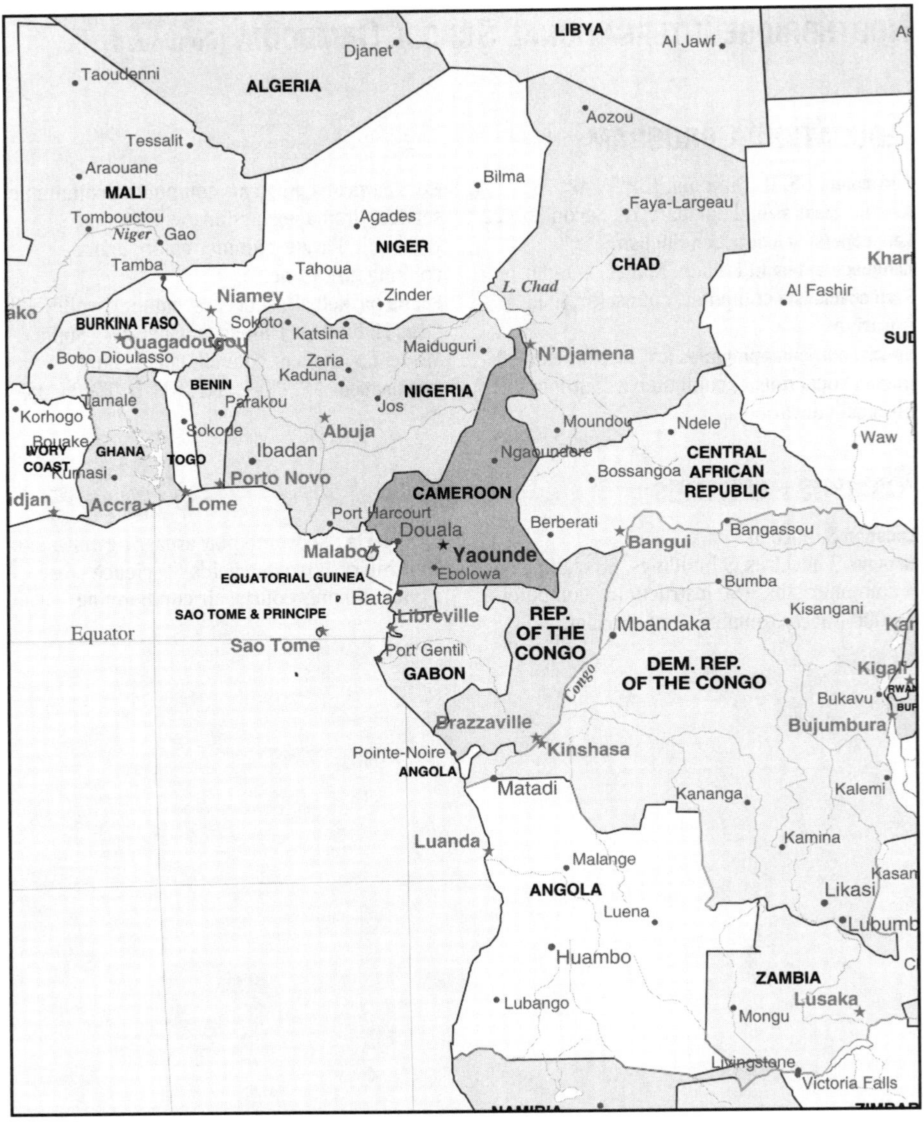

CAMEROON

Area:	475,440 sq km
Population:	19,294,149
Capital:	Yaounde
Currency:	CFA Franc (XAF)
Languages:	English, French

American School of Douala

Phone 237 3342 1437
Fax 237 3342 8393
Email asd@asddouala.com
Website www.asddouala.com
Address 767, Ave. De Palmiers, B.P. 1909, Douala, Cameroon
Mailing address American School of Douala, 2520 Yaounde Place, Dulles, VA 20189

STAFF

Director Lyle R. Moltzan
Administrative Assistant Bernadette Ebata
Business Manager James Besong
IT Specialist Charles Azong
Librarian Sonia Deb
Teaching staff Full time 14; Part time 6, Total 20
Nationalities of teaching staff US 4; Cameroonian 10; Other(s) (Canadian, Indian) 6

INFORMATION

Grade levels PreK–10
School year September–June
School type coeducational, day, private non-profit
Year founded 1978
Governed by elected Board of Directors
Regional organizations AISA
Enrollment PreK 20; Elementary K–5 59; Middle School 6–8 27; High School 9–12 14; Total 120
Nationalities of student body US 16; UK 9; Cameroonian 25; Other(s) (French, Nigerian) 70
Tuition/fee currency US Dollar
Tuition range 7,000–13,560
Annual fees Registration 600; PTA 100; Yearbook 25
One time fees Capital Levy 5,000

EDUCATIONAL PROGRAM

Curriculum US, Intl
Average class size Elementary 12; Secondary 9
Language(s) of instruction English
Language(s) taught English, French
Staff specialists computer, librarian
Special curricular programs art, vocal music, computer/technology, physical education
Extra curricular programs computers, community service, excursions/expeditions, art, music
Sports badminton, basketball, martial arts, soccer, volleyball
Examinations ERB

CAMPUS FACILITIES

Location Suburban
Campus 1 hectare, 1 building, 20 classrooms, 2 computer labs, 35 instructional computers, 10,000 library volumes, 1 auditorium, 1 gymnasium, 1 playing field, 1 science lab, air conditioning

American School of Yaounde

Phone 237 2223 0421
Fax 237 2223 6011
Email school@asoy.org
Website www.asoy.org
Address Rue Martin Paul Samba, Carrefour EMIA, BP 7475, Yaounde, Cameroon
Mailing address Department of State, 2520 Yaounde Place, Washington, DC 20521-2520, USA

STAFF

Director Paul A. Sheppard
Counselor Mary Sibley
Administrative Oficer Efi Capulli
Business Manager Raymond Tchonang
IT Coordinator Kyle Sumrow
Librarian Judieth Eshu
Teaching staff Full time 22; Part time 5; Total 27
Nationalities of teaching staff US 16; UK 1; Cameroonian 5; Other(s) 5

INFORMATION

Grade levels PreK–12
School year August–June
School type boarding, coeducational, day, private non-profit
Year founded 1964
Governed by elected Board of Directors
Accredited by CIS, Middle States
Regional organizations AISA
Enrollment PreK 15; Elementary K–5 55; Middle School 6–8 50; High School 9–12 55; Total 175
Nationalities of student body US 40; UK 5; Cameroonian 50; Other(s) 80
Tuition/fee currency US Dollar
Tuition range 4,573–14,905
Annual fees Boarding, 7-day 12,000; Capital Levy 3,000; Busing 1,500; Lunch 1,000; ESL 1,500; Learning Support 1,500
One time fees Registration 500
Boarding program grades 6–12
Boarding program length 7-day **Boys** 8 **Girls** 4
Graduates attending college 100%
Graduates have attended Duke U, Boston U, U of Massachusetts, Syracuse U, Carlton U

EDUCATIONAL PROGRAM

Curriculum US, AP
Average class size Elementary 12; Secondary 13
Language(s) of instruction English
Language(s) taught French
Staff specialists computer, counselor, ESL, learning disabilities, librarian, nurse, reading resource
Special curricular programs art, instrumental music, vocal music, computer/technology, distance learning, physical education, drama
Extra curricular programs computers, community service, dance, drama, environmental conservation, excursions/expeditions, newspaper, photography, yearbook
Sports basketball, golf, gymnastics, skiing, soccer, swimming, tennis, track and field, volleyball
Clubs Model UN, Odyssey of the Mind, Global Issues Network, student council, National Honor Society, Hands Across Cameroon
Examinations AP, PSAT, SAT, SAT II, Stanford, TOEFL, MAP

CAMPUS FACILITIES

Location Urban
Campus 4 hectares, 5 buildings, 20 classrooms, 2 computer labs, 60 instructional computers, 16,000 library volumes, 1 cafeteria, 1 covered play area, 1 gymnasium, 1 infirmary, 1 playing field, 2 science labs, 1 pool, 4 tennis courts, air conditioning

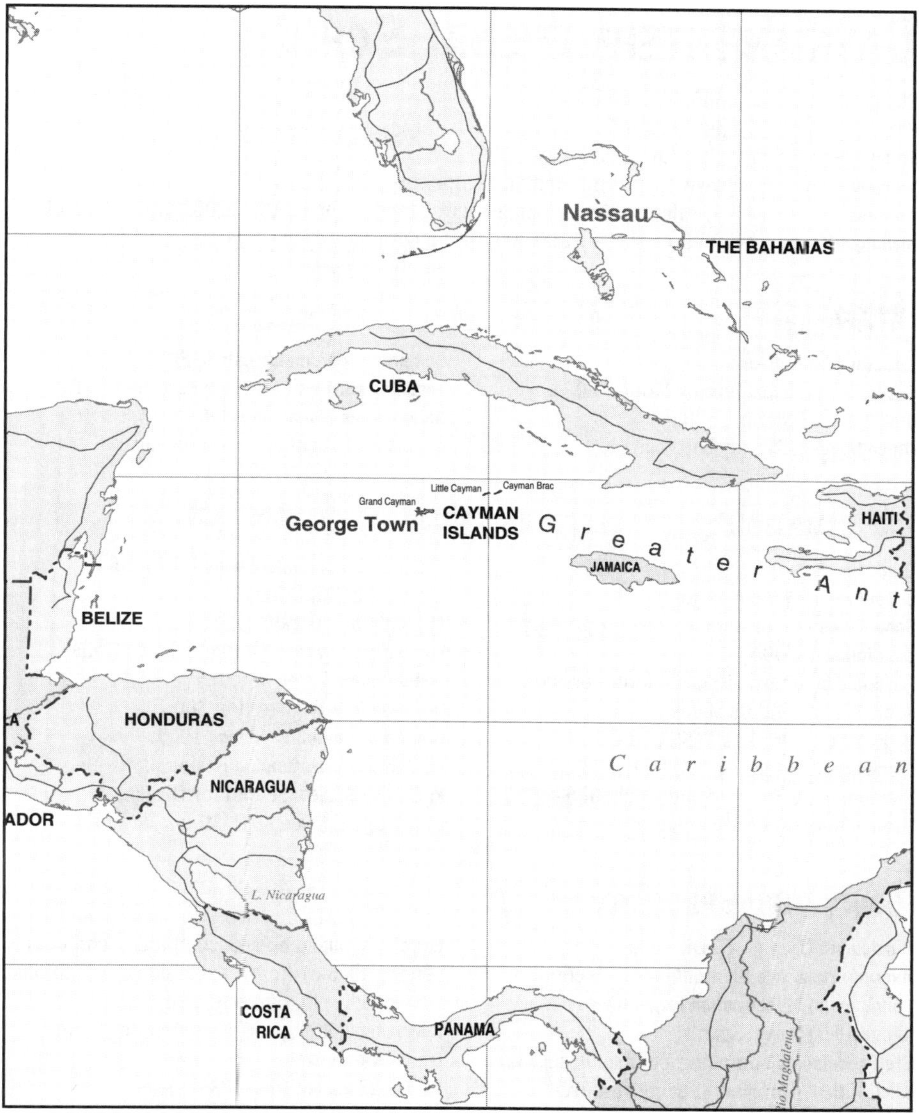

CAYMAN ISLANDS

Area:	264 sq km
Population:	50,209
Capital:	George Town
Currency:	Caymanian Dollar (KYD)
Languages:	English

Cayman International School

Phone 345 945 4664
Fax 345 945 4650
Email cis@cayintschool.ky
Website www.caymaninternationalschool.org
Address 95 Minerva Drive, Camana Bay, Grand Cayman, KY1-1206, Cayman Islands
Mailing address PO Box 31364 KY1-1206, Grand Cayman, Cayman Islands

STAFF

Director Jean Caskey
Secondary Principal Jeremy Moore, Ed.D.
Vice Principal Nimmi Sekhar
Office Manager Wendy Foreman
Computer Coordinator Laurie Frye
Teaching staff Full time 42; Part time 3; Total 45
Nationalities of teaching staff US 23; UK 3; Caymanian 1; Other(s) (Canadian) 18

INFORMATION

Grade levels N–12
School year September–June
School type coeducational, day, proprietary
Year founded 1994
Governed by International Schools Services, Inc.
Accredited by Middle States
Regional organizations AASCA, ACCAS
Enrollment Nursery 34; PreK 64; Elementary K–5 173; Middle School 6–8 55; High School 9–12 59; Total 385
Nationalities of student body US 73; UK 83; Caymanian 86; Other(s) (Canadian, Australian) 143
Tuition/fee currency Cayman Islands Dollar
Tuition range 7,640–15,015
One time fees Registration 300
Graduates attending college 100%
Graduates have attended Baylor U, Parsons the New School for Design, U of Tampa, Queen's U, Mount Royal Col

EDUCATIONAL PROGRAM

Curriculum US, Intl, IB Diploma
Average class size Elementary 16; Secondary 15
Language(s) of instruction English
Language(s) taught Spanish
Staff specialists computer, counselor, learning disabilities, librarian, reading resource
Special curricular programs art, instrumental music, vocal music, computer/technology, physical education
Extra curricular programs computers, community service, dance, drama, excursions/expeditions, newspaper, photography, yearbook
Sports basketball, soccer, swimming, tennis, track and field
Examinations IB, Iowa, PSAT, SAT

CAMPUS FACILITIES

Location Suburban
Campus 8 buildings, 36 classrooms, 3 computer labs, 90 instructional computers, 15,000 library volumes, 1 auditorium, 1 cafeteria, 1 covered play area, 1 gymnasium, 1 infirmary, 1 playing field, 2 science labs, 1 pool, 2 tennis courts, air conditioning

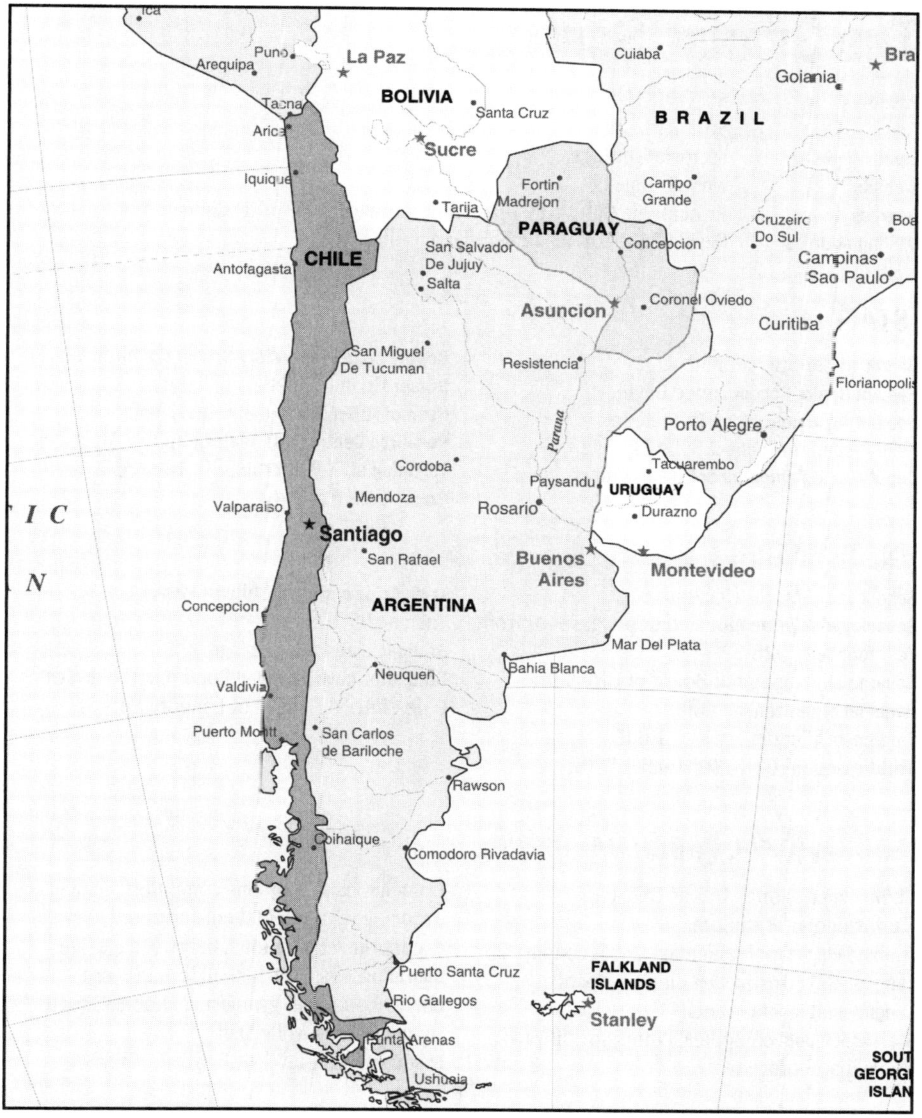

CHILE

Area:	756,102 sq km
Population:	16,746,491
Capital:	Santiago
Currency:	Chilean Peso (CLP)
Languages:	Spanish

The Grange School

Phone 56 2 5981500
Fax 56 2 227 1204
Email rectoria@grange.cl
Website www.grange.cl
Address Principe de Gales 6154-La Reina, Santiago, 6870671, Chile
Mailing address Casilla 218, Correo 12, Santiago, Chile

STAFF

Rector Rachid Benammar
Head of Senior School Lance Baguley
Head of Academic Office John Kenny
Head Preparatory School Colm Flanagan
Deputy Head Senior School Irene Villarroel
Deputy Head Preparatory School Carolina Varela
Bursar Cristian Pubill
Head of IT Department Sandra Zapata
Resource Center Coordinator Raphael Melgarejo
Teaching staff Full time 330; Total 330
Grade levels PreK–12

INFORMATION

School year March–December
School type coeducational, day, private non-profit
Year founded 1928
Governed by appointed Board of Directors
Regional organizations ECIS
Enrollment Elementary K–5 1,040; Middle School 6–8 730; Total 1,770
Tuition/fee currency Chilean Peso
Tuition 405,300
Graduates attending college 99%
Graduates have attended Pontificia U Catolica, U de Chile, U College of London, York U

EDUCATIONAL PROGRAM

Curriculum National, Intl, IGCSE, U of Cambridge AICE Diploma
Average class size Elementary 23; Secondary 23
Language(s) of instruction English, Spanish
Language(s) taught French
Staff specialists computer, counselor, librarian, nurse, psychologist
Extra curricular programs computers, dance, drama, environmental conservation, excursions/expeditions, literary magazine
Sports baseball, basketball, cricket, cross-country, football, gymnastics, hockey, rugby, soccer, tennis, volleyball
Examinations A-level GCE, GCSE, IGCSE

CAMPUS FACILITIES

Location Urban
Campus 9 hectares, 94 classrooms, 7 computer labs, 180 instructional computers, 50,000 library volumes, 2 auditoriums, 2 cafeterias, 1 covered play area, 3 gymnasiums, 1 infirmary, 5 playing fields, 7 science labs, 1 pool

THE INTERNATIONAL PREPARATORY SCHOOL

Phone 56 2 321 5800
Fax 56 2 321 5821
Email info@tipschile.com
Website www.tipschile.com
Address Pastor Fernandez 16001, Lo Barnechea, Santiago, Chile

STAFF

Head of School Lesley A. Easton-Allen
Curriculum Coordinator Pamela Van Arsdale, Ed.D.
General Manager, Partner & Business Manager Carlos Willson Marin
Head of Technology Pablo Saba, Ed.D.
Head of Library & Media Center Maria Ines Strappa, Ed.D.

INFORMATION

Grade levels N–12
School year March–December
School type coeducational, day, private non-profit, proprietary
Year founded 1975
Governed by appointed Parents' Advisory Committee
Sponsored by Easton & Cia. Ltda
Graduates have attended Bristol U, U Finis Terrae, U of Colorado

EDUCATIONAL PROGRAM

Curriculum UK, IGCSE, A Levels
Average class size Elementary 8; Secondary 10
Language(s) of instruction English
Language(s) taught Spanish, French
Staff specialists computer, counselor, ESL, librarian, math resource, psychologist, speech/hearing
Special curricular programs art, instrumental music, vocal music, computer/technology, physical education
Extra curricular programs computers, community service, dance, drama, excursions/expeditions, newspaper, photography, yoga
Sports baseball, basketball, gymnastics, martial arts, skiing, soccer, swimming, tennis, track and field, volleyball
Examinations A-level GCE, GCSE, IGCSE

CAMPUS FACILITIES

Location Suburban
Campus 2 hectares, 5 buildings, 13 classrooms, 1 computer lab, 20 instructional computers, 25,000 library volumes, 1 auditorium, 1 covered play area, 1 infirmary 1 playing field, 1 science lab, 1 tennis court

Data from 2009/10 school year.

The International School Nido de Aguilas

Phone 56 2 339-8100
Fax 56 2 339-8105
Email abattistoni@nido.cl
Website www.nido.cl
Address Avenida El Rodeo 14200, Lo Barnechea, Santiago, Chile
Mailing address Casilla 162, Correo La Dehesa, Lo Barnechea, Santiago, Chile

STAFF

Head of School Don Bergman, Ed.D.
High School Principal Jared Harris, Ph.D.
Middle School Principal Matt Beata
Elementary School Principal Michael Allen
IB Coordinator Claudia Rose
Curriculum Director Andy Dey, Ed.D.
Business Manager Gonzalo Blanc
Director of Technology Anne Croocker
Director Library & Media Center Linda Strauss
Teaching staff Full time 176; Part time 1; Total 177
Nationalities of teaching staff US 74; UK 2; Chilean 89; Other(s) (Canadian, Mexican) 12

INFORMATION

Grade levels N–12
School year July–June
School type coeducational, day, private non-profit
Year founded 1934
Governed by elected Board of Directors
Accredited by Southern
Regional organizations AASSA
Enrollment Nursery 54; PreK 81; Elementary K–5 614; Middle School 6–8 327; High School 9–12 339; Total 1,415
Nationalities of student body US 215; UK 14; Chilean 675; Other(s) (Argentine, Korean) 511
Tuition/fee currency US Dollar
Tuition range 8,065–15,525
Annual fees Registration 766; MS Trips 200-600; HS Trips 100–1,000
One time fees Capital Levy 10,081; Entrance Exam 201
Graduates attending college 99%
Graduates have attended Princeton U, U of Pennsylvania, New York U, Emory U, Haverford Col

EDUCATIONAL PROGRAM

Curriculum US, National, IB Diploma
Average class size Elementary 20; Secondary 17
Language(s) of instruction English
Language(s) taught Spanish, French
Staff specialists computer, counselor, ESL, learning disabilities, librarian, math resource, nurse, psychologist, reading resource
Special curricular programs art, instrumental music, vocal music, computer/technology, physical education
Extra curricular programs computers, community service, dance, drama, environmental conservation, excursions/expeditions, newspaper, yearbook
Sports baseball, basketball, rugby, skiing, soccer, tennis, track & field, volleyball, field hockey, indoor soccer, cheerleading, dance
Clubs Model UN, chess, art, drama, languages, cultural dance, math, science
Examinations ACT, AP, IB, Iowa, PSAT, SAT, TOEFL

CAMPUS FACILITIES

Location Suburban
Campus 63 hectares, 19 buildings, 117 classrooms, 5 computer labs, 588 instructional computers, 38,000 library volumes, 2 auditoriums, 2 cafeterias, 1 covered play area, 2 gymnasiums, 1 infirmary, 9 playing fields, 12 science labs, 4 tennis courts

Santiago College Educational Foundation

Phone 56 2 751 3800
Fax 56 2 751 3802
Email master@scollege.cl
Website www.scollege.cl
Address Lota 2465, Providencia, Santiago, 130-D, Chile

STAFF

Director Lorna Prado Scott, Ed.D.
High School Principal Ximena Susaeta, Ed.D.
Upper School Principal Peter Barnett, Ed.D.
Middle School Principal Robert Carter, Ed.D.
Lower School Principal Isabel Martìnez, Ed.D.
Infant School Principal Claudia Ribalta, Ph.D.
Business Manager Roberto Ternero
IT Administrator Oscar Padilla
Librarian Francisca Concha
Teaching staff Full time 115; Part time 65; Total 180
Nationalities of teaching staff US 8; UK 2; Chilean 165; Other(s) (Canadian, Australian) 5

INFORMATION

Grade levels PreK–12
School year March–December
School type coeducational, day, private non-profit
Year founded 1880
Governed by elected Local Directing Council
Accredited by CIS, New England
Regional organizations ECIS
Enrollment PreK 131; Elementary K–5 793; Middle School 6–8 389; High School 9–12 513; Total 1,826
Nationalities of student body US 77; UK 12; Chilean 1,632; Other(s) (Argentine, Italian) 105
Tuition/fee currency US Dollar
Tuition 6,926
One time fees Registration 4,659
Graduates attending college 97%
Graduates have attended U of Chile, U Catolica de Chile, Massachusetts Institute of Technology, U Diego Portales, U Los Andes

EDUCATIONAL PROGRAM

Curriculum National, Intl, IB Diploma, IBPYP, IBMYP, DELF
Average class size Elementary 25; Secondary 25
Language(s) of instruction English, Spanish
Language(s) taught French
Staff specialists computer, counselor, ESL, learning disabilities, librarian, nurse, psychologist
Special curricular programs art, instrumental music, vocal music, computer/technology, physical education
Extra curricular programs computers, community service, dance, drama, excursions/expeditions, yearbook
Sports basketball, cross-country, football, gymnastics, hockey, rugby, skiing, soccer, swimming, tennis, track and field, volleyball
Examinations IB, SAT, DELF, SIMCE, PSU

CAMPUS FACILITIES

Location Urban
Campus 14 hectares, 12 buildings, 80 classrooms, 5 computer labs, 208 instructional computers, 40,000 library volumes, 2 auditoriums, 2 cafeterias, 2 covered play areas, 3 gymnasiums, 2 infirmaries, 6 playing fields, 9 science labs

CHINA

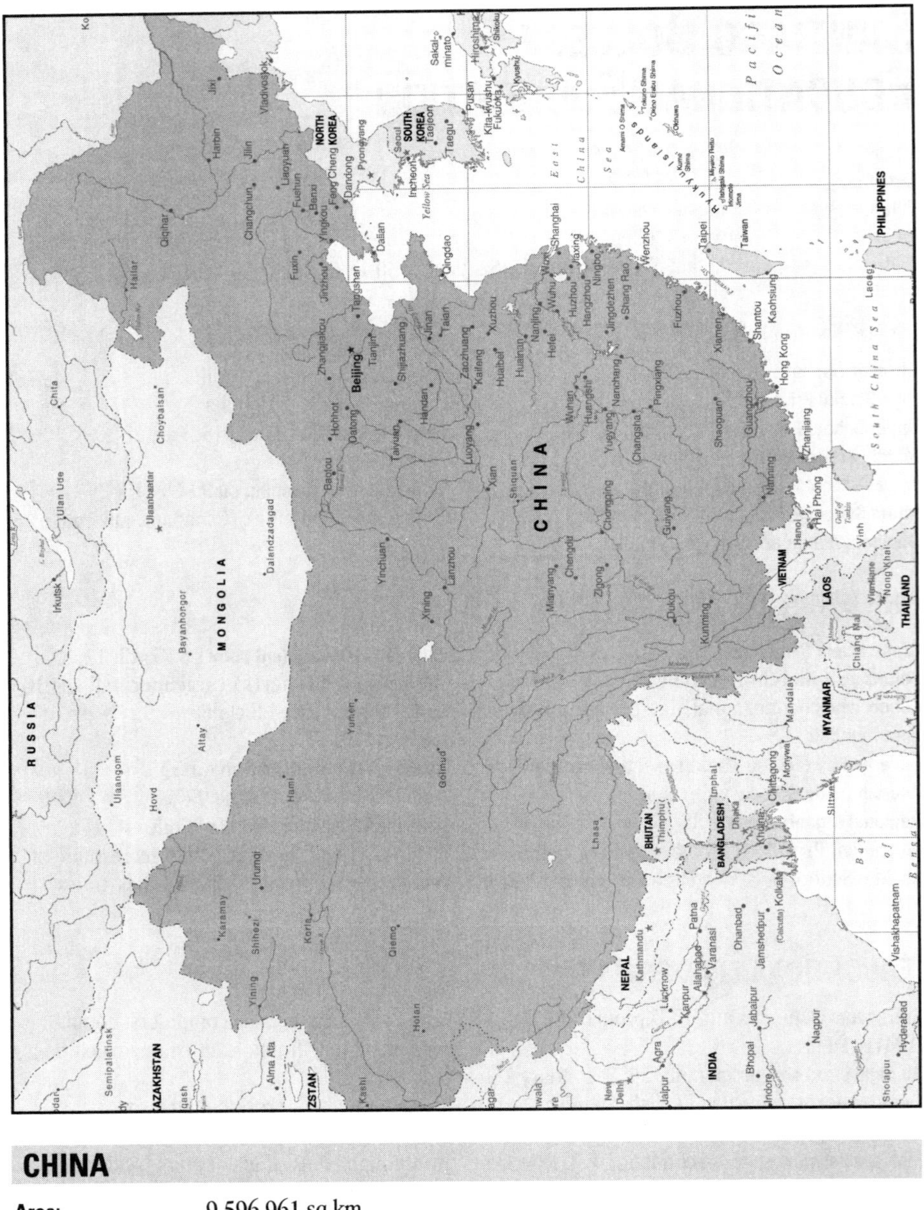

CHINA

Area: 9,596,961 sq km
Population: 1,330,141,295
Capital: Beijing
Currency: Renminbi Yuan (RMB)
Languages: Mandarin, Cantonese

International School Beihai

Phone +86 755 2689 0115
Fax +86 755 2667 4099
Email barbara.parker@storaenso.com
Website www.isbeihai.com www.iss-asiapacific.com/
Address He Yuan A13, Beihai Da Dao, Beihai City, Guangxi, China 536000

STAFF

Director Barbara Parker
Teaching staff Full time 5; Part time 1; Total 6
Nationalities of teaching staff US 4; Host 1; Other(s) 1

INFORMATION

Grade levels PreK–10
School year August–June
School type company-sponsored
Year founded 2010
Governed by ISS
Sponsored by Stora Enso
Enrollment PreK 5; Elementary K–5 10; Middle School 6–8 5; High School 9–12 5; Total 25
Nationalities of student body Other(s) (Finn) 25

EDUCATIONAL PROGRAM

Curriculum Intl, IBPYP
Average class size Elementary 5; Secondary 5
Language(s) of instruction English, Finnish
Language(s) taught Mandarin
Staff specialists computer, ESL, learning disabilities
Special curricular programs art, vocal music, computer/technology, physical education
Extra curricular programs community service, environmental conservation, excursions/expeditions
Clubs in development
Examinations MAPS

CAMPUS FACILITIES

Location Urban
Campus 1 hectare, 1 building, 1 cafeteria, 1 playing field, 1 science lab, 1 pool, 1 tennis court, air conditioning

Beijing BISS International School

Phone 86 10 6443 3151
Fax 86 10 6443 3156
Email ezilber@biss.com.cn
Website www.biss.com.cn
Address No. 17, Area 4, An Zhen Xi Li, Chaoyang District, Beijing, 100029, China

STAFF

Head of School Ettie Zilber, Ed.D.
Elementary School Principal Wayne Demnar
Secondary School Principal Lennox Meldrum
IB MYP Coordinator Ross Brown
IB PYP Coordinator Clare Demnar
Business Administration Director Henry Wong
eLearning Coordinator Julie Lindsay
Librarian Ana Cob
Teaching staff Full time 52; Total 52
Nationalities of teaching staff US 15; UK 1; Chinese 4; Other(s) (Australian, Canadian) 32

INFORMATION

Grade levels PreK–12
School year August–June
School type coeducational, day, private non-profit, proprietary
Year founded 1994
Governed by appointed School Board
Sponsored by Int'l School Singapore Holdings Pte Ltd
Accredited by CIS, Western
Regional organizations EARCOS, ECIS
Enrollment PreK 3; Elementary K–5 127; Middle School 6–8 101; High School 9–12 92; Total 323
Nationalities of student body US 27; UK 1; Chinese 9; Other(s) (Korean, Indian) 286
Tuition/fee currency Chinese Yuan Renminbi
Tuition range 100,800–180,600
Annual fees Capital Levy 31,000, 17,600–31,000; Busing 10,000, 7584–10,270; PTA 100
One time fees Registration 3,800; ESOL 16,000
Graduates attending college 90%
Graduates have attended Barnard Col, Columbia U, Carnegie Mellon U, Cornell U, McGill U

EDUCATIONAL PROGRAM

Curriculum Intl, IB Diploma, IBPYP, IBMYP, Alternative Academic Program for Grades 11 & 12
Average class size Elementary 15; Secondary 15
Language(s) of instruction English
Language(s) taught Chinese, Spanish, Korean, Japanese
Staff specialists computer, counselor, ESL, learning disabilities, librarian, physician
Special curricular programs art, instrumental music, vocal music, computer/technology, physical education, drama, economics, business, first language
Extra curricular programs computers, community service, dance, drama, environmental conservation, literary magazine, newspaper, yearbook, Field Education Program
Sports badminton, basketball, golf, hockey, martial arts, soccer, swimming, track and field, volleyball
Clubs Model UN, Roots & Shoots, yoga, drawing, International Youth Award, service
Examinations IB, SAT, SAT II

CAMPUS FACILITIES

Location Urban
Campus 4 buildings, 30 classrooms, 1 computer lab, 200 instructional computers, 25,000 library volumes, 1 auditorium, 1 cafeteria, 1 gymnasium, 1 infirmary, 1 playing field, 3 science labs, 1 tennis court, air conditioning

BEIJING CITY INTERNATIONAL SCHOOL

Phone 86 10 87717171
Fax 86 10 87717778
Email admissions@bcis.cn
Website www.bcis.cn
Address No.77, Baiziwan Nan Er Road, Chaoyang District, Beijing, 100022 China

STAFF

Head of School Nick Bowley
Elementary School Principal/Deputy Head of School Julie Lawton, Ed.D.
High School Principal Craig Rodgers
Middle School Principal Phil Clark
IT Coordinator William Percy
Teaching staff Full time 90; Part time 2; Total 92
Nationalities of teaching staff US 15; UK 12; Chinese 15; Other(s) (Australian, Canadian) 50

INFORMATION

Grade levels N–12
School year August–June
School type coeducational, day, private non-profit
Year founded 2005
Governed by appointed School Board
Sponsored by LandGent Group
Accredited by CIS, Western
Regional organizations EARCOS, ECIS
Enrollment Nursery 20; PreK 26; Elementary K–5 315; Middle School 6–8 156; High School 9–12 123; Total 640
Nationalities of student body US 100; UK 15; Chinese 150; Other(s) (Korean, Australian) 375
Tuition/fee currency Chinese Yuan Renminbi
Tuition range 104,980–185,600
Annual fees Busing 6,500
One time fees Registration 2,000; New Student 5,000
Graduates attending college 100%
Graduates have attended New York U

EDUCATIONAL PROGRAM

Curriculum Intl, IB Diploma, IBPYP, IBMYP
Average class size Elementary 20; Secondary 20
Language(s) of instruction English
Language(s) taught Chinese, Korean, Spanish
Staff specialists computer, counselor, ESL, learning disabilities, librarian, nurse
Special curricular programs art, computer/technology, physical education, general music, library
Extra curricular programs computers, community service, dance, drama, environmental conservation, excursions/expeditions, literary magazine, newspaper, photography, yearbook
Sports badminton, basketball, football, gymnastics, hockey, martial arts, skiing, soccer, swimming, tennis, track and field, volleyball
Examinations IB, PSAT, SAT, ISA

CAMPUS FACILITIES

Location Urban
Campus 14 hectares, 3 buildings, 50 classrooms, 5 computer labs, 200 instructional computers, 20,000 library volumes, 1 auditorium, 2 cafeterias, 1 gymnasium, 1 infirmary, 4 playing fields, 7 science labs, 1 pool, 2 tennis courts, air conditioning

INTERNATIONAL SCHOOL OF BEIJING

Phone 86 10 8149 2345
Fax 86 10 8046 2002
Email comms@isb.bj.edu.cn
Website www.isb.bj.edu.cn
Address No. 10 An Hua Street, Shunyi District, Beijing, 101318, China

STAFF

Head of School Tarek Razik, Ed.D.
High School Principal Rodney Fagg
Middle School Principal Dale Cox
Upper Elementary School Principal Dal Sohi
Lower Elementary School Principal Sandra Hite
Chinese Program Principal Theresa Chao
CFO & COO Jim Kerrigan
ICT Director Russell Layton
High School Librarian Steve Anichowski
Teaching staff Full time 172; Part time 7; Total 179
Nationalities of teaching staff US 84; Chinese 7; Other(s) (Australian, Canadian) 88

INFORMATION

Grade levels PreK–12
School year August–June
School type coeducational, day, private non-profit
Year founded 1980
Governed by elected Board of Trustees
Accredited by CIS, New England
Regional organizations EARCOS, ECIS
Enrollment PreK 103; Elementary K–5 607; Middle School 6–8 529; High School 9–12 644; Total 1,883
Nationalities of student body US 841; Other(s) (Korean, Canadian) 1,042
Tuition/fee currency US Dollar
Tuition range 11,090–28,740
Graduates attending college 99%
Graduates have attended Boston U, New York U, U of Washington, U of Toronto, U of Illinois

(Continued)

INTERNATIONAL SCHOOL OF BEIJING

EDUCATIONAL PROGRAM

Curriculum Intl, IB Diploma
Average class size Elementary 18; Secondary 22
Language(s) of instruction English
Language(s) taught Chinese, French, Spanish
Staff specialists computer, counselor, ESL, learning disabilities, librarian, math resource, nurse, psychologist, reading resource, speech/hearing
Special curricular programs art, instrumental music, vocal music, computer/technology, physical education
Extra curricular programs computers, community service, dance, drama, environmental conservation, excursions/expeditions, literary magazine, newspaper, photography, yearbook
Sports badminton, baseball, basketball, cross-country, martial arts, rugby, soccer, softball, swimming, tennis, track and field, volleyball, community ice hockey, gymnastics, golf, cricket
Clubs stamp, debate, chess, Dragon Pride, running, swim team, Habitat for Humanity, Interact, golf, Roots & Shoots
Examinations ACT, AP, IB, Iowa, PSAT, SAT, SAT II, ISA

CAMPUS FACILITIES

Location Suburban
Campus 6 hectares, 1 building, 138 classrooms, 10 computer labs, 1200 instructional computers, 71,000 library volumes, 1 auditorium, 2 cafeterias, 3 covered play areas, 3 gymnasiums, 2 infirmaries, 6 playing fields, 12 science labs, 1 pool, 6 tennis courts, air conditioning

Western Academy of Beijing

Phone 86 10 8456 4155
Fax 86 10 6437 5936
Email wabinfo@wab.edu
Website www.wab.edu
Address PO Box 8547, No. 10 Lai Guang Ying Dong Lu, Chao Yang District, Beijing, 100102, China

STAFF

Director Robert Landau
Deputy Director & Elementary Principal Karen O'Connell
Middle School Principal Donna Connolly
High School Principal Rena Mirkin
Communications Director Ellie Holte
Business Manager Wang Yan
Chief Operational & Financial Officer Steve Bajc
Educational Technology Director Jeffery Holte
Teacher Librarian John Byrne
Teaching staff Full time 177; Part time 10; Total 187
Nationalities of teaching staff US 42; UK 19; Chinese 21; Other(s) (Australian, Canadian) 105

INFORMATION

Grade levels N–12
School year August–June
School type coeducational, day, private non-profit
Year founded 1994
Governed by appointed and elected Board of Governors
Accredited by CIS, New England
Regional organizations EARCOS, ECIS
Enrollment Nursery 29; PreK 71; Elementary K–5 637; Middle School 6–8 318; High School 9–12 492; Total 1,547
Nationalities of student body US 332; UK 65; Other(s) (Korean, Australian) 1,150
Tuition/fee currency Chinese Yuan Renminbi
Tuition range 85,000–204,000
Annual fees Capital Levy 30,000; Busing 9,250
One time fees Registration 1,600
Graduates attending college 99%
Graduates have attended U of Cambridge, Princeton U, U of California, Berkely, McGill U, U of Toronto

EDUCATIONAL PROGRAM

Curriculum Intl, IB Diploma, IBPYP, IBMYP
Average class size Elementary 21; Secondary 21
Language(s) of instruction English
Language(s) taught Chinese, French, Spanish, Dutch, Korean, Danish
Staff specialists computer, counselor, ESL, learning disabilities, librarian, math resource, nurse, reading resource, speech/hearing
Special curricular programs art, instrumental music, vocal music, computer/technology, physical education, vocational
Extra curricular programs computers, community service, dance, drama, environmental conservation, excursions/expeditions, newspaper, photography, yearbook
Sports badminton, basketball, cross-country, football, golf, gymnastics, martial arts, rugby, skiing, soccer, softball, swimming, tennis, track and field, volleyball, Table Tennis
Clubs Roots & Shoots, video/film, homework, survival, Chinese, Model UN, Global Issues Network
Examinations ACT, AP, IB, PSAT, SAT, TOEFL

CAMPUS FACILITIES

Location Suburban
Campus 8 hectares, 6 buildings, 154 classrooms, 6 computer labs, 1032 instructional computers, 92,169 library volumes, 3 auditoriums, 7 cafeterias, 3 gymnasiums, 3 infirmaries, 2 playing fields, 10 science labs, 1 pool, 5 tennis courts, air conditioning

QSI International School of Chengdu

Phone 86 28 851 13852
Fax 86 28 851 98393
Email chengdu@qsi.org
Website www.qsi.org/cdu_home/cdu_home.htm
Address #188 South, 3rd Ring Road, American Garden, Chengdu, 610041 China

STAFF

Director Karin Noll
Counselor Ronald T. Noll
Administrative Assistant Irene Feng
Teaching staff Full time 30; Part time 2; Total 32
Nationalities of teaching staff US 12; UK 1; Chinese 14; Other(s) (Belgian, Dutch) 5

INFORMATION

Grade levels N–12
School year August–June
School type coeducational, day, private non-profit
Year founded 2002
Governed by appointed Board of Directors
Sponsored by Quality Schools International
Accredited by Middle States
Enrollment Nursery 15; PreK 16; Elementary K–5 90; Middle School 6–8 37; High School 9–12 20; Total 178
Nationalities of student body US 44; UK 3; Other(s) (Malaysian, Finn) 131
Tuition/fee currency US Dollar
Tuition 17,400
Annual fees Capital Levy 1,600; Busing 1,300; Lunch 675
One time fees Registration 300
Graduates attending college 100%
Graduates have attended Bethel U, U of British Columbia, Brown U

EDUCATIONAL PROGRAM

Curriculum US, AP
Average class size Elementary 14; Secondary 7
Language(s) of instruction English
Language(s) taught Mandarin
Staff specialists computer, counselor, ESL, learning disabilities, librarian, math resource, nurse, reading resource
Special curricular programs art, instrumental music, vocal music, computer/technology, physical education
Extra curricular programs computers, community service, dance, drama, environmental conservation, excursions/expeditions, literary magazine, photography, yearbook
Sports badminton, basketball, hockey, martial arts, soccer, tennis, volleyball
Clubs Roots & Shoots
Examinations ACT, AP, Iowa, PSAT, SAT, WRAP

CAMPUS FACILITIES

Location Suburban
Campus 1 building, 20 classrooms, 2 computer labs, 75 instructional computers, 11,000 library volumes, 1 cafeteria, 1 infirmary, 1 playing field, 1 science lab, 1 tennis court, air conditioning

QSI International School of Chongqing

Phone 86-23-656-20109
Fax 86-23-656-20105
Email chongqing@qsi.org
Website www.qsi.org/chq_home/chq_home.htm
Address University Road West, University Town, Shapingba, Chongqing, 401331, China

STAFF

Director Roy L. Douthitt, Ph.D.
Office Manager Kiki Yang
Teaching staff Full time 10; Part time 1; Total 11
Nationalities of teaching staff US 4; Chinese 4; Other(s) (Canadian) 3

INFORMATION

Grade levels PreK–12
School year August–June
School type private non-profit
Year founded 2006
Governed by appointed Quality Schools International
Enrollment PreK 5; Elementary K–5 17; Middle School 6–8 7; High School 9–12 8; Total 37
Nationalities of student body US 10; Other(s) (Taiwanese) 27
Tuition/fee currency US Dollar
Tuition range 7,600–15,400
Annual fees Capital Levy 1,600; Busing 2,100
One time fees Registration 300
Graduates attending college 100%
Graduates have attended U of Michigan

EDUCATIONAL PROGRAM

Curriculum US
Average class size Elementary 6; Secondary 4
Language(s) of instruction English
Language(s) taught Mandarin
Staff specialists computer, ESL
Special curricular programs vocal music, computer/technology, distance learning, physical education
Extra curricular programs excursions/expeditions, newspaper, yearbook

CAMPUS FACILITIES

Examinations AP, PSAT, SAT
Location Suburban
Campus 4 hectares, 2 buildings, 10 classrooms, 1 computer lab, 24 instructional computers, 600 library volumes, 1 gymnasium, 1 playing field, 1 science lab, air conditioning

Dalian American International School

Phone 86 411 8757 2000
Fax 86 411 8791 5656
Email admissions@daischina.org
Website www.daischina.org
Address No. 2 Dianchi Road, Golden Pebble Beach National Resort, Development Area, Dalian, Liaoning, 116650, China

STAFF

Head of School Kurt L. Nordness, Ed.D.
Head of Elementary Sidney Gill
Head of Secondary Joseph Rosevear, Ed.D.
Curriculum Coordinator Allison Marx
Business Manager Audrey Wong
IT Administrator Christopher Moran
Librarian Trina Roth
Teaching staff Full time 42; Total 42
Nationalities of teaching staff US 32; Chinese 5; Other(s) 5

INFORMATION

Grade levels PreK–12
School year August–June
School type coeducational, day, private non-profit
Year founded 2006
Governed by Board
Sponsored by Managed by International Schools Services
Regional organizations EARCOS
Enrollment PreK 16; Elementary K–5 165; Middle School 6–8 64; High School 9–12 45; Total 290
Nationalities of student body US 156; UK 2; Chinese 10; Other(s) (Korean, Malaysian) 122
Tuition/fee currency Chinese Yuan Renminbi
Tuition range 120,600–142,875
Annual fees Busing 14,940; Lunch 4,680
One time fees Registration 1,170

EDUCATIONAL PROGRAM

Curriculum US, Intl
Average class size Elementary 15; Secondary 12
Language(s) of instruction English
Language(s) taught Mandarin
Staff specialists computer, counselor, ESL, librarian, nurse
Special curricular programs art, instrumental music, vocal music, computer/technology, distance learning, physical education
Extra curricular programs computers, community service, dance, drama, environmental conservation, literary magazine, photography, yearbook
Sports basketball, soccer, volleyball
Clubs karate, gardening, chess, readers theatre, basketball, volleyball, print making, arts & crafts, computers
Examinations AP, PSAT, SAT, ERB, IPT, WIDA

CAMPUS FACILITIES

Location Rural
Campus 20 hectares, 1 building, 37 classrooms, 2 computer labs, 100 instructional computers, 11,279 library volumes, 2 cafeterias, 1 gymnasium, 1 infirmary, 1 playing field, 3 science labs, 1 pool, 1 tennis court, air conditioning

American International School of Guangzhou

Phone 86 20 8735 3393
Fax 86 20 8735 3339
Email admissions@aisgz.org
Website www.aisgz.org
Address No. 3, Yan Yu Street South, Er Sha Island, Yuexiu District, Guangzhou, 510105, China

STAFF

Director Joe Stucker
Elementary School Principal Gary MacPhie
Middle School Principal Meagan Pavey
High School Principal Paul Wood, Ph.D.
Director of Admissions Barbara MacPhie
Athletic Director Mark Elliott
Business Manager Ann Tay
Technology Coordinator Robert Bauer
Librarian Kathy Turner (Secondary); Darlene Navis (Elementary)
Teaching staff Full time 94; Part time 1; Total 95
Nationalities of teaching staff US 55; UK 4; Chinese 2; Other(s) (Canadian, Australian) 34

INFORMATION

Grade levels PreK–12
School year August–June
School type coeducational, day, private non-profit
Year founded 1981
Governed by appointed and elected School Board
Accredited by Western
Regional organizations EARCOS
Enrollment PreK 48; Elementary K–5 370; Middle School 6–8 264; High School 9–12 288; Total 970
Nationalities of student body US 22; UK 2; Other(s) (Korean, Canadian) 946
Tuition/fee currency US Dollar
Tuition range 9,700–22,950
Annual fees Capital Levy 3,500; Learning Support 1,000
One time fees Registration 300; New Student Capital Levy 4,500
Graduates attending college 96%
Graduates have attended U of Virginia, Harvard U, Brown U, Stanford U, Princeton U

(Continued)

American International School of Guangzhou (Continued)

EDUCATIONAL PROGRAM

Curriculum US, Intl, IB Diploma, IBPYP, AP
Average class size Elementary 17; Secondary 18
Language(s) of instruction English
Language(s) taught Mandarin, French, Spanish
Staff specialists computer, counselor, ESL, learning disabilities, librarian, nurse
Special curricular programs art, instrumental music, vocal music, computer/technology, physical education
Extra curricular programs computers, community service, drama, environmental conservation, excursions/expeditions, literary magazine, newspaper, photography, yearbook
Sports badminton, basketball, soccer, tennis, volleyball
Clubs Model UN, Global Issues Network, Habitat for Humanity, Roots & Shoots, National Honor Society, Chinese National Society
Examinations AP, IB, Iowa, PSAT, SAT, SAT II, MAPS

CAMPUS FACILITIES

Location Suburban
Campus 12 hectares, 2 buildings, 110 classrooms, 4 computer labs, 450 instructional computers, 30,000 library volumes, 2 cafeterias, 3 gymnasiums, 2 infirmaries, 1 playing field, 10 science labs, air conditioning

QSI International School of Dongguan

Phone 86 769 22300131
Fax 86 769 22300130
Email dong-guan@qsi.org
Website www.qsi.org/dng_home/dng_home.htm
Address 11 Jin Feng Road, Nancheng District, Dongguan, 523000, China

STAFF

Director Karen W. Hall, Ed.D.
Director of Instruction Cary Hauth
Resource Coordinator Cynthia Penny
Guidance Counselor Sam Thomas
Finance Manager Dang Garcia
IT Coordinator John Morgan
Library Specialist Anithya Nandwani
Teaching staff Full time 33; Total 33
Nationalities of teaching staff US 25; Chinese 4; Other(s) (Indian, Filipino) 2

INFORMATION

Grade levels N–12
School year August–June
School type coeducational, day, private non-profit
Year founded 2004
Governed by appointed QSI Executive Board
Sponsored by Quality Schools International
Regional organizations ACCAS
Enrollment Nursery 16; PreK 14; Elementary K–5 105; Middle School 6–8 55; High School 9–12 60; Total 250
Nationalities of student body US 15; UK 5; Other(s) (Korean, Taiwanese) 230
Tuition/fee currency US Dollar
Tuition range 4,700–14,300
Annual fees Capital Levy 1,600; Busing 1,200; Lunch 450
One time fees Registration 300
Graduates attending college 100%
Graduates have attended Western Washington U, Hannibal-Lagrange Col, Hofstra U, Loyola U, U of the Pacific

EDUCATIONAL PROGRAM

Curriculum US, Intl
Average class size Elementary 14; Secondary 12
Language(s) of instruction English
Language(s) taught Chinese, French
Staff specialists computer, counselor, librarian, nurse, reading resource
Special curricular programs art, instrumental music, vocal music, computer/technology, physical education
Extra curricular programs community service, dance, drama, excursions/expeditions, newspaper, photography, yearbook, cooking, aerobics
Sports badminton, basketball, soccer, swimming, tennis, track and field, volleyball, table tennis
Clubs Model UN, student council, outdoor living, peer tutoring
Examinations AP, Iowa, PSAT, SAT, SAT II

CAMPUS FACILITIES

Location Urban
Campus 2 buildings, 33 classrooms, 2 computer labs, 42 instructional computers, 9,000 library volumes, 1 cafeteria, 1 covered play area, 1 gymnasium, 1 infirmary, 2 playing fields, 2 science labs, 2 tennis courts, air conditioning

Hangzhou International School

Phone 86 571 8669 0045
Fax 86 571 8669 0044
Email jstubbs@scischina.org
Website www.scischina.org/?do=info&i=45
Address 80 Dongxin Street, Binjiang District, Hangzhou, 310053, China

STAFF

Superintendent of Schools Jeffry R. Stubbs
Head of School Robert Van Der Eyken
Upper School Vice Principal Kory Indahl
Business Relations & Human Resources Manager Tina Kasono
Technology Coordinator Dan Rooth
Head Librarian Margie Devilliers
Teaching staff Full time 35; Part time 2; Total 37
Nationalities of teaching staff US 22; UK 2; Chinese 4; Other(s) (Canadian, New Zealander) 9

INFORMATION

Grade levels N–12
School year August–June
School type coeducational, day, private non-profit
Year founded 2002
Governed by appointed Board of Governors
Sponsored by International School Foundation
Accredited by Western
Regional organizations EARCOS
Enrollment Nursery 20; PreK 20; Elementary K–5 145; Middle School 6–8 55; High School 9–12 45; Total 285
Nationalities of student body US 45; UK 4; Other(s) (French, Finn) 236
Tuition/fee currency Chinese Yuan Renminbi
Tuition range 50,000–167,000
One time fees Registration 2,000
Graduates attending college 100%
Graduates have attended Emory U, U of California, U of Edinburgh, U of British Colombia, Hong Kong U

EDUCATIONAL PROGRAM

Curriculum US, Intl, AP
Average class size Elementary 14; Secondary 16
Language(s) of instruction English, Mother Tongue Programs
Language(s) taught Mandarin, French, English, Spanish
Staff specialists computer, counselor, ESL, learning disabilities, librarian, nurse, psychologist
Special curricular programs art, instrumental music, vocal music, computer/technology, distance learning, physical education, drama
Extra curricular programs computers, community service, drama, environmental conservation, excursions/expeditions, literary magazine, newspaper, yearbook
Sports badminton, basketball, cross-country, golf, gymnastics, hockey, martial arts, soccer, volleyball, table tennis, weight lifting
Clubs Model UN
Examinations ACT, AP, PSAT, SAT, SAT II

CAMPUS FACILITIES

Location Urban
Campus 3 hectares, 3 buildings, 18 classrooms, 3 computer labs, 125 instructional computers, 15,000 library volumes, air conditioning

Canadian International School of Hong Kong

Phone 852-2525-7088
Fax 852-2577-3959
Email schoolinfo@cdnis.edu.hk
Website www.cdnis.edu.hk
Address 36 Nam Long Shan Road, Aberdeen, Hong Kong, China

STAFF

Head of School Dave McMaster
Upper School Principal John Jalsevac
Lower School Principal Dylan Hughes
Upper School Vice Principal Tim Kaiser
Lower School Vice Principal Dean Croy
Lower School Vice Principal Linda Parnsalu
Director of Business Administration Len Archer
Department Head–LTT John Darcy
Department Head–Library Services Joanne Jalsevac
Teaching staff Full time 135; Part time 2; Total 137
Nationalities of teaching staff US 6; UK 11; Canadian 90; Other(s) (Chinese, Australian) 30

INFORMATION

Grade levels N–12
School year August–June
School type coeducational, day, private non-profit
Year founded 1990
Governed by Board of Directors
Regional organizations EARCOS
Enrollment Nursery 40; PreK 119; Elementary K–5 753; Middle School 6–8 407; High School 9–12 408; Total 1,727
Nationalities of student body US 204; UK 456; Canadian 656; Other(s) (Chinese, Australian) 411
Tuition/fee currency Hong Kong Dollar
Tuition range 72,950–110,500
Annual fees Capital Levy 22,040
One time fees Registration 2,200
Graduates attending college 100%
Graduates have attended Yale U, Harvard U, U of Toronto, U of British Columbia, London School of Economics

EDUCATIONAL PROGRAM

Curriculum IB Diploma, IBPYP, GenCSE, Ontario Secondary School Diploma
Average class size Elementary 26; Secondary 20
Language(s) of instruction English
Language(s) taught French, Chinese
Staff specialists computer, counselor, ESL, librarian, reading resource
Special curricular programs art, instrumental music, physical education
Extra curricular programs community service, drama, environmental conservation, excursions/expeditions, newspaper, yearbook
Sports badminton, baseball, basketball, cross-country, football, golf, gymnastics, martial arts, rugby, soccer, softball, swimming, tennis, track and field, volleyball
Clubs creative writing, fall musical, band, computer hardware, Amnesty International
Examinations IB

CAMPUS FACILITIES

Location Urban
Campus 3 hectares, 1 building, 100 classrooms, 3 computer labs, 1270 instructional computers, 55,584 library volumes, 1 auditorium, 2 cafeterias, 1 covered play area, 2 gymnasiums, 1 infirmary, 3 playing fields, 3 science labs, 1 pool, air conditioning

Carmel School of Hong Kong

Phone 852 296 41600
Fax 852 281 34121
Email admin@carmel.edu.hk
Website www.carmel.edu.hk
Address 10 Borrett Road, Mid Levels, Hong Kong, China

STAFF

Head of School Edwin I. Epstein, Ed.D.
High School Principal Rachel Friedmann
Elementary & Pre-School Principal Lauren Goldman-Brown
Development Director Yael Hadar
Operations Director Kaisha Chow
Librarian Susan Morrison
Teaching staff Full time 42; Part time 9; Total 51
Nationalities of teaching staff US 5; UK 11; Chinese 1; Other(s) (Israeli, Canadian) 34

INFORMATION

Grade levels N–9
School year August–June
School type coeducational, church-affiliated, day, private non-profit
Year founded 1991
Governed by appointed and elected Carmel School Board of Directors
Accredited by Western
Regional organizations EARCOS
Enrollment Nursery 22; PreK 30; Elementary K–5 123; Middle School 6–8 39; High School 9–12 6; Total 220
Nationalities of student body US 42; UK 35; Chinese 2; Other(s) (Israeli, French) 141
Tuition/fee currency Hong Kong Dollar
Tuition range 65,950–124,450
Annual fees Capital Levy 15,000
One time fees Registration 1,500

EDUCATIONAL PROGRAM

Curriculum US, Intl, IBMYP
Average class size Elementary 20; Secondary 20
Language(s) of instruction English
Language(s) taught Hebrew, French, Putonghua
Staff specialists computer, counselor, ESL, learning disabilities, librarian, math resource, reading resource
Special curricular programs art, instrumental music, computer/technology, physical education
Extra curricular programs computers, dance, newspaper, photography, yearbook, modern languages
Sports basketball, football, gymnastics, soccer, swimming
Clubs Carmel Maccabi football team, Torah Readers, yearbook, GBG Dance
Examinations Stanford

CAMPUS FACILITIES

Location Urban
Campus 1 hectare, 3 buildings, 32 classrooms, 1 computer lab, 30 instructional computers, 5,000 library volumes, 2 auditoriums, 2 cafeterias, 1 covered play area, 2 gymnasiums, 2 playing fields, 2 science labs, 1 pool, air conditioning

Chinese International School

Phone 852 251 25918
Fax 852 251 07378
Email cis_info@cis.edu.hk
Website www.cis.edu.hk
Address 1 Hau Yuen Path, Braemar Hill, Hong Kong, China

STAFF

Head of School Theodore S. Faunce, Ph.D.
Head of Secondary School Justin Alexander
Head of Primary School Tonya Porter
Deputy Head of School Bin LI
Director of Finance & Administration Monica Vallor
Director of Learning Technology Jerry Szombathy
Librarian Maureen Trebilcock
Teaching staff Full time 160; Part time 7; Total 167
Nationalities of teaching staff US 34; UK 42; Chinese 29; Other(s) (Australian, Canadian) 62

INFORMATION

Grade levels PreK–12
School year August–June
School type coeducational, day, private non-profit
Year founded 1983
Governed by appointed Board of Governors
Accredited by CIS, New England
Regional organizations EARCOS, ECIS
Enrollment PreK 88; Elementary K–5 528; Middle School 6–8 360; High School 9–12 450; Total 1,426
Nationalities of student body US 340; UK 326; Chinese 293; Other(s) (Canadian, Australian) 467
Tuition/fee currency Hong Kong Dollar
Tuition range 97,500–154,800
Annual fees Capital Levy 7,500; Busing 8,800; Lunch 6,000; Books 4,500
One time fees Registration 1,000
Graduates attending college 100%
Graduates have attended Princeton U, Harvard U, U of Pennsylvania, U of Oxford, London School of Economics

EDUCATIONAL PROGRAM

Curriculum Intl, IB Diploma, IBMYP
Average class size Elementary 22; Secondary 20
Language(s) of instruction English, Putonghua
Language(s) taught English, Putonghua, French, Spanish
Staff specialists computer, counselor, ESL, learning disabilities, librarian, math resource, nurse, reading resource
Special curricular programs art, instrumental music, computer/technology, physical education
Extra curricular programs community service, drama, literary magazine, yearbook
Sports basketball, cross-country, football, golf, gymnastics, hockey, rugby, soccer, squash, swimming, tennis, track and field, volleyball
Clubs Model UN, film, symphony orchestra, Science & Math society, soccer, Chinese chess, Green Group, tae kwon do, swim team
Examinations IB, SAT, SAT II

CAMPUS FACILITIES

Location Urban
Campus 1 hectare, 7 buildings, 115 classrooms, 7 computer labs, 900 instructional computers, 63,000 library volumes, 1 auditorium, 2 cafeterias, 4 gymnasiums, 1 infirmary, 1 playing field, 8 science labs, 1 pool, air conditioning

Hong Kong Academy

Phone 852 2575 8282
Fax 852 2891 4460/1
Email office@hkacademy.edu.hk
Website www.hkacademy.edu.hk
Address 12 Ka Wai Man Road, Kennedy Town, Hong Kong, China

STAFF

Head of School Stephen Dare
Elementary School Principal Virginia Hunt
Middle & High School Principal Douglas Musco
K–12 Cousellor Thomas Battiato
PYP Coordinator Dean Johnson
MYP Coordinator Les Millard
Finance Director Dale Willetts
IT Manager Alex Macario
Librarian Virginia Hand
Teaching staff Full time 30; Part time 8; Total 38
Nationalities of teaching staff US 15; UK 5; Chinese 5; Other(s) (Australian, Canadian) 13

INFORMATION

Grade levels PreK–11
School year August–June
School type coeducational, day, private non-profit
Year founded 2000
Governed by appointed and elected Board of Trustees
Accredited by Western
Regional organizations EARCOS, ECIS
Enrollment Nursery 28; PreK 32; Elementary K–5 220; Middle School 6–8 105; High School 9–12 60; Total 445
Nationalities of student body US 160; UK 80; Chinese 20; Other(s) (Australian, Canadian) 185
Tuition/fee currency Hong Kong Dollar
Tuition range 75,300–135,400
Annual fees Capital Levy 15,000
One time fees Registration 2,500

EDUCATIONAL PROGRAM

Curriculum Intl, IB Diploma, IBPYP, IBMYP
Average class size Elementary 16; Secondary 14
Language(s) of instruction English
Language(s) taught Mandarin, Spanish, French
Staff specialists computer, counselor, learning disabilities, librarian, reading resource, speech/hearing
Special curricular programs art, instrumental music, vocal music, computer/technology, physical education
Extra curricular programs computers, community service, dance, drama, environmental conservation, excursions/expeditions, literary magazine, newspaper, yearbook, arts & crafts
Sports badminton, basketball, golf, hockey, martial arts, rugby, soccer, volleyball
Clubs chess, papermaking, ice skating, running, guitar, debating
Examinations IB, PSAT, SAT, SAT II, ISA

CAMPUS FACILITIES

Location Urban
Campus 1 building, 42 classrooms, 1 computer lab, 280 instructional computers, 14,000 library volumes, 1 auditorium, 2 covered play areas, 1 gymnasium, 3 science labs, air conditioning

Hong Kong International School

Phone 852 3149 7000
Fax 852 2813 4293
Email oia@hkis.edu.hk
Website www.hkis.edu.hk
Address 1 Red Hill Road, Tai Tam, Hong Kong, China

STAFF

Interim Head of School D.J. Condon
High School Principal Patricia Klekamp
Middle School Principal Paul Passamonte, Ed.D.
Upper Primary Principal Bruce Kelsh, Ph.D.
Lower Primary Principal Maya Nelson
Chief Advancement Officer Erik Dierks
Chief Financial Officer Ken Fowler
Director of Educational Technology Services Justin Hardman
Educational Technology Coordinator Richard Friedricks
Teaching staff Full time 238; Part time 18; Total 256
Nationalities of teaching staff US 131; UK 15; Chinese 10; Other(s) (Canadian, Australian) 100

INFORMATION

Grade levels K–12
School year August–June
School type coeducational, church-affiliated, day, private non-profit
Year founded 1966
Governed by appointed Board of Managers
Sponsored by Doug Werth, Board Chair
Accredited by Western
Regional organizations EARCOS
Enrollment Elementary K–5 1,234; Middle School 6–8 592; High School 9–12 767; Total 2,593
Nationalities of student body US 1,322; UK 207; Chinese 207; Other(s) (Canadian, Australian) 857
Tuition/fee currency Hong Kong Dollar
Tuition range 91,100–189,100
Graduates attending college 99%
Graduates have attended Havard U, Princeton U, Stanford U, Yale U, Duke U

EDUCATIONAL PROGRAM

Curriculum US, AP
Average class size Elementary 18; Secondary 20
Language(s) of instruction English
Language(s) taught Mandarin, French, Spanish
Staff specialists computer, counselor, librarian, math resource, nurse, psychologist, reading resource
Special curricular programs art, instrumental music, vocal music, computer/technology
Extra curricular programs computers, community service, dance, drama, environmental conservation, excursions/expeditions, literary magazine, photography, yearbook
Sports badminton, basketball, football, golf, gymnastics, hockey, martial arts, rugby, soccer, swimming, tennis, track and field, volleyball
Clubs photography, Interact, film
Examinations SAT, SAT II, Stanford

CAMPUS FACILITIES

Location Suburban
Campus 4 buildings, 1200 instructional computers, 110,000 library volumes, 2 auditoriums, 4 cafeterias, 4 covered play areas, 4 gymnasiums, 3 infirmaries, 1 playing field, 10 science labs, 2 pools, 2 tennis courts, air conditioning

International Christian School

Phone 852 3920 0000
Fax 852 2336 6114
Email ics@ics.edu.hk
Website www.ics.edu.hk
Address 1 On Muk Lane, Shek Mun, Shatin, NT, Hong Kong, China

STAFF

Headmaster Ben H. Norton
Director of Curriculum & Instruction Ed Tackett
High School Principal Brian Van Tassel
Middle School Principal Bryan Thompson
Upper Elementary Principal Keith Welch
Lower Elementary & Kindergarten Principal Tim Wong
Director of Finance & Administration L.C. Wan
Director of Information & Communication Technology Hillman Lai
Head Librarian Phil McBrayer, Ph.D.
Teaching staff Full time 95; Total 95
Nationalities of teaching staff US 52; UK 3; Chinese 12; Other(s) (Canadian, New Zealander) 28

INFORMATION

Grade levels PreK–12
School year August–June
School type coeducational, day, private non-profit
Year founded 1992
Governed by appointed Board of Trustees
Accredited by Western
Regional organizations EARCOS
Enrollment PreK 116; Elementary K–5 452; Middle School 6–8 214; High School 9–12 257; Total 1,039
Nationalities of student body US 212 UK 70; Chinese 423; Other(s) (Canadian, Australian) 334
Tuition/fee currency Hong Kong Dollar
Tuition range 44,100–109,300
Annual fees Building Maintenance 1,000
One time fees Registration 1,500; Debenture 190,000
Graduates attending college 100%
Graduates have attended Harvard U Johns Hopkins U, Columbia U, Parsons the New School for Design, McGill U

EDUCATIONAL PROGRAM

Curriculum US, AP
Average class size Elementary 25; Secondary 22
Language(s) of instruction English
Language(s) taught Mandarin, French
Staff specialists computer, counselor, ESL, learning disabilities, librarian, nurse, psychologist, reading resource
Special curricular programs art, instrumental music, vocal music, computer/technology, physical education, Week Without Walls, Make A Difference Projects
Extra curricular programs computers, community service, dance, drama, environmental conservation, excursions/expeditions, literary magazine, newspaper, photography, yearbook, music
Sports badminton, basketball, cross-country, hockey, soccer, softball, swimming, tennis, track and field, volleyball
Clubs National Honor Society, Model UN, Roots & Shoots, Chinese culture, 'Reel' media production, chess, debate, art, French
Examinations AP, PSAT, SAT, SAT II, MAP

CAMPUS FACILITIES

Location Suburban
Campus 2 hectares, 1 building, 48 classrooms, 4 computer labs, 310 instructional computers, 35,000 library volumes, 1 auditorium, 1 cafeteria, 1 covered play area, 2 gymnasiums, 1 infirmary, 1 playing field, 5 science labs, 1 pool, air conditioning

The International Montessori School

Phone 852 2861 0339
Fax 852 3006 2950
Email info@montessori.edu.hk
Website www.montessori.edu.hk
Address 62 Tin Hau Temple Road, Tin Hau, Hong Kong, China
Mailing address G/F, Blocks 23-23A South Horizons, Apleichau, Hong Kong

STAFF

Principal Karin Ann
Vice Principal Aleksandra Zajac
Curriculum Director Lysie Gagie
School Business Manager & School Supervisor Anne Sawyer
Teaching staff Full time 23; Part time 4; Total 27
Nationalities of teaching staff US 2; UK 3; Chinese 11; Other(s) (Canadian, Irish) 11

INFORMATION

Grade levels N–5
School year August–June
School type coeducational, day, private non-profit
Year founded 2001
Governed by appointed Board of Directors
Sponsored by The International Montessori Education Foundation Limited
Enrollment Nursery 150; PreK 170; Elementary K–5 90; Middle School 6–8 10; Total 420
Nationalities of student body US 96; UK 65; Chinese 58; Other(s) (Canadian, Israeli) 201
Tuition/fee currency Hong Kong Dollar
Tuition range 80,000–118,000
One time fees Registration 1,000; Capital Levy 50,000

EDUCATIONAL PROGRAM

Curriculum US, UK, Intl, IBPYP, Montessori
Average class size Elementary 25
Language(s) of instruction English, Mandarin
Language(s) taught Mandarin
Staff specialists computer, counselor, ESL, learning disabilities, librarian, math resource, psychologist, reading resource
Special curricular programs art, vocal music, computer/technology, physical education, music, drama
Extra curricular programs computers, community service, dance, drama, environmental conservation, excursions/expeditions
Sports badminton, baseball, basketball, cricket, football, gymnastics, martial arts, soccer, swimming, volleyball
Examinations Stanford, British National Curriculum Key Stage Tests

CAMPUS FACILITIES

Location Suburban
Campus 3 buildings, 26 classrooms, 1 computer lab, 35 instructional computers, 12,000 library volumes, 1 auditorium, 1 cafeteria, 1 covered play area, 1 gymnasium, 1 infirmary, 1 playing field, air conditioning

ISLAND SCHOOL

Phone 852 2524 7135
Fax 852 2840 1673
Email school@mail.island.edu.hk
Website www.island.edu.hk
Address 20 Borrett Road, Mid-levels, Hong Kong, China

STAFF

Principal Christopher Binge, Ed.D.
Vice Principal Gareth Stevens
H.R. & Finance Manager Betty Tsu
Head of IT Martin Kwong
Librarian Annie Tam
Teaching staff Full time 100; Part time 20; Total 120

INFORMATION

Grade levels 7–13
School year August–June
School type coeducational, day
Year founded 1967
Governed by English Schools Foundation
Accredited by New England
Enrollment Middle School 6–8 540; High School 9–12 720; Total 1,260
Tuition/fee currency Hong Kong Dollar
Tuition 89,250
Graduates attending college 95%
Graduates have attended U of Oxford, Cambridge U, Yale U, Stanford U, Princeton U

EDUCATIONAL PROGRAM

Curriculum UK, IB Diploma, IGCSE, GenCSE
Average class size Secondary 30
Language(s) of instruction English
Language(s) taught Chinese, French, Spanish, Japanese
Staff specialists counselor, ESL, librarian, psychologist
Special curricular programs art, instrumental music, vocal music, computer/technology, physical education, vocational
Extra curricular programs computers, community service, dance, drama, environmental conservation, excursions/expeditions, literary magazine, yearbook
Sports badminton, basketball, cricket, cross-country, football, gymnastics, hockey, rugby, soccer, softball, swimming, tennis, volleyball, karate, sailing, netball
Clubs juggling, Scrabble, debating, Mandarian
Examinations A-level GCE, GCSE, IB, IGCSE, SAT

CAMPUS FACILITIES

Location Urban
Campus 1 hectare, 6 buildings, 42 classrooms, 8 computer labs, 240 instructional computers, 25,000 library volumes, 1 auditorium, 1 covered play area, 1 gymnasium, 1 infirmary, 10 science labs, 1 pool, 1 tennis court, air conditioning

School of the Nations (Macau)

Phone 853 28701 759
Fax 853 28701 724
Email admin@schoolofthenations.com
Website www.schoolofthenations.com
Address Rua De Minho, Taipa, Macau SAR, China

STAFF

Director Vivek Nair
Teaching staff Full time 33; Total 33
Nationalities of teaching staff US 5; UK 2; Chinese 6; Other(s) (Australian, Canadian) 20

INFORMATION

Grade levels PreK–11
School year September–June
School type coeducational, day, private non-profit
Year founded 1988
Governed by Badi Foundation
Enrollment PreK 60; Elementary K–5 144; Middle School 6–8 78; High School 9–12 72; Total 354
Tuition/fee currency Macau Pataca
Tuition range 40,000–62,000
Graduates attending college 90%

EDUCATIONAL PROGRAM

Curriculum Intl, IB Diploma, IGCSE
Average class size Elementary 24; Secondary 24
Language(s) of instruction English
Language(s) taught Mandarin
Staff specialists computer, librarian, math resource
Special curricular programs art, computer/technology, physical education
Extra curricular programs community service, dance, drama, photography, yearbook
Sports badminton, cross-country, soccer, tennis
Examinations GCSE, IB, IGCSE

CAMPUS FACILITIES

Location Urban
Campus 10,000 library volumes, 1 auditorium, 1 cafeteria, 1 gymnasium, 4 science labs, air conditioning

Nanjing International School

Phone 86 25 85899111
Fax 86 25 85899222
Email enquiries@staff.nanjing-school.com
Website www.nanjing-school.com
Address Xue Heng Lu 8, Nanjing, 210046, China

STAFF

Director Laurie McLellan
Principal Richard Swart
PYP Coordinator Derek Pinchbeck
MYP Coordinator Arden Tyoschin
DP Coordinator Juan Saavedra
Counselor Chris Klesch
Operations & Finance Manager Arek Owczarek
Director of Technology Brian Lockwood
Library Services Manager Jason Roach
Teaching staff Full time 75; Part time 1; Total 76
Nationalities of teaching staff US 18; UK 14; Chinese 8; Other(s) (Australian, Canadian) 36

INFORMATION

Grade levels PreK–12
School year August–June
School type coeducational, day, private non-profit
Year founded 1990
Governed by elected Parent-elected Board
Accredited by CIS, New England
Regional organizations EARCOS
Enrollment PreK 24; Elementary K–5 240; Middle School 6–8 125; High School 9–12 110; Total 499
Nationalities of student body US 48; UK 17; Other(s) (Korean, German) 434
Tuition/fee currency Chinese Yuan Renminbi
Tuition range 121,990–163,280
One time fees Registration 800; Returnable Book Deposit 830
Graduates attending college 100%
Graduates have attended Michigan State U, New York U, U of California, Los Angeles, Korean Advanced Inst. Science & Tech, London School of Economics

EDUCATIONAL PROGRAM

Curriculum IB Diploma, IBPYP, IBMYP
Average class size Elementary 20; Secondary 20
Language(s) of instruction English
Language(s) taught Mandarin, French
Staff specialists computer, counselor, ESL, learning disabilities, librarian, nurse
Special curricular programs art, instrumental music, vocal music, computer/technology, physical education
Extra curricular programs computers, community service, dance, drama, environmental conservation, yearbook
Sports badminton, basketball, football, rugby, soccer, swimming, tennis, track and field, volleyball
Clubs Global Issues Network, local school English tutors, Model UN, Roots & Shoots, science, Kids' Lit Quiz, model building, Nanjing Zoo animal enrichment, orchestra
Examinations ACT, IB, PSAT, SAT, SAT II, TOEFL, IELTS

CAMPUS FACILITIES

Location Suburban
Campus 7 hectares, 3 buildings, 1 computer lab, 400 instructional computers, 35,000 library volumes, 1 auditorium, 2 cafeterias, 3 covered play areas, 1 gymnasium, 1 infirmary, 2 playing fields, 4 science labs, 2 pools, 2 tennis courts, air conditioning

Access International Academy Ningbo

Phone 86 574 8686 9999
Fax 85 574 8688 8481
Email info@aian.org.cn
Website www.aian.org.cn
Address No 1 Ai Xue Road, Beilun District, Zhejiang, Ningbo, 315800, China

STAFF

Head of School Mark Bretherton
Administrative Coordinator & Athletic Director Tim Allen
Admissions Jane Wang
Business Manager Rachel Jiang
Information Technician Xu Feng
Head of Library & Media Center Katya Centers
Teaching staff Full time 28; Total 28
Nationalities of teaching staff US 15; UK 1; Chinese 4; Other(s) (New Zealander, Australian) 8

INFORMATION

Grade levels N–12
School year August–June
School type coeducational, day, proprietary
Year founded 2003
Governed by appointed Board of Directors
Accredited by Western
Regional organizations EARCOS
Enrollment Nursery 5; PreK 5; Elementary K–5 60; Middle School 6–8 40; High School 9–12 20; Total 130
Nationalities of student body US 10; UK 2; Other(s) (Korean, Taiwanese) 118
Tuition/fee currency Chinese Yuan Renminbi
Tuition range 70,000–119,700
Annual fees Busing 9,900; Lunch 3,240
One time fees Registration 1,500
Graduates attending college 100%
Graduates have attended U of Nottingham, Fudan U, Xhejiang U, Otis Col of Fine Arts

EDUCATIONAL PROGRAM

Curriculum US, Intl, AP
Average class size Elementary 13; Secondary 8
Language(s) of instruction English
Language(s) taught Mandarin
Staff specialists ESL, librarian, nurse
Special curricular programs art, vocal music, physical education
Extra curricular programs computers, community service, dance, drama, environmental conservation, excursions/expeditions, literary magazine, newspaper, photography, yearbook
Sports badminton, basketball, soccer, swimming, tennis, track and field, volleyball
Clubs student councils, National & Junior National Honor Society, Model UN
Examinations AP, PSAT, SAT, SAT II, TOEFL, ISA, LAS

CAMPUS FACILITIES

Location Urban
Campus 2 hectares, 4 buildings, 25 classrooms, 2 computer labs, 90 instructional computers, 12,000 library volumes, 1 auditorium, 1 cafeteria, 1 infirmary, 1 playing field, 2 science labs, 1 pool, 2 tennis courts, air conditioning

Qingdao No. 1 International School of Shandong Province

Phone 86 532 8890 9867
Fax 86 532 8890 8876
Email jdfisch47@yahoo.com
Website www.qiss.org.cn
Address 70 Songling Road, Inside Qingdao No. 2 Middle School, Qingdao, Shandong, 266061, China

STAFF

Director Jeffrey D. Fischmann
Upper School Principal Bill Corey
Lower School Principal Alberto Guiterrez
Counselor & Director of Admissions Dana Purpura
Athletic Director Dominic Adie
Business & Finance Manager Li Shiliang
Teaching staff Full time 40; Total 40
Nationalities of teaching staff US 15; UK 1; Canadian 6; Other(s) (Belgian, German) 18

INFORMATION

Grade levels PreK–12
School year August–June
School type coeducational, company-sponsored, day
Year founded 1998
Governed by appointed Qingdao Education Bureau
Sponsored by Qingdao Education Bureau
Accredited by Western
Enrollment PreK 8; Elementary K–5 70; Middle School 6–8 70; High School 9–12 50; Total 198
Nationalities of student body US 5; UK 2; Other(s) (Japanese, German) 191
Tuition/fee currency US Dollar
Tuition range 11,000–16,000
Annual fees Registration 1,200; Busing 600; Lunch 600
Graduates attending college 90%
Graduates have attended U of Massachusetts, Amherst, Seoul National U, Hanyang U, U of Indiana, U of California, Los Angeles

EDUCATIONAL PROGRAM

Curriculum US, Intl, AP
Average class size Elementary 15; Secondary 17
Language(s) of instruction English
Language(s) taught Mandarin, Chinese
Staff specialists computer, counselor, ESL, librarian, math resource, nurse, reading resource
Special curricular programs art, instrumental music, vocal music, computer/technology, distance learning, physical education
Extra curricular programs computers, community service, dance, drama, environmental conservation, excursions/expeditions, literary magazine, newspaper, photography, yearbook, media studies
Sports badminton, basketball, gymnastics, rugby, soccer, swimming, track and field, volleyball
Clubs Global Initiatives Network,Model UN
Examinations AP, PSAT, SAT

CAMPUS FACILITIES

Location Suburban
Campus 20 hectares, 2 buildings, 20 classrooms, 3 computer labs, 100 instructional computers, 1 auditorium, 1 cafeteria, 1 gymnasium, 1 infirmary, 3 playing fields, 1 science lab, 1 pool, 1 tennis court, air conditioning

Concordia International School Shanghai

Phone 86 21 589 90380
Fax 86 21 589 91685
Email jim.koerschen@ciss.com.cn
Website www.ciss.com.cn
Address 999 Mingyue Road, JinQiao, Pudong, Shanghai, 201206, China

STAFF

Head of School Jim M. Koerschen, Ph.D.
Elementary School Principal Krista Nagy
Middle School Principal Mark Lewis
High School Principal David Harris
Curriculum Coordinator Kristin Kappelmann
Chief Financial Officer Curtiss Larson
Director of Technology Thomas Reed, Ph.D.
Director of Library Christina Mayers
Teaching staff Full time 118; Part time 5; Total 123
Nationalities of teaching staff US 78; UK 1; Chinese 17; Other(s) (Canadian, Australian) 27

INFORMATION

Grade levels PreK–12
School year August–June
School type coeducational, church-affiliated, day, private non-profit
Year founded 1998
Governed by appointed Board of Directors
Accredited by Western
Regional organizations EARCOS
Enrollment PreK 62; Elementary K–5 523; Middle School 6–8 269; High School 9–12 247; Total 1,101
Nationalities of student body US 681; UK 10; Chinese 56; Other(s) (Korean, Canadian) 354
Tuition/fee currency Chinese Yuan Renminbi
Tuition range 146,000–195,000
Annual fees Registration 2,100; Busing 11,000; Lunch 27; School Required Interim Trip 8,000; Laptop 11,560
Graduates attending college 100%
Graduates have attended Stanford U, Wellesley Col, Purdue U, Boston U, Waseda U

EDUCATIONAL PROGRAM

Curriculum US, Intl, AP
Average class size Elementary 17; Secondary 18
Language(s) of instruction English
Language(s) taught Chinese, Spanish, French
Staff specialists computer, counselor, librarian, nurse
Special curricular programs art, instrumental music, vocal music, computer/technology, physical education
Extra curricular programs computers, community service, drama, excursions/expeditions, photography, yearbook
Sports badminton, basketball, cross-country, hockey, martial arts, rugby, soccer, swimming, tennis, track and field, volleyball
Examinations AP, PSAT, SAT, SAT II, CTP4

CAMPUS FACILITIES

Location Suburban
Campus 4 hectares, 5 buildings, 125 classrooms, 2 computer labs, 520 instructional computers, 30,000 library volumes, 5 auditoriums, 3 cafeterias, 5 covered play areas, 4 gymnasiums, 1 infirmary, 3 playing fields, 3 science labs, 1 tennis court, air conditioning

Shanghai American School

Phone 86 21 6221 1445
Fax 86 21 6221 1269
Email info@saschina.org
Website www.saschina.org
Address 258 Jin Feng Lu, Zhudi Town, Minhang District, Shanghai, 201107, China

STAFF

Superintendent Kerry Jacobson, Ph.D.
Pudong Deputy Superintendent Andrew Torris
Pudong High School Principal Jon Borden, Ph.D.
Pudong Middle School Principal Jeff Rosen
Pudong ES Principal Sacha McVean
Puxi Deputy Superintendent & High School Principal Alan Knobloch
Puxi Middle School Principal Brad Latzke
Puxi Elementary Principal Debra Lane
Chief Financial Officer David Leung
Technology Manager Orion Weber
Puxi High School Librarian Jeff Barons
Teaching staff Full time 342; Part time 7; Total 349
Nationalities of teaching staff US 198; UK 7; Chinese 32; Other(s) (Canadian, Australian) 112

INFORMATION

Grade levels PreK–12
School year August–June
School type coeducational, day, private non-profit
Year founded 1912
Governed by appointed and elected Board of Directors
Sponsored by US Consulate in Shanghai
Accredited by Western
Regional organizations EARCOS, ECIS
Enrollment PreK 53; Elementary K–5 954; Middle School 6–8 807; High School 9–12 1,142; Total 2,956
Nationalities of student body US 1,305; UK 72; Chinese 52; Other(s) (Canadian, Korean) 1,527
Tuition/fee currency US Dollar
Tuition range 14,478–19,530
Annual fees Capital Levy 4,232
One time fees Registration 365; Matriculation (new student only) 2,200; Technology (Grades 7–10) 1,679; ESOL (optional) 1,460
Graduates attending college 98%
Graduates have attended Stanford U, Harvard U, U of Cambridge, McGill U, U of Melbourne

EDUCATIONAL PROGRAM

Curriculum US, IB Diploma, AP
Average class size Elementary 18; Secondary 18
Language(s) of instruction English
Language(s) taught Mandarin, French, Spanish
Staff specialists computer, counselor, ESL, librarian, math resource, nurse, psychologist, reading resource
Special curricular programs art, instrumental music, vocal music, computer/technology, physical education
Extra curricular programs computers, community service, drama, excursions/expeditions, newspaper, photography, yearbook
Sports baseball, basketball, hockey, soccer, swimming, tennis, track and field, volleyball
Examinations AP, IB, PSAT, SAT

CAMPUS FACILITIES

Location Suburban
Campus 22 hectares, 30 buildings, 299 classrooms, 4 computer labs, 2393 instructional computers, 50,000 library volumes, 2 auditoriums, 4 cafeterias, 2 covered play areas, 6 gymnasiums, 6 infirmaries, 8 playing fields, 36 science labs, 2 pools, air conditioning

Shanghai Community International School

Phone 86 21 6261 4338
Fax 86 21 6261 4639
Email info@scischina.org
Website www.scischina.org
Address 1161 Hong Qiao Road, Shanghai, 200051, China

STAFF

Superintendent of Schools Jeffry R. Stubbs
Pudong Campus Head of School Ryan Blanton
Hongqiao Campus Head of School Michael Donaldson
Pudong Campus Principals Jane & Don MacMillan
Hongqiao Campus Principals Roger Brumby & Tammy Rodabaugh
Director of Curriculum Nancy Stubbs
Business Relations & Human Resources Manager Tina Kasono
Director of Technology Chris McAnally
Librarian Margie De Villiers
Teaching staff Full time 149; Part time 2; Total 151
Nationalities of teaching staff US 80; UK 5; Chinese 23; Other(s) (New Zealander, Australian) 43

INFORMATION

Grade levels N–12
School year August–June
School type coeducational, day, private non-profit
Year founded 1996
Governed by appointed Board of Directors
Sponsored by International School Foundation
Accredited by Western
Regional organizations EARCOS
Enrollment Nursery 50; PreK 75; Elementary K–5 800; Middle School 6–8 375; High School 9–12 325; Total 1,625
Nationalities of student body US 500; UK 45; Other(s) (Swede, Dutch) 1,080
Tuition/fee currency Chinese Yuan Renminbi
Tuition range 70,000–198,000
One time fees Registration 2,000
Graduates attending college 100%
Graduates have attended Emory U, U of California, U of Edinburgh, U of British Colombia, Hong Kong U

(Continued)

Shanghai Community International School (Continued)

EDUCATIONAL PROGRAM

Curriculum US, Intl, IB Diploma, AP
Average class size Elementary 16; Secondary 18
Language(s) of instruction English, Mother Tongue Programs
Language(s) taught Mandarin, French, Spanish
Staff specialists computer, counselor, ESL, learning disabilities, librarian, nurse, psychologist
Special curricular programs art, instrumental music, vocal music, computer/technology, physical education, dance, Business
Extra curricular programs computers, community service, dance, drama, environmental conservation, excursions/expeditions, literary magazine, newspaper, yearbook, chess, filmmaking
Sports badminton, basketball, cross-country, golf, gymnastics, hockey, martial arts, rugby, soccer, squash, swimming, track and field, volleyball, table tennis, rock climbing, weight training
Clubs Roots & Shoots, model rocket, Model UN, Global Issues Network
Examinations ACT, AP, IB, PSAT, SAT, SAT II, NWEA-MAP, SLEP

CAMPUS FACILITIES

Location Urban
Campus 5 hectares, 9 buildings, 110 classrooms, 12 computer labs, 900 instructional computers, 40,000 library volumes, 3 auditoriums, 4 cafeterias, 3 covered play areas, 4 gymnasiums, 3 infirmaries, 3 playing fields, 12 science labs, 2 pools, air conditioning

Yew Chung International School of Shanghai

Phone 86 21 6219 5910
Fax 86 21 6219 0675
Email enquiry@sh.ycef.com
Website www.ycis-sh.com
Address 18 West Rong Hua Road, Shanghai, 201103, China

STAFF

Director Betty Chan Po-King, Ph.D.
Superintendent Tom Ulmet
Co-Principal of Pudong Campus Christopher Connellan
Co-Principal of Pudong Campus Cherry Chen
Co-Principal of Gubei Campus Christian Barkei
Co-Principal of Hong Qiao Campus Wayne Richardson
Head of Accounts Division Jin Yi Wu
Head of IT Division Roy Wong
Teaching staff Full time 250; Total 250

INFORMATION

Grade levels N–13
School year August–June
School type coeducational, day, private non-profit
Year founded 1993
Governed by appointed Yew Chung Education Foundation
Accredited by CIS, New England
Regional organizations ECIS
Tuition/fee currency Chinese Yuan Renminbi
Tuition range 43,000–214,000
One time fees Registration 2,000
Graduates attending college 100%
Graduates have attended U of Cambridge, U of Oxford, U of Bath, Binghamton U, U of Pennsylvania

EDUCATIONAL PROGRAM

Curriculum UK, Intl, IB Diploma, IGCSE
Average class size Elementary 21; Secondary 18
Language(s) of instruction English, Mandarin
Language(s) taught English, Mandarin
Staff specialists computer, counselor, ESL, learning disabilities, librarian, nurse
Special curricular programs art, instrumental music
Extra curricular programs computers, community service, drama, environmental conservation, excursions/expeditions, yearbook
Sports badminton, basketball, football, gymnastics, hockey, soccer, softball, swimming, track and field, volleyball
Examinations GCSE, IB, IGCSE, PSAT, SAT, SAT II

CAMPUS FACILITIES

Location Urban
Campus 4 buildings, 95 classrooms, 6 computer labs, 3 auditoriums, 4 cafeterias, 3 covered play areas, 4 gymnasiums, 4 infirmaries, 4 playing fields, 6 science labs, air conditioning

Shenyang Pacific Academy

Phone +86 755 2689 0115
Fax +86 755 2667 4099
Email rdunseth@iss.edu
Website www.iss-asiapacific.com
Address No. 29, Junong Road, Huishan Agricultural Technology Development Zone, Shenyang, Liaoning Province, 110000, China

STAFF

Director Steve Alexander
Business Manager Leona Liu
Technology Coordinator Nate Doelling
Library Media Specialist Janet Wright
Teaching staff Full time 21; Part time 3; Total 24
Nationalities of teaching staff US 19; Other(s) 5

INFORMATION

Grade levels 9–12
School year September–June
School type boarding, coeducational, proprietary
Year founded 2010
Governed by appointed ISS
Enrollment High School 9–12 200; Total 200
Nationalities of student body Chinese 200
Tuition/fee currency Chinese Yuan Renminbi
Tuition 100,000
Boarding program grades 9
Boarding program length 7-day **Boys** 100 **Girls** 100

EDUCATIONAL PROGRAM

Curriculum US, AP
Average class size Secondary 25
Language(s) of instruction English
Language(s) taught Mandarin
Staff specialists computer, ESL, librarian
Special curricular programs instrumental music, vocal music, computer/technology, physical education
Extra curricular programs computers, community service, dance, drama, environmental conservation, excursions/expeditions, literary magazine, newspaper, photography, yearbook
Sports badminton, basketball, cross-country, golf, gymnastics, martial arts, rugby, skiing, soccer, softball, squash, swimming, tennis, track and field, volleyball
Examinations AP, PSAT, SAT, SAT II, TOEFL

CAMPUS FACILITIES

Location Suburban
Campus 5 buildings, 28 classrooms, 200 instructional computers, 25,000 library volumes, 2 auditoriums, 2 cafeterias, 1 covered play area, 1 gymnasium, 1 infirmary, 1 playing field, 6 science labs, 1 tennis court

QSI International School of Shekou

Phone 86 755 2667 6031
Fax 86 755 2667 6030
Email shekou@qsi.org
Website www.qsiweb.org/shk
Address 8 Tai Zi Road, Bitao Center, Shekou, Guangdong, 518067, China

STAFF

Director Britt Brantley
Director of Instruction Brian Garner
Director of Instruction Brad Goth
Early Childhood Coordinator Teresa Brantley
Middle School Coordinator Ron DeWitt
Resource Coordinator Cliff Geis-Poage
Accountant Joy Bonsol
Technology Coordinator Annie Choi
Librarian Suji DeHart
Teaching staff Full time 109; Part time 2; Total 111
Nationalities of teaching staff US 83; Chinese 8; Other(s) 7

INFORMATION

Grade levels N–12
School year August–June
School type coeducational, day, private non-profit
Year founded 2001
Governed by appointed Board of Directors
Accredited by Middle States
Regional organizations EARCOS
Enrollment PreK 190; Elementary K–5 390; Middle School 6–8 200; High School 9–12 220; Total 1,000
Nationalities of student body US 190; UK 20; Other(s) (Korean, French) 790
Tuition/fee currency US Dollar
Tuition range 5,400–14,400
Annual fees Capital Levy 1,600; Busing 1,100; Lunch 700
One time fees Registration 300
Graduates attending college 100%
Graduates have attended U of Oregon, U of Michigan, U of Nottingham, Seoul National U, Carnegie Mellon U

EDUCATIONAL PROGRAM

Curriculum US, Intl, IB Diploma, AP
Average class size Elementary 15; Secondary 14
Language(s) of instruction English
Language(s) taught Chinese, French, German, Spanish, Korean
Staff specialists computer, counselor, ESL, learning disabilities, librarian, nurse, psychologist, reading resource, speech/hearing
Special curricular programs art, instrumental music, vocal music, computer/technology, distance learning, physical education
Extra curricular programs computers, community service, dance, drama, environmental conservation, excursions/expeditions, literary magazine, newspaper, photography, yearbook
Sports badminton, basketball, cross-country, football, martial arts, rugby, soccer, swimming, track and field, volleyball
Clubs Model UN, Odyssey of the Mind, Global Issues Network
Examinations ACT, AP, IB, Iowa, PSAT, SAT, SAT II, MAP

CAMPUS FACILITIES

Location Urban
Campus 1 hectare, 4 buildings, 160 classrooms, 9 computer labs, 400 instructional computers, 35,000 library volumes, 1 auditorium, 1 covered play area, 2 gymnasiums, 4 infirmaries, 2 playing fields, 5 science labs, 1 tennis court, air conditioning

QSI International School of Shenzhen

Phone 86-755-8304-7122
Fax 86-755-8304-7108
Email shenzhen@qsi.org
Website www.qsi.org/szn_home/szn_home.htm
Address 8061 Hongli West Road, Futian District, Shenzhen, Guangdong, 518040, China

STAFF

Director Matt Lake
Office Manager Belinda Liu
IT Director Joey Zheng
Teaching staff Full time 20; Total 20
Nationalities of teaching staff US 6; Chinese 3; Other(s) (Canadian, Filipino) 11

INFORMATION

Grade levels N–5
School year August–June
School type coeducational, day
Year founded 2006
Governed by Quality Schools International
Enrollment Nursery 10; PreK 45; Elementary K–5 45; Middle School 6–8 10; Total 110
Nationalities of student body US 16; UK 2; Other(s) (Korean, Japanese) 92
Tuition/fee currency US Dollar
Tuition range 5,300–14,400
Annual fees Capital Levy 1,600; Busing 1,500; Lunch 650
One time fees Registration 300

EDUCATIONAL PROGRAM

Curriculum Intl
Average class size Elementary 11
Language(s) of instruction English
Staff specialists computer, ESL, librarian, math resource, psychologist, reading resource
Special curricular programs art, computer/ technology, physical education, vocational
Sports soccer, tennis
Examinations Iowa, MAT

CAMPUS FACILITIES

Campus 1 building, 15 classrooms, 1 computer lab, 47 instructional computers, 3,000 library volumes, 1 auditorium, 1 playing field, 1 tennis court, air conditioning

Shekou International School

Phone 86 755 2669 3669
Fax 86 755 2667 4099
Email revans@sis.org.cn
Website www.sis.org.cn
Address Jing Shan Villas, Nan Hai Boulevard, Shekou-Shenzhen, Guangdong, 518067, China

STAFF

Director Robert R. Evans
Assistant Director for Curriculum & Instruction Treena Casey
Elementary Principal Brian Tuia
Middle/High School Principal Philippa Curtis
Elementary School Assistant Principal Cathy Glick
Counselors Cathy Evans, Jacob Gray
Business & Government Relations Manager Thomas Qiu
IT Manager Mark Propp
Librarians Martha Langille & Elizabeth Warrick
Teaching staff Full time 79; Total 79
Nationalities of teaching staff US 46; Chinese 6; Other(s) (Canadian, New Zealander) 27

INFORMATION

Grade levels N–12
School year August–June
School type coeducational, day
Year founded 1988
Governed by International Schools Services, Inc.
Sponsored by Academic Information Consulting (Shenzhen) Ltd.
Accredited by Western
Regional organizations ACAMIS, EARCOS
Enrollment Nursery 30; PreK 80; Elementary K–5 300; Middle School 6–8 120; High School 9–12 120; Total 650
Nationalities of student body US 160; UK 20; Chinese 20; Other(s) (Canadian, Korean) 450
Tuition/fee currency Chinese Yuan Renminbi
Tuition range 32,000–156,000
Annual fees Busing 12,000; Re-registration Deposit 8,000
One time fees Capital Levy 60,000; Application 2,000; ESL Testing 1,500
Graduates attending college 100%
Graduates have attended U of California, Los Angeles, U of California, Berkley, Rice U, Stanford U, Hong Kong U

(Continued)

SHEKOU INTERNATIONAL SCHOOL (Continued)

EDUCATIONAL PROGRAM

Curriculum US, Intl, IB Diploma, AP
Average class size Elementary 16; Secondary 16
Language(s) of instruction English
Language(s) taught Mandarin, French
Staff specialists computer, counselor, ESL, librarian, nurse, psychologist
Special curricular programs art, instrumental music, vocal music, computer/technology, distance learning, physical education, drama, strings
Extra curricular programs computers, community service, dance, drama, environmental conservation, excursions/expeditions, literary magazine, newspaper, photography, yearbook
Sports badminton, basketball, cross-country, golf, martial arts, rugby, soccer, softball, squash, swimming, tennis, track and field, volleyball
Clubs Model UN, Global Issues Network, chess, cooking, intramural sports, bowling, student government
Examinations ACT, AP, IB, PSAT, SAT, SAT II, ISA

CAMPUS FACILITIES

Location Suburban
Campus 10 hectares, 12 buildings, 65 classrooms, 3 computer labs, 340 instructional computers, 25,000 library volumes, 2 auditoriums, 2 cafeterias, 1 covered play area, 2 gymnasiums, 1 infirmary, 1 playing field, 4 science labs, 1 pool, 4 tennis courts, air conditioning

QSI International School of Suzhou

Phone 86 512-6618-1009
Fax 86 512-6618-1007
Email suzhou@qsi.org
Website www.qsi.org/suz_home/suz_home.htm
Address China Merchants Evian Town Development, Yangcheng Lake East Road 98, Xiangcheng District, Suzhou, Jiangsu, 215131, China

STAFF

Director Valerie Nathanson
Teaching staff Full time 8; Total 8
Nationalities of teaching staff US 4; Chinese 1; Other(s) (Canadian) 3

INFORMATION

Grade levels PreK–10
School year August–June
School type private non-profit
Year founded 2007
Governed by Quality Schools International
Enrollment PreK 6; Elementary K–5 34; Middle School 6–8 3; High School 9–12 2; Total 45
Nationalities of student body US 6; Other(s) (Canadian, Singaporean) 39
Tuition/fee currency US Dollar
Tuition range 5,200–14,400
Annual fees Busing 1,400; Capital Fund 1,600
One time fees Registration 300

EDUCATIONAL PROGRAM

Curriculum US
Average class size Elementary 5; Secondary 2
Language(s) of instruction English
Language(s) taught Mandarin
Staff specialists computer, reading resource
Special curricular programs art, instrumental music, computer/technology, physical education
Extra curricular programs computers, community service, dance, drama, excursions/expeditions, literary magazine, violin
Sports basketball, cross-country, golf, martial arts, swimming, tennis
Examinations Iowa, Stanford, Gates McGinitie, MAP, DRA Reading Assessment

CAMPUS FACILITIES

Location Urban
Campus 1 building, 9 classrooms, 1 computer lab, 10 instructional computers, 5,000 library volumes, 1 covered play area, 1 pool, 1 tennis court, air conditioning

Data from 2009/10 school year.

TEDA INTERNATIONAL SCHOOL

Phone 86 22 65226158
Fax 86 22 62001818
Email info@tedainternationalschool.net
Website www.tedainternationalschool.net
Address 72 Third Avenue, Teda, Tianjin, 300457, China

STAFF

Headmaster Joesph J. Azmeh
Primary School Principal Jane Robinson
Business Manager Nora Lambrecht
Technology Coordinator Cavon Ahangarzadeh
Librarian Robbie Daniels
Teaching staff Full time 45; Total 45
Nationalities of teaching staff US 10; UK 4; Other(s) (Canadian, Australian) 31

INFORMATION

Grade levels N–12
School year August–June
School type coeducational, day, private non-profit
Year founded 1995
Governed by Tianjin Education Bureau
Accredited by CIS, Western
Regional organizations EARCOS
Enrollment Nursery 10; PreK 30; Elementary K–5 130; Middle School 6–8 60; High School 9–12 70; Total 300
Nationalities of student body US 30; UK 5; Other(s) (Dane, Korean) 265
Tuition/fee currency Chinese Yuan Renminbi
Tuition range 100,000–110,000
Annual fees Technology 4,000; Maintenance 2,000
One time fees Registration 2,000
Graduates attending college 100%
Graduates have attended Cornell U, U of Illinois, U of California, Davis, Rice U, Hong Kong U of Science & Technology

EDUCATIONAL PROGRAM

Curriculum Intl, AP
Average class size Elementary 15; Secondary 15
Language(s) of instruction English
Language(s) taught Chinese, Spanish
Staff specialists computer, counselor, ESL, librarian, nurse
Special curricular programs art, instrumental music, vocal music, computer/technology, physical education
Extra curricular programs computers, community service, dance, excursions/expeditions, photography, yearbook
Sports badminton, basketball, cross-country, martial arts, soccer, swimming, tennis, track and field, volleyball
Clubs Model UN, Global Issues Network, National Honor Society, student council, chess dance photography club
Examinations AP, PSAT, SAT

CAMPUS FACILITIES

Location Suburban
Campus 5 hectares, 6 buildings, 40 classrooms, 3 computer labs, 120 instructional computers, 16,000 library volumes, 1 auditorium, 1 cafeteria, 1 covered play area, 1 gymnasium, 1 infirmary, 1 playing field, 3 science labs, air conditioning

INTERNATIONAL SCHOOL OF TIANJIN

Phone 86 22 2859 2001
Fax 86 22 2859 2007
Email info@istianjin.net
Website www.istianjin.org
Address Weishan Road Shuanggang, Jinnan Economic Development Zone, Jinnan District, Tianjin, 300350, China

STAFF

Director Steve J. Moody
Elementary Principal Alba Carollo
Secondary Principal & Deputy Director William Elman
Chief Financial Officer Jenny Zhai
IT Coordinator Tod Baker
Librarian Deeanne Shoosmith
Teaching staff Full time 67; Part time 3; Total 70
Nationalities of teaching staff US 18; UK 7; Chinese 8; Other(s) (Australian, New Zealander) 37

INFORMATION

Grade levels N–12
School year August–June
School type coeducational, day, private non-profit
Year founded 1994
Governed by appointed and elected Board of Governors
Accredited by CIS, Western
Regional organizations EARCOS
Enrollment Nursery 18; PreK 24; Elementary K–5 188; Middle School 6–8 134; High School 9–12 136; Total 500
Nationalities of student body US 20; UK 18; Other(s) (Dane, Korean) 462
Tuition/fee currency Chinese Yuan Renminbi
Tuition range 32,100–133,100
Annual fees Capital Levy 31,900
One time fees Registration 1,700
Graduates attending college 95%
Graduates have attended Brown U, Cornell U, John Hopkins U, U of Cambridge, Emory U

EDUCATIONAL PROGRAM

Curriculum Intl, IB Diploma, IBPYP, IBMYP
Average class size Elementary 16; Secondary 20
Language(s) of instruction English
Language(s) taught Chinese, French, Korean, Spanish, Japanese, Danish, German
Staff specialists computer, counselor, ESL, learning disabilities, librarian, nurse
Special curricular programs art, instrumental music, vocal music, computer/technology, physical education
Extra curricular programs computers, community service, dance, drama, environmental conservation, excursions/expeditions, literary magazine, newspaper, photography, yearbook, choir, band
Sports badminton, basketball, cross-country, soccer, softball, swimming, track and field, volleyball, climbing
Clubs Model UN, student councils, Roots & Shoots, Teen Acts for Aids, Global Issues Network, climbing
Examinations ACT, IB, PSAT, SAT, SAT II

CAMPUS FACILITIES

Location Suburban
Campus 7 hectares, 4 buildings, 70 classrooms, 4 computer labs, 250 instructional computers, 30,000 library volumes, 1 auditorium, 1 cafeteria, 1 covered play area, 1 gymnasium, 1 infirmary, 1 playing field, 5 science labs, air conditioning

Xiamen International School

Phone 86 592 625 6581
Fax 86 592 6072900
Email askxis@hotmail.com
Website www.xischina.com
Address #262 Xingbei San Lu, Xinglin, Jimei District, Xiamen, Fujian, 361022, China

STAFF

Head of School Paul Raschke, Ph.D.
Deputy Head David Wei
Secondary Principal David Freeman, Ed.D.
Elementary Principal Diana Garett
Counselor Tim Wilson
Personnel Director David Huang
Director of Accounting Linda Lin
IT Department Leader Juan Rozo
Director of Library Services Terry Maguire
Teaching staff Full time 49; Total 49
Nationalities of teaching staff US 30; UK 1; Chinese 12; Other(s) (Filipino, Australian) 6

INFORMATION

Grade levels PreK–12
School year August–June
School type coeducational, day, private non-profit
Year founded 1997
Governed by appointed and elected Board of Directors
Accredited by Western
Regional organizations EARCOS
Enrollment PreK 15; Elementary K–5 145; Middle School 6–8 60; High School 9–12 120; Total 340
Nationalities of student body US 50; UK 10; Other(s) (Taiwanese, Korean) 280
Tuition/fee currency US Dollar
Tuition range 10,900–16,000
Annual fees Busing 600; After School Activity 300
One time fees Registration 200
Graduates attending college 95%
Graduates have attended U of California, Berkeley, Hong Kong U of Science and Technology, Syracuse U, Boston Col

EDUCATIONAL PROGRAM

Curriculum US, National, Intl, IB Diploma, IBPYP, IBMYP
Average class size Elementary 20; Secondary 20
Language(s) of instruction English
Language(s) taught Mandarin
Staff specialists computer, counselor, ESL, librarian, nurse
Special curricular programs art, instrumental music, vocal music, computer/technology, physical education
Extra curricular programs community service, dance, excursions/expeditions, yearbook
Sports basketball, soccer, swimming, track and field, volleyball
Examinations ACT, IB, PSAT, SAT, SAT II, TOEFL

CAMPUS FACILITIES

Location Suburban
Campus 3 hectares, 3 buildings, 31 classrooms, 2 computer labs, 120 instructional computers, 28,000 library volumes 1 cafeteria, 1 covered play area, 1 gymnasium, 1 infirmary, 2 playing fields, 2 science labs, 1 pool, 1 tennis court, air conditioning

QSI International School of Zhuhai

Phone 86 756 818 9031
Fax 86 756 818 9031
Email zhuhai@qsi.org
Website www.qsi.org/zhu_home/zhu_home.htm
Address Bldg 2B, HengXin Industry District, JiuZhou Dadao Xi #2001, Gongbei, Zhuhai, 519000, China

STAFF

Director Matthew Farwell
Technology Coordinator Amandio Pereira
Teaching staff Full time 11; Part time 3; Total 14
Nationalities of teaching staff US 8; Chinese 4; Other(s) (Portuguese, Dutch) 2

INFORMATION

Grade levels PreK–12
School year August–June
School type coeducational, day, private non-profit
Year founded 1999
Governed by appointed QSI Executive Board
Accredited by Middle States
Enrollment PreK 16; Elementary K–5 20; Middle School 6–8 10; High School 9–12 6; Total 52
Nationalities of student body US 11; Chinese 2; Other(s) (Japanese, Dane) 39
Tuition/fee currency US Dollar
Tuition range 5,200–16,400
Annual fees Capital Levy 1,600; Busing 800; Lunch 600
One time fees Registration 300

EDUCATIONAL PROGRAM

Curriculum US, Intl
Average class size Elementary 8; Secondary 5
Language(s) of instruction English
Language(s) taught Chinese
Staff specialists computer, ESL
Special curricular programs art, instrumental music, vocal music, computer/technology, distance learning, physical education
Extra curricular programs computers, community service, dance, drama, yearbook, newsletter
Sports badminton, basketball, gymnastics, martial arts, soccer, swimming, tennis, track and field, volleyball
Examinations Iowa, ERB WrAP, MAP

CAMPUS FACILITIES

Location Urban
Campus 2 hectares, 1 building, 15 classrooms, 1 computer lab, 30 instructional computers, 3,800 library volumes, 1 cafeteria, 1 covered play area, 1 playing field, air conditioning

COLOMBIA

Area:	1,138,914 sq km
Population:	44,205,293
Capital:	Bogota
Currency:	Colombian Peso (COP)
Languages:	Spanish

Gimnasio Ingles

Phone 57 6 749 5111
Fax 57 6 749 8446
Email jurazan@gi.edu.co
Website www.gi.edu.co
Address Km 3 Via Circasia, Armenia, Quindio, Colombia
Mailing address Kilmetro 4.5 Via Armenia-Pereira, Condominio Los Almendros Casa 8, Circasia, Quindio, Colombia

STAFF

General School Director Jaime A. Urazan
Secondary School Principal Adalberto Loaiza
Primary School Principal Olga Mercedes Forero
Business Manager Xandra Jaramillo
Head of Technology Isabel Sarmiento
Librarian Carolina Hernandez
Teaching staff Full time 60; Part time 10; Total 70
Nationalities of teaching staff US 9; Colombian 57; Other(s) (Canadian) 4

INFORMATION

Grade levels N–12
School year August–June
School type coeducational, day, private non-profit
Year founded 1991
Governed by elected Board of Directors
Sponsored by Fundacion Gimnasio Ingles
Accredited by Southern
Regional organizations ACCAS, AASSA
Enrollment Nursery 17; PreK 14; Elementary K–5 297; Middle School 6–8 134; High School 9–12 140; Total 602
Nationalities of student body US 24; UK 1; Colombian 569; Other(s) (Canadian, Argentine) 8
Tuition/fee currency Colombian Peso
Tuition 7,776,000
Annual fees Busing 1,350,000; Lunch 1,330,000; Books 160,000
One time fees Registration 4,140,000
Graduates attending college 100%
Graduates have attended Pontificia U Javeriana, Wichita State U, U de los Andes, U EAFIT, U del Rosario

EDUCATIONAL PROGRAM

Curriculum US, National
Average class size Elementary 23; Secondary 20
Language(s) of instruction English, Spanish
Language(s) taught English, Spanish
Staff specialists computer, counselor, ESL, librarian, nurse, psychologist, speech/hearing
Special curricular programs art, vocal music, computer/technology, physical education
Extra curricular programs French
Sports basketball, football, gymnastics, martial arts, soccer, volleyball, Hapkido, cheerleading, roller skatting
Clubs literary, chess, movies, art craft
Examinations MAT, SAT, SAT II, Michigan, MAP

CAMPUS FACILITIES

Location Suburban
Campus 5 hectares, 9 buildings, 36 classrooms, 2 computer labs, 65 instructional computers, 11,283 library volumes, 1 cafeteria, 1 infirmary, 6 playing fields, 2 science labs

Colegio Albania

Phone 57 5 350 5648
Fax 57 5 777 4969
Email ruth.allen@colegioalbania.edu.co
Website www.colegioalbania.edu.co/
Address A.A. 51973, Barranquilla, Colombia
Mailing address c/o Cerrejon, PO Box 02-5573, Miami, FL 33102, USA

STAFF

Director Ruth Allen
Secondary School Principal Luis Monroy
Upper Primary School Principal Juan Carlos Rodriguez
Lower Primary School Principal Rosita Payan
Business Manager Jose Rafael Barrios
Computer Teacher Carlos Herrera
Library Director Gladys Arias

INFORMATION

Grade levels PreK–12
School year August–June
School type coeducational, company-sponsored, day, private non-profit, proprietary
Year founded 1983
Governed by appointed Board of Trustees
Sponsored by Cerrejon
Accredited by Southern
Regional organizations ACCAS, AASSA
Graduates attending college 100%
Graduates have attended Pontificia U Javeriana, U de los Andes, U of Phoenix, Concordia U, Sorbonne U

EDUCATIONAL PROGRAM

Curriculum US, National, Intl
Average class size Elementary 25; Secondary 25
Language(s) of instruction English, Spanish
Staff specialists computer, counselor, ESL, learning disabilities, librarian, nurse, psychologist, speech/hearing
Special curricular programs art, instrumental music, computer/technology, physical education
Extra curricular programs community service, dance, drama, environmental conservation, newspaper, yearbook
Sports baseball, basketball, football, golf, soccer, softball, swimming, tennis, track and field, volleyball, chess, Tae Kwon Do
Clubs robotics, Model UN, Young Scientists, technical drawing, weight lifting, astronomy, Business Enterprise, Young Congress, theatre
Examinations Iowa, SAT, TOEFL

CAMPUS FACILITIES

Location Rural
Campus 5 hectares, 5 buildings, 54 classrooms, 2 computer labs, 114 instructional computers, 20,000 library volumes, 1 auditorium, 1 cafeteria, 2 covered play areas, 1 gymnasium, 1 infirmary, 3 playing fields, 3 science labs, 2 pools, 2 tennis courts, air conditioning

Data from 2009/10 school year.

Colegio Karl C. Parrish

Phone 57 5 359 9239
Fax 57 5 359 8828
Email mail@kcparrish.edu.co
Website www.kcparrish.edu.co
Address KM. 2 Antigua Via a Puerto Colombia, Barranquilla, Atlantico, Colombia
Mailing address A.A. 52962, Barranquilla, Colombia

STAFF

Director Laura Horbal
Elementary School Principal Hectalina Donado
Secondary School Principal Patrick Gaffney, Ed.D.
Business Manager Maribel Espinosa
Librarian & Information Technology Coordinator Myriam Rosado
Teaching staff Full time 54; Part time 10; Total 64
Nationalities of teaching staff US 19; Colombian 43; Other(s) (Canadian) 2

INFORMATION

Grade levels N–12
School year August–June
School type coeducational, day, private non-profit
Year founded 1938
Governed by appointed Board of Directors
Accredited by Southern
Regional organizations ACCAS, AASSA
Enrollment Nursery 51; PreK 46; Elementary K–5 296; Middle School 6–8 162; High School 9–12 193; Total 748
Nationalities of student body US 2; Colombian 742; Other(s) (Brazilian, South African) 4
Tuition/fee currency US Dollar
Tuition range 5,500–7,900
Annual fees Insurance 30; Books 420; ORC 970; Activity 200
One time fees Registration 8,600
Graduates attending college 100%
Graduates have attended Georgia Institute of Technology, Connecticut U, Columbia U, Boston U, Cornell U

EDUCATIONAL PROGRAM

Curriculum US, AP, Colombian Bachillerato
Average class size Elementary 26; Secondary 26
Language(s) of instruction English, Spanish
Staff specialists computer, counselor, learning disabilities, librarian, math resource, nurse, physician, psychologist
Special curricular programs art, instrumental music, vocal music, computer/technology
Extra curricular programs community service, drama, yearbook
Sports baseball, basketball, soccer, softball, swimming, volleyball
Clubs Model UN, Mu Alpha Theta, student council, junior honor society, National Honor Society
Examinations AP, PSAT, SAT, TOEFL, Metropolitan Readiness Test, Measure of Academic Progress (NWEA)

CAMPUS FACILITIES

Location Suburban
Campus 10 hectares, 9 buildings, 40 classrooms, 4 computer labs, 100 instructional computers, 25,000 library volumes, 1 auditorium, 2 cafeterias, 1 covered play area, 1 gymnasium, 1 infirmary, 4 playing fields, 3 science labs, 1 pool, 2 tennis courts, air conditioning

Colegio Nueva Granada

Phone 57 1 212 3511
Fax 57 1 211 3720
Email mpsoto@cng.edu
Website www.cng.edu
Address Carrera 2 Este No. 70-20, Rosales, Bogota, Cundinamarca, Colombia

STAFF

Director Eric H. Habegger, Ed.D.
High School Principal Shaysann Kaun
Middle School Principal Tim Warren
Elementary School Principal Julie Hunt
Primary School Principal Barry Gilman
General Manager Maria I. Wiesner
Technology Director Susie Faccini
HS Librarian Cristina Gomez
Teaching staff Full time 257; Part time 4; Total 261
Nationalities of teaching staff US 47; UK 3; Colombian 193; Other(s) (Canadian, New Zealander) 18

INFORMATION

Grade levels PreK–12
School year August–June
School type coeducational, day, private non-profit
Year founded 1938
Governed by elected Board of Directors
Accredited by Southern
Regional organizations ACCAS, AASSA
Enrollment PreK 108; Elementary K–5 775; Middle School 6–8 453; High School 9–12 490; Total 1,826
Nationalities of student body US 201; UK 2; Colombian 1,438; Other(s) (Korean, Brazilian) 185
Tuition/fee currency Colombian Peso
Tuition range 16,500,000–22,950,000
Annual fees Registration 22,950,000; Insurance 358,000; Busing 2,490,000; Lunch 1,470,000; Technology 880,000
Graduates attending college 99%
Graduates have attended Massachusetts Institute of Technology, U of Pennsylvania, Cornell U, Boston U, U of Southern California

EDUCATIONAL PROGRAM

Curriculum US, National, Intl, AP, Colombian Baccalaureate
Average class size Elementary 23; Secondary 20
Language(s) of instruction English, Spanish
Language(s) taught French, Mandarin
Staff specialists computer, counselor, ESL, learning disabilities, librarian, math resource, nurse, psychologist, reading resource, speech/hearing
Special curricular programs art, instrumental music, vocal music, computer/technology, distance learning, physical education, vocational
Extra curricular programs computers, community service, dance, drama, environmental conservation, excursions/expeditions, literary magazine, newspaper, photography
Sports baseball, basketball, football, gymnastics, hockey, martial arts, rugby, soccer, softball, track and field, volleyball, martial arts, wall climbing, table tennis
Clubs chess, cooking, batik, ballet, cartoon drawing, skating, carpentry
Examinations ACT, AP, MAT, PSAT, SAT, SAT II, TOEFL, ICFES, NWEA MAP testing

CAMPUS FACILITIES

Location Urban
Campus 8 hectares, 11 buildings, 138 classrooms, 5 computer labs, 630 instructional computers, 40,000 library volumes, 1 auditorium, 2 cafeterias, 1 covered play area, 2 gymnasiums, 1 infirmary, 5 playing fields, 9 science labs

Colegio Panamericano

Phone 577 638 6213
Fax 577 639 8970
Email panamericano@panamericano.edu.co
Website www.panamericano.edu.co
Address Calle 34 #8-73, Canaveral Alto, Floridablanca/Bucaramanga, Santander, Colombia
Mailing address A.A. 522, Bucaramanga, Colombia

STAFF

Director Steven M. Desroches
Elementary Principal J. Zeb Johnson
Preschool Principal Angela Maria Guarnizo
Middle & High School Principal Brian C. Hartman
Dean of Students Blanca C. Gutierrez
Business Manager Maria Carolina Acebedo
Technology Coordinator Andres Amaya
Head of Library Gloria Gomez
Teaching staff Full time 47; Part time 7; Total 54
Nationalities of teaching staff US 12; Colombian 39; Other(s) (Canadian) 3

INFORMATION

Grade levels N–12
School year August–June
School type coeducational, day, private non-profit
Year founded 1963
Governed by elected School Board
Accredited by Southern
Regional organizations ACCAS, AASSA
Enrollment Nursery 60; PreK 46; Elementary K–5 255; Middle School 6–8 145; High School 9–12 169; Total 675
Nationalities of student body US 13; Colombian 557; Other(s) (Canadian) 105
Tuition/fee currency US Dollar
Tuition range 1,500–2,000
Annual fees Registration 175; Busing 300; Lunch 250; Books 150
One time fees Capital Levy 3,000; Materials 50
Graduates attending college 100%
Graduates have attended Brigham Young U, U of British Columbia, Fordham U, U de Los Andes, U of California, Los Angeles

EDUCATIONAL PROGRAM

Curriculum US, National, AP, Colombian Ministry of Education
Average class size Elementary 24; Secondary 22
Language(s) of instruction English, Spanish
Language(s) taught English, Spanish
Staff specialists computer, counselor, ESL, learning disabilities, librarian, nurse, psychologist, speech/hearing
Special curricular programs art, instrumental music, computer/technology, physical education, values education (Tribes / Vyda)
Extra curricular programs community service, excursions/expeditions, literary magazine, yearbook, home reading program, band/orchestra, cheerleading
Sports basketball, football, golf, martial arts, soccer, tennis, volleyball, horseback riding, Ultimate Frisbee
Clubs National Honor Society, National Junior Honor Society, student council, band, pre-band, Destination Imagination
Examinations AP, PSAT, SAT, SAT II, MAP

CAMPUS FACILITIES

Location Suburban
Campus 3 hectares, 11 buildings, 42 classrooms, 2 computer labs, 100 instructional computers, 24,000 library volumes, 1 auditorium, 1 cafeteria, 2 covered play areas, 1 gymnasium, 1 infirmary, 2 playing fields, 2 science labs

Colegio Bolivar

Phone 57 2 555 2039
Fax 57 2 555 2041
Email admisiones@colegiobolivar.edu.co
Website www.colegiobolivar.edu.co
Address Calle 5 #122-21, via a Pance, Cali, Valle del Cauca, Colombia
Mailing address Apartado Aereo 26300, Cali, Colombia

STAFF

Director Joseph J. Nagy, Ed.D.
High School Principal Matthew Shannon
Middle School Principal Matthew Shannon
Primary Principal David Fayad
Pre-Primary Principal Carla Ravassa
Director of Finances Teresa Tapiero
Technology Coordinator Rodrigo Navia
Head of Library Thomas Rompf
Teaching staff Full time 168; Total 168
Nationalities of teaching staff US 27; Colombian 130; Other(s) (Canadian) 11

INFORMATION

Grade levels N–12
School year August–June
School type coeducational, company-sponsored, day, private non-profit
Year founded 1947
Governed by appointed Board of Directors
Sponsored by Bondholder Companies
Accredited by Southern
Regional organizations ACCAS, AASSA
Enrollment Nursery 50; PreK 70; Elementary K–5 469; Middle School 6–8 293; High School 9–12 372; Total 1,254
Nationalities of student body US 132; Colombian 1,090; Other(s) (Italian) 32
Tuition/fee currency Colombian Peso
Tuition range 13,193,722–20,538,439
Annual fees Insurance 550,000; Busing 228,000; Lunch 1,328,000
One time fees Registration 75,000; Capital Levy 17,500,000
Graduates attending college 99%
Graduates have attended Pennsylvania State U, Purdue U, Tulane U, U of Virginia, Yale U

EDUCATIONAL PROGRAM

Curriculum US, National, AP, Colombian Ministry of Education
Average class size Elementary 20; Secondary 20
Language(s) of instruction English, Spanish, French
Staff specialists computer, counselor, ESL, learning disabilities, librarian, nurse, physician, psychologist, reading resource, speech/hearing
Special curricular programs art, computer/technology, physical education
Extra curricular programs community service, dance, drama, environmental conservation, literary magazine, newspaper, yearbook
Sports baseball, basketball, gymnastics, soccer, swimming, track and field, volleyball
Examinations AP, PSAT, SAT, TOEFL, ICFES, MAP

CAMPUS FACILITIES

Location Suburban
Campus 15 hectares, 16 buildings, 103 classrooms, 3 computer labs, 350 instructional computers, 49,000 library volumes, 2 auditoriums, 4 cafeterias, 2 covered play areas, 2 gymnasiums, 1 infirmary, 8 playing fields, 9 science labs, 2 pools

Colegio Jorge Washington

Phone 57 5 673-5505
Fax 57 5 665-7734
Email director@cojowa.edu.co
Website www.cojowa.edu.co
Address Calle 6A, #3-55, Bocagrande, Cartagena, Colombia
Mailing address A.A. 2899, Cartagena, Colombia

STAFF

Director Michael Adams, Ed.D.
Curriculum Coordinator Jack Jackson
Elementary School Principal Nicholas Glab
Middle & High School Principal Luz Elena Carvajal
Business Manager Moraima Lequerica
Technology Coordinator Bernarda Baquero
Head Librarian Monica Estevez
Teaching staff Full time 70; Part time 5; Total 75
Nationalities of teaching staff US 26; Colombian 48; Other(s) (Cuban) 1

INFORMATION

Grade levels N–12
School year August–June
School type coeducational, day, private non-profit
Year founded 1952
Governed by elected Board of Directors
Accredited by Southern
Regional organizations ACCAS, AASSA
Enrollment Nursery 40; PreK 40; Elementary K–5 248; Middle School 6–8 155; High School 9–12 175; Total 658
Nationalities of student body US 48; Colombian 610
Tuition/fee currency Colombian Peso
Tuition 11,000,000
Annual fees Busing 17,000,000; Technology 60,000; Yearbook 60,000; PTA 87,000
One time fees Registration 1,000,048
Graduates attending college 100%
Graduates have attended Yale U, Georgia Institute of Technology, U of Miami, Texas Christian U, Babson Col

EDUCATIONAL PROGRAM

Curriculum US, National, AP, Colombian Bachillerato
Average class size Elementary 24; Secondary 24
Language(s) of instruction English, Spanish
Staff specialists computer, counselor, learning disabilities, librarian, nurse, psychologist, reading resource
Special curricular programs art, instrumental music, vocal music, computer/technology, distance learning, physical education
Extra curricular programs computers, community service, dance, drama, environmental conservation, excursions/expeditions, literary magazine, newspaper, yearbook
Sports baseball, basketball, soccer, softball, volleyball
Examinations PSAT, SAT, SAT II, TOEFL, NWEA Map

CAMPUS FACILITIES

Location Suburban
Campus 20 hectares, 5 buildings, 55 classrooms, 4 computer labs, 140 instructional computers, 18,000 library volumes, 4 tennis courts, air conditioning

Colegio Granadino

Phone 57-6-874 57 74
Fax 57-6-874 60 66
Email rsims@granadino.edu.co
Website www.granadino.edu.co
Address Vereda La Florida, Manizales, A.A. 21 38, Colombia

STAFF

General School Director Robert A. Sims
Elementary Principal Robyn Perskie
Secondary Principal Grant Sundal
Business Manager Marcela Montes
Technology Coordinator Patricia Jaramillo Sanint
Library Media Center Head Yurani Garcia
Teaching staff Full time 65; Part time 8; Total 73
Nationalities of teaching staff US 13; Colombian 53; Other(s) (Canadian) 7

INFORMATION

Grade levels N–12
School year August–June
School type boarding, private non-profit
Year founded 1980
Governed by Parents' Board of Directors
Accredited by Southern
Regional organizations ACCAS, AASSA
Enrollment Nursery 85; PreK 38; Elementary K–5 259; Middle School 6–8 139; High School 9–12 161; Total 682
Nationalities of student body Colombian 678; Other(s) (Canadian) 4
Tuition/fee currency US Dollar
Tuition range 3,463–9,532
Annual fees Busing 110; Lunch 116
One time fees Registration 850; Insurance 10; Books 841
Graduates attending college 100%
Graduates have attended U de Los Andes, U del Rosario, U Javeriana, U Nacional, EAFIT Medellin

EDUCATIONAL PROGRAM

Curriculum US, National
Average class size Elementary 25; Secondary 25
Language(s) of instruction English, Spanish
Staff specialists computer, counselor, ESL, learning disabilities, librarian, nurse, psychologist, speech/hearing
Special curricular programs art, instrumental music, vocal music, computer/technology, physical education
Extra curricular programs community service, excursions/expeditions, newspaper, yearbook, musical program
Sports basketball, soccer, volleyball
Examinations PSAT, SAT, MET (Michigan English Test), ICFES (National Test), NWEA MAP

CAMPUS FACILITIES

Location Suburban
Campus 9 hectares, 9 buildings, 34 classrooms, 2 computer labs, 75 instructional computers, 2 auditoriums, 1 cafeteria, 2 covered play areas, 3 playing fields, 3 science labs

THE COLUMBUS SCHOOL

Phone 574 403 3000 ext 106
Fax 574 386 11 33
Email superintendent@columbus.edu.co
Website www.columbus.edu.co
Address Alto de las Palmas, Kilometro 16, Envigado, Colombia, Envigado, Antioquia, 0000, Colombia
Mailing address Apartado Aereo 60562, Medellin, Colombia

STAFF

Superintendent David E. Cardenas
Director of Curriculum & Professional Development Susan Jaramillo
High School Principal Alexander Bennett
Middle School Principal Frank Huerta
Upper & Lower Elementary Principal Gloria Sandoval
Business Manager Diana Arbelaez
Technology Coordinator Sandra Hernandez
Librarians Jane Atkinson & Constanza Gonzalez
Teaching staff Full time 128; Part time 1; Total 129
Nationalities of teaching staff US 38; UK 1; Colombian 76; Other(s) (Canadian, Australian) 14

INFORMATION

Grade levels K–12
School year August–June
School type coeducational, day, private non-profit
Year founded 1947
Governed by elected School Board
Accredited by Southern
Regional organizations ACCAS, AASSA
Enrollment Elementary K–5 754; Middle School 6–8 327; High School 9–12 395; Total 1,476
Nationalities of student body US 96; UK 4; Colombian 1,299; Other(s) 77
Tuition/fee currency US Dollar
Tuition range 5,116–6,019
One time fees Registration 8,500
Graduates attending college 100%
Graduates have attended Massachusetts Institute of Technology, Emory U, U of Miami, U of Florida, Michigan State U

EDUCATIONAL PROGRAM

Curriculum US, National, AP, Colombian High School Diploma
Average class size Elementary 22; Secondary 22
Language(s) of instruction English, Spanish
Language(s) taught French
Staff specialists computer, counselor, ESL, learning disabilities, librarian, math resource, nurse, psychologist, reading resource
Special curricular programs art, instrumental music, vocal music, computer/technology, distance learning, physical education, vocational
Extra curricular programs computers, community service, drama, photography, yearbook
Sports baseball, basketball, football, soccer, softball, track and field, volleyball
Examinations ACT, AP, PSAT, SAT, SAT II, TOEFL, DRA, MAP

CAMPUS FACILITIES

Location Suburban
Campus 21 hectares, 3 buildings, 82 classrooms, 6 computer labs, 661 instructional computers, 25,085 library volumes, 1 auditorium, 3 cafeterias, 3 gymnasiums, 1 infirmary, 6 playing fields, 8 science labs

DEMOCRATIC REPUBLIC OF THE CONGO

Area:	2,344,858 sq km
Population:	70,916,439
Capital:	Kinshasa
Currency:	Congolese Franc (CDF)
Languages:	French

THE AMERICAN SCHOOL OF KINSHASA

Phone 24 381 063 7556
Fax 646 619 4231
Email super@tasok.cd
Website www.tasok.cd
Address 51 Route de Matadi, Kinshasa, Ngaliema, Congo, Democratic Republic of
Mailing address TASOK MAIL CALL, 551 West Cordova Road, Santa Fe, NM 87505

STAFF

Superintendent Irene Epp, Ph.D.
Principal Steven Hupp
Business Manager Fiona Merali
Systems Administrator Steve Minu
Secondary Librarian Leveda Law
Teaching staff Full time 30; Part time 5; Total 35
Nationalities of teaching staff US 23; UK 2; Congolese 2; Other(s) (Canadian, Australian) 8

INFORMATION

Grade levels K–12
School year August–June
School type coeducational, day, private non-profit
Year founded 1961
Governed by elected School Board
Accredited by Middle States
Regional organizations AISA, ECIS
Enrollment Elementary K–5 115; Middle School 6–8 75; High School 9–12 100; Total 290
Nationalities of student body US 90; UK 5; Congolese 25; Other(s) (Canadian, Indian) 170
Tuition/fee currency US Dollar
Tuition range 7,660–15,940
One time fees Registration 300; Capital Levy 3,500
Graduates attending college 99%
Graduates have attended Rhode Island School of Design, Northeastern U, Williams Col, Bentley Col, Ryerson U

EDUCATIONAL PROGRAM

Curriculum US, AP
Average class size Elementary 20; Secondary 18
Language(s) of instruction English
Language(s) taught French
Staff specialists computer, ESL, librarian, nurse
Special curricular programs art, instrumental music, vocal music, computer/technology, distance learning, physical education, drama, life skills
Extra curricular programs community service, dance, drama, environmental conservation, excursions/expeditions, literary magazine, newspaper, yearbook
Sports basketball, martial arts, soccer, swimming, volleyball
Clubs Model UN, student council
Examinations ACT, AP, PSAT, SAT, SAT II, MAP

CAMPUS FACILITIES

Location Suburban
Campus 20 hectares, 22 buildings, 40 classrooms, 2 computer labs, 80 instructional computers, 20,000 library volumes, 1 auditorium, 1 cafeteria, 1 covered play area, 1 infirmary, 2 playing fields, 2 science labs, 1 pool, 1 tennis court, air conditioning

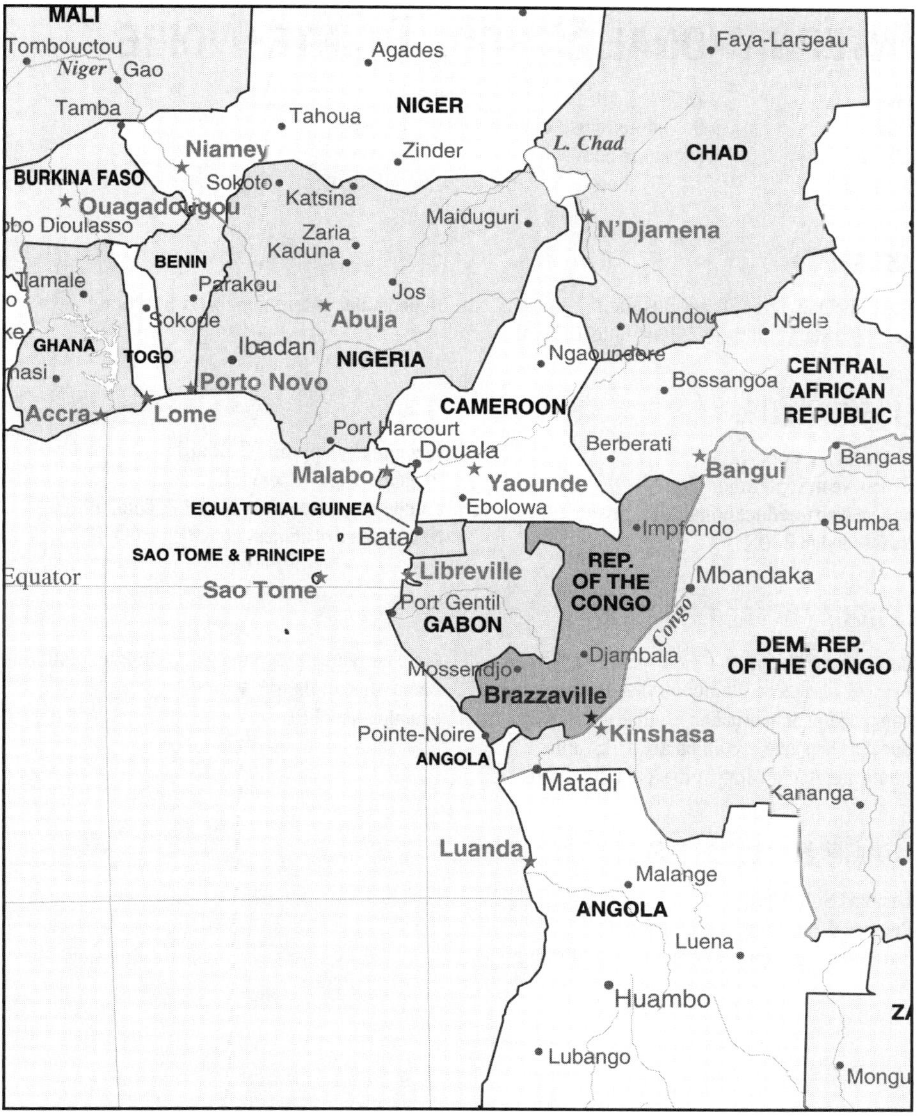

REPUBLIC OF THE CONGO

Area:	342,000 sq km
Population:	4,125,916
Capital:	Brazzaville
Currency:	CFA (XAF)
Languages:	French

INTERNATIONAL SCHOOL POINTE-NOIRE

Phone 242 748 7700
Email jeff.bushnell@gmail.com
Website www.ispnr.com
Address BP 4453, Pointe-Noire, Congo, Republic of

STAFF

Co- Principals Jeff & Traci Bushnell
Teaching staff Full time 2; Part time 1; Total 3
Nationalities of teaching staff US 2; Congolese 1

INFORMATION

Grade levels PreK–6
School year September–June
School type coeducational, day, private non-profit
Year founded 2008
Governed by appointed Board
Regional organizations AISA
Enrollment Elementary K–5 17; Total 17
Nationalities of student body Other(s) 17

EDUCATIONAL PROGRAM

Curriculum US, Intl
Average class size Elementary 8–10
Language(s) of instruction English
Special curricular programs art, vocal music, computer/technology, physical education
Extra curricular programs excursions/expeditions
Clubs African dance, tennis
Examinations ERB

CAMPUS FACILITIES

Location Suburban
Campus 1 building, 3 classrooms, 5 instructional computers, air conditioning

COSTA RICA

Area:	51,100 sq km
Population:	4,516,220
Capital:	San Jose
Currency:	Costa Rican Colon (CRC)
Languages:	Spanish

American International School of Costa Rica

Phone 506-2293 2567
Fax 506-2239 0625
Email ais@aiscr.com
Website www.aiscr.com
Address Bosques de Dona Rosa, San Antonio de Belen, Cariari, Heredia, Belen, Heredia, 40703, Costa Rica
Mailing address CRC 249, PO Box 02-5635, Miami, FL 33102

STAFF

Director Charles E Prince
Accountant Manuel Cordero
Computer Teacher Paul Carnavale
Librarian Maria Baltodano
Teaching staff Full time 31; Total 31
Nationalities of teaching staff US 11; Costa Rican 16; Other(s) 4

INFORMATION

Grade levels PreK–12
School year August–June
School type day, private non-profit
Year founded 1970
Governed by elected Board of Directors
Accredited by Southern
Regional organizations AASCA
Enrollment Nursery 17; PreK 16; Elementary K–5 122; Middle School 6–8 45; High School 9–12 35; Total 235
Nationalities of student body US 58; Costa Rican 66; Other(s) 111
Tuition/fee currency US Dollar
Tuition range 4,312–6,910
Annual fees Registration 600; Busing 1,200; Yearbook 50; Special Education 1,500; ESL 1,500
One time fees Capital Levy 1,500
Graduates attending college 100%
Graduates have attended U of Virginia, Purdue U, Manhattan Col, Boston U, Florida International U

EDUCATIONAL PROGRAM

Curriculum US, National, AP, Costa Rica Baccalaureate
Average class size Elementary 15; Secondary 17
Language(s) of instruction English
Language(s) taught French, Spanish
Staff specialists computer, counselor, ESL, learning disabilities, librarian, nurse, psychologist
Special curricular programs art, instrumental music, vocal music, computer/technology, physical education
Extra curricular programs community service, drama, environmental conservation, yearbook
Sports basketball, soccer, volleyball
Examinations AP, TerraNova

CAMPUS FACILITIES

Location Suburban
Campus 2 hectares, 6 buildings, 36 classrooms, 1 computer lab, 40 instructional computers, 5,000 library volumes, 1 cafeteria, 1 covered play area, 1 gymnasium, 1 infirmary, 2 playing fields, 2 science labs, air conditioning

Country Day School

Phone 506 2289 0919
Fax 506 2228 2076
Email gloria_doll@cds.ed.cr
Website www.cds.ed.cr
Address Del Banco Nacional de Costa Rica, 2 cuadras al oeste y 2 cuadras al sur, Escazu, San Jose, Costa Rica
Mailing address Apartado 1139-1250, Escazu, San Jose, Costa Rica

STAFF

Director Greg MacGilpin, Jr.
High School Principal Christopher Brown
Middle School Principal Kerri Nolan, Ph.D.
Elementary School Principal William Large
Coordinator of Admissions & Community Relations Maria Fernanda Cardona
Business Manager Dora Sevilla
Technology Coordinator Michael Parrales
Secondary Librarian & Media Specialist Jo Reinmiller
Teaching staff Full time 78; Part time 12; Total 90
Nationalities of teaching staff US 39; UK 2; Costa Rican 45; Other(s) (Canadian, Dutch) 4

INFORMATION

Grade levels N–12
School year August–June
School type coeducational, day, proprietary
Year founded 1963
Sponsored by Shareholders
Accredited by Middle States
Regional organizations AASCA
Enrollment Nursery 44; PreK 48; Elementary K–5 462; Middle School 6–8 158; High School 9–12 168; Total 880
Nationalities of student body US 323; Costa Rican 277; Other(s) (Mexican, Colombian) 280
Tuition/fee currency US Dollar
Tuition range 3,590–11,000
Annual fees Registration 900
One time fees Entrance per Family 1,000
Graduates attending college 100%
Graduates have attended Yale U, Princeton U, Villanova U, Boston U, Tufts U

EDUCATIONAL PROGRAM

Curriculum US, AP
Average class size Elementary 18; Secondary 15
Language(s) of instruction English
Language(s) taught Spanish, French
Staff specialists computer, counselor, ESL, learning disabilities, librarian, nurse, psychologist
Special curricular programs art, instrumental music, vocal music, computer/technology, physical education
Extra curricular programs community service, drama, environmental conservation, excursions/expeditions, literary magazine, newspaper, photography, yearbook
Sports basketball, soccer, softball, swimming, volleyball
Examinations AP, Iowa, PSAT, SAT, SAT II

CAMPUS FACILITIES

Location Suburban
Campus 3 hectares, 9 buildings, 54 classrooms, 3 computer labs, 102 instructional computers, 25,000 library volumes, 1 auditorium, 1 cafeteria, 1 covered play area, 1 gymnasium, 1 infirmary, 2 playing fields, 6 science labs, 1 pool

MARIAN BAKER SCHOOL

Phone 506 2273 0024
Fax 506 2273 0280
Email lniehaus@mbs.ed.cr
Website www.mbs.ed.cr
Address San Ramon de Tres Rios, 200 meters east and 200 meters south from the Catholic Church, San Jose, 4269-1000, Costa Rica
Mailing address SJO 751, PO Box 025331, Miami, FL 33102-5331, USA

STAFF

General Director Linda A. Niehaus
Middle & High School Principal Randall Zuniga
Preschool & Elementary Principal Judy Crook
Business Manager Bonnie Heigold
Information Technology Coordinator Pablo Solano
Head Librarian Lorrie Satterwaithe
Teaching staff Full time 42; Part time 2; Total 44
Nationalities of teaching staff US 13; Costa Rican 28; Other(s) 3

INFORMATION

Grade levels PreK–12
School year August–June
School type coeducational, day, proprietary
Year founded 1984
Governed by elected Board
Accredited by Southern
Regional organizations AASCA
Enrollment PreK 17; Elementary K–5 98; Middle School 6–8 41; High School 9–12 55; Total 211
Nationalities of student body US 36; Costa Rican 128; Other(s) (Korean) 47
Tuition/fee currency US Dollar
Tuition range 6,300–9,400
Annual fees Registration 850; Busing 1,250; Lunch 700; ESL 2,625
Graduates attending college 100%
Graduates have attended Princeton U, Brown U, U of British Columbia, San Francisco State U, Col of William & Mary

EDUCATIONAL PROGRAM

Curriculum US, National, Intl, AP
Average class size Elementary 16; Secondary 17
Language(s) of instruction English
Language(s) taught Spanish
Staff specialists computer, counselor, ESL, learning disabilities, librarian, math resource, reading resource
Special curricular programs art, vocal music, computer/technology, physical education
Extra curricular programs computers, community service, dance, drama, environmental conservation, excursions/expeditions, photography, yearbook
Sports basketball, football, gymnastics, martial arts, soccer, softball, swimming, volleyball
Clubs pottery, Mandarin, chess, art, sports, tae kwon do, robotics, grandparents, cooking, derby, scout, origami, juggling
Examinations ACT, AP, MAT, PSAT, SAT, SAT II, TOEFL, MAP

CAMPUS FACILITIES

Location Suburban
Campus 2 hectares, 7 buildings, 31 classrooms, 1 computer lab, 38 instructional computers, 9,000 library volumes, 1 auditorium, 1 cafeteria, 1 covered play area, 1 gymnasium, 1 infirmary, 2 playing fields, 1 science lab, 1 tennis court

LINCOLN SCHOOL

Phone 506 2247 6600
Fax 506 2247 6700
Email director@lincoln.ed.cr
Website www.lincoln.ed.cr
Address Barrio Socorro. In front of the Catholic Church, Heredia, Santo Domingo, Costa Rica
Mailing address Apdo 1919-1000, San Jose, Costa Rica

STAFF

Director General Jack J. Bimrose
Elementary School Principal Iris Prada
Secondary School Principal Timothy Beard
Elementary Assistant Principal Sylvia Montero
Middle School Assistant Principal Silvia Soto
Secondary School Assistant Principal Charles Benavage
Finance/Business Manager Carlos Rodriguez
IET Coordinator Charles Clickner
Secondary School Librarian Martha Rubi
Teaching staff Full time 102; Part time 14; Total 116
Nationalities of teaching staff US 30; Costa Rican 81; Other(s) (Colombian, Australian) 5

INFORMATION

Grade levels PreK–12
School year August–June
School type coeducational, day, private non-profit
Year founded 1945
Governed by elected Board of Directors
Accredited by Southern
Regional organizations AASCA
Enrollment Nursery 122; PreK 79; Elementary K–5 468; Middle School 6–8 277; High School 9–12 341; Total 1,287
Nationalities of student body US 136; UK 2; Costa Rican 1,079; Other(s) (Colombian, Salvadoran) 70
Tuition/fee currency US Dollar
Tuition range 7,456–11,062
Annual fees Registration 50; Insurance 23; Busing 1,331; Books 220; Technological Improvement 71; Physical Plant 444; Assistance Fund 104
One time fees Capital Levy 2,000
Graduates attending college 100%
Graduates have attended Harvard U, Cornell U, Georgetown U, U of Notre Dame, Ohio State U

(Continued)

LINCOLN SCHOOL (Continued)

EDUCATIONAL PROGRAM

Curriculum US, National, IB Diploma
Average class size Elementary 20; Secondary 23
Language(s) of instruction English
Language(s) taught Spanish, French, Mandarin
Staff specialists computer, counselor, ESL, learning disabilities, librarian, nurse, physician, psychologist, reading resource
Special curricular programs art, instrumental music, vocal music, computer/technology, physical education, Suzuki Program
Extra curricular programs computers, community service, dance, drama, environmental conservation, excursions/expeditions, newspaper, yearbook
Sports badminton, basketball, gymnastics, martial arts, soccer, swimming, tennis, volleyball
Clubs cooking, international relations, Knowledge Bowl, swimming, French
Examinations ACT, IB, PSAT, SAT, SAT II, Stanford, Costa Rican National Exams

CAMPUS FACILITIES

Location Suburban
Campus 7 hectares, 8 buildings, 96 classrooms, 4 computer labs, 250 instructional computers, 10,000 library volumes, 1 auditorium, 1 cafeteria, 1 covered play area, 2 gymnasiums, 1 infirmary, 2 playing fields, 4 science labs

UNITED WORLD COLLEGE COSTA RICA

Phone (506) 2282-5609
Fax (506) 2282-1540
Email uwccr@uwccr.com
Website www.uwccr.com
Address 400m Nortes de la Iglesia Catolica, Santa Ana Centro, San Jose, Costa Rica
Mailing address PO Box 678-6150, Santa Ana, San Jose, Costa Rica

STAFF

Headmaster Mauricio Viales Salas
University Counseling & Admissions Gregory Walsh
Academic Director Carey Christensen
CAS Coordinator Ricardo Gonzalez
Public Relations Pilar Orellana
Residence Coordinator Cesar Leandro
Financial Director Carlos Sandoval
Information Technology Coordinator Ricardo Gonzalez
Head Librarian Lizzie Villalobos

INFORMATION

Grade levels 10–12
School year August–May
School type boarding
Enrollment High School 9–12 200; Total 200
Graduates attending college 90%
Graduates have attended Johns Hopkins U, Massachusetts Institute of Technology, Harvard U, Cornell U, Brown U

EDUCATIONAL PROGRAM

Curriculum IB Diploma
Language(s) of instruction English, Spanish
Language(s) taught English, Spanish, French
Staff specialists computer, counselor, ESL, librarian, math resource, nurse, psychologist, reading resource, speech/hearing
Extra curricular programs community service
Examinations SAT, TOEFL

CAMPUS FACILITIES

Location Urban
Campus 13,000 library volumes, 1 cafeteria, 1 gymnasium, 1 infirmary, 1 playing field, 3 science labs

Data from 2009/10 school year.

Country Day School Guanacaste

Phone 506 654 5042
Fax 506 654 5044
Email info@cds.ed.cr
Website www.cdsgte.com
Address 400 metros sur del, Hotel Melia Conchal, Brasilito, Guanacaste, Costa Rica
Mailing address Apartado 1139-1250, Escazu, Costa Rica

STAFF

Director Jeffrey Haun
Operations Director Patrick Brown
Business Manager Dora Sevilla
Technology Consultant Rogers Bestgem
Librarian Jamie Pascucci
Teaching staff Full time 28; Total 28
Nationalities of teaching staff US 18; Costa Rican 8; Other(s) (Canadian) 2

INFORMATION

Grade levels PreK–12
School year August–June
School type boarding, coeducational, day, proprietary
Year founded 2000
Sponsored by Shareholders
Accredited by Middle States
Regional organizations AASCA
Enrollment PreK 5; Elementary K–5 60; Middle School 6–8 40; High School 9–12 55; Total 160
Nationalities of student body US 75; Costa Rican 40; Other(s) (Canadian, Mexican) 45
Tuition/fee currency US Dollar
Tuition range 3,600–8,360
Annual fees Registration 800; Boarding, 5-day 16,910; Boarding, 7-day 26,710
Boarding program grades 8–12
Boarding program length 5-day and 7-day
Boys 10 **Girls** 10
Graduates attending college 95%
Graduates have attended U of San Diego, Cuesta Col, U of Virginia, U of Nevada, Las Vegas, U of Victoria

EDUCATIONAL PROGRAM

Curriculum US, AP
Average class size Elementary 14; Secondary 12
Language(s) of instruction English
Language(s) taught Spanish
Staff specialists librarian, psychologist
Special curricular programs art, vocal music, physical education
Extra curricular programs community service, dance, drama, environmental conservation, excursions/expeditions, newspaper, yearbook
Sports basketball, soccer, swimming, tennis, volleyball
Examinations ACT, AP, Iowa, PSAT, SAT, SAT II

CAMPUS FACILITIES

Location Rural
Campus 15 hectares, 5 buildings, 20 classrooms, 1 computer lab, 20 instructional computers, 7,000 library volumes, 1 auditorium, 1 cafeteria, 1 covered play area, 1 gymnasium, 1 infirmary, 2 playing fields, 1 science lab, 1 pool, air conditioning

Data from 2009/10 school year.

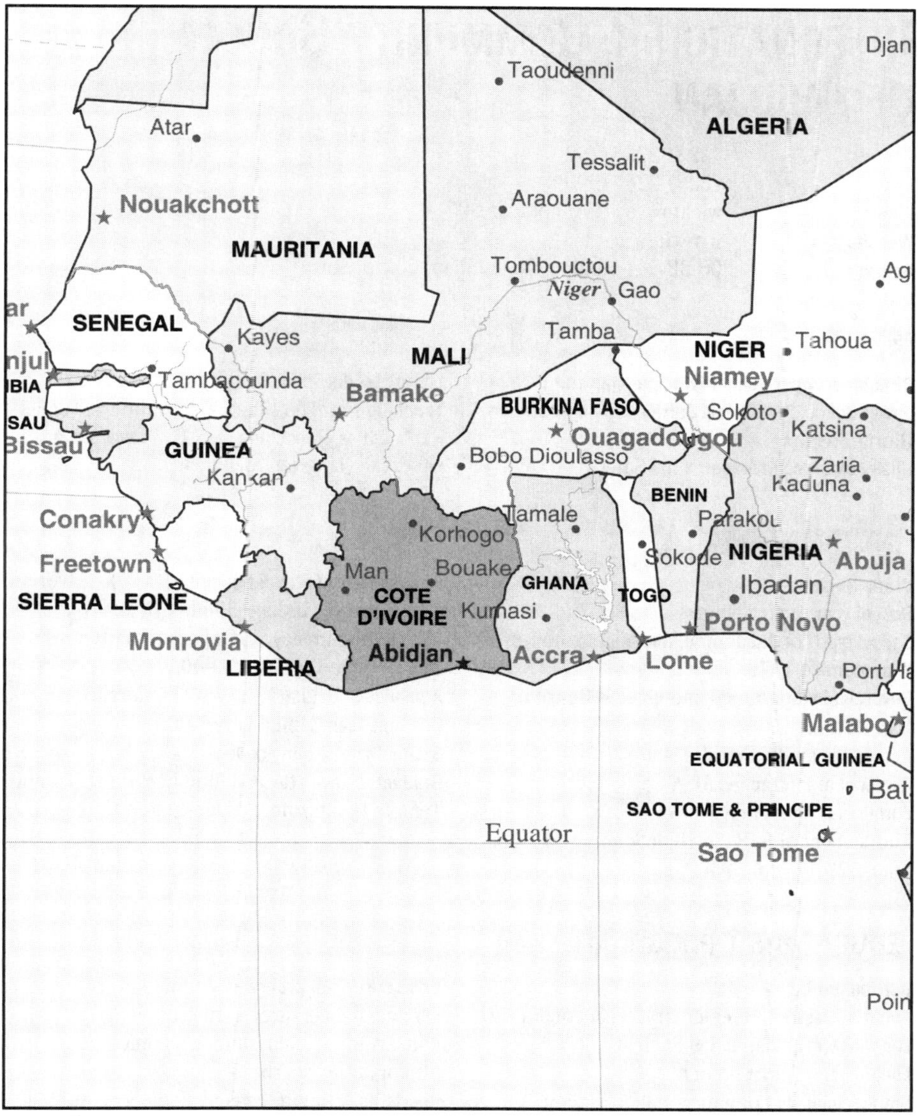

COTE D'IVOIRE

Area:	2,344,858 sq km
Population:	21,058,798
Capital:	Yamoussoukro
Currency:	CFA Franc (XOF)
Languages:	French

INTERNATIONAL COMMUNITY SCHOOL OF ABIDJAN

Phone (225) 22471152
Fax (225) 22471996
Email wicklowroad@yahoo.com
Website www.icsa.ac.ci
Address 06 BP 544, Abidjan 06, Abidjan, Cote d'Ivoire

STAFF

Director & Upper School Principal Daphne J. Neal
Lower School Principal & Curriculum Coordinator Gloria Freeman
Business Office Manager N'dri Smet
Library Media Specialist Kim Piot
Teaching staff Full time 14; Part time 5; Total 19
Nationalities of teaching staff US 9; Ivorian 4; Other(s) (Liberian, Canadian) 6

INFORMATION

Grade levels K–12
School year August–June
School type coeducational, day, private non-profit
Year founded 1972
Governed by appointed and elected Board of Directors
Accredited by CIS, Middle States
Regional organizations AISA
Enrollment Elementary K–5 64; Middle School 6–8 28; High School 9–12 28; Total 120
Nationalities of student body US 15; UK 1; Ivorian 17; Other(s) (Indian, South African) 87
Tuition/fee currency US Dollar
Tuition range 12,900–13,900
Annual fees Registration 750; Kindergarten 8,200
One time fees Capital Levy 5,000
Graduates attending college 100%
Graduates have attended Elon U, York U, Trent U, Temple U, Singapore Management U

EDUCATIONAL PROGRAM

Curriculum US
Average class size Elementary 11; Secondary 9
Language(s) of instruction English
Language(s) taught French
Staff specialists computer, ESL, librarian, nurse
Special curricular programs art, instrumental music, vocal music, computer/technology, physical education
Extra curricular programs computers, community service, dance, drama, environmental conservation, excursions/expeditions, photography, yearbook
Sports badminton, basketball, soccer, softball, swimming, volleyball
Clubs student council (lower & upper schools), Info Pros for Peace, Prom Committee, Make it Happen, computer, science, MathCounts, chess & logic games
Examinations ACT, AP, PSAT, SAT, SAT II, TOEFL

CAMPUS FACILITIES

Location Suburban
Campus 3 buildings, 14 classrooms, 1 computer lab, 25 instructional computers, 9,000 library volumes, 1 infirmary, 1 playing field, 1 science lab, air conditioning

CROATIA

Area:	56,594 sq km
Population:	4,486,881
Capital:	Zagreb
Currency:	Kuna (HRK)
Languages:	Croatian

American International School of Zagreb

Phone	385 1 468 0133
Fax	385 1 468 0171
Email	aisz@aisz.hr
Website	www.aisz.hr
Address	Vocarska 106, Zagreb, 10000, Croatia
Mailing address	Dr. Robin Heslip, 5080 Zagreb Pl., Washington, DC 20521-5080, USA

STAFF

Director Robin Heslip, Ph.D.
K–12 Principal Brett Stousland
Director of Student Services & K–12 Counselor Elizabeth Haddon, Ed.D.
IB Coordinator Jasna Kolbah
Business Manager Lidija Bokan
Technology Coordinator Neven Soric
Librarian & Media Specialist Ana Grubac
Teaching staff Full time 35; Part time 5; Total 40
Nationalities of teaching staff US 17; UK 2; Croatian 20; Other(s) (French) 1

INFORMATION

Grade levels PreK–12
School year August–June
School type coeducational, day, private non-profit
Year founded 1966
Governed by appointed and elected School Board
Accredited by Middle States
Regional organizations CEESA, ECIS
Enrollment PreK 26; Elementary K–5 90; Middle School 6–8 45; High School 9–12 49; Total 210
Nationalities of student body US 50; UK 5; Croatian 35; Other(s) (Canadian, Italian) 120
Tuition/fee currency Euro
Tuition range 13,650–14,700
Annual fees Capital Levy 1,500
One time fees Registration 500; IB Exams 600; Graduation 250
Graduates attending college 100%
Graduates have attended Pennsylvania State U, New York U, U of Virginia, U of Nottingham, U of Miami

EDUCATIONAL PROGRAM

Curriculum US, IB Diploma
Average class size Elementary 15; Secondary 12
Language(s) of instruction English
Language(s) taught French, German, Croatian
Staff specialists computer, counselor, ESL, learning disabilities, librarian, physician
Special curricular programs art, instrumental music, vocal music, computer/technology, distance learning, physical education, drama
Extra curricular programs computers, community service, dance, drama, literary magazine, newspaper, yearbook
Sports basketball, cross-country, martial arts, soccer, tennis, volleyball
Clubs Model UN, chess, Knowledge Bowl, MathCounts, speech & debate, Lego robotics, Science Explorers
Examinations ACT, IB, PSAT, SAT, SAT II, TOEFL, WrAP, MAP

CAMPUS FACILITIES

Location Urban
Campus 2 buildings, 27 classrooms, 2 computer labs, 100 instructional computers, 10,000 library volumes, 1 auditorium, 1 cafeteria, 1 gymnasium, 1 infirmary, 2 playing fields, 1 science lab, 1 tennis court

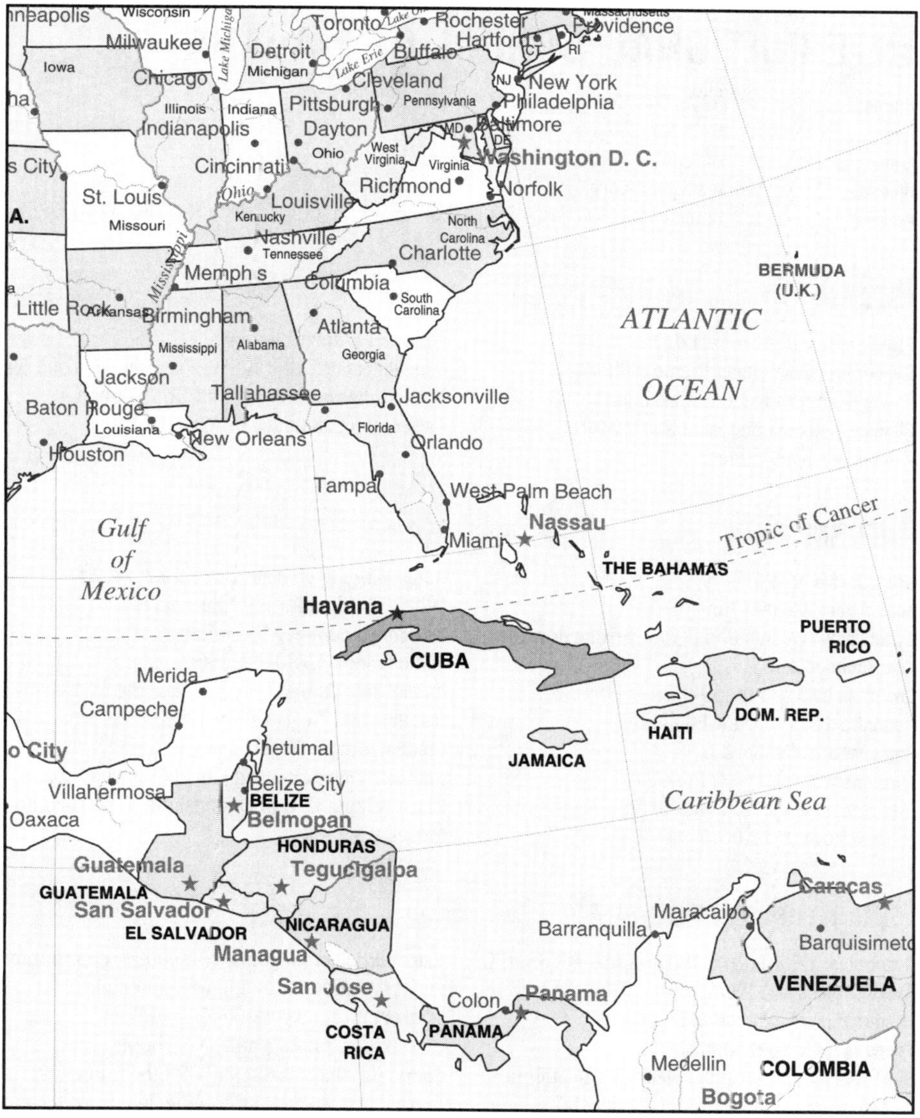

CUBA

Area:	110,860 sq km
Population:	11,477,459
Capital:	Havana
Currency:	Cuban Peso (CUP) and Convertible Peso (CUC)
Languages:	Spanish

International School of Havana

Phone 537 204 2540
Fax 537 204 2723
Email office@ish.co.cu
Website www.ishav.org
Address Calle 18 #315 e/ 3ra y 5ta., Miramar, Playa, Ciudad de la Habana, 11300, Cuba

STAFF

Principal Ian R. Morris, Ed.D.
Secondary School Head Richard Fluit
Lower School Head Heidi Cavanagh
Finance & Accounting Head Maria Morell
IT Manager Ivan Valdes
Librarian Yudexy Lleonart
Teaching staff Full time 50; Part time 4; Total 54
Nationalities of teaching staff UK 2; Cuban 42; Other(s) (Canadian, Dutch) 10

INFORMATION

Grade levels N–12
School year August–June
School type coeducational, day, private non-profit
Year founded 1965
Governed by appointed Board of Directors
Accredited by CIS, New England
Regional organizations ECIS
Enrollment Nursery 33; PreK 21; Elementary K–5 122; Middle School 6–8 66; High School 9–12 66; Total 308
Nationalities of student body US 17; UK 24; Other(s) (Spaniard, Italian) 267
Tuition/fee currency US Dollar
Tuition range 3,780–11,556
Annual fees Capital Levy 324; Busing 599
One time fees Registration 1,080
Graduates attending college 100%
Graduates have attended Florida International U, Clark Atlanta U, U of Queensland, U of Toronto, Moscow State U

EDUCATIONAL PROGRAM

Curriculum US, UK, Intl, IB Diploma, IGCSE, IPC
Average class size Elementary 20; Secondary 18
Language(s) of instruction English
Language(s) taught Spanish
Staff specialists computer, learning disabilities, librarian, nurse, psychologist, speech/hearing
Special curricular programs art, instrumental music, computer/technology, physical education
Extra curricular programs computers, community service, dance, drama, environmental conservation, excursions/expeditions, newspaper, photography, yearbook
Sports baseball, basketball, football, hockey, martial arts, soccer, swimming, tennis, volleyball
Clubs homework, cooking
Examinations GCSE, IB, IGCSE, SAT

CAMPUS FACILITIES

Location Urban
Campus 1 hectare, 4 buildings, 31 classrooms, 3 computer labs, 110 instructional computers, 6,884 library volumes, 1 cafeteria, 1 infirmary, 1 playing field, 2 science labs, air conditioning

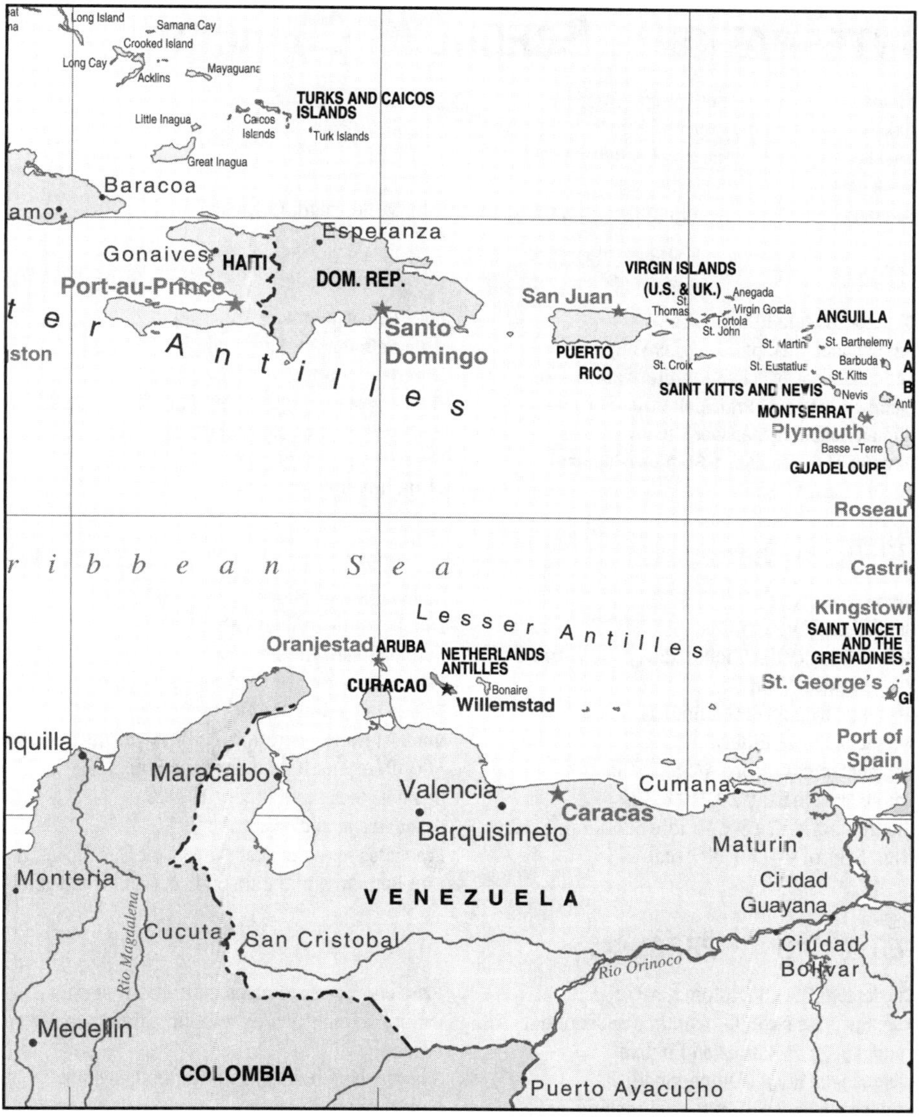

CURACAO

Area: 444 sq km
Population: 141,766
Capital: Willemstad
Currency: Netherlands Antillean Guilder
Languages: Papiamento, Dutch, English

International School of Curaçao

Phone 5 999 737 3633
Fax 5 999 737 3142
Email iscmec@attglobal.net
Website www.isc.an
Address Koninginnelaan z/n, PO Box 3090, Willemstad, Curacao

STAFF

Director Margie Elhage, Ph.D.
High School Principal Douglas Vaughan
Middle School Principal Jennifer van Grieken
Elementary School Principal Annia Duran
Human Resource Manager Gustavo Sever
Director of Curriculum & Staff Development Surina Kapila, Ed.D.
Chief Financial Officer Annette Jansen
IT Coordinator Angelica Galicia
Librarian Stuart Crouch
Teaching staff Full time 66; Part time 3; Total 69
Nationalities of teaching staff US 29; UK 2; Dutch Antillean 11; Other(s) (Dutch, Venezuelan) 27

INFORMATION

Grade levels N–12
School year August–June
School type coeducational, day, private non-profit
Year founded 1968
Governed by appointed Board
Accredited by Southern
Regional organizations AASSA, ECIS
Enrollment Nursery 20; PreK 30; Elementary K–5 186; Middle School 6–8 128; High School 9–12 179; Total 543
Nationalities of student body US 49; UK 5; Dutch Antillean 292; Other(s) (Venezuelan, Indian) 197
Tuition/fee currency NL Antillian Guilder
Tuition range 6,900–21,700
Annual fees Registration 2,500; Gym/Auditorium 500; PTA 50; Student Services 500
One time fees Capital Levy 10,000
Graduates attending college 99%
Graduates have attended New York U, U of Pennsylvania, Babson Col, Boston U, Lynn U

EDUCATIONAL PROGRAM

Curriculum US, IB Diploma, AP
Average class size Elementary 18; Secondary 18
Language(s) of instruction English
Language(s) taught Dutch, Spanish
Staff specialists computer, counselor, ESL, learning disabilities, librarian, nurse, psychologist, reading resource
Special curricular programs art, instrumental music, vocal music, computer/technology, physical education
Extra curricular programs community service, drama, excursions/expeditions, newspaper, yearbook
Sports basketball, soccer, softball, swimming, volleyball
Clubs Model UN
Examinations AP, IB, MAT, PSAT, SAT, SAT II, TOEFL, MAP, ISA

CAMPUS FACILITIES

Location Suburban
Campus 2 hectares, 9 buildings, 47 classrooms, 2 computer labs, 52 instructional computers, 15,200 library volumes, 1 auditorium, 1 covered play area, 1 gymnasium, 1 infirmary, 3 playing fields, 3 science labs, air conditioning

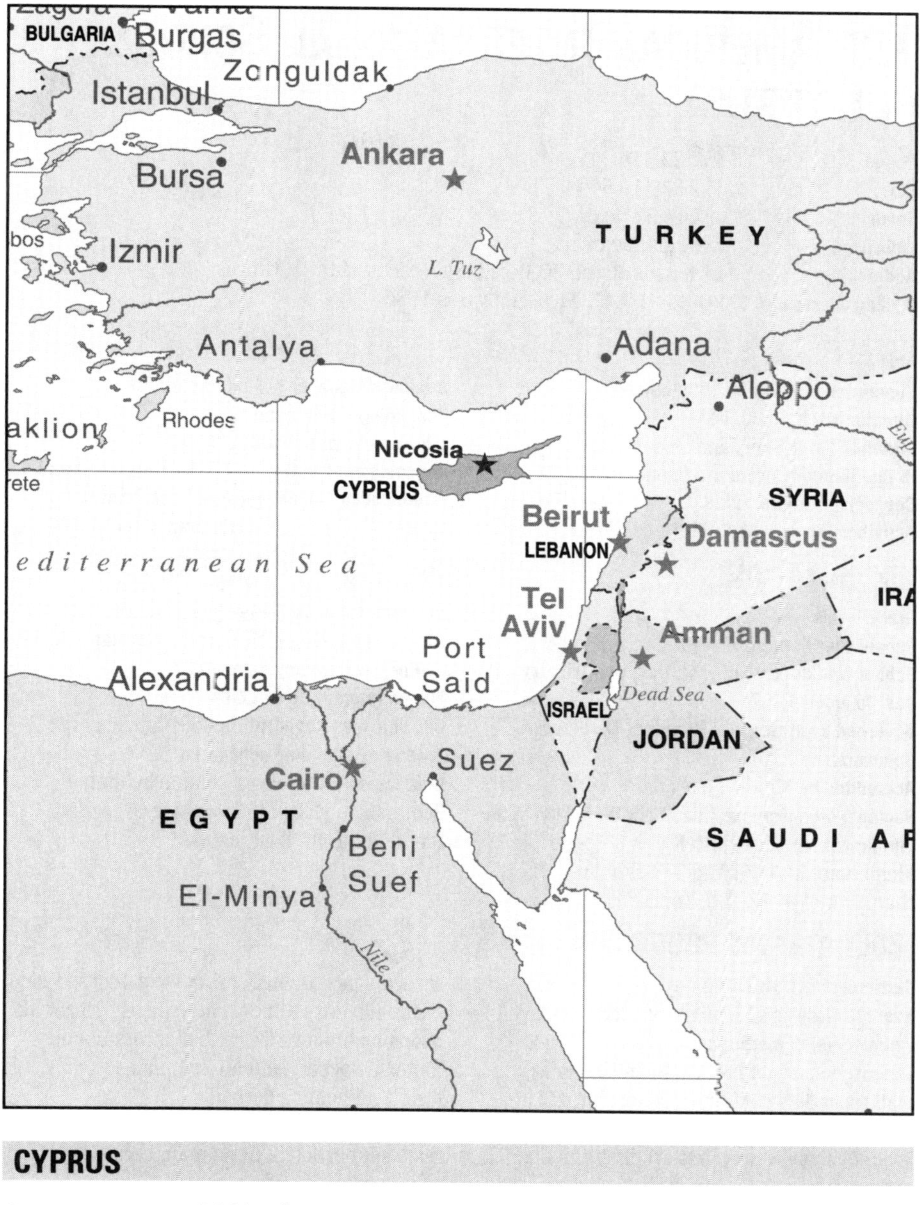

CYPRUS

Area:	9,251 sq km
Population:	1,102,677
Capital:	Nicosia (Lefkosia)
Currency:	Euro (EUR), Cypriot Pound (CYP)
Languages:	Greek, Turkish, English

THE AMERICAN INTERNATIONAL SCHOOL IN CYPRUS

Phone 357 22 316 345
Fax 357 22 316 549
Email aisc@aisc.ac.cy
Website www.aisc.ac.cy
Address 11 Kassos Street, PO Box 23847, Nicosia, 1686, Cyprus
Mailing address PO Box 23847, Nicosia, Cyprus 1686

STAFF

Superintendent Walid Abushakra
Director Michelle Kleiss
Principal Brett Stousland
IB Coordinator Christiane Camacho
Counselor Sangita Vakis
Activities Director Arno Morales
Business Manager Kokos Pantelides
Technology Dale Esau
Librarian Lorna Flynn
Teaching staff Full time 37; Part time 8; Total 45
Nationalities of teaching staff US 17; UK 9; Cypriot 7; Other(s) (Canadian, Greek) 12

INFORMATION

Grade levels N–12
School year September–June
School type coeducational, day, proprietary
Year founded 1987
Governed by appointed Board of Directors
Sponsored by ESOL
Accredited by Middle States
Regional organizations CEESA, ECIS, MAIS, NESA
Enrollment Nursery 7; PreK 8; Elementary K–5 75; Middle School 6–8 85; High School 9–12 100; Total 275
Nationalities of student body US 51; UK 24; Cypriot 114; Other(s) (Greek, Russian) 86
Tuition/fee currency Euro
Tuition range 4,000–12,600
One time fees Registration 450; Capital Levy 1,755
Graduates attending college 100%
Graduates have attended London School of Economics, McGill U, Lawrence U, U of Edinburgh, Boston Col

EDUCATIONAL PROGRAM

Curriculum US, IB Diploma
Average class size Elementary 12; Secondary 15
Language(s) of instruction English
Language(s) taught French, Spanish, Greek
Staff specialists computer, counselor, ESL, learning disabilities, librarian, nurse
Special curricular programs art, instrumental music, vocal music, computer/technology, distance learning, physical education
Extra curricular programs computers, community service, dance, drama, environmental conservation, excursions/expeditions, newspaper, yearbook
Sports badminton, basketball, cross-country, football, soccer, softball, swimming, tennis, track and field, volleyball
Clubs tennis, soccer, choir, jewelry club, crafts, math support club, basketball, ceramics, school band,
Examinations IB, Iowa, PSAT, SAT, SAT II, TOEFL, ISA

CAMPUS FACILITIES

Location Urban
Campus 4 hectares, 3 buildings, 32 classrooms, 2 computer labs, 45 instructional computers, 12,000 library volumes, 1 auditorium, 1 cafeteria, 1 covered play area, 1 infirmary, 1 playing field, 3 science labs, 1 pool, 2 tennis courts, air conditioning

Data from 2009/10 school year.

CZECH REPUBLIC

Area:	78,867 sq km
Population:	1,102,677
Capital:	Prague
Currency:	Czech Koruna (CZK)
Languages:	Czech

INTERNATIONAL SCHOOL OF PRAGUE

Phone 420 220 384 111
Fax 420 220 960 222
Email ispmail@isp.cz
Website www.isp.cz
Address Nebusicka 700, Prague, 6, 164 00, Czech Republic

STAFF

Director Arnold B. Bieber, Ed.D.
Upper School Principal Kathlyn Gray
Middle School Principal Kevin Hawkins
Elementary School Principal Cynthia Gause-Vega, Ed.D.
Assistant Elementary School Principal Katherine Hawkins
Business & Operations Manager Barry Freckmann
Director of Information Technology John Mikton
Head Librarian Robert Helmer
Teaching staff Full time 100; Part time 13; Total 113
Nationalities of teaching staff US 75; UK 15; Czech 10; Other(s) (Canadian) 13

INFORMATION

Grade levels PreK–12
School year August–June
School type coeducational, day, private non-profit
Year founded 1948
Governed by appointed and elected Nine Board Members
Accredited by CIS, New England
Regional organizations CEESA, ECIS
Enrollment PreK 120; Elementary K–5 240; Middle School 6–8 200; High School 9–12 240; Total 800
Nationalities of student body US 390; UK 100; Czech 80; Other(s) (Korean, Israeli) 230
Tuition/fee currency Euro
Tuition range 9,250–16,000
Annual fees Capital Assessment 3,000
One time fees Registration 850
Graduates attending college 100%
Graduates have attended Harward U, London School of Economics, Warick U

EDUCATIONAL PROGRAM

Curriculum US, IB Diploma
Average class size Elementary 20; Secondary 20
Language(s) of instruction English
Language(s) taught French, German, Spanish, Czech
Staff specialists computer, counselor, librarian, nurse, psychologist
Special curricular programs art, instrumental music, vocal music, computer/technology, physical education, drama
Extra curricular programs computers, community service, dance, drama, environmental conservation, excursions/expeditions, photography, yearbook
Sports badminton, basketball, cross-country, football, soccer, softball, tennis, volleyball
Clubs student leadership, Knowledge Bowl, Math Counts, Model UN, Global Issues Network
Examinations AP, IB, PSAT, SAT

CAMPUS FACILITIES

Location Suburban
Campus 6 hectares, 1 building, 56 classrooms, 3 computer labs, 180 instructional computers, 30,000 library volumes, 1 auditorium, 1 cafeteria, 1 covered play area, 2 gymnasiums, 1 infirmary, 1 playing field, 4 science labs, 4 tennis courts

PARK LANE INTERNATIONAL SCHOOL

Phone (420) 220 512 653
Email info@parklane-is.com
Website www.parklane-is.com
Address Norbertov 3, Prague 6-Stre E'ovice, Prague, 160 00, Czech Republic

STAFF

Director Barbara Lubaczewska
Teaching staff Full time 23; Part time 5; Total 28
Nationalities of teaching staff US 5; UK 15; Czech 8

INFORMATION

Grade levels N–6
School year September–June
Year founded 2008

EDUCATIONAL PROGRAM

Curriculum UK
Language(s) of instruction English
Staff specialists computer, ESL, learning disabilities, nurse
Special curricular programs art, instrumental music, computer/technology, physical education
Extra curricular programs computers, environmental conservation, excursions/expeditions, yearbook
Sports basketball, cricket, golf, gymnastics, martial arts, soccer, swimming, tennis
Examinations SAT

CAMPUS FACILITIES

Location Urban

DENMARK

DENMARK

Area:	43,094 sq km
Population:	5,515,575
Capital:	Copenhagen
Currency:	Danish Krone (DKK)
Languages:	Danish, English

Copenhagen International School

Phone 45 3946 3300
Fax 45 3961 2230
Email cis@cisdk.dk
Website www.cis-edu.dk
Address Hellerupvej 22-26, Hellerup, Copenhagen, 2900, Denmark

STAFF

Director Walter Plotkin
Senior School Principal Simon Watson
Primary School Principal Heikki Soini
Admissions Officer Thomas Nielsen
Business Manager Poul Michael Fanoe
Head of IT Qi Zhang
Librarian Urania Sobrinho
Teaching staff Full time 92; Part time 12; Total 104
Nationalities of teaching staff US 18; UK 17; Dane 15; Other(s) (Australian, Canadian) 54

INFORMATION

Grade levels PreK–12
School year August–June
School type coeducational, day, private non-profit
Year founded 1963
Governed by appointed and elected School Board
Accredited by CIS, New England
Regional organizations ECIS
Enrollment PreK 48; Elementary K–5 252; Middle School 6–8 115; High School 9–12 185; Total 600
Nationalities of student body US 134; UK 95; Dane 127; Other(s) (Dutch) 244
Tuition/fee currency Danish Krone
Tuition range 104,000–120,000
Annual fees Application 2,500
One time fees Registration 22,500
Graduates attending college 95%
Graduates have attended U of Oxford, U of Cambridge, Harvard U, Dartmouth Col, Queens Col

EDUCATIONAL PROGRAM

Curriculum Intl, IB Diploma, IBPYP, IBMYP
Average class size Elementary 22; Secondary 18
Language(s) of instruction English
Language(s) taught English, French, German, Danish, Swedish, Norwegian, Polish, Dutch
Staff specialists computer, counselor, ESL, learning disabilities, librarian, math resource, nurse, psychologist, reading resource, speech/hearing
Special curricular programs art, instrumental music, vocal music, computer/technology, physical education
Extra curricular programs computers, community service, dance, drama, environmental conservation, excursions/expeditions, yearbook
Sports basketball, football, gymnastics, rugby, soccer, swimming, tennis, track and field, volleyball
Examinations IB, PSAT, SAT, SAT II, TOEFL, ACER Test

CAMPUS FACILITIES

Location Suburban
Campus 1 hectare, 2 buildings, 40 classrooms, 3 computer labs, 120 instructional computers, 15,000 library volumes, 1 auditorium, 1 cafeteria, 1 gymnasium, 1 infirmary, 2 playing fields, 4 science labs

DOMINICAN REPUBLIC

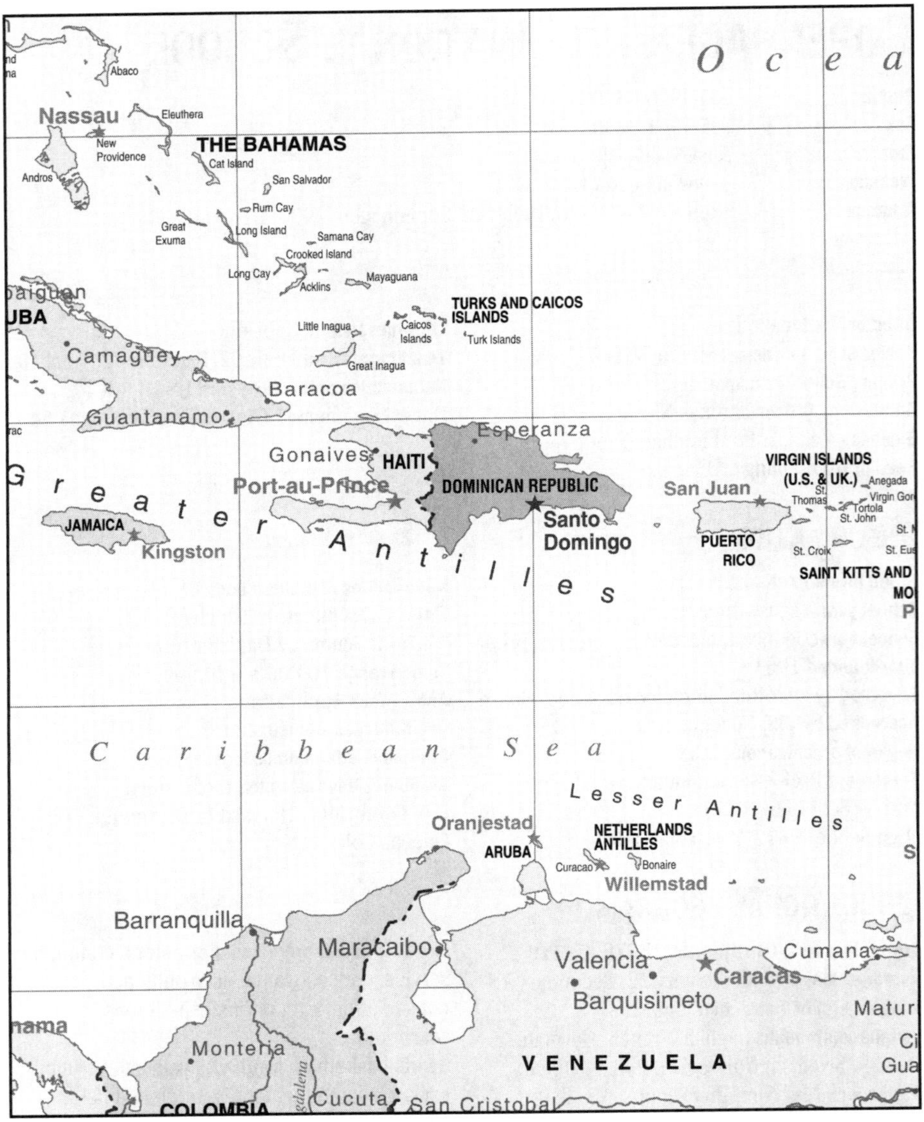

DOMINICAN REPUBLIC

Area:	48,670 sq km
Population:	9,794,487
Capital:	Santo Domingo
Currency:	Dominican Peso (DOP)
Languages:	Spanish

CAROL MORGAN SCHOOL

Phone 809 947 1000
Fax 809 533 9222
Email headmaster@cms.edu.do
Website www.cms.edu.do
Address Ave. Sarasota esq. Nunez de Caceres, Bella Vista, Santo Domingo, Dominican Republic
Mailing address 1733 NW 79th Ave., Miami, FL 33126, USA

STAFF

Head of School Jack L. Delman
Deputy Head Ernest Peterson
High School Principal Rick Robbins
Middle School Principal Marsha Aaronson
Elementary Principal Brien McCall
Business Manager Ariel Villaba
Academic Technology Director Ken Paynter
Teaching staff Full time 123; Part time 1; Total 124
Nationalities of teaching staff US 64; Dominican 44; Other(s) (Canadian) 16

INFORMATION

Grade levels PreK–12
School year August–June
School type coeducational, day, private non-profit
Year founded 1933
Governed by elected Board of Directors
Accredited by Southern
Regional organizations ACCAS
Enrollment PreK 60; Elementary K–5 509; Middle School 6–8 241; High School 9–12 309; Total 1,119
Nationalities of student body US 325; Dominican 662; Other(s) (Brazilian, Colombian) 132
Tuition/fee currency US Dollar
Tuition range 4,826–12,005
Annual fees Registration 300; Capital Fund 875; Technology 450
One time fees Capital Levy 3,740; New Student 6,000
Graduates attending college 100%
Graduates have attended U of Chicago, Bowdoin Col, U of Pennsylvania, Georgetown U, John Hopkins U

EDUCATIONAL PROGRAM

Curriculum US, AP
Average class size Elementary 20; Secondary 18
Language(s) of instruction English
Language(s) taught Spanish, Mandarin
Staff specialists computer, counselor, ESL, learning disabilities, librarian, math resource, nurse, physician, reading resource
Special curricular programs art, instrumental music, vocal music, computer/technology, distance learning, physical education
Extra curricular programs computers, community service, drama, excursions/expeditions, literary magazine, newspaper, photography, yearbook
Sports baseball, basketball, football, golf, gymnastics, soccer, softball, track and field, volleyball
Clubs band, choir, drama, Model UN, ecology, Destination Imagination
Examinations ACT, AP, PSAT, SAT, SAT II, TOEFL, MAP

CAMPUS FACILITIES

Location Suburban
Campus 6 hectares, 11 buildings, 83 classrooms, 7 computer labs, 350 instructional computers, 30,000 library volumes, 1 cafeteria, 2 covered play areas, 2 gymnasiums, 1 infirmary, 3 playing fields, 9 science labs, air conditioning

INTERNATIONAL SCHOOL OF SOSUA

Phone 809 571 3271
Fax 809 571 1904
Email director@issosua.com
Website www.issosua.com
Address International School of Sosua, La Mulata #1, El Batey, Sosua, Dominican Republic
Mailing address BM 30042, 3508 N.W. 114th Avenue, Miami FL 33178, USA

STAFF

Director Craig Selig
Elementary Principal Megan Howe
Secondary Vice Principal Daryl McIntryre
Business Manager Gina Gonzalez
Head of Technology Manuel Bueno
Librarian Dave Foster
Teaching staff Full time 34; Part time 1; Total 35
Nationalities of teaching staff US 11; UK 3; Dominican 4; Other(s) (Canadian) 17

INFORMATION

Grade levels N–12
School year August–June
School type coeducational, day, private non-profit
Year founded 1989
Governed by appointed Board of Directors
Accredited by North Central, Southern
Regional organizations ACCAS
Enrollment Nursery 3; PreK 20; Elementary K–5 78; Middle School 6–8 52; High School 9–12 72; Total 225
Nationalities of student body US 58; UK 12; Dominican 52; Other(s) (Canadian, German) 103
Tuition/fee currency US Dollar
Tuition range 2,400–6,050
Annual fees Registration 750
One time fees Admission 1,500
Graduates attending college 100%
Graduates have attended Barnard Col, Pontificia U Catolica Madre y Maestra, Florida State U, Brock U, McGill U

EDUCATIONAL PROGRAM

Curriculum US, National, AP
Average class size Elementary 15; Secondary 17
Language(s) of instruction English, Spanish
Language(s) taught English, Spanish, others (online)
Staff specialists computer, counselor, librarian, nurse
Special curricular programs art, instrumental music, computer/technology, distance learning, physical education, drama
Extra curricular programs community service, drama, environmental conservation
Sports baseball, basketball, football, martial arts, soccer, softball, track and field, volleyball
Clubs Model UN, National Honor Society
Examinations AP, PSAT, SAT, SAT II, MAP (NWEA)

CAMPUS FACILITIES

Location Rural
Campus 7 hectares, 10 buildings, 20 classrooms, 1 computer lab, 34 instructional computers, 6,000 library volumes, 1 cafeteria, 1 playing field, 1 science lab

ECUADOR

Area:	283,561 sq km
Population:	14,790,608
Capital:	Quito
Currency:	US Dollar (USD)
Languages:	Spanish

American School of Guayaquil

Phone 5934 226-1893
Fax 5934 2255503 ext. 103
Email info@colegioamericano.edu.ec
Website www.colegioamericano.edu.ec
Address Avenida Juan Tanca Marengo-KM 6 1/2, Guayaquil, Ecuador
Mailing address PO Box 09-01-3304, Guayaquil, Ecuador

STAFF

Director General Keith J. D. Miller, Ph.D.
High School Principal Patricia Ayala de Coronel, Ph.D.
Elementary School Principal Guisella Zevallos de Amaya
Preschool Principal Mariana HiFong de Camchong
Athletic Director Billy Dwyer
Computer Director Dino Herrera
Financial Administrative Manager Carolina Garzon Reyes
Director of Technology Dino Herrera
Head Librarian Laura Marcillo
Teaching staff Full time 125; Total 125
Nationalities of teaching staff US 18; UK 2; Ecuadorian 100; Other(s) (Chinese, Korean) 5

INFORMATION

Grade levels PreK–12
School year April–January
School type coeducational, day, private non-profit
Year founded 1942
Governed by elected Board of Directors
Regional organizations AASSA
Enrollment Nursery 50; PreK 75; Elementary K–5 651; Middle School 6–8 364; High School 9–12 435; Total 1,575
Nationalities of student body US 13; UK 1; Ecuadorian 94; Other(s) (Japanese) 1,467
Tuition/fee currency US Dollar
Tuition range 2,650–3,000
Annual fees Busing 400; Lunch 400; Books 300
One time fees Registration 185; Insurance 35
Graduates attending college 90%
Graduates have attended State U of New York, Tecnologico de Monterrey, U of Colorado, American U, Purdue U

EDUCATIONAL PROGRAM

Curriculum US, National, IB Diploma
Average class size Elementary 25; Secondary 25
Language(s) of instruction English, Spanish
Language(s) taught English, Spanish
Staff specialists computer, counselor, ESL, librarian, math resource, nurse, physician, psychologist, reading resource
Special curricular programs art, instrumental music, computer/technology, physical education
Extra curricular programs community service, dance, drama
Sports baseball, basketball, football, gymnastics, soccer, softball, volleyball
Examinations IB

CAMPUS FACILITIES

Location Suburban
Campus 13 hectares, 25 buildings, 70 classrooms, 4 computer labs, 128 instructional computers, 9,100 library volumes, 1 auditorium, 2 cafeterias, 1 covered play area, 3 infirmaries, 6 playing fields, 5 science labs, air conditioning

Inter-American Academy

Phone 593 4 287 1790
Fax 593 4 287 3358
Email admin@interamerican.edu.ec
Website www.interamerican.edu.ec
Address Puerto Azul, km 10 1/2, Via de la Costa, Guayaquil, Guayas, Ecuador
Mailing address 8424 NW 56 St., Suite GYE 1096, Miami, FL 33166

STAFF

Executive Director Peter Nonnenkamp
Guidance Counselor Marcela Doylet
Athletic Director Ray Domingo
Business/Finanace Manager Maria Eugenia Neira
Network Manager Daniela Silva
Educational Media Coordinator Leda Smith
Teaching staff Full time 29; Total 29
Nationalities of teaching staff US 12; Ecuadorian 14; Other(s) (South African, Brazilian) 3

INFORMATION

Grade levels N–12
School year August–June
School type coeducational, day, private non-profit
Year founded 1979
Governed by elected Board of Directors
Accredited by Southern
Regional organizations AASSA
Enrollment Nursery 25; PreK 13; Elementary K–5 88; Middle School 6–8 40; High School 9–12 52; Total 218
Nationalities of student body US 22; Ecuadorian 100; Other(s) (Colombian, Indian) 96
Tuition/fee currency US Dollar
Tuition range 2,800–11,300
Annual fees Registration 300
One time fees Capital Levy 2,800; Application 150
Graduates attending college 100%
Graduates have attended Boston Col, Purdue U, Rutgers U, U of California, Los Angeles, Syracuse U

EDUCATIONAL PROGRAM

Curriculum US, AP
Average class size Elementary 14; Secondary 15
Language(s) of instruction English
Language(s) taught Spanish
Staff specialists computer, counselor, ESL, librarian, nurse
Special curricular programs art, instrumental music, vocal music, computer/technology, distance learning, physical education
Extra curricular programs community service, dance, drama, newspaper, yearbook
Sports basketball, soccer, swimming, volleyball
Examinations ACT, Iowa, PSAT, SAT, SAT II, MAP

CAMPUS FACILITIES

Location Suburban
Campus 7 hectares, 9 buildings, 24 classrooms, 2 computer labs, 95 instructional computers, 17,000 library volumes, 1 cafeteria, 1 covered play area, 1 gymnasium, 1 infirmary, 2 playing fields, 1 science lab, 1 pool, air conditioning

Academia Cotopaxi American International School

Phone 593 2 246 7373
Fax 593 2 244 5195
Email info@cotopaxi.k12.ec
Website www.cotopaxi.k12.ec
Address De las Higuerillas y Alondras (Monteserrin), Quito, PO Box 17-11-6510, Ecuador
Mailing address Casilla 17-11-6510, Quito, Ecuador

STAFF

Director William F. Johnston, Ed.D.
Lower School Principal Patricia Angoy
High School Principal Edward Wexler
Lower School Assistant Principal Elizabeth Nadis
Administrative Officer & HR Patricia de Marin
Director of Admissions & Outreach Paola de Pereira
Director of Finances Mauricio Mera
Technology Director James Stratton
Librarian Ana Soria, Ed.D.
Teaching staff Full time 58; Part time 3; Total 61
Nationalities of teaching staff US 35; UK 2; Ecuadorian 16; Other(s) (Canadian, Russian) 8

INFORMATION

Grade levels PreK–12
School year August–June
School type coeducational, day, private non-profit
Year founded 1959
Governed by elected Board of Trustees
Accredited by Southern
Regional organizations AASCA, ACCAS, AASSA, ASOMEX, ECIS
Enrollment PreK 41; Elementary K–5 236; Middle School 6–8 54; High School 9–12 131; Total 462
Nationalities of student body US 128; Ecuadorian 181; Other(s) (Colombian, Brazilian) 153
Tuition/fee currency US Dollar
Tuition range 6,737–15,647
Annual fees Registration 475; Busing 599; Lunch 637; Application 300
One time fees Capital Levy 4,000
Graduates attending college 98%
Graduates have attended Dartmouth Col, U of Virginia, Vassar U, Boston Col, U of North Carolina at Chapel Hill

EDUCATIONAL PROGRAM

Curriculum US, National, Intl, IB Diploma, IBPYP
Average class size Elementary 16; Secondary 16
Language(s) of instruction English, Spanish
Staff specialists computer, counselor, ESL, learning disabilities, librarian, nurse, psychologist, reading resource
Special curricular programs art, instrumental music, vocal music, computer/technology, physical education
Extra curricular programs computers, community service, dance, drama, environmental conservation, excursions/expeditions, literary magazine, photography, yearbook, piano
Sports baseball, basketball, gymnastics, soccer, softball, swimming, tennis, volleyball
Clubs French, Boy & Girl Scouts, cheerleading, chess
Examinations ACT, IB, Iowa, PSAT, SAT, TOEFL, QRI

CAMPUS FACILITIES

Location Urban
Campus 5 hectares, 6 buildings, 90 classrooms, 8 computer labs, 260 instructional computers, 39,024 library volumes, 1 auditorium, 2 cafeterias, 1 covered play area, 1 gymnasium, 1 infirmary, 5 playing fields, 4 science labs, 1 pool, 4 tennis courts

Alliance Academy International

Phone 593 2 226 6985
Fax 593 2 226 4350
Email dwells@alliance.k12.ec
Website www.alliance.k12.ec
Address Villalengua 789 y 10 de Agosto, Quito, Pichincha, Ecuador
Mailing address Casilla 17-11-06186, Quito, Ecuador

STAFF

Director David A. Wells, Ed.D.
High School Principal Stephen Meier
Elementary Principal Stephen Driscoll
Skills Center Director Lori Meehan
Middle School Coordinator Toby Travis
Early Childhood Coordinator Lois P. Wells
Business Manager Keith Newburn
Network Computer Systems Coordinator Joshua Greer
Learning Resource Center Coordinator Sheila Mejia
Teaching staff Full time 72; Part time 6; Total 78
Nationalities of teaching staff US 52; UK 2; Ecuadorian 21; Other(s) (Canadian) 3

INFORMATION

Grade levels PreK–12
School year August–June
School type boarding, coeducational, day, private non-profit
Year founded 1929
Governed by School Board
Accredited by Southern
Regional organizations AASSA
Enrollment PreK 24; Elementary K–5 180; Middle School 6–8 106; High School 9–12 160; Total 470
Nationalities of student body US 180; UK 5; Ecuadorian 180; Other(s) (Korean, Canadian) 105
Tuition/fee currency US Dollar
Tuition range 4,430–8,580
Annual fees Registration 270; Busing 850; Application 110; High School Class 75
Boarding program grades 9–12
Boarding program length 7-day **Boys** 5 **Girls** 4
Graduates attending college 98%
Graduates have attended Harvard U, Wheaton Col, John Brown U, Crown Col, Nyack Col

EDUCATIONAL PROGRAM

Curriculum US, AP
Average class size Elementary 15; Secondary 20
Language(s) of instruction English
Language(s) taught French, Spanish
Staff specialists computer, counselor, ESL, learning disabilities, librarian, math resource, nurse, psychologist, speech/hearing
Special curricular programs art, instrumental music, vocal music, computer/technology, physical education, vocational
Extra curricular programs computers, community service, dance, drama, excursions/expeditions, newspaper, photography, yearbook, Christian outreach program
Sports basketball, soccer, volleyball
Examinations ACT, SAT, SAT II, TOEFL

CAMPUS FACILITIES

Location Urban
Campus 2 hectares, 9 buildings, 71 classrooms, 4 computer labs, 150 instructional computers, 43,818 library volumes, 1 auditorium, 2 cafeterias, 2 covered play areas, 1 gymnasium, 1 infirmary, 2 playing fields, 3 science labs

American School of Quito

Phone 593 397 6300
Fax 593 2 2472 972
Email swilliams@fcaq.k12.ec
Website www.fcaq.k12.ec
Address Manuel Benigno Cueva N 80-190, Quito, Ecuador
Mailing address American School Quito, P.O. Box 1701157, Quito, Ecuador

STAFF

Director General Susan A. Barba
High School Principal of National Section Susana Hervas
Director of International Program Susan Montalvo
Elementary Principal of National Section Teresa Barrera
Middle Years Coordinator Leah Yepez
Elementary Coordinator of International Section Michael Byrne
Financial Manager Gonzalo Luna
Technology Coordinator Leonardo Castro
Media Center Director Mary Jones
Teaching staff Full time 221; Total 221
Nationalities of teaching staff US 44; UK 1; Ecuadorian 160; Other(s) (Canadian, Colombian) 16

INFORMATION

Grade levels PreK–12
School year September–June
School type coeducational, day, private non-profit
Year founded 1940
Governed by elected Board of Administration
Accredited by Southern
Regional organizations ACCAS, AASSA, ECIS
Enrollment PreK 164; Elementary K–5 893; Middle School 6–8 477; High School 9–12 619; Total 2,153
Nationalities of student body US 55; UK 1; Ecuadorian 2,054; Other(s) (Colombian, Italian) 43
Tuition/fee currency US Dollar
Tuition range 5,450–8,320
Annual fees Registration 378; Capital Levy 750; Books 411
Graduates attending college 96%
Graduates have attended Cornell U, Vassar Col, Bryn Mawr Col, Mount Holyoke Col, Lehigh U

EDUCATIONAL PROGRAM

Curriculum US, National, Intl, IB Diploma, IBMYP
Average class size Elementary 22; Secondary 25
Language(s) of instruction English, Spanish
Language(s) taught English, Spanish, Mandarin
Staff specialists computer, counselor, ESL, learning disabilities, librarian, nurse, physician, psychologist
Special curricular programs art, instrumental music, vocal music, computer/technology, physical education, vocational
Extra curricular programs computers, community service, dance, drama, environmental conservation, excursions/expeditions, newspaper
Sports basketball, gymnastics, hockey, martial arts, soccer, track and field, volleyball
Clubs ecology, newspaper, drama, Model UN, Organization of American States, garden, Girl Scouts, recycling
Examinations IB, Iowa, PSAT, SAT, SAT II, TOEFL

CAMPUS FACILITIES

Location Urban
Campus 12 hectares, 19 buildings, 188 classrooms, 7 computer labs, 223 instructional computers, 72,000 library volumes, 1 auditorium, 1 cafeteria, 2 covered play areas, 1 gymnasium, 1 infirmary, 7 playing fields, 8 science labs, 1 tennis court

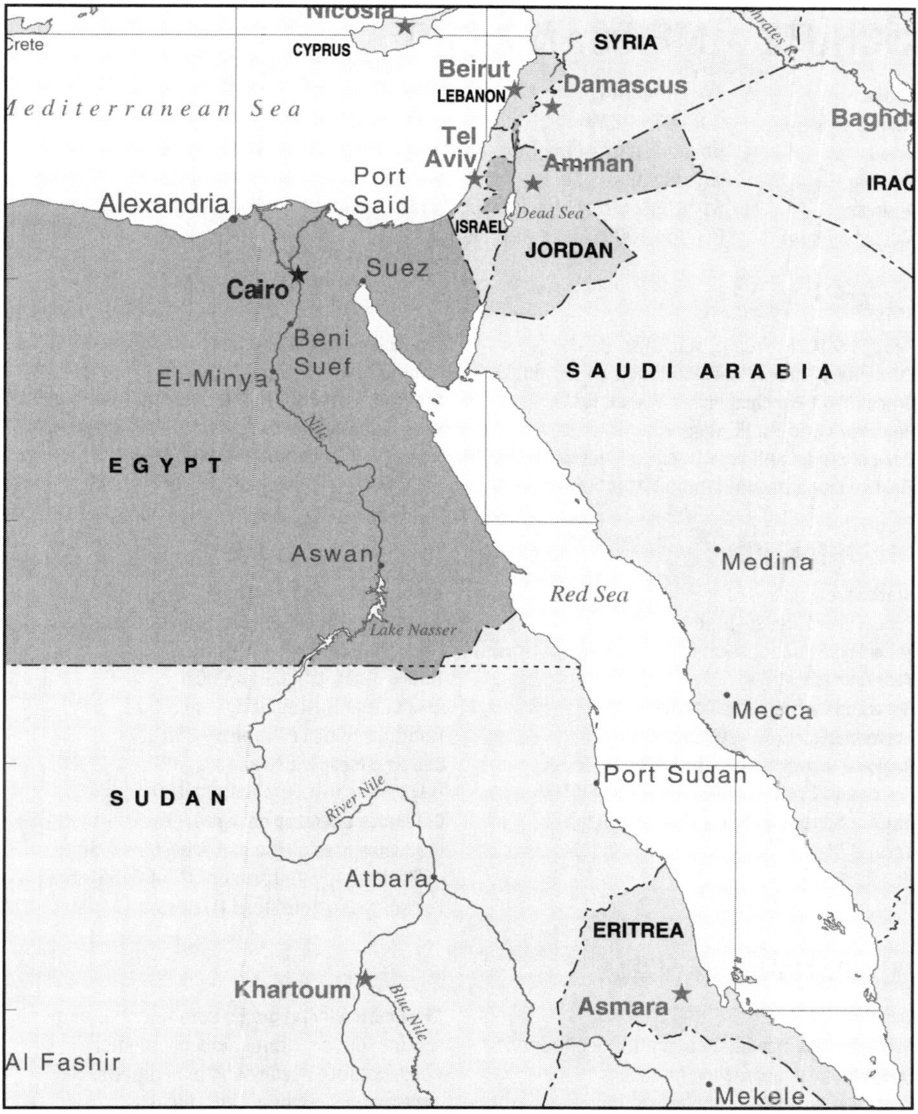

EGYPT

Area:	1,001,450 sq km
Population:	80,471,869
Capital:	Cairo
Currency:	Egyptian Pound (EGP)
Languages:	Arabic

SCHUTZ AMERICAN SCHOOL

Phone 20 3 574 1435
Fax 20 3 576 0229
Email jlujan@schutzschool.org.eg
Website www.schutzschool.org.eg
Address 51 Schutz Street, Alexandria, 21111, Egypt
Mailing address PO Box 1000, Alexandria, Egypt 21111

STAFF

Head of School Joyce L. Martinez, Ed.D.
Elementary School Principal Randa Shoeb, Ed.D.
Grades 7–12 Principal Frank Walsh, Ed.D.
Registrar Omneya El Naggar
Dean of Student Affairs Massimo Laterza
Finance Manager Mohammad Abou Ghosh
Technology Coordinator Linroy Kilgore
Librarian Jane Walsh
Teaching staff Full time 33; Part time 4; Total 37
Nationalities of teaching staff US 25; Egyptian 7; Other(s) (Canadian, German) 5

INFORMATION

Grade levels PreK–12
School year August–June
School type coeducational, day, private non-profit
Year founded 1924
Governed by Board of Trustees
Accredited by CIS, New England
Regional organizations CEESA, ECIS, NESA
Enrollment PreK 37; Elementary K–5 105; Middle School 6–8 54; High School 9–12 74; Total 270
Nationalities of student body US 54; UK 6; Egyptian 119; Other(s) (Indian, Greek) 91
Tuition/fee currency US Dollar
Tuition range 4,000–12,000
Annual fees Busing 504; Lunch 607; Facilities 500; Technology 200
One time fees Registration 2,500; Insurance 500; Application 100
Graduates attending college 100%
Graduates have attended Rochester Institute of Technology, Babson Col, U of California, Berkeley, Northeastern U, Boston U

EDUCATIONAL PROGRAM

Curriculum US, AP
Average class size Elementary 15; Secondary 19
Language(s) of instruction English
Language(s) taught French, Arabic
Staff specialists computer, ESL, librarian, nurse, psychologist
Special curricular programs art, instrumental music, vocal music, computer/technology, physical education, Student Publications
Extra curricular programs computers, community service, dance, drama, environmental conservation, excursions/expeditions, newspaper, yearbook, martial arts
Sports basketball, soccer, tennis, volleyball
Clubs Model UN, student council, National Junior Honor Society, National Honor Society, MathCounts, Interact, Habitat for Humanity
Examinations AP, PSAT, SAT, SAT II, MAPS

CAMPUS FACILITIES

Location Urban
Campus 2 hectares, 9 buildings, 28 classrooms, 2 computer labs, 91 instructional computers, 21,000 library volumes, 1 auditorium, 1 cafeteria, 1 covered play area, 1 gymnasium, 1 infirmary, 2 playing fields, 1 science lab, 1 pool, 1 tennis court, air conditioning

American International School in Egypt

Phone 002 02 26188400
Fax 002 02 26174002
Email ais@aisegypt.com
Website www.aisegypt.com
Address Cairo Festival City (adjacent to Mubarak Police Academy), 5th Settlement, Katameya, Cairo, 11371, Egypt

STAFF

Chairman of the Board & Superintendent Walid K. Abushakra
Advisor & Assistant Chairman Tammam Abushakra, Ph.D.
Deputy Superintendent Wahib Girgis
Assistant Chief Operating Officer Hazem Girgis
Business Manager Mamdouh Mazhar
Technology Coordinator Hanan El Refaii
Head Librarian Dianne Baasch
Teaching staff Full time 141; Total 141
Nationalities of teaching staff US 75; UK 3; Egyptian 20; Other(s) (Canadian) 43

INFORMATION

Grade levels PreK–12
School year September–June
School type coeducational, proprietary
Year founded 1990
Sponsored by Educational Services Overseas Limited (ESOL)
Accredited by Middle States
Regional organizations ECIS, MAIS, NESA
Enrollment PreK 25; Elementary K–5 473; Middle School 6–8 266; High School 9–12 557; Total 1,321
Nationalities of student body US 141; UK 21; Egyptian 1,136; Other(s) (Canadian, Korean) 23
Tuition/fee currency US Dollar
Tuition range 5,900–10,300
Annual fees Busing 900; Learning Support Center 15,800
One time fees Registration 1,500; Admissions Assessment 40
Graduates attending college 100%
Graduates have attended Massachusetts Institute of Technology, McGill U, U of Virginia, U of Toronto, Imperial Col London

EDUCATIONAL PROGRAM

Curriculum US, IB Diploma
Average class size Elementary 18; Secondary 23
Language(s) of instruction English, Arabic
Language(s) taught English, Arabic, French
Staff specialists computer, counselor, ESL, learning disabilities, librarian, math resource, physician, psychologist, reading resource
Special curricular programs art, instrumental music, vocal music, computer/technology, physical education
Extra curricular programs computers, community service, drama, environmental conservation, excursions/expeditions, photography, yearbook
Sports basketball, cross-country, soccer, swimming, tennis, track and field, volleyball
Clubs Model UN, National Honors Society, AIS 4 Egypt, Egyptology, Roots & Shoots
Examinations IB, Iowa, PSAT SAT, SAT II

CAMPUS FACILITIES

Location Urban
Campus 5 hectares, 3 buildings, 132 classrooms, 8 computer labs, 465 instructional computers, 20,000 library volumes, 1 auditorium, 1 cafeteria, 2 covered play areas, 1 gymnasium, 1 infirmary, 4 playing fields, 12 science labs, 1 pool, 4 tennis courts, air conditioning

Cairo American College

Phone 20-2-2755 5555
Fax 20-2-2519 6584
Email support@cacegypt.org
Website www.cacegypt.org
Address 1 Midan Digla, Road 253, Digla, Maadi, Maadi, Cairo, 11431, Egypt
Mailing address PO Box 39, Digla, Maadi, 11431, Cairo, Egypt

STAFF

Superintendent Rob Mockrish, Ph.D.
High School Principal Robert DeWolf
Middle School Principal Michael Popinchalk
Elementary School Principal Tony Moniz
Finance & Operations Director Rebecca Brown
Director of Information Services Steven Roberts
Head Librarian Beau Cain
Teaching staff Full time 126; Part time 26; Total 152
Nationalities of teaching staff US 87; UK 6; Egyptian 30; Other(s) (Canadian, British Virgin Islander) 29

INFORMATION

Grade levels PreK–12
School year August–June
School type coeducational, day, private non-profit
Year founded 1945
Governed by appointed and elected Board of Trustees
Accredited by Middle States
Regional organizations EARCOS, ECIS, NESA
Enrollment PreK 30; Elementary K–5 531; Middle School 6–8 354; High School 9–12 518; Total 1,433
Nationalities of student body US 720; UK 46; Egyptian 195; Other(s) (Canadian, Korean) 472
Tuition/fee currency US Dollar
Tuition range 10,800–17,440
Annual fees Capital Levy 250; Busing 1,900; Tuition Deposit 1,000
One time fees Registration 10,000; Application 350; Admissions Deposit 1,000
Graduates attending college 100%
Graduates have attended Columbia U, McGill U, Massachusetts Institute of Technology, Stanford U, U of London

EDUCATIONAL PROGRAM

Curriculum US, IB Diploma, AP
Average class size Elementary 18; Secondary 18
Language(s) of instruction English
Language(s) taught Arabic, French, Spanish
Staff specialists computer, counselor, ESL, learning disabilities, librarian, math resource, nurse, psychologist, reading resource, speech/hearing
Special curricular programs art, instrumental music, vocal music, computer/technology, physical education
Extra curricular programs computers, community service, dance, drama, environmental conservation, excursions/expeditions, literary magazine, photography, yearbook
Sports badminton, baseball, basketball, cross-country, soccer, softball, swimming, tennis, track and field, volleyball, wrestling, water polo, dance
Clubs National Honor Society, Model UN, student government, academic games, peer support, Arab, Green Team, Thespian Society, Spanish
Examinations ACT, AP, IB, PSAT, SAT, SAT II, MAP

CAMPUS FACILITIES

Location Suburban
Campus 5 hectares, 10 buildings, 136 classrooms, 8 computer labs, 800 instructional computers, 70,000 library volumes, 2 auditoriums, 1 cafeteria, 2 gymnasiums, 1 infirmary, 2 playing fields, 14 science labs, 1 pool, air conditioning

Cairo English School

Phone (+20) (2) 24483433
Fax (+20 (2) 24091625
Email registrar@cesegypt.com
Website www.cesegypt.com
Address Mirage City, New Cairo, Cairo, Egypt

STAFF

Head of School John Regan
Head of Secondary Duncan Rose
Head of Primary Caroline Scott
IB Coordinator Iain Baxter
Assistant Head Primary John Hills
Assistant Head Primary Val Awad
Deputy Superintendent (ESOL) Wahib Girgis
School Librarian Kobie McKechnie
Teaching staff Full time 88; Part time 1; Total 89
Nationalities of teaching staff US 1; UK 60; Egyptian 14; Other(s) (Irish, Canadian) 14

INFORMATION

Grade levels N–12
School year September–June
School type coeducational, day, proprietary
Year founded 2006
Sponsored by Educational Services Overseas Limited
Regional organizations ECIS
Enrollment Nursery 150; PreK 150; Elementary K–5 410; Middle School 6–8 85; High School 9–12 125; Total 920
Nationalities of student body US 4; UK 20; Egyptian 872; Other(s) (Australian, Sudanese) 24
Tuition/fee currency British Pound
Tuition range 2,700–5,400
Annual fees Busing 460
One time fees Registration 800

EDUCATIONAL PROGRAM

Curriculum UK, National, IB Diploma, IGCSE
Average class size Elementary 22; Secondary 22
Language(s) of instruction English
Language(s) taught French, Arabic
Staff specialists computer, counselor, ESL, learning disabilities, librarian, physician
Special curricular programs art, instrumental music, vocal music, computer/technology, physical education, design technology
Extra curricular programs computers, community service, dance, drama, excursions/expeditions, newspaper, swimming
Sports badminton, basketball, cricket, golf, gymnastics, hockey, martial arts, rugby, soccer, swimming, tennis, track and field, volleyball
Examinations A-level GCE, GCSE, IB IGCSE

CAMPUS FACILITIES

Location Suburban
Campus 2 buildings, 120 classrooms, 3 computer labs, 120 instructional computers, 6,000 library volumes, 1 auditorium, 1 cafeteria, 1 covered play area, 1 gymnasium, 1 infirmary, 1 playing field, 4 science labs, 1 pool, air conditioning

Modern English School, Cairo

Phone 20 2 2617 0005 11
Fax 20 2 2617 0020
Email mescairo@mescairo.com
Website www.mescairo.com
Address New Cairo, South of Mubarak Police Academy, Cairo, 11835, Egypt
Mailing address PO Box 5, New Cairo, Tagamoa Khamis, 11835 Cairo, Egypt

STAFF

Managing Director Sawsan L. Dajani
Whole School Principal Peter Godfrey
American High School Principal Catherine Spencer, Ed.D.
Primary Head Teacher Key Stage 1 Sasha Crabb
Primary Head Teacher Key Stage 2 Simon Jodrell
Head of British & IB Sections Nicki Singleton
Financial Controller Shaker Beltagi
Head of Secondary IT Department Daniel Davies
School Librarian Teresa Drewry
Teaching staff Full time 187; Part time 6; Total 193
Nationalities of teaching staff US 19; UK 124; Egyptian 39; Other(s) (Canadian, Australian) 11

INFORMATION

Grade levels K–12
School year September–June
School type coeducational, day, proprietary
Year founded 1990
Governed by appointed Board of Trustees
Accredited by Middle States
Regional organizations ECIS, MAIS, NESA
Enrollment Elementary K–5 1,056; Middle School 6–8 303; High School 9–12 641; Total 2,000
Nationalities of student body US 22; UK 53; Egyptian 1,772; Other(s) (Syrian, Saudi) 153
Tuition/fee currency British Pound
Tuition range 2,400–6,200
Annual fees Busing 563
One time fees Registration 600
Graduates attending college 100%
Graduates have attended McGill U, Concordia U, Cornell U, American U in Cairo, New York U

EDUCATIONAL PROGRAM

Curriculum US, UK, Intl, IB Diploma, AP, IGCSE, GenCSE
Average class size Elementary 25; Secondary 25
Language(s) of instruction English, Arabic, French
Language(s) taught Spanish
Staff specialists computer, counselor, learning disabilities, librarian, nurse, physician, psychologist
Special curricular programs art, instrumental music, vocal music, computer/technology, physical education
Extra curricular programs computers, community service, dance, drama, environmental conservation, excursions/expeditions, literary magazine, photography, yearbook
Sports basketball, football, golf, gymnastics, martial arts, skiing, soccer, softball, swimming, tennis, track and field, volleyball
Clubs ultimate games, strategy gaming, pantomime, darts, needlework, dance, movie, arts & crafts, cricket, card making
Examinations A-level GCE, AP, GCSE, IB, IGCSE, PSAT, SAT, SAT II, MAP

CAMPUS FACILITIES

Location Suburban
Campus 4 hectares, 6 buildings, 90 classrooms, 5 computer labs, 250 instructional computers, 21,000 library volumes, 2 auditoriums, 1 covered play area, 1 gymnasium, 1 infirmary, 4 playing fields, 6 science labs, 2 pools, 1 tennis court, air conditioning

EL SALVADOR

Area:	21,041 sq km
Population:	6,052,064
Capital:	San Salvador
Currency:	US Dollar (USD)
Languages:	Spanish

Colegio Internacional de San Salvador

Phone 503 2 224 1330
Fax 503 2 265 7860
Email c_stemp@intschoolsansal.com
Website www.intschoolsansal.com
Address Calle La Reforma 169, San Salvador, El Salvador
Mailing address VIPSAL 1214, Box 02-5364, Miami, FL 33102, USA

STAFF

Head of School Chester S. Stemp
Head of Primary School Amy Delgado
Head of Pre-School Carole Castillo
Head of Secondary School Dennis Miller
Business Manager Nora Stemp
Technology Coordinator Sonia Carolina Castillo
Librarian Tania Guardado
Teaching staff Full time 31; Part time 4; Total 35
Nationalities of teaching staff US 12; Salvadoran 21; Other(s) (Romanian, Filipino) 2

INFORMATION

Grade levels PreK–12
School year August–June
School type coeducational, day, proprietary
Year founded 1979
Governed by appointed Board of Owners
Sponsored by Owners
Accredited by Southern
Regional organizations AASCA
Enrollment PreK 17; Elementary K–5 139; Middle School 6–8 76; High School 9–12 100; Total 332
Nationalities of student body US 65; Salvadoran 141; Other(s) (Korean, Mexican) 126
Tuition/fee currency US Dollar
Tuition range 4,800–5,600
Graduates attending college 100%
Graduates have attended Loyola U, Texas A&M U, Purdue U, U of Miami, Northwestern U

EDUCATIONAL PROGRAM

Curriculum US, National
Average class size Elementary 24; Secondary 24
Language(s) of instruction English, Spanish
Language(s) taught English, Spanish, French
Staff specialists computer, counselor, ESL, librarian, physician, psychologist
Special curricular programs art, computer/technology, physical education
Extra curricular programs community service, dance, drama, environmental conservation, literary magazine, newspaper, yearbook, chorus
Sports basketball, swimming, volleyball
Clubs cheerleaders, ecology, student council
Examinations Iowa, SAT

CAMPUS FACILITIES

Location Urban
Campus 1 hectare, 12 buildings, 15 classrooms, 1 computer lab, 35 instructional computers, 5,000 library volumes, 1 gymnasium, 1 science lab, 1 pool

Escuela Americana

Phone 503 2528 8300
Fax 503 2528 8321
Email recruiting@amschool.edu.sv
Website www.amschool.edu.sv
Address Colonia y Calle La Mascota, Final Pasaje #3, San Salvador, El Salvador
Mailing address VIPSAL #1352, PO Box 025364, Miami, FL 33102-5364, USA

STAFF

General Director Charles H. Skipper, Ph.D.
Upper School Director Richard Sinclair
Middle School Director Bob Sinnett
Lower School Director Cristina Lima
Athletic Director Raquel Rodriguez
Director of Finance & Operations Patricia de Zaldivar
Technology Department Manager Salvador Canjura
Head Librarian Nora de Hirlemann
Teaching staff Full time 187; Part time 2; Total 189
Nationalities of teaching staff US 48; Salvadoran 134; Other(s) (Colombian, Cuban) 7

INFORMATION

Grade levels PreK–12
School year August–June
School type coeducational, day, private non-profit
Year founded 1946
Governed by elected Board of Directors
Accredited by Southern
Regional organizations AASCA
Enrollment PreK 125; Elementary K–5 747; Middle School 6–8 398; High School 9–12 487; Total 1,757
Nationalities of student body US 195; Salvadoran 1,500; Other(s) (Guatemalan, Korean) 62
Tuition/fee currency US Dollar
Tuition range 3,500–4,700
Annual fees Uniforms 150; Technology 150
One time fees Matriculation 3,700
Graduates attending college 100%
Graduates have attended Harvard U, Yale U, U of Pennsylvania, Cornell U, Princeton U

EDUCATIONAL PROGRAM

Curriculum US, National, AP
Average class size Elementary 24; Secondary 21
Language(s) of instruction English, Spanish
Language(s) taught French; Mandarin
Staff specialists computer, counselor, learning disabilities, librarian, math resource, nurse, psychologist, reading resource, speech/hearing
Special curricular programs art, instrumental music, computer/technology, physical education
Extra curricular programs computers, community service, drama, environmental conservation, excursions/expeditions, literary magazine, newspaper, photography, yearbook
Sports basketball, golf, soccer, squash, track and field, volleyball, wall climbing, team handball
Clubs ecology, Teens United for Health, drama, chess, MathCounts, Knowledge Bowl, social service, art
Examinations ACT, AP, PSAT, SAT, SAT II, Stanford, TOEFL

CAMPUS FACILITIES

Location Suburban
Campus 35 hectares, 20 buildings, 134 classrooms, 8 computer labs, 357 instructional computers, 31,500 library volumes, 2 auditoriums, 2 cafeterias, 2 covered play areas, 2 gymnasiums, 2 infirmaries, 2 playing fields, 8 science labs

Panamerican School of El Salvador

Phone 503- 2209-6000
Fax 503-2209-6033
Email jlb@panamschool.edu.sv
Website www.escuelapanamericana.org
Address Final Pje. Union, Calle a Canton El Carmen, #1348, Escuela Panamericana, San Salvador, El Salvador
Mailing address Escuela Panamericana, VIP 809, 7801 NW 37TH ST, Doral, Florida

STAFF

President Jim L. Bosworth
Director Claudia Pardo
English Coordinator Michelle Declaremont
Spanish Coordinator Yandy Carranza
Business/Finance Manager Diego Valiente
Head of Technology Adolfo Caberra
Head of Library/Media Center Jullio Monterrosa
Teaching staff Full time 36; Part time 11; Total 47
Nationalities of teaching staff US 2; Salvadoran 45

INFORMATION

Grade levels PreK–12
School year August–June
School type coeducational, day, proprietary
Year founded 1977
Accredited by Southern
Regional organizations AASCA, ECIS
Enrollment Nursery 18; PreK 36; Elementary K–5 285; Middle School 6–8 124; High School 9–12 98; Total 561
Nationalities of student body US 9; Salvadoran 477; Other(s) (Korean, Guatemalan) 75
Tuition/fee currency US Dollar
Tuition range 1,600–4,500
Annual fees Uniforms 100
Graduates attending college 99%
Graduates have attended Tecnologico de Monterrey, U of Miami, U de Matias Delgado, U Centroamericana, Escuela de Comunicacion Monica Herrera

EDUCATIONAL PROGRAM

Curriculum US, National, AP
Average class size Elementary 19; Secondary 19
Language(s) of instruction English, Spanish
Language(s) taught English, Spanish
Staff specialists computer, counselor, ESL, learning disabilities, librarian, nurse
Special curricular programs art, vocal music, computer/technology, distance learning, physical education, vocational
Extra curricular programs community service, dance, drama, environmental conservation, excursions/expeditions, newspaper, yearbook
Sports baseball, basketball, football, gymnastics, martial arts, soccer, tennis, volleyball
Clubs cooking, musical groups
Examinations ACT, AP, Iowa, PSAT, SAT, Stanford, TOEFL

CAMPUS FACILITIES

Location Suburban
Campus 4 hectares, 10 buildings, 37 classrooms, 1 computer lab, 29 instructional computers, 13,000 library volumes, 1 auditorium, 1 cafeteria, 1 infirmary, 2 playing fields, 1 science lab

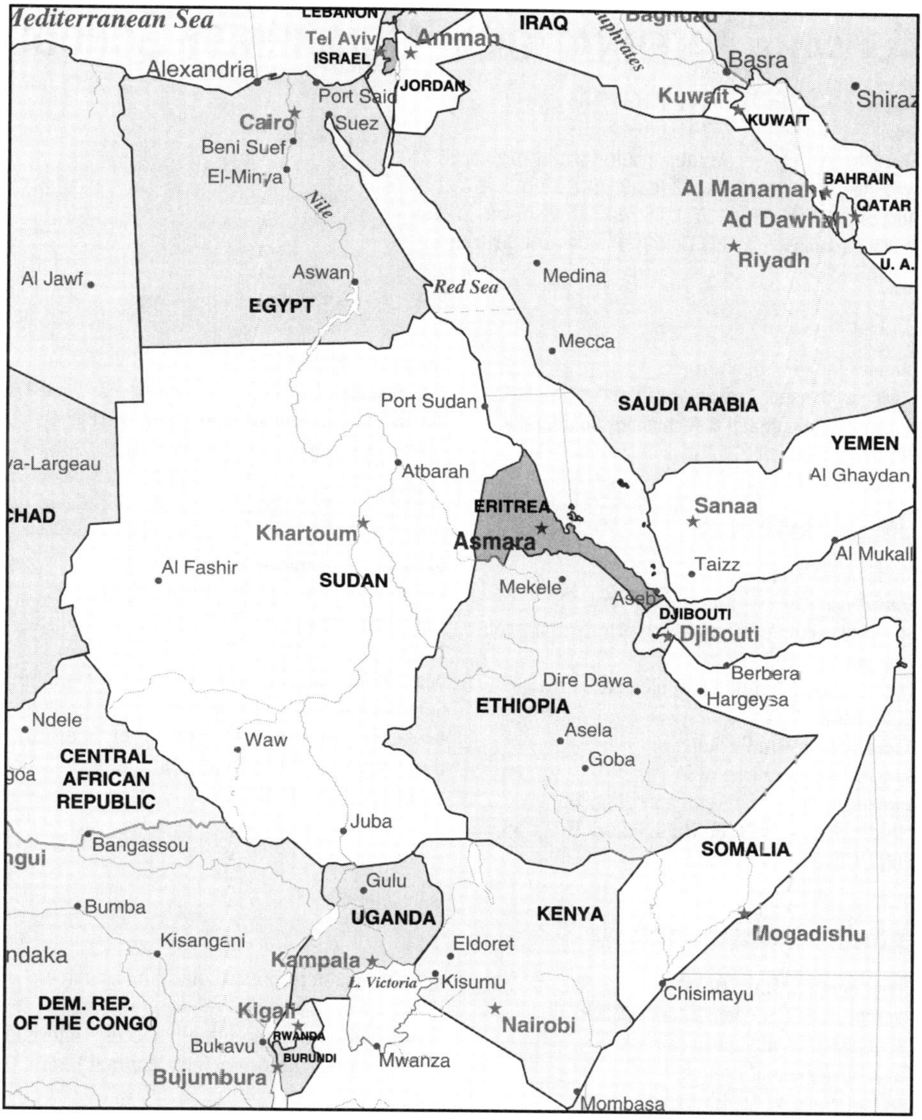

ERITREA

Area:	117,600 sq km
Population:	5,792,984
Capital:	Asmara (Asmera)
Currency:	Nakfa (ERN)
Languages:	Afar, Arabic

Asmara International Community School

Phone +291 1 16-17-05
Fax +291 1 16-1-705
Email Administration@aics.org.er
Website www.aicsasmara.com
Address 117-19 Street, #6, Asmara, Eritrea
Mailing address PO Box 4941, Asmara, Eritrea

STAFF

Director Jack F. Shepherd Jr.
Business Manager Esayas Abraham
Network Administrator & Technology Coordinator Solomon Lebassie
Librarian Merhawi Tareke
Teaching staff Full time 13; Part time 2; Total 15
Nationalities of teaching staff US 7; Eritrean 6; Other(s) (Canadian, Australian) 2

INFORMATION

Grade levels PreK–12
School year August–June
School type coeducational, day, private non-profit
Year founded 1994
Governed by appointed and elected Board of Governors
Accredited by Middle States
Regional organizations AISA
Enrollment PreK 16; Elementary K–5 86; Middle School 6–8 33; High School 9–12 35; Total 170
Nationalities of student body US 5; UK 3; Eritrean 127; Other(s) (Dutch, Afghan) 35
Tuition/fee currency US Dollar
Tuition range 3,402–18,592
One time fees Registration 100; Capital Levy 2,800
Graduates attending college 100%
Graduates have attended Catholic U of America, U of Maryland, U of Connecticut, U of Richmond, U of Tulsa

EDUCATIONAL PROGRAM

Curriculum US, Intl, IBPYP
Average class size Elementary 17; Secondary 18
Language(s) of instruction English
Language(s) taught French
Staff specialists ESL, librarian, nurse
Special curricular programs art, vocal music, distance learning, physical education
Extra curricular programs community service, newspaper, yearbook
Sports badminton, basketball, soccer, volleyball
Clubs National Honor Society, National Junior Honor Society, debate
Examinations ACT, Iowa, PSAT, SAT, TOEFL

CAMPUS FACILITIES

Location Urban
Campus 1 hectare, 2 buildings, 15 classrooms, 1 computer lab, 35 instructional computers, 7,500 library volumes, 1 auditorium, 1 gymnasium, 1 infirmary, 1 playing field, 1 science lab

ESTONIA

Area:	45,228 sq km
Population:	1,291,170
Capital:	Tallinn
Currency:	Estonian Kroon (EEK)
Languages:	Estonian, Russian

International School of Estonia

Phone 372 666 4380
Fax 372 666 43 83
Email office@ise.edu.ee
Website www.ise.edu.ee
Address Juhkentali 18, Tallinn, 10132, Estonia

STAFF

Director Don A. Fitzmahan
Principal & DP Coordinator Kathleen Naglee
PYP Coordinator Terje Akke
Office Manager Reelika Herkel
IT Coordinator Marcel Ideler
Librarian Kadri Tompson
Teaching staff Full time 22; Part time 4; Total 26
Nationalities of teaching staff US 6; UK 4; Estonian 10; Other(s) (French, Portuguese) 6

INFORMATION

Grade levels PreK–12
School year August–June
School type coeducational, day, private non-profit
Year founded 1995
Governed by elected Board
Accredited by CIS, New England
Regional organizations CEESA, ECIS
Enrollment Nursery 10; PreK 10; Elementary K–5 52; Middle School 6–8 36; High School 9–12 12; Total 120
Nationalities of student body US 30; UK 6; Estonian 30; Other(s) (Swede, Russian) 54
Tuition/fee currency Euro
Tuition range 2,347–16,766
One time fees Registration 500; Capital Levy 2,000
Graduates attending college 100%
Graduates have attended Whitman Col, U of Warsaw, Portobello Col, Ecole Hoteliere De Lausanne, Moscow State U

EDUCATIONAL PROGRAM

Curriculum Intl, IB Diploma, IBPYP
Average class size Elementary 10; Secondary 8
Language(s) of instruction English
Language(s) taught French, German, Estonian
Staff specialists computer, counselor, ESL, learning disabilities, librarian, nurse
Special curricular programs art, instrumental music, computer/technology, physical education
Extra curricular programs computers, community service, dance, drama, environmental conservation, excursions/expeditions, literary magazine, photography, yearbook
Sports badminton, basketball, soccer, swimming, tennis, track and field, volleyball
Clubs cooking, art, dance, Karate, homework, frisbee, ballet, magic, IT, board games
Examinations IB, PSAT, SAT, SAT II, TOEFL, MAP

CAMPUS FACILITIES

Location Urban
Campus 1 hectare, 1 building, 19 classrooms, 2 computer labs, 40 instructional computers, 7,500 library volumes, 1 cafeteria, 1 gymnasium, 1 infirmary, 1 playing field, 1 science lab

ETHIOPIA

Area:	1,104,300 sq km
Population:	88,013,491
Capital:	Addis Ababa
Currency:	Birr (ETB)
Languages:	Amarigna, Oromigna, English

International Community School of Addis Ababa

Phone (251-11) 371-1544
Fax (251-11) 371-0722
Email info@icsaddis.edu.et
Website www.icsaddis.edu.et
Address Mauritania Road, Addis Ababa, Ethiopia
Mailing address PO Box 70282, Addis Ababa, Ethiopia

STAFF

Director James Laney
High School Principal Mark DelVecchio
PK-8 Principal Hubert Gordon
Assistant Principal for Curriculum & IB Coordinator Joyce Halsey
Assistant Principal for Athletics & Activities Kirby Boychuk
Business Manager Wondwossen Gegziabher
IT Director John Iglar
Librarian Douglas Glenn
Teaching staff Full time 60; Part time 5; Total 65
Nationalities of teaching staff US 36; UK 4; Ethiopian 6; Other(s) (Canadian, French) 19

INFORMATION

Grade levels PreK–12
School year August–June
School type coeducational, day
Year founded 1966
Governed by elected Parents
Accredited by Middle States
Regional organizations AISA, ECIS
Enrollment PreK 52; Elementary K–5 253; Middle School 6–8 114; High School 9–12 147; Total 566
Nationalities of student body US 191; UK 36; Ethiopian 54; Other(s) (Canadian, German) 285
Tuition/fee currency US Dollar
Tuition range 6,700–18,750
Annual fees Registration 500; Capital Levy 800
One time fees New Student Capital Levy 2,200
Graduates attending college 98%
Graduates have attended Yale U, Harvard U, Massachusetts Institute of Technology, U of St. Andrews, U of Toronto

EDUCATIONAL PROGRAM

Curriculum US, IB Diploma
Average class size Elementary 18; Secondary 18
Language(s) of instruction English
Language(s) taught French, Spanish, Amharic
Staff specialists computer, counselor, ESL, librarian, math resource, nurse, psychologist, reading resource
Special curricular programs art, instrumental music, vocal music, computer/technology, physical education
Extra curricular programs community service, drama, excursions/expeditions, newspaper, yearbook, Jazz Band
Sports basketball, cricket, cross-country, soccer, tennis, track and field, volleyball
Clubs Model UN, National Honor Society, Boy & Girl Scouts, choir, Global Issues Network
Examinations ACT, IB, PSAT, SAT, SAT II, TOEFL, ISA, PLAN

CAMPUS FACILITIES

Location Suburban
Campus 5 hectares, 10 buildings, 42 classrooms, 3 computer labs, 100 instructional computers, 25,000 library volumes, 3 auditoriums, 1 cafeteria, 1 covered play area, 1 gymnasium, 1 infirmary, 6 playing fields, 5 science labs, 4 tennis courts

FINLAND

Area:	338,145 sq km
Population:	5,255,068
Capital:	Helsinki
Currency:	Euro (EUR)
Languages:	Finnish, Swedish

INTERNATIONAL SCHOOL OF HELSINKI

Phone 358 9 686 6160
Fax 358 9 685 6699
Email mainoffice@ish.edu.hel.fi
Website www.ish.edu.hel.fi
Address Selkamerenkatu11, Helsinki, 00180, Finland

STAFF

Head of School Allen T. Hughes, Ed.D.
Lower School Principal George Piacentini
Upper School Principal Debbie Brook
Business Manager Lars Forsell
Computer Coordinator Kirsi Tapola
Librarian Susie Salakari
Teaching staff Full time 50; Part time 5; Total 55
Nationalities of teaching staff US 15; UK 14; Finn 12; Other(s) (Canadian) 14

INFORMATION

Grade levels PreK–12
School year August–June
School type coeducational, day, private non-profit
Year founded 1963
Governed by elected Parent Association-Board of Governors
Accredited by CIS, New England
Regional organizations CEESA, ECIS
Enrollment PreK 10; Elementary K–5 167; Middle School 6–8 64; High School 9–12 77; Total 318
Nationalities of student body US 51; UK 35; Finn 47; Other(s) (Indian, Russian) 185
Tuition/fee currency Euro
Tuition range 11,657–15,276
Annual fees Non-Residency (Grades 1–9) 2,839; Non-Residency (Grades 10–12) 2,601
One time fees Registration 3,000
Graduates attending college 97%
Graduates have attended U of Oxford, Charleston U, Queen Mary's Col, London School of Economics, U of Pennsylvania

EDUCATIONAL PROGRAM

Curriculum Intl, IB Diploma, IBPYP, IBMYP
Average class size Elementary 15; Secondary 15
Language(s) of instruction English
Language(s) taught French, Finnish, Spanish
Staff specialists computer, counselor, ESL, learning disabilities, librarian, nurse
Special curricular programs art, computer/technology, physical education
Extra curricular programs yearbook
Sports basketball, soccer, softball, swimming, tennis, track and field, volleyball
Examinations IB, PSAT, SAT, ISA

CAMPUS FACILITIES

Location Urban
Campus 1 hectare, 1 building, 25 classrooms, 3 computer labs, 100 instructional computers, 18,000 library volumes, 1 auditorium, 1 cafeteria, 1 gymnasium, 1 infirmary, 1 playing field, 2 science labs

FRANCE

Area:	551,500 sq km
Population:	62,814,233
Capital:	Paris
Currency:	Euro (EUR)
Languages:	French

Bordeaux International School

Phone 33 557 870 211
Fax 33 556 790 047
Email bis@bordeaux-school.com
Website www.bordeaux-school.com
Address 252 Rue Judaique, Bordeaux, 33000, France

STAFF

Director Christine Cussac
Secondary Head of School A. J. Woodcock
Primary Head of School Judith Huguenin
Teaching staff Full time 7; Part time 9; Total 16
Nationalities of teaching staff UK 7; French 6; Other(s) (Spaniard) 3

INFORMATION

Grade levels N–13
School year September–June
School type boarding, coeducational, day, private non-profit
Year founded 1988
Governed by appointed Cooperative
Accredited by CIS
Regional organizations ECIS
Enrollment Nursery 11; PreK 18; Elementary K–5 27; Middle School 6–8 4; High School 9–12 13; Grade 13 9; Total 82
Nationalities of student body US 3; UK 22; French 38; Other(s) (Canadian) 19
Tuition/fee currency Euro
Tuition range 2,110–13,280
Annual fees Boarding, 5-day 4,850; Boarding, 7-day 7,160; Equipment 490
One time fees Registration 570; Host Family 165
Boarding program grades 8–13
Boarding program length 5-day and 7-day
Boys 6 **Girls** 8
Graduates attending college 95%
Graduates have attended U of Bristol, U of Sussex, U Col of London, McGill U, U of Bordeaux

EDUCATIONAL PROGRAM

Curriculum UK, National, IGCSE, French
Average class size Elementary 12; Secondary 10
Language(s) of instruction English, French
Language(s) taught English, French, Spanish, Italian
Staff specialists computer, counselor, learning disabilities, librarian, math resource, reading resource
Special curricular programs art, instrumental music, vocal music, computer/technology
Extra curricular programs community service, dance, drama, excursions/expeditions, newspaper, photography
Sports basketball, football, golf, martial arts, rugby, soccer, squash, swimming, tennis, volleyball
Examinations A-level GCE, GCSE, IGCSE, TOEFL

CAMPUS FACILITIES

Location Urban
Campus 3 buildings, 20 classrooms, 1 computer lab, 12 instructional computers, 1,000 library volumes, 1 cafeteria, 1 covered play area, 1 science lab

Data from 2009/10 school year.

MOUGINS SCHOOL

Phone 33 493 901 547
Fax 33 493 753 140
Email information@mougins-school.com
Website www.mougins-school.com
Address 615 Avenue Dr. Maurice Donat, Font De L'Orme, BP 401, Mougins, 06251, France

STAFF

Headmaster Brian G. Hickmore
Deputy Head & Careers Officer Jane Hart
Examinations Officer Catherine Wright
Head of Studies Joanna Povall
Head of Primary School David Gifford
Accountant Corinne Hajek
Head of Technology Rob Charlton
Head of Library Denise Aughton
Teaching staff Full time 43; Part time 4; Total 47
Nationalities of teaching staff UK 34; French 9; Other(s) 4

INFORMATION

Grade levels N–13
School year September–June
School type coeducational, day, private non-profit
Year founded 1964
Governed by elected Board of Governors
Enrollment Nursery 17; PreK 20; Elementary K–5 148; Middle School 6–8 124; High School 9–12 79; Total 388
Tuition/fee currency Euro
Tuition range 5,100–13,900
Annual fees Lunch 870
One time fees Registration 700
Graduates attending college 90%
Graduates have attended U of Oxford, U of Cambridge, Imperial Col London, U de Provence, McGill U

EDUCATIONAL PROGRAM

Curriculum UK, IGCSE
Average class size Elementary 22; Secondary 22
Language(s) of instruction English
Language(s) taught English, French, Spanish
Staff specialists computer, ESL, learning disabilities, librarian, nurse
Special curricular programs art, instrumental music, vocal music, computer/technology, physical education
Extra curricular programs computers, dance, drama, excursions/expeditions, yearbook
Sports badminton, basketball, cross-country, football, gymnastics, hockey, track and field, volleyball, netball
Clubs chess, computer, drama, dance, football, basketball, volleyball, ultimate frisbee, art, instrumental music,singing,
Examinations A-level GCE, GCSE, IGCSE

CAMPUS FACILITIES

Location Suburban
Campus 3 hectares, 6 buildings, 32 classrooms, 2 computer labs, 30 instructional computers, 10,000 library volumes, 1 auditorium, 1 cafeteria, 1 gymnasium, 1 infirmary, 1 playing field, 3 science labs, air conditioning

Data from 2009/10 school year.

INTERNATIONAL SCHOOL OF NICE

Phone 33 493 210 400
Fax 33 493 218 490
Email isn@cote-azur.cci.fr
Website www.isn-nice.com
Address 15 Avenue Claude Debussy, Nice, 06200, France

STAFF

Director David Johnson, Ed.D.
Principal & Guidance Counselor Nalinka Kalder, Ed.D.
IB Coordinator Dabid Johnson, Ed.D.
Middle School Coordinator Pauline Minnis, Ed.D.
Lower School Coordinator Jackie Tindle, Ed.D.
Guidance Counselor David Johnson, Ed.D.
Business Manager Edwige Roussel
IT Coordinator Mark Watson
Librarian Victoria Tabuteau
Teaching staff Full time 48; Total 48
Nationalities of teaching staff US 8; UK 16; French 11; Other(s) 13

INFORMATION

Grade levels N–12
School year September–June
School type coeducational, day, private non-profit
Year founded 1977
Governed by appointed and elected School Board
Sponsored by French Riviera Chamber of Commerce
Accredited by CIS, Middle States
Regional organizations ECIS
Enrollment PreK 5; Elementary K–5 95; Middle School 6–8 60; High School 9–12 105; Total 265
Nationalities of student body US 29; UK 74; French 61; Other(s) (Dutch, Italian) 101
Tuition/fee currency Euro
Tuition range 10,150–15,630
Annual fees Busing 2,500
One time fees Registration 300; Capital Levy 2,200
Graduates attending college 98%
Graduates have attended London School of Economics, U of Cambridge, U of London, Tufts U, Boston U

EDUCATIONAL PROGRAM

Curriculum US, UK, Intl, IB Diploma, IBPYP, AP, IGCSE
Average class size Elementary 22; Secondary 22
Language(s) of instruction English
Language(s) taught French
Staff specialists computer, counselor, ESL, learning disabilities, librarian, reading resource, speech/hearing
Special curricular programs art, instrumental music, vocal music, computer/technology, physical education
Extra curricular programs computers, community service, dance, drama, excursions/expeditions, yearbook
Sports badminton, basketball, football, gymnastics, rugby, skiing, soccer, swimming, tennis, track and field, volleyball
Examinations AP, GCSE, IB, IGCSE, PSAT, SAT, SSAT, ACT, ABRSM

CAMPUS FACILITIES

Location Suburban
Campus 2 hectares, 1 building, 24 classrooms, 1 computer lab, 45 instructional computers, 5,000 library volumes, 1 auditorium, 1 cafeteria, 1 covered play area, 1 gymnasium, 1 infirmary, 2 playing fields, 3 science labs, 3 tennis courts

American School of Paris

Phone 33 1 4112 8265
Fax 33 1 41128293
Email head@asparis.fr
Website www.asparis.org
Address 41, rue Pasteur, Saint Cloud, 92210, France

STAFF

Head of School Mark Ulfers
Assistant Head & Upper School Director Aaron Hubbard
Middle School Director Kathryn Miner
Lower School Director Margaret Coleman
Director of Advancement Michael McNeill
Director of Facilities Mike Breen
Director of Finance & Human Resources Joyce Kearney
IT Director Larry Love
Upper School Librarian Mario Chioini
Teaching staff Full time 65; Part time 72; Total 137
Nationalities of teaching staff US 59, UK 13; French 33; Other(s) (Canadian, Dutch) 32

INFORMATION

Grade levels K–13
School year August–June
School type coeducational, day, private non-profit
Year founded 1946
Governed by elected Board of Trustees
Accredited by CIS, Middle States
Regional organizations CEESA, ECIS, MAIS
Enrollment PreK 16; Elementary K–5 252; Middle School 6–8 185; High School 9–12 351; Grade 13 2; Total 806
Nationalities of student body US 368; UK 30; French 66; Other(s) (Canadian, Korean) 342
Tuition/fee currency Euro
Tuition range 16,010–25,070
Annual fees Busing 2,900
One time fees Registration 850; Capital Levy 8,980
Graduates attending college 98%
Graduates have attended Georgetown U, Northwestern U, Princeton U, Tufts U, Cornell U

EDUCATIONAL PROGRAM

Curriculum US, Intl, IB Diploma, AP
Average class size Elementary 20; Secondary 18
Language(s) of instruction English
Language(s) taught French, Spanish
Staff specialists computer, counselor, ESL, learning disabilities, librarian, nurse, psychologist, reading resource
Special curricular programs art, instrumental music, vocal music, computer/technology, physical education
Extra curricular programs computers, community service, dance, drama, environmental conservation, excursions/expeditions, literary magazine, newspaper, photography, yearbook
Sports baseball, basketball, cross-country, football, golf, soccer, softball, swimming, tennis, track and field, volleyball
Clubs film, Model UN, Harvard Model Congress, Amnesty International, Romania, Green Team
Examinations ACT, AP, IB, PSAT, SAT, SAT II

CAMPUS FACILITIES

Location Suburban
Campus 7 hectares, 6 buildings, 50 classrooms, 3 computer labs, 200 instructional computers, 38,000 library volumes, 1 auditorium, 2 cafeterias, 1 covered play area, 2 gymnasiums, 1 infirmary, 1 playing field, 5 science labs

International School of Paris

Phone 33 1 422 40954
Fax 33 1 452 71593
Email info@isparis.edu
Website www.isparis.edu
Address 6 rue Beethoven, Paris, 75016, France

STAFF

Head of School Gareth F. Jones
Primary School Principal Audrey Peverrelli
Secondary School Principal Ian Piper
Business Manager Isabelle Giraud-Carrier
Head of Technology Abdul Hannan
Librarian Emma Dornan
Teaching staff Full time 72; Part time 18; Total 90
Nationalities of teaching staff US 14; UK 32; French 15; Other(s) (Canadian) 29

INFORMATION

Grade levels N–12
School year September–June
School type coeducational, day, private non-profit
Year founded 1964
Governed by appointed and elected Trustees
Accredited by CIS, New England
Regional organizations ECIS
Enrollment Nursery 12; PreK 24; Elementary K–5 201; Middle School 6–8 126; High School 9–12 289; Total 652
Nationalities of student body US 143; UK 53; French 71; Other(s) (Japanese, Indian) 385
Tuition/fee currency Euro
Tuition range 14,950–21,600
Annual fees Busing 3,600
One time fees Capital Levy 6,000
Graduates attending college 99%
Graduates have attended U of Cambridge, Columbia U, Barnard Col, U of Oxford, Waseda U

EDUCATIONAL PROGRAM

Curriculum Intl, IB Diploma, IBPYP, IBMYP
Average class size Elementary 16; Secondary 16
Language(s) of instruction English
Language(s) taught French, Spanish, German, Hindi, Japanese, Korean
Staff specialists computer, counselor, learning disabilities, librarian, psychologist
Special curricular programs art, instrumental music, computer/technology, physical education
Extra curricular programs computers, community service, drama, environmental conservation, excursions/expeditions, literary magazine, yearbook
Sports baseball, basketball, soccer, softball, swimming, tennis, volleyball
Clubs ecology, Model UN, chess
Examinations ACT, IB, PSAT, SAT, SAT II

CAMPUS FACILITIES

Location Urban
Campus 2 hectares, 6 buildings, 47 classrooms, 3 computer labs, 15 instructional computers, 3,000 library volumes, 1 covered play area, 2 gymnasiums, 4 science labs, air conditioning

Data from 2009/10 school year.

Marymount International School, Paris

Phone +33 1 46 24 10 51
Fax +33 1 46 24 93 26
Email info@marymount.fr
Website www.marymount.fr
Address 72, boulevard de la Saussaye, Neuilly-sur-Seine, 92200, France

STAFF

Head of School Ron Roukema, Ed.D.
School Principal Mary McMillan
Business Manager Charlotte Gomart
IT Manager Farid Braka
Librarian Fiona Ellis
Teaching staff Full time 66; Part time 28; Total 94
Nationalities of teaching staff US 13; UK 26; French 25; Other(s) 30

INFORMATION

Grade levels N–8
School year September–June
School type coeducational, church-affiliated, day, private non-profit
Year founded 1923
Governed by appointed Marymount School Association
Accredited by CIS, Middle States
Regional organizations ECIS, MAIS
Enrollment PreK 20; Elementary K–5 220; Middle School 6–8 82; Total 322
Tuition/fee currency Euro
Tuition range 16,200–22,600
Annual fees Busing 3,600; Lunch 1,300; Re-enrollment 550
One time fees Registration 840; Capital Levy 8,300

EDUCATIONAL PROGRAM

Curriculum US
Average class size Elementary 18; Secondary 14
Language(s) of instruction English
Language(s) taught French, Spanish, Latin, Mandarin
Staff specialists computer, counselor, ESL, learning disabilities, librarian, math resource, nurse, physician, psychologist, reading resource, speech/hearing
Special curricular programs art, instrumental music, vocal music, computer/technology, physical education
Extra curricular programs computers, community service, dance, drama, environmental conservation, excursions/expeditions, yearbook
Sports baseball, basketball, football, golf, gymnastics, hockey, martial arts, rugby, soccer, softball, swimming, tennis, track and field, volleyball, rowing
Clubs Kumon math, art, yearbook, ballet
Examinations Iowa

CAMPUS FACILITIES

Location Urban
Campus 1 hectare, 6 buildings, 42 classrooms, 1 computer lab, 120 instructional computers, 12,000 library volumes, 1 auditorium, 1 cafeteria, 1 covered play area, 1 gymnasium, 1 infirmary, 3 playing fields, 1 science lab

International School of Béarn

Phone 33 6 12 56 68 67
Fax 33 5 59 80 17 09
Email contact@isbearn.com
Website www.isbearn.com
Address Rue des Fougeres, Morlaas (Pau), 64160, France

STAFF

Head of School & Business Manager Maria Elias
Head of Primary School Steve Hayman
Head of Secondary School Mike Kirby
IT Coordinator Sebastien Vieilhescazes
Teaching staff Full time 19; Part time 7; Total 26
Nationalities of teaching staff US 1; UK 18; French 4; Other(s) 3

INFORMATION

Grade levels N–13
School year September–June
School type coeducational, day, private non-profit
Year founded 2003
Enrollment Nursery 14; PreK 28; Elementary K–5 70; Middle School 6–8 30; High School 9–12 20; Grade 13 2; Total 164
Nationalities of student body US 12; UK 50; French 40; Other(s) (Indonesian, Nigerian) 62
Tuition/fee currency Euro
Tuition range 4,200–7,460
Annual fees Registration 200; Insurance 14
One time fees Capital Levy 340; Entry 250
Graduates attending college 100%

EDUCATIONAL PROGRAM

Curriculum UK, National, IGCSE
Average class size Elementary 15; Secondary 12
Language(s) of instruction English
Language(s) taught French, Spanish
Staff specialists computer, ESL, librarian, physician
Special curricular programs art, instrumental music, computer/technology, physical education
Extra curricular programs computers, dance, drama, yearbook
Sports basketball, cricket, cross-country, football, golf, hockey, martial arts, rugby, skiing, soccer, softball, swimming, tennis, volleyball
Clubs chess, Judo, golf, computer, art & crafts, ballet, football, hockey, fun science, Scottish dance, rugby
Examinations A-level GCE, GCSE, IGCSE, SAT

CAMPUS FACILITIES

Location Suburban
Campus 3 buildings, 14 classrooms, 1 computer lab, 20 instructional computers, 1 library volumes, 1 cafeteria, 1 covered play area, 1 gymnasium, 2 playing fields, 1 science lab, air conditioning

Data from 2009/10 school year.

LYCÉE INTERNATIONAL, AMERICAN SECTION

Phone 33 1 34 51 74 85
Fax 33 1 30 87 00 49
Email lycee@americansection.org
Website www.americansection.org
Address BP 70107, rue du Fer Cheval, St. Germain-en-Laye, Cedex, 78101, France

STAFF

Director Sean Lynch
Primary Principal Barbara Moross
Middle School Principal Adrienne Covington
Director of Admissions Mary Friel
Business Manager Alain Ginsbach
Head Librarian Madolyn Nichols
Teaching staff Full time 17; Part time 3; Total 20
Nationalities of teaching staff US 19; Other(s) (Canadian) 1

INFORMATION

Grade levels PreK–12
School year September–June
School type coeducational, day, private non-profit
Year founded 1952
Governed by elected ASALI Board
Regional organizations ECIS
Enrollment Nursery 16; PreK 16; Elementary K–5 250; Middle School 6–8 240; High School 9–12 180; Total 702
Nationalities of student body US 300; UK 40; French 270; Other(s) 95
Tuition/fee currency Euro
Tuition range 1,430–7,500
One time fees Registration 1,000
Graduates attending college 100%
Graduates have attended Harvard U, U of Virginia, McGill U, U Col London, U of Bristol

EDUCATIONAL PROGRAM

Curriculum US, National, International Option of French Baccalaureate
Average class size Elementary 18; Secondary 20
Language(s) of instruction English, French
Language(s) taught Spanish, German, Latin, Russian, Italian, Chinese, English
Staff specialists counselor, librarian, nurse, psychologist
Special curricular programs art, instrumental music, computer/technology, physical education
Extra curricular programs community service, drama, environmental conservation, excursions/expeditions, literary magazine, yearbook, acappella
Sports badminton, basketball, soccer, swimming
Clubs Model UN, Green Team, Human Rights Watch, community service
Examinations AP, PSAT, SAT, International Option French Baccalaureat

CAMPUS FACILITIES

Location Suburban
Campus 3 hectares, 6 buildings, 2 computer labs, 100,000 library volumes, 1 auditorium, 2 cafeterias, 1 gymnasium, 1 infirmary, 1 playing field, 1 science lab, 1 tennis court

GABON

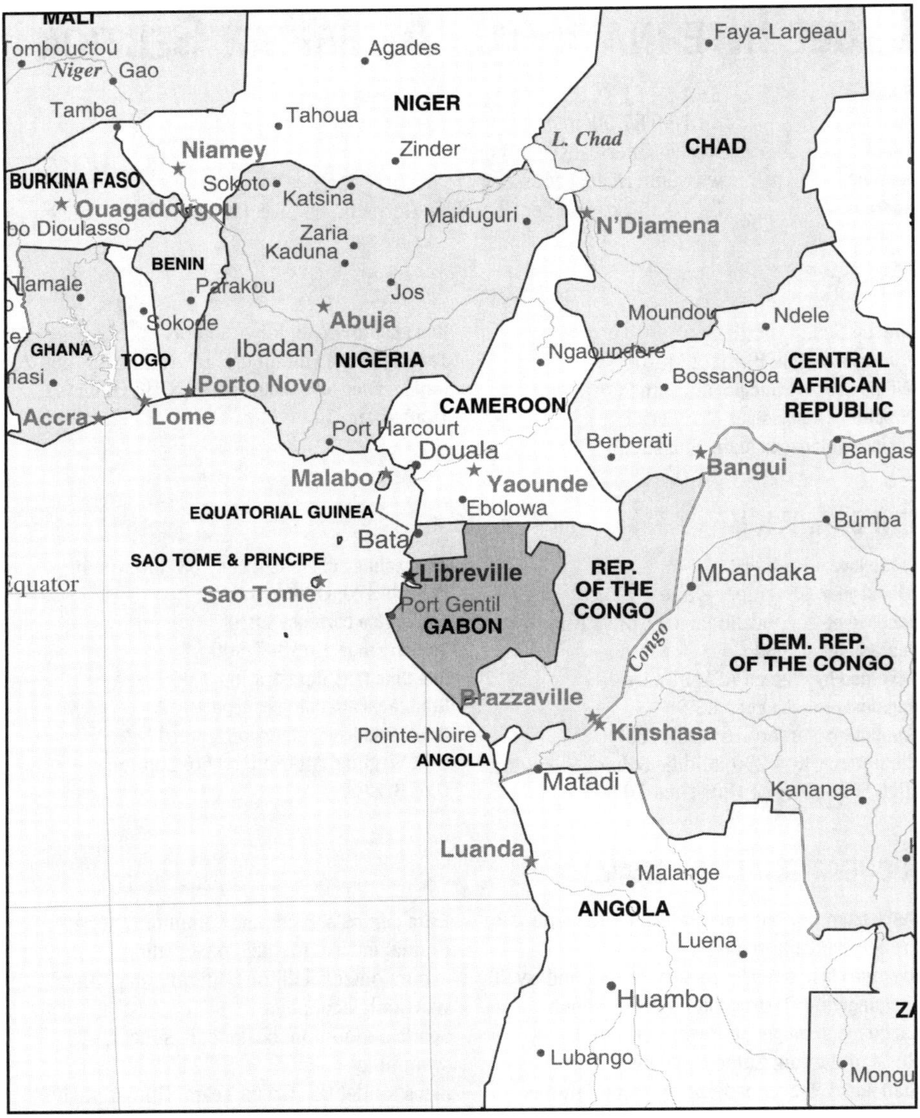

GABON

Area:	267,667 sq km
Population:	1,545,255
Capital:	Libreville
Currency:	CFA Franc (XAF)
Languages:	French

American International School of Libreville

Phone 241 724 556
Fax 241 745 240
Email aislgabon@gmail.com
Website www.aislibreville.com
Address EcoleAmericaine, Boulevard du Bord de la Mer, Quartier Glass, Libreville, Estuaire, BP4000, Gabon
Mailing address AISL Director, 2270 Libreville Place, Washington, DC 20521-2270, USA

STAFF

Director G. Dwayne Lehman
Teacher/Curriculum Coordinator Gregory van Goidtsnoven
Business Manager Nissrine Moukarim
Computer Technician Davy Mbadjnine
Teaching staff Full time 13; Total 13
Nationalities of teaching staff US 5; Gabonese 5; Other(s) (Canadian) 3

INFORMATION

Grade levels PreK–8
School year August–June
School type coeducational, day, private non-profit
Year founded 1975
Governed by elected Board of Directors
Sponsored by US Overseas School
Accredited by Middle States
Regional organizations AISA
Enrollment PreK 5; Elementary K–5 15; Middle School 6–8 14; Total 34
Nationalities of student body US 10; Gabonese 12; Other(s) (Korean, Indian) 12
Tuition/fee currency US Dollar
Tuition 15,000
Annual fees Registration 300

EDUCATIONAL PROGRAM

Curriculum US, A+ Learning System, Six Traits, Writers Workshop, Readers Workshop, Second Step
Average class size Elementary 10
Language(s) of instruction English
Language(s) taught French
Staff specialists computer, ESL, math resource, reading resource
Special curricular programs art, vocal music, computer/technology, physical education
Extra curricular programs computers, drama, environmental conservation, newspaper, photography, yearbook
Sports badminton, basketball, soccer, swimming, tennis, track and field, volleyball
Examinations SAT, SAT II, Stanford, TOEFL, A+ Learning System

CAMPUS FACILITIES

Location Urban
Campus 1 hectare, 1 building, 7 classrooms, 1 computer lab, 15 instructional computers, 6,000 library volumes, 1 covered play area, 1 playing field, air conditioning

THE GAMBIA

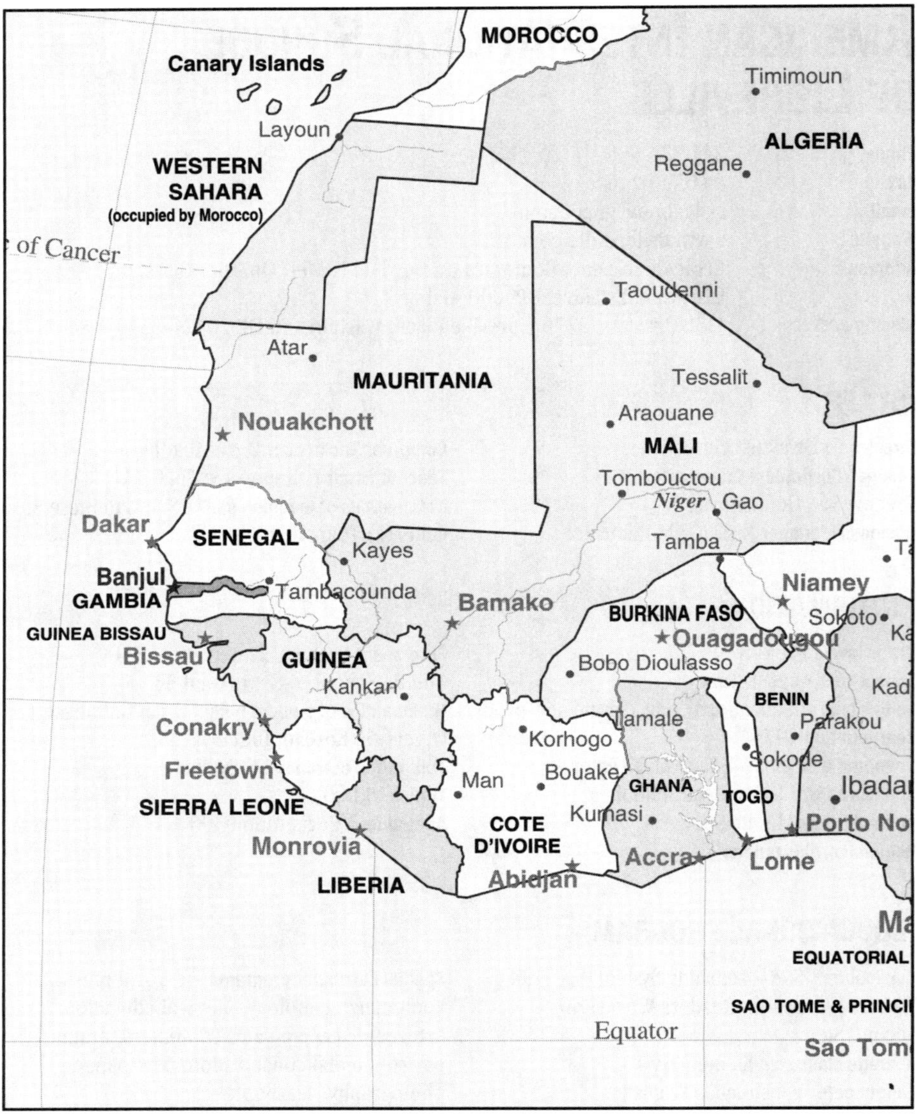

THE GAMBIA

Area:	11,295 sq km
Population:	1,824,158
Capital:	Banjul
Currency:	Dalasi (GMD)
Languages:	English

Banjul American Embassy School

Phone	220 449 5920
Fax	220 449 7181
Email	baes@qanet.gm
Website	www.baes.gm
Address	Sutay Bojang Street (off Atlantic Road, Fajara), PO Box 2596, Serrekunda, Fajara, Gambia, The
Mailing address	c/o US Embassy, Banjul, 2070 Banjul Place, Dulles VA 20189-2070, USA

STAFF

Director Dianne Zemichael
Accountant & Administrative Assistant Leah Moore
Teaching staff Full time 5; Part time 4; Total 9
Nationalities of teaching staff US 3; UK 1; Gambian 2; Other(s) (Belgian, Canadian) 3

INFORMATION

Grade levels PreK–8
School year August–June
School type coeducational, day, private non-profit
Year founded 1984
Governed by elected Board of Directors
Accredited by Middle States
Regional organizations AISA
Enrollment PreK 11; Elementary K–5 30; Middle School 6–8 14; Total 55
Nationalities of student body US 9; UK 9; Gambian 4; Other(s) (Irish, Lebanese) 33
Tuition/fee currency US Dollar
Tuition range 3,750–9,000
Annual fees Returning Student 100
One time fees Registration 200; Capital Levy 2,100

EDUCATIONAL PROGRAM

Curriculum US
Average class size Elementary 10
Language(s) of instruction English
Language(s) taught French
Staff specialists computer
Special curricular programs art, computer/technology, physical education, field trips
Extra curricular programs computers, community service, yearbook
Sports basketball, soccer, softball, swimming, volleyball
Examinations MAP

CAMPUS FACILITIES

Location Suburban
Campus 4 buildings, 9 classrooms, 1 computer lab, 14 instructional computers, 7,000 library volumes, 2 playing fields, 1 science lab, air conditioning

GEORGIA

GEORGIA

Area:	69,700 sq km
Population:	4,600,825
Capital:	T'bilisi
Currency:	Lari (GEL)
Languages:	Georgian

QSI International School of Tbilisi

Phone 995 32 537 674
Fax 995 32 322 607
Email tbilisi@qsi.ge
Website www.qsi.org/grg_home/grg_home.htm
Address Village Zurgovani, Tbilisi, 0126, Georgia
Mailing address c/o US Embassy, Tbilisi, Dept. of State, 7060 Tbilisi Place, Washington, DC 20521-7060, USA

STAFF

Director James Rehberg
Director of Instruction R.M. Pellant
Business Manager Inga Keshelava
Information & Technology Support Manager George Keretchashvili
Library Solame Shoshitaishvili
Teaching staff Full time 26; Part time 6; Total 32
Nationalities of teaching staff US 15; Georgian 12; Other(s) 5

INFORMATION

Grade levels PreK–12
School year August–June
School type coeducational, day, private non-profit
Year founded 1995
Governed by appointed Board of Directors
Accredited by Middle States
Regional organizations CEESA
Enrollment Nursery 15; PreK 18; Elementary K–5 65; Middle School 6–8 37; High School 9–12 36; Total 171
Nationalities of student body US 52; UK 13; Georgian 31; Other(s) 75
Tuition/fee currency US Dollar
Tuition range 5,000–18,400
Annual fees Capital Levy 3,200
One time fees Registration 300
Graduates attending college 100%
Graduates have attended Yale U, Dominican U, Trinity U, U.S. Military Academy at West Point

EDUCATIONAL PROGRAM

Curriculum US, AP
Average class size Elementary 14; Secondary 6
Language(s) of instruction English
Language(s) taught French, Russian, Georgian, German
Staff specialists computer, counselor, ESL, librarian, nurse, physician
Special curricular programs art, instrumental music, vocal music, computer/technology, physical education
Extra curricular programs computers, community service, dance, drama, environmental conservation, excursions/expeditions, newspaper, photography, yearbook
Sports baseball, basketball, cross-country, football, gymnastics, skiing, soccer, track and field, volleyball
Examinations AP, Iowa, PSAT, SAT

CAMPUS FACILITIES

Location Urban
Campus 5 hectares, 1 building, 22 classrooms, 1 computer lab, 56 instructional computers, 9,000 library volumes, 1 cafeteria, 1 covered play area, 1 gymnasium, 1 infirmary, 1 playing field, 2 science labs, air conditioning

GERMANY

GERMANY

Area: 357,022 sq km
Population: 82,282,988
Capital: Berlin
Currency: Euro (EUR)
Languages: German

Berlin Brandenburg International School GmbH

Phone 49 33203 80 36 0
Fax 49 33203 80 36 121
Email office@bbis.de
Website www.bbis.de
Address Am Hochwald 30, Kleinmachnow, Brandenburg, 14532, Germany

STAFF

Director & CEO Thomas Schaedler
High School Principal Richard Bartlett
Middle School Principal Michaela Jung
Elementary School Principal Camille Du Aime
IB Diploma Coordinator Karin Schnoor
Head of Student Support Services Christina Limbird, Ph.D.
Business Manager & CFO Burkhard Dolata
IT Coordinator Harry Klooster
Teaching staff Full time 105; Part time 15; Total 120
Nationalities of teaching staff US 47; UK 27; German 20; Other(s) (Australian, Canadian) 26

INFORMATION

Grade levels PreK–12
School year August–June
School type boarding, coeducational, day, private non-profit
Year founded 1990
Governed by appointed and elected Supervisory Board
Accredited by CIS, Middle States, World-Wide Education Service
Regional organizations CEESA, ECIS
Enrollment PreK 70; Elementary K–5 246; Middle School 6–8 201; High School 9–12 180; Total 697
Nationalities of student body US 105; UK 55; German 264; Other(s) (Dutch, Israeli) 273
Tuition/fee currency Euro
Tuition range 9,100–14,400
Annual fees Boarding, 7-day 16,200; Busing 1,150
One time fees Registration 3,000; Registration for Boarding 3,000
Boarding program grades 6–12
Boarding program length 7-day **Boys** 15 **Girls** 10
Graduates attending college 85%
Graduates have attended U of Pennsylvania, Harvard U, Columbia U, Princeton U, London School of Economics

(Continued)

Berlin Brandenburg International School GmbH (Continued)

EDUCATIONAL PROGRAM

Curriculum Intl, IB Diploma, IBPYP, IBMYP
Average class size Elementary 16; Secondary 18
Language(s) of instruction English
Language(s) taught German, French, Spanish, Hebrew, Japanese, Dutch, Italian, Russian
Staff specialists computer, counselor, ESL, learning disabilities, librarian, math resource, nurse, psychologist
Special curricular programs art, instrumental music, vocal music, computer/technology, physical education, vocational
Extra curricular programs computers, community service, dance, drama, excursions/expeditions, newspaper, photography, yearbook, art outings, still-life drawing, BBIS band, choir, instrumental ensemble, jazz ensemble, paper creation station, arts & crafts, recipe fun, BBIS zoo
Sports badminton, baseball, basketball, cricket, cross-country, football, golf, gymnastics, hockey, skiing, soccer, softball, swimming, tennis, track and field, volleyball, sailing, rowing, karate, horseback riding, biking
Clubs drama, sailing, human rights, dancing, junior math, senior math, chess, German, Model UN
Examinations IB

CAMPUS FACILITIES

Location Suburban
Campus 3 buildings, 50 classrooms, 4 computer labs, 80 instructional computers, 8,000 library volumes, 1 auditorium, 1 cafeteria, 1 gymnasium, 2 playing fields, 3 science labs

BERLIN INTERNATIONAL SCHOOL

Phone 49 30 82 00 77 90
Fax 49 30 82 00 77 99
Email office@berlin-international-school.de
Website www.berlin-international-school.de
Address Lentzeallee 8/14, Berlin, 14195, Germany

STAFF

Director Hubert Keulers
Principal of Primary School Ann le Diraison
Principal of Secondary School Michael Cunningham, Ph.D.
Principal, Early Childhood Center Kirsten Leang
IB Coordinator Emma Moffatt, Ph.D.
University & Guidance Counselor Herb Blount
Superintendent Andreas Wegener
Head of IT Kevin Miller
Librarian Cyril Compeyron
Teaching staff Full time 80; Part time 13; Total 93
Nationalities of teaching staff US 20; UK 15; German 15; Other(s) (Canadian, Australian) 43

INFORMATION

Grade levels N–12
School year August–July
School type coeducational, day, private non-profit, proprietary
Year founded 1998
Governed by appointed Private Kant-Schule e.V.
Accredited by CIS, New England
Regional organizations ECIS
Enrollment Nursery 30; PreK 35; Elementary K–5 410; Middle School 6–8 200; High School 9–12 200; Total 875
Nationalities of student body US 36; UK 23; German 436; Other(s) (Korean, Pakistani) 380
Tuition/fee currency Euro
Tuition range 9,000–10,200
One time fees Registration 800; Books 300; IGCSE Exam 560; IB Diploma Exam 1,200
Graduates attending college 100%
Graduates have attended Humboldt U of Berlin, Imperial Col London, McGill U, Georgetown U, Freie U Berlin

EDUCATIONAL PROGRAM

Curriculum US, UK, National, Intl, IB Diploma, IBPYP, AP, IGCSE
Average class size Elementary 21; Secondary 21
Language(s) of instruction English
Language(s) taught French, Spanish, German, (Mother Tongue/Foreign Language Programs)
Staff specialists computer, counselor, ESL, learning disabilities, librarian, math resource, nurse, psychologist, reading resource, speech/hearing
Special curricular programs art, instrumental music, vocal music, computer/technology, physical education
Extra curricular programs computers, community service, dance, drama, excursions/expeditions, newspaper, photography, yearbook
Sports badminton, baseball, basketball, cross-country, football, golf, gymnastics, hockey, martial arts, skiing, soccer, softball, swimming, tennis, track and field, volleyball
Clubs extensive after school activities program
Examinations AP, GCSE, IB, IGCSE, PSAT, SAT, SAT II

CAMPUS FACILITIES

Location Urban
Campus 1 hectare, 4 buildings, 50 classrooms, 2 computer labs, 80 instructional computers, 7,000 library volumes, 2 auditoriums, 2 cafeterias, 2 gymnasiums, 1 infirmary, 1 playing field, 5 science labs

John F. Kennedy School

Phone 49 30 90299 5758
Fax 49 30 90299 6868
Email jfkschool@t-online.de
Website www.jfks.de
Address Teltower Damm 87-93, Berlin, 14167, Germany

STAFF

Managing Principal & German High School Principal Ulrich Schuermann
American High School Principal Thomas Reale, Ph.D.
German Elementary School Principal Reinhard Roth
Business Manager Marina Hoffmann
Director of Technology Dallas Becker, Ph.D.
High School Librarian James Epps
Teaching staff Full time 145; Part time 12; Total 157
Nationalities of teaching staff US 76; UK 1; German 79; Other(s) (Canadian) 1

INFORMATION

Grade levels K–13
School year August–July
School type coeducational, day
Year founded 1960
Governed by appointed and elected State of Berlin
Accredited by New England
Enrollment Elementary K–5 691; Middle School 6–8 412; High School 9–12 537; Grade 13 93; Total 1,733
Nationalities of student body US 572; UK 63; German 982; Other(s) (Canadian) 116
Graduates attending college 90%
Graduates have attended Stanford U, Harvard U, Michigan State U, U of Cambridge, U of Oxford

EDUCATIONAL PROGRAM

Curriculum US, National, AP
Average class size Elementary 24; Secondary 25
Language(s) of instruction English, German
Language(s) taught French, Spanish, Latin
Staff specialists computer, counselor, librarian, math resource, reading resource
Special curricular programs art, instrumental music, vocal music, computer/technology, physical education
Extra curricular programs computers, community service, drama, excursions/expeditions, newspaper, photography, yearbook
Sports badminton, baseball, basketball, soccer, softball, swimming, track and field, volleyball
Examinations ACT, AP, PSAT, SAT, SAT II, Stanford

CAMPUS FACILITIES

Location Urban
Campus 4 hectares, 6 buildings, 135 classrooms, 3 computer labs, 120 instructional computers, 70,000 library volumes, 1 auditorium, 1 cafeteria, 2 gymnasiums, 1 infirmary, 2 playing fields, 9 science labs

Data from 2009/10 school year.

Bonn International School

Phone 49 228 30854 0
Fax 49 228 30854 351
Email admin@bonn-is.de
Website www.bonn-is.de
Address Martin-Luther-King Strasse 14, Bonn, NRW, 53175, Germany

STAFF

Director Stephen Middlebrook
Secondary School Principal Diane Lewthwaite
Primary School Principal Jacqueline Pender
Business Manager Sabine Schattenberg
IT Coordinator Alex Thurley
Media Center Manager Carolyn Agis
Teaching staff Full time 80; Part time 30; Total 110

INFORMATION

Grade levels PreK–12
School year August–June
School type coeducational, day, private non-profit
Year founded 1997
Governed by elected Board of Trustees
Accredited by CIS, New England
Regional organizations ECIS
Enrollment PreK 40; Elementary K–5 240; Middle School 6–8 125; High School 9–12 160; Total 565
Nationalities of student body US 20; UK 15; German 20; Other(s) (Dutch, Korean) 45
Tuition/fee currency Euro
Graduates attending college 98%
Graduates have attended U of Cambridge, St. Andrews U, Harvard U, Wharton School of Business, Massachusetts Institute of Technology

EDUCATIONAL PROGRAM

Curriculum Intl, IB Diploma, IBPYP, IBMYP
Average class size Elementary 20; Secondary 20
Language(s) of instruction English
Language(s) taught German, French, Spanish
Staff specialists computer, counselor, ESL, learning disabilities, librarian, nurse
Special curricular programs art, instrumental music, computer/technology, physical education
Extra curricular programs computers, community service, dance, drama, environmental conservation, newspaper, yearbook, Model UN
Sports basketball, cross-country, golf, gymnastics, soccer, swimming, tennis, track and field, volleyball
Clubs dance, rocket, Model UN, Global Issues Network, bike
Examinations ACT, IB, PSAT, SAT, SAT II, ISA

CAMPUS FACILITIES

Location Suburban
Campus 10 hectares, 1 building, 60 classrooms, 2 computer labs, 120 instructional computers, 18,000 library volumes, 1 cafeteria, 1 gymnasium, 2 playing fields, 4 science labs

INTERNATIONAL SCHOOL OF BREMEN

Phone 49 4 21 337 9272
Fax 49 4 21 203 1010
Email office@isbremen.de
Website www.isbremen.de
Address Thomas-Mann-Strasse 6-8, Bremen, 28213, Germany

STAFF

Director Malcolm Davis
Head of Secondary School Kim Walton
Head of Elementary School Susanna Bergmann
IB Coordinator Kim Walton
IGCSE Coordinator Susan Turner
Business/Finance Manager Brigitte Siemoneit
Librarian Ruth Holsten
Teaching staff Full time 31; Part time 12; Total 43
Nationalities of teaching staff US 6; UK 8; German 9; Other(s) (Canadian, Indian) 20

INFORMATION

Grade levels N–12
School year August–June
School type coeducational, company-sponsored, day, private non-profit
Year founded 1998
Governed by appointed Board of Directors
Sponsored by Multinational Corporations
Accredited by Middle States
Regional organizations ECIS
Enrollment Nursery 13; PreK 24; Elementary K–5 159; Middle School 6–8 49; High School 9–12 80; Total 325
Nationalities of student body US 8; UK 6; German 160; Other(s) (Indian, Israeli) 151
Tuition/fee currency Euro
Tuition range 8,700–13,100
One time fees Registration 1,000; Capital Levy 5,000; Insurance 350
Graduates attending college 95%
Graduates have attended Jacobs U, London Metro U, Wheaton Col, Florida Institute of Technology, Manchester U

EDUCATIONAL PROGRAM

Curriculum Intl, IB Diploma, IGCSE, International Primary Curriculum
Average class size Elementary 20; Secondary 20
Language(s) of instruction English
Language(s) taught English, German, Spanish, French
Staff specialists computer, ESL, librarian
Extra curricular programs community service, dance, drama, yearbook
Sports basketball, cross-country, soccer
Clubs Key, Global Issues Network, Amnesty International
Examinations GCSE, IB, IGCSE, PSAT, SAT, TOEFL, ISA

CAMPUS FACILITIES

Location Urban
Campus 1 hectare, 1 building, 20 classrooms, 1 computer lab, 50 instructional computers, 10,000 library volumes, 1 auditorium, 1 cafeteria, 2 science labs

Dresden International School

Phone 0049 351 440070
Fax 0049 351 4400723
Email dis@dresden-is.de
Website www.dresden-is.de
Address Annenstr. 9, Dresden, Saxony, 01067, Germany

STAFF

Director Chrissie Sorenson, Ed.D.
Secondary School Principal Steven Ellis
Primary School Principal Joyce Larson
Marketing Coordinator Konstanze Gensmann
Office Manager Luise Heyne
PYP Librarian Nerilee Hall
Business Manager Andrea Harnisch
Head of Technology Jennifer Janesko
Librarian Sharon Larner
Teaching staff Full time 66; Part time 13; Total 79
Nationalities of teaching staff US 15; UK 9; German 24; Other(s) (Australian, Canadian) 31

INFORMATION

Grade levels PreK–12
School year August–June
School type coeducational, day, private non-profit
Year founded 1996
Governed by appointed Board
Accredited by CIS, New England
Regional organizations ECIS
Enrollment Nursery 12; PreK 42; Elementary K–5 212; Middle School 6–8 111; High School 9–12 123; Total 500
Nationalities of student body US 72; UK 46; German 328; Other(s) (Dutch, Turk) 54
Tuition/fee currency Euro
Tuition range 4,500–10,100
One time fees Registration 50; Capital Levy 3,300; Down Payment 2,000
Graduates attending college 100%
Graduates have attended International U of Bremen, Columbia U, Saint Andrews U, U of Regina, Cesar Ritz Col

EDUCATIONAL PROGRAM

Curriculum Intl, IB Diploma, IBPYP, IBMYP
Average class size Elementary 16; Secondary 16
Language(s) of instruction English, German
Language(s) taught English, German, French, Japanese
Staff specialists computer, counselor, ESL, learning disabilities, librarian
Special curricular programs art, computer/technology, physical education
Extra curricular programs community service, drama, excursions/expeditions, yearbook
Sports badminton, basketball, cross-country, golf, skiing, soccer, swimming, tennis, track and field, volleyball
Clubs Model UN, sports, yearbook, aerobic, yoga, Dutch, Student Ambassador Program, plastic model making, mask
Examinations ACT, IB, PSAT, SAT

CAMPUS FACILITIES

Location Urban
Campus 4 buildings, 50 classrooms, 3 computer labs, 170 instructional computers, 12,000 library volumes, 2 cafeterias, 2 covered play areas, 1 gymnasium, 2 playing fields, 3 science labs

International School of Düsseldorf e.V.

Phone 49 211 94066
Fax 49 211 408 0774
Email info@isdedu.de
Website www.isdedu.de
Address Niederrheinstrasse 336, Düsseldorf, NRW, 40489, Germany

STAFF

Director Neil A. McWilliam
Senior School Principal Michael Coffey
Admissions, Communication & Development Director Beatrice Caston
Elementary School Principal Alan Lorenzini
Director of Finance & Administration Marcus Daiss
Head of IT Pat D'Arcy
Head of Library Jan Pohl
Teaching staff Full time 126; Part time 26; Total 152
Nationalities of teaching staff US 41; UK 43; German 25; Other(s) (Australian, Japanese) 43

INFORMATION

Grade levels PreK–12
School year August–June
School type coeducational, day, private non-profit
Year founded 1968
Governed by elected Board of Trustees
Accredited by CIS, New England
Regional organizations ECIS
Enrollment PreK 30; Elementary K–5 400; Middle School 6–8 200; High School 9–12 370; Total 1,000
Nationalities of student body US 151; UK 98; German 300; Other(s) (Japanese, Korean) 451
Tuition/fee currency Euro
Annual fees Average Contribution 14,500
One time fees Registration 4,430
Graduates attending college 98%
Graduates have attended U of Oxford, U of Cambridge, Cornell U, Massachusetts Institute of Technology, Waseda U

EDUCATIONAL PROGRAM

Curriculum Intl, IB Diploma, IBPYP, IBMYP
Average class size Elementary 18; Secondary 16
Language(s) of instruction English
Language(s) taught French, German, Japanese, Spanish, Korean
Staff specialists computer, counselor, ESL, learning disabilities, librarian, nurse, physician, psychologist, speech/hearing
Special curricular programs art, instrumental music, vocal music, computer/technology, physical education
Extra curricular programs community service, dance, drama, environmental conservation, excursions/expeditions, literary magazine, newspaper, yearbook
Sports basketball, football, golf, gymnastics, martial arts, rugby, skiing, soccer, softball, swimming, tennis, track and field, volleyball
Examinations IB, SAT, SAT II, TOEFL

CAMPUS FACILITIES

Location Suburban
Campus 19 hectares, 7 buildings, 84 classrooms, 3 computer labs, 100 instructional computers, 65,000 library volumes, 1 auditorium, 3 cafeterias, 2 gymnasiums, 2 infirmaries, 3 playing fields, 7 science labs, 1 tennis court

Frankfurt International School/ International School Wiesbaden

Phone 49 6171 2024 0
Fax 49 6171 2024 384
Email admissions@fis.edu
Website www.fis.edu
Address An der Waldlust 15, Oberursel, 61440, Germany

STAFF

Head of School Paul Fochtman, Ed.D.
Upper School Principal Rhiannon Wood
Elementary School Principal Peter Baker
Primary School Principal Teresa Dupre
Principal of International School of Wiesbaden Andrea Rosinger
Business Manager Detlev Siebrecht
Director of IT Gareth Brewster
Teaching staff Full time 185; Part time 61; Total 246
Nationalities of teaching staff US 71; UK 48; German 30; Other(s) (Australian, New Zealander) 97

INFORMATION

Grade levels N–12
School year August–June
School type coeducational, day, private non-profit
Year founded 1961
Governed by appointed and elected Board of Trustees
Accredited by CIS, New England
Regional organizations ECIS
Enrollment Nursery 42; PreK 56; Elementary K–5 782; Middle School 6–8 416; High School 9–12 499; Total 1,795
Nationalities of student body US 518; UK 175; German 355; Other(s) (Korean, Dutch) 747
Tuition/fee currency Euro
Tuition range 13,580–18,430
Annual fees Registration 500; Busing 1,485; Lunch 800
One time fees Capital Levy 7,000
Graduates attending college 95%
Graduates have attended U of Cambridge, U of Oxford, New York U, Northeastern U, Boston U

EDUCATIONAL PROGRAM

Curriculum IB Diploma, IBPYP
Average class size Elementary 20; Secondary 20
Language(s) of instruction English
Language(s) taught German, French, Spanish, Japanese
Staff specialists computer, counselor, ESL, learning disabilities, librarian, nurse
Special curricular programs art, instrumental music, vocal music, computer/technology, physical education
Extra curricular programs computers, community service, dance, drama, environmental conservation, excursions/expeditions, literary magazine, newspaper, photography, yearbook
Sports baseball, basketball, cross-country, golf, rugby, soccer, softball, swimming, tennis, track and field, volleyball
Clubs booster
Examinations ACT, IB, PSAT, SAT, SAT II

CAMPUS FACILITIES

Location Suburban
Campus 16 hectares, 4 buildings, 112 classrooms, 9 computer labs, 800 instructional computers, 80,000 library volumes, 2 auditoriums, 3 cafeterias, 1 covered play area, 4 gymnasiums, 3 infirmaries, 3 playing fields, 8 science labs

ISF Internationale Schule Frankfurt-Rhein-Main

Phone 49 69 954 319 710
Fax 49 69 954 319 799
Email isf@sabis.net
Website www.isf-net.de
Address Verwaltungs-GmbH, Strasse zur Internationalen Schule 33, Frankfurt am Main, Hesse, 65931, Germany

STAFF

Director Angus Slesser
Lower Primary School Coordinator Cristina Jarque
Upper Primary School Coordinator Usha Srivastava
Lower Secondary School Coordinator Buddy Tobias
Upper Secondary School & IB Coordinator Vivian Papafakli Strouza, Ph.D.
SABIS(R) Student Life Org Coordinator Eve Yildiz
Computer Center & Examinations Coordinator Gilmour Lothian
Head of Library Arienne van den Biggelaar
Teaching staff Full time 98; Part time 11; Total 109
Nationalities of teaching staff US 33; UK 14; German 24; Other(s) (Canadian, Australian) 38

INFORMATION

Grade levels PreK–13
School year August–June
School type coeducational, day, proprietary
Year founded 1995
Sponsored by SABIS School Network
Accredited by North Central
Regional organizations ECIS
Enrollment PreK 15; Elementary K–5 443; Middle School 6–8 245; High School 9–12 283; Total 986
Nationalities of student body US 82; UK 35; German 392; Other(s) (Korean, Indian) 477
Tuition/fee currency Euro
Tuition range 11,970–17,040
One time fees Capital Levy 6,000
Graduates attending college 100%
Graduates have attended U of British Columbia, U Col London, Imperial Col London, Durham U, Georgia Institute of Technology

EDUCATIONAL PROGRAM

Curriculum IB Diploma, AP, IGCSE, SABIS, A-Level
Average class size Elementary 25; Secondary 20
Language(s) of instruction English
Language(s) taught German, Spanish, French, Korean
Special curricular programs art, instrumental music, vocal music, computer/technology, physical education
Extra curricular programs computers, community service, dance, drama, environmental conservation, excursions/expeditions, literary magazine, newspaper, photography, yearbook
Sports basketball, gymnastics, soccer, swimming, tennis, track and field, volleyball
Examinations A-level GCE, ACT, AP, GCSE, IB, IGCSE, PSAT, SAT, SAT II, TOEFL

CAMPUS FACILITIES

Location Suburban
Campus 1 hectare, 3 buildings, 60 classrooms, 2 computer labs, 68 instructional computers, 9,000 library volumes, 1 auditorium, 2 cafeterias, 2 gymnasiums, 1 infirmary, 2 playing fields, 3 science labs, 1 pool, 2 tennis courts

International School Hamburg

Phone 49 40 800050-0
Fax 49 40 881 1405
Email info@ishamburg.org
Website www.ishamburg.org
Address Hemmingstedter Weg 130, Hamburg, 22609, Germany

STAFF

Head of School Vladimir D. Kuskovski, Ph.D.
Junior School Principal Dr. Suzan Weishof
Secondary School Principal Mark Frankel
Business Manager Ruediger Wrobel
Information Systems Manager Rachel van Maanen
Librarian Patricia Hayward
Teaching staff Full time 80; Part time 22; Total 102
Nationalities of teaching staff US 20; UK 31; German 20; Other(s) (New Zealander, Canadian) 31

INFORMATION

Grade levels N–12
School year August–June
School type coeducational, day, private non-profit
Year founded 1957
Governed by elected Board of Directors
Accredited by CIS, New England
Regional organizations ECIS
Enrollment Nursery 40; PreK 60; Elementary K–5 250; Middle School 6–8 150; High School 9–12 150; Total 650
Nationalities of student body US 79; UK 60; German 198; Other(s) (Dutch, Korean) 313
Tuition/fee currency Euro
Tuition range 8,900–17,450
Annual fees Site Development Levy 500
One time fees Registration 100; Capital Levy 7,500
Graduates attending college 90%
Graduates have attended New York U, McGill U, Northeastern U, U of California, Los Angeles, U of Toronto

EDUCATIONAL PROGRAM

Curriculum Intl, IB Diploma, IPC
Average class size Elementary 20; Secondary 18
Language(s) of instruction English
Language(s) taught German, French, Spanish, Japanese
Staff specialists computer, counselor, ESL, learning disabilities, librarian, nurse
Special curricular programs art, instrumental music, vocal music, computer/technology, physical education
Extra curricular programs computers, community service, dance, drama, environmental conservation, newspaper, yearbook
Sports basketball, gymnastics, rugby, skiing, soccer, softball, swimming, tennis, track and field, volleyball
Examinations ACT, IB, PSAT, SAT, SAT II, ISA

CAMPUS FACILITIES

Location Suburban
Campus 4 hectares, 1 building, 2 computer labs, 200 instructional computers, 30,000 library volumes, 1 auditorium, 1 cafeteria, 1 gymnasium, 1 infirmary, 2 playing fields, 5 science labs

International School Hannover Region

Phone 49 511 270 416 50
Fax 49 511 270 416 51
Email adminoffice@is-hr.de
Website www.is-hr.de
Address Bruchmeisterallee 6, Hannover, 30169, Germany

STAFF

Director Patricia Baier
Head of Secondary Chris Collins
Head of Primary Tony Pearson
Head of Early Years Cathy de Castro
IB Coordinator Naomi Resmer
Academic Counsellor Karla Schmidt
Business Manager Steffen Stegemann
IT Administrator Stephan Ahrens
Librarian Stewart Shipman
Teaching staff Full time 59; Part time 16; Total 75
Nationalities of teaching staff US 18; UK 14; German 17; Other(s) (Australian, Canadian) 26

INFORMATION

Grade levels PreK–12
School year August–June
School type coeducational, day, private non-profit
Year founded 1996
Governed by appointed and elected Board
Regional organizations ECIS
Enrollment PreK 16; Elementary K–5 263; Middle School 6–8 107; High School 9–12 150; Total 536
Nationalities of student body US 68; UK 29; German 257; Other(s) (French, Japanese) 182
Tuition/fee currency Euro
Tuition range 6,990–12,020
One time fees Registration 2,500; Graduation 2,000
Graduates attending college 98%

EDUCATIONAL PROGRAM

Curriculum Intl, IB Diploma, IBPYP, IBMYP
Average class size Elementary 18; Secondary 18
Language(s) of instruction English
Language(s) taught German, French, Spanish
Staff specialists computer, counselor, ESL, learning disabilities, librarian, reading resource
Special curricular programs art, instrumental music, vocal music, computer/technology, physical education
Extra curricular programs computers, community service, dance, drama, photography, yearbook
Sports badminton, baseball, basketball, gymnastics, hockey, martial arts, soccer, swimming, track and field, volleyball, fencing, archery
Clubs drama, choir, media, yearbook, Global Issues Network, sports, Model UN
Examinations IB, SAT

CAMPUS FACILITIES

Location Urban
Campus 4 hectares, 5 buildings, 40 classrooms, 3 computer labs, 180 instructional computers, 14,000 library volumes, 1 auditorium, 1 cafeteria, 2 gymnasiums, 1 infirmary, 1 playing field, 3 science labs

Leipzig International School

Phone 49 (0)341-337 558-0
Fax 49 (0)341-337 558-96
Email admin@intschool-leipzig.com
Website www.intschool-leipzig.com/
Address Koenneritzstrasse 47, Leipzig, 04229, Germany

STAFF

Headmaster Roel J. Scheepens
Commercial Director Kirk Peiffer
Primary School Principal Kirsty Fuller
Secondary School Principal Matthew Raggett
Commercial Director Kirk Peiffer
IT Manager Alexander Burkhardt
Teaching staff Full time 70; Part time 10; Total 80
Nationalities of teaching staff US 15; UK 25; German 30; Other(s) (Canadian, Australian) 10

INFORMATION

Grade levels PreK–12
School year August–July
School type coeducational, day, private non-profit
Year founded 1992
Regional organizations ECIS
Enrollment PreK 90; Elementary K–5 310; Middle School 6–8 140; High School 9–12 80; Total 620
Nationalities of student body US 40; UK 10; German 350; Other(s) (Russian, French) 220
Tuition/fee currency Euro
Tuition range 5,520–9,500
Annual fees Registration 300
Graduates attending college 95%
Graduates have attended St. Clare's, U of Oxford, St. Andrews U, U Col London, HGB Fine Arts Col

EDUCATIONAL PROGRAM

Curriculum Intl, IB Diploma, IGCSE
Average class size Elementary 17; Secondary 17
Language(s) of instruction English
Language(s) taught English, German, French, Spanish
Staff specialists computer, ESL, learning disabilities, librarian
Special curricular programs art, computer/technology, physical education
Extra curricular programs computers, community service, dance, drama, environmental conservation, excursions/expeditions, literary magazine, photography, yearbook
Sports basketball, martial arts, soccer, softball, swimming, tennis, track and field, volleyball
Examinations A-level GCE, GCSE, IB, IGCSE

CAMPUS FACILITIES

Location Urban
Campus 1 hectare, 2 buildings, 50 classrooms, 2 computer labs, 100 instructional computers, 10,000 library volumes, 1 auditorium, 1 cafeteria, 2 covered play areas, 1 gymnasium, 5 science labs, air conditioning

Bavarian International School

Phone 49 8133 917 111
Fax 49 8133 917 115
Email r.bock@bis-school.com
Website www.bis-school.com
Address Hauptstrasse 1, Schloss Haimhausen, Haimhausen, Bavaria, 85778, Germany

STAFF

Director Bryan W. Nixon, Ed.D.
Upper School Principal Julie Hessler
Middle School Principal Simon Walker
Lower School Principal Kathleen Slocombe
Assistant Lower School Principal Angela Hoelzl
Assistant Upper School Principal Adrian von Wrede Jervis
Business Director Christian Gangl
IT Manager Thomas Singbartl
Librarian John Schuster
Teaching staff Full time 80; Part time 3; Total 83
Nationalities of teaching staff US 14; UK 23; German 8; Other(s) (Canadian, Australian) 38

INFORMATION

Grade levels PreK–12
School year August–June
School type coeducational, day, private non-profit
Year founded 1991
Governed by elected Board of Directors
Accredited by CIS, New England
Regional organizations ECIS
Enrollment PreK 45; Elementary K–5 335; Middle School 6–8 191; High School 9–12 206; Total 777
Nationalities of student body US 148; UK 132; German 204; Other(s) (Italian, Japanese) 293
Tuition/fee currency Euro
Tuition range 10,150–13,450
Annual fees Registration 1,500
One time fees Capital Levy 10,000
Graduates attending college 96%
Graduates have attended U of Pennsylvania, Emerson Col, U of Oxford, Durham U, Northwestern U

EDUCATIONAL PROGRAM

Curriculum Intl, IB Diploma, IBPYP, IGCSE, Mittlere Reife
Average class size Elementary 24; Secondary 24
Language(s) of instruction English
Language(s) taught German, Japanese, French, Spanish
Staff specialists computer, counselor, ESL, learning disabilities, librarian, nurse, psychologist
Special curricular programs art, instrumental music, vocal music, computer/technology, physical education, vocational
Extra curricular programs computers, community service, drama, excursions/expeditions, literary magazine, newspaper, yearbook
Sports badminton, basketball, cross-country, golf, hockey, martial arts, skiing, soccer, softball, swimming, tennis, track and field, volleyball
Clubs drama, Model UN
Examinations GCSE, IB, IGCSE, SAT

CAMPUS FACILITIES

Location Rural
Campus 5 hectares, 5 buildings, 60 classrooms, 3 computer labs, 250 instructional computers, 1 auditorium, 2 cafeterias, 1 gymnasium, 1 infirmary, 2 playing fields, 4 science labs, 3 tennis courts

MUNICH INTERNATIONAL SCHOOL

Phone 49 8151 366 0
Fax 49 8151 366 129
Email admissions@mis-munich.de
Website www.mis-munich.de
Address Schloss Buchhof, Starnberg, Bavaria, D-82319, Germany

STAFF

Head of School Simon Taylor
Senior School Principal Martin Ward
Middle School Principal Eifion Phillips
Junior School Principal Paula Baxter
Chief Operations Officer Leonne Francot
Director of Instructional Technology David Pritchard
Librarians David Veinot & Ruth Pauli
Teaching staff Full time 148; Part time 11; Total 159
Nationalities of teaching staff US 59; UK 35; German 17; Other(s) (Australian) 48

INFORMATION

Grade levels PreK–12
School year August–June
School type coeducational, day, private non-profit
Year founded 1966
Governed by elected Board of Directors
Accredited by CIS, New England
Regional organizations ECIS
Enrollment PreK 20; Elementary K–5 480; Middle School 6–8 303; High School 9–12 407; Total 1,210
Nationalities of student body US 271; UK 162; German 429; Other(s) (Dutch, Swede) 348
Tuition/fee currency Euro
Tuition range 12,900–16,210
Annual fees Registration 750
One time fees Entrance 7,800; Application 80
Graduates attending college 95%
Graduates have attended Cornell U, Columbia U, Georgetown U, Yale U, U of Oxford

EDUCATIONAL PROGRAM

Curriculum IB Diploma, IBPYP, IBMYP, IGCSE
Average class size Elementary 20; Secondary 23
Language(s) of instruction English
Language(s) taught German, French, Spanish
Staff specialists computer, counselor, ESL, learning disabilities, librarian, math resource, nurse, physician
Special curricular programs art, instrumental music, vocal music, computer/technology, distance learning, physical education
Extra curricular programs computers, community service, dance, drama, environmental conservation, excursions/expeditions, literary magazine, yearbook
Sports basketball, cross-country, golf, martial arts, skiing, soccer, softball, swimming, tennis, track and field, volleyball
Examinations IB, PSAT, SAT, SAT II, TOEFL

CAMPUS FACILITIES

Location Rural
Campus 10 hectares, 5 buildings, 76 classrooms, 3 computer labs, 500 instructional computers, 33,000 library volumes, 3 auditoriums, 1 cafeteria, 1 covered play area, 3 gymnasiums, 1 infirmary, 4 playing fields, 7 science labs, 3 tennis courts

INTERNATIONAL SCHOOL OF STUTTGART

Phone 49 711 769 6000
Fax 49 711 769 60010
Email iss@issev.de
Website www.international-school-stuttgart.de
Address Sigmaringer Str. 257, Stuttgart, Baden-Wuerttemberg, 70597, Germany

STAFF

Director Timothy Kelley
Lower School Principal Paul Morris
Head of School, Sindelfingen Campus Sarah Kupke
Middle School Principal Matthias Krusch
High School Principal Mary Jane Martin
Finance Director Joachim Adam
Librarian Mark Lawrence
Teaching staff Full time 65; Part time 23; Total 88

INFORMATION

Grade levels N–12
School year August–July
School type coeducational, day, private non-profit
Year founded 1985
Governed by elected Board of Directors
Accredited by CIS, New England
Regional organizations ECIS
Enrollment Nursery 18; PreK 25; Elementary K–5 290; Middle School 6–8 132; High School 9–12 160; Total 625
Tuition/fee currency Euro
Tuition range 8,650–13,750
Annual fees Registration 380
One time fees Capital Levy 5,400
Graduates have attended Imperial Col, U of Oxford, St. Andrews U, U of Toronto, U of Michigan

EDUCATIONAL PROGRAM

Curriculum Intl, IB Diploma, IBPYP, IBMYP
Average class size Elementary 22; Secondary 22
Language(s) of instruction English
Language(s) taught English, German, French, Spanish
Staff specialists computer, counselor, ESL, learning disabilities, librarian, nurse, psychologist
Special curricular programs art, instrumental music, vocal music, computer/technology, physical education
Extra curricular programs community service, drama, environmental conservation, excursions/expeditions, newspaper, photography, yearbook, instrumental & vocal music
Sports basketball, football, gymnastics, rugby, skiing, soccer, swimming, tennis, track and field, volleyball, Lacrosse
Clubs Model UN
Examinations IB, PSAT, SAT, SAT II

CAMPUS FACILITIES

Location Suburban
Campus 3 hectares, 2 buildings, 46 classrooms, 2 computer labs, 100 instructional computers, 1 auditorium, 1 cafeteria, 1 covered play area, 1 gymnasium, 1 infirmary, 1 playing field, 3 science labs, 1 tennis court

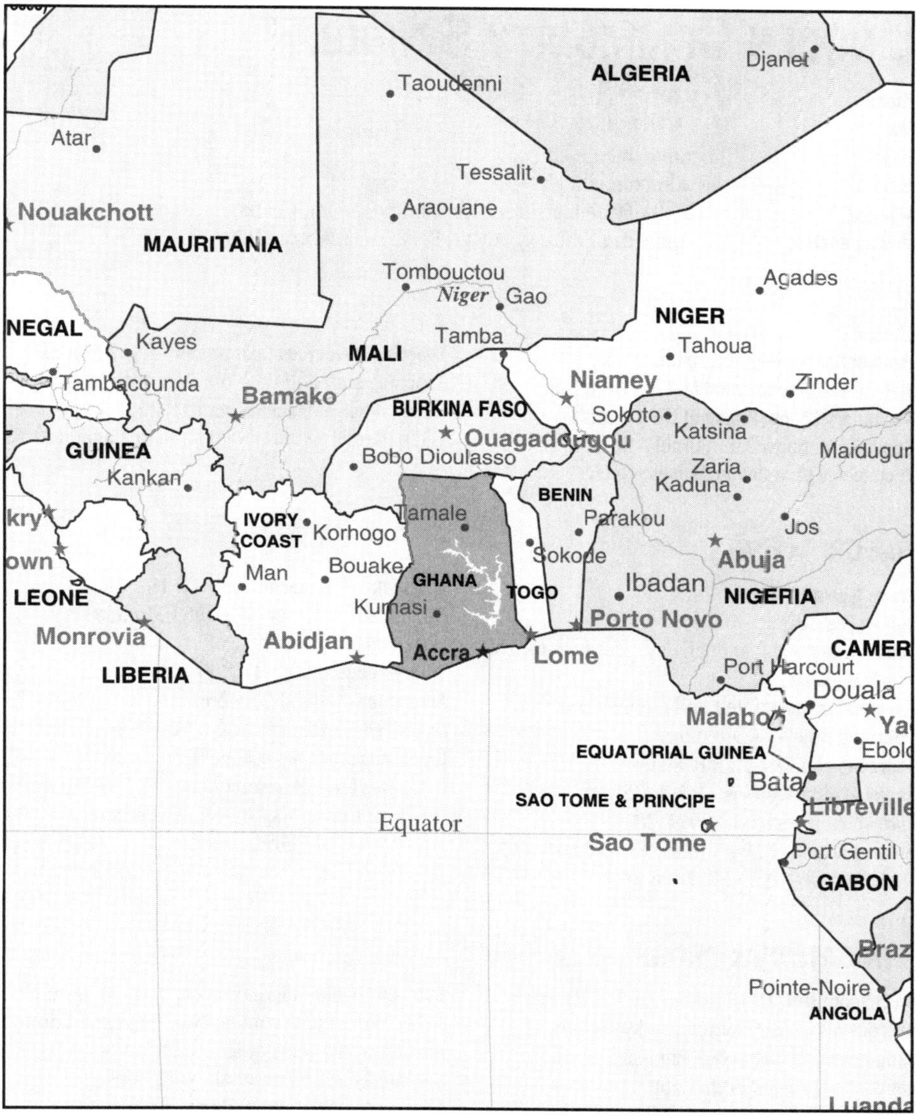

GHANA

Area:	238,533 sq km
Population:	24,339,838
Capital:	Accra
Currency:	Cedi (GHC)
Languages:	English

Lincoln Community School

Phone 233 302 774 018
Fax 233 302 780 985
Email lincoln@lincoln.edu.gh
Website www.lincoln.edu.gh
Address N 126/21 Dedeibaa Street, Abelemkpe, Accra, Ghana
Mailing address c/o American Embassy, Accra, Postal 194, Accra, Ghana

STAFF

Head of School Dennis Larkin, Ph.D.
Elementary School Principal Elsa Donohue
Secondary School Principal Geoff Smith
Business Manager Emmanuel Asiedu-Appiah
Technology Coordinator Moses Gaveh
Learning Resources Coordinator Rhona Polonsky
Teaching staff Full time 64; Part time 4; Total 68
Nationalities of teaching staff US 26; UK 5; Ghanaian 19; Other(s) (Australian, Canadian) 18

INFORMATION

Grade levels N–12
School year August–June
School type coeducational, day, private non-profit
Year founded 1968
Governed by appointed and elected Nine Member Board of Directors
Accredited by CIS, Middle States
Regional organizations AISA, ECIS
Enrollment Nursery 12; PreK 28; Elementary K–5 254; Middle School 6–8 121; High School 9–12 167; Total 582
Nationalities of student body US 137; UK 43; Ghanaian 63; Other(s) (Dutch, Indian) 339
Tuition/fee currency US Dollar
Tuition range 8,500–18,800
Annual fees Capital Levy 850
One time fees Registration 6,500
Graduates attending college 97%
Graduates have attended Cornell U, U of Miami, U British Columbia, George Washington U, American U of Beirut

EDUCATIONAL PROGRAM

Curriculum Intl, IB Diploma, IBPYP, IBMYP
Average class size Elementary 19; Secondary 18
Language(s) of instruction English
Language(s) taught French, Spanish
Staff specialists computer, counselor, learning disabilities, librarian, nurse, psychologist
Special curricular programs art, instrumental music, vocal music, computer/technology, physical education
Extra curricular programs computers, community service, dance, drama, excursions/expeditions, photography, yearbook
Sports basketball, football, golf, hockey, soccer, softball, swimming, tennis, track and field, volleyball, yoga
Clubs National Honor Society, Girl Scouts, Model UN, guitar, language, cooking, outdoor
Examinations IB, SAT, SAT II

CAMPUS FACILITIES

Location Suburban
Campus 4 hectares, 14 buildings, 63 classrooms, 3 computer labs, 160 instructional computers, 18,080 library volumes, 1 auditorium, 1 covered play area, 1 gymnasium, 1 infirmary, 2 playing fields, 4 science labs, 1 pool, air conditioning

INTERNATIONAL SCHOOL OF AHAFO

Phone 233-24-433-2023
Email sue.skye@mac.com
Address c/o Newmont Ghana Gold Limited, C8256/26 Lagos Avenue, East Lagon, Accra, Ghana

STAFF

Principal Sue N. Skye
Deputy Principal Lynley Russek
Teaching staff Full time 14; Total 14
Nationalities of teaching staff Ghanaian 6; Other(s) (New Zealander) 8

INFORMATION

Grade levels PreK–8
School year January–December
School type coeducational, company-sponsored, day
Year founded 2006
Governed by Company Board
Accredited by Middle States (in process)
Regional organizations AISA
Nationalities of student body Ghanaian 15; Other(s) (Australian, South African) 36

EDUCATIONAL PROGRAM

Curriculum US, Intl
Average class size Elementary 12
Language(s) of instruction English
Staff specialists computer
Special curricular programs art, instrumental music, vocal music, computer/technology, distance learning, physical education
Extra curricular programs computers, community service, dance, excursions/expeditions, yearbook
Sports badminton, baseball, basketball, soccer, swimming, tennis, volleyball
Examinations Iowa

CAMPUS FACILITIES

Location Rural
Campus 2 buildings, 10 classrooms, 1 computer lab, 15 instructional computers, 1 playing field, 1 science lab, 1 pool, 1 tennis court, air conditioning

GREECE

GREECE

Area:	131,957 sq km
Population:	10,749,943
Capital:	Athens
Currency:	Euro (EUR)
Languages:	Greek

THE AMERICAN COLLEGE OF GREECE (PIERCE COLLEGE)

Phone 30 210 600 9800
Fax 30 210 600 9811
Email vbiba@acg.edu
Website www.acg.edu
Address 6 Gravias Street, GR-153 42 Aghia Paraskevi, Athens, Greece

STAFF

President David G. Horner, Ph.D.
Principal & Chair of English Department Olga Elaine Julius
Associate Principal Pericles Photopoulos
Director of Lykeion Angeliki Kechayia
Director of Gymnasium Kleomenis Petrochilos
Controller Gabriel Alexopoulos
Chief Technology Officer Kathleen Cross
Librarian Vicky Tseroni

INFORMATION

Grade levels 7–12
School year September–June
School type coeducational, day, private non-profit
Year founded 1875
Governed by elected Board of Trustees
Regional organizations ECIS, NESA
Graduates attending college 93%
Graduates have attended Cornell U, Virginia Tech U, Wellesley Col, Mt. Holyoke Col, Vassar Col

EDUCATIONAL PROGRAM

Curriculum US, National
Average class size Secondary 25
Language(s) of instruction English, Greek
Language(s) taught Greek, English, French, German
Staff specialists computer counselor, learning disabilities, librarian, nurse, physician, psychologist
Special curricular programs art, instrumental music, vocal music, computer/technology, physical education, vocational, enviromental
Extra curricular programs computers, community service, dance, drama, environmental conservation, excursions/expeditions, literary magazine, newspaper, photography, yearbook, Greek & English forensics
Sports badminton, baseball, basketball, football, gymnastics, martial arts, skiing, soccer, softball, swimming, tennis, track and field, volleyball, handball, fencing, table tennis
Clubs decoration, debate, astronomy, orchestra, photography, biology, sports, English, choir
Examinations SAT, State Panhellenic Examinations

CAMPUS FACILITIES

Location Suburban
Campus 65 hectares, 1 building, 57 classrooms, 4 computer labs, 22 instructional computers, 30,000 library volumes, 1 auditorium, 1 cafeteria, 2 covered play areas, 1 gymnasium, 1 infirmary, 4 playing fields, 3 science labs, 1 pool, 4 tennis courts

American Community Schools of Athens

Phone 30 210 639 3200
Fax 30 210 639 0051
Email acs@acs.gr
Website www.acs.gr
Address 129 Aghias Paraskevis Street, Halandri, 15234, Greece

STAFF

President Stefanos Gialamas, Ph.D.
Academy Principal Antonia Hapsis-Ladas
Elementary School Principal Dina Pappas
Middle School Principal Mary Ann Augoustatos
Director of Student Services Peggy Pelonis
Director of Athletics Affairs Annie Constantinides
Business Manager Stephanos Kakaris
Technology Manager John Papadakis
Head of Library Terry McCarthy
Teaching staff Full time 88; Part time 6; Total 94
Nationalities of teaching staff US 61; UK 2; Greek 16; Other(s) (Lebanese) 15

INFORMATION

Grade levels PreK–12
School year September–June
School type coeducational, day, private non-profit
Year founded 1945
Governed by appointed and elected Board of Trustees
Accredited by Middle States
Regional organizations NESA
Enrollment PreK 40; Elementary K–5 300; Middle School 6–8 210; High School 9–12 320; Total 870
Nationalities of student body US 335; UK 16; Greek 222; Other(s) (Canadian, Israeli) 297
Tuition/fee currency Euro
Tuition range 7,100–12,500
Annual fees Capital Levy 250; Busing 1,500; Lunch 900; Books 150; Special Learning Services 1,500; ES 1,325; Pre-School (full-time) 1,500
One time fees Registration 850
Graduates attending college 99%
Graduates have attended Stanford U, Harvard U, U of California, Los Angeles, Cornell U, Nortwestern U

(Continued)

AMERICAN COMMUNITY SCHOOLS OF ATHENS (Continued)

EDUCATIONAL PROGRAM

Curriculum US, Intl, IB Diploma, AP
Average class size Elementary 18; Secondary 20
Language(s) of instruction English
Language(s) taught Greek, German, Arabic, Spanish, French,Chinese
Staff specialists computer, counselor, ESL, learning disabilities, librarian, math resource, nurse, psychologist, reading resource
Special curricular programs art, instrumental music, vocal music, computer/technology, distance learning, physical education
Extra curricular programs computers, community service, dance, drama, environmental conservation, excursions/expeditions, literary magazine, newspaper, photography, yearbook
Sports basketball, cross-country, martial arts, skiing, soccer, swimming, tennis, track and field, volleyball
Clubs forensics, Model UN, current events/ leadership, math, recycling, environmental, science, French, German, Greek
Examinations ACT, AP, IB, PSAT, SAT, SAT II, TOEFL

CAMPUS FACILITIES

Location Suburban
Campus 4 hectares, 7 buildings, 77 classrooms, 5 computer labs, 375 instructional computers, 27,900 library volumes, 1 auditorium, 2 cafeterias, 2 gymnasiums, 1 infirmary, 3 playing fields, 8 science labs, 1 pool, 3 tennis courts, air conditioning

INTERNATIONAL SCHOOL OF ATHENS

Phone 30 210 623 3888
Fax 30 210 623 3160
Email info@isa.edu.gr
Website www.isa.edu.gr
Address Xenias and Artemidos Streets, Kifissia, Greece
Mailing address PO Box 51051, GR-145 10 Kifissia, Greece

STAFF

Director Constantinos N. Dardoufas
High School Principal Chris Tragas
Primary School Principal Chris Grant-Bear
Director, Center for Counseling & Career Services Gina Thanopoulou, Ph.D.
Director of Admissions Betty Haniotakis
Middle School Principal Christopher Pulford
Financial Manager Fanis Malakondas
IT Systems Administrator Ilias Batzias
Librarian Valentina Tsoltos
Teaching staff Full time 50; Part time 15; Total 65
Nationalities of teaching staff US 19; UK 4; Greek 25; Other(s) (Australian, Canadian) 17

INFORMATION

Grade levels N–12
School year September–June
School type coeducational, day, proprietary
Year founded 1972
Governed by appointed Board of Governors
Accredited by Middle States
Enrollment Nursery 50; PreK 29; Elementary K–5 106; Middle School 6–8 81; High School 9–12 166; Total 432
Nationalities of student body US 60; UK 20; Greek 184; Other(s) (Australian, Canadian) 168
Tuition/fee currency Euro
Tuition range 5,450–12,350
Annual fees Busing 1,600; Tax 100
One time fees Registration 1,200
Graduates attending college 95%
Graduates have attended Royal Holloway U of London, U of Surrey, Queen Mary U, U of Reading, American Col of Greece

EDUCATIONAL PROGRAM

Curriculum US, UK, Intl, IB Diploma
Average class size Elementary 15; Secondary 15
Language(s) of instruction English
Language(s) taught French, Spanish, Greek, Arabic
Staff specialists computer, counselor, ESL, learning disabilities, librarian, math resource, nurse, psychologist, reading resource
Special curricular programs art, instrumental music, vocal music, computer/technology, distance learning, physical education
Extra curricular programs community service, drama, excursions/expeditions, yearbook
Sports basketball, soccer, swimming, track and field, volleyball
Clubs tennis, dance, arts & crafts, cinema, band, guitar, bowling, Chinese, Russian, martial arts
Examinations IB, Iowa, PSAT, SAT, SAT II

CAMPUS FACILITIES

Location Suburban
Campus 3 buildings, 33 classrooms, 2 computer labs, 35 instructional computers, 12,000 library volumes, 1 auditorium, 1 cafeteria, 2 infirmaries, 4 playing fields, 4 science labs

PINEWOOD–THE AMERICAN INTERNATIONAL SCHOOL OF THESSALONIKI, GREECE

Phone 30 231 0 301 221
Fax 30 231 0 323 196
Email administration@pinewood.gr
Website www.pinewood.gr
Address 14km National Road Thessaloniki-Moudania, Thermi, Thessalonik, Greece
Mailing address P.O. Box 60606, 57001 Thermi, Thessaloniki, Greece

STAFF

Director Peter Nanos, Ph.D.
Curriculum & Studies Coordinator Robin Giampapa, Ph.D.
IB Coordinator Dimitrios Terzidis, Ed.D.
Accountant Smaro Kyrimi, Ed.D.
Technology Instructor Natalie Pinakidou
Librarian Konstantina Nanos
Teaching staff Full time 20; Part time 10; Total 30
Nationalities of teaching staff US 8; UK 3; Greek 14; Other(s) (Australian, Canadian) 5

INFORMATION

Grade levels PreK–12
School year September–June
School type boarding, coeducational, day, private non-profit
Year founded 1950
Governed by elected School Board
Accredited by Middle States
Regional organizations ECIS, NESA
Enrollment PreK 40; Elementary K–5 58; Middle School 6–8 34; High School 9–12 57; Total 189
Nationalities of student body US 27; UK 11; Greek 58; Other(s) (Bulgarian, Surinamer) 93
Tuition/fee currency Euro
Tuition range 6,300–10,600
Annual fees Boarding, 7-day 11,000; Busing 1,050; Technology 420; Activities/Field Trips 370
One time fees Registration 1,800
Boarding program grades 7–12
Boarding program length 7-day **Boys** 4 **Girls** 5
Graduates attending college 90%
Graduates have attended Georgia Institute of Technology, Macalester Col, Cornell U, Ithaca Col, Parsons the New School for Design

EDUCATIONAL PROGRAM

Curriculum US, IB Diploma
Average class size Elementary 10; Secondary 13
Language(s) of instruction English
Language(s) taught Greek, French, Spanish
Staff specialists computer, ESL, librarian
Special curricular programs art, instrumental music, vocal music, computer/technology, physical education
Extra curricular programs computers, community service, dance, drama, excursions/expeditions, photography, yearbook, chess, guitar, juggling
Sports badminton, basketball, football, gymnastics, hockey, soccer, volleyball
Clubs forensics, Model UN
Examinations IB, Iowa, PSAT, SAT, SAT II

CAMPUS FACILITIES

Location Suburban
Campus 2 hectares, 3 buildings, 21 classrooms, 1 computer lab, 35 instructional computers, 17,000 library volumes, 1 auditorium, 1 cafeteria, 1 gymnasium, 3 playing fields, 1 science lab, air conditioning

GUAM

Area: 544 sq km
Population: 180,865
Capital: Hagatna
Currency: US Dollar (USD)
Languages: English, Chamorro

St. John's School

Phone 671 646 8080
Fax 671 649 1055
Email isantos@stjohnsguam.com
Website www.stjohnsguam.com
Address 911 North Marine Corps Drive, Tumon, Guam, 96913, Guam

STAFF

Dean of Students Imelda D. Santos
Head of School Glenn Chapin
College Counselor Robert Kelley
Principal Patricia Bennett
Business Manager Wilfredo Magdalera
Educational Technology Coordinator Chelo Paulino
Librarian R.A. Meyers
Teaching staff Full time 65; Total 65
Nationalities of teaching staff US 65

INFORMATION

Grade levels PreK–12
School year August–June
School type boarding, coeducational, church-affiliated, day, private non-profit
Year founded 1962
Governed by appointed Board of Trustees
Accredited by Western
Regional organizations EARCOS
Enrollment PreK 24; Elementary K–5 200; Middle School 6–8 130; High School 9–12 150; Total 504
Nationalities of student body US 90; Other(s) 10
Tuition/fee currency US Dollar
Tuition range 9,000–13,100
Annual fees Boarding, 7-day 15,000
One time fees Registration 500; Capital Levy 500
Boarding program grades 9–12
Boarding program length 7-day **Boys** 2 **Girls** 4
Graduates attending college 100%
Graduates have attended Massachusetts Institute of Technology, Georgetown U, U of California, Berkeley, Princeton U, Harvard U

EDUCATIONAL PROGRAM

Curriculum US, IB Diploma, AP, GenCSE
Average class size Elementary 15; Secondary 13
Language(s) of instruction English
Language(s) taught Spanish, Japanese, Chinese(Mandarin)
Staff specialists computer, counselor, ESL, librarian, math resource
Special curricular programs art, instrumental music, vocal music, computer/technology, physical education
Extra curricular programs community service, dance, drama, environmental conservation, excursions/expeditions, photography, yearbook
Sports basketball, cross-country, golf, rugby, soccer, softball, tennis, paddling
Clubs art, Kids for Corals, mock trial, student council, Boy & Girl Scouts, Model UN, National Honor Society, handbells, glee, Pacific Preservation
Examinations AP, IB, PSAT, SAT, Stanford

CAMPUS FACILITIES

Location Urban
Campus 3 hectares, 12 buildings, 61 classrooms, 3 computer labs, 200 instructional computers, 16,000 library volumes, 1 auditorium, 3 covered play areas, 1 gymnasium, 1 infirmary, 3 playing fields, 4 science labs, air conditioning

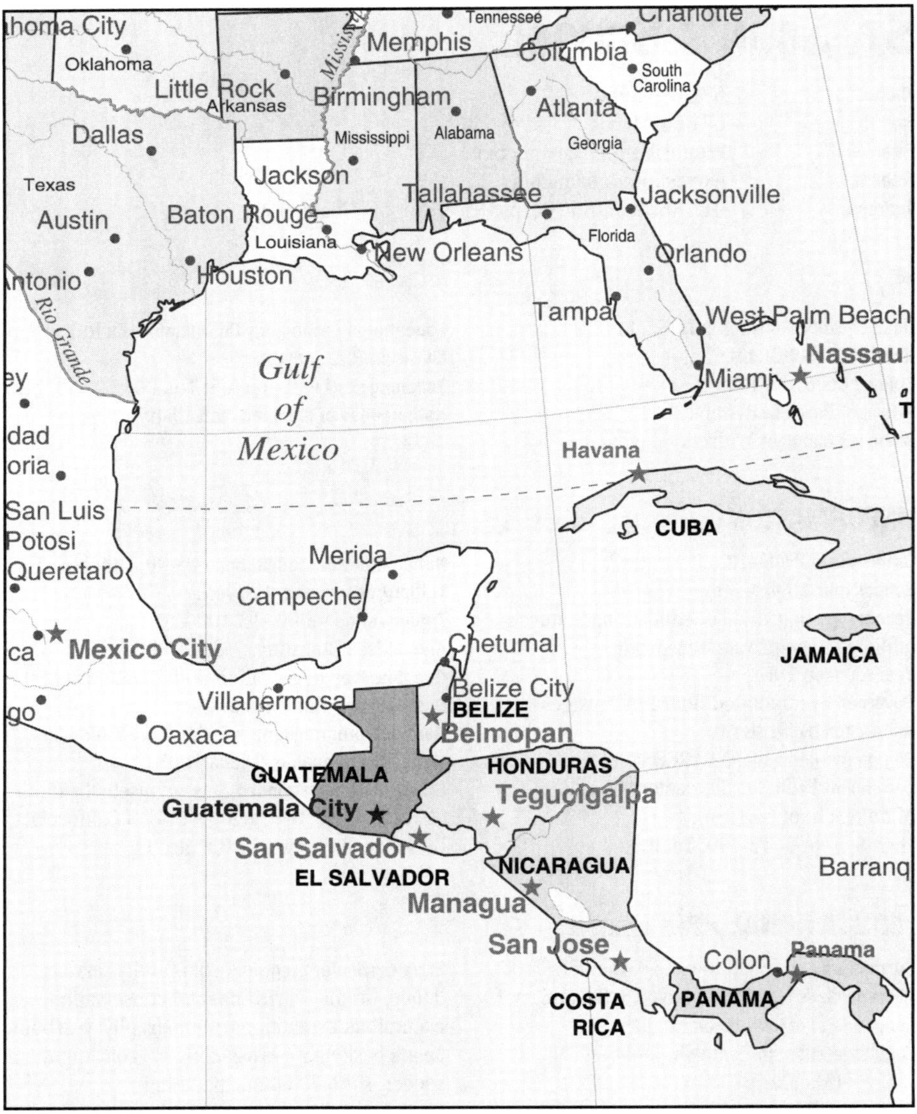

GUATEMALA

Area:	108,889 sq km
Population:	13,550,440
Capital:	Guatemala City
Currency:	Quetzal (GTQ)
Languages:	Spanish

American School of Guatemala

Phone 502 2369-0791
Fax 5022369-8335
Email cagadm@cag.edu.gt
Website www.cag.edu.gt
Address 11 Calle 15-79, Zona 15, Vista Hermosa III, Guatemala City, 01015, Guatemala
Mailing address CAG / 1783, 7801 N.W. 37th St, Doral, Florida 33166, USA

STAFF

General Director Robert E. Gronniger
Elementary School Principal Tracy Berry-Lazo
Middle School Principal Edric Olsen
Secondary Principal Ted Langlais
Early Childhood Principal Jennifer Ashton-Lilo
K–12 Curriculum Coordinator Maria Hirst
Business Manager Cesar Garcia
Technology Coordinator Claudia Estrada
Head of Library/Educational Resource Center Brandon O'Neill
Teaching staff Full time 181; Part time 5; Total 186
Nationalities of teaching staff US 62; Guatemalan 118; Other(s) (Canadian, Korean) 6

INFORMATION

Grade levels K–12
School year August–June
School type coeducational, day, private non-profit
Year founded 1945
Governed by appointed Board of Directors
Accredited by New England
Regional organizations AASCA
Enrollment Elementary K–5 750; Middle School 6–8 375; High School 9–12 350; Total 1,475
Nationalities of student body US 231; Guatemalan 998; Other(s) (Korean, Chinese) 246
Tuition/fee currency US Dollar
Tuition range 5,500–6,000
Annual fees Registration 350; Busing 500
Graduates attending college 95%
Graduates have attended Stanford U, Columbia U, Cornell U, U of Pennsylvania, U of Virginia

EDUCATIONAL PROGRAM

Curriculum US, National, AP
Average class size Elementary 22; Secondary 28
Language(s) of instruction English, Spanish
Language(s) taught Spanish, English
Staff specialists computer, counselor, learning disabilities, librarian, physician, psychologist, reading resource, speech/hearing
Special curricular programs art, instrumental music, vocal music, computer/technology, distance learning, physical education
Extra curricular programs computers, community service, drama, newspaper, yearbook, school community performances, painting, drawing
Sports baseball, basketball, cross-country, soccer, softball, swimming, tennis, track and field, volleyball
Clubs Model UN, National Honor Society, Junior National Honor Society, Destination Imagination, chorus, orchestra, student council
Examinations ACT, AP, PSAT, SAT, SAT II, Stanford, Aprenda 3, ERB-WRAP

CAMPUS FACILITIES

Location Urban
Campus 22 hectares, 22 buildings, 83 classrooms, 5 computer labs, 300 instructional computers, 29,000 library volumes

Colegio Interamericano

Phone 502 2385 7088
Fax 502 2364 1805
Email direccion.administrativa@interamericano.edu.gt
Website www.interamericano.com.gt
Address Blvd. La Montana, Finca El Socorro, Zona 16, Guatemala City, Guatemala, 01016, Guatemala
Mailing address Section 4134, PO Box 02-5339, Miami, FL 33102-5339, USA

STAFF

General Director Robert Michael Farr, Ph.D.
High School Principal Jim Burwell
Elementary Principal Mayra de Cifuentes
Middle School Principal Jaime Tres
Technology Coordinator William Gatica
Library & Media Center Coordinator Odette de Rodriguez

INFORMATION

Grade levels PreK–12
School year August–June
School type coeducational, day, private non-profit
Year founded 1975
Governed by appointed Board of Directors
Sponsored by Fundacion Educativa Guatemala
Accredited by Southern
Regional organizations AASCA
Tuition/fee currency Guatemalan Quetzal
Graduates attending college 100%
Graduates have attended Purdue U, U of British Columbia, New York U, Texas A&M U, Northeastern U

EDUCATIONAL PROGRAM

Curriculum US, National, AP
Average class size Elementary 22; Secondary 24
Language(s) of instruction English, Spanish
Staff specialists computer, counselor, librarian, nurse, physician, psychologist
Special curricular programs art, instrumental music, vocal music, computer/technology, physical education, choir, band
Extra curricular programs computers, community service, drama, newspaper, yearbook, Italian
Sports basketball, rugby, soccer, volleyball
Clubs Model UN, Destination Imagination
Examinations AP, PSAT, SAT, MAP

CAMPUS FACILITIES

Location Suburban
Campus 4 hectares, 7 buildings, 62 classrooms, 4 computer labs, 142 instructional computers, 24,697 library volumes, 1 cafeteria, 2 covered play areas, 1 infirmary, 4 playing fields, 4 science labs

Colegio Maya/The American International School of Guatemala

Phone 502 6644 1200
Fax 502 2365 0116
Email info@cm.edu.gt
Website www.cm.edu.gt
Address Km. 12.5, Carretera a El Salvador, Guatemala City, 01073, Guatemala
Mailing address Section 0280, PO Box 02-5289, Miami, FL 33102-5289, USA

STAFF

Director Ambler Moss
Secondary Principal Maribel Maldonado
Elementary Principal Stacy Sherman
Curriculum Facilitator Jeff Fifiel
School Counselor Aida Zea
College Counselor Margareth Kakayan
Business Manager Aida Tsuji
Head of Technology Edwin Obando
Head of Library Fiona Marr
Teaching staff Full time 54; Part time 1; Total 55
Nationalities of teaching staff US 41; Guatemalan 12; Other(s) (Canadian) 2

INFORMATION

Grade levels PreK–12
School year August–June
School type coeducational, day, private non-profit
Year founded 1958
Governed by elected Board of Directors
Accredited by Southern
Regional organizations AASCA
Enrollment PreK 13; Elementary K–5 139; Middle School 6–8 70; High School 9–12 94; Total 316
Nationalities of student body US 78; Guatemalan 51; Other(s) 187
Tuition/fee currency US Dollar
Tuition range 1,500–7,000
Annual fees Busing 1,281; ESOL 800; Language Recource Center 800
One time fees Registration 7,000; High School Senior 200
Graduates attending college 97%
Graduates have attended U of California, Berkeley, Purdue U, U of West Florida, Savannah Col, Boston Col

EDUCATIONAL PROGRAM

Curriculum US, AP
Average class size Elementary 15; Secondary 16
Language(s) of instruction English, Spanish
Staff specialists computer, counselor, ESL, learning disabilities, librarian, nurse
Special curricular programs art, instrumental music, vocal music, computer/technology, distance learning, physical education
Extra curricular programs community service, drama, excursions/expeditions
Sports basketball, soccer, volleyball
Clubs National Honor Society, National Junior Honor Society
Examinations AP, PSAT, SAT, Terra Nova

CAMPUS FACILITIES

Location Suburban
Campus 12 hectares, 9 buildings, 42 classrooms, 2 computer labs, 150 instructional computers, 22,000 library volumes, 1 auditorium, 1 cafeteria, 2 covered play areas, 1 gymnasium, 1 infirmary, 3 playing fields, 2 science labs, 2 tennis courts

GUINEA

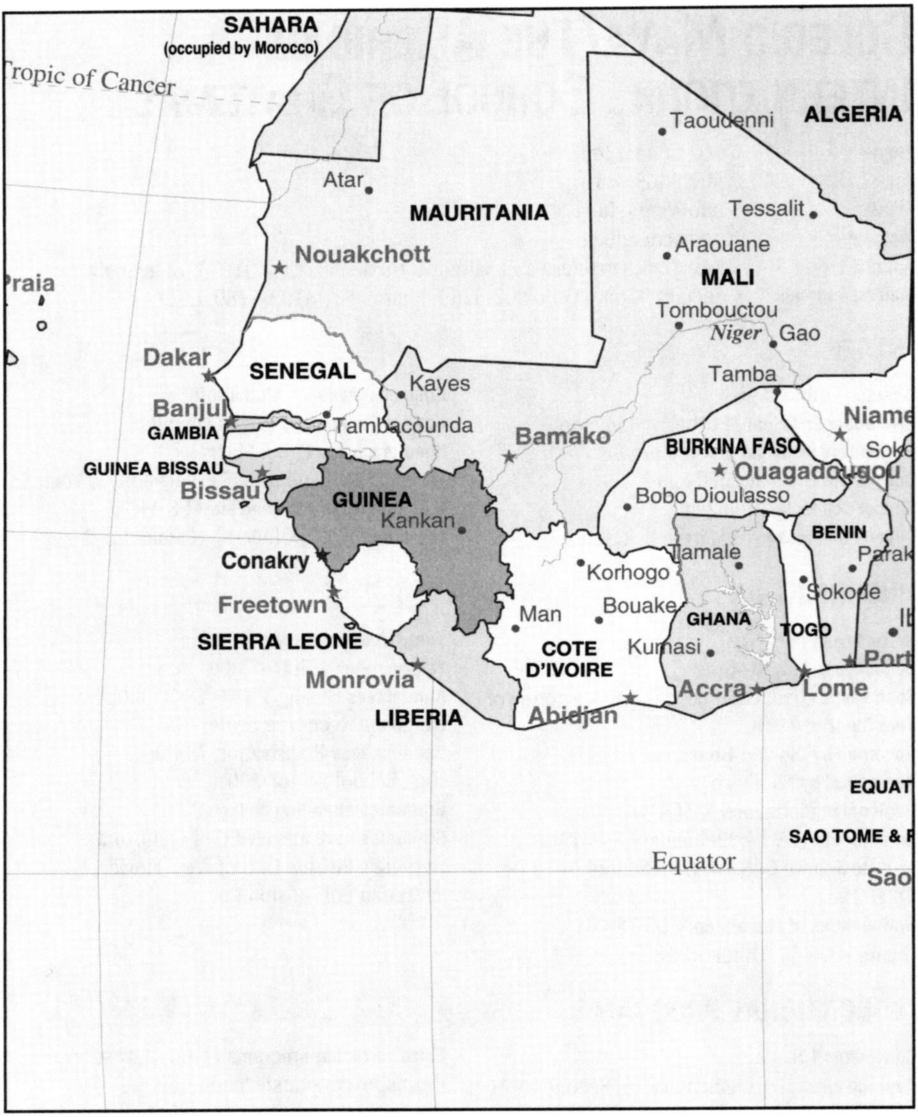

GUINEA

Area:	245,857 sq km
Population:	10,324,025
Capital:	Conakry
Currency:	Guinean Franc (GNF)
Languages:	French

American International School of Conakry

Phone 224 62 661535
Email iscdirector@biasy.net
Website www.iscguinea.org
Address BP 603 Corniche Sud, Matam, Lido, Conakry, Guinea
Mailing address Attn: AISC Director, US Embassy Conakry, US Dept. of State, 2110 Conakry Place, Washington, DC 20521-2110, USA

STAFF

Director Raymond Lemoine, Ph.D.
Business Manager Djeinabou Sow
IT Coordinator Issa Fofana
Teaching staff Full time 10; Total 10
Nationalities of teaching staff US 2; Guinean 1; Other(s) (Indian, Nigerian) 7

INFORMATION

Grade levels N–12
School year August–June
School type coeducational, day, private non-profit
Year founded 1966
Governed by elected School Board
Accredited by Middle States
Regional organizations AISA, ECIS
Enrollment Nursery 4; PreK 5; Elementary K–5 18; Middle School 6–8 10; High School 9–12 12; Total 49
Nationalities of student body US 8; Other(s) (Australian) 41
Tuition/fee currency US Dollar
Tuition range 3,000–17,000
Annual fees Registration 500; Books 100
One time fees Capital Levy 2,000
Graduates attending college 100%
Graduates have attended McMaster U, Marshall U, Georgia State U, Oklahoma State U, Korean National U

EDUCATIONAL PROGRAM

Curriculum US, Intl, AP
Average class size Elementary 8; Secondary 6
Language(s) of instruction English
Language(s) taught French
Staff specialists computer, ESL, librarian
Special curricular programs art, computer/technology, distance learning, physical education
Extra curricular programs computers, community service, dance, yearbook
Sports baseball, soccer, swimming, volleyball
Examinations AP, SAT, Stanford

CAMPUS FACILITIES

Location Urban
Campus 1 hectare, 2 buildings, 10 classrooms, 1 computer lab, 25 instructional computers, 6,000 library volumes, 1 cafeteria, 1 covered play area, 1 playing field, 1 science lab, 1 pool, air conditioning

HAITI

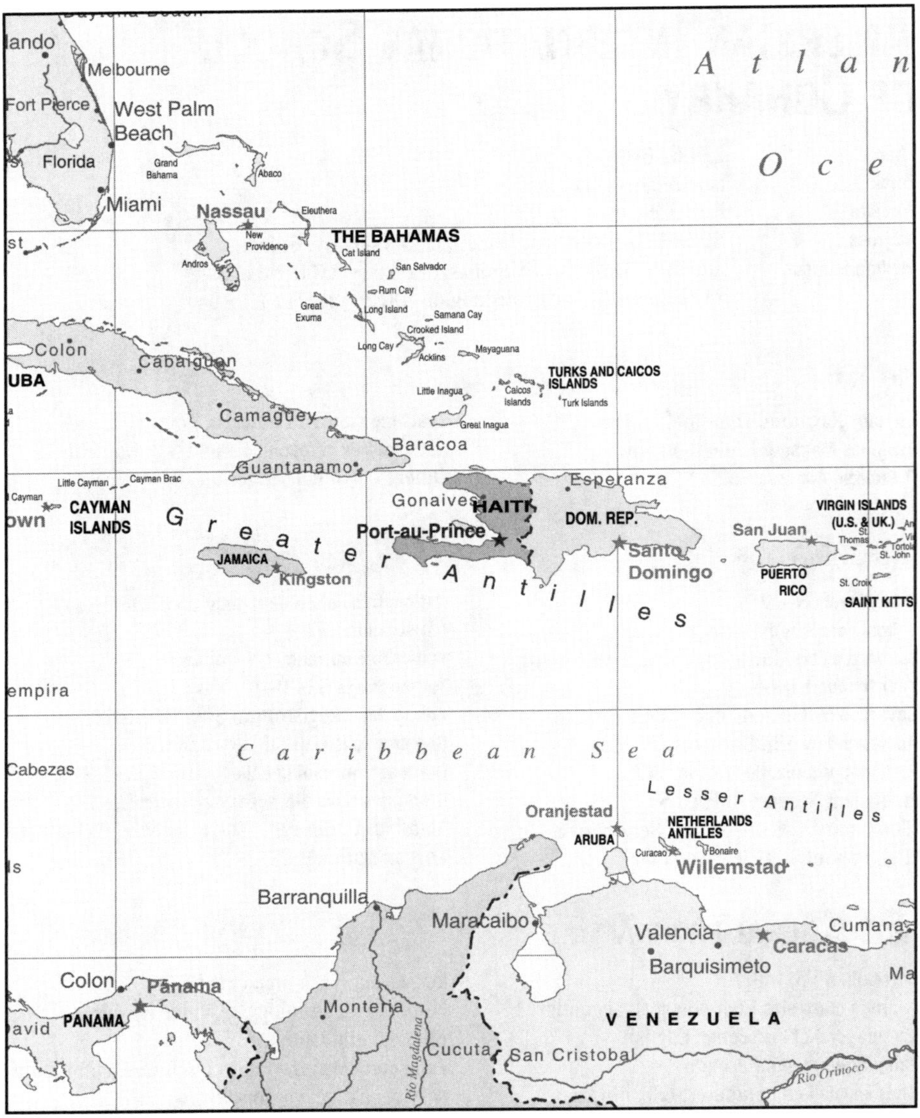

HAITI

Area:	27,750 sq km
Population:	9,203,083
Capital:	Port-au-Prince
Currency:	Gourde (HTG)
Languages:	French, Creole

UNION SCHOOL

Phone 50929 43-4926
Fax 1-954-337-0628
Email director@unionschoolhaiti.net
Website www.unionschoolhaiti.net
Address PO Box 1175, PetionVille, Haiti
Mailing address c/o Lynx Air/UNSCH, PO Box 407134, Ft. Lauderdale, FL 33340, USA

STAFF

Director Marie France Jean-Baptiste
Secondary Principal Marlene Ford Nicolas
Elementary Principal Jessye M. Bazile
Learning Center & Math Coordinator Nadia Durban
Guidance Counselor Ana L. Ribeiro
Middle School Coordinator Dominique Pierre
Technology Coordinator Mesidor, Jean-Baptiste
Head Librarian Janice Hall
Teaching staff Full time 37; Part time 3; Total 40
Nationalities of teaching staff US 16; Haitian 17; Other(s) (Canadian) 7

INFORMATION

Grade levels PreK–12
School year August–June
School type coeducational, day, private non-profit
Year founded 1919
Governed by elected Board of Trustees
Accredited by Southern
Regional organizations ACCAS, AASSA
Enrollment PreK 8; Elementary K–5 100; Middle School 6–8 90; High School 9–12 95; Total 293
Nationalities of student body US 195; Haitian 73; Other(s) 25
Tuition/fee currency US Dollar
Tuition range 2,750–9,000
Annual fees Registration 300
One time fees New Kindergarten Student 500; New Grades 1–12 Student 1,000; Special Assessment 1,000
Graduates attending college 99%
Graduates have attended U of Miami New York U, United States Military Academy, American U, McGill U

EDUCATIONAL PROGRAM

Curriculum US, AP
Average class size Elementary 17; Secondary 17
Language(s) of instruction English, French
Language(s) taught French, Spanish
Staff specialists computer, counselor, ESL, learning disabilities, librarian, nurse
Special curricular programs art, instrumental music, computer/technology, physical education
Extra curricular programs community service, dance, excursions/expeditions, yearbook
Sports basketball, soccer, volleyball
Clubs CAISSA chess
Examinations AP, Iowa, PSAT, SAT, MAP

CAMPUS FACILITIES

Location Suburban
Campus 2 hectares, 2 buildings, 38 classrooms, 2 computer labs, 40 instructional computers, 12,000 library volumes, 1 infirmary, 2 playing fields, 2 science labs

Data from 2009/10 school year.

HONDURAS

HONDURAS

Area:	112,090 sq km
Population:	7,989,415
Capital:	Tegucigalpa
Currency:	Lempira (HNL)
Languages:	Spanish

MAZAPAN SCHOOL

Phone 504 443 2716
Fax 504 443 3559
Email Mazapan@dole.com
Website www.mazapanschool.org
Address Zona Mazapan, Dole-Standard Fruit de Honduras, La Ceiba, Atlantida, Honduras
Mailing address Dole-SFCO Honduras, MIA 951, PO Box 025365, Miami, FL 33102-5365, USA

STAFF

Superintendent Martha V. Counsil
Principal Donna Dixon
Counselor & Registrar Enma Nufio
Honduran Director Mirta Martinez
Business Manager Julia Medina Lopez
Technology Coordinator Justin Trupe
Media Specialist Thomas Lewandoski
Teaching staff Full time 26; Part time 3; Total 29
Nationalities of teaching staff US 16; Honduran 12; Other(s) (Canadian) 1

INFORMATION

Grade levels PreK–12
School year August–June
School type coeducational, company-sponsored, day, private non-profit
Year founded 1928
Governed by appointed Dole Fresh Fruit International Managers
Sponsored by Dole Fresh Fruit International
Accredited by Southern
Regional organizations AASCA
Enrollment PreK 25; Elementary K–5 150; Middle School 6–8 75; High School 9–12 100; Total 350
Nationalities of student body US 20, UK 1; Honduran 309; Other(s) 20
Tuition/fee currency US Dollar
Tuition range 340–376
Annual fees Registration 376
One time fees Family Entrance 2,000
Graduates attending college 100%
Graduates have attended Rice U, Bentley Col, Loyola U, Savannah Col of Art & Design, Michigan State U

EDUCATIONAL PROGRAM

Curriculum US, National, Intl
Average class size Elementary 25; Secondary 25
Language(s) of instruction English, Spanish
Language(s) taught English, Spanish, French
Staff specialists computer, counselor, librarian
Special curricular programs art, instrumental music, vocal music, computer/technology, distance learning, physical education
Extra curricular programs community service, dance, drama, environmental conservation, excursions/expeditions, newspaper, photography, yearbook
Sports baseball, basketball, soccer, softball, tennis, track and field, volleyball
Clubs National Honor Society, pop band, jazz band, Big Brothers & Sisters, Character Counts, student council
Examinations ACT, PSAT, SAT, SAT II, Stanford, TOEFL

CAMPUS FACILITIES

Location Urban
Campus 3 hectares, 11 buildings, 18 classrooms, 2 computer labs, 32 instructional computers, 13,000 library volumes, 1 auditorium, 1 cafeteria, 1 covered play area, 2 gymnasiums, 3 playing fields, 2 science labs, 1 tennis court, air conditioning

Data from 2009/10 school year.

Escuela Bilingue Santa Barbara

Phone 504 659 3052
Fax 504 659 3059
Email mochitoschool@breakwater.hn
Address Apdo. 342-El Mochito, San Pedro Sula, Honduras

STAFF

Principal Noah B. Spaulding
Teaching staff Full time 7; Part time 1; Total 8

INFORMATION

Grade levels PreK–9
School year August–June
School type coeducational, company-sponsored, day
Sponsored by AMPAC

EDUCATIONAL PROGRAM

Curriculum US, National
Average class size Elementary 10; Secondary 10
Language(s) of instruction English, Spanish
Examinations Iowa

CAMPUS FACILITIES

Location Rural
Campus 2 buildings, 5 classrooms, 1 computer lab, 10 instructional computers, 2,000 library volumes, 1 covered play area, 1 infirmary, 3 playing fields, 1 pool, 1 tennis court

Data from 2009/10 school year.

Escuela Internacional Sampedrana

Phone (011) 504 566 2722
Fax (011) 504 566 1458
Email rvair@seishn.com
Website www.seishn.org
Address Colonia Gracias a Dios, 500 Metros arriba del Blvd. hacia el Hospital Mario Rivas, San Pedro Sula, Cortes, Honduras
Mailing address #SAP 1199, PO BOX 28527, Miami, FL 33102-8527, USA

STAFF

Superintendent Ronald J. Vair
High School Principal Thomas Litecky
Elementary School Principal Gina Rietti de Larach
Principal of La Lima School Dennis Spencer
Middle School Principal Ximena Silva
Preschool Principal Lilliam Nasser
Director of Finance Omar Cardona
Manager of Technology Edwin Cabrera
Library Director Elsa Barrios
Teaching staff Full time 248; Part time 47; Total 295
Nationalities of teaching staff US 42; Honduran 233; Other(s) (Canadian, Mexican) 20

INFORMATION

Grade levels N–12
School year August–May
School type coeducational, day, private non-profit
Year founded 1953
Governed by elected Board of Directors
Sponsored by Parents General Assembly
Accredited by Southern
Regional organizations AASCA, AASSA
Enrollment Nursery 70; PreK 90; Elementary K–5 605; Middle School 6–8 324; High School 9–12 438; Total 1,577
Nationalities of student body US 8; Honduran 1,536; Other(s) (Korean, Taiwanese) 33
Tuition/fee currency Honduran Lempira
Tuition range 64,710–79,990
Annual fees Laboratory, Library, Books 9,139; Yearbook, Agenda 850
One time fees Registration 95,200
Graduates attending college 100%
Graduates have attended Emory U, Baylor U, Mount Holyoke Col, Babson Col, George Washington U

EDUCATIONAL PROGRAM

Curriculum US, AP, Honduran
Average class size Elementary 20; Secondary 25
Language(s) of instruction English, Spanish
Language(s) taught Spanish
Staff specialists computer, counselor, ESL, learning disabilities, librarian, nurse, psychologist, reading resource
Special curricular programs art, instrumental music, vocal music, computer/technology, distance learning, physical education
Extra curricular programs computers, community service, drama, excursions/expeditions
Sports basketball, soccer, volleyball
Examinations ACT, AP, Iowa, PSAT, SAT, SAT II, TOEFL, PLAN, CogAT, MAP

CAMPUS FACILITIES

Location Urban
Campus 30 hectares, 12 buildings, 101 classrooms, 5 computer labs, 280 instructional computers, 28,679 library volumes, 1 auditorium, 3 cafeterias, 4 covered play areas, 4 gymnasiums, 4 infirmaries, 3 playing fields, 4 science labs, air conditioning

The American School of Tegucigalpa

Phone 504 239 3333
Fax 504 239 6162
Email info@amschool.org
Website www.amschool.org
Address Avenida Republica Dominicana, Colonia Lomas del Guijarro, Tegucigalpa, MDC, Honduras
Mailing address IMC TGU Dept. 227, PO Box 025320, Miami, FL 33102-5320 USA

STAFF

Superintendent Liliana F. Jenkins
High School Principal Maria Motz
Middle School Principal Ricardo Belgrave
Elementary School Principal Elcenora Martinez
Preschool Principal Claudia Pereira
Business Manager Hector Paz
Coordinator of Instructional Technology Support Jose Manuel Mendoza
Librarian Rosa Chinchilla
Teaching staff Full time 84; Total 84
Nationalities of teaching staff US 26; Honduran 58

INFORMATION

Grade levels N–12
School year August–June
School type coeducational, day, private non-profit
Year founded 1946
Governed by elected Board of Directors
Accredited by Southern
Regional organizations AASCA
Enrollment Nursery 76; PreK 79; Elementary K–5 462; Middle School 6–8 242; High School 9–12 285; Total 1,144
Nationalities of student body US 25; Honduran 1,090; Other(s) 29
Tuition/fee currency US Dollar
Tuition range 2,600–6,963
Annual fees Registration 3; Busing 500
One time fees Capital Levy 6,000
Graduates attending college 99%
Graduates have attended Boston Col, Loyola U, U of Pennsylvania, U of Notre Dame, Georgetown U

EDUCATIONAL PROGRAM

Curriculum US, National, IB Diploma
Average class size Elementary 25; Secondary 25
Language(s) of instruction English, Spanish
Language(s) taught English, Spanish
Staff specialists computer, counselor, learning disabilities, librarian, nurse, psychologist, speech/hearing
Special curricular programs art, instrumental music, vocal music, computer/technology, physical education
Extra curricular programs community service, newspaper, yearbook
Sports basketball, soccer, volleyball
Clubs student government, National Honor Society, Operation Smile, Hacia Democracy, ecology, Junior State of America, Model UN
Examinations ACT, IB, Iowa, PSAT, SAT, SAT II, TOEFL, SSAT

CAMPUS FACILITIES

Location Urban
Campus 5 hectares, 7 buildings, 45 classrooms, 4 computer labs, 218 instructional computers, 30,000 library volumes, 1 auditorium, 1 cafeteria, 1 covered play area, 1 gymnasium, 1 infirmary, 4 playing fields, 5 science labs

Discovery School

Phone 504 239-4454
Fax 504 269-4451
Email dsdirector@mundo123.hn
Website www.discoveryschool.edu.hn
Address Zona el Molinon, Anillo Periferico, Antes Salida de Valle de Angeles, Tegucigalpa, Honduras
Mailing address TGU 00015, PO Box 025387, Miami, FL 33102-5387, USA

STAFF

Director Debra Giles
Secondary Assistant Principal Gloria Palacios
Elementary Coordinator Cristiana Banegas
Administrative Manager Reina Salgado
Technology Coordinator Carlos Ferrera
Librarian Carlos Echevarria
Teaching staff Full time 34; Part time 2; Total 36
Nationalities of teaching staff US 14; Honduran 20; Other(s) (Australian, Peruvian) 2

INFORMATION

Grade levels N–12
School year August–June
School type coeducational, day, private non-profit
Year founded 1994
Governed by elected Board of Directors
Accredited by Southern
Regional organizations AASSA
Enrollment PreK 29; Elementary K–5 116; Middle School 6–8 61; High School 9–12 57; Total 263
Nationalities of student body US 66; Honduran 120; Other(s) (Taiwanese) 77
Tuition/fee currency US Dollar
Tuition range 3,000–7,120
Annual fees Busing 900; ESL 1,160; SSL 1,160
One time fees Capital Levy 3,000
Graduates attending college 100%
Graduates have attended Mercyhurst Col, U of Bath, U of Texas, U Nacional Autonoma, U of Oklahoma

EDUCATIONAL PROGRAM

Curriculum US, National, AP
Average class size Elementary 13; Secondary 14
Language(s) of instruction English
Language(s) taught Spanish
Staff specialists computer, counselor, librarian
Special curricular programs art, instrumental music, vocal music, computer/technology, physical education
Extra curricular programs community service, dance, drama, environmental conservation, excursions/expeditions, literary magazine, yearbook
Sports baseball, basketball, soccer, swimming
Examinations ACT, AP, Iowa, PSAT, SAT, SAT II, TOEFL

CAMPUS FACILITIES

Location Urban
Campus 3 hectares, 9 buildings, 32 classrooms, 1 computer lab, 35 instructional computers, 7,500 library volumes, 1 cafeteria, 1 covered play area, 1 gymnasium, 1 infirmary, 2 playing fields, 2 science labs

Data from 2009/10 school year.

HUNGARY

HUNGARY

Area:	93,028 sq km
Population:	9,880,059
Capital:	Budapest
Currency:	Forint (HUF)
Languages:	Hungarian

AMERICAN INTERNATIONAL SCHOOL OF BUDAPEST

Phone 36 26 556 000
Fax 36 26 556 003
Email gpitzb@nk.aisb.hu
Website www.aisb.hu
Address Kakukk utca 1-3, Budapest, 1121, Hungary
Mailing address PO Box 53, 1525 Budapest, Hungary

STAFF

Director Raymond Holliday-Bersegeay
High School Principal Derek Luebbe
Middle School Principal Paul Ducharme
Elementary Principal Cindy Toland
Curriculum Coordinator Rebecca Dahl
Business Manager Zoltan Karaszy
Technology Coordinator Phil Dietrich
MS/HS Librarian Coralie Clark
ES Librarian Sarah Ducharme
Teaching staff Full time 98; Part time 14; Total 112
Nationalities of teaching staff US 60; UK 9; Hungarian 6; Other(s) (Canadian) 37

INFORMATION

Grade levels PreK–12
School year August–June
School type coeducational, day, private non-profit
Year founded 1973
Governed by appointed and elected Board of Directors
Accredited by CIS, Middle States
Regional organizations CEESA, ECIS
Enrollment Nursery 13; PreK 24; Elementary K–5 362; Middle School 6–8 183; High School 9–12 226; Total 808
Nationalities of student body US 154; UK 45; Hungarian 151; Other(s) (Korean, Chinese) 458
Tuition/fee currency US Dollar
Tuition range 9,000–20,300
Annual fees Capital Levy 2,750
One time fees Registration 650
Graduates attending college 100%
Graduates have attended US Military Academy at West Point, London School of Economics, Boston U, U of Edinburgh, George Washington U

EDUCATIONAL PROGRAM

Curriculum US, Intl, IB Diploma
Average class size Elementary 15; Secondary 14
Language(s) of instruction English
Language(s) taught French, German, Spanish
Staff specialists computer, counselor, ESL, learning disabilities, librarian, math resource, nurse, reading resource
Special curricular programs art, instrumental music, vocal music, computer/technology, physical education, drama, dance, Hungarian culture
Extra curricular programs computers, community service, dance, drama, environmental conservation, excursions/expeditions, literary magazine, photography, yearbook, robotics
Sports badminton, baseball, basketball, cross-country, golf, gymnastics, hockey, martial arts, soccer, softball, swimming, tennis, track and field, volleyball
Clubs National Honor Society, community service, MathCounts, sports
Examinations IB, PSAT, SAT, TOEFL, MAP

CAMPUS FACILITIES

Location Suburban
Campus 13 hectares, 1 building, 109 classrooms, 6 computer labs, 420 instructional computers, 33,000 library volumes, 3 auditoriums, 2 cafeterias, 3 gymnasiums, 2 infirmaries, 3 playing fields, 6 science labs, 1 pool, 5 tennis courts

Britannica International School

Phone 36 1 466 9794
Fax 36 1 466 9794
Email contact@britannicaschool.hu
Website www.britannicaschool.hu
Address Kakukk Utca 1-3, Budapest, 1121, Hungary

STAFF

Headmaster Ken Baines
Deputy Head Zita Hetzer
Head of Pastoral Care Melanie Sefton

INFORMATION

Grade levels 5–13
School year September–June
School type coeducational, day
Year founded 1993
Tuition/fee currency Hungarian Forint
Tuition range 2,380,000–3,235,000
One time fees Registration 70,000; Assessment 10,000; Deposit 200,000
Graduates attending college 100%
Graduates have attended Imperial Col London, U of Edinburgh, Queen Mary, U of London, U of Southern California, U of Sussex

EDUCATIONAL PROGRAM

Curriculum UK, IGCSE, AS Level & Advanced Level (CIE-University of Cambridge)
Average class size Elementary 12; Secondary 15
Language(s) of instruction English
Language(s) taught Spanish, French, German
Staff specialists computer, ESL, librarian, nurse
Special curricular programs art, computer/technology, physical education
Extra curricular programs dance, drama, excursions/expeditions, newspaper, photography
Sports badminton, baseball, basketball, football, gymnastics, hockey, skiing, soccer, swimming, tennis, volleyball, skating
Clubs art, photography, guitar, French, computer
Examinations A-level GCE, GCSE, IGCSE, ECDL

CAMPUS FACILITIES

Location Suburban
Campus 1 building, 12 classrooms, 1 computer lab, 28 instructional computers, 1 cafeteria, 1 gymnasium, 1 playing field, 1 science lab, 3 tennis courts

ICELAND

Area:	103,000 sq km
Population:	308,910
Capital:	Reykjavik
Currency:	Icelandic Krona (ISK)
Languages:	Icelandic, English, German

INTERNATIONAL SCHOOL OF ICELAND

Phone 354 5903106
Fax 354 5903110
Email isi@internationalschool.is
Website www.internationalschool.is
Address v/Sjalandsskoli, Langalina 8, Gardabaer, 220, Iceland

STAFF

Teaching Principal Berta L. Faber
Managing Director Hanna Hilmarsdottir
Head of Library & Media Center Pamala Hansford
Teaching staff Full time 4; Part time 3; Total 7
Nationalities of teaching staff US 1; UK 2; Icelander 2; Other(s) 2

INFORMATION

Grade levels K–7
School year August–June
School type coeducational, day, private non-profit
Year founded 2004
Governed by appointed School Board
Enrollment Elementary K–5 30; Middle School 6–8 7; Total 37
Nationalities of student body US 4; UK 2; Icelander 20; Other(s) 11
Tuition/fee currency US Dollar
Tuition 17,000
One time fees Supplies 60; Event Fund 50

EDUCATIONAL PROGRAM

Curriculum US, Intl, International Primary Curriculum
Average class size Elementary 10
Language(s) of instruction English, Icelandic
Language(s) taught Icelandic
Staff specialists ESL, librarian, nurse
Special curricular programs art, physical education
Extra curricular programs excursions/expeditions
Clubs German, English, math
Examinations ISA

CAMPUS FACILITIES

Location Suburban
Campus 1 hectare, 1 building, 2 classrooms, 1 computer lab, 30 instructional computers, 3,000 library volumes, 1 cafeteria, 1 gymnasium, 1 playing field, 1 pool

Data from 2009/10 school year.

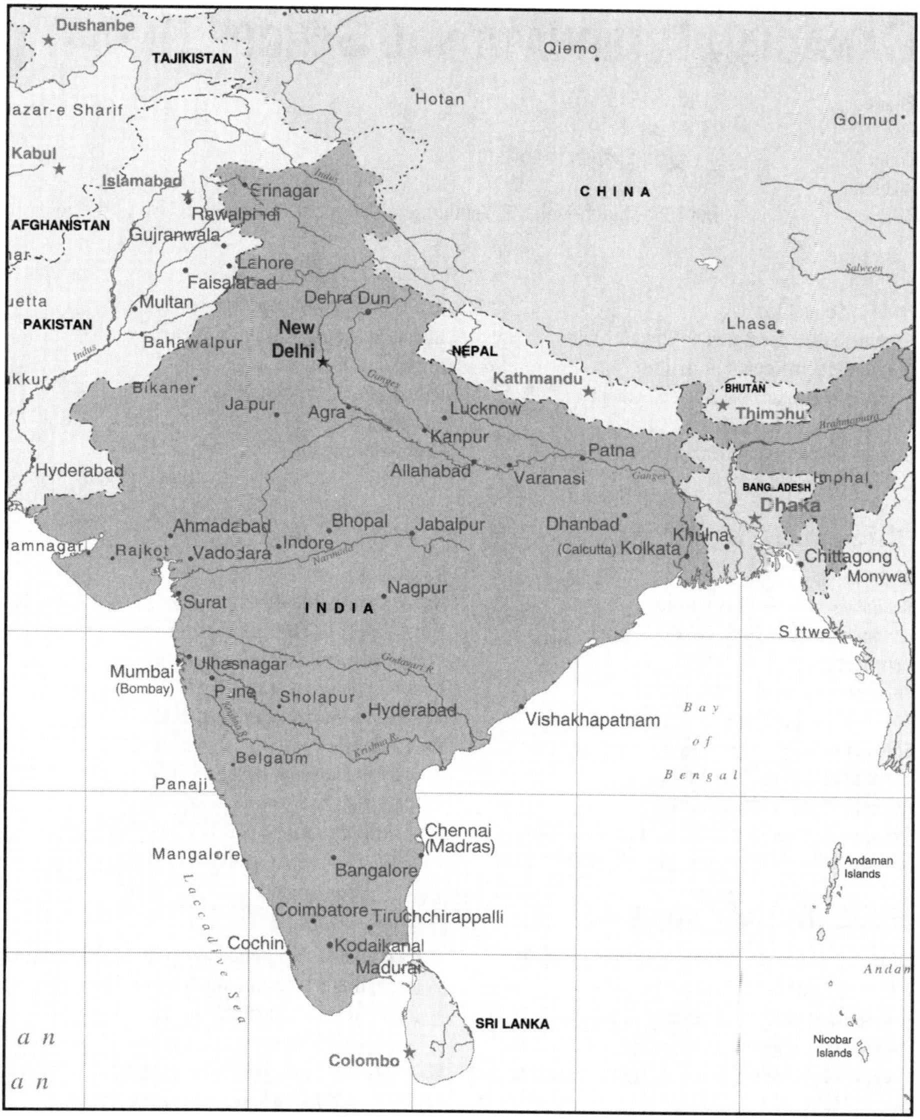

INDIA

Area:	3,287,263 sq km
Population:	1,173,108,018
Capital:	New Delhi
Currency:	Indian Rupee (INR)
Languages:	Hindi, English

CANADIAN INTERNATIONAL SCHOOL (INDIA)

Phone 91 80 6451 4001
Fax 91 80 2856 4950
Email k-12principal@cisb.org.in
Website www.cisb.org.in
Address 4and 20 Manchenahalli, Yelahanka, Bangalore, Karnataka, 560 064, India

STAFF

Head of School L. Gigg
Executive Director & Owner Shweta Sastri
IB Coordinator Regis Caudrillier
Director of Admissions & Development Penny Abraham, Ph.D.
Guidance Counselor & IGCSE Coordinator Geetha Swamy
Assistant Vice-Principal Segran Naidoo
Business Manager Malathy Sastri
Director of Technology Prakash S.
Head Librarian Elizabeth Mathew
Teaching staff Full time 69; Part time 1; Total 70
Nationalities of teaching staff US 3; UK 7; Indian 43; Other(s) (Canadian, French) 17

INFORMATION

Grade levels PreK–12
School year September–June
School type boarding, coeducational, day, proprietary
Year founded 1997
Governed by appointed Board of Directors
Sponsored by Sastri Family
Accredited by CIS, New England
Regional organizations ECIS
Enrollment PreK 35; Elementary K–5 156; Middle School 6–8 88; High School 9–12 146; Total 425
Nationalities of student body US 62; UK 20; Indian 70; Other(s) (Korean, Japanese) 273
Tuition/fee currency Indian Rupee
Boarding program grades 6–12
Boarding program length 5-day and 7-day
Boys 37 **Girls** 13
Graduates attending college 100%
Graduates have attended Purdue U, U of Nottingham, McGill U, U of Michigan, U of Massachusetts Amherst

EDUCATIONAL PROGRAM

Curriculum Intl, IB Diploma, IGCSE, Ontario Ministry Education
Average class size Elementary 20; Secondary 20
Language(s) of instruction English
Language(s) taught French,Spanish, German, Hindi, Mandarin
Staff specialists computer, counselor, ESL, learning disabilities, librarian, nurse, psychologist
Special curricular programs art, instrumental music, vocal music, computer/technology, physical education
Extra curricular programs computers, community service, dance, drama, environmental conservation, excursions/expeditions, newspaper, yearbook
Sports badminton, baseball, basketball, cricket, football, gymnastics, hockey, rugby, soccer, softball, swimming, tennis, track and field, volleyball
Clubs Model UN, horseback riding, math, cookery, fitness, chess, various arts
Examinations GCSE, IB, IGCSE, PSAT, SAT

CAMPUS FACILITIES

Location Suburban
Campus 7 hectares, 6 buildings, 44 classrooms, 3 computer labs, 159 instructional computers, 14,572 library volumes, 1 auditorium, 1 cafeteria, 1 covered play area, 1 infirmary, 2 playing fields, 3 science labs, 1 pool, 2 tennis courts

American International School–Chennai

Phone 91 44 2254 9000
Fax 91 44 2254 9001
Email headofschool@aisch.org
Website www aisch.org
Address 100 Feet Road, Taramani, Chennai, Tamil Nadu, 600 113, India

STAFF

Head of School Barry L. Clough
High School Principal James R. Fellabaum, Ed.D.
Middle School Principal Michele Dirksen
Elementary School Principal Kevin Hall
Guidance Counselor Karen Fellabaum
Elementary Curriculum Coordinator Jennifer Cordes
Finance Manager Seetha Lakshmi
Director of Information Technology Frank Gardner
Head Librarian K. P. Indrasimhan
Teaching staff Full time 121; Part time 5; Total 126
Nationalities of teaching staff US 59; UK 4; Indian 51; Other(s) (Canadian, French) 12

INFORMATION

Grade levels PreK–12
School year August–June
School type coeducational, day, private non-profit
Year founded 1995
Governed by appointed and elected Board of Directors
Accredited by CIS, Middle States
Regional organizations AISA, ECIS, NESA
Enrollment PreK 53; Elementary K–5 378; Middle School 6–8 166; High School 9–12 163; Total 760
Nationalities of student body US 190; UK 40; Indian 75; Other(s) (Korean, American Samoan) 455
Tuition/fee currency US Dollar
Tuition range 17,600–19,900
One time fees Registration 3,000; Capital Levy 5,000
Graduates attending college 99%
Graduates have attended McGill U, Pennsylvania State U, Cornell U, Brown U, U of Cambridge

EDUCATIONAL PROGRAM

Curriculum US, Intl, IB Diploma, AP
Average class size Elementary 16; Secondary 20
Language(s) of instruction English
Language(s) taught French, Spanish
Staff specialists computer, counselor, ESL, learning disabilities, librarian, math resource, nurse, speech/hearing
Special curricular programs art, instrumental music, vocal music, computer/technology, physical education
Extra curricular programs computers, community service, dance, drama, excursions/expeditions, newspaper, photography, yearbook
Sports badminton, basketball, martial arts, rugby, soccer, swimming tennis, track and field, volleyball
Clubs Habitat for Humanity, Model UN, student council, chess, SAT math
Examinations AP, IB, Iowa, PSAT, SAT, TOEFL, MAP

CAMPUS FACILITIES

Location Suburban
Campus 6 buildings, 107 classrooms, 3 computer labs, 469 instructional computers, 36,000 library volumes, 1 auditorium, 1 cafeteria, 3 covered play areas, 1 gymnasium, 1 infirmary, 1 playing field, 7 science labs, 1 pool, 4 tennis courts, air conditioning

Woodstock School

Phone 91 135 263-5900
Fax 91 135 263-2885
Email mail@woodstock.ac.in
Website www.woodstockschool.in
Address Landour, Mussoorie, Uttarakhand, 248179, India

STAFF

Principal David Laurenson, Ph.D.
Head of Senior School Andrzej Plonka
Head of Junior School Sanjaya Mark
Director of Finance Ben Lall
ICT Director Anil Jain
School Librarian Susan Swanson
Teaching staff Full time 61; Part time 2; Total 63
Nationalities of teaching staff US 31; UK 9; Indian 17; Other(s) (Australian, French) 6

INFORMATION

Grade levels PreK–12
School year August–June
School type boarding, coeducational, day, private non-profit
Year founded 1854
Governed by appointed and elected Board of Directors
Accredited by Middle States
Regional organizations ECIS, NESA
Enrollment Elementary K–5 65; Middle School 6–8 140; High School 9–12 285; Total 490
Nationalities of student body US 55; UK 10; Indian 225; Other(s) (Korean, Nepalese) 200
Tuition/fee currency Indian Rupee
Tuition range 375,000–800,000
One time fees Establishment 100,000; Security Deposit 100,000
Boarding program grades 3–12
Boarding program length 7-day **Boys** 220 **Girls** 210
Graduates attending college 95%
Graduates have attended Harvard U, U of Warwick, Stanford U, Carleton U, Monash U

EDUCATIONAL PROGRAM

Curriculum US, UK, AP, IGCSE
Average class size Elementary 15; Secondary 20
Language(s) of instruction English
Language(s) taught French, Hindi
Staff specialists computer, counselor, ESL, learning disabilities, librarian, nurse
Special curricular programs art, instrumental music, vocal music, physical education, drama
Extra curricular programs computers, community service, drama, environmental conservation, excursions/expeditions, literary magazine, newspaper, photography, yearbook, hiking
Sports basketball, cricket, cross-country, hockey, soccer, squash, swimming, tennis, track and field, volleyball
Clubs crafts
Examinations ACT, AP, GCSE, IGCSE, PSAT, SAT

CAMPUS FACILITIES

Location Rural
Campus 136 hectares, 12 buildings, 30 classrooms, 5 computer labs, 188 instructional computers, 40,000 library volumes, 3 auditoriums, 2 cafeterias, 1 covered play area, 1 gymnasium, 1 infirmary, 4 playing fields, 4 science labs, 1 pool, 2 tennis courts

INTERNATIONAL SCHOOL OF HYDERABAD

Phone 90 40 3071 3869
Fax 91 40 3071 3870
Email ish@ishyd.org
Website www.ishyd.org
Address c/o ICRISAT, Patancheru, Patancheru, Andhra Pradesh, 502324, India

STAFF

Principal Helge H. Gallinger
Elementary School Vice-Principal Sunita Verghese
Secondary School Vice-Principal Mark Newmark, Ph.D.
Accountant Hanumanth Rao
Software Administrator Patrick Dempsey
Librarian Wayne Goodner
Teaching staff Full time 40; Part time 2; Total 42
Nationalities of teaching staff US 4, UK 2; Indian 24; Other(s) (Australian, Canadian) 12

INFORMATION

Grade levels N–12
School year August–June
School type coeducational, day, private non-profit, proprietary
Year founded 1981
Governed by appointed Advisory Board
Sponsored by ICRISAT
Accredited by CIS, New England
Regional organizations NESA
Enrollment Nursery 6; PreK 34; Elementary K–5 116; Middle School 6–8 42; High School 9–12 35; Total 233
Nationalities of student body US 90; UK 19; Indian 41; Other(s) (French, Australian) 83
Tuition/fee currency Indian Rupee
Tuition range 232,000–495,000
One time fees Registration 10,000; Capital Levy 175,000
Graduates attending college 98%
Graduates have attended Col of William & Mary, Ohio State U, New York U, U of Southern California, Manchester U

EDUCATIONAL PROGRAM

Curriculum Intl, IB Diploma, IGCSE
Average class size Elementary 14; Secondary 12
Language(s) of instruction English
Language(s) taught French, Hindi, Spanish
Staff specialists computer, counselor, ESL, learning disabilities, librarian, nurse, physician, psychologist
Special curricular programs art, instrumental music, vocal music, computer/technology, physical education
Extra curricular programs computers, community service, dance, drama, environmental conservation, excursions/expeditions, literary magazine, newspaper, photography, yearbook
Sports badminton, baseball, basketball, cricket, cross-country, football, golf, gymnastics, hockey, soccer, swimming, tennis, track and field, volleyball
Examinations GCSE, IB, IGCSE, ACER

CAMPUS FACILITIES

Location Suburban
Campus 15 hectares, 5 buildings, 29 classrooms, 2 computer labs, 52 instructional computers, 25,000 library volumes, 2 auditoriums, 2 cafeterias, 1 covered play area, 1 gymnasium, 2 infirmaries, 4 playing fields, 3 science labs, 1 pool, 2 tennis courts, air conditioning

Kodaikanal International School

Phone 91 4542 247 500
Fax 91 4542 241 109
Email contact@kis.in
Website www.kis.in
Address Seven Roads Junction, PO Box 25, Kodaikanal, Tamil Nadu, 624 101, India

STAFF

Principal Adrian Moody
Academic Vice Principal Kaisar Dopaishi
High School Coordinator Charmaine Jesudoss
Middle Years Program Coordinators Graham Lambert & Barbara Block
PYP Coordinator Janice VanHaltren
Dean of Students Sam Balachander
Finance Director Samraj Ganga Christus, Ph.D.
Information Systems Manager Rudy Wuthrich
Head Librarian Anna Kagedal
Teaching staff Full time 79; Part time 4; Total 83
Nationalities of teaching staff US 11; UK 2; Indian 53; Other(s) (German, Swede) 17

INFORMATION

Grade levels PreK–12
School year July–May
School type boarding, coeducational, private non-profit
Year founded 1901
Governed by elected Association & Council of Directors
Accredited by Middle States
Regional organizations NESA
Enrollment Nursery 3; PreK 4; Elementary K–5 41; Middle School 6–8 102; High School 9–12 377; Total 527
Nationalities of student body US 51; UK 16; Bhutanese 320; Other(s) (Thai, Nepalese) 140
Tuition/fee currency US Dollar
Tuition range 7,867–19,222
Annual fees Boarding, 7-day 13,400; Grades 11 & 12 2,500
One time fees Registration 67; Capital Levy 1,778
Boarding program grades 4–12
Boarding program length 7-day **Boys** 234 **Girls** 180
Graduates attending college 100%
Graduates have attended U of Pennsylvania, New York U, Boston U, McGill U, U of Warwick

(Continued)

KODAIKANAL INTERNATIONAL SCHOOL (Continued)

EDUCATIONAL PROGRAM

Curriculum US, Intl, IB Diploma, IBMYP
Average class size Elementary 17; Secondary 25
Language(s) of instruction English
Language(s) taught French, German, Spanish, Tamil, Hindi, Dzongkha, Korean
Staff specialists computer, counselor, ESL, learning disabilities, librarian, nurse, physician, reading resource
Special curricular programs art, instrumental music, vocal music, computer/technology, physical education
Extra curricular programs computers, community service, dance, drama, environmental conservation, excursions/expeditions, newspaper, yearbook
Sports badminton, baseball, basketball, cricket, cross-country, football, golf, gymnastics, hockey, soccer, softball, squash, tennis, track and field, volleyball
Clubs video production, table tennis, movie, ultimate frisbee, canoe, chess, robotics
Examinations ACT, IB, Iowa, PSAT, SAT, SAT II, TOEFL, SSAT, RSM, BMAT

CAMPUS FACILITIES

Location Rural
Campus 66 hectares, 102 buildings, 109 classrooms, 6 computer labs, 225 instructional computers, 45,000 library volumes, 4 auditoriums, 3 cafeterias, 3 covered play areas, 1 gymnasium, 1 infirmary, 3 playing fields, 6 science labs, 10 tennis courts

The American School of Bombay

Phone 91 22 67727272
Fax 91 22 2652 1234
Email asb@asbindia.org
Website www.asbindia.org
Address SF 2, G Block, Bandra Kurla Complex Road, Bandra East, Mumbai, Maharashtra, 400 098, India
Mailing address Management Officer, 6240 Mumbai Place, Washington, DC 20521-6240, USA

STAFF

Superintendent Craig A. Johnson
High School Principal Jane McGee
Middle School Principal Andrew Hoover
Elementary School Principal Joe Atherton
Director of Special Projects Joseph Cubas
Assistant Superintendent Madeleine Heide
Business Manager Gerry Coutinho
Director of Technology Shabbi Luthra, Ed.D.
Head Librarian Barbara Kieran
Teaching staff Full time 93; Part time 2; Total 95
Nationalities of teaching staff US 63; UK 4; Indian 15; Other(s) (Canadian, French) 13

INFORMATION

Grade levels N–12
School year August–July
School type coeducational, day, private non-profit
Year founded 1981
Governed by elected Board of Trustees
Sponsored by Embassy of the U.S.A
Accredited by Middle States
Regional organizations AISA, ECIS, NESA, SGIS
Enrollment Nursery 32; PreK 36; Elementary K–5 280; Middle School 6–8 155; High School 9–12 175; Total 678
Nationalities of student body US 195; UK 105; Indian 90; Other(s) (Canadian, Korean) 288
Tuition/fee currency US Dollar
Tuition range 15,250–32,400
Annual fees Laptop 2,125
One time fees Registration 1,000; Capital Levy 25,000
Graduates attending college 99%
Graduates have attended Columbia U, Massachusetts Insititute of Technology, London School of Economics, Weslegan U, U of Toronto

EDUCATIONAL PROGRAM

Curriculum US, IB Diploma, IBPYP, AP
Average class size Elementary 18; Secondary 18
Language(s) of instruction English
Language(s) taught French, Spanish
Staff specialists computer, counselor, ESL, learning disabilities, librarian, math resource, nurse, physician, psychologist, reading resource
Special curricular programs art, instrumental music, vocal music, computer/technology, physical education
Extra curricular programs computers, community service, drama, environmental conservation, excursions/expeditions, literary magazine, yearbook
Sports badminton, basketball, gymnastics, martial arts, soccer, swimming, tennis, track and field, volleyball, climbing, table tennis
Examinations AP, IB, PSAT, SAT, SAT II, MAP

CAMPUS FACILITIES

Location Suburban
Campus 1 hectare, 1 building, 86 classrooms, 2 computer labs, 600 instructional computers, 25,000 library volumes, 1 auditorium, 1 cafeteria, 1 covered play area, 1 gymnasium, 1 infirmary, 1 playing field, 6 science labs, 2 pools, 2 tennis courts, air conditioning

American Embassy School

Phone 91 11 2688 8854
Fax 91 11 2687 3320
Email aesindia@aes.ac.in
Website www.aes.ac.in
Address Chandragupta Marg, Chanakyapuri, New Delhi, 110021, India
Mailing address Dept. of State/AES, 9000 New Delhi Place, Washington, DC 20521-9000

STAFF

Director Robert W. Hetzel, Ph.D.
High School Principal Tim Boyer
Middle School Principal Barbara Sirotin, Ed.D.
Elementary School Principal Susan Young
Curriculum Coordinator Jan Patten
Admissions Director Scott White
Business Manager Charles R. Moore, Ph.D.
Director of Educational Technology Todd Anderson
Middle School & High School Librarian Melinda Kehe
Teaching staff Full time 167; Part time 15; Total 182
Nationalities of teaching staff US 151; UK 5; Indian 18; Other(s) (Canadian, German) 8

INFORMATION

Grade levels PreK–12
School year August–May
School type coeducational, day, private non-profit
Year founded 1952
Governed by elected Board of Governors
Accredited by Middle States
Regional organizations ECIS, NESA, SGIS
Enrollment PreK 60; Elementary K–5 685; Middle School 6–8 349; High School 9–12 408; Total 1,502
Nationalities of student body US 571; UK 150; Indian 60; Other(s) (Korean, Australian) 721
Tuition/fee currency US Dollar
Tuition range 6,960–19,020
Annual fees Lunch 400
One time fees Registration 7,800; Busing 850; Application 300
Graduates attending college 95%
Graduates have attended Columbia U, Haverford Col, U of Virginia, Washington U in St. Louis, U of California, Berkeley

(Continued)

AMERICAN EMBASSY SCHOOL (Continued)

EDUCATIONAL PROGRAM

Curriculum US, IB Diploma, AP
Average class size Elementary 18; Secondary 18
Language(s) of instruction English
Language(s) taught Spanish, French
Staff specialists computer, counselor, ESL, learning disabilities, librarian, nurse, physician, psychologist, reading resource, speech/hearing
Special curricular programs art, instrumental music, vocal music, computer/technology, physical education
Extra curricular programs computers, community service, dance, drama, environmental conservation, excursions/expeditions, literary magazine, newspaper, photography, yearbook, math peer tutoring
Sports badminton, baseball, basketball, cricket, soccer, softball, swimming, tennis, track and field, volleyball, wrestling, climbing
Clubs chess, fitness, gamers, rock climbing, Amnesty Internatinal, Reach Out, book, investment, National Honor Society, Boys Scouts, art
Examinations ACT, AP, IB, Iowa, PSAT, SAT, SAT II

CAMPUS FACILITIES

Location Urban
Campus 13.8 hectares, 14 buildings, 140 classrooms, 6 computer labs, 780 instructional computers, 69,741 library volumes, 1 auditorium, 7 cafeterias, 2 covered play areas, 1 gymnasium, 1 infirmary, 3 playing fields, 9 science labs, 3 pools, 4 tennis courts, air conditioning

INDONESIA

Area:	1,904,569 sq km
Population:	242,968,342
Capital:	Jakarta
Currency:	Indonesian Rupiah (IDR)
Languages:	Bahasa Indonesia, English, Javanese

Pasir Ridge International School

Phone 62 542 756 3474
Fax 62 542 767 126
Email hui.hui@chevron.com
Address Chevron Indonesia Company, Pasir Ridge, PO Box 276, Balikpapan, East Kalimantan, 76102, Indonesia

STAFF

Director Seamus R. Marriott
Head of Technology Linc Jackson
Head of Library Adam Wolf
Teaching staff Full time 14; Part time 2; Total 16
Nationalities of teaching staff US 12; Host 1; Other(s) (Canadian) 3

INFORMATION

Grade levels PreK–8
School year August–June
School type coeducational, company-sponsored, day
Year founded 1975
Governed by appointed Chevron Indonesia Company
Sponsored by Chevron Indonesia Company; Managed by International Schools Services, Inc.
Accredited by Western
Regional organizations EARCOS
Enrollment PreK 13; Elementary K–5 53; Middle School 6–8 11; Total 77
Nationalities of student body US 21; UK 8; Other(s) (Australian, Malaysian) 48
Tuition/fee currency US Dollar
Tuition range 12,000–24,000

EDUCATIONAL PROGRAM

Curriculum US, Intl
Average class size Elementary 8; Secondary 5
Language(s) of instruction English
Language(s) taught Bahasa
Staff specialists computer, ESL, librarian
Special curricular programs art, vocal music, computer/technology, physical education
Extra curricular programs community service, dance, drama, excursions/expeditions
Sports baseball, basketball, football, golf, martial arts, soccer, squash, swimming, tennis
Clubs climbing, karate
Examinations MAP

CAMPUS FACILITIES

Location Urban
Campus 3 hectares, 5 buildings, 12 classrooms, 2 computer labs, 60 instructional computers, 17,000 library volumes, 1 auditorium, 1 cafeteria, 1 covered play area, 1 gymnasium, 1 playing field, 1 science lab, 1 pool, 4 tennis courts, air conditioning

Bandung Alliance International School

Phone 62 22 203 1844
Fax 62 22 203 4202
Email info@baisedu.org
Website www.baisedu.org
Address Jalan Gunung Agung 14, Ciumbuleuit, Bandung, West Java, 40142, Indonesia

STAFF

Director & Principal Jeannie Sung
Secondary Level Assistant Principal Peter Simano
Elementary Level Assistant Principal Charity LaMertha
Business Manager Welly Wijaya
System Administrator Tobin Schroeder
Librarian Karen Paese
Teaching staff Full time 32; Part time 2; Total 34
Nationalities of teaching staff US 28; Indonesian 3; Other(s) (French, Finn) 3

INFORMATION

Grade levels PreK–12
School year August–June
School type coeducational, day, private non-profit, proprietary
Year founded 1956
Governed by appointed NICS School Board
Sponsored by Network of International Christian Schools
Accredited by Western
Regional organizations EARCOS
Enrollment PreK 10; Elementary K–5 82; Middle School 6–8 43; High School 9–12 62; Total 197
Nationalities of student body US 75; UK 2; Indonesian 52; Other(s) (Korean, Australian) 68
Tuition/fee currency US Dollar
Tuition range 2,775–8,470
Annual fees Capital Levy 1,000; Technology/ Library 375; Student Activity 125
One time fees Registration 100; Graduation 125

EDUCATIONAL PROGRAM

Curriculum US, Intl, AP
Average class size Elementary 12; Secondary 15
Language(s) of instruction English
Language(s) taught Indonesian, French, Spanish, Latin, Mandarin
Staff specialists computer, counselor, ESL, librarian, nurse, speech/hearing
Special curricular programs art, instrumental music, computer/technology, distance learning, physical education
Extra curricular programs dance, yearbook, robotic
Sports badminton, basketball, football, gymnastics, hockey, soccer, swimming, volleyball
Examinations ACT, AP, PSAT, SAT, SAT II, Stanford, TOEFL

Location Rural
Campus 1 hectare, 5 buildings, 27 classrooms, 2 computer labs, 80 instructional computers, 17,000 library volumes, 1 auditorium, 1 cafeteria, 1 gymnasium, 1 infirmary, 1 playing field, 1 science lab

Data from 2009/10 school year.

Bandung International School

Phone 62 22 201 4995
Fax 62 22 201 2688
Email bisadmin@bisdragons.com
Website www.bisdragons.com
Address Jl. Prof. Drg. Surya Sumantri No. 61, Bandung, West Java, 40164, Indonesia
Mailing address PO Box 1167, Bandung 40011, West Java, Indonesia

STAFF

Head of School Henri P. Bemelmans
Vice Principal of Secondary School Jonas Rejda
Elementary Principal, Deputy Head of School & PYP Coordinator Mary Collins
College Guidance Counselor Jan Russell
IB Diploma Coordinator Stephen Taylor
Business Manager Pak Suwardi
IT Coordinator Rod Murphy
Librarian Any Fauzianie
Teaching staff Full time 29; Part time 2; Total 31
Nationalities of teaching staff US 3; UK 4; Indonesian 4; Other(s) (Australian, Canadian) 20

INFORMATION

Grade levels N–12
School year August–June
School type coeducational, day, private non-profit
Year founded 1972
Governed by elected Board of Directors
Accredited by CIS, New England
Regional organizations EARCOS
Enrollment Nursery 10; PreK 10; Elementary K–5 99; Middle School 6–8 50; High School 9–12 79; Total 248
Nationalities of student body US 14; UK 21; Indonesian 72; Other(s) (Korean, Australian) 141
Tuition/fee currency US Dollar
Tuition range 4,275–14,230
Annual fees Capital Levy 1,400; Technology 450
One time fees Registration 500
Graduates attending college 100%
Graduates have attended U of California, Berkeley, Emory U, Santa Clara U, Boston U, Melbourne U

EDUCATIONAL PROGRAM

Curriculum US, Intl, IB Diploma, IBPYP
Average class size Elementary 15; Secondary 18
Language(s) of instruction English
Language(s) taught Indonesian, French, Mandarin
Staff specialists computer, counselor, ESL, learning disabilities, librarian, nurse
Special curricular programs art, instrumental music, vocal music, computer/technology, distance learning, physical education
Extra curricular programs computers, community service, dance, drama, environmental conservation, excursions/expeditions, literary magazine, newspaper, photography, yearbook
Sports badminton, basketball, cricket, football, gymnastics, hockey, martial arts, rugby, soccer, softball, squash, swimming, tennis, track and field, volleyball
Clubs environmental
Examinations ACT, AP, IB, PSAT, SAT, SAT II, TOEFL, ISA, ACER

CAMPUS FACILITIES

Location Suburban
Campus 2 hectares, 8 buildings, 25 classrooms, 2 computer labs, 70 instructional computers, 15,000 library volumes, 1 auditorium, 1 cafeteria, 2 covered play areas, 1 infirmary, 1 playing field, 2 science labs, 1 pool

Penabur International School

Phone 62 22 4217792
Email info@bpkpenabur.or.id
Website www.bpkpenabur-bdg.sch.id/intschool
Address Jl. Banda no.19, Bandung, Jawa Barat, Indonesia

STAFF

Executive Director Jason A. Gaunt
Principal Cynthia Uri
Assistant Principal Fransisca
Curriculum Coordinator Veronica

INFORMATION

Grade levels N–1
School year July–June
School type church-affiliated, private non-profit
Governed by GKI Foundation
Regional organizations EARCOS

EDUCATIONAL PROGRAM

Curriculum IBPYP
Average class size Elementary 23
Language(s) of instruction English
Language(s) taught Mandarin
Staff specialists ESL, physician
Special curricular programs art, vocal music, physical education
Extra curricular programs dance
Examinations IB

CAMPUS FACILITIES

Location Urban
Campus 1 auditorium, 1 cafeteria, 1 covered play area, 1 gymnasium, 1 infirmary, 1 science lab, 1 pool

Data from 2009/10 school year.

International School of Bogor

Phone 62 251 8324 360
Fax 62 251 8328 512
Email isb@isbogor.org
Website www.isbogor.org
Address Jl Papandayan 7, PO Box 258, Jl Papandayan No 7, Bogor, West Java, 16151, Indonesia

STAFF

Principal Riki W. Teteina
PYP Coordinator Muria Roberts
Sports Coordinator Scott Andrew Masson
Early Childhood Coordinator Edna Olaso
Office Manager Yulianti Agustina
Library Instructor & Technician Ibu Tari
Teaching staff Full time 8; Part time 3; Total 11
Nationalities of teaching staff US 1; UK 1; Indonesian 6; Other(s) (Australian, New Zealander) 3

INFORMATION

Grade levels N–8
School year August–June
School type coeducational, day, private non-profit
Year founded 1974
Governed by appointed and elected Board
Regional organizations EARCOS
Enrollment Nursery 10; PreK 20; Elementary K–5 50; Middle School 6–8 10; Total 90
Nationalities of student body US 20; UK 25; Indonesian 20; Other(s) (Australian, French) 25
Tuition/fee currency US Dollar
Tuition range 2,500–11,000
Annual fees Registration 125; Capital Levy 850; Books 125

EDUCATIONAL PROGRAM

Curriculum Intl, IBPYP
Average class size Elementary 15
Language(s) of instruction English
Language(s) taught Indonesian, Mandarin
Staff specialists ESL, librarian
Special curricular programs art, instrumental music, vocal music, computer/technology, physical education, dance
Extra curricular programs computers, community service, dance, drama, environmental conservation, newspaper, photography, horseriding
Sports badminton, basketball, cricket, gymnastics, martial arts, rugby, soccer, swimming, tennis, track and field, volleyball
Clubs multi-species, magician, environmental awareness, homework, cooking, robotics, science
Examinations ISA

CAMPUS FACILITIES

Location Urban
Campus 1 hectare, 3 buildings, 8 classrooms, 1 computer lab, 30 instructional computers, 10,000 library volumes, 1 auditorium, 1 cafeteria, 1 covered play area, 1 playing field, 1 science lab, air conditioning

Bali International School

Phone 62 361 288 770
Fax 62 361 285 103
Email admin@baliis.net
Website www.baliinternationalschool.com
Address Jl. Danau Buyan IV #15, Sanur, Denpasar, Bali, 80227, Indonesia
Mailing address PO Box 3259, Denpasar, Bali, Indonesia

STAFF

Director Chris Akin
Secondary Principal Russell McGrath
Primary Principal Krista Zavits
Curriculum & MYP Coordinator Werner Paetzold
Diploma Coordinator Sean McAuley
PYP Coordinator Greg Parker
Business Manager Anna Waruwu
IT Coordinator Chris Zavits
Librarian Kathryn Bruce
Teaching staff Full time 40; Part time 3; Total 43
Nationalities of teaching staff US 5; UK 6; Indonesian 3; Other(s) (Australian, Canadian) 29
Grade levels PreK–12

INFORMATION

School year August–June
School type coeducational, day, private non-profit
Year founded 1986
Accredited by Western
Regional organizations EARCOS
Enrollment PreK 20; Elementary K–5 115; Middle School 6–8 67; High School 9–12 111; Total 313
Nationalities of student body US 34; UK 43; Indonesian 58; Other(s) (Australian, French) 178
Tuition/fee currency US Dollar
Tuition range 7,630–14,500
Annual fees Capital Levy 1,500; IB Diploma 1,500
One time fees Registration 1,000; Application 100
Graduates attending college 95%

EDUCATIONAL PROGRAM

Curriculum Intl, IB Diploma, IBPYP, IBMYP
Average class size Elementary 18; Secondary 24
Language(s) of instruction English
Language(s) taught Indonesian, French, Spanish
Staff specialists computer, counselor, ESL, learning disabilities, librarian, math resource, nurse, reading resource
Special curricular programs art, instrumental music, vocal music, computer/technology, distance learning, physical education
Extra curricular programs computers, community service, dance, drama, environmental conservation, excursions/expeditions, literary magazine, newspaper, yearbook
Sports badminton, basketball, cricket, cross-country, football, golf, gymnastics, martial arts, rugby, soccer, softball, swimming, tennis, track and field, volleyball, wall climbing, surfing
Examinations AP, IB, PSAT, SAT, SAT II, ISA

CAMPUS FACILITIES

Location Suburban
Campus 3 hectares, 10 buildings, 20 classrooms, 2 computer labs, 150 instructional computers, 40,000 library volumes, 1 infirmary, 2 playing fields, 3 science labs, 1 pool, 2 tennis courts, air conditioning

THE BRITISH INTERNATIONAL SCHOOL

Phone 62 21 745 1670
Fax 62 21 745 1671
Email Enquiries@bis.or.id
Website www.bis.or.id
Address Bintaro Jaya Sektor 9, Jl Raya Jombang-Cileduk, Pondok Aren, Tangerang, Indonesia, Jakarta, 15227, Indonesia

STAFF

Principal Christian L. Barkei, Ph.D.
Vice Principal, Head of Secondary School Paul Starkie
Vice Principal, Head of Primary School Kevin Rae
Business Director John Slack
Admissions Director Lee Bretherick
Business Director John Slack
Head of Art & Technology Katie Deacon
Head of Library Services Stefany Anne Brown
Teaching staff Full time 97; Part time 6; Total 103
Nationalities of teaching staff UK 89; Indonesian 3; Other(s) (Australian) 11

INFORMATION

Grade levels N–13
School year December–July
School type coeducational, day, private non-profit
Year founded 1973
Governed by elected Board of Governors
Accredited by CIS
Regional organizations ECIS
Enrollment Nursery 98; PreK 172; Elementary K–5 314; Middle School 6–8 271; High School 9–12 328; Grade 13 68; Total 1,251
Nationalities of student body UK 323; Indonesian 327; Other(s) (Australian, Korean) 601
Tuition/fee currency US Dollar
Tuition range 7,950–19,800
Annual fees Capital Levy 3,000
One time fees Registration 150
Graduates attending college 100%
Graduates have attended U of Oxford, Imperial Col London, London School of Economics, Monash U

EDUCATIONAL PROGRAM

Curriculum UK, Intl, IB Diploma, IGCSE
Average class size Elementary 18; Secondary 25
Language(s) of instruction English
Language(s) taught French, German, Indonesian, Spanish, Japanese
Staff specialists computer, ESL, librarian
Extra curricular programs computers, dance, drama
Sports badminton, basketball, football, gymnastics, soccer, swimming, tennis, volleyball
Examinations A-level GCE, GCSE, IB, IGCSE

CAMPUS FACILITIES

Location Suburban
Campus 18 hectares, 8 computer labs, 350 instructional computers, 39,000 library volumes, 1 auditorium, 1 cafeteria, 2 gymnasiums, 3 infirmaries, 5 playing fields, 8 science labs, 2 pools, 3 tennis courts, air conditioning

Jakarta International School

Phone 62 21 769 2555
Fax 62 21 765 7852
Email jcornacchio@jisedu.or.id
Website www.jisedu.org
Address Jalan Terogong Raya 33, Cilandak, Jakarta, 12430, Indonesia
Mailing address PO Box 1078 JKS, Jakarta 12010, Indonesia

STAFF

Head of School Timothy Carr
Head of Organizational Development Joseph A. Cornacchio
High School Principal Stephen J. Clark
Middle School Principal Christophe D. Henry
Pondok Indah Elementary Principal Stephen W. Meade
Pattimura Elementary Principal Paul M. Buckley
Head of Business Development Vivien F. Brelsford
Head of Technology Christina Devitt
Head of Organizational Development Joseph A. Cornacchio
Teaching staff Full time 238; Part time 19; Total 257
Nationalities of teaching staff US 127; UK 17; Indonesian 15; Other(s) (Australian, Canadian) 98

INFORMATION

Grade levels N–12
School year August–June
School type coeducational, day, private non-profit
Year founded 1951
Governed by elected Board of Patrons
Accredited by CIS, Western
Regional organizations EARCOS, NESA
Enrollment Nursery 36; PreK 70; Elementary K–5 800; Middle School 6–8 558; High School 9–12 931; Total 2,395
Nationalities of student body US 535; UK 75; Indonesian 373; Other(s) (Korean, Indian) 1,412
Tuition/fee currency US Dollar
Tuition range 6,900–20,500
Annual fees Capital Levy 4,000; Busing 2,690; Continuing Enrollment (Deposit) 1,500
One time fees Registration 250; Enrollment (Deposit) 1,500
Graduates attending college 98%
Graduates have attended U of California, Berkeley, Yale U, Cambridge U, Seoul National U, U of Melbourne

(Continued)

Jakarta International School (Continued)

EDUCATIONAL PROGRAM

Curriculum Intl, IB Diploma, AP
Average class size Elementary 18; Secondary 19
Language(s) of instruction English
Language(s) taught Dutch, German, Korean, Japanese, Spanish, Indonesian, French, Mandarin
Staff specialists computer, counselor, ESL, learning disabilities, librarian, math resource, nurse, psychologist, reading resource, speech/hearing
Special curricular programs art, instrumental music, vocal music, computer/technology, physical education, vocational
Extra curricular programs computers, community service, dance, drama, environmental conservation, excursions/expeditions, literary magazine, photography, yearbook
Sports badminton, basketball, cross-country, rugby, soccer, softball, swimming, tennis, track and field, volleyball
Clubs French, world cinema, Emmanuel's, Books on Wheels, magic, ski & snowboard camp, rock climbing, travel
Examinations ACT, AP, IB, PSAT, SAT, TOEFL, ISA

CAMPUS FACILITIES

Location Suburban
Campus 21 hectares, 46 buildings, 206 classrooms, 7 computer labs, 980 instructional computers, 100,000 library volumes, 4 auditoriums, 3 cafeterias, 5 gymnasiums, 4 infirmaries, 4 playing fields, 18 science labs, 3 pools, 3 tennis courts, air conditioning

THE NEW ZEALAND INTERNATIONAL SCHOOL

Phone 62 21 7183111
Fax 62 21 7196525
Email principal@nzis.net
Website www.nzis.net
Address 70 Jalan Kemang Raya, Kemang Jakarta Selatan, Jakarta, 12730, Indonesia

STAFF

Principal Linda M. Holdaway-Howard
Head of Primary Campus Raewyn Ashby
Head of Secondary Campus Mark Holmes
Teaching staff Full time 26; Part time 3; Total 29
Nationalities of teaching staff US 3; UK 5; Indonesian 6; Other(s) (New Zealander, Australian) 15

INFORMATION

Grade levels PreK–13
School year January–December
School type coeducational, day
Year founded 2002
Governed by appointed Foundation
Sponsored by NZIS, Auckland
Enrollment PreK 18; Elementary K–5 151; Middle School 6–8 45; High School 9–12 52; Grade 13 2; Total 268
Nationalities of student body US 29; UK 16; Indonesian 32; Other(s) (Australian, Korean) 191
Tuition/fee currency US Dollar
Tuition range 2,900–12,800
Annual fees Capital Levy 2,900; Busing 2,320; ESL 1,960
One time fees Registration 160
Graduates attending college 90%
Graduates have attended U of Auckland, U of Papua New Guinea, U of London

EDUCATIONAL PROGRAM

Curriculum Intl, IGCSE, Cambridge International Advanced Subsidiary & Advanced Levels
Average class size Elementary 20; Secondary 10
Language(s) of instruction English
Language(s) taught Indonesian, Mandarin, French
Staff specialists computer, ESL, librarian, math resource, nurse, reading resource
Special curricular programs art, computer/technology
Extra curricular programs computers, community service, dance, drama, excursions/expeditions, yearbook, martial arts, crafts, mind lab, robotics
Sports badminton, basketball, hockey, soccer, swimming, tennis, volleyball
Clubs Tae Kwon Do, arts & crafts, cooking, chess, drawing, Mad Science
Examinations A-level GCE, GCSE, IGCSE, ICAS

CAMPUS FACILITIES

Location Suburban
Campus 2 hectares, 5 buildings, 18 classrooms, 2 computer labs, 34 instructional computers, 1 auditorium, 2 cafeterias, 3 covered play areas, 1 playing field, 1 science lab, 2 pools, 2 tennis courts, air conditioning

North Jakarta International School

Phone 62 21 450 0683
Fax 62 21 450 0682
Email info@njis.or.id
Website www.njis.org
Address Jalan Raya Kelapa Nias, Kelapa Gading Permai, PO Box 6759-JKUKP, Jakarta, 14250, Indonesia

STAFF

Head of School Samuel Cook
Director of Admission Anna Rangkuti
Operations & Finance Supervisor Ika Agustina
Chief Finance Officer Kristy S. Dewi
Teaching staff Full time 12; Total 12
Nationalities of teaching staff US 3; UK 1; Indonesian 3; Canadian 5

INFORMATION

Grade levels K–10
School year August–June
School type coeducational, day, private non-profit
Year founded 1990
Governed by appointed Board of Governors
Sponsored by International School Development Foundation
Accredited by Western
Regional organizations EARCOS
Enrollment Elementary K–5 60; Middle School 6–8 40; High School 9–12 20; Total 120
Nationalities of student body US 6; UK 3; Indonesian 55; Other(s) (Korean, Indian) 56
Tuition/fee currency US Dollar
Tuition range 12,800–13,300
Annual fees Capital Levy 2,600; Busing 2,000
One time fees Registration 100; School Uniform 25; PE Uniform 15

EDUCATIONAL PROGRAM

Curriculum US, Intl, IGCSE
Average class size Elementary 14; Secondary 16
Language(s) of instruction English
Language(s) taught French, Bahasa Indonesia, Mandarin
Staff specialists computer, ESL, librarian, nurse
Special curricular programs art, instrumental music, vocal music, computer/technology, physical education
Extra curricular programs computers, community service, dance, drama, environmental conservation, excursions/expeditions, literary magazine, newspaper, yearbook
Sports badminton, basketball, cricket, cross-country, golf, martial arts, soccer, swimming, tennis, track and field, volleyball, climbing wall
Clubs chess, food & culture, debate
Examinations GCSE, IGCSE, ISA

CAMPUS FACILITIES

Location Suburban
Campus 2 hectares, 8 buildings, 35 classrooms, 2 computer labs, 120 instructional computers, 16,000 library volumes, 1 auditorium, 1 cafeteria, 1 gymnasium, 1 infirmary, 3 playing fields, 2 science labs, 1 pool, air conditioning

MAKASSAR INTERNATIONAL SCHOOL

Phone 62 411 315 889
Fax 62 411 313 168
Email mischool@indosat.net.id
Website www.mi-school.org
Address Jalan Botolempangan No.19, Makassar, Sulawesi Selatan, 9013, Indonesia
Mailing address PO Box 1327, Makassar, Sulawesi Selatan, Indonesia

STAFF

Principal Richard Gordon Hall
Vice Principal Andrew Hipperson
Office Manager Joyce Gani
Teaching staff Full time 13; Part time 1; Total 14
Nationalities of teaching staff US 1; UK 2; Indonesian 8; Other(s) (Filipino) 3

INFORMATION

Grade levels N–12
School year August–June
School type coeducational, private non-profit
Year founded 1991
Governed by appointed Board of MIS
Accredited by World-Wide Education Service
Enrollment Nursery 7; PreK 7; Elementary K–5 31; High School 9–12 6; Total 51
Nationalities of student body UK 2; Indonesian 40; Other(s) (Australian, Japanese) 9
Tuition/fee currency US Dollar
Tuition range 3,400–10,000
One time fees Registration 500; School Uniform 30; Saturday Fun Program 120

EDUCATIONAL PROGRAM

Curriculum Intl, Cambridge International
Average class size Elementary 15
Language(s) of instruction English
Language(s) taught Japanese, Mandarin, Indonesian
Staff specialists computer, counselor, librarian, math resource, reading resource
Special curricular programs art, instrumental music, computer/technology, physical education
Extra curricular programs computers, excursions/expeditions, yearbook, electronics
Sports badminton, basketball, football, gymnastics, swimming, volleyball, table tennis
Clubs cooking
Examinations Cambridge International

CAMPUS FACILITIES

Location Urban
Campus 1 hectare, 1 building, 7 classrooms, 10 computer labs, 5 instructional computers, 5,027 library volumes, 1 auditorium, 1 cafeteria, 1 covered play area, 1 gymnasium, 1 playing field, 1 science lab, 1 pool, air conditioning

Data from 2009/10 school year.

Batu Hijau International School

Phone 62 372 635318, ext. 48424
Fax 62 372 635399
Email dave.forbes@newmont.com
Website www.batuhijauschool.org
Address Jl Raya Ketimus 387, Townsite, Batu Hijau Project, Sumbawa, Indonesia
Mailing address c/o Newmont Gold Company, PMB 1040,
8533 Church Ranch Blvd #150, Westminster, CO 80021-5541, USA

STAFF

Executive Principal Dave Forbes
Elementary School Principal Sally Sar'i
Coordinating Principal Ardianto
Pre-K Principal Kristyanto Boko
Middle School Principal Kukuh Guntoro
Administration Manager Wiwit Tirayoh, Ed.D.
Chief of Finance Ageng Prasetya
Head of IT Stephen Davidson, Ed.D.
Head of Library John Hannan, Ph.D.
Teaching staff Full time 65; Total 65
Nationalities of teaching staff US 1; UK 1; Indonesian 55; Other(s) (Austrian) 8

INFORMATION

Grade levels PreK–9
School year July–June
School type coeducational, company-sponsored, day, private non-profit
Year founded 1997
Governed by appointed and elected School Board
Sponsored by PT Newmont
Accredited by CIS
Regional organizations EARCOS, ECIS
Enrollment PreK 84; Elementary K–5 157; Middle School 6–8 47; High School 9–12 5; Total 293
Nationalities of student body US 3; Indonesian 268; Other(s) (Australian, Peruvian) 22
Tuition/fee currency US Dollar
Tuition18,000

EDUCATIONAL PROGRAM

Curriculum Intl, IBPYP
Average class size Elementary 10; Secondary 8
Language(s) of instruction English, Indonesia
Language(s) taught Bahasa
Staff specialists computer, librarian, reading resource
Special curricular programs art, instrumental music, physical education
Extra curricular programs computers, community service, dance, drama, excursions/expeditions, newspaper, yearbook
Sports badminton, baseball, basketball, cricket, football, golf, rugby, soccer, swimming, track and field
Clubs swimming, rugby
Examinations Iowa, SAT

CAMPUS FACILITIES

Location Rural
Campus 2 hectares, 4 buildings, 23 classrooms, 2 computer labs, 80 instructional computers, 20,000 library volumes, 3 covered play areas, 1 gymnasium, 1 infirmary, 2 playing fields, 1 science lab, 1 pool, 4 tennis courts, air conditioning

Data from 2009/10 school year.

MEDAN INTERNATIONAL SCHOOL

Phone 62 61 836 1816
Fax 62 61 836 1894
Email greeting@indosat.net.id
Website www.medanis.org
Address Jl. Letjend Jamin Ginting Km10, Medan, North Sumatra, 20141, Indonesia
Mailing address PO Box 1190, Medan 20111, Indonesia

STAFF

Principal Wendy Lewis
MYP Coordinator Sylvia Saragih
PYP Coordinator Courtney Smedes
Office Manager Alpian Hasibuan
Librarian Syafrizal
Teaching staff Full time 11; Part time 4; Total 15
Nationalities of teaching staff UK 1; Indonesian 7; Other(s) (Australian, Canadian) 7

INFORMATION

Grade levels PreK–10
School year August–June
School type coeducational, day, private non-profit
Year founded 1969
Governed by elected Board of Directors
Accredited by Western
Regional organizations EARCOS
Enrollment PreK 5; Elementary K–5 30; Middle School 6–8 20; High School 9–12 5; Total 60
Nationalities of student body US 1; UK 1; Indonesian 22; Other(s) 36
Tuition/fee currency US Dollar
Tuition range 5,350–10,650
One time fees Registration 1,500

EDUCATIONAL PROGRAM

Curriculum Intl, IBPYP, IBMYP
Average class size Elementary 12; Secondary 10
Language(s) of instruction English
Language(s) taught Indonesian, French, Mandarin
Staff specialists computer, ESL, librarian
Special curricular programs art, instrumental music, vocal music, computer/technology, physical education
Extra curricular programs computers, community service, dance, drama, environmental conservation, excursions/expeditions, newspaper, yearbook
Sports badminton, basketball, gymnastics, hockey, martial arts, rugby, soccer, softball, swimming, track and field, volleyball, Karate, tae kwon do
Clubs Orangutanz Fundz, Green Team
Examinations IB, ISA
Location Suburban

CAMPUS FACILITIES

Campus 2 hectares, 7 buildings, 14 classrooms, 3 computer labs, 25 instructional computers, 9,000 library volumes, 1 auditorium, 1 gymnasium, 1 playing field, 1 science lab, 2 pools, air conditioning

International Schools Riau

Phone 62 765 821 301
Fax 62 765 821 221
Email Lorythiessen@isriau.org
Address PT Chevron Pacific Indonesia, Rumbai, Pekanbaru, Riau, 28271, Indonesia
Mailing address c/o Chevron Overseas Services (CAS-Duri or Rumbai), #1 Scotts Road, #22-07, Shaw Center, Singapore, 228208, Republic of Singapore

STAFF

Superintendent Lory Thiessen
Principal–Duri Campus Jeffrey Crawford
Technology Coordinator–Duri Reece Lennon
Technology Coordinator–Rumbai Jan Anderson
Librarian–Duri Kimberli Gertz
Librarian–Rumbai Diana Dragonetti
Teaching staff Full time 25; Part time 1; Total 26
Nationalities of teaching staff US 14; Indonesian 2; Other(s) (Canadian) 10

INFORMATION

Grade levels PreK–8
School year August–June
School type coeducational, company-sponsored, day
Year founded 1953
Governed by appointed and elected CPI Management
Sponsored by PT Chevron Pacific Indonesia; Managed by International Schools Services, Inc
Accredited by Western
Regional organizations EARCOS
Enrollment PreK 23; Elementary K–5 60; Middle School 6–8 20; Total 103
Nationalities of student body US 41; UK 15; Other(s) (Filipino, Canadian) 47
Tuition/fee currency US Dollar
Annual fees Registration 9,500

EDUCATIONAL PROGRAM

Curriculum US
Average class size Elementary 7; Secondary 7
Language(s) of instruction English
Language(s) taught Indonesian
Staff specialists computer, counselor, librarian
Special curricular programs art, instrumental music, vocal music, computer/technology, physical education
Extra curricular programs community service, dance, drama, excursions/expeditions, photography
Sports badminton, basketball, football, golf, soccer, softball, swimming, tennis, track and field, volleyball
Clubs sports, Boy & Girl Scouts
Examinations Iowa, PSAT, SAT

CAMPUS FACILITIES

Location Rural
Campus 5 hectares, 8 buildings, 24 classrooms, 2 computer labs, 143 instructional computers, 30,000 library volumes, 2 gymnasiums, 2 playing fields, 2 science labs, air conditioning

SURABAYA INTERNATIONAL SCHOOL

Phone 62 31 741 4300
Fax 62 31 741 4334
Email suptsis@sisedu.net
Website www.sisedu.net
Address Citra Raya International Village, Tromol Pos 2/SBDK, Surabaya, East Java, 60225, Indonesia

STAFF

Superintendent Lawrence W. Jones
Elementary Principal Robert Broekman, Ed.D.
Counselor Gina Cuthbert
Middle School Coordinator Paul Carpenter
Athletic Director Jason Cuthbert
Senior Business Manager Hj. Hestiawati
Head of Technology Don Miron
Librarian Carol Clark
Teaching staff Full time 46; Total 46
Nationalities of teaching staff US 29; Indonesian 6; Other(s) (Canadian, Australian) 11

INFORMATION

Grade levels PreK–12
School year August–June
School type coeducational, day, private non-profit
Year founded 1971
Governed by elected School Board
Accredited by Western
Regional organizations EARCOS
Enrollment PreK 27; Elementary K–5 120; Middle School 6–8 74; High School 9–12 115; Total 336
Nationalities of student body US 24; UK 1; Indonesian 130; Other(s) (Korean) 181
Tuition/fee currency US Dollar
Tuition range 3,336–13,420
Annual fees Capital Levy 2,200
One time fees Registration 1,650
Graduates attending college 99%
Graduates have attended U of California, Berkeley, U of Illinois, U of British Columbia, Rochester Institute of Technology, Carnegie Mellon U

EDUCATIONAL PROGRAM

Curriculum US, AP
Average class size Elementary 15; Secondary 17
Language(s) of instruction English
Language(s) taught French, Indonesian, Mandarin
Staff specialists computer, counselor, ESL, librarian, nurse, physician
Special curricular programs art, instrumental music, vocal music, computer/technology, physical education, drama , 1-1 laptop computing grades 6–12
Extra curricular programs computers, community service, drama, excursions/expeditions, literary magazine, yearbook
Sports badminton, basketball, golf, martial arts, soccer, softball, swimming, tennis, volleyball
Clubs Model UN, National Junior Honor Society, National Honor Society, student government
Examinations ACT, AP, PSAT, SAT, SAT II, TOEFL, MAP

CAMPUS FACILITIES

Location Suburban
Campus 5 hectares, 4 buildings, 54 classrooms, 2 computer labs, 30,000 library volumes, 1 cafeteria, 1 covered play area, 1 gymnasium, 1 infirmary, 1 playing field, 3 science labs, 1 pool, air conditioning

Mt. Zaagkam International School

Phone 62 901 434803
Fax 62 901 434158
Email jeffrey_latham@fmi.com
Website www.mzis.org
Address PT Freeport Indonesia, PO Box 591, Tembagapura, Timika, Irian Jaya, 99930, Indonesia
Mailing address c/o PT Freeport Indonesia, Attention: J Barney Latham-KK, PO Box 84460, Baton Rouge, LA 70884

STAFF

Superintendent J. Barney Latham
Principal–TPRA site Jeff Wiliams
PYP Co-Coordinator Trish Phyall
Manager Human Resources Todd Graver
Technology Coordinator Mark Brandin
Librarian Michael Monchilov
Teaching staff Full time 16; Part time 2; Total 18
Nationalities of teaching staff US 8; Indonesian 2; Other(s) (Australian, New Zealander) 8

INFORMATION

Grade levels N–8
School year August–June
School type coeducational, company-sponsored, day
Year founded 1972
Governed by appointed Company School
Sponsored by PT Freeport
Accredited by Western
Regional organizations EARCOS
Enrollment Nursery 25; PreK 15; Elementary K–5 80; Middle School 6–8 15; Total 135
Nationalities of student body US 50; UK 5; Indonesian 10; Other(s) (Australian, New Zealander) 70

EDUCATIONAL PROGRAM

Curriculum Intl, IBPYP
Average class size Elementary 13
Language(s) of instruction English
Language(s) taught Indonesian
Staff specialists computer, librarian
Special curricular programs art, instrumental music, vocal music, computer/technology, distance learning, physical education
Extra curricular programs computers, community service, dance, environmental conservation, excursions/expeditions, yearbook
Sports basketball, golf, soccer, swimming, tennis, volleyball
Examinations Iowa, ACER, ISA

CAMPUS FACILITIES

Location Rural
Campus 5 hectares, 4 buildings, 12 classrooms, 2 computer labs, 40 instructional computers, 20,000 library volumes, 1 cafeteria, 2 covered play areas, 2 gymnasiums, 2 playing fields, 2 science labs, 2 pools, 4 tennis courts, air conditioning

Yogyakarta International School

Phone 62 274 625 965
Fax 62 274 625 966
Email info@yis-edu.org
Website www.yis-edu.org
Address JL. Magelang Km. 5.6, Cendrawasih No.1, Sinduadi, Mlati, Sleman, Yogyakarta, Yogyakarta Special Territory, 55284, Indonesia
Mailing address PO Box 1175, Yogyakarta 55011, Indonesia

STAFF

Principal Chris Scott
Vice Principal Catherine Low
Secretaris Lany Rudy
Librarian Dina Usman
Teaching staff Full time 14; Total 14
Nationalities of teaching staff US 1; Indonesian 9; Other(s) (Austrian, New Zealander) 4

INFORMATION

Grade levels PreK–10
School year August–June
School type coeducational, day, private non-profit
Year founded 1989
Governed by School Board
Regional organizations EARCOS
Enrollment PreK 15; Elementary K–5 43; Middle School 6–8 14; Total 72
Nationalities of student body US 1; Indonesian 32; Other(s) (Dutch, Australian) 39
Tuition/fee currency US Dollar
Tuition range 4,400–7,500

EDUCATIONAL PROGRAM

Curriculum US, Intl, NSW
Average class size Elementary 16
Language(s) of instruction English
Language(s) taught Bahasa
Staff specialists computer, librarian
Special curricular programs art, instrumental music, vocal music, computer/technology, distance learning, physical education
Extra curricular programs dance, drama, excursions/expeditions, newspaper
Sports badminton, basketball, soccer, tennis, volleyball

CAMPUS FACILITIES

Location Suburban
Campus 5 buildings, 4 classrooms, 1 computer lab, 20 instructional computers, 3,000 library volumes, 1 auditorium, 2 covered play areas, 1 infirmary, 2 playing fields, 1 science lab, air conditioning

IRELAND

IRELAND

Area:	70,273 sq km
Population:	4,250,163
Capital:	Dublin
Currency:	Euro (EUR)
Languages:	English, Irish/Gaelic

St. Andrew's College

Phone 353 1 288 2785
Fax 353 1 283 1627
Email information@st-andrews.ie
Website www.st-andrews.ie
Address Booterstown Avenue, Blackrock, Dublin, Ireland

STAFF

Headmaster Arthur Godsil
Deputy Principal Joan Kirby
Deputy Principal Monica Docherty
Deputy Principal & ICT Co-ordinator Rob Micallef
Deputy Principal Maeve Costigan
Bursar Jonathan Taylor
Librarian Katharine Ryan
Teaching staff Full time 140; Part time 25; Total 165
Nationalities of teaching staff US 3; UK 6; Irish 148; Other(s) (French, German) 8

INFORMATION

Grade levels K–12
School year September–June
School type coeducational, church-affiliated, day, private non-profit
Year founded 1894
Governed by appointed Board
Accredited by CIS, New England
Regional organizations ECIS
Enrollment Elementary K–5 254; Middle School 6–8 452; High School 9–12 523; Total 1,229
Nationalities of student body US 44; UK 47; Irish 967; Other(s) (French, German) 171
Tuition/fee currency Euro
Tuition range 6,110–8,160
One time fees Registration 95
Graduates attending college 96%
Graduates have attended Trinity Col Dublin, University Col Dublin, U Col London, U of St. Andrew's, Columbia U

Curriculum National, IB Diploma
Average class size Elementary 20; Secondary 24
Language(s) of instruction English, French, German, Spanish, Italian, Polish, Greek, Dutch, Swedish,
Language(s) taught Irish, French, Spanish, German
Staff specialists computer, counselor, ESL, learning disabilities, librarian, math resource, nurse, reading resource
Special curricular programs art, instrumental music, vocal music, computer/technology, physical education
Extra curricular programs computers, community service, dance, drama, excursions/expeditions, literary magazine, newspaper, yearbook
Sports badminton, basketball, cricket, hockey, rugby, tennis
Clubs book, computer, Gaelach, board game, Christian Union, Debating Society
Examinations IB, PSAT, SAT, IELTS, Oxford Admission Tests

CAMPUS FACILITIES

Location Suburban
Campus 5 hectares, 2 buildings, 60 classrooms, 3 computer labs, 70 instructional computers, 20,000 library volumes, 1 auditorium, 1 cafeteria, 1 gymnasium, 1 infirmary, 4 playing fields, 4 science labs, 10 tennis courts

Sutton Park School

Phone 353 1 832 2940
Fax 353 1 832 5929
Email info@sps.ie
Website www.suttonparkschool.com
Address St. Fintan's Road, Sutton, Dublin, 13, Ireland

STAFF

Head of School Michael Moretta
Deputy Principal Anne Dowling
Intermediate School Principal Liam Burns
Junior School Principal Geraldine McGuire
Business Director Emer Crowley
IT Manager Dave O'Neill
Chief Librarian Valerie Richmond
Teaching staff Full time 36; Part time 7; Total 43

INFORMATION

Grade levels K–13
School year September–June
School type boarding, coeducational, day, private non-profit
Year founded 1957
Governed by appointed Board of Governors
Accredited by CIS, New England
Regional organizations ECIS
Tuition/fee currency Euro
Tuition range 5,790–8,210
Boarding program length 7-day **Boys** 11 **Girls** 9
Graduates attending college 97%
Graduates have attended Harvard U, Trinity Col, U Col Dublin, Dublin City U

EDUCATIONAL PROGRAM

Curriculum National, Irish Department of Education and Science Curriculum
Average class size Elementary 21; Secondary 22
Language(s) of instruction English
Language(s) taught Irish, French, German, Italian, Spanish
Staff specialists computer, counselor, ESL, learning disabilities, librarian, math resource, nurse, reading resource
Special curricular programs art, instrumental music, vocal music, computer/technology, physical education
Extra curricular programs computers, community service, drama, excursions/expeditions, yearbook
Sports badminton, baseball, basketball, cross-country, football, golf, gymnastics, hockey, martial arts, skiing, swimming, tennis
Examinations GCSE

CAMPUS FACILITIES

Location Suburban
Campus 6 hectares, 6 buildings, 30 classrooms, 2 computer labs, 60 instructional computers, 9,000 library volumes, 2 auditoriums, 1 cafeteria, 1 covered play area, 1 gymnasium, 1 infirmary, 2 playing fields, 3 science labs, 1 pool, 1 tennis court, air conditioning

ISRAEL

Area:	22,072 sq km
Population:	7,353,985
Capital:	Jerusalem
Currency:	New Israeli shekel (ILS)
Languages:	Hebrew, English

Anglican International School Jerusalem

Phone 972 2 567 7200
Fax 972 2 538 4874
Email shermanj@aisj.co.il
Website www.aisj.co.il
Address 82 HaNeviim Street, PO Box 191, Jerusalem, 91001, Israel

STAFF

Principal Owen E. Hoskin
Deputy Principal Matthew Dufty
Acting Elementary Principal Althea Riding-Williams
Business Manager Wes Minor
Design & Technology & IT Coordinator Daniel Novich
Head of Library Marjorie Mendelson

INFORMATION

Grade levels N–12
School year August–June
School type coeducational, day, private non-profit
Year founded 1960
Governed by appointed School Board
Accredited by Middle States
Regional organizations ECIS, NESA
Tuition/fee currency Israeli New Shekel
Tuition range 31,100–59,600
Annual fees Capital Levy 8,600; Security 1,350; Application 900; Deposit 13,000
One time fees Registration 9,000
Graduates attending college 95%
Graduates have attended Yale U, U of Oxford, Hebrew U of Jerusalem, U of Tampere

EDUCATIONAL PROGRAM

Curriculum IB Diploma, IBPYP, IBMYP, Internationa Primary Curriculum (IPC)
Average class size Elementary 15; Secondary 15
Language(s) of instruction English
Language(s) taught Hebrew, Arabic, French
Staff specialists counselor, ESL, librarian, nurse
Special curricular programs art, instrumental music, computer/technology, physical education
Extra curricular programs computers, community service, drama, excursions/expeditions, newspaper, yearbook
Sports baseball, basketball, football, gymnastics, rugby, soccer, swimming, tennis
Examinations IB, SAT, TOEFL

CAMPUS FACILITIES

Location Urban
Campus 8 hectares, 5 buildings, 29 classrooms, 3 computer labs, 60 instructional computers, 17,000 library volumes, 1 auditorium, 1 cafeteria, 1 gymnasium, 1 infirmary, 3 playing fields, 2 science labs, air conditioning

Data from 2009/10 school year.

The Walworth Barbour American International School in Israel

Phone 972 9 890 1000
Fax 972 9 8901001
Email aisrael@wbais.org
Website www.wbais.org
Address 65 Hashomron Street, Even Yehuda, 40500, Israel
Mailing address PO Box 484, Even Yehuda, Israel 40500

STAFF

Superintendent John E. Gates
Elementary School Principal Michael Levinson
Middle School Principal Emily Sargent-Beasley
High School Principal Neal Jacover
Curriculum Coordinator Marcia Grayson
Director of Development & Public Relations Ada Renan
Administrative Manager Neville Berman
Interim Technology Coordinator Susie Trifman
Director of Library & Media Services Margaret Knudson
Teaching staff Full time 73; Part time 8; Total 81
Nationalities of teaching staff US 58; UK 1; Israeli 21; Other(s) 1

INFORMATION

Grade levels K–12
School year August–June
School type coeducational, day, private non-profit
Year founded 1958
Governed by elected School Board
Accredited by Middle States
Regional organizations NESA
Enrollment Nursery 20; PreK 22; Elementary K–5 202; Middle School 6–8 136; High School 9–12 184; Total 564
Nationalities of student body US 174; UK 13; Israeli 86; Other(s) (Indian, German) 291
Tuition/fee currency Israeli New Shekel
Tuition range 78,000–90,000
Annual fees Capital Levy 10,500; Busing 8,500
One time fees Registration 20,000
Graduates attending college 95%
Graduates have attended Harvard U, American U, Yale U, Brandeis U, New York U

EDUCATIONAL PROGRAM

Curriculum US, AP
Average class size Elementary 16; Secondary 16
Language(s) of instruction English
Language(s) taught French, Hebrew, Spanish
Staff specialists computer, counselor, ESL, learning disabilities, librarian, math resource, nurse, reading resource
Special curricular programs art, instrumental music, vocal music, computer/technology, physical education
Extra curricular programs computers, community service, dance, drama, environmental conservation, excursions/expeditions, literary magazine, newspaper, photography, yearbook
Sports baseball, basketball, football, hockey, martial arts, soccer, softball, swimming, tennis, volleyball
Clubs Model UN, student council Spanish, French, ecology, chess
Examinations ACT, AP, PSAT, SAT, SAT II, MAP

CAMPUS FACILITIES

Location Suburban
Campus 7 hectares, 7 buildings, 61 classrooms, 4 computer labs, 350 instructional computers, 25,000 library volumes, 1 auditorium, 1 cafeteria, 1 covered play area, 1 gymnasium, 1 infirmary, 3 playing fields, 7 science labs, 1 pool, 4 tennis courts, air conditioning

ITALY

ITALY

Area:	301,340 sq km
Population:	58,090,681
Capital:	Rome
Currency:	Euro (EUR)
Languages:	Italian

QSI International School of Brindisi

Phone 39 0831 518764
Fax 39 0831 518764
Email brindisi@qsi.org
Website www.qsi.org/brd_home/brd_home.htm
Address via Benvenuto Cellini 25, Brindisi, Puglia, 72100, Italy

STAFF

Director Carol B. Hoffman
Administrative Coordinator Daniela Dell'Aglio
Technology Manager Andrea Florio
Teaching staff Full time 6; Part time 7; Total 13
Nationalities of teaching staff US 5; Italian 3; Other(s) (Bosnian, Belizean) 5

INFORMATION

Grade levels PreK–12
School year August–June
School type coeducational, day, private non-profit
Year founded 2005
Governed by appointed Advisory Board
Sponsored by UNLB, Boeing
Accredited by Middle States
Enrollment PreK 5; Elementary K–5 30; Middle School 6–8 10; High School 9–12 11; Total 56
Nationalities of student body US 14; UK 3; Kenyan 2; Other(s) (German, Filipino) 37
Tuition/fee currency US Dollar
Tuition range 16,000–16,400
Annual fees Capital Levy 1,600; Busing 2,100
One time fees Registration 300
Graduates attending college 100%
Graduates have attended U of Idaho

EDUCATIONAL PROGRAM

Curriculum US, AP
Average class size Elementary 7; Secondary 8
Language(s) of instruction English, Italian
Language(s) taught English, Italian
Staff specialists computer, counselor, ESL, learning disabilities, librarian, math resource, reading resource
Special curricular programs art, vocal music, computer/technology, distance learning, physical education
Extra curricular programs computers, community service, dance, drama, environmental conservation, excursions/expeditions, newspaper, yearbook
Sports basketball, football, soccer, swimming, volleyball
Clubs computer, dance, robotics, sewing, outdoor sports, cooking
Examinations Iowa, SAT, MAP

CAMPUS FACILITIES

Location Suburban
Campus 1 hectare, 1 building, 8 classrooms, 1 computer lab, 15 instructional computers, 3,000 library volumes, 1 cafeteria, 1 playing field, air conditioning

International School of Como

Phone 0039 031572289
Fax 0039 03157 22 89
Email info@iscomo.com
Website www.iscomo.com
Address Via Baserga 81, Como, 22100, Italy

STAFF

Head of School Emanuela Ferloni, Ph.D.
PYP Coordinator Monique Pate, Ed.D.
Business Manager Pierfranco Ortelli
Coordinator Gail Nash, Ed.D.
Librarian Valentina Curandi
Teaching staff Full time 14; Part time 9; Total 23
Nationalities of teaching staff US 4; UK 9; Host 4; Other(s) 6

INFORMATION

Grade levels K–8
School year September–June
School type coeducational, day, proprietary
Year founded 2002
Governed by appointed Board of Directors
Sponsored by International Schools of Italy srL
Regional organizations ECIS
Enrollment PreK 15; Elementary K–5 85; Middle School 6–8 14; Total 114
Tuition/fee currency Euro
Tuition range 5,750–11,300
One time fees Registration 550; Admission 800; Uniform Kit 120

EDUCATIONAL PROGRAM

Curriculum Intl, IBPYP, IBMYP
Average class size Elementary 15; Secondary 8
Language(s) of instruction English
Language(s) taught Italian, Mandarin Chinese
Staff specialists ESL, librarian, physician
Special curricular programs art, vocal music, physical education
Extra curricular programs dance, drama, excursions/expeditions, musical instruments
Sports basketball, gymnastics, skiing, soccer, swimming

CAMPUS FACILITIES

Location Suburban
Campus 4 hectares, 2 buildings, 13 classrooms, 1 computer lab, 20 instructional computers, 3,000 library volumes, 1 auditorium, 1 cafeteria, 2 covered play areas, 1 gymnasium, 2 playing fields, 1 tennis court

INTERNATIONAL SCHOOL OF FLORENCE

Phone 39 055 200 1515
Fax 39 055 200 8400
Email admin.gat@isfitaly.org
Website www.isfitaly.org
Address Viuzzo di Gattaia,, Florence, 50125, Italy
Mailing address Secondary School Campus, Viuzzo di Gattaia, 9, 50125 Firenze, Italia

STAFF

Head of School Christopher C. Maggio, Ed.D.
Junior School Academic Dean Michelle Chittano, Ed.D.
Dean of Students Paul Cook, Ed.D.
Secondary School Academic Dean Debra Williams-Gualandi, Ed.D.
IB Diploma Coordinator Jason Blackstone, Ed.D.
Business Manager Marie Jose Manzini
IT Coordinator Charles Suits
Librarian Sharon Allen
Teaching staff Full time 55; Part time 2; Total 57
Nationalities of teaching staff US 20; UK 16; French 14; Other(s) (South African, Czech) 7

INFORMATION

Grade levels PreK–12
School year September–June
School type coeducational, day, private non-profit
Year founded 1952
Governed by elected Board of Directors
Accredited by CIS, Middle States
Regional organizations ECIS, MAIS
Enrollment Nursery 12; PreK 19; Elementary K–5 126; Middle School 6–8 88; High School 9–12 128; Total 373
Nationalities of student body US 112; UK 24; French 135; Other(s) (Spaniard, German) 102
Tuition/fee currency Euro
Tuition range 9,000–14,700
One time fees Registration 1,500; Capital Levy 3,500
Boys 181 **Girls** 192
Graduates attending college 100%
Graduates have attended Boston U, U of Chicago, U of London, Durham U, U Bocconi

EDUCATIONAL PROGRAM

Curriculum US, National, IB Diploma, IBPYP, IBMYP
Average class size Elementary 12; Secondary 16
Language(s) of instruction English
Language(s) taught Italian, French
Staff specialists computer, counselor, learning disabilities, librarian
Special curricular programs art, vocal music, computer/technology, physical education
Extra curricular programs computers, community service, dance, drama, environmental conservation, yearbook
Sports badminton, baseball, basketball, cross-country, football, gymnastics, soccer, tennis, track and field, volleyball
Clubs Model UN, Habitat for Humanity, Tuscan cooking, chess, knitting, math, art, Chinese, design technology
Examinations IB, PSAT, SAT, SAT II, TOEFL, ACER

CAMPUS FACILITIES

Location Urban
Campus 11 hectares, 2 buildings, 35 classrooms, 2 computer labs, 50 instructional computers, 25,000 library volumes, 2 auditoriums, 2 cafeterias, 1 covered play area, 2 infirmaries, 3 playing fields, 5 science labs

THE INTERNATIONAL SCHOOL IN GENOA

Phone 39 010 386 528
Fax 39 010 398 700
Email info@isgenoa.it
Website www.isgenoa.it
Address Via Romana della Castagna 11A, Genoa, 16148, Italy

STAFF

Director Sheldon Friedman
Registrar & Human Resources Director Patrizia Palla
Early Childhood Coordinator Maria Teresa Mongardi
Elementary Coordinator Richard Manzella
IB Diploma Program Coordinator Elizabeth Rosser Boiardi
Accountant Stefania Ferdeghini
Technology Coordinator Gregory Read
Librarian Heather MacGregor
Teaching staff Full time 28; Part time 11; Total 39
Nationalities of teaching staff US 15; UK 3; Italian 14; Other(s) (Canadian) 7

INFORMATION

Grade levels N–12
School year September–June
School type coeducational, day, private non-profit
Year founded 1966
Governed by elected Board of Directors
Regional organizations ECIS, MAIS
Enrollment Nursery 23; PreK 28; Elementary K–5 149; Middle School 6–8 34; High School 9–12 36; Total 270
Nationalities of student body US 25; UK 17; Italian 191; Other(s) (Israeli, Australian) 37
Tuition/fee currency Euro
Tuition range 7,226–13,162
Annual fees Books 200
One time fees Membership (per family) 550; Capital (per child) 500
Graduates attending college 100%
Graduates have attended U of California, U of Bristol, Clarkson U, U of Toronto, Politecnico di Torino

EDUCATIONAL PROGRAM

Curriculum National, Intl, IB Diploma
Average class size Elementary 13; Secondary 11
Language(s) of instruction English
Language(s) taught Italian, French
Staff specialists computer, ESL, learning disabilities, librarian
Special curricular programs art, instrumental music, vocal music, computer/technology, physical education
Extra curricular programs computers, community service, dance, environmental conservation, excursions/expeditions, yearbook
Sports basketball, football, hockey, soccer, tennis, track and field, volleyball
Examinations IB, PSAT, SAT

CAMPUS FACILITIES

Location Urban
Campus 1 hectare, 1 building, 29 classrooms, 1 computer lab, 26 instructional computers, 8,000 library volumes, 1 auditorium, 1 cafeteria, 1 gymnasium, 1 infirmary, 1 playing field, 1 science lab

AMERICAN SCHOOL OF MILAN

Phone 39 02 530 0001
Fax 39 02 576 06274
Email director@asmilan.org
Website www.asmilan.org
Address Via K. Marx, 14, Noverasco di Opera, MI, 20090, Italy

STAFF

Director Alan P. Austen, Ed.D.
Upper School Principal Samer Khoury
Lower School Principal Elizabeth Beatty-Khoury
Director of Advancement Linda Kavanagh
Associate Director for Business Luisa G. Linzani
Director of Technology Stephen Reiach
Teaching staff Full time 67; Part time 4; Total 71
Nationalities of teaching staff US 46; UK 4; Italian 10; Other(s) 11

INFORMATION

Grade levels N–13
School year September–June
School type coeducational, day, private non-profit
Year founded 1962
Governed by elected Board of Trustees
Accredited by Middle States
Regional organizations ECIS, MAIS, SGIS
Enrollment Nursery 24; PreK 30; Elementary K–5 272; Middle School 6–8 139; High School 9–12 185; Total 650
Nationalities of student body US 103, UK 11; Italian 271; Other(s) (Korean) 265
Tuition/fee currency Euro
Tuition range 8,290–17,150
Annual fees Registration 1,200; Capital Levy 2,000; Busing 1,950; Lunch 1,300
One time fees New Student 4,500
Graduates attending college 100%
Graduates have attended Massachusetts Institute of Technology, Columbia U, Brown, U of Cambridge, New York U

EDUCATIONAL PROGRAM

Curriculum US, Intl, IB Diploma, IBMYP
Average class size Elementary 18; Secondary 18
Language(s) of instruction English
Language(s) taught Italian, French, Spanish
Staff specialists computer, counselor, ESL, librarian, math resource, nurse, reading resource
Special curricular programs art, instrumental music, vocal music, computer/technology, physical education
Extra curricular programs community service, dance, drama, excursions/expeditions, yearbook
Sports basketball, cross-country, soccer, tennis, volleyball
Examinations AP, IB, PSAT, SAT, SAT II, TOEFL

CAMPUS FACILITIES

Location Suburban
Campus 16 hectares, 3 buildings, 60 classrooms, 1 computer lab, 60 instructional computers, 22,000 library volumes, 1 cafeteria, 1 covered play area, 2 gymnasiums, 1 infirmary, 3 playing fields, 7 science labs, 2 tennis courts

International School of Milan

Phone 39 02 42290577
Fax 39 02 4235428
Email ismhigh@ism-ac.it
Website www.ism-ac.it
Address via Pogliaghi 1, Milan, 20146, Italy

STAFF

Head of School Terence F. Haywood
High School Principal Mark Dawson
Middle School Principal Clive Rogers
Primary School Principal Duncan Partridge
Director of Early Years Section Sarah Ford
Principal of Monza Section Rachel Caldwell
Director General Franco Formiga
ICT Coordinator Adam Ricketts
High School Librarian Olga Glussich
Teaching staff Full time 115; Part time 32; Total 147
Nationalities of teaching staff US 12; UK 105; Italian 15; Other(s) (Australian, Irish) 15

INFORMATION

Grade levels N–13
School year September–June
School type coeducational, day, proprietary
Year founded 1958
Governed by appointed Board
Sponsored by I.S.E. Srl
Regional organizations ECIS
Enrollment Nursery 50; PreK 50; Elementary K–5 600; Middle School 6–8 280; High School 9–12 220; Grade 13 50; Total 1,250
Nationalities of student body US 100; UK 100; Italian 750; Other(s) (Japanese, Korean) 300
Tuition/fee currency Euro
Tuition range 8,500–16,600
Annual fees Registration 500; Building Fund 400
One time fees Capital Levy 2,000
Graduates attending college 99%
Graduates have attended U of Oxford, U of Cambridge, U of Notre Dame, Emory U, London School of Economics

EDUCATIONAL PROGRAM

Curriculum Intl, IB Diploma, IBPYP, IBMYP
Average class size Elementary 22; Secondary 15
Language(s) of instruction English
Language(s) taught French, German, Italian, Spanish, Chinese
Staff specialists computer, counselor, ESL, learning disabilities, librarian, math resource, nurse, physician, psychologist, reading resource
Special curricular programs art, instrumental music, vocal music, computer/technology, physical education
Extra curricular programs computers, community service, dance, drama, environmental conservation, excursions/expeditions, literary magazine, newspaper, yearbook
Sports badminton, basketball, cross-country, gymnastics, hockey, martial arts, skiing, soccer, squash, swimming, track and field, volleyball
Clubs Global Issues Network, Model UN
Examinations IB, PSAT, SAT, ISA

CAMPUS FACILITIES

Location Urban
Campus 8 hectares, 6 buildings, 80 classrooms, 5 computer labs, 350 instructional computers, 35,000 library volumes, 4 auditoriums, 6 cafeterias, 5 covered play areas, 5 gymnasiums, 6 infirmaries, 5 playing fields, 7 science labs

THE INTERNATIONAL SCHOOL OF NAPLES

Phone 39 081 721 2037
Fax 39 081 570 0248
Email info@isnaples.it
Website www.isnaples.it/
Address Viale della Liberazione, 1, Bagnoli, Napoli, Naples, 80125, Italy

STAFF

Principal Josephine A. Sessa
Vice Principal Patricia Montesano
Business Manager Maria Elizabeth Fusco
Head of Technology Eleonora Bonnici
Librarian Pamela Brown
Teaching staff Full time 40; Part time 5; Total 45
Nationalities of teaching staff US 12; UK 6; Italian 20; Other(s) (Canadian, Australian) 7

INFORMATION

Grade levels N–12
School year September–June
School type coeducational, day, private non-profit
Year founded 1964
Governed by elected Board of Governors
Accredited by CIS, New England
Regional organizations ECIS
Enrollment Nursery 8; PreK 8; Elementary K–5 109; Middle School 6–8 94; High School 9–12 94; Total 313
Nationalities of student body US 9; UK 4; Italian 104; Other(s) (Spaniard, Greek) 196
Tuition/fee currency Euro
Tuition range 3,051–7,326
Annual fees Registration 204; Lunch 840; Books 400
One time fees Admission 258
Graduates attending college 90%
Graduates have attended George Washington U, Princeton U, Virginia Tech U, U of Madrid

EDUCATIONAL PROGRAM

Curriculum US, National
Average class size Elementary 15; Secondary 25
Language(s) of instruction English
Language(s) taught French, Italian, Spanish
Staff specialists computer, counselor, ESL, librarian
Special curricular programs art, instrumental music, computer/technology, physical education
Extra curricular programs community service, dance, drama, excursions/expeditions, yearbook
Sports basketball, football, gymnastics, soccer, softball, track and field, volleyball
Clubs student council, drama, arts & crafts, guitar, piano, cheerleading
Examinations PSAT, SAT, SAT II, ISA

CAMPUS FACILITIES

Location Urban
Campus 9 buildings, 18 classrooms, 1 computer lab, 15 instructional computers, 1 cafeteria, 1 gymnasium, 1 playing field, 1 science lab, 1 pool, 1 tennis court, air conditioning

The English International School of Padua

Phone 39 049 80 22 50 3
Fax 39 049 80 20 66 0
Email eisp@eisp01.com
Website www.eisp01.com
Address Via Forcellini 168, Padova, 35128, Italy

STAFF

School Director Rossella Gilli, Ph.D.
Head of Early Years Sharron Noakes
Head of Elementary School Angela Barlow
Head of Middle School Scott Suttonwood
Head of High School Martin Daly
IB Diploma Coordinator Martin Daly
Teaching staff Full time 77; Part time 11; Total 88
Nationalities of teaching staff UK 66; Italian 19; Other(s) (Australian, Mexican) 3

INFORMATION

Grade levels N–12
School year September–June
School type day
Year founded 1987
Regional organizations ECIS
Enrollment Nursery 18; PreK 102; Elementary K–5 379; Middle School 6–8 188; High School 9–12 101; Total 788
Nationalities of student body US 6; UK 19; Italian 699; Other(s) (Belgian, French) 64
Tuition/fee currency Euro
Tuition range 5,640–10,650
One time fees Registration 800
Graduates have attended U of Southhampton, Bocconi U, Boston U, Osaka U, U of Madrid

EDUCATIONAL PROGRAM

Curriculum UK, National, Intl, IB Diploma, IGCSE
Average class size Elementary 20; Secondary 20
Language(s) of instruction English
Language(s) taught Italian, Spanish, French, German
Staff specialists computer, librarian, psychologist
Special curricular programs art, instrumental music, vocal music, physical education
Extra curricular programs computers, community service, dance, drama, excursions/expeditions
Sports basketball, cricket, football, gymnastics, hockey, skiing, swimming, track and field, volleyball
Examinations GCSE, IB, IGCSE, PET

CAMPUS FACILITIES

Location Urban
Campus air conditioning

Ambrit Rome International School

Phone 39 06 559 5305
Fax 39 06 559 5309
Email ambrit@ambrit-rome.com
Website www.ambrit-rome.com
Address Via Filippo Tajani, 50, Rome, 00149, Italy

STAFF

Director Bernard C. Mullane
Assistant Director Loretta Nannini
8th Grade Dean of Students Robin Gilbody
Primary Principal Pascale Salomon
Early Childhood Principal Josie Fabiani
Assistant Middle School Principal Richard Hester
Bursar Irene Duranti
Head of Technology Jeanne-Marie Byron
Head of Library Ruth Viola
Teaching staff Full time 90; Part time 10; Total 100
Nationalities of teaching staff US 40; UK 40; Italian 20

INFORMATION

Grade levels N–8
School year September–June
School type coeducational, day, proprietary
Year founded 1996
Sponsored by Bernard C. Mullane
Regional organizations MAIS
Enrollment Nursery 21; PreK 34; Elementary K–5 261; Middle School 6–8 128; Total 444
Nationalities of student body US 100; UK 40; Italian 140; Other(s) 164
Tuition/fee currency Euro
Tuition range 9,500–15,700
Annual fees Busing 2,300; Lunch 800
One time fees Registration 1,500; Capital Levy 1,500

EDUCATIONAL PROGRAM

Curriculum National, Intl
Average class size Elementary 20; Secondary 20
Language(s) of instruction English, Italian
Language(s) taught French, Spanish, Mandarin
Staff specialists computer, counselor, ESL, learning disabilities, librarian, nurse, reading resource
Special curricular programs art, instrumental music, vocal music, computer/technology, physical education
Extra curricular programs computers, community service, drama, excursions/expeditions, literary magazine, newspaper, yearbook
Sports badminton, basketball, football, gymnastics, soccer, tennis, track and field
Clubs chess, computer, ceramics, student council, film making

CAMPUS FACILITIES

Location Urban
Campus 4 hectares, 2 buildings, 30 classrooms, 2 computer labs, 40 instructional computers, 14,000 library volumes, 1 auditorium, 1 cafeteria, 1 covered play area, 1 gymnasium, 1 infirmary, 3 playing fields, 1 science lab, 2 tennis courts

American Overseas School of Rome

Phone 39 06 334 381
Fax 39 06 332 62608
Email info@aosr.org
Website www.aosr.org
Address Via Cassia, 811, Rome, 00189, Italy

STAFF

Head of School Beth Pfannl, Ph.D.
Secondary School Principal Thomas Connolly
Elementary School Principal George Grunfeld, Ed.D.
Business Manager Elisa Bruno
Director of Technology Geoff Miller
Teaching staff Full time 80; Part time 4; Total 84
Nationalities of teaching staff US 49; UK 5; Italian 14; Other(s) 16

INFORMATION

Grade levels PreK–13
School year September–June
School type coeducational, day, private non-profit
Year founded 1947
Governed by elected Board of Trustees
Accredited by Middle States
Regional organizations ECIS, MAIS
Enrollment PreK 30; Elementary K–5 230; Middle School 6–8 150; High School 9–12 220; Total 630
Nationalities of student body US 170; UK 17; Italian 202; Other(s) 241
Tuition/fee currency Euro
Tuition range 9,600–18,900
Annual fees Busing 2,850; Lunch 1,000; ESL 1,200; AP Exams (each) 100; IB Program 1,300
One time fees Registration 500; Capital Levy 5,000
Graduates attending college 100%
Graduates have attended Stanford U, Georgetown U, New York U, California Institute of Technology, Boston Col

EDUCATIONAL PROGRAM

Curriculum US, IB Diploma, AP
Average class size Elementary 18; Secondary 18
Language(s) of instruction English
Language(s) taught Italian, French, Latin, Spanish, Mandarin
Staff specialists computer, counselor, ESL, learning disabilities, librarian, math resource, nurse, psychologist, reading resource, speech/hearing
Special curricular programs art, instrumental music, vocal music, computer/technology, physical education
Extra curricular programs computers, community service, drama, environmental conservation, literary magazine, newspaper, photography, yearbook
Sports badminton, baseball, basketball, cross-country, soccer, swimming, tennis, volleyball
Examinations AP, IB, PSAT, SAT, SAT II, TOEFL, ERB writing test

CAMPUS FACILITIES

Location Urban
Campus 2 hectares, 5 buildings, 55 classrooms, 3 computer labs, 150 instructional computers, 22,000 library volumes, 1 auditorium, 1 cafeteria, 1 gymnasium, 1 infirmary, 2 playing fields, 4 science labs, 2 tennis courts, air conditioning

Marymount International School

Phone 39 06 362 9101
Fax 39 06 363 01738
Email marymount@marymountrome.org
Website www.marymountrome.org
Address Via di Villa Lauchli, 180, Rome, 00191, Italy

STAFF

Head of School Maire McNamara
Secondary School Principal Pete Kennedy
Elementary School Principal Maria Castelluccio
IB Coordinator Lucy Alexander
Director of Development James Dunn
Business Manager Priscilla Marenzi

INFORMATION

Grade levels PreK–12
School year September–June
School type coeducational, church-affiliated, day
Year founded 1946
Governed by appointed Religious Board of Trustees
Accredited by CIS, New England
Regional organizations ECIS, MAIS
Tuition/fee currency Euro
Tuition range 9,500–18,300
Graduates attending college 98%
Graduates have attended Imperial Col London, U Col London, McGill U, Boston U, LUISS Guido Carli U

EDUCATIONAL PROGRAM

Curriculum US, IB Diploma, AP
Average class size Elementary 20; Secondary 15
Language(s) of instruction English
Language(s) taught French, Spanish, Italian, Latin, Arabic
Staff specialists computer, counselor, ESL, learning disabilities, librarian, nurse, reading resource, speech/hearing
Special curricular programs art, instrumental music, vocal music, computer/technology, physical education
Extra curricular programs computers, community service, dance, drama, environmental conservation, excursions/expeditions, newspaper, photography, yearbook
Sports basketball, cross-country, golf, soccer, swimming, tennis, track and field, volleyball
Examinations AP, IB, PSAT, SAT

CAMPUS FACILITIES

Location Suburban
Campus 16 hectares, 5 buildings, 52 classrooms, 4 computer labs, 84 instructional computers, 18,000 library volumes, 1 auditorium, 1 cafeteria, 1 infirmary, 1 playing field, 4 science labs, 1 pool, 2 tennis courts

St. Stephen's School

Phone 39 06 575 0605
Fax 39 06 574 1941
Email ststephens@ststephens-rome.com
Website www.ststephens-rome.com
Address Via Aventina 3, Rome, 00153, Italy

STAFF

Head of School Lesley J. Murphy
Director of Studies Deborah Dostert
Director of College Counselling Alison Lewis
IB Coordinator William Johnson
Head of Boarding Eleni Mantzarlis
Chief Financial Officer Francesco Lucchino
Technology Coordinator Fausto Di Marco
Librarian Sarah Yates
Teaching staff Full time 29; Part time 15; Total 44
Nationalities of teaching staff US 21; UK 2; Italian 7; Other(s) (Australian, French) 14

INFORMATION

Grade levels 9–13
School year September–June
School type boarding, coeducational, day, private non-profit
Year founded 1964
Governed by appointed Board of Trustees
Accredited by CIS, New England
Regional organizations ECIS
Enrollment High School 9–12 250; Total 250
Nationalities of student body US 87; UK 18; Italian 83; Other(s) (German, Dutch) 62
Tuition/fee currency Euro
Tuition19,350
Annual fees Boarding, 7-day 11,200; C apital Levy 500; Lunch 1,200
One time fees Capital Assessment (New Students) 1,000; Application 150; Senior 250
Boarding program grades 9–13
Boarding program length 7-day **Boys** 17 **Girls** 20
Graduates attending college 98%
Graduates have attended Boston U, Tufts U, Santa Clara U, Imperial Col London, U of Sydney

EDUCATIONAL PROGRAM

Curriculum US, IB Diploma, AP
Average class size Secondary 13
Language(s) of instruction English
Language(s) taught Italian, French, Latin, Spanish
Staff specialists computer, counselor, librarian, nurse, psychologist
Special curricular programs art, instrumental music, vocal music, computer/technology, physical education
Extra curricular programs community service, dance, drama, environmental conservation, excursions/expeditions, literary magazine, newspaper, photography, yearbook
Sports basketball, martial arts, soccer, softball, tennis, track and field, volleyball, Yoga
Clubs Bengt (political and social discussion group), Italian, Down Syndrome, theater, Reach Out, recycling, Model UN, Peer mentoring, Students United for Nature
Examinations ACT, AP, IB, PSAT, SAT, SAT II

CAMPUS FACILITIES

Location Urban
Campus 1 hectare, 1 building, 13 classrooms, 2 computer labs, 50 instructional computers, 13,388 library volumes, 1 auditorium, 1 cafeteria, 1 gymnasium, 2 playing fields, 3 science labs, 1 tennis court

International School of Trieste

Phone 39 040 211 452
Fax 39 040 213 122
Email info@istrieste.org
Website www.istrieste.org
Address Via Conconello 16, Trieste, 34151, Italy

Director Jason Anklowitz
Elementary School Coordinator Carla Beltramini
Middle School Academic Dean Matthew Schvaneveldt
Early Childhood Coordinator Betty Ravalico
Business Manager Paola Zonta

INFORMATION

Grade levels N–8
School year September–June
School type coeducational, day, private non-profit
Year founded 1964
Governed by appointed and elected Board of Directors
Accredited by Middle States
Regional organizations ECIS, MAIS
Tuition/fee currency Euro
Tuition range 3,270–8,000
Annual fees Transportation 2,680
One time fees Registration 350
Graduates attending college 100%

Curriculum US, Intl
Average class size Elementary 24; Secondary 17
Language(s) of instruction English
Language(s) taught Italian, German, French, Latin
Staff specialists ESL
Extra curricular programs computers, drama

CAMPUS FACILITIES

Location Suburban
Campus 4 hectares, 1 building, 13 classrooms, 1 computer lab, 32 instructional computers, 10,000 library volumes, 1 cafeteria, 1 gymnasium, 2 playing fields, 1 science lab

Data from 2009/10 school year.

UNITED WORLD COLLEGE OF THE ADRIATIC

Phone 39 040 3739 111
Fax 39 040 3739 225
Email uwcad@uwcad.it
Website www.uwcad.it
Address Via Trieste n. 29, Duino (TS), 34011, Italy

STAFF

Head of School Peter T. Howe
Deputy Head & Director of Studies Michael Price
Director of Student Life Helen White
Head of Guidance Anne Brearley
Secretary General Giorgio Pontoni
Head of Library/Media Center Henry Thomas

INFORMATION

Grade levels 12–13
School year September–May
School type boarding, coeducational, private non-profit
Year founded 1982
Governed by appointed Council of Administration
Enrollment High School 9–12 90; Grade 13 90; Total 180
Boarding program length 7-day **Graduates attending college** 100%
Graduates have attended Princeton U, U of Oxford, London School of Economics, Bocconi U, U of Cambridge

EDUCATIONAL PROGRAM

Curriculum IB Diploma
Average class size Secondary 15
Language(s) of instruction English, Italian
Language(s) taught English, Italian, Slovene, Russian, Arabic , Spanish, Serbian, Croatian, Bosnian
Staff specialists computer, librarian
Special curricular programs instrumental music
Extra curricular programs community service, dance, drama, environmental conservation, excursions/expeditions, newspaper, photography, yearbook
Sports basketball, martial arts, rugby, skiing, soccer, swimming, volleyball, aerobics, kayaking, road hockey, sailing, climbing, orienteering
Examinations IB, SAT

CAMPUS FACILITIES

Location Urban
Campus 17 buildings, 19 classrooms, 1 computer lab, 30 instructional computers, 20,000 library volumes, 1 auditorium, 1 cafeteria, 1 infirmary, 4 science labs

International School of Turin

Phone 39 011 645 967
Fax 39 011 643 298
Email info@isturin.it
Website www.isturin.it
Address Vicolo Tiziano, 10, Moncalieri, 10024, Italy

STAFF

Head of School Carolyn S. Steinson
Lower School Dean Claire Muir
MYP Dean & Assistant MYP Coordinator Jennifer Hahn
IB DP Dean & Coordinator Cy Webber
PYP Coordinator Susan Baker
MYP Coordinator Jan Stipek
Business/Finance Manager Maria Recrosio
Reserch Coordinator Ljubica Milne
Teaching staff Full time 46; Part time 4; Total 50
Nationalities of teaching staff US 4; UK 20; Italian 15; Other(s) (Canadian, German) 11

INFORMATION

Grade levels N–12
School year September–June
School type coeducational, day, private non-profit
Year founded 1974
Governed by elected Board of Directors
Accredited by CIS, New England
Regional organizations ECIS
Enrollment Nursery 12; PreK 20; Elementary K–5 181; Middle School 6–8 87; High School 9–12 100; Total 400
Nationalities of student body US 42; UK 28; Italian 237; Other(s) (German, Japanese) 93
Tuition/fee currency Euro
Tuition range 3,820–11,330
Annual fees Registration 1,500; Busing 1,800; Lunch 1,100; Complementary Educational Activities 410; English as an Additional Language 2,500; Online Learning Center 2,000
One time fees Capital Levy 1,500
Graduates attending college 97%
Graduates have attended Boston U, U of Rochester, U of London, U of Plymouth, U of Turin

EDUCATIONAL PROGRAM

Curriculum National, Intl, IB Diploma, IBPYP, IBMYP
Average class size Elementary 20; Secondary 20
Language(s) of instruction English
Language(s) taught Italian, French, Spanish
Staff specialists computer, counselor, ESL, librarian
Special curricular programs art, computer/technology, physical education
Extra curricular programs community service, dance, drama, excursions/expeditions, literary magazine, newspaper, yearbook
Sports basketball, football, golf, gymnastics, soccer, swimming, tennis, volleyball
Clubs Model UN, photography, drama, golf, art
Examinations IB, SAT

CAMPUS FACILITIES

Location Suburban
Campus 6 buildings, 28 classrooms, 1 computer lab, 85 instructional computers, 2,000 library volumes, 1 auditorium, 1 cafeteria, 1 gymnasium, 2 playing fields, 2 science labs

The Udine International School

Phone 39 0432 541119
Fax 39 0432 411088
Email info@udineis.org
Website www.udineis.org
Address Via Martignacco 187, Udine, 33100, Italy

STAFF

Director Jason Anklowitz
Principal Palmira Metzger
Teaching staff Full time 23; Part time 8; Total 31
Nationalities of teaching staff US 2; UK 7; Italian 6; Other(s) (Canadian, Australian) 16

INFORMATION

Grade levels N–8
School year September–June
School type coeducational, day, private non-profit
Year founded 2003
Governed by appointed and elected Board of Directors
Accredited by Middle States
Regional organizations ECIS, MAIS
Enrollment Nursery 16; PreK 40; Elementary K–5 130; Middle School 6–8 38; Total 224
Nationalities of student body US 1; UK 1; Italian 208; Other(s) (Indian) 14
Tuition/fee currency Euro
Tuition range 6,350–7,950
Annual fees Registration 350

EDUCATIONAL PROGRAM

Curriculum US, National, Intl
Average class size Elementary 20; Secondary 12
Language(s) of instruction English
Language(s) taught Italian, French, German, Latin
Staff specialists computer, ESL, librarian, math resource, reading resource
Special curricular programs art, vocal music, computer/technology, physical education
Extra curricular programs computers, dance, drama, excursions/expeditions
Sports baseball, basketball, football, gymnastics, rugby, soccer, swimming, track and field, volleyball
Examinations Iowa, ISA

CAMPUS FACILITIES

Location Suburban
Campus 600 hectares, 3 buildings, 16 classrooms, 1 computer lab, 12 instructional computers, 3,500 library volumes, 1 auditorium, 2 cafeterias, 1 gymnasium, 2 infirmaries, 2 playing fields, 1 science lab, 1 pool

JAMAICA

Area:	10,991 sq km
Population:	2,847,232
Capital:	Kingston
Currency:	Jamaican Dollar (JMD)
Languages:	English

AMERICAN INTERNATIONAL SCHOOL OF KINGSTON

Phone 876 702 2070
Fax 876 702 2074
Email office@aisk.com
Website www.aisk.com
Address 2 College Green Avenue, Kingston, 6, Jamaica
Mailing address KIN 1399, PO Box 25580, Miami, Fl, 33102

STAFF

Head of School Sean Goudie
Elementary Principal Anna Wallace
Middle & High School Principal Scott Genzer
School Councelor Josh Centra
FinancialAdministrator & Admissions Indira Couch, Ph.D.
Technology Coordinator Derwin Kitch
Librarian Heather Guy
Teaching staff Full time 27; Part time 8; Total 35
Nationalities of teaching staff US 7; UK 3; Jamaican 16; Other(s) (Canadian) 9

INFORMATION

Grade levels N–12
School year August–June
School type coeducational, day, private non-profit
Year founded 1994
Governed by elected Nine Member Board
Accredited by Southern
Regional organizations ACCAS, AASSA
Enrollment Nursery 6; PreK 7; Elementary K–5 119; Middle School 6–8 53; High School 9–12 78; Total 263
Tuition/fee currency US Dollar
Tuition range 6,726–14,618
Annual fees Capital Levy 1,500
One time fees Registration 4,500
Graduates attending college 100%
Graduates have attended Boston Col, U of Tampa, Florida Institute of Technology, Ryerson U, George Washington U

EDUCATIONAL PROGRAM

Curriculum US, IB Diploma
Average class size Elementary 16; Secondary 15
Language(s) of instruction English
Language(s) taught Spanish, French
Staff specialists computer, counselor, ESL, librarian, nurse, reading resource
Special curricular programs art, instrumental music, vocal music, computer/technology, physical education
Extra curricular programs community service, dance, drama, environmental conservation, excursions/expeditions, newspaper, yearbook
Sports golf, martial arts, soccer, swimming, tennis, track and field, volleyball
Clubs French, Scuba diving, sailing, cooking, dance, martial arts, homework, photography, TV production, robotics, National Honor Sociey, National Junior Honor Society
Examinations IB, Iowa, PSAT, SAT, SAT II, MAP

CAMPUS FACILITIES

Location Urban
Campus 4 hectares, 5 buildings, 32 classrooms, 1 computer lab, 50 instructional computers, 6,000 library volumes, 1 cafeteria, 1 infirmary, 1 playing field, 4 science labs, 2 tennis courts, air conditioning

BELAIR SCHOOL

Phone 876 962 2168
Fax 876 962 3396
Email general@belairschool.com
Website www.belairschool.com
Address 43 DeCarteret Road, Mandeville, Manchester, 156, Jamaica
Mailing address PO Box 156, Mandeville, Jamaica

STAFF

Director June L. McCatty, Ed.D.
High School Vice Principal Rachel Hall
Prep School Vice Principal Susan Hawthorn
Operations Manager Stacey-Ann Dillon
Computer & Support Specialist Franz Myers
Librarian Christalia Volaitis
Teaching staff Full time 89; Part time 3; Total 92

INFORMATION

Grade levels PreK–12
School year September–June
School type coeducational, day
Year founded 1967
Governed by appointed and elected Board of Governors
Enrollment PreK 75; Elementary K–5 294; Middle School 6–8 129; High School 9–12 157; Grade 13 30; Total 685
Tuition/fee currency Jamaican Dollar
Annual fees Commitment 10,000
One time fees Application 1,800
Graduates attending college 90%

EDUCATIONAL PROGRAM

Curriculum National
Average class size Elementary 25; Secondary 25
Language(s) of instruction English
Language(s) taught Spanish, French
Staff specialists computer, counselor, librarian, math resource, nurse, reading resource
Special curricular programs art, instrumental music, vocal music, computer/technology, physical education
Extra curricular programs computers, community service, dance, drama, environmental conservation, excursions/expeditions, newspaper, yearbook
Sports badminton, baseball, basketball, cricket, cross-country, football, swimming, tennis, track and field
Clubs Interact, science, environmental, reading
Examinations A-level GCE, GCSE, SAT, SAT II

CAMPUS FACILITIES

Location Rural
Campus 5 hectares, 12 buildings, 18 classrooms, 2 computer labs, 45 instructional computers, 5,751 library volumes, 1 auditorium, 2 cafeterias, 1 infirmary, 2 playing fields, 3 science labs, 1 pool, 3 tennis courts

JAPAN

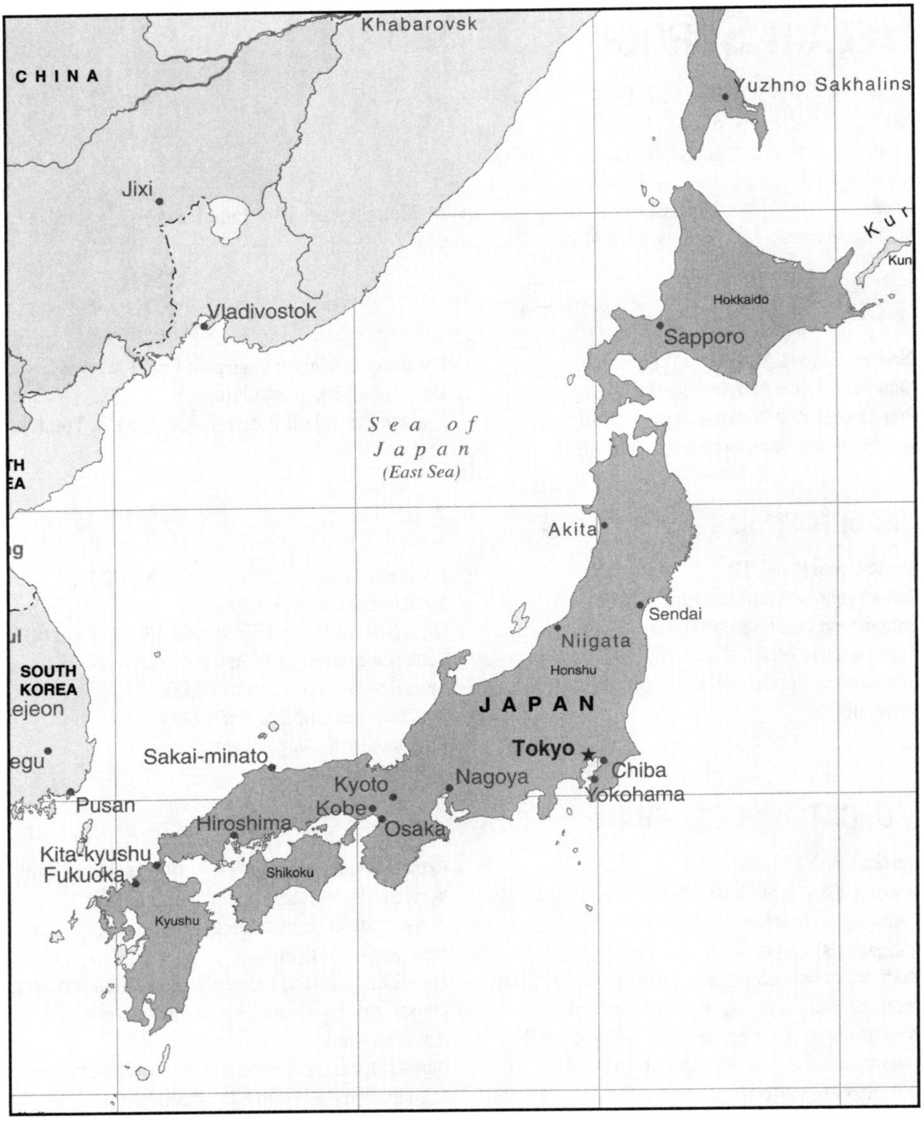

JAPAN

Area:	377,915 sq km
Population:	126,804,433
Capital:	Tokyo
Currency:	Yen (JPY)
Languages:	Japanese

Fukuoka International School

Phone 81 92 841 7601
Fax 81 92 841 7602
Email admin@fis.ed.jp
Website www.fis.ed.jp
Address 18-50 Momochi, 3-chome, Sawara-ku, Fukuoka, 814-0006, Japan

STAFF

Head of School Linda R. Gush, Ph.D.
Elementary Division Head Brian Freeman
Secondary Principal Katherine Phillips
Dean of Students Daniel Habel
IB Coordinator Fumiko Nelson
Business Manager Masao Iguchi
Teaching staff Full time 21; Part time 8; Total 29
Nationalities of teaching staff US 17; Japanese 7; Other(s) (Canadian) 5

INFORMATION

Grade levels PreK–12
School year August–June
School type coeducational, company-sponsored, private non-profit
Year founded 1972
Governed by appointed Board of Directors/Trustees
Sponsored by Seven Host Nation Corporations
Accredited by Western
Regional organizations EARCOS
Enrollment PreK 11; Elementary K–5 71; Middle School 6–8 47; High School 9–12 35; Total 164
Nationalities of student body US 26; UK 6; Japanese 47; Other(s) (Korean) 85
Tuition/fee currency Japanese Yen
Tuition range 1,120,000–1,420,000
Annual fees Insurance 3,000; Facility 50,000
One time fees Registration 250,000; Application 10,000
Graduates attending college 100%
Graduates have attended Cornell U, U of Southern California, U of Colorado, Michigan State U, Simon Fraser U

EDUCATIONAL PROGRAM

Curriculum Intl, IB Diploma, AP
Average class size Elementary 12; Secondary 12
Language(s) of instruction English
Language(s) taught Japanese, French, Korean, Spanish
Staff specialists ESL
Special curricular programs art, vocal music, computer/technology, physical education
Extra curricular programs community service, drama, excursions/expeditions, yearbook, piano lab, violin, guitar
Sports basketball, volleyball
Clubs water sports, ensemble, choir, French, cooking, student council, soccer
Examinations AP, IB, PSAT, SAT, SAT II, TOEFL, IST ACER

CAMPUS FACILITIES

Location Urban
Campus 1 hectare, 3 buildings, 22 classrooms, 2 computer labs, 39 instructional computers, 9,000 library volumes, 1 covered play area, 1 gymnasium, 1 playing field, 2 science labs, air conditioning

Hiroshima International School

Phone 81 82 843 4111
Fax 81 82 843 6399
Email hisadmin@hiroshima-is.ac.jp
Website www.hiroshima-is.ac.jp
Address 3-49-1 Kurakake, Asakita-ku, Hiroshima, 739-1743, Japan

STAFF

Principal Peter MacKenzie
Director of Studies Charles Hearsum
Operations Manager Mika Solvie
IT Coordinator Nigel Barker
Teaching staff Full time 17; Part time 2; Total 19
Nationalities of teaching staff US 2; UK 7; Japanese 6; Other(s) (Canadian, New Zealander) 4

INFORMATION

Grade levels PreK–12
School year August–June
School type coeducational, day, private non-profit
Year founded 1962
Governed by elected Board of Directors, Board of Trustees
Accredited by CIS, New England
Enrollment PreK 10; Elementary K–5 60; Middle School 6–8 25; High School 9–12 25; Total 120
Nationalities of student body US 8; UK 2; Japanese 50; Other(s) (Korean) 60
Tuition/fee currency Japanese Yen
Tuition range 750,000–2,100,000
Annual fees Capital Levy 75,000; Busing 225,000
One time fees Registration 300,000; ESL 100,000
Graduates attending college 100%

EDUCATIONAL PROGRAM

Curriculum Intl, IB Diploma, IBPYP, IGCSE
Average class size Elementary 15; Secondary 10
Language(s) of instruction English
Language(s) taught Japanese
Staff specialists computer, ESL
Special curricular programs instrumental music
Extra curricular programs computers, community service, dance, drama, environmental conservation, yearbook
Sports basketball, soccer, swimming, track and field, volleyball
Examinations GCSE, IB, IGCSE, PSAT, SAT

CAMPUS FACILITIES

Location Suburban
Campus 2 hectares, 3 buildings, 17 classrooms, 1 computer lab, 70 instructional computers, 8,000 library volumes, 1 gymnasium, 1 infirmary, 1 playing field, 1 science lab, air conditioning

CANADIAN ACADEMY

Phone 81 78 857 0100
Fax 81 78 857 3250
Email hdmstr@canacad.ac.jp
Website www.canacad.ac.jp
Address 4-1 Koyo-cho Naka, Higashinada-ku, Kobe, 658-0032, Japan

STAFF

Headmaster Frederic F. Wesson
High School Principal Melanie Vrba
Middle School Principal Michael Colaianni
Elementary School Principal Matthew Flinchum
Elementary School Assistant Principal Jonathan Schatzky
Assistant Headmaster Charles A. Kite, Ph.D.
Director of Technology Murray Smith
Media Services Coordinators Celia Schatzky & Annette Davis
Teaching staff Full time 76; Part time 5; Total 81
Nationalities of teaching staff US 37; UK 5; Japanese 13; Other(s) (Canadian, New Zealander) 26

INFORMATION

Grade levels N–12
School year August–June
School type boarding, coeducational, day, private non-profit
Year founded 1913
Governed by appointed Board of Trustees
Accredited by CIS, Western
Regional organizations EARCOS
Enrollment Nursery 10; PreK 19; Elementary K–5 256; Middle School 6–8 187; High School 9–12 224; Total 696
Nationalities of student body US 123; UK 18; Japanese 165; Other(s) (Korean, Filipino) 390
Tuition/fee currency Japanese Yen
Tuition range 1,417,000–1,962,000
Annual fees Boarding, 7-day 1,035,000; Building & Development 172,000
One time fees Registration 346,000; Application 61,000; ESOL Support 592,000
Boarding program grades 9–12
Boarding program length 7-day **Boys** 7 **Girls** 6
Graduates attending college 87%
Graduates have attended Brown U, U of California, Berkeley, Waseda U, U of Chicago, Cornell U

EDUCATIONAL PROGRAM

Curriculum US, Intl, IB Diploma, IBPYP, IBMYP, AP
Average class size Elementary 18; Secondary 15
Language(s) of instruction English
Language(s) taught French, Japanese, Spanish
Staff specialists computer, counselor, ESL, librarian, nurse, reading resource
Special curricular programs art, instrumental music, vocal music, computer/technology, distance learning, physical education
Extra curricular programs community service, dance, drama, environmental conservation, literary magazine, newspaper, yearbook, Habitat For Humanity, Japanese Tea Ceremony
Sports badminton, baseball, basketball, soccer, softball, tennis, volleyball
Clubs Model UN, dance, badminton
Examinations AP, IB, MAT, PSAT, SAT, SAT II, ISA, WrAP

CAMPUS FACILITIES

Location Suburban
Campus 3 hectares, 2 buildings, 80 classrooms, 3 computer labs, 600 instructional computers, 42,000 library volumes, 2 auditoriums, 1 cafeteria, 1 covered play area, 2 gymnasiums, 1 infirmary, 2 playing fields, 5 science labs, 2 tennis courts, air conditioning

Marist Brothers International School

Phone 81 78 732 6266
Fax 81 78 732 6268
Email enquiries@marist.ac.jp
Website www.marist.ac.jp
Address 1-2-1 Chimori-cho, Suma-ku, Kobe, Hyogo, 654-0072, Japan

STAFF

Supervising Principal Edmund P. Fitzgerald
Vice Principal Marijana Munro
Montessori Coordinator Mark Pilgrim
Elementary Coordinator Kerry Paron
Business Manager Jerry Ochs
IT Head Stephen Winter
Librarian Elbert Shitamoto
Teaching staff Full time 32; Part time 3; Total 35
Nationalities of teaching staff US 12; UK 2; Japanese 9; Other(s) (Canadian, Australian) 12

INFORMATION

Grade levels PreK–12
School year August–June
School type coeducational, day, private non-profit
Year founded 1951
Governed by appointed School Board
Accredited by Western
Regional organizations EARCOS
Enrollment PreK 40; Elementary K–5 105; Middle School 6–8 77; High School 9–12 68; Total 290
Nationalities of student body US 51; Japanese 102; Other(s) (Korean, Indian) 137
Tuition/fee currency Japanese Yen
Tuition range 1,100,000–1,365,000
Annual fees Building Maintenance 30,000; Yearbook 2,000
One time fees Registration 200,000; Capital Levy 125,000; Graduation 40,000
Graduates attending college 96%
Graduates have attended U of British Columbia, New York U, Pennsylvania State U, U of California, Los Angeles, York U

EDUCATIONAL PROGRAM

Curriculum US, AP
Average class size Elementary 23; Secondary 20
Language(s) of instruction English
Language(s) taught Japanese, French
Staff specialists computer, counselor, ESL, librarian, nurse, reading resource
Special curricular programs art, instrumental music, computer/technology, physical education
Extra curricular programs community service, drama, excursions/expeditions, newspaper, photography, yearbook, Japanese culture
Sports baseball, basketball, soccer, softball, volleyball
Clubs student council, National Honor Society, athletics association, Model UN
Examinations AP, PSAT, SAT, SAT II, Stanford, TOEFL

CAMPUS FACILITIES

Location Suburban
Campus 1 hectare, 3 buildings, 22 classrooms, 2 computer labs, 70 instructional computers, 18,000 library volumes, 1 auditorium, 1 cafeteria, 1 covered play area, 1 gymnasium, 1 infirmary, 1 playing field, 2 science labs, air conditioning

St. Michael's International School

Phone 81 78 231 8885
Fax 81 78 231 8899
Email head@smis.org
Website www.smis.org
Address 3-17-2 Nakayamate-dori, Chuo-ku, Kobe, Hyogo-ken, 650 0004, Japan

STAFF

Head of School Paul Grisewood
Deputy Head of School Wendy Taylor
James Grimsby KS 1 Coordinator
Alastair Moulton KS2Coordinator
Office Manager Xue-Feng Liang
ICT Coordinator Ahmed Aljonaid, Ph.D.
Librarian Steve Lewington
Teaching staff Full time 17; Part time 2; Total 19
Nationalities of teaching staff US 2; UK 9; Japanese 2; Other(s) (Canadian) 6

INFORMATION

Grade levels PreK–6
School year August–June
School type coeducational, church-affiliated, day, private non-profit
Year founded 1946
Governed by appointed School Council
Accredited by CIS, Western
Regional organizations EARCOS, ECIS
Enrollment Nursery 18, PreK 22; Elementary K–5 160; Total 200
Nationalities of student body US 27; UK 17; Japanese 45; Other(s) (Indian, Australian) 111
Tuition/fee currency Japanese Yen
Tuition range 96,800–1,050,000
Annual fees Insurance 3,000; Busing 200,000; Maintenance 100,000; PTA 4,000
One time fees Registration 200,000; Application 20,000

EDUCATIONAL PROGRAM

Curriculum UK
Average class size Elementary 19
Language(s) of instruction English
Language(s) taught Japanese, French
Staff specialists computer, ESL, librarian, nurse
Special curricular programs art, computer/ technology, physical education, religion
Extra curricular programs computers, music, chess, sports
Sports baseball, cricket, football, soccer, swimming
Examinations SAT, ISA

CAMPUS FACILITIES

Location Urban
Campus 1 hectare, 2 buildings, 10 classrooms, 1 computer lab, 20 instructional computers, 5,500 library volumes, 1 auditorium, 1 covered play area, 1 gymnasium, 1 infirmary, 2 playing fields, air conditioning

KYOTO INTERNATIONAL SCHOOL

Phone 81 75 451 1022
Fax 81 75 451 1023
Email kis@kyotointernationalschool.org
Website www.kyotointernationalschool.org
Address 317 Kitatawara-cho, Nakadachiuri-sagaru, Yoshiyamachi-dori, Kamigyo-ku, Kyoto, 602 8247, Japan

STAFF

Head of School Annette D. Levy
Curriculum Coordinator Leda Cedo
Business Administrator Nobuko Nishimura
Librarian Izumi Hirai
Teaching staff Full time 14; Part time 6; Total 20
Nationalities of teaching staff US 4; UK 1; Japanese 8; Other(s) (Canadian, Australian) 7

INFORMATION

Grade levels N–9
School year September–June
School type coeducational, day, private non-profit
Year founded 1957
Governed by appointed Executive Board
Accredited by Western
Regional organizations EARCOS
Enrollment Nursery 4; PreK 10; Elementary K–5 43; Middle School 6–8 10; Total 67
Nationalities of student body US 9; UK 4; Japanese 33; Other(s) (Korean, Australian) 21
Tuition/fee currency Japanese Yen
Tuition range 840,000–1,684,000
One time fees Registration 150,000; Application 20,000
Graduates have attended Standford U, U of Oxford, Berklee Col of Music, New York U, Kyoto U

EDUCATIONAL PROGRAM

Curriculum Intl, IBPYP
Average class size Elementary 15
Language(s) of instruction English
Language(s) taught Japanese
Staff specialists computer, ESL, librarian
Special curricular programs art, instrumental music, vocal music, computer/technology, physical education
Extra curricular programs dance, drama, environmental conservation, excursions/expeditions
Sports basketball, martial arts, soccer, swimming, tennis, volleyball
Clubs chess, social dance, Aikido, cooking, Origami, jazz dance, environmental, Lego animation
Examinations ISA

CAMPUS FACILITIES

Location Urban
Campus 1 hectare, 1 building, 7 classrooms, 1 computer lab, 24 instructional computers, 6,000 library volumes, 1 gymnasium, 1 playing field

Christian Academy of Nagoya

Phone 81-561-62-4196
Fax 81-561-62-4196
Email duanejobe@nics.org
Website www.icanjapan.org
Address Villa Yuzan 1F, 205 Kibutake, Nagakute-cho, Aichi-gun, 480-1117, Japan

STAFF

Director Duane Jobe
Head of Library/Media Center Sarah Davidson
Teaching staff Full time 16; Part time 3; Total 19
Nationalities of teaching staff US 14; Japanese 3; Other(s) (Uruguayan, Canadian) 2

INFORMATION

Grade levels K–10
School year August–June
School type coeducational, church-affiliated, private non-profit
Year founded 2000
Sponsored by Network of International Christian Schools
Accredited by Western
Enrollment Elementary K–5 86; Middle School 6–8 28; High School 9–12 4; Total 118
Tuition/fee currency Japanese Yen
Tuition range 707,000–762,000
Annual fees Registration 50,000
One time fees Application 10,000; Testing 20,000; Enrollment 150,000

EDUCATIONAL PROGRAM

Curriculum US
Average class size Elementary 15; Secondary 10
Language(s) of instruction English
Staff specialists ESL, librarian
Special curricular programs art, physical education
Extra curricular programs community service, excursions/expeditions, yearbook, vocal performances
Sports basketball, soccer, volleyball

CAMPUS FACILITIES

Location Urban
Campus 3 buildings, 14 classrooms, 2 computer labs, 6,000 library volumes, air conditioning

Nagoya International School

Phone 81 52 736 2025
Fax 81 52 736 3883
Email info@nis.ac.jp
Website www.nis.ac.jp
Address 2686 Minamihara, Nakashidami, Moriyama-ku, Nagoya, Aichi, 463 0002, Japan

STAFF

Head of School Robert P. Risch, Ed.D.
Elementary Principal Paul Ketko
Secondary Principal Matthew Parr
Director of Development Erik Olson-Kikuchi
Counselor Greg Mason
Business Manager Hiroshi Sakai
IT Coordinator Damianne President
Librarian Amy Wilson
Teaching staff Full time 38; Part time 5; Total 43
Nationalities of teaching staff US 19; UK 3; Japanese 8; Other(s) (Canadian, Australian) 13

INFORMATION

Grade levels N–12
School year August–June
School type coeducational, day, private non-profit
Year founded 1964
Governed by elected Board of Directors
Accredited by Western
Regional organizations EARCOS
Enrollment Nursery 10; PreK 12; Elementary K–5 128; Middle School 6–8 80; High School 9–12 80; Total 310
Nationalities of student body US 75; UK 8; Japanese 102; Other(s) (Korean, Canadian) 125
Tuition/fee currency Japanese Yen
Tuition range 1,379,000–1,555,000
Annual fees Capital Levy 100,000
One time fees Registration 200,000; Application 20,000; Building 400,000
Graduates attending college 100%
Graduates have attended U of Oxford, Stanford U, Waseda U, Parsons the New School for Design, McGill U

EDUCATIONAL PROGRAM

Curriculum US, Intl, IB Diploma, IBPYP
Average class size Elementary 15; Secondary 15
Language(s) of instruction English
Language(s) taught Japanese
Staff specialists computer, counselor, ESL, librarian, nurse, reading resource
Special curricular programs art, instrumental music, vocal music, computer/technology, distance learning, physical education
Extra curricular programs computers, community service, drama, environmental conservation, excursions/expeditions, literary magazine, newspaper, photography, yearbook
Sports badminton, baseball, basketball, soccer, softball, volleyball
Clubs Model UN, Habitat for Humanity, National Honor Society, National Junior Honor Society, student councils, ES Drama, MathCounts
Examinations ACT, IB, PSAT, SAT, SAT II, TOEFL, ERB, ISA

CAMPUS FACILITIES

Location Suburban
Campus 7 hectares, 4 buildings, 29 classrooms, 1 computer lab, 90 instructional computers, 18,000 library volumes, 1 cafeteria, 1 covered play area, 1 gymnasium, 1 infirmary, 1 playing field, 2 science labs, 2 tennis courts, air conditioning

Katoh School

Phone 81 55 924 3322
Fax 81 55 924 3352
Email bostwick@gol.com
Website www.bi-lingual.com
Address 1361-1 Nakamiyo, Numazu, Shizuoka, 410 0011, Japan

STAFF

Executive Director Mike Bostwick, Ed.D.
Kindergarten Coordinator Mayuko Serizawa
Elementary Coordinator Geoff Parmentor
Director Jr. & Sr. High School Nobuko Wendfeldt
MYP Coordination Gay-Ann Bagotchay
DP Coordinator Craig Sutton
Head Office Manager Sadao Hasegawa
IT Coordinator & Site Manager Kazuhiro Horie
Head Librarian Ayako Shanks
Teaching staff Full time 71; Part time 5; Total 76
Nationalities of teaching staff US 10; UK 2; Japanese 42; Other(s) (Canadian, New Zealander) 22

INFORMATION

Grade levels PreK–12
School year April–March
School type coeducational, day, proprietary
Year founded 1926
Governed by appointed Board of Directors
Sponsored by Masahide Katoh
Regional organizations EARCOS
Enrollment PreK 102; Elementary K–5 276; Middle School 6–8 92; High School 9–12 80; Total 550
Nationalities of student body US 4; UK 2; Japanese 542; Other(s) (Australian) 2
Tuition/fee currency Japanese Yen
Tuition range 720,000–840,000
Annual fees Books 80,000; School Promotion 30,000
One time fees Registration 200,000; Uniform 80,000
Graduates attending college 100%
Graduates have attended Harvard U, Yale U, Massachusetts Institute of Technology, McGill U, Australian National U

EDUCATIONAL PROGRAM

Curriculum National, Intl, IB Diploma, IBMYP
Average class size Elementary 22; Secondary 25
Language(s) of instruction English, Japanese
Language(s) taught Chinese
Staff specialists computer, counselor, librarian, reading resource
Special curricular programs art, instrumental music, vocal music, computer/technology, physical education
Extra curricular programs computers, community service, environmental conservation, excursions/expeditions, Study Abroad
Sports basketball, martial arts, soccer, tennis, track and field, volleyball
Examinations IB, PSAT, SAT, SAT II, TOEFL

CAMPUS FACILITIES

Location Suburban
Campus 10 hectares, 5 buildings, 40 classrooms, 3 computer labs, 120 instructional computers, 15,000 library volumes, 2 auditoriums, 2 gymnasiums, 3 infirmaries, 3 playing fields, 3 science labs, 6 tennis courts, air conditioning

OSAKA INTERNATIONAL SCHOOL

Phone 81 72 727 5050
Fax 81 72 727 5055
Website www.senri.ed.jp
Address 4-4-16 Onohara-nishi, Mino-shi, Osaka-fu, 562 0032, Japan

STAFF

Head of School John Searle
Elementary Principal Cecilia Rawlins
Middle & High School Principal Leanne Stephen
Business Manager Steve Lewis
Tech coordinator Sam Adams
Head Librarian Yvonne Barrett
Teaching staff Full time 37; Part time 4; Total 41
Nationalities of teaching staff US 15; UK 10; Japanese 5; Other(s) (Australian) 11

INFORMATION

Grade levels N–12
School year September–June
School type coeducational, company-sponsored, day, private non-profit
Year founded 1991
Governed by appointed Board of Trustees/Board of Directors
Sponsored by Kwansei Gakuin Educational Foundation
Accredited by Western
Regional organizations EARCOS, ECIS
Enrollment Elementary K–5 110; Middle School 6–8 70; High School 9–12 75; Total 255
Nationalities of student body US 50; UK 20; Japanese 100; Other(s) (Korean) 85
Tuition/fee currency Japanese Yen
Tuition range 1,400,000–1,700,000
One time fees Registration 300,000
Graduates attending college 95%
Graduates have attended U of Oxford, Wesleyan U, U of Southern California, Queen's U, Rice U

EDUCATIONAL PROGRAM

Curriculum US, Intl, IB Diploma, IBPYP, IBMYP
Average class size Elementary 19; Secondary 20
Language(s) of instruction English
Language(s) taught Japanese, Spanish, Chinese,
Staff specialists computer, counselor, ESL, librarian, nurse
Special curricular programs art, instrumental music, vocal music, computer/technology, physical education
Extra curricular programs community service, drama, literary magazine, photography, yearbook, Student Government
Sports badminton, baseball, basketball, cross-country, rugby, soccer, softball, swimming, tennis, volleyball, triathlon
Examinations ACT, IB, PSAT, SAT, SAT II, ISA

CAMPUS FACILITIES

Location Suburban
Campus 2 hectares, 1 building, 33 classrooms, 3 computer labs, 80 instructional computers, 55,000 library volumes, 1 auditorium, 1 cafeteria, 1 gymnasium, 1 infirmary, 1 playing field, 4 science labs, 1 pool, 1 tennis court, air conditioning

HOKKAIDO INTERNATIONAL SCHOOL

Phone 81 11 816 5000
Fax 81 11 816 2500
Email his@his.ac.jp
Website www.his.ac.jp
Address 1-55 5-jo 19-chome, Hiragishi, Toyohira-ku, Sapporo, Hokkaido, 062-0935, Japan

STAFF

Head of School Richard Branson
Elementary Coordinator Betsy Greenway
International Primary Curriculum Coordinator Peggy Shibuya
Deputy Head & Secondary Coordinator Barry Ratzliff
Outdoor Activities Coordinator David Piazza
Administrative Assistant Shimako Abe
Business Manager Eri Kashiwabara
Technology Coordinator Yuya Hisada
Head Librarian Kathleen Riggins
Teaching staff Full time 20; Part time 5; Total 25
Nationalities of teaching staff US 12; Japanese 6; Other(s) (Canadian, Australian) 7

INFORMATION

Grade levels PreK–12
School year August–June
School type boarding, coeducational, private non-profit
Year founded 1958
Governed by appointed Member Board
Accredited by Western
Regional organizations EARCOS
Enrollment PreK 9; Elementary K–5 66; Middle School 6–8 54; High School 9–12 64; Total 193
Nationalities of student body US 20; UK 2; Japanese 65; Other(s) (Korean, Russian) 106
Tuition/fee currency Japanese Yen
Tuition range 576,000–972,000
Annual fees Boarding, 7-day 426,000; Insurance 3,000; Busing 90,000; Annual 170,000
One time fees Registration 15,000; Entrance 200,000
Boarding program grades 7–12
Boarding program length 7-day **Boys** 10 **Girls** 10
Graduates attending college 80%
Graduates have attended U of British Columbia, U of Rochester, RIchmond U, U of Oregon, Lewis & Clark Col

EDUCATIONAL PROGRAM

Curriculum US, AP, International Primary Curriculum
Average class size Elementary 15; Secondary 15
Language(s) of instruction English
Language(s) taught Spanish, Japanese
Staff specialists computer, ESL, librarian, nurse
Special curricular programs art, instrumental music, vocal music, computer/technology, distance learning, physical education
Extra curricular programs community service, drama, excursions/expeditions, newspaper, yearbook
Sports basketball, soccer, volleyball
Clubs outdoor, student council
Examinations AP, PSAT, SAT, SAT II

CAMPUS FACILITIES

Location Urban
Campus 2 hectares, 2 buildings, 16 classrooms, 2 computer labs, 45 instructional computers, 9,000 library volumes, 1 auditorium, 1 cafeteria, 1 gymnasium, 1 playing field, 1 science lab

TOHOKU INTERNATIONAL SCHOOL

Phone 81 22 348 2468
Fax 81 22 348 2467
Email office@tisweb.net
Website www.tisweb.net
Address 7-101-1 Yakata, Izumi-Ku, Sendai, Miyagi, 981-3214, Japan

STAFF

Head of School James Steward
Secondary Coordinator Nick Schirmer
Curriculum Coordinator Alana Steward
Elementary Coordinator Catherine Erpen
Office Manager Yukiko Kawaguchi
Technology Coordinator Nicholas Schirmer
Library Coordinator April Sekine
Teaching staff Full time 10; Part time 10; Total 20
Nationalities of teaching staff US 6; UK 1; Japanese 6; Other(s) (Canadian) 7

INFORMATION

Grade levels PreK–12
School year August–June
School type coeducational, day, private non-profit
Year founded 1950
Sponsored by Nanko Educational Corporation
Accredited by Western
Regional organizations EARCOS
Enrollment PreK 8; Elementary K–5 55; Middle School 6–8 17; High School 9–12 22; Total 102
Nationalities of student body US 5; Korean 35; Other(s) (Russian) 62
Tuition/fee currency Japanese Yen
Tuition range 850,000–1,080,000
Annual fees Registration 300,000; Capital Levy 120,000; Busing 50,000; Lunch 12,600; ESL 150,000
Graduates attending college 100%
Graduates have attended Indiana U, Hawaii Pacific U, North Dakota State U, Ringling Col of Art and Design, U of Pittsburgh

EDUCATIONAL PROGRAM

Curriculum Intl
Average class size Elementary 15; Secondary 12
Language(s) of instruction English, Japanese
Language(s) taught French, Spanish
Staff specialists computer, ESL, librarian
Special curricular programs art, computer/ technology, distance learning, physical education
Extra curricular programs computers, community service, drama, environmental conservation, excursions/expeditions, newspaper, yearbook
Sports badminton, basketball, soccer
Clubs many opportunities available
Examinations AP, PSAT, SAT, SAT II, TOEFL, ISA

CAMPUS FACILITIES

Location Suburban
Campus 2 hectares, 2 buildings, 16 classrooms, 2 computer labs, 50 instructional computers, 8,000 library volumes, 1 cafeteria, 1 gymnasium, 2 playing fields, 1 science lab, air conditioning

The American School in Japan

Phone 81 422 34 5300
Fax 81 422 34 5308
Email info@asij.ac.jp
Website www.asij.ac.jp
Address 1-1-1, Nomizu, Chofu-shi, Tokyo, 182-0031, Japan

STAFF

Head of School Edwin V. Ladd
High School Principal Rick Weinland
Middle School Principal E. Scott Adams, Ed.D.
Elementary School Principal Daniel J. Bender
Early Learning Center Director Judy Beneventi
Director of Curriculum, Instruction & Assessment Patricia Butz
Deputy Headmaster forFinance & Operations Timothy L. Thornton, Ed.D.
Director of Information Technology Eugene Witt
High School Librarian Linda Hayakawa
Teaching staff Full time 172; Part time 3; Total 175
Nationalities of teaching staff US 121; UK 6; Japanese 18; Other(s) 30

INFORMATION

Grade levels N–12
School year August–June
School type coeducational, day, private non-profit
Year founded 1902
Governed by appointed Board of Trustees
Accredited by Western
Regional organizations EARCOS
Enrollment Nursery 40; PreK 45; Elementary K–5 535; Middle School 6–8 330; High School 9–12 500; Total 1,450
Nationalities of student body US 1,000; Japanese 235; Other(s) (Canadian, Australian) 215
Tuition/fee currency Japanese Yen
Tuition2,154,000
Annual fees Capital Levy 100,000; Busing 325,000
One time fees Registration 300,000; Application 20,000; Building Maintenance 500,000
Graduates attending college 99%
Graduates have attended Harvard U, Princeton U, Yale U, Stanford U, Dartmouth Col

(Continued)

THE AMERICAN SCHOOL IN JAPAN (Continued)

EDUCATIONAL PROGRAM

Curriculum US, AP
Average class size Elementary 22; Secondary 17
Language(s) of instruction English
Language(s) taught Japanese, French, Spanish, Mandarin
Staff specialists computer, counselor, ESL, librarian, math resource, nurse, reading resource, speech/hearing
Special curricular programs art, instrumental music, vocal music, computer/technology, physical education, Japanese studies, outdoor education, television production
Extra curricular programs computers, community service, dance, drama, environmental conservation, excursions/expeditions, literary magazine, newspaper, yearbook
Sports badminton, baseball, basketball, cross-country, football, golf, gymnastics, hockey, martial arts, soccer, softball, swimming, tennis, track and field, volleyball
Clubs Habitat for Humanity, COSA, Global Issues Network, Model UN, Amnesty International, Kyogen, speech, debate, Animal Advocates, Media Production Network
Examinations ACT, AP, PSAT, SAT, SAT II, TOEFL, ERB, MAP

CAMPUS FACILITIES

Location Suburban
Campus 6 hectares, 8 buildings, 100 classrooms, 12 computer labs, 1000 instructional computers, 70,000 library volumes, 1 auditorium, 1 cafeteria, 1 covered play area, 3 gymnasiums, 1 infirmary, 2 playing fields, 8 science labs, 1 pool, 4 tennis courts, air conditioning

Aoba-Japan International School–Suginami Campus

Phone 81 3 3335 6620
Fax 81 3 3332 6930
Email suginami@aobajapan.jp
Website www.aobaonline.jp
Address 2-10-7 Miyamae, Suginami-ku, Tokyo, 168-0081, Japan

STAFF

Head of School Barbara A. Beaufait
Deputy Head Allen Huies
President & Director of Development Adam Doi
Admissions Director Roberto L. Gomez, Sr.
Middle School Vice Principal Kristine Bordner
Kindergarten & Elementary Vice Principal Paul Wright
Senior Vice President & Director of Finance Chiharu Uemura
IT Manager Brent Carlson
Teaching staff Full time 53; Part time 2; Total 55
Nationalities of teaching staff US 14; UK 2; Japanese 18; Other(s) (Filipino, Canadian) 21

INFORMATION

Grade levels PreK–9
School year August–July
School type coeducational, day, proprietary
Year founded 1976
Governed by appointed Board
Sponsored by Regina Doi
Accredited by CIS, New England
Regional organizations EARCOS, ECIS
Enrollment PreK 50; Elementary K–5 251; Middle School 6–8 105; Total 406
Nationalities of student body US 12; UK 2; Japanese 130; Other(s) (Korean, Myanmar National) 262
Tuition/fee currency Japanese Yen
Tuition range 1,035,000–2,383,000
Annual fees Capital Levy 100,000; Busing 315,000; Lunch 128,700; Family Community (PTO) 7,000; Technology 80,000
One time fees Registration 300,000

EDUCATIONAL PROGRAM

Curriculum Intl
Average class size Elementary 20; Secondary 20
Language(s) of instruction English
Language(s) taught Japanese, French
Staff specialists learning disabilities, math resource, nurse, physician
Special curricular programs art, instrumental music, vocal music, physical education
Extra curricular programs dance, excursions/expeditions, yearbook
Sports baseball, basketball, martial arts, soccer, swimming, volleyball
Clubs art, computer, choir, orchestra, Japanese dance, hand bell choir, Aikido, Junior Jaguars sports
Examinations ISA

CAMPUS FACILITIES

Location Urban
Campus 2 buildings, 36 classrooms, 1 computer lab, 82 instructional computers, 9,000 library volumes, 1 cafeteria, 1 infirmary, 1 playing field, 1 science lab, 1 tennis court, air conditioning

CHRISTIAN ACADEMY IN JAPAN

Phone 81 42 471 0022
Fax 81 42 476 2200
Email infodesk@caj.or.jp
Website www.caj.or.jp
Address 1-2-14 Shinkawa-cho, Higashi Kurume-shi, Tokyo, 203-0013, Japan

STAFF

Head of School Brian G. Vander Haak
Elementary School Principal Jacquie Willson
Middle School Principal Tanya Hall
High School Principal Anda Foxwell
Director of Educational Support Services Flossie Epley
Business Manager Rick Seely
Technology Coordinator Dan Rudd
Librarian Lois Seely
Teaching staff Full time 39; Part time 20; Total 59
Nationalities of teaching staff US 41; UK 1; Japanese 9; Other(s) (Canadian, Australian) 8

INFORMATION

Grade levels K–12
School year August–June
School type coeducational, church-affiliated, day
Year founded 1950
Governed by appointed Board of Directors
Accredited by Western
Regional organizations EARCOS
Enrollment Elementary K–5 141; Middle School 6–8 120; High School 9–12 203; Total 464
Nationalities of student body US 143; Japanese 166; Other(s) (Korean) 155
Tuition/fee currency Japanese Yen
Tuition range 1,038,000–1,583,000
Annual fees Registration 45,000; Capital Levy 70,000
One time fees Entrance 300,000; Application 20,000; ESL 100,000
Graduates attending college 98%
Graduates have attended Cornell U, Wake Forest U, Forida State U, Wheaton Col, Stanford U

EDUCATIONAL PROGRAM

Curriculum US, AP
Average class size Elementary 17; Secondary 16
Language(s) of instruction English
Language(s) taught Japanese, Spanish, French
Staff specialists computer, counselor, ESL, learning disabilities, librarian, math resource, nurse, physician, reading resource
Special curricular programs art, instrumental music, vocal music, computer/technology, physical education, vocational, digital arts, teaching assistants
Extra curricular programs community service, drama, excursions/expeditions, newspaper, yearbook, student government, leadership
Sports basketball, cross-country, soccer, tennis, track and field, volleyball, wrestling, field hockey
Clubs boys volleyball, drama, chess, chapel bands
Examinations ACT, AP, Iowa, PSAT, SAT, SAT II, TOEFL

CAMPUS FACILITIES

Location Urban
Campus 2 hectares, 7 buildings, 30 classrooms, 2 computer labs, 142 instructional computers, 27,586 library volumes, 1 auditorium, 1 cafeteria, 2 gymnasiums, 1 infirmary, 1 playing field, 3 science labs, 3 tennis courts, air conditioning

Columbia International School

Phone (+81)4-2946-1911
Fax (+81)4-2946-1955
Email office@columbia-ca.co.jp
Website www.columbia-ca.co.jp
Address 153 Matsugo, Tokorozawa, Saitama, 359-0027, Japan

STAFF

Coordinator Tetsuya Morimata
Senior Division Coordinator Robert Skinner
Admissions Manager Natsuko Miura
Public Liaison Christopher Holland
Principal Barrie McCliggott, Ed.D.
School Administrator Ayako Hama
Acting Director Mamoru Ito
Teaching staff Full time 39; Part time 1; Total 40
Nationalities of teaching staff US 3; Canadian 17; Other(s) (Japanese, Korean) 20

INFORMATION

Grade levels 1–12
School year April–March
School type boarding, coeducational, day
Year founded 1988
Accredited by Western
Regional organizations EARCOS
Enrollment Elementary K–5 113; Middle School 6–8 80; High School 9–12 80; Total 273
Nationalities of student body Japanese 200; Other(s) (Korean, Indian) 73
Tuition/fee currency Japanese Yen
Tuition range 1,575,000–1,775,000
Annual fees Busing 45,000; Lunch 90,000
One time fees Registration 210,000
Boarding program grades 7–12
Boarding program length 7-day **Girls** 4
Graduates attending college 85%
Graduates have attended Columbia U, U of Toronto, McMaster U, Waseda U, Temple U

EDUCATIONAL PROGRAM

Curriculum National, AP, Ministry of Ontario
Average class size Elementary 16; Secondary 16
Language(s) of instruction English
Language(s) taught English, Japanese
Staff specialists computer, counselor, ESL, math resource, nurse, physician
Special curricular programs art, instrumental music, computer/technology, physical education
Extra curricular programs community service, environmental conservation, excursions/expeditions, photography, yearbook
Sports badminton, baseball, basketball, cross-country, football, hockey, skiing, soccer, tennis, volleyball
Clubs Eco Cap, environmental, sports, music, photography, yearbook, karaoke, movie
Examinations SAT, TOEFL, Literacy Test

CAMPUS FACILITIES

Location Suburban
Campus 6 buildings, 24 classrooms, 2 computer labs, 250 instructional computers, 5,000 library volumes, 2 auditoriums, 1 cafeteria, 2 gymnasiums, 1 infirmary, 1 playing field, 1 science lab, 3 tennis courts, air conditioning

International School of the Sacred Heart

Phone 81 3 3400 3951
Fax 81 3 3400 3496
Email info@issh.ac.jp
Website www.issh.ac.jp
Address 4-3-1 Hiroo, Shibuya-ku, Tokyo, 150-0012, Japan

STAFF

Headmistress Yvonne Hayes
High School Principal Charmaine Young
Middle School Principal Margaret Griffiths
Kindergarten & Junior School Principal Ellen Cerminara
Curriculum Coordinator K–12 Mary Beth Luttrell
Business Manager Naruhiko Soga
Media Head of Department Mark McCright
Teaching staff Full time 77; Part time 17; Total 94
Nationalities of teaching staff US 24; UK 14; Japanese 21; Other(s) (Australian, French) 35

INFORMATION

Grade levels K–12
School year August–June
School type coeducational, church-affiliated, day, girls only
Year founded 1908
Governed by appointed Society of the Sacred Heart Corporation
Accredited by CIS, Western
Regional organizations EARCOS, ECIS
Enrollment Elementary K–5 280; Middle School 6–8 136; High School 9–12 167; Total 583
Nationalities of student body US 110; UK 14; Japanese 76; Other(s) (Korean, Australian) 383
Tuition/fee currency Japanese Yen
Tuition range 1,120,000–2,010,000
Annual fees Building Maintenance 100,000
One time fees Registration 300,000; Application 20,000; Educational & Building 600,000
Graduates attending college 100%
Graduates have attended Georgetown U, U of Pennsylvania, Brown U, Sophia U, U Col London

EDUCATIONAL PROGRAM

Curriculum US, UK, Intl, AP, International Primary Curriculum
Average class size Elementary 22; Secondary 25
Language(s) of instruction English
Language(s) taught French, Japanese
Staff specialists computer, counselor, ESL, librarian, math resource, nurse, reading resource
Special curricular programs art, instrumental music, vocal music, computer/technology, physical education
Extra curricular programs computers, dance, drama, excursions/expeditions, literary magazine, yearbook
Sports basketball, cross-country, soccer, swimming, tennis, track and field, volleyball
Clubs student council, Boosters, social service council
Examinations AP, PSAT, SAT

CAMPUS FACILITIES

Location Urban
Campus 2 hectares, 3 buildings, 49 classrooms, 5 computer labs, 200 instructional computers, 50,000 library volumes, 2 auditoriums, 1 cafeteria, 2 covered play areas, 1 gymnasium, 1 infirmary, 1 playing field, 4 science labs, 2 tennis courts, air conditioning

K. International School Tokyo

Phone 03-3642-9993
Fax 03-3642-9994
Email info@kist.ed.jp
Website www.kist.ed.jp
Address 1-5-15 Shirakawa, Koto-ku, Tokyo, 135-0021, Japan

STAFF

Head of School Nanci Shaw, Ph.D.
Deputy Head of School Damian Rentoule
Elementary Principal Greg Brunton
Secondary Principal Robin Schneider
Deputy School Director Takako Komaki
IT Manager Toshi Naito
Librarian Satoko Yoshimoto
Teaching staff Full time 60; Total 60

INFORMATION

Grade levels PreK–12
School year August–June
School type coeducational, day
Year founded 1997
Governed by appointed Seven Board Members
Sponsored by Komaki Corporation
Enrollment PreK 55; Elementary K–5 295; Middle School 6–8 150; High School 9–12 135; Total 635
Tuition/fee currency Japanese Yen
Tuition range 1,200,000–1,500,000
Annual fees Building Maintenance 50,000; Technology 30,000
One time fees Registration 300,000; Facility Upgrade 200,000
Graduates attending college 98%
Graduates have attended Princeton U, Stanford U, Imperial Col London, McGill U, U of Sydney

EDUCATIONAL PROGRAM

Curriculum IB Diploma, IBPYP, IBMYP
Average class size Elementary 25; Secondary 25
Language(s) of instruction English
Language(s) taught Japanese
Staff specialists computer, counselor, ESL, librarian
Special curricular programs art, computer/technology, physical education
Extra curricular programs community service, excursions/expeditions
Sports baseball, basketball, cross-country, soccer, softball, volleyball
Examinations IB

CAMPUS FACILITIES

Location Urban
Campus 1 hectare, 3 buildings, 50 classrooms, 2 computer labs, 70 instructional computers, 14,000 library volumes, 1 auditorium, 1 cafeteria, 1 gymnasium, 1 playing field, 3 science labs, air conditioning

NISHIMACHI INTERNATIONAL SCHOOL

Phone 81 3 3451 5520
Fax 81 3 3456 0197
Email info@nishimachi.ac.jp
Website www.nishimachi.ac.jp
Address 2-14-7 Moto Azabu, Minato-ku, Azabu Juban, Tokyo, 106-0046, Japan

STAFF

Head of School Terence M. Christian
Middle School Principal Mick Hilleson
Elementary Principal Julie Jackson-Jin
Director of Admissions Mariko Laabs
Director of Development Philippe Eymard
Director of Administration & External Affairs Shusuke Ishida
Education Technology Coordinator Phillip Matz
Director of Media Center John Kolosowski
Teaching staff Full time 60; Part time 1; Total 61
Nationalities of teaching staff US 15; UK 5; Japanese 16; Other(s) (Australian, Canadian) 25

INFORMATION

Grade levels K–9
School year August–June
School type coeducational, day, private non-profit
Year founded 1949
Governed by appointed Board of Directors
Accredited by CIS, Western
Regional organizations EARCOS, ECIS
Enrollment Elementary K–5 338; Middle School 6–8 102; High School 9–12 16; Total 456
Nationalities of student body US 270; UK 16; Japanese 100; Other(s) (Australian, New Zealander) 70
Tuition/fee currency Japanese Yen
Tuition2,082,000
Annual fees Education Enhancement 100,000
One time fees Registration 300,000; Building 500,000

EDUCATIONAL PROGRAM

Curriculum US, National, Intl
Average class size Elementary 20; Secondary 15
Language(s) of instruction English, Japanese
Language(s) taught English, Japanese
Staff specialists counselor, ESL, librarian, nurse
Special curricular programs art, computer/technology, physical education, drama
Extra curricular programs community service, dance, drama, environmental conservation, excursions/expeditions, newspaper, photography, yearbook
Sports badminton, basketball, cross-country, hockey, martial arts, skiing, soccer, softball, track and field, volleyball, netball

CAMPUS FACILITIES

Location Urban
Campus 1 hectare, 7 buildings, 36 classrooms, 2 computer labs, 320 instructional computers, 17,000 library volumes, 1 auditorium, 1 covered play area, 1 gymnasium, 1 infirmary, 1 science lab, air conditioning

SEISEN INTERNATIONAL SCHOOL

Phone 81 3 3704 2661
Fax 81 3 3701 1033
Email sisinfo@seisen.com
Website www.seisen.com
Address 12-15 Yoga 1-chome, Setagaya-ku, Tokyo, 158-0097, Japan

STAFF

School Head Concesa Martin
High School Principal Suzanne Kawasumi
Elementary School Principal Sandra Mulligan
Kindergarten Principal Sheila O'Donoghue
Assistant High School Principal Dinah Seno
Business Manager Masaki Kowada
IT Coordinator Douglas Jansen
Teaching staff Full time 70; Part time 16; Total 86
Nationalities of teaching staff US 29; UK 2; Japanese 15; Other(s) (Canadian, Irish) 40

INFORMATION

Grade levels K–12
School year August–June
School type coeducational, church-affiliated, day, girls only
Year founded 1962
Governed by appointed Seisen Jogakuin Educational Foundation
Accredited by CIS, New England
Regional organizations EARCOS
Enrollment Elementary K–5 365; Middle School 6–8 168; High School 9–12 161; Total 694
Nationalities of student body US 185; UK 28; Japanese 122; Other(s) (Korean, Indian) 359
Tuition/fee currency Japanese Yen
Tuition range 1,035,000–1,940,000
Annual fees Busing 300,000; Building Maintenance 100,000
One time fees Registration 300,000; Application 20,000; Land & Building Development 400,000
Graduates attending college 100%
Graduates have attended U of Southern California, New York U, Barnard Col, U of California, U of London

EDUCATIONAL PROGRAM

Curriculum US, Intl, IB Diploma, IBPYP, IGCSE
Average class size Elementary 17; Secondary 21
Language(s) of instruction English
Language(s) taught Japanese, Spanish, French
Staff specialists computer, counselor, ESL, learning disabilities, librarian, math resource, nurse, reading resource
Special curricular programs art, instrumental music, vocal music computer/technology, physical education
Extra curricular programs computers, community service, dance, drama, environmental conservation, excursions/expeditions, newspaper, yearbook, Journalism
Sports badminton, basketball, cross-country, skiing, soccer, softball, swimming, tennis, track and field, volleyball, table tennis, netball, kickball, futsal
Clubs Model UN, National Honor Society, Boosters, adventurers, debate, speech, drama, math, Brainbowl, choir
Examinations GCSE, IB, IGCSE, Iowa, PSAT, SAT, SAT II

CAMPUS FACILITIES

Location Urban
Campus 1 hectare, 4 buildings, 51 classrooms, 2 computer labs, 300 instructional computers, 23,530 library volumes, 1 cafeteria, 1 gymnasium, 2 infirmaries, 3 playing fields, 3 science labs, 2 tennis courts, air conditioning

St. Mary's International School

Phone 81 3 3709 3411
Fax 81 3 3707 1950
Email michelj@smis.ac.jp
Website www.smis.ac.jp
Address 1-6-19 Seta, Setagaya-ku, Tokyo, 158-8668, Japan

STAFF

Headmaster Br. Michel Jutras
High School Principal Saburo Kagei
Middle School Principal Andrew Cross
Elementary School Principal Br. Lawrence Guy Lambert
Elementary School Assistant Principal Michael DiMuzio
Curriculum Coordinator Linda Wayne
Business Manager Kunihiko Takamichi
IT Program Manager DJ Feldmeyer
Teaching staff Full time 91; Part time 16; Total 107
Nationalities of teaching staff US 37; UK 6; Japanese 21; Other(s) (Canadian, Australian) 43

INFORMATION

Grade levels K–12
School year August–June
School type boys only, church-affiliated, day, private non-profit
Year founded 1954
Governed by appointed School Board
Accredited by CIS, Western
Regional organizations EARCOS
Enrollment Elementary K–5 541; Middle School 6–8 167; High School 9–12 204; Total 912
Nationalities of student body US 192; UK 39; Japanese 286; Other(s) (Korean, Indian) 395
Tuition/fee currency Japanese Yen
Tuition2,040,000
One time fees Registration 300,000; Capital Levy 400,000; Busing 400,000
Graduates attending college 99%
Graduates have attended Brown U, Columbia U, Johns Hopkins U, Stanford U, Yale U

EDUCATIONAL PROGRAM

Curriculum US, Intl, IB Diploma
Average class size Elementary 20; Secondary 20
Language(s) of instruction English
Language(s) taught Japanese, French
Staff specialists computer, counselor, ESL, librarian, nurse
Special curricular programs art, instrumental music, vocal music, computer/technology, physical education
Extra curricular programs computers, community service, drama, excursions/expeditions, literary magazine, newspaper, photography, yearbook
Sports baseball, basketball, cross-country, skiing, soccer, swimming, tennis, track and field, wrestling, field hockey
Clubs Leo, Habitat for Humanity, Model UN
Examinations IB, Iowa, PSAT, SAT, TOEFL, ISA

CAMPUS FACILITIES

Location Urban
Campus 9 hectares, 4 buildings, 80 classrooms, 4 computer labs, 400 instructional computers, 40,000 library volumes, 1 auditorium, 1 cafeteria, 1 gymnasium, 1 infirmary, 1 playing field, 6 science labs, 1 pool, 2 tennis courts, air conditioning

TOKYO INTERNATIONAL SCHOOL

Phone 81 3 5484 1160
Fax 81 3 5484 1139
Email tis@tokyois.com
Website www.tokyois.com
Address 3-4-22 Mita Minato-Ku, Tokyo, 108 0073, Japan

STAFF

Office Manager Atsumi Fujii
Head of School Desmond Hurst, Ed.D.
Deputy Head of School Lorraine Izzard, Ed.D.
Founder Patrick Newell
Business Manager Shigeo Otsu
Macintosh Computer Technician & Support Allan Tsuda
Library Teacher Leanne Windsor, Ed.D.
Teaching staff Full time 44; Part time 5; Total 49
Nationalities of teaching staff US 7; UK 2; Japanese 5; Other(s) (Australian, Canadian) 35

INFORMATION

Grade levels PreK–8
School year August–June
School type coeducational, day, proprietary
Year founded 1996
Governed by Patrick Newell
Sponsored by Tokyo International School Corporation
Accredited by CIS, New England
Regional organizations EARCOS, ECIS
Enrollment PreK 20; Elementary K–5 288; Middle School 6–8 75; Total 383
Nationalities of student body US 95; UK 20; Japanese 77; Other(s) (Australian, Swede) 191
Tuition/fee currency Japanese Yen
Tuition range 1,500,000–1,890,000
Annual fees Busing 340,000; Maintenance 100,000; IT 50,000
One time fees Registration 300,000; Building 350,000

EDUCATIONAL PROGRAM

Curriculum Intl, IBPYP, IBMYP
Average class size Elementary 16
Language(s) of instruction English
Language(s) taught Japanese
Staff specialists computer, counselor, librarian, nurse, reading resource
Special curricular programs art, instrumental music, vocal music, computer/technology, physical education
Extra curricular programs computers, community service, dance, drama, newspaper, photography
Sports basketball, cross-country, football, gymnastics, hockey, martial arts, skiing, soccer, swimming, tennis, track and field, volleyball
Clubs cooking, computer, tennis, aikido, karate, drama, Spanish, photography, floor hockey, dance

CAMPUS FACILITIES

Location Urban
Campus 2 hectares, 1 building, 23 classrooms, 2 computer labs, 200 instructional computers, 1,000 library volumes, 1 auditorium, 1 gymnasium, 1 playing field, 1 science lab, 1 pool, 1 tennis court, air conditioning

SAINT MAUR INTERNATIONAL SCHOOL

Phone +81 (0)45 641 5751
Fax +81 (0)45 641 6688
Email office@stmaur.ac.jp
Website www.stmaur.ac.jp
Address 83 Yamate-cho, Naka-ku, Yokohama, 231-8654, Japan

STAFF

School Head Jeanette K. Thomas
Deputy School & Student Services Head Catherine O. Endo
Coordinating Principal Richard B. Rucci
Secondary School Principal Matthew Parr
Elementary School Principal & Montessori Liaison Yong-Lang Kwan
College Guidance Counselor Glenn Scoggins
Business Manager Marie Kawamura
Head of Technology Ray Owen
Head Librarian Jennifer Schumacher
Teaching staff Full time 57; Part time 8; Total 65
Nationalities of teaching staff US 14; UK 8; Japanese 9; Other(s) (Australian, Canadian) 34

INFORMATION

Grade levels PreK–12
School year August–June
School type coeducational, church-affiliated, day, private non-profit
Year founded 1872
Governed by appointed Board of Directors
Accredited by CIS, New England
Regional organizations EARCOS, ECIS
Enrollment Elementary K–5 224; Middle School 6–8 104; High School 9–12 138; Total 466
Nationalities of student body US 80; UK 8; Japanese 182; Other(s) (Korean, Indian) 196
Tuition/fee currency Japanese Yen
Tuition range 1,178,000–2,020,000
One time fees Entrance 300,000; Building Maintenance Fund 200,000
Graduates attending college 99%
Graduates have attended U of Pennsylvania, McGill U, Carnegie Mellon U, U of British Columbia, International Christian U

EDUCATIONAL PROGRAM

Curriculum US, UK, Intl, IB Diploma, AP, IGCSE, Trinity College of Music, IPC
Average class size Elementary 18; Secondary 20
Language(s) of instruction English
Language(s) taught French, Spanish, Japanese
Staff specialists computer, counselor, ESL, learning disabilities, librarian, math resource, nurse, reading resource
Special curricular programs art, instrumental music, vocal music, computer/technology, physical education
Extra curricular programs computers, community service, dance, drama
Sports baseball, basketball, cross-country, soccer, tennis, track and field, volleyball
Clubs robotics, art, ping-pong, jazz band, band, choir, science
Examinations AP, GCSE, IB, IGCSE, Iowa, PSAT, SAT, SAT II, TOEFL, Trinity International Music Examinations

CAMPUS FACILITIES

Location Rural
Campus 1 hectare, 5 buildings, 30 classrooms, 5 computer labs, 145 instructional computers, 18,521 library volumes, 1 auditorium, 1 cafeteria, 2 covered play areas, 1 gymnasium, 1 infirmary, 1 playing field, 3 science labs, 1 tennis court, air conditioning

Yokohama International School

Phone 81 45 622 0084
Fax 81 45 621 0379
Email yis@yis.ac.jp
Website www.yis.ac.jp
Address 258 Yamate-cho, Naka-ku, Yokohama, 231-0862, Japan

STAFF

Head of School James MacDonald
High School Principal Dennis Stanworth
Head of School Operations Robert Pomeroy
Middle School Principal John Snowball
Elementary School Principal Paul Neary
Business Manager Chiyoka Kurahone
Information Technology Director Stephen Lehman
Head Librarian Brian Farrell
Teaching staff Full time 87; Part time 3; Total 90
Nationalities of teaching staff US 16; UK 18; Japanese 12; Other(s) (Canadian, Australian) 44

INFORMATION

Grade levels PreK–12
School year August–June
School type coeducational, day, private non-profit
Year founded 1924
Governed by elected Board of Directors
Accredited by CIS, New England
Regional organizations EARCOS
Enrollment PreK 47; Elementary K–5 277; Middle School 6–8 159; High School 9–12 241; Total 724
Nationalities of student body US 190; UK 86; Japanese 361; Other(s) (Korean, Swede) 87
Tuition/fee currency Japanese Yen
Tuition range 1,520,000–2,250,000
One time fees Registration 800,000; Application 20,000; Graduation 50,000
Graduates attending college 95%
Graduates have attended Princeton U, U of Toronto, U of California, Berkeley, London School of Economics, U of British Columbia

EDUCATIONAL PROGRAM

Curriculum Intl, IB Diploma, IBPYP, IBMYP, IGCSE, Humankind Curriculum
Average class size Elementary 16; Secondary 18
Language(s) of instruction English
Language(s) taught Japanese, French, Spanish, German, Mandarin
Staff specialists computer, counselor, ESL, librarian, nurse, reading resource
Special curricular programs art, instrumental music, vocal music, physical education, Business Studies, Broadcast Media, Japanese Instrumental Music, Music Technology
Extra curricular programs community service, drama, environmental conservation, excursions/expeditions, literary magazine, newspaper, yearbook
Sports baseball, basketball, cross-country, hockey, soccer, tennis, track and field, volleyball
Clubs Model UN, latin dance, Brainbowl, green, skateboards
Examinations GCSE, IB, IGCSE, PSAT, SAT, SAT II, ISA

CAMPUS FACILITIES

Location Urban
Campus 1 hectare, 9 buildings, 68 classrooms, 1 computer lab, 300 instructional computers, 27,000 library volumes, 1 auditorium, 1 cafeteria, 1 gymnasium, 1 infirmary, 1 playing field, 4 science labs, air conditioning

JORDAN

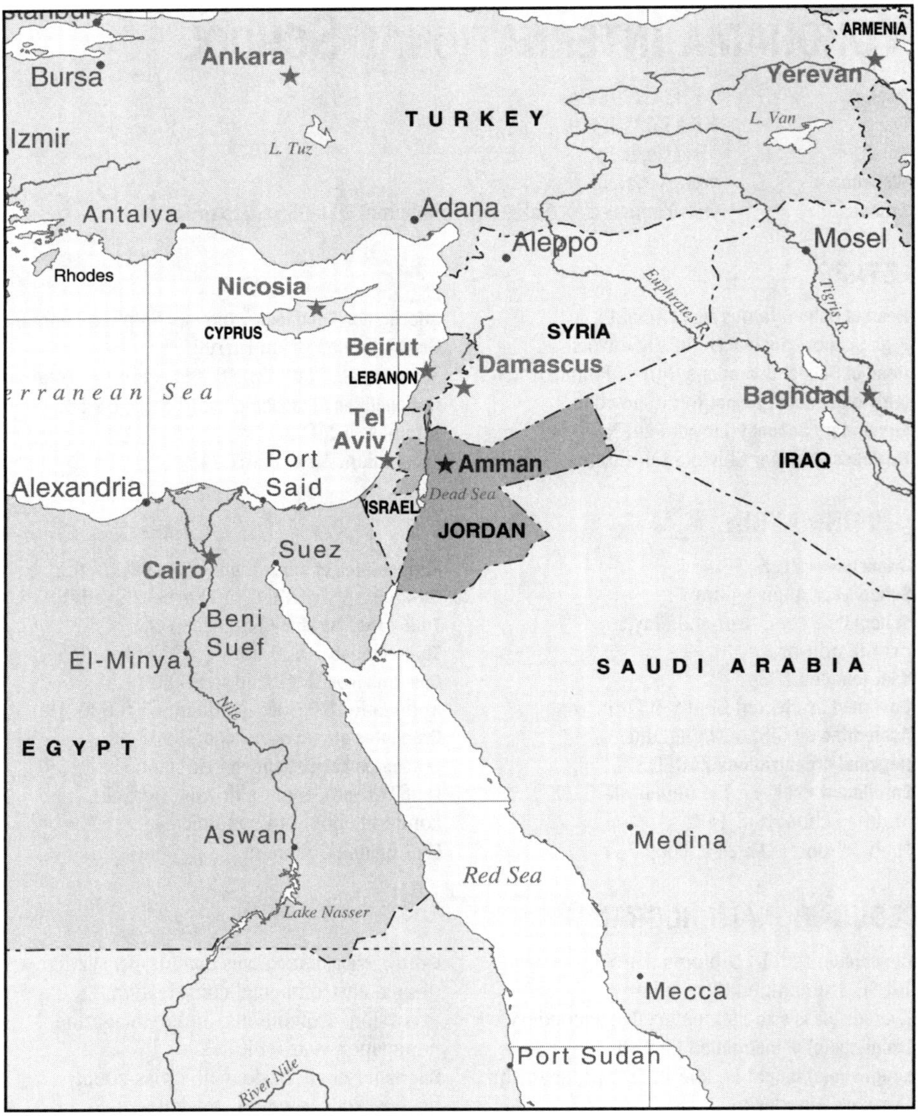

JORDAN

Area:	89,342 sq km
Population:	6,407,085
Capital:	Amman
Currency:	Jordanian Dinar (JOD)
Languages:	Arabic

American Community School

Phone 962 6 581 3944
Fax 962 6 582 3357
Email school@acsamman.edu.jo
Website www.acsamman.edu.jo
Address Next to Royal Automobile Club, Between 7th and 8th Circle, Amman, Jordan
Mailing address Box 310, Dahiat Al-Amir Rashid, Amman 11831, Jordan

STAFF

Superintendent Larry McIlvain
Middle & High School Principal Steve Mancuso
Guidance Counselor John Williams
Elementary & ECE Principal Diana O'Leary
MS Assistant Principal Michael Ghode
Elementary School Counselor Stephanie Stone
Business Manager Hamdi Hamdi
Technology Coordinator Wayne Beyer
Librarian Samar Abu Ghazaleh
Teaching staff Full time 56; Part time 6; Total 62
Nationalities of teaching staff US 44; Jordanian 10; Other(s) (Canadian) 8

INFORMATION

Grade levels N–12
School year August–June
School type coeducational, day, private non-profit
Year founded 1957
Governed by elected Board
Accredited by Middle States
Regional organizations ECIS, NESA
Enrollment Nursery 15; PreK 20; Elementary K–5 255; Middle School 6–8 130; High School 9–12 170; Total 590
Nationalities of student body US 274; UK 9; Jordanian 104; Other(s) (Korean) 203
Tuition/fee currency US Dollar
Tuition range 7,000–15,220
Annual fees Registration 1,000; Busing 1,450
One time fees Capital Levy 4,500
Graduates attending college 95%
Graduates have attended American U, U of British Colombia, Boston U, Northeastern U, Georgetown U

EDUCATIONAL PROGRAM

Curriculum US, AP
Average class size Elementary 20; Secondary 18
Language(s) of instruction English
Language(s) taught Arabic, French, Spanish
Staff specialists computer, counselor, ESL, learning disabilities, librarian, nurse, reading resource
Special curricular programs art, instrumental music, vocal music, computer/technology, physical education
Extra curricular programs computers, community service, dance, drama, environmental conservation, literary magazine, yearbook
Sports badminton, basketball, cross-country, soccer, swimming, tennis, track and field, volleyball
Clubs Arabic, student council, National Junior Honor Society, National Honor Society, Model UN, leadership, forensics & debate, drama
Examinations ACT, AP, PSAT, SAT, SAT II, MAP, SRI

CAMPUS FACILITIES

Location Suburban
Campus 9 hectares, 6 buildings, 48 classrooms, 5 computer labs, 300 instructional computers, 25,000 library volumes, 1 auditorium, 1 cafeteria, 3 covered play areas, 1 gymnasium, 1 infirmary, 2 playing fields, 4 science labs, 2 tennis courts, air conditioning

Amman Baccalaureate School

Phone 962 6 541 1572
Fax 962 6 541 2603
Email proffice@abs.edu.jo
Website www.abs.edu.jo
Address P.O. Box 441, Sweileh, Al Hijaz Street, Amman, 11910, Jordan

STAFF

Principal Stuart l. Bryan, Ed.D.
Vice Principal Riham Kawar
Bursar Jorgen Hoeven
Head of IB Diploma College Cathy Souob
Head of Middle Years School Bassma Nimri
Head of Junior School Nora Shrydeh
Finance Manager Yousef Beitawi
IT Manager Ounis Zoubir
Head of Library & Media Center Maysa Al Haddadeh
Teaching staff Full time 145; Part time 2; Total 147
Nationalities of teaching staff US 15; UK 15; Jordanian 99; Other(s) (Canadian, Australian) 18

INFORMATION

Grade levels K–12
School year August–June
School type coeducational, day, private non-profit
Year founded 1981
Governed by appointed Board of Trustees
Sponsored by Hashemite Society for Education
Accredited by CIS, New England
Regional organizations ECIS, NESA
Enrollment Elementary K–5 512; Middle School 6–8 240; High School 9–12 316; Total 1,068
Nationalities of student body US 6; UK 10; Jordanian 903; Other(s) (Canadian, Australian) 149
Tuition/fee currency Jordanian Dinar
Tuition range 3,785–9,735
Annual fees Busing 525
One time fees Registration 1,030
Graduates attending college 100%
Graduates have attended Massachusetts Institute of Technology, Stanford U, U of Cambridge, Princeton U, McGill U

EDUCATIONAL PROGRAM

Curriculum National, Intl, IB Diploma, IBMYP
Average class size Elementary 25; Secondary 18
Language(s) of instruction English, Arabic
Language(s) taught English, Arabic, French
Staff specialists computer, counselor, librarian, math resource, nurse, physician, psychologist, reading resource
Special curricular programs art, instrumental music, vocal music, computer/technology, physical education
Extra curricular programs computers, community service, dance, drama, environmental conservation, excursions/expeditions, literary magazine, newspaper, photography, yearbook
Sports badminton, basketball, football, gymnastics, hockey, rugby, soccer, softball, tennis, track and field, volleyball
Examinations ACT, IB, PSAT, SAT, SAT II

CAMPUS FACILITIES

Location Suburban
Campus 9 hectares, 5 buildings, 57 classrooms, 5 computer labs, 237 instructional computers, 50,000 library volumes, 1 auditorium, 2 cafeterias, 1 covered play area, 1 gymnasium, 1 infirmary, 8 playing fields, 8 science labs, 3 tennis courts

THE INTERNATIONAL ACADEMY–AMMAN

Phone 962 (06) 5502055
Fax 962 (06) 5502052
Email info@iaa.edu.jo
Website www.iaa.edu.jo
Address Sa'ad Khair Street, King Hussein Parks, P.O Box 144255, Amman 11814, Jordan

STAFF

Director Hana M. Kanan, Ed.D.
Curriculum Coordinator Christine Anne Marzouk
Head of Secondary Leigh Smith
Head of Primary Lynda Megan Marshall
Special Assistant to the Director for Secondary Ronald Smith
Chief of Finance Abdullah Arabiat
IT Manager Azzam Jarrar
Teaching staff Full time 125; Part time 6; Total 131
Nationalities of teaching staff US 9; UK 25; Jordanian 82; Other(s) (Australian, Canadian) 15

INFORMATION

Grade levels PreK–12
School year August–June
School type coeducational, day, private non-profit
Year founded 2004
Governed by appointed Board of Directors
Accredited by CIS
Regional organizations ECIS
Enrollment PreK 73; Elementary K–5 438; Middle School 6–8 195; High School 9–12 156; Total 862
Tuition/fee currency US Dollar
Tuition range 5,430–13,243
Annual fees Busing 1,057; Lunch 971; Books 714; IB for Grade 11 & 12 857; Graduation 714; Uniform 429
One time fees Registration 1,544

EDUCATIONAL PROGRAM

Curriculum UK, National, Intl, IB Diploma, IBMYP, IPC
Average class size Elementary 25; Secondary 25
Language(s) of instruction English, Arabic
Language(s) taught English, Arabic, Spanish
Staff specialists computer, counselor, ESL, learning disabilities, librarian, nurse
Special curricular programs art, instrumental music, computer/technology, physical education, Theory of Knowledge, Religion
Extra curricular programs computers, community service, drama, excursions/expeditions, literary magazine, yearbook, Creativity Action Service
Sports badminton, basketball, gymnastics, soccer, swimming, track and field, volleyball
Clubs gymnastics, basketball, dodgeball, tae kwon do, papier-mache, book making, cooking, fun with letters, art decorating, boys blog, cartoon drawing, a big mess
Examinations IB, PSAT, SAT, ACER, INCAS

CAMPUS FACILITIES

Location Urban
Campus 11 hectares, 4 buildings, 66 classrooms, 5 computer labs, 125 instructional computers, 15,142 library volumes, 1 auditorium, 1 cafeteria, 1 covered play area, 1 gymnasium, 2 infirmaries, 3 playing fields, 1 science lab, 2 pools, 1 tennis court

Modern American School

Phone 962 6 5862779 / 5810027
Fax 962 6 5816860
Email admin@modernamericanschool.com
Website www.modernamericanschool.com
Address P.O. Box950553 Sweifieh, Code No 11195, Bakhit Issa Street # 27, Amman-Sweifieh, 11195, Jordan

STAFF

Principal Omaya Zamel
Deputy Director Jacqueline Al-Mufty
Assistant Principal Eric Werner
Head of Middle School Ammar Dkeidek
Director of International Office & Admissions Rumiana Nuseibeh
Head of Elementary Alia Husseini
Head of IT Hala El-A's
Chief Librarian Mary Shaban
Teaching staff Full time 143; Part time 9; Total 152
Nationalities of teaching staff US 27; UK 19; Jordanian 88; Other(s) 18

INFORMATION

Grade levels N–12
School year September–June
School type coeducational, day, proprietary
Year founded 1985
Governed by appointed Board of Trustees
Sponsored by Zamel Group
Accredited by North Central
Regional organizations ECIS, NESA
Enrollment Nursery 30; PreK 145; Elementary K–5 380; Middle School 6–8 180; High School 9–12 255; Total 990
Nationalities of student body US 302; UK 38; Jordanian 400; Other(s) 250
Tuition/fee currency Jordanian Dinar
Tuition range 3,175–7,700
Annual fees Insurance 190; Busing 690; Books 500; Supplies & Services 225
One time fees Registration 490
Graduates attending college 99%
Graduates have attended U of Toronto, U of California, Massachusetts Institute of Technology, Imperial Col London, American U of Beirut

EDUCATIONAL PROGRAM

Curriculum US, AP
Average class size Elementary 23; Secondary 22
Language(s) of instruction English
Language(s) taught Arabic, French
Staff specialists computer, counselor, ESL, learning disabilities, librarian, nurse, physician
Special curricular programs art, instrumental music, computer/technology, physical education
Extra curricular programs computers, community service, dance, drama, environmental conservation, excursions/expeditions, newspaper, photography, yearbook
Sports badminton, basketball, football, gymnastics, martial arts, soccer, swimming, track and field, volleyball
Clubs environment, photography, Friends to the Library
Examinations A-level GCE, AP, PSAT, SAT, SAT II, TOEFL

CAMPUS FACILITIES

Location Urban
Campus 2 buildings, 4 computer labs, 25,000 library volumes, 2 auditoriums, 2 cafeterias, 2 covered play areas, 1 gymnasium, 2 playing fields, 3 science labs, 1 pool

King's Academy

Phone 962 6 430 0230
Fax 962 6 430 0259
Email info@kingsacademy.edu.jo
Website www.kingsacademy.edu.jo
Address P.O. Box 9, Madaba-Manja, 16188, Jordan

STAFF

Headmaster John Austin, Ph.D.
CFO & Deputy Headmaster Dana Adwan
Dean of the Faclty & Deputy Headmster Sheena Nabholz
Dean of Students & Deputy Headmaster Julianne Puente
Director of Finance & Legal Affairs Randa Qunsol
Director of Technology Mark Payton
Head Librarian Huda Abbas
Teaching staff Full time 330; Part time 2; Total 332
Nationalities of teaching staff US 29; Jordanian 58; Other(s) (French, Canadian) 15

INFORMATION

Grade levels 9–12
School year September–June
School type boarding, day, private non-profit
Year founded 2007
Governed by appointed The King's Acadmy Board of Trustees
Regional organizations NESA
Enrollment High School 9–12 400; Total 400
Tuition/fee currency US Dollar
Tuition range 20,900–30,250
Annual fees Boarding, 5-day 30,250; Boarding, 7-day 34,100; Day Students 20,900
One time fees Registration 5,000
Boarding program grades 9–12
Boarding program length 5-day and 7-day
Boys 202 **Girls** 114
Graduates attending college 99%
Graduates have attended Harvard U, Yale U, Stanford U, Brown U, Vassar Col

EDUCATIONAL PROGRAM

Curriculum AP
Average class size Secondary 15
Language(s) of instruction English
Language(s) taught Chinee, French, Spanish
Staff specialists computer, counselor, ESL, learning disabilities, librarian, math resource, nurse, physician, reading resource
Special curricular programs art, instrumental music, vocal music, computer/technology, physical education
Extra curricular programs computers, community service, dance, drama, environmental conservation, excursions/expeditions, literary magazine, newspaper, yearbook
Sports basketball, cross-country, rugby, soccer, squash, swimming, tennis track and field, volleyball
Clubs Green, Model UN, robotics, debate, theter, Round Square, art, film, Student Government
Examinations A-level GCE, ACT, AP, PSAT, SAT, SAT II, TOEFL

CAMPUS FACILITIES

Location Suburban
Campus 58 hectares, 23 buildings, 40 classrooms, 1 computer lab, 24 instructional computers, 25,000 library volumes, 2 auditoriums, 1 cafeteria, 1 covered play area, 1 gymnasium, 1 infirmary, 6 playing fields, 6 science labs, 1 pool, 4 tennis courts, air conditioning

KAZAKHSTAN

KAZAKHSTAN

Area:	2,724,900 sq km
Population:	15,460,484
Capital:	Astana
Currency:	Tenge (KZT)
Languages:	Kazakh, Russian

QSI International School of Aktau

Phone 8-7292-52-62-74
Email aktau@qsi.org
Website www.qsi.org/akt_home/akt_home.htm
Address Micro District #2, Building 74, Aktau, 130000, Kazakhstan

STAFF

Director Arthur Hudson
Teaching staff Full time 5; Part time 1; Total 6
Nationalities of teaching staff US 4; Kazakhs 2

INFORMATION

Grade levels PreK–13
School year September–June
School type coeducational, day, private non-profit
Year founded 2006
Governed by Quality Schools International
Accredited by Middle States
Enrollment PreK 6; Elementary K–5 15; Middle School 6–8 3; Total 24
Nationalities of student body Kazakhs 4; Other(s) (Italian, Pakistani) 20
Tuition/fee currency US Dollar
Tuition25,400
Annual fees Capital Levy 1,600
One time fees Registration 300

EDUCATIONAL PROGRAM

Curriculum US
Average class size Elementary 6
Language(s) of instruction English
Language(s) taught Russian
Staff specialists computer, ESL, librarian, nurse
Special curricular programs art, instrumental music, vocal music, computer/technology, physical education
Extra curricular programs computers, excursions/expeditions, yearbook
Sports basketball, soccer, softball, volleyball, bowling
Examinations MAP

CAMPUS FACILITIES

Location Urban
Campus 1 hectare, 2 buildings, 6 classrooms, 1 computer lab, 15 instructional computers, 2,000 library volumes, 1 playing field, air conditioning

Almaty International School

Phone 7 727 250-4561
Fax 7 727 250-4564
Email almaty@qsi.org
Website www.qsi.org/kaz_home/kaz_home.htm
Address 185 Auezov St., Auezov District, Kalkaman Village, Almaty, 050006, Kazakhstan
Mailing address c/o American Embassy, Almaty, Dept. of State, 7030 Almaty Place, Washington, DC 20521-7030, USA

STAFF

Director Kenneth L. Rigdon, Ed.D.
Director of Instruction–Secondary John Durham
Director of Instruction–Elementary Matt Matterson
Counselor Gregory Collins
Coordinator of Athletics & Activities Glenn Chapman
Business Manager Edna Vanwerkhoven
IT Department Head Glenn Chapman
Librarian Jenny Jalmukhanov
Teaching staff Full time 51; Part time 3; Total 54
Nationalities of teaching staff US 34; Kazakhs 16; Other(s) (Canadian, South African) 4

INFORMATION

Grade levels PreK–12
School year August–June
School type coeducational, day, private non-profit
Year founded 1993
Governed by appointed Board of Directors
Accredited by Middle States
Regional organizations CEESA
Enrollment PreK 35; Elementary K–5 200; Middle School 6–8 65; High School 9–12 140; Total 440
Nationalities of student body US 35; UK 26; Kazakhs 132; Other(s) (Korean, Canadian) 247
Tuition/fee currency US Dollar
Tuition range 7,000–17,100
Graduates attending college 100%
Graduates have attended Harvard U, Columbia U, Boston U, U of Montana, U of California, Berkeley

EDUCATIONAL PROGRAM

Curriculum US, AP
Average class size Elementary 15; Secondary 15
Language(s) of instruction English
Language(s) taught French, Russian, Spanish
Staff specialists computer, counselor, ESL, librarian, nurse, physician, reading resource
Special curricular programs art, instrumental music, vocal music, computer/technology, distance learning, physical education
Extra curricular programs computers, community service, dance, drama, excursions/expeditions, newspaper, yearbook
Sports basketball, cross-country, soccer, softball, tennis, track and field, volleyball
Clubs art, French, Russian, chess, math, student store, Model UN, National Honor Society
Examinations AP, Iowa, PSAT, SAT, SAT II

CAMPUS FACILITIES

Location Suburban
Campus 7 hectares, 2 buildings, 55 classrooms, 2 computer labs, 85 instructional computers, 30,000 library volumes, 2 gymnasiums, 1 infirmary, 2 playing fields, 1 science lab, 4 tennis courts, air conditioning

MIRAS INTERNATIONAL SCHOOL–ALMATY

Phone 7 727 2 551025
Fax 7 727 2 551151
Email secretary@almaty.miras.kz
Website www miras.kz
Address 190 Al-Farali Avenue, Almaty, Kazakhstan

STAFF

Head of School Irina R. Vlasyants
Primary School Principal Iain Mcainsh Love
Secondary School Principal Debbie Coomber
Librarian Gulnara Urazova
Teaching staff Full time 97; Part time 12; Total 109
Nationalities of teaching staff US 4; UK 5; Kazakhs 70; Other(s) (Russian, New Zealander) 30

INFORMATION

Grade levels N–12
School year September–May
School type coeducational, day, private non-profit
Year founded 1999
Governed by appointed Nursultan Nazarbaev Educational Foundation
Accredited by CIS, New England
Regional organizations ECIS
Enrollment Nursery 34; PreK 55; Elementary K–5 289; Middle School 6–8 99; High School 9–12 121; Total 598
Nationalities of student body US 11; UK 17; Kazakhs 490; Other(s) (Indian, Canadian) 80
Tuition/fee currency Kazakhstan Tenge
Tuition range 1,000,000–2,500,000
One time fees Registration 250,000
Graduates attending college 100%
Graduates have attended U of Rochester, U of Glasgow, U of Richmond, Syracuse U, Kazakhstan Institute of Management

EDUCATIONAL PROGRAM

Curriculum National, IB Diploma, IBPYP, IBMYP
Average class size Elementary 20; Secondary 20
Language(s) of instruction English, Russian, Kazakh
Language(s) taught German, French, Chinese
Staff specialists computer, counselor, ESL, librarian, math resource, nurse, physician, psychologist, reading resource, speech/hearing
Special curricular programs art, instrumental music, vocal music, computer/technology, physical education
Extra curricular programs computers, community service, dance, drama, excursions/expeditions, literary magazine, yearbook
Sports basketball, cricket, football, soccer, swimming, tennis, volleyball
Examinations IB

CAMPUS FACILITIES

Location Urban
Campus 7 hectares, 5 buildings, 57 classrooms, 5 computer labs, 100 instructional computers, 35,000 library volumes, 52 auditoriums, 3 cafeterias, 2 gymnasiums, 3 infirmaries, 3 playing fields, 5 science labs, 1 pool, 1 tennis court, air conditioning

QSI International School of Astana

Phone 8 7172 449-911
Fax 8 7172-449-922
Email astana@qsi.org
Website www.qsi.org/ast_home
Address Building #25, Karaotkel District, Astana, 010000, Kazakhstan

STAFF

Director Tim C Kruger
Business/Finance Manager Anastasia Aksenova
Head of Library/Media Center Dominique Williams
Teaching staff Full time 19; Part time 5; Total 24
Nationalities of teaching staff US 14; Kazakhs 6; Other(s) (Canadian, Indian) 4

INFORMATION

Grade levels PreK–12
School year August–June
School type day, private non-profit
Year founded 2005
Governed by appointed Advisory Board
Sponsored by Quality Schools International
Regional organizations CEESA
Enrollment PreK 20; Elementary K–5 75; Middle School 6–8 15; High School 9–12 20; Total 130
Nationalities of student body US 20; UK 5; Kazakhs 25; Other(s) (Indian, Japanese) 80
Tuition/fee currency US Dollar
Tuition range 5,700–20,000
Annual fees Busing 2,500
One time fees Registration 300
Graduates attending college 100%
Graduates have attended U of Minnesota, U of North Carolina, Chapel Hil, U of Nebraska

EDUCATIONAL PROGRAM

Curriculum US, AP
Average class size Elementary 12; Secondary 8
Language(s) of instruction English
Language(s) taught Russian, French, Kazakh
Staff specialists computer, ESL, librarian, physician, reading resource
Special curricular programs art, vocal music, computer/technology, distance learning, physical education
Extra curricular programs computers, dance, excursions/expeditions, newspaper, yearbook, karate
Sports basketball, soccer, swimming, tennis, volleyball
Clubs chess, art, band
Examinations AP, Iowa, SAT, SAT II, TOEFL

CAMPUS FACILITIES

Location Urban
Campus 1 hectare, 5 buildings, 32 classrooms, 2 computer labs, 40 instructional computers, 10,000 library volumes, 2 cafeterias, 1 covered play area, 1 gymnasium, 1 playing field, 2 science labs

Dostyk American International School

Phone 7 7122 209203
Email cgregory@daiskz.org
Website www.daiskz.org
Address Dostyk Village, 37 Vladimirskaya Street,, Atyrau, 060009, Kazakhstan
Mailing address Atyrau Pouch Mail, PO Box 6066, San Ramon, CA 94583, USA

STAFF

Director Charles Gregory
Technology Coordinator Raphael Raphael, Ph.D.
Librarian, Head of Media & Information Resources Denise Gregory
Teaching staff Full time 9; Part time 2; Total 11
Nationalities of teaching staff US 5; UK 2; Kazakhs 2; Other(s) 2

INFORMATION

Grade levels PreK–8
School year August–June
School type coeducational, company-sponsored, day, private non-profit
Year founded 2002
Governed by appointed International Schools Services
Sponsored by ChevronTexaco; managed by International Schools Services, Inc.
Accredited by Middle States
Regional organizations NESA
Enrollment PreK 7; Elementary K–5 35; Middle School 6–8 15; Total 57
Nationalities of student body US 40; UK 6; Other(s) 11
Tuition/fee currency US Dollar
Tuition range 18,000–20,000
One time fees Capital Levy 5,000

EDUCATIONAL PROGRAM

Curriculum US
Average class size Elementary 10; Secondary 5
Language(s) of instruction English
Language(s) taught Russian, Kazakh
Staff specialists computer, librarian, math resource
Special curricular programs art, computer/technology, physical education
Extra curricular programs dance, excursions/expeditions, yearbook
Sports badminton, soccer, swimming, tennis, volleyball
Examinations Iowa

CAMPUS FACILITIES

Location Urban
Campus 2 hectares, 2 buildings, 10 classrooms, 1 computer lab, 35 instructional computers, 5,000 library volumes, 1 auditorium, 1 gymnasium, 1 playing field, 1 science lab, 2 pools, 2 tennis courts, air conditioning

QSI International School of Atyrau

Phone 8 712 232-1751 /52/53
Fax 8 712 232-1751 /52/53
Email atyrau@qsi.org
Website www.qsi.org/atr_home/atr_home.htm
Address 163, Mamekuly St., Atyrau, 060002, Kazakhstan

STAFF

Director Frank Underhill, Ed.D.
Director of Instruction Scott Roley
Librarian Carol Roley
Teaching staff Full time 20; Part time 1; Total 21
Nationalities of teaching staff US 11; UK 1; Kazakhs 2; Other(s) (Canadian, Italian) 7

INFORMATION

Grade levels PreK–12
School year August–June
School type coeducational, day, private non-profit
Year founded 2007
Governed by Quality Schools International
Enrollment PreK 30; Elementary K–5 60; Middle School 6–8 15; High School 9–12 11; Total 116
Nationalities of student body US 13; UK 8; Kazakhs 17; Other(s) (Italian) 78
Tuition/fee currency US Dollar
Tuition range 15,000–35,400
One time fees Registration 300
Graduates attending college 100%
Graduates have attended Colorado State U

EDUCATIONAL PROGRAM

Curriculum US, Intl, AP
Average class size Elementary 12; Secondary 5
Language(s) of instruction English, Italian
Language(s) taught Russian, Italian, Kazakh
Staff specialists ESL, librarian, nurse
Special curricular programs art, vocal music, computer/technology, distance learning, physical education
Extra curricular programs computers, community service, dance, drama, excursions/expeditions, yearbook
Sports badminton, basketball, cross-country, football, soccer, tennis, volleyball
Clubs games, computers, reading, cooking, crafts, multimedia, web design, yearbook, painting, Global Issues Network
Examinations AP, Iowa, PSAT, SAT, SAT II, ITBS, MAP

CAMPUS FACILITIES

Location Urban
Campus 1 hectare, 2 buildings, 20 classrooms, 20 instructional computers, 11,000 library volumes, 1 gymnasium, 1 infirmary, 1 playing field, 1 science lab, air conditioning

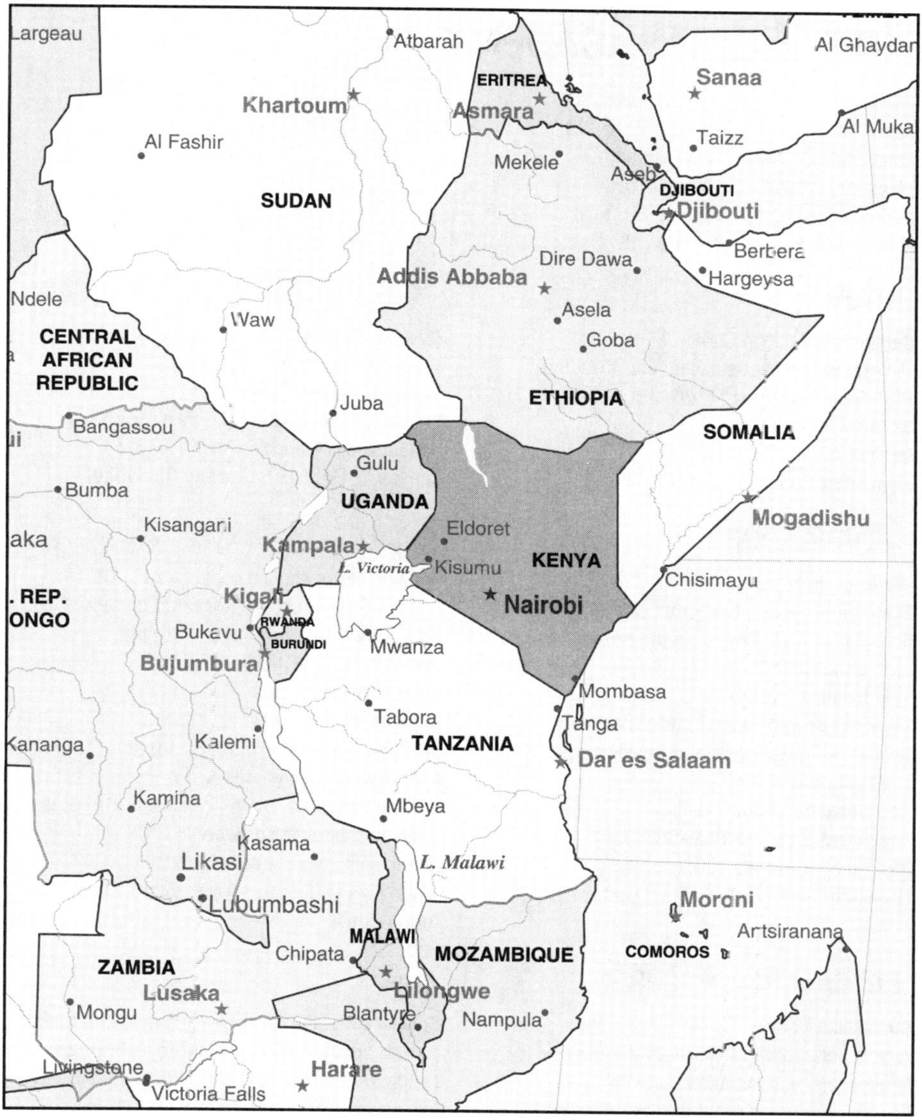

KENYA

Area:	580,367 sq km
Population:	40,046,566
Capital:	Nairobi
Currency:	Kenyan Shilling (KES)
Languages:	English, Kiswahili

Rift Valley Academy

Phone 254 20 3246 249
Fax 254 20 3246 111
Email rva@kijabe.net
Website www.rva.org
Address PO Box 80, Kijabe, 00220, Kenya
Mailing address c/o AIM, PO Box 178, Pearl River, NY 10965, USA

STAFF

Superintendent Tim Cook
Director of Student Guidance Alan Bouchard
High School Principal Tim Hall
Dean of Men Jeff Hazard
Dean of Women Deb Ort
Elementary Principal John Haynes
Director of Finance Linda Jander
IT Department Head Dave Tilly
Library Head Sara Bouchard
Teaching staff Full time 27; Part time 18; Total 45
Nationalities of teaching staff US 35; UK 1; Kenyan 1; Other(s) (Korean, Canadian) 8

INFORMATION

Grade levels K–12
School year September–July
School type boarding, coeducational, church-affiliated
Year founded 1906
Governed by appointed School Board
Sponsored by Africa Inland Mission International
Accredited by Middle States
Enrollment Elementary K–5 75; Middle School 6–8 120; High School 9–12 305; Total 500
Nationalities of student body US 245; UK 15; Kenyan 50; Other(s) (Korean, Canadian) 190
Tuition/fee currency Kenyan Shilling
Tuition range 143,000–456,600
Annual fees Boarding, 7-day 326,000; Capital Levy 200,000
One time fees Registration 3,500
Boarding program grades 3–12
Boarding program length 7-day **Boys** 190 **Girls** 180
Graduates attending college 95%
Graduates have attended Harvard U, Wake Forest U, Princeton U, Stanford U, John Brown U

EDUCATIONAL PROGRAM

Curriculum US, AP
Average class size Elementary 20; Secondary 25
Language(s) of instruction English
Language(s) taught Swahili, French, Spanish
Staff specialists computer, counselor, ESL, learning disabilities, librarian, nurse, psychologist, reading resource
Special curricular programs art, instrumental music, vocal music, computer/technology, physical education, vocational
Extra curricular programs community service, drama, excursions/expeditions, yearbook
Sports basketball, hockey, rugby, soccer, tennis, volleyball
Examinations ACT, AP, PSAT, SAT, SAT II, Stanford, TOEFL

CAMPUS FACILITIES

Location Rural
Campus 30 hectares, 75 buildings, 24 classrooms, 4 computer labs, 92 instructional computers, 18,000 library volumes, 2 auditoriums, 1 cafeteria, 2 covered play areas, 1 gymnasium, 1 infirmary, 3 playing fields, 4 science labs, 4 tennis courts

INTERNATIONAL SCHOOL OF KENYA, LTD.

Phone 254 20 4183 622
Fax 254 20 4183 272
Email registrar@isk.ac.ke
Website www.isk.ac.ke
Address Peponi Road, Westlands, Nairobi, 00800, Kenya
Mailing address PO Box 14103, Nairobi, 00800 Kenya

STAFF

Director John S. Roberts
High School Principal Ron Wilder, Ed.D.
Middle School Principal Terry Howard, Ph.D.
Elementary Principal Patricia Salleh Matta
Director of Human Resources & Administration Sharon Wanyee
Curriculum Coordinator Jodi Lake
Business Manager Moez Jiwani
Director of Technology John Wishart
Library & Media Center Coordinator Barbara Jones
Teaching staff Full time 78; Part time 13; Total 91
Nationalities of teaching staff US 43; UK 8; Kenyan 10; Other(s) (Canadian) 30

INFORMATION

Grade levels PreK–12
School year August–June
School type coeducational, day, private non-profit
Year founded 1976
Governed by appointed and elected Board of Directors
Accredited by CIS, Middle States
Regional organizations AISA
Enrollment PreK 17; Elementary K–5 274; Middle School 6–8 190; High School 9–12 285; Total 766
Nationalities of student body US 208; UK 57; Kenyan 83; Other(s) (Canadian, Swede) 418
Tuition/fee currency US Dollar
Tuition range 7,850–18,800
Annual fees Busing 1,850; Capital Levy 375
One time fees Capital Levy 5,500; Admission 125
Graduates attending college 95%
Graduates have attended Vassar Col, Georgetown U, London School of Economics, U of Warwick, U of British Columbia

EDUCATIONAL PROGRAM

Curriculum US, Intl, IB Diploma
Average class size Elementary 18; Secondary 18
Language(s) of instruction English
Language(s) taught French, Spanish, Kiswahili
Staff specialists computer, counselor, ESL, learning disabilities, librarian, math resource, nurse, physician, psychologist, reading resource
Special curricular programs art, instrumental music, vocal music, computer/technology, physical education
Extra curricular programs computers, community service, dance, drama, environmental conservation, excursions/expeditions, literary magazine, newspaper, yearbook
Sports basketball, cricket, hockey, rugby, soccer, swimming, tennis, track and field, volleyball
Clubs National Honor Society, students for environment, games, homework, Interact, Habitat for Humanity, book, Global Issues Network, peer helpers, pride
Examinations IB, PSAT, SAT, SAT II, ISA

CAMPUS FACILITIES

Location Suburban
Campus 20 hectares, 34 buildings, 90 classrooms, 4 computer labs, 120 instructional computers, 28,000 library volumes, 1 auditorium, 1 cafeteria, 2 covered play areas, 1 gymnasium, 1 infirmary, 4 playing fields, 5 science labs, 1 pool, 3 tennis courts

Rosslyn Academy

Phone 254 020 7122407
Fax 254 020 7121306
Email info@rosslynacademy.com
Website www.rosslynacademy.com
Address PO Box 14146, Nairobi, 00800, Kenya

STAFF

Superintendent Gary Nipper
High School Principal Don Mercer
Middle School Principal Tim Chute, Ed.D.
Elementary School Principal Stephanie Weeks
Director of Development & Operations Don McGavran
Accountant Simon Githinji
IT Coordinator Alan Davis
Media Department Head Donna Kranik

INFORMATION

Grade levels K–12
School year August–May
School type coeducational, church-affiliated, day
Year founded 1948
Governed by appointed Board of Governors
Sponsored by Assemblies of God, International Mission Board, Eastern Mennonite Missions
Accredited by Middle States
Regional organizations AISA
Enrollment Elementary K–5 197; Middle School 6–8 127; High School 9–12 205; Total 529
Tuition/fee currency US Dollar
Graduates attending college 98%
Graduates have attended LeTourneau U, U of California, Berkeley, Wheaton Col

EDUCATIONAL PROGRAM

Curriculum US, AP
Average class size Elementary 25; Secondary 26
Language(s) of instruction English
Language(s) taught Swahili, French, Spanish
Staff specialists computer, counselor, ESL, learning disabilities, librarian, nurse, reading resource
Special curricular programs art, instrumental music, vocal music, computer/technology, physical education
Extra curricular programs drama, yearbook
Sports baseball, basketball, hockey, rugby, soccer, swimming, tennis, track and field, volleyball
Examinations ACT, AP, PSAT, SAT, SAT II, PLAN

CAMPUS FACILITIES

Location Urban
Campus 16 hectares, 12 buildings, 38 classrooms, 4 computer labs, 140 instructional computers, 14,082 library volumes, 1 auditorium, 1 covered play area, 1 gymnasium, 4 playing fields, 4 science labs, 1 pool, 1 tennis court

Data from 2009/10 school year.

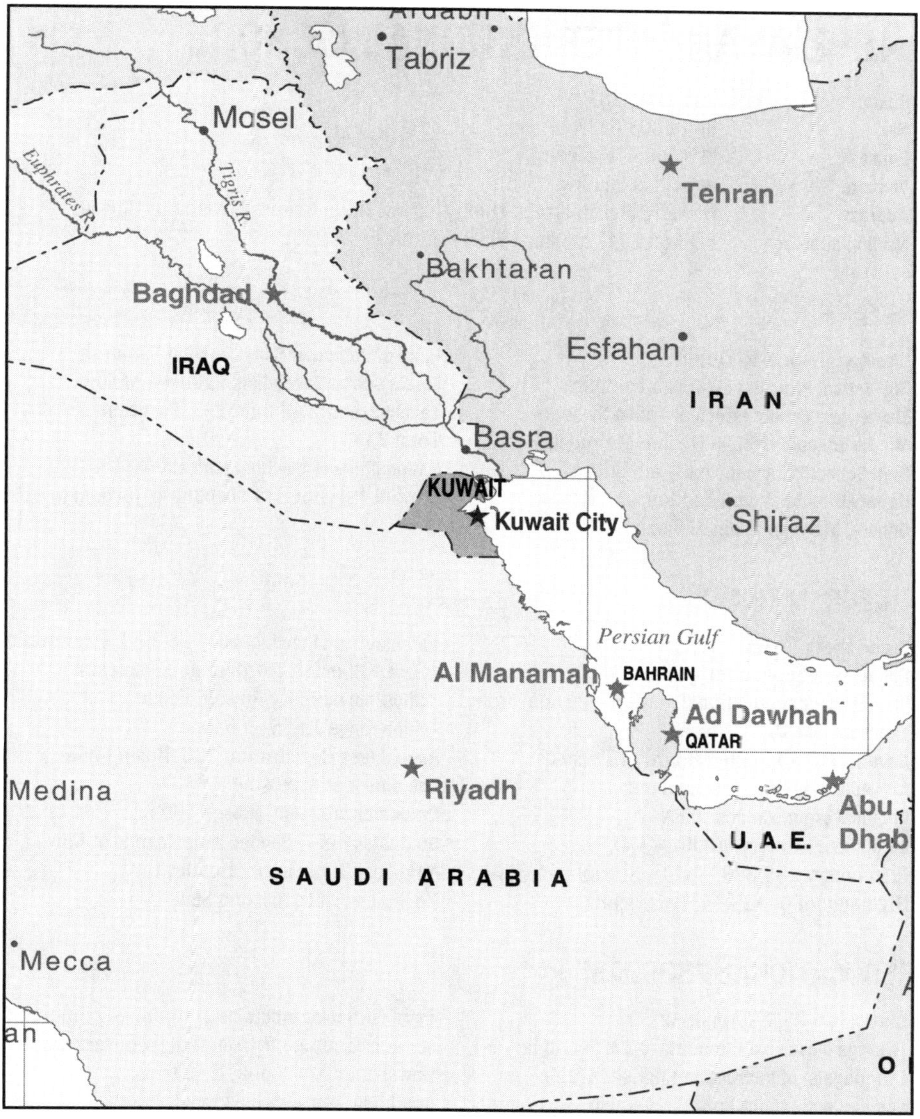

KUWAIT

Area:	17,818 sq km
Population:	2,789,132
Capital:	Kuwait
Currency:	Kuwaiti Dinar (KD)
Languages:	Arabic

Al-Bayan International School

Phone 965 2263 2850
Fax 965 2265 6423
Email bbsjadm@bbs.edu.kw
Website www.bbs.edu.kw
Address Hawally, Beirut Street, Huda Sharawi Roundabout, Kuwait City, Kuwait
Mailing address PO Box 24472, Safat 13105, Kuwait

STAFF

Director Thomas R. Quinn
Pre-School Principal Deborah Lalonde
Elementary School Principal Tanya Sweeney
Middle School Principal Debbie McIntosh
High School Principal Jihad Sadeddin
Deputy Director Maha Kaddoura
General Manager Dalia Al Falah
Head of Computer Science Amal Samarah
Media Center Specialists Kathleen McKim
Teaching staff Full time 232; Part time 3; Total 235
Nationalities of teaching staff US 48; UK 10; Kuwaiti 19; Other(s) (Lebanese, Jordanian) 158

INFORMATION

Grade levels N–12
School year September–June
School type coeducational, day, private non-profit
Year founded 1977
Governed by appointed Board of Trustees
Accredited by CIS, New England
Regional organizations NESA
Enrollment Nursery 96; PreK 300; Elementary K–5 685; Middle School 6–8 370; High School 9–12 435; Total 1,886
Nationalities of student body US 27; UK 2; Kuwaiti 1,738; Other(s) (Jordanian, Lebanese) 119
Tuition/fee currency Kuwaiti Dinar
Tuition range 1,825–3,630
Annual fees Registration 100; Busing 250
One time fees Assessment 35
Graduates attending college 100%
Graduates have attended American U of Kuwait, American U of Beirut, Bentley U, Northeastern U, Arizona State U

EDUCATIONAL PROGRAM

Curriculum US, National, AP
Average class size Elementary 22; Secondary 20
Language(s) of instruction English, Arabic
Language(s) taught French, Spanish
Staff specialists computer, counselor, librarian, nurse, reading resource
Special curricular programs art, instrumental music, computer/technology, physical education
Extra curricular programs computers, community service, drama, environmental conservation, newspaper, yearbook, field trips
Sports badminton, basketball, football, soccer, tennis, track and field, volleyball
Clubs National Honor Society, bowling, computer, rock climbing, cooking, painting, table tennis, soccer
Examinations AP, PSAT, SAT, SAT II, ERB

CAMPUS FACILITIES

Location Suburban
Campus 4 hectares, 5 buildings, 145 classrooms, 9 computer labs, 537 instructional computers, 55,400 library volumes, 1 auditorium, 1 cafeteria, 2 covered play areas, 3 gymnasiums, 4 infirmaries, 3 playing fields, 12 science labs, air conditioning

American Academy for Girls

Phone 965 2563 9612
Fax 965 2563 9648
Email cbt@aag.edu.kw
Website www.aag.edu.kw
Address Box 6087, Hawalli, 32035, Kuwait

STAFF

Superintendent Charleen A.V. Thompson, Ed.D.
High School Principal Sandra Al Anjari
Executive Director Khaledah al Mudhaf
Head of Technology Thomas Junu
Head of Library & Media Center Dena al Qalif
Teaching staff Full time 133; Part time 1; Total 134
Nationalities of teaching staff US 43; Other(s) (Colombian, Canadian) 91

INFORMATION

Grade levels PreK–12
School year September–June
School type day, girls only, proprietary
Year founded 1995
Governed by Board of Directors
Sponsored by Al-Jeel Al-Jadeeh Educational Inst.
Accredited by CIS, Middle States
Regional organizations ECIS, NESA
Enrollment Nursery 20; PreK 140; Elementary K–5 260; Middle School 6–8 180; High School 9–12 250; Total 850
Nationalities of student body Kuwaiti 840; Other(s) (Egyptian, Syrian) 10
Tuition/fee currency Kuwaiti Dinar
Tuition range 1,075–3,100
Graduates attending college 70%
Graduates have attended Kuwait U

EDUCATIONAL PROGRAM

Curriculum US, AP
Average class size Elementary 18; Secondary 18
Language(s) of instruction English
Language(s) taught Arabic, French, Spanish
Staff specialists computer, counselor, ESL, librarian, nurse
Special curricular programs art, vocal music, computer/technology, distance learning, physical education
Extra curricular programs computers, community service, dance, drama, excursions/expeditions, newspaper, photography, yearbook
Sports badminton, basketball, golf, gymnastics, martial arts, soccer, tennis, track and field, volleyball
Clubs Model UN, academic games, INJAZ
Examinations Iowa, PSAT, SAT

CAMPUS FACILITIES

Location Suburban
Campus 1 building, 60 classrooms, 3 computer labs, 80 instructional computers, 1 auditorium, 1 cafeteria, 4 covered play areas, 1 infirmary, 4 science labs, air conditioning

American Creativity Academy

Phone 965 267-3333
Fax 965 2263 2478
Email gertrude@aca.edu.kw
Website www.aca.edu.kw
Address Sharhabil Street-Block 9, PO Box 1740, Hawalli, Kuwait City, 32018, Kuwait

STAFF

Superintendent Gertrude Gomez
Middle & High School Principal, Boys Campus Craig Williams
Elementary School Principal, Boys Campus Jeffrey Devaney
Elementary School Principal, Girls Campus Wendie Anderson
Kindergarten Principal Allison Ibrahim
Middle & High School Principal, Girls Campus Diane Richardson
Operations Manager Ali Salem Al-Marri
IT Manager Amed Fawzy
Librarians Hicleia Lima & Nehad Mohammed

INFORMATION

Grade levels PreK–12
School year September–June
School type boys only, company-sponsored, day, girls only, proprietary
Year founded 1997
Governed by appointed Board of Trustees
Sponsored by Excellent Education Company
Accredited by CIS, Middle States
Regional organizations ECIS, NESA
Enrollment PreK 88; Elementary K–5 1,518; Middle School 6–8 507; High School 9–12 623; Total 2,736
Nationalities of student body Kuwaiti 2,729; Other(s) (Bahraini) 7
Tuition/fee currency Kuwaiti Dinar
Tuition range 1,350–2,912
One time fees Registration 10
Graduates attending college 99%
Graduates have attended Indiana U, American U of Sharjah, Purdue U, Stanford U, Princeton U

EDUCATIONAL PROGRAM

Curriculum US, National, IB Diploma
Average class size Elementary 24; Secondary 24
Language(s) of instruction English, Arabic
Staff specialists computer, counselor, ESL, librarian
Special curricular programs art, computer/technology, physical education
Extra curricular programs computers, community service, photography, yearbook
Sports badminton, basketball, soccer, track and field, volleyball
Examinations IB, Iowa, PSAT, SAT, SAT II, TOEFL

CAMPUS FACILITIES

Location Suburban
Campus 4 hectares, 7 buildings, 84 classrooms, 4 computer labs, 98 instructional computers, 40,000 library volumes, 2 auditoriums, 2 cafeterias, 2 covered play areas, 2 gymnasiums, 3 infirmaries, 3 playing fields, 5 science labs, 1 pool, air conditioning

THE AMERICAN INTERNATIONAL SCHOOL

Phone 965 2225 5155
Fax 965 2225 5156
Email superintendent@aiskuwait.org
Website www.aiskuwait.org
Address Block 11, Hamoud Al Nasser Street, P.O. Box 3267, Salmiya, 22033, Kuwait

STAFF

Superintendent Russ R. McLean
High School Principal Blair Lee
Middle School Principal David Botbyl
Elementary Principal Robert Little
Business Manager Wafa'a Amarah
Coordinator of Educational Technology Kevin McKeon

INFORMATION

Grade levels PreK–12
School year September–June
School type coeducational, day, proprietary
Year founded 1991
Governed by Samera Al-Rayyes, Director/Owner
Accredited by Middle States
Regional organizations ECIS, NESA
Enrollment PreK 58; Elementary K–5 831; Middle School 6–8 371; High School 9–12 431; Total 1,691
Nationalities of student body Kuwaiti 930; Other(s) (Lebanese, Egyptian) 761
Tuition/fee currency Kuwaiti Dinar
Tuition range 1,550–3,651
Annual fees Registration 100
Graduates attending college 100%
Graduates have attended Purdue U, George Washington U, Rutgers U, McGill U, U of Edinburgh

EDUCATIONAL PROGRAM

Curriculum US, IB Diploma, IBPYP, IBMYP
Average class size Elementary 21; Secondary 20
Language(s) of instruction English
Language(s) taught Arabic, French, Spanish
Staff specialists computer, counselor, ESL, librarian, math resource, nurse, reading resource
Special curricular programs art, instrumental music, vocal music, computer/technology, physical education
Extra curricular programs community service, drama, environmental conservation, excursions/expeditions, literary magazine, newspaper, yearbook
Sports badminton, basketball, cross-country, soccer, tennis, track and field, volleyball
Clubs Model UN, forensics, MS/HS arts festival, school theater, music performances, art exhibits, academic games, Leadership Conference
Examinations IB, PSAT, SAT, ISA

CAMPUS FACILITIES

Location Urban
Campus 3 hectares, 7 buildings, 104 classrooms, 4 computer labs, 340 instructional computers, 20,000 library volumes, 1 auditorium, 2 cafeterias, 4 covered play areas, 2 gymnasiums, 1 infirmary, 1 playing field, 10 science labs, 2 tennis courts, air conditioning

The American School of Kuwait

Phone 965 2266 4341
Fax 965 2265 0438
Email ask@ask.edu.kw
Website www.ask.edu.kw
Address Al-Muthana St. and 4th Ring Rd., Block 7, Building 900017, Hawalli, Kuwait City, 32042, Kuwait
Mailing address PO Box 6735, Hawalli 32042, Kuwait

STAFF

Superintendent Bernard Mitchell, Ph.D.
Elementary School Principal Susan Boyer, Ed.D.
High School Principal Rebecca Ness
Middle School Principal David Brown
Director of Studies Scott Dennison
Business Manager Nael Attya
IT Department Chair Daniel Kilback
Librarian Monica Williams
Teaching staff Full time 159; Total 159
Nationalities of teaching staff US 77; Kuwaiti 5; Other(s) (Canadian) 77

INFORMATION

Grade levels PreK–12
School year August–June
School type coeducational, day, private non-profit
Year founded 1964
Governed by appointed Advisory Board
Accredited by Middle States
Regional organizations ECIS, NESA
Enrollment PreK 45; Elementary K–5 712; Middle School 6–8 362; High School 9–12 515; Total 1,634
Nationalities of student body US 456; UK 15; Kuwaiti 658; Other(s) (Canadian, Korean) 505
Tuition/fee currency Kuwaiti Dinar
Tuition range 850–4,183
One time fees Busing 300
Graduates attending college 98%
Graduates have attended Brown U, Stanford U, U of Pennsylvania, Claremont Mckenna Col

EDUCATIONAL PROGRAM

Curriculum US, AP
Average class size Elementary 18; Secondary 19
Language(s) of instruction English
Language(s) taught Arabic, French, Spanish
Staff specialists computer, counselor, ESL, librarian, math resource, nurse, physician, reading resource
Special curricular programs art, instrumental music, vocal music, computer/technology, physical education
Extra curricular programs drama, literary magazine, newspaper, photography, yearbook
Sports badminton, basketball, cross-country, soccer, softball, swimming, track and field, volleyball
Clubs Model UN, debate, forensics
Examinations AP, Iowa, SAT

CAMPUS FACILITIES

Location Suburban
Campus 4 hectares, 8 buildings, 121 classrooms, 7 computer labs, 320 instructional computers, 26,500 library volumes, 1 auditorium, 1 cafeteria, 2 gymnasiums, 2 infirmaries, 3 playing fields, 9 science labs, 1 pool, air conditioning

Fawzia Sultan International School

Phone 965 22619725 ext. 212
Fax 965 22619724
Email tania.woodburn@fsis.edu.kw
Website www.fsis.edu.kw
Address Hawally, Block 67, BeirutStreet,, Behind, Kuwait City, 13008, Kuwait
Mailing address PO Box 719, Safat 13008, Kuwait

STAFF

Director Tania Callaway
Principal Bill Morgan
General Manager Dalia Al-Falah
Technology Department Coordinator Lorraine Els
School Librarian Emily Smith
Teaching staff Full time 34; Part time 1; Total 35
Nationalities of teaching staff US 7; Other(s) (Canadian, Egyptian) 28

INFORMATION

Grade levels K–12
School year September–June
School type coeducational, day, private non-profit
Year founded 1993
Governed by appointed Board of Trustees
Regional organizations ECIS, NESA
Enrollment Elementary K–5 33; Middle School 6–8 48; High School 9–12 70; Total 151
Nationalities of student body UK 1; Kuwaiti 145; Other(s) (Dutch, Swede) 5
Tuition/fee currency Kuwaiti Dinar
Tuition7,000
Graduates attending college 95%
Graduates have attended Gulf U for Science & Technology, American U of Kuwait, Boston U, U of Miami, Australian Col of Kuwait

EDUCATIONAL PROGRAM

Curriculum US
Average class size Elementary 9; Secondary 12
Language(s) of instruction English
Language(s) taught Arabic
Staff specialists computer, counselor, learning disabilities, librarian, nurse, psychologist, reading resource, speech/hearing
Special curricular programs art, computer/ technology, physical education, Self Calm
Extra curricular programs computers, community service, drama, environmental conservation, excursions/expeditions, photography, yearbook
Sports basketball, football, soccer, squash, swimming, volleyball
Clubs squash, art, music, computer, swimming, drama
Examinations PSAT, SAT, TOEFL

CAMPUS FACILITIES

Location Urban
Campus 1 building, 35 classrooms, 6 computer labs, 125 instructional computers, 6,000 library volumes, 1 auditorium, 1 cafeteria, 3 covered play areas, 1 gymnasium, 1 infirmary, 1 playing field, 3 science labs, 1 pool, air conditioning

Universal American School

Phone 965 1822 827
Fax 965 2261-5007
Email uas@qualitynet.net
Website www.uas.edu.kw
Address Hawalli 3rd Ring Road, Opposite Al-Qadsiya Area, Behind Al-Wazzan Mosque, Hawalli, Kuwait City, 17035, Kuwait
Mailing address PO Box 17035 Khaldiya, 72451 Khaldiya, Kuwait

STAFF

High School Principal Lance Zellmann
Middle School Principal Michael Church
Elementary Principal Peg Juffer, Ed.D.
High School Counselor Dave Lance
Business Manager Mohammed Rashwan
Head of Technology Bibi Alghanim
Head of Library MayAL-Hajjaj
Teaching staff Full time 122; Total 122
Nationalities of teaching staff US 47; UK 3; Kuwaiti 10; Other(s) (Canadian, Egyptian) 62

INFORMATION

Grade levels N–12
School year August–June
School type coeducational, day, private non-profit
Year founded 1976
Governed by appointed Advisory Board
Accredited by CIS, New England
Regional organizations ECIS, NESA
Enrollment Nursery 40; PreK 265; Elementary K–5 536; Middle School 6–8 311; High School 9–12 438; Total 1,590
Nationalities of student body US 98; Kuwaiti 1,120; Other(s) (Egyptian, Lebanese) 372
Tuition/fee currency Kuwaiti Dinar
Tuition range 1,480–3,187
Annual fees Busing 330
One time fees Registration 100
Graduates attending college 90%
Graduates have attended Boston U, Carnegie Mellon U, Concordia U, Arizona State U, Bethany Col

EDUCATIONAL PROGRAM

Curriculum US, AP
Average class size Elementary 22; Secondary 25
Language(s) of instruction English
Language(s) taught French, Arabic, Spanish
Staff specialists computer, counselor, librarian, math resource, nurse, physician, reading resource
Special curricular programs art, instrumental music, vocal music, computer/technology, physical education
Extra curricular programs computers, community service, drama, environmental conservation, excursions/expeditions, literary magazine, newspaper, photography, yearbook
Sports basketball, football, soccer, swimming, track and field, volleyball
Clubs computer, chess, homework, horseback riding, skating, Karate, painting, swimming, rollerblading
Examinations ACT, AP, PSAT, SAT, SAT II, Stanford, TOEFL

CAMPUS FACILITIES

Location Suburban
Campus 2 hectares, 1 building, 88 classrooms, 3 computer labs, 250 instructional computers, 25,000 library volumes, 1 auditorium, 1 cafeteria, 1 covered play area, 2 gymnasiums, 1 infirmary, 1 playing field, 4 science labs, 3 pools, 1 tennis court, air conditioning

KYRGYZSTAN

Area:	199,951 sq km
Population:	5,508,626
Capital:	Bishkek
Currency:	Som (KGS)
Languages:	Kyrgyz, Russian, Uzbek

Bishkek International School

Phone 996 312 56-31-39
Fax 996 312 56-31-40
Email bishkek@qsi.org
Website www.qsi.org/kgz_home/kgz_home.htm
Address 14A Tynystanova Street, Bishkek, 720055, Kyrgyzstan
Mailing address c/o American Embassy, Bishkek, Dept. of State, 7040 Bishkek Place, Washington, DC 20521-7040, USA

STAFF

Director MaryKay Gudkova, Ed.D.
Teaching staff Full time 16; Part time 2; Total 18
Nationalities of teaching staff US 8; UK 2; Kyrgyzstani 6; Other(s) 2

INFORMATION

Grade levels N–12
School year September–June
School type coeducational, day, private non-profit
Year founded 1994
Governed by appointed Board of Directors
Accredited by Middle States
Regional organizations CEESA
Enrollment PreK 17; Elementary K–5 50; Middle School 6–8 14; High School 9–12 19; Total 100
Nationalities of student body US 20; UK 5; Kyrgyzstani 22; Other(s) (Korean, Swiss) 53
Tuition/fee currency US Dollar
Tuition 17,400
Annual fees Registration 300; Capital Levy 1,600
Graduates attending college 100%
Graduates have attended Berkeley Col of Music, American U

EDUCATIONAL PROGRAM

Curriculum US
Average class size Elementary 10; Secondary 8
Language(s) of instruction English
Language(s) taught Russian
Staff specialists computer, ESL, librarian, reading resource
Special curricular programs art, vocal music, computer/technology, distance learning, physical education
Extra curricular programs computers, community service, dance, excursions/expeditions, newspaper, yearbook
Sports basketball, golf, gymnastics, hockey, martial arts, soccer, swimming, track and field

CAMPUS FACILITIES

Location Urban
Campus 1 hectare, 1 building, 15 classrooms, 1 computer lab, 20 instructional computers, 4,000 library volumes, 1 cafeteria, 1 covered play area, 1 playing field, air conditioning

LAOS

Area:	236,800 sq km
Population:	5,508,626
Capital:	Vientiane
Currency:	Kip (LAK)
Languages:	Lao

Vientiane International School

Phone 856 21 486 001
Fax 856 21 486 009
Email contact@vislao.com
Website www.vislao.com
Address PO Box 3180, Phonsavanh Road, Sisattanak District, Vientiane, Laos
Mailing address PO Box 3180, Vientiane, Laos PDR

STAFF

Primary Head Carmel McCormick
IB Diploma Coordinator Rowland Jepson
Middle School Coordinator Kim Green
Guidance Counselor Leslie Corcos
Business Manager Bryndis Chapman
IT Coordinator Karel Thomas
Head of Library & Media Center Jeanette Brooker
Teaching staff Full time 42; Part time 1; Total 43
Nationalities of teaching staff US 12; UK 5; Other(s) (Australian, New Zealander) 26

INFORMATION

Grade levels PreK–12
School year August–June
School type coeducational, day, private non-profit
Year founded 1991
Governed by elected School Board
Accredited by CIS, Western
Regional organizations EARCOS, ECIS
Enrollment Nursery 13; PreK 20; Elementary K–5 157; Middle School 6–8 77; High School 9–12 63; Total 330
Nationalities of student body US 18; UK 10; Lao 32; Other(s) (Australian, Korean) 270
Tuition/fee currency US Dollar
Tuition range 2,300–12,500
Annual fees Capital Levy 1,500; Busing 750
One time fees Registration 1,000
Graduates attending college 100%
Graduates have attended Wheaton Col, U of British Columbia, U of Seattle, Trinity Col, U of Canterbury

EDUCATIONAL PROGRAM

Curriculum Intl, IB Diploma, IBPYP, IBMYP
Average class size Elementary 17; Secondary 13
Language(s) of instruction English
Language(s) taught French
Staff specialists computer, counselor, ESL, learning disabilities, librarian, nurse
Special curricular programs art, instrumental music, vocal music, computer/technology, physical education
Extra curricular programs computers, community service, dance, drama, environmental conservation, excursions/expeditions, photography, yearbook
Sports basketball, gymnastics, martial arts, rugby, soccer, softball, swimming, track and field, volleyball
Clubs cultural exchange, student council
Examinations IB, PSAT, SAT, SAT II, MAP

CAMPUS FACILITIES

Location Suburban
Campus 4 hectares, 8 buildings, 35 classrooms, 2 computer labs, 98 instructional computers, 12,000 library volumes, 1 cafeteria, 2 covered play areas, 2 gymnasiums, 1 infirmary, 2 playing fields, 3 science labs, air conditioning

Data from 2009/10 school year.

LATVIA

Area:	64,589 sq km
Population:	2,217,969
Capital:	Riga
Currency:	Latvian Lat (LVL)
Languages:	Latvian, Russian

International School of Latvia

Phone 371 6775 5146
Fax 371 6775 5009
Email isloffice@isl.edu.lv
Website www.isl.edu.lv
Address Viestura iela 6A, Jurmala, LV 2010, Latvia

STAFF

Director Larry Molacek, Ph.D.
IB Diploma Coordinator Rockey DuRandt
MYP Coordinator Greta Keltz
PYP Coordinator Kyra Gallis
Communication Director Jeff Eller
Finance Manager Elina Mocane
Technology Coordinator Ralfs Baltraitis
Library Head Dace Cernavska
Teaching staff Full time 30; Total 30
Nationalities of teaching staff US 17; UK 2; Latvian 5; Other(s) (South African, Indian) 6

INFORMATION

Grade levels PreK–12
School year August–June
School type coeducational, day, private non-profit
Year founded 1994
Governed by elected Board of Directors
Accredited by CIS, New England
Regional organizations CEESA, ECIS
Tuition/fee currency Euro
Tuition range 4,000–14,700
Annual fees Capital Levy 700; Busing 500; Lunch 350
One time fees Registration 1,200
Graduates attending college 100%
Graduates have attended U of Oxford, Leeds U, U of Maine, U of Portsmouth, U of South Hampton

EDUCATIONAL PROGRAM

Curriculum Intl, IB Diploma, IBPYP, IBMYP
Average class size Elementary 9; Secondary 14
Language(s) of instruction English
Language(s) taught German, French
Staff specialists computer, counselor, ESL, learning disabilities, librarian, math resource, nurse, reading resource
Special curricular programs art, instrumental music, vocal music, computer/technology, distance learning, physical education
Extra curricular programs computers, community service, drama, excursions/expeditions, yearbook
Sports basketball, cross-country, soccer, softball, swimming, tennis, track and field, volleyball
Examinations IB, PSAT, SAT, SAT II

CAMPUS FACILITIES

Location Rural
Campus 1 building, 32 classrooms, 3 computer labs, 60 instructional computers, 14,000 library volumes, 1 auditorium, 1 cafeteria, 1 gymnasium, 1 playing field, 2 science labs, 1 pool

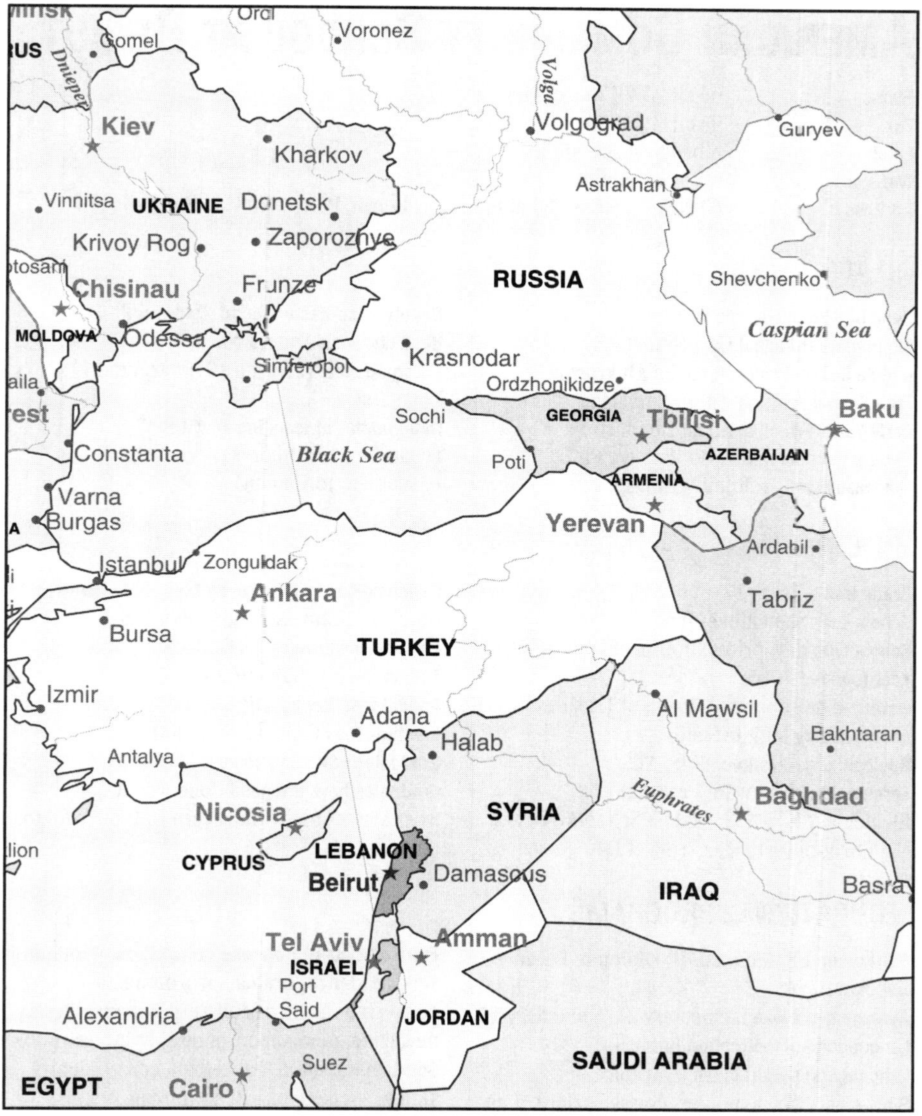

LEBANON

Area:	10,400 sq km
Population:	4,125,247
Capital:	Beirut
Currency:	Lebanese Pound (LBP)
Languages:	Arabic

American Community School at Beirut

Phone 961 1 374 370 ext. 105
Fax 961 1 366 050
Email mbedeir@acs.edu.lb
Website www.acs.edu.lb
Address 67 Nigeria Street, Jal al Bahr, Ras Beirut, Beirut, 2035-8003, Lebanon

STAFF

Head of School George H. Damon, Jr., Ph.D.
Elementary Principal Geri Branch
Middle School Principal Karim Abu Haydar
High School Principal Fabio Corvaglia
Early Years Principal Adele Hutchison
Deputy Headmaster David Warren, Ph.D.
Business Manager Johnny Tanas
Deputy Headmaster David Warren, Ph.D.
Head Librarian Andrea Norman
Teaching staff Full time 157; Part time 11; Total 168
Nationalities of teaching staff US 37; Lebanese 116; Other(s) (Canadian, Jordanian) 15

INFORMATION

Grade levels PreK–12
School year September–June
School type day, private non-profit
Year founded 1905
Governed by appointed Board of Trustees
Accredited by Middle States
Regional organizations ECIS, NESA
Enrollment Nursery 46; PreK 128; Elementary K–5 332; Middle School 6–8 242; High School 9–12 292; Total 1,040
Nationalities of student body US 186; Lebanese 571; Other(s) (Canadian, Australian) 283
Tuition/fee currency US Dollar
Tuition range 8,808–12,243
Annual fees Registration 1,000
One time fees Capital Levy 2,000
Graduates attending college 100%
Graduates have attended Concordia U, Bryn Mawr Col, Northeastern U, U of Toronto, American U

EDUCATIONAL PROGRAM

Curriculum US, National, IB Diploma, Lebanese Baccalaureate
Average class size Elementary 21; Secondary 15
Language(s) of instruction English
Language(s) taught French, Arabic
Staff specialists computer, counselor, learning disabilities, librarian, math resource, nurse, psychologist
Special curricular programs art, instrumental music, vocal music, computer/technology, physical education
Extra curricular programs computers, community service, dance, drama, environmental conservation, excursions/expeditions, literary magazine, newspaper, photography, yearbook
Sports badminton, basketball, cross-country, skiing, soccer, softball, swimming, tennis, track and field, volleyball, floor hockey
Clubs movie
Examinations IB, PSAT, SAT, SAT II, Stanford, TOEFL, NNAT, WRAT

CAMPUS FACILITIES

Location Urban
Campus 16 hectares, 4 buildings, 65 classrooms, 3 computer labs, 156 instructional computers, 30,000 library volumes, 2 auditoriums, 1 cafeteria, 2 covered play areas, 1 gymnasium, 2 infirmaries, 3 playing fields, 4 science labs, 2 tennis courts, air conditioning

INTERNATIONAL COLLEGE

Phone 961 1 371 294
Fax 961 1 362 500
Email proffice@cyberia.net.lb
Website www.ic.edu.lb
Address Bliss Street, PO Box 113-5373, Beirut, Lebanon
Mailing address P.O Box 113-5373, Beirut, Lebanon

STAFF

President John K. Johnson
Senior Vice President Mishka M. Mourani
Director of Human Resources Hiba Chaaban
Director of Secondary School Paula Moufarrij
Director of Middle School Wadad Hoss
Director of Elementary School Julia Kozak
Chief Financial Officer Talal Jundi
IT Coordinator Mahmud Shihab
Acting Librarian Connie Hadba
Teaching staff Full time 299; Part time 28; Total 327
Nationalities of teaching staff US 12; Lebanese 295; Other(s) (Canadian, French) 20

INFORMATION

Grade levels PreK–13
School year September–June
School type coeducational, day, private non-profit
Year founded 1891
Governed by elected Board of Trustees
Accredited by CIS, New England
Regional organizations ECIS, NESA
Enrollment PreK 664; Elementary K–5 1,165; Middle School 6–8 992; High School 9–12 669; Total 3,490
Nationalities of student body US 30; UK 18; Lebanese 1,851; Other(s) (French, Canadian) 1,591
Tuition/fee currency Lebanese Pound
Tuition range 1,000,000–12,000,000
Graduates attending college 100%
Graduates have attended American U of Beirut, Harvard U, McGill U, Tufts U, Massachusetts Institute of Technology

EDUCATIONAL PROGRAM

Curriculum US, National, IB Diploma, French Baccalaureate
Average class size Elementary 25; Secondary 23
Language(s) of instruction English, French
Language(s) taught Arabic
Staff specialists computer, counselor, librarian, nurse, physician
Special curricular programs art, instrumental music, vocal music, computer/technology, physical education
Extra curricular programs community service, dance, drama, yearbook
Sports basketball, gymnastics, soccer, swimming, tennis, track and field, volleyball

CAMPUS FACILITIES

Location Urban
Campus 5 hectares, 6 buildings, 112 classrooms, 6 computer labs, 372 instructional computers, 76,521 library volumes, 4 auditoriums, 2 cafeterias, 4 covered play areas, 2 gymnasiums, 3 infirmaries, 6 playing fields, 6 science labs, 2 tennis courts

Sagesse High School, Mary Mother of Wisdom

Phone 961 1 872 145
Fax 961 1 872 149
Email sagessehs@sagessehs.edu.lb
Website www.sagessehs.edu.lb
Address Ain Saadeh, El Metn, Main Street, Ain Saadeh, Beit Mery, 1476, Lebanon

STAFF

Rector Reverend Fr. Gabriel Tabet, Ph.D.
Head of Secondary Division & Academic Dean Cesar Wazen
Head of Intermediate Division Samira Mallat
Head of Elementary Division Juhaina Abu Khalil
Head of Preschool Division Mireille Kopaly
Head of IB Division Lady Maalouf
Chief Accountant Roy Merhej
IT Manager Walid Geagea
Librarian Joelle Laoun
Teaching staff Full time 200; Part time 20; Total 220

INFORMATION

Grade levels N–12
School year September–June
School type boarding, coeducational, church-affiliated, day
Year founded 1992
Governed by appointed Catholic Church
Sponsored by Mgr Paul Matar
Accredited by Middle States
Regional organizations ECIS
Enrollment Nursery 11; PreK 24; Elementary K–5 298; Middle School 6–8 250; High School 9–12 332; Total 915
Nationalities of student body US 18; UK 3; Lebanese 20; Other(s) (Australian, Canadian) 874
Tuition/fee currency US Dollar
Boarding program grades 7–12
Boarding program length 5-day and 7-day
Boys 7 **Girls** 2
Graduates attending college 100%
Graduates have attended American U of Beirut, Lebanese American U, McGill U, U of Michigan, Royal Col of Surgeons

EDUCATIONAL PROGRAM

Curriculum US, National, IB Diploma, AP
Average class size Elementary 22; Secondary 20
Language(s) of instruction English
Language(s) taught Arabic, French, Spanish, Italian, Chinese
Staff specialists computer, counselor, ESL, learning disabilities, librarian, nurse, physician, psychologist, speech/hearing
Special curricular programs art, computer/technology, physical education
Extra curricular programs computers, community service, dance, drama, environmental conservation, excursions/expeditions, yearbook
Sports basketball, gymnastics, skiing, soccer, swimming, volleyball
Examinations IB, PSAT, SAT, SAT II

CAMPUS FACILITIES

Location Suburban
Campus 5 hectares, 2 buildings, 59 classrooms, 3 computer labs, 90 instructional computers, 12,100 library volumes, 2 auditoriums, 2 cafeterias, 2 covered play areas, 1 infirmary, 1 playing field, 3 science labs

UNIVERSAL COLLEGE OF ALEY

Phone 9615-556665
Fax 9615-556660
Email uca@universalcollege.edu.lb
Website www.universalcollege.edu.lb
Address Aley Court Street, P.O. Box 284, Aley, Lebanon

STAFF

Director Walter J. Day III
Accounts Manager Suzan Ancary
Technology Systems Coordinator Neda Timani
Teaching staff Full time 65; Part time 3; Total 68
Nationalities of teaching staff US 3; Lebanese 57; Other(s) (Canadian, Venezuelan) 8

INFORMATION

Grade levels N–12
School year September–June
School type coeducational, day, private non-profit, proprietary
Year founded 1907
Governed by appointed Owner-Trustees
Sponsored by Education Services Overseas Ltd.
Accredited by Middle States
Regional organizations MAIS
Enrollment Nursery 36; PreK 45; Elementary K–5 306; Middle School 6–8 105; High School 9–12 93; Total 585
Tuition/fee currency Lebanese Pound
Tuition range 4,000,000–5,900,000
Annual fees Registration 500,000; Books 400,000
Graduates attending college 100%
Graduates have attended American U of Beirut, Lebanese American U, American U of Science & Technology, Lebanese Arab U, U of Alberta

EDUCATIONAL PROGRAM

Curriculum US, National
Average class size Elementary 20; Secondary 18
Language(s) of instruction English, Arabic
Language(s) taught Arabic, English. French
Staff specialists computer, counselor, ESL, learning disabilities, nurse, reading resource
Special curricular programs art, instrumental music, vocal music, computer/technology, distance learning, physical education, choir
Extra curricular programs community service, dance, drama, environmental conservation, excursions/expeditions, newspaper, yearbook
Sports basketball, martial arts, skiing, soccer, track and field, volleyball
Clubs health, service, subject honor societies, Model UN
Examinations SAT, SAT II, TOEFL, National Brevet (Gr 9), Baccalaureate (Gr 12)

CAMPUS FACILITIES

Location Suburban
Campus 2 buildings, 40 classrooms, 3 computer labs, 50 instructional computers, 2,000 library volumes, 1 cafeteria, 1 covered play area, 1 infirmary, 2 playing fields, 2 science labs, 1 tennis court

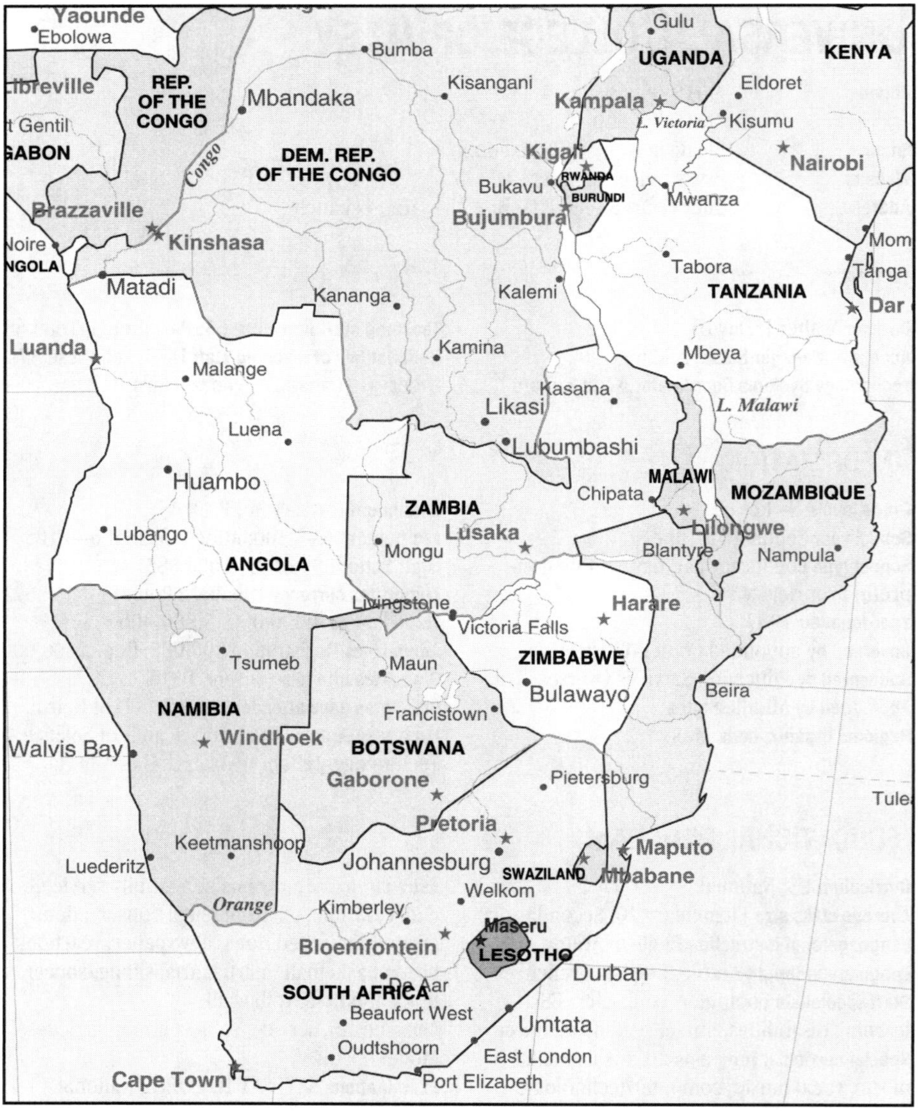

LESOTHO

Area:	30,355 sq km
Population:	1,919,552
Capital:	Maseru
Currency:	Maloti
Languages:	Sesotho, English

American International School–Lesotho

Phone 266 22 322 987
Fax 266 22 311 963
Email director@aisl.co.ls
Website www.aisl.co.ls
Address 14 United Nations Road, Maseru, 100, Lesotho
Mailing address DOS/Administrative Officer, 2340 Maseru Place, Washington, DC 20189, USA

STAFF

Director Dwight Mott
Business & Office Manager Mahlape Mosoeuyane
Librarian Rohini Pulyadath
Teaching staff Full time 15; Total 15
Nationalities of teaching staff US 4; Mosotho 3; Other(s) 8

INFORMATION

Grade levels PreK–8
School year August–June
School type coeducational, day, private non-profit
Year founded 1991
Governed by appointed and elected Board of Advisors
Accredited by Middle States
Regional organizations AISA
Enrollment PreK 30; Elementary K–5 70; Middle School 6–8 30; Total 130
Nationalities of student body US 15; UK 5; Mosotho 52; Other(s) 58
Tuition/fee currency South African Rand
Tuition range 12,000–48,000
Annual fees Busing 6,060; Books 560
One time fees Registration 1,200; Capital Levy 2,800

EDUCATIONAL PROGRAM

Curriculum US
Average class size Elementary 14
Language(s) of instruction English
Language(s) taught French
Staff specialists computer, librarian, nurse
Special curricular programs art, computer/technology, physical education
Extra curricular programs computers, dance, yearbook
Sports gymnastics, martial arts, soccer
Examinations ISA

CAMPUS FACILITIES

Location Urban
Campus 2 hectares, 8 buildings, 13 classrooms, 1 computer lab, 30 instructional computers, 6,000 library volumes, 1 covered play area, 1 infirmary, 1 playing field

Data from 2009/10 school year.

MACHABENG COLLEGE, THE INTERNATIONAL SCHOOL OF LESOTHO

Phone 266 22 313 224
Fax 266 22 316 109
Email machabhm@lesoff.co.za
Website www.machcoll.co.ls
Address Tonokolo Road, Maseru West, Maseru, 100, Lesotho
Mailing address PO Box 1570, Maseru 100, Lesotho

STAFF

Head of School Christopher Philip
Deputy Head Academic N. Brook
Deputy Head Administration J. Humphreys
IB Coordinator M. Thompson
Middle School Coordinator J. Butterfield
Lower School Coordinator M. Makara
Bursar S. Setsomi
Head of Science K. Tomlinson, Ph.D.
Head of Library A. Tantuan

INFORMATION

Grade levels 6–12
School year August–June
School type boarding, coeducational, day, private non-profit
Year founded 1977
Governed by elected Board of Governors
Accredited by CIS, New England
Regional organizations AISA, ECIS
Graduates attending college 98%
Graduates have attended U of Capetown, Medical U of Southern Africa, Rhodes U, U of KwaZulu-Natal

EDUCATIONAL PROGRAM

Curriculum UK, IB Diploma, IGCSE
Average class size Secondary 20
Language(s) of instruction English
Language(s) taught Sesotho, French, Spanish
Staff specialists computer, counselor, librarian, nurse
Special curricular programs art, computer/technology, physical education
Extra curricular programs computers, community service, drama, excursions/expeditions, newspaper, yearbook
Sports badminton, basketball, cricket, cross-country, golf, hockey, martial arts, rugby, soccer, swimming, tennis, track and field, volleyball
Clubs chess, Scripture Union
Examinations GCSE, IB, IGCSE

CAMPUS FACILITIES

Location Suburban
Campus 4 hectares, 8 buildings, 23 classrooms, 2 computer labs, 35 instructional computers, 25,000 library volumes, 1 auditorium, 1 cafeteria, 1 infirmary, 1 playing field, 4 science labs

Data from 2009/10 school year.

Maseru English Medium Preparatory School

Phone 266 22312 276
Fax 266 22312 276
Email headteacher@maseruprep.co.ls
Website www.maseruprep.co.ls
Address Caldwell Road, Maseru West, Maseru, 100, Lesotho
Mailing address PO Box 34, Maseru 100, Kingdom of Lesotho

STAFF

Head Teacher Richard J.M. Free
Deputy Head 'Mapokha Silase
Lower School Coordinator Maria Mohale
Bursar 'Mampho Motsusi
ICT Technician Kuena Mokuena
Librarian Rosina Mphethi
Teaching staff Full time 22; Total 22
Nationalities of teaching staff UK 2; Mosotho 13; Other(s) (Australian, Indian) 7

INFORMATION

Grade levels N–6
School year August–July
School type coeducational, day, private non-profit
Year founded 1895
Governed by elected School Board of Governors
Enrollment Nursery 26; PreK 45; Elementary K–5 190; Middle School 6–8 40; Total 301
Nationalities of student body US 6; UK 6; Indian 207; Other(s) (South African, Australian) 82
Tuition/fee currency Lesotho Loti
Tuition range 17,834–35,659
Annual fees Capital Levy 600; Books 450; Computer Levy 150
One time fees Registration 392; Entrance 1,701

EDUCATIONAL PROGRAM

Curriculum Intl, IBPYP
Average class size Elementary 18
Language(s) of instruction English
Language(s) taught Sesotho, French
Staff specialists ESL, librarian
Special curricular programs art, vocal music, computer/technology, physical education
Extra curricular programs computers, community service, drama, excursions/expeditions, yearbook
Sports basketball, cricket, cross-country, gymnastics, hockey, martial arts, soccer, swimming, tennis, track and field, volleyball

CAMPUS FACILITIES

Location Urban
Campus 2 hectares, 8 buildings, 17 classrooms, 1 computer lab, 25 instructional computers, 5,000 library volumes, 1 auditorium, 1 covered play area, 1 gymnasium, 2 playing fields, 1 science lab, 1 pool, 2 tennis courts

LIBERIA

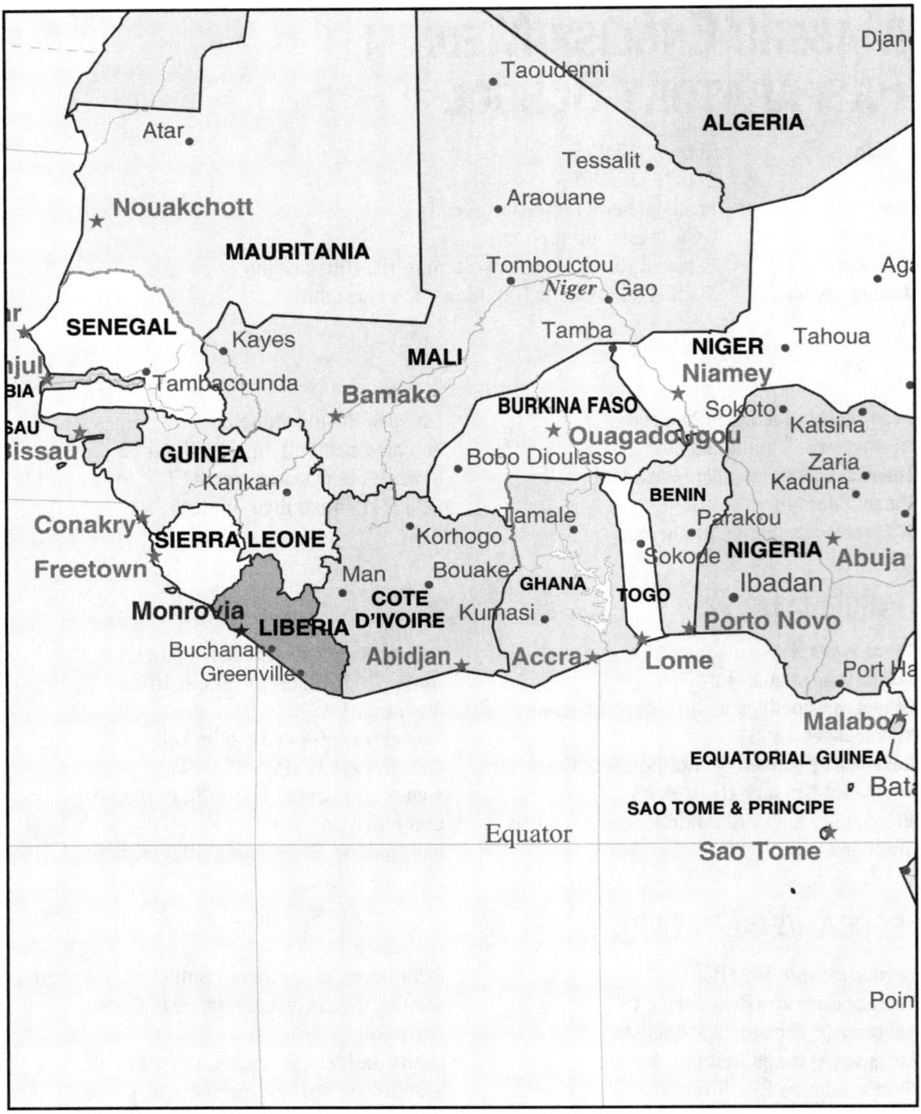

LIBERIA

Area:	111,369 sq km
Population:	3,685,076
Capital:	Monrovia
Currency:	Liberian Dollar
Languages:	English

American International School of Monrovia

Phone 231-77-458-742
Email aismonrovia@hotmail.com
Website www.aismonrovia.org
Address Old Road Congo Town, Monrovia, Liberia
Mailing address American International School of Monrovia, 111 United Nations Drive, PO Box 98 Monrovia, Liberia

STAFF

Director Gary Eubank
Office Manager James Cooper
Teaching staff Full time 11; Part time 1; Total 12
Nationalities of teaching staff US 4; Liberian 3; Other(s) (Lebanese) 5

INFORMATION

Grade levels PreK–9
School year September–June
School type coeducational, day, private non-profit
Year founded 2007
Governed by appointed and elected School Board
Sponsored by AOS
Regional organizations AISA
Enrollment PreK 7; Elementary K–5 40; Middle School 6–8 13; High School 9–12 1; Total 61
Nationalities of student body US 21; Liberian 5; Other(s) (Lebanese) 35
Tuition/fee currency US Dollar
Tuition range 4,500–10,500

EDUCATIONAL PROGRAM

Curriculum US
Average class size Elementary 12; Secondary 12
Language(s) of instruction English
Language(s) taught French, Arabic
Staff specialists nurse
Special curricular programs vocal music, physical education
Extra curricular programs community service, literary magazine
Sports basketball, football, volleyball

CAMPUS FACILITIES

Location Suburban
Campus 6 instructional computers, 1,000 library volumes, air conditioning

Data from 2009/10 school year.

LIBYA

LIBYA

Area:	1,759,540 sq km
Population:	6,461,454
Capital:	Tripoli
Currency:	Libyan Dinar (LYD)
Languages:	Arabic, Italian, English

THE AMERICAN SCHOOL OF TRIPOLI

Phone +218 91 381 9504
Email director@astripoli.org
Website www.astripoli.org
Address Seraj Road, Seraj, Tripoli, Libya
Mailing address 8850 Tripoli Place, Dulles, VA 20189-8850 USA

STAFF

Director Judith A. Drotar
Elementary Principal Tammi Shreve
Business & Operations Manager Robert Placht
Tech Coordinator Bruce Shreve
Teaching staff Full time 19; Part time 7; Total 26
Nationalities of teaching staff US 24; UK 1; Libyan 1

INFORMATION

Grade levels PreK–12
School year August–June
School type coeducational, day, private non-profit
Year founded 2005
Governed by appointed Board of Trustees
Sponsored by Eight Oil Companies and The USG
Regional organizations NESA
Enrollment PreK 25; Elementary K–5 85; Middle School 6–8 26; High School 9–12 22; Total 158
Nationalities of student body US 46; UK 10; Other(s) (Indonesian, Canadian) 102
Tuition/fee currency US Dollar
Tuition range 8,500–31,000
Annual fees Capital Levy 5,000
One time fees Registration 300

EDUCATIONAL PROGRAM

Curriculum US, AP
Average class size Elementary 15; Secondary 12
Language(s) of instruction English
Language(s) taught Arabic, Spanish
Staff specialists computer, counselor, ESL, librarian
Special curricular programs art, vocal music, computer/technology, distance learning, physical education
Extra curricular programs computers, dance, drama, environmental conservation, excursions/expeditions, yearbook
Sports badminton, basketball, martial arts, soccer, softball, volleyball
Examinations AP, PSAT, SAT

CAMPUS FACILITIES

Location Suburban
Campus 2 hectares, 3 buildings, 28 classrooms, 2 computer labs, 50 instructional computers, 5,500 library volumes, 4 covered play areas, 2 playing fields, 1 science lab, air conditioning

LITHUANIA

Area:	65,300 sq km
Population:	3,545,319
Capital:	Vilnius
Currency:	Litas (LTL)
Languages:	Lithuanian

American International School of Vilnius

Phone 370 5 212 10 31
Fax 370 5 264 72 02
Email director@aisvilnius.lt
Website www.aisv.lt
Address Subaciaus 41, Vilnius, LT-11350, Lithuania
Mailing address c/o American Embassy Vilnius, Akmenu g.6, 03106 Vilnius, Lithuania

STAFF

Director Robert M. Hinman
Activities Coordinator Jolita Norkunaite
Guidance (Part time) Emily Hinman
Admissions & Marketing Coordinator Ieva Dovydeniene
Administrative Officer & Finance Rasa Marija Sabaliauskiene
Computer Specialist & Coordinator Robert Vicknair
Librarian Diana Arya
Teaching staff Full time 25; Part time 12; Total 37
Nationalities of teaching staff US 11; UK 1; Lithuanian 25; Other(s) 2

INFORMATION

Grade levels N–12
School year August–June
School type coeducational, day, private non-profit
Year founded 1993
Governed by elected Board of Directors
Accredited by CIS, Middle States
Regional organizations CEESA, ECIS
Enrollment Nursery 10; PreK 34; Elementary K–5 102; Middle School 6–8 30; High School 9–12 35; Total 211
Nationalities of student body US 22; UK 2; Lithuanian 94; Other(s) 53
Tuition/fee currency Euro
Tuition range 7,680–15,795
One time fees Registration 500

EDUCATIONAL PROGRAM

Curriculum US, National, Intl, AP
Average class size Elementary 15; Secondary 9
Language(s) of instruction English
Language(s) taught German, French, Lithuanian, Russian
Staff specialists computer, counselor, ESL, librarian
Special curricular programs art, instrumental music, vocal music, computer/technology, physical education
Extra curricular programs computers, community service, drama, excursions/expeditions, literary magazine, photography, yearbook
Sports basketball, cross-country, soccer, swimming, track and field
Examinations AP, Iowa, PSAT, SAT, SAT II

CAMPUS FACILITIES

Location Urban
Campus 2 hectares, 1 building, 20 classrooms, 1 computer lab, 70 instructional computers, 9,000 library volumes, 1 cafeteria, 1 gymnasium, 1 playing field, 1 science lab, 1 tennis court

LUXEMBOURG

LUXEMBOURG

Area:	2,586 sq km
Population:	497,538
Capital:	Luxembourg
Currency:	Euro (EUR)
Languages:	Luxembourgish, German, French

INTERNATIONAL SCHOOL OF LUXEMBOURG

Phone 352 260 440
Fax 352 260 44704
Email info@islux.lu
Website www.islux.lu
Address 36 boulevard Pierre Dupong, Luxembourg, L-1430, Luxembourg

STAFF

Director Christopher Bowman
Upper School Principal Nicki Crush
Lower School Principal Patricia Angoy
Deputy Lower School Principal David Walker
Business Manager Ruth Smiley
Technology Manager Peter LaFrance
Upper School Librarian Patricia Ebhchimen
Teaching staff Full time 110; Part time 27; Total 137
Nationalities of teaching staff US 52; UK 49; Luxembourger 2; Other(s) (Australian, French) 34

INFORMATION

Grade levels PreK–12
School year August–June
School type coeducational, day, private non-profit
Year founded 1963
Governed by elected Board of Governors
Accredited by CIS, Middle States
Regional organizations ECIS
Enrollment Nursery 36; PreK 54; Elementary K–5 414; Middle School 6–8 230; High School 9–12 269; Total 1,003
Nationalities of student body US 128; UK 116; Luxembourger 62; Other(s) (Swede, Japanese) 697
Tuition/fee currency Euro
Tuition range 4,978–16,295
One time fees Registration 900; Capital Levy 1,000; Application 250
Graduates attending college 90%
Graduates have attended U of Queensland, U of St. Andrews, U of Warwick, Boston U, Northwestern U

EDUCATIONAL PROGRAM

Curriculum Intl, IB Diploma, IGCSE
Average class size Elementary 20; Secondary 20
Language(s) of instruction English
Language(s) taught French, German
Staff specialists computer, counselor, ESL, learning disabilities, librarian, math resource, nurse, reading resource
Special curricular programs art, instrumental music, vocal music, computer/technology, physical education
Extra curricular programs computers, community service, dance, drama, environmental conservation, excursions/expeditions, literary magazine, newspaper, photography, yearbook
Sports baseball, basketball, rugby, skiing, soccer, softball, swimming, tennis, track and field, volleyball
Clubs Global Issues Network, Duke of Edinburgh's Award, student council, choir, band, yearbook, school newspaper
Examinations ACT, AP, GCSE, IB, IGCSE, PSAT, SAT, SAT II, TOEFL

CAMPUS FACILITIES

Location Suburban
Campus 5 hectares, 3 buildings, 82 classrooms, 6 computer labs, 300 instructional computers, 20,000 library volumes, 1 auditorium, 3 cafeterias, 1 gymnasium, 2 infirmaries, 1 playing field, 4 science labs, 2 pools

MACEDONIA

Area:	25,333 sq km
Population:	2,072,086
Capital:	Skopje
Currency:	Macedonian Denar (MKD)
Languages:	Macedonian, Albanian

AMERICAN SCHOOL, MACEDONIA

Phone 389 2 3063 265
Fax 389 2 3091 332
Email contact@asm.edu.mk
Website www.asm.edu.mk
Address Nikola Parapunov BB, Makotex Complex, Karpos IV, Skopje, 1000, Macedonia
Mailing address P.O. Box 125, La Canada, CA 91012, USA

STAFF

Superintendent Mike Bujko, Ed.D.
Assistant Superintendent Katerina Anguseva
Principal Jason Brown
Teaching staff Full time 91; Part time 10; Total 101
Nationalities of teaching staff US 10; UK 10; Bosnian 20; Other(s) (Serb, Macedonian) 60

INFORMATION

Grade levels PreK–12
School year September–June
School type coeducational, day, private non-profit
Year founded 1994
Governed by elected Board of Directors
Accredited by Northwest
Regional organizations CEESA
Enrollment PreK 10; Elementary K–5 30; Middle School 6–8 30; High School 9–12 30; Total 100
Nationalities of student body US 10; UK 10; Macedonian 30; Other(s) (Serb, Croatian) 60
Tuition/fee currency Euro
Tuition range 3,300–3,850
Graduates attending college 100%
Graduates have attended U of Southern California, U of California, Los Angeles, New York U, Yale U, Stanford U

EDUCATIONAL PROGRAM

Curriculum US, AP, GenCSE
Average class size Elementary 8; Secondary 8
Language(s) of instruction English
Language(s) taught French, Macedonian, Spanish
Staff specialists computer, counselor, ESL, librarian, physician
Special curricular programs art, computer/technology, distance learning, physical education
Extra curricular programs computers, community service, dance, drama, yearbook
Sports basketball, soccer, swimming, track and field, volleyball
Examinations AP, SAT, TOEFL

CAMPUS FACILITIES

Location Urban
Campus 2 hectares, 1 building, 10 classrooms, 1 computer lab, 20 instructional computers, 1,500 library volumes, 1 cafeteria, 1 gymnasium, 3 playing fields, 1 science lab, 1 pool, air conditioning

QSI International School of Skopje

Phone 389 2 306 7678
Fax 389 2 306 2250
Email skopje@qsi.org
Website www1.qsi.org/mcn_home/mcn_home.htm
Address Ilindenska BB, Reon 39A, Skopje, 1000, Macedonia
Mailing address Ilinden BB Reon 39A, 1000 Skopje, Republic of Macedonia

STAFF

Director Robert H. Tower
QSI Administrative Assistant Zaharija Tosanova
Finance Assistant Alex Kostadinovski
IT Specialist Vladimir Andovski
Librarian Stojana Popovska
Teaching staff Full time 31; Part time 1; Total 32
Nationalities of teaching staff US 11; Macedonian 21

INFORMATION

Grade levels PreK–12
School year August–June
School type coeducational, day, private non-profit
Year founded 1996
Governed by appointed Board of Directors
Accredited by Middle States
Regional organizations CEESA
Enrollment PreK 14; Elementary K–5 52; Middle School 6–8 18; High School 9–12 17; Total 101
Nationalities of student body US 38; UK 3; Macedonian 25; Other(s) (Bulgarian, German) 35
Tuition/fee currency US Dollar
Tuition range 5,000–16,400
Annual fees Capital Levy 1,600; Busing 1,500; Lunch 700
One time fees Registration 300

EDUCATIONAL PROGRAM

Curriculum US, AP
Average class size Elementary 9; Secondary 5
Language(s) of instruction English
Language(s) taught Macedonian, German, Spanish, French
Staff specialists computer, ESL, learning disabilities, librarian, math resource, physician, reading resource
Special curricular programs art, instrumental music, vocal music, computer/technology, physical education
Extra curricular programs computers, community service, dance, drama, excursions/expeditions, newspaper, yearbook
Sports baseball, basketball, football, gymnastics, skiing, soccer, swimming, tennis, volleyball, handball
Clubs debate, Model UN, science
Examinations AP, Iowa, MAT, PSAT, SAT

CAMPUS FACILITIES

Location Urban
Campus 1 hectare, 2 buildings, 13 classrooms, 1 computer lab, 40 instructional computers, 8,000 library volumes, 1 cafeteria, 1 gymnasium, 2 playing fields, 6 tennis courts, air conditioning

MADAGASCAR

Area:	587,041 sq km
Population:	21,281,844
Capital:	Antananarivo
Currency:	Madagascar Ariary (MGA)
Languages:	English, French, Malagasy

AMERICAN SCHOOL OF ANTANANARIVO

Phone 261 20 22 42039
Fax 261 20 22 34539
Email asa.madagascar@gmail.com
Website www.asamadagascar.org
Address BP 1717, Lot II J 161 A Ambodivoanjo Ivandry, Antananarivo, 101, Madagascar
Mailing address 2040 Antananarivo Place, Dulles, VA 20189-2040, USA

STAFF

Director Steven J. Long
Registrar Chantal Razafindrakambana
Principal Stacy Rosie
Director & Business Manager Jay Long
Technology Coordinator Julien Rakotondrasoa
Librarian Lanto Rakotoarison
Teaching staff Full time 31; Total 31
Nationalities of teaching staff US 11; UK 1; Malagasy 6; Other(s) (Dutch, South African) 13

INFORMATION

Grade levels N–12
School year August–June
School type coeducational, day, private non-profit
Year founded 1969
Governed by elected Board of Directors
Accredited by Middle States
Regional organizations AISA
Enrollment Nursery 10; PreK 12; Elementary K–5 90; Middle School 6–8 40; High School 9–12 50; Total 202
Nationalities of student body US 35; UK 2; Malagasy 45; Other(s) (French, Indian) 120
Tuition/fee currency US Dollar
Tuition range 3,775–12,400
Annual fees Registration 250; Band Instrument Rental 75
One time fees Capital Levy 3,000
Graduates attending college 100%
Graduates have attended U of Pennsylvania, U of California, Berkley, Harvard U, Royal Holloway, U of London, U of Toronto

EDUCATIONAL PROGRAM

Curriculum US, AP
Average class size Elementary 15; Secondary 15
Language(s) of instruction English
Language(s) taught French, Spanish
Staff specialists computer, counselor, ESL, librarian, nurse
Special curricular programs art, instrumental music, vocal music, computer/technology, distance learning, physical education
Extra curricular programs computers, community service, dance, drama, environmental conservation, excursions/expeditions, newspaper, photography, yearbook
Sports basketball, martial arts, soccer, tennis, track and field, volleyball
Clubs French
Examinations AP, PSAT, SAT, SAT II, TOEFL, ISA

CAMPUS FACILITIES

Location Suburban
Campus 1 hectare, 8 buildings, 21 classrooms, 4 computer labs, 80 instructional computers, 10,500 library volumes, 1 infirmary, 2 playing fields, 1 science lab, air conditioning

MALAWI

Area:	118,484 sq km
Population:	15,447,500
Capital:	Lilongwe
Currency:	Malawian Kwacha (MWK)
Languages:	Chichewa, Chinyanja, Chiyao

Bishop Mackenzie International School

Phone 265 1756 364
Fax 265 1751 374
Email info@bmismw.com
Website bmis.ecis.org
Address Plot Number 3/3/019 Baron Avenue, Area 3, Lilongwe, Malawi
Mailing address PO Box 102, Lilongwe, Malawi

STAFF

Director Peter J. Todd
Head of Primary School Janette Johnson
Head of Secondary School Paul Harrison
Chief Accountant Willy Horea
Head of IT Faculty Shane O'Loughlin
Librarian Veronica Mahari
Teaching staff Full time 60; Part time 4; Total 64
Nationalities of teaching staff US 11; UK 34; Malawian 2; Other(s) (Dutch, South African) 17

INFORMATION

Grade levels PreK–12
School year August–June
School type coeducational, day, private non-profit
Year founded 1944
Governed by elected Board
Accredited by CIS, New England
Regional organizations AISA
Enrollment PreK 48; Elementary K–5 353; Middle School 6–8 143; High School 9–12 158; Total 702
Nationalities of student body US 53; UK 148; Malawian 228; Other(s) (Zimbabwean, South African) 273
Tuition/fee currency US Dollar
Tuition range 11,170–17,488
Annual fees Registration 100
One time fees Family Registration 3,500
Graduates attending college 95%
Graduates have attended Cornell U, Brown U, British Columbia U, U of Cambridge, Warwick U

EDUCATIONAL PROGRAM

Curriculum UK, IB Diploma, IBPYP, IGCSE
Average class size Elementary 20; Secondary 18
Language(s) of instruction English
Language(s) taught French
Staff specialists computer, ESL, learning disabilities, librarian, nurse
Special curricular programs art, instrumental music, vocal music, computer/technology, physical education
Extra curricular programs computers, community service, drama, excursions/expeditions, photography, yearbook
Sports badminton, basketball, cricket, golf, hockey, martial arts, soccer, softball, swimming, tennis, track and field, volleyball
Clubs chess, student council, debate, cooking, music & dance performance, computer
Examinations GCSE, IB, IGCSE, PSAT, SAT, SAT II

CAMPUS FACILITIES

Location Suburban
Campus 12 hectares, 22 buildings, 40 classrooms, 2 computer labs, 70 instructional computers, 14,000 library volumes, 1 auditorium, 1 infirmary, 3 playing fields, 3 science labs, 2 pools, 2 tennis courts

MALAYSIA

Area:	329,847 sq km
Population:	26,160,256
Capital:	Kuala Lumpur
Currency:	Ringgit (MYR)
Languages:	Bahasa Malaysia, English, Chinese

Dalat International School

Phone 60 4 899 2105
Fax 60 4 890 2141
Email info@dalat.org
Website www.dalat.org
Address Dalat International School, Jalan Tanjung Bunga, Tanjung Bunga, Penang, 11200, Malaysia

STAFF

Director Karl L. Steinkamp
Elementary Principal Heather Fischer
High School Principal Brian Brewster
Middle School Principal Wayne Sawatzky
Residence Life Supervisor Brian Weidemann
Director of Development Larry Chinn
CFO & National Staff Director Joel Chong
Educational Technology Coordinator Nathanael Klassen
Head Librarian Mia Steinkamp
Teaching staff Full time 70; Part time 10; Total 80
Nationalities of teaching staff US 49; UK 1; Malaysian 4; Other(s) (Canadian, South African) 26

INFORMATION

Grade levels PreK–12
School year August–June
School type boarding, coeducational, day, private non-profit
Year founded 1929
Governed by elected School Board
Accredited by Western
Regional organizations EARCOS
Enrollment PreK 20; Elementary K–5 110; Middle School 6–8 147; High School 9–12 184; Total 461
Nationalities of student body US 135; UK 8; Malaysian 90; Other(s) (Korean, Taiwanese) 228
Tuition/fee currency Malaysian Ringgit
Tuition range 8,000–38,700
Annual fees Boarding, 7-day 28,428; Capital Levy 4,650; Lunch 1,200; Morning Snack 520; Afternoon Snack 520
One time fees Registration 4,150
Boarding program grades 5–12
Boarding program length 7-day **Boys** 30 **Girls** 30
Graduates attending college 100%
Graduates have attended U of Washington, Biola U, Wheaton Col, U of Wisconsin, U of Michigan

EDUCATIONAL PROGRAM

Curriculum US, AP, Christian
Average class size Elementary 18; Secondary 25
Language(s) of instruction English
Language(s) taught Mandarin, Malay, Spanish
Staff specialists computer, counselor, ESL, learning disabilities, librarian, math resource, nurse, psychologist, reading resource
Special curricular programs art, instrumental music, vocal music, computer/technology, distance learning, physical education, vocational, online high school courses
Extra curricular programs computers, community service, dance, drama, excursions/expeditions, newspaper, photography, yearbook
Sports badminton, baseball, basketball, cross-country, rugby, soccer, softball, swimming, tennis, track and field, volleyball
Clubs forensics, student council, Boy & Girl Scouts
Examinations ACT, AP, PSAT, SAT, SAT II, NWEA MAP Testing

CAMPUS FACILITIES

Location Suburban
Campus 4 hectares, 20 buildings, 45 classrooms, 5 computer labs, 300 instructional computers, 21,000 library volumes, 1 auditorium, 1 cafeteria, 1 covered play area, 1 gymnasium, 1 infirmary, 2 playing fields, 3 science labs, 1 pool, 1 tennis court, air conditioning

THE ALICE SMITH SCHOOL

Phone 60 3 2148 3674
Fax 60 3 2148 3418
Email klass@alice-smith.edu.my
Website www.alice-smith.edu.my
Address 2 Jalan Bellamy, Kuala Lumpur, 50460, Malaysia

STAFF

Chairman, Council of Governors David Chapplow
Director of School Valerie Thomas-Peter
Primary Principal Stephen Caulfield
Assistant Principal, Primary Campus Marcus Sherwood
Secondary Principal Roger Schultz
Assistant Principal, Secondary Campus Trevor Spence
Director of Finance & Administration Jean Chang
Faculty Head, Design Technology Adam Philips
Teacher Librarian Robert George
Teaching staff Full time 134; Part time 5; Total 139
Nationalities of teaching staff UK 111; Malaysian 12; Other(s) (Irish, Australian) 16

INFORMATION

Grade levels N–13
School year September–July
School type coeducational, day, private non-profit
Year founded 1946
Governed by appointed and elected Council
Regional organizations ECIS
Enrollment Nursery 25; PreK 110; Elementary K–5 549; Middle School 6–8 332; High School 9–12 380; Grade 13 53; Total 1,449
Nationalities of student body US 17; UK 585; Malaysian 405; Other(s) (Australian, Singaporean) 442
Tuition/fee currency Malaysian Ringgit
Tuition range 7,460–17,010
One time fees Registration 1,000; Enrollment (R-Y11) 20,000; Enrolment (Y13) 8,000; Building Fund Levy 2,000
Graduates attending college 99%
Graduates have attended U of Cambridge Durham U, Edinburgh U, Kings Col London, Bond U

EDUCATIONAL PROGRAM

Curriculum UK, IGCSE, GenCSE
Average class size Elementary 22; Secondary 24
Language(s) of instruction English
Language(s) taught French, German, Malay, Mandarin, Spanish
Staff specialists computer, counselor, learning disabilities, librarian, nurse
Special curricular programs art, instrumental music, vocal music, computer/technology, physical education, vocational
Extra curricular programs computers, community service, dance, drama, environmental conservation, excursions/expeditions, photography, yearbook
Sports basketball, cricket, football, gymnastics, hockey, martial arts, rugby, skiing, soccer, softball, swimming, tennis, track and field, volleyball, fencing, netball
Clubs Boy & Girl Scouts
Examinations A-level GCE, GCSE, IGCSE

CAMPUS FACILITIES

Location Suburban
Campus 14 hectares, 19 buildings, 99 classrooms, 7 computer labs, 583 instructional computers, 13,000 library volumes, 2 auditoriums, 2 cafeterias, 1 covered play area, 3 gymnasiums, 2 infirmaries, 3 playing fields, 10 science labs, 2 pools, 4 tennis courts, air conditioning

THE INTERNATIONAL SCHOOL OF KUALA LUMPUR

Phone 60 3 4259 5600
Fax 60 3 4257 9044
Email iskl@iskl.edu.my
Website www.iskl.edu.my
Address Jalan Kolam Air, Kuala Lumpur, Selangor Darul Ehsan, 68000, Malaysia
Mailing address PO Box 12645, 50784 Kuala Lumpur, Malaysia

STAFF

Head of School Paul B. Chmelik
High School Principal Grant Millard
Middle School Principal Michael Callan
Elementary School Principal Anthony Harduar
Director of Curriculum & Professional Development Sue Easton
Director of Operations Robert Thompson
Director of Finance Thomas Abraham
Director of Technology Charlotte Diller
Librarian Nancy Woodward
Teaching staff Full time 176; Part time 11; Total 187
Nationalities of teaching staff US 96; UK 16; Malaysian 14; Other(s) (Canadian, Australian) 61

INFORMATION

Grade levels N–13
School year August–June
School type coeducational, day, private non-profit
Year founded 1965
Governed by elected Board of Directors
Accredited by CIS, Western
Regional organizations EARCOS
Enrollment Nursery 11; PreK 42; Elementary K–5 559; Middle School 6–8 398; High School 9–12 625; Total 1,635
Nationalities of student body US 343; UK 82; Malaysian 196; Other(s) (Korean, Australian) 1,014
Tuition/fee currency US Dollar
Tuition range 14,297–27,166
Annual fees Re-enrollment 2,271
One time fees Registration 11,018; Land & Building 7,359
Graduates attending college 95%
Graduates have attended Harvard U, Stanford U, London School of Economics, Yale U, U of Oxford

(Continued)

The International School of Kuala Lumpur (Continued)

EDUCATIONAL PROGRAM

Curriculum US, IB Diploma, AP
Average class size Elementary 18; Secondary 20
Language(s) of instruction English
Language(s) taught Mandarin, Spanish, French, Bahasa Malaysia, Korean, Japanese
Staff specialists computer, counselor, ESL, learning disabilities, librarian, math resource, nurse, psychologist, reading resource, speech/hearing
Special curricular programs art, instrumental music, vocal music, computer/technology, physical education
Extra curricular programs computers, community service, dance, drama, environmental conservation, excursions/expeditions, newspaper, photography, yearbook
Sports badminton, baseball, basketball, cross-country, football, golf, rugby, soccer, softball, swimming, tennis, track and field, volleyball
Clubs mural, dance, homework help, chess, Scrabble, 3-D curiosity, climbing, drama & story telling, Model UN
Examinations ACT, AP, IB, Iowa, PSAT, SAT, ISA, MAP

CAMPUS FACILITIES

Location Suburban
Campus 8 hectares, 2 buildings, 143 classrooms, 6 computer labs, 950 instructional computers, 51,000 library volumes, 2 auditoriums, 3 cafeterias, 2 covered play areas, 2 gymnasiums, 2 infirmaries, 4 playing fields, 14 science labs, 2 pools, 2 tennis courts, air conditioning

Mont'Kiara International School

Phone 60 3 20938604
Fax 60 3 20936045
Email info@mkis.edu.my
Website www.mkis.edu.my
Address 22 Jalan Kiara, Mont'Kiara, Kuala Lumpur, 50480, Malaysia

STAFF

Head of School Walter C. Morris
Elementary Principal Paul Sicard
Middle & High School Principal Gary Melton
Curriculum & Instructional Services Coordinator Danielle Rich
Student Support Services Coordinator Paul Brodie
Business & Finance Manager KC Chua
IT Coordinator Roy Maynard
Head of Library & Media Center Laura Forgie
Teaching staff Full time 105; Part time 6; Total 111
Nationalities of teaching staff US 53; UK 6; Malaysian 11; Other(s) (Canadian, Australian) 41

INFORMATION

Grade levels PreK–12
School year August–June
School type coeducational, day, proprietary
Year founded 1994
Governed by appointed Board of Governors
Sponsored by M'KIS Sdn. Bhd.
Accredited by Western
Regional organizations EARCOS
Enrollment PreK 30; Elementary K–5 419; Middle School 6–8 217; High School 9–12 220; Total 886
Nationalities of student body US 152; UK 27; Malaysian 162; Other(s) (Korean, Dutch) 545
Tuition/fee currency Malaysian Ringgit
Tuition range 40,465–78,469
One time fees Registration 22,000
Graduates attending college 90%
Graduates have attended U of British Columbia, Boston U, U of Virginia, U of Melbourne, U of Washington

EDUCATIONAL PROGRAM

Curriculum US, IB Diploma
Average class size Elementary 20; Secondary 18
Language(s) of instruction English
Language(s) taught French, Mandarin, Spanish, Bahasa Malaysia, Dutch
Staff specialists computer, counselor, ESL, learning disabilities, librarian, math resource, nurse, reading resource
Special curricular programs art, instrumental music, vocal music, computer/technology, physical education
Extra curricular programs computers, community service, dance, drama, environmental conservation, excursions/expeditions, literary magazine, newspaper, photography, yearbook
Sports badminton, basketball, football, rugby, soccer, softball, swimming, tennis, track and field, volleyball
Clubs debating, IB Film, computer, speech & drama, symphonic band, student council, varsity council, yearbook, Model UN, Helping Hands, Habitat for Humanity
Examinations IB, Iowa, PSAT, SAT

CAMPUS FACILITIES

Location Suburban
Campus 3 hectares, 4 buildings, 78 classrooms, 5 computer labs, 500 instructional computers, 33,000 library volumes, 1 auditorium, 1 cafeteria, 3 covered play areas, 1 gymnasium, 1 infirmary, 2 playing fields, 6 science labs, 1 pool, air conditioning

Melaka International School

Phone 6 06 3368781
Fax 6 06 3368789
Email administrator@mis.edu.my
Website www.mis.edu.my
Address Lot 363 Jalan Siantan 1/3, Taman Siantan, Melaka Tengah, Melaka, Melaka, 75250, Malaysia

STAFF

Administrator Shamsunnisa Ishak
Vice Principal of Academics Low Suan Neo
Vice Principal of Student Affairs Deborah Moore
Senior Assistant I S. Saravanan
Senior Assistant II Farida Shariff
Senior Assistant III R. Ragagopal
ICT/Marketing Manager Saeed Talpur
Assistant Librarian S. Superletchimy
Teaching staff Full time 26; Total 26
Nationalities of teaching staff Malaysian 22; Other(s) (Filipino, Indian) 4

INFORMATION

Grade levels PreK–12
School year September–August
School type boarding, coeducational, day, proprietary
Year founded 1993
Governed by appointed Mrs. Shamsunnisa Ishak
Nationalities of student body US 2; UK 2; Malaysian 2; Other(s) (Indian) 2
Tuition/fee currency Malaysian Ringgit
Tuition range 4,000–15,000
Boarding program grades 6–13
Boarding program length 5-day and 7-day
Graduates attending college 100%
Graduates have attended Monash U, Sunway Col, Singapore Polytechnic, Shanghai U, Aberdeen Col

EDUCATIONAL PROGRAM

Curriculum UK, IGCSE
Average class size Elementary 25; Secondary 25
Language(s) of instruction English
Language(s) taught English, Malay, Mandarin
Staff specialists computer, counselor, ESL, librarian, math resource, physician, psychologist, reading resource
Special curricular programs art, instrumental music, vocal music, computer/technology, physical education, vocational
Extra curricular programs dance, drama, environmental conservation, excursions/expeditions, literary magazine, newspaper, photography, yearbook
Sports badminton, basketball, football, hockey, martial arts, soccer, softball, track and field, volleyball, table tennis, netball
Clubs arts and crafts, design and technology, cookery, woodwork, math and science, drama, dance
Examinations A-level GCE, IGCSE

CAMPUS FACILITIES

Location Urban
Campus 3 buildings, 35 classrooms, 2 computer labs, 60 instructional computers, 5,000 library volumes, 1 auditorium, 1 cafeteria, 1 covered play area, 1 infirmary, 1 playing field, 3 science labs

MALI

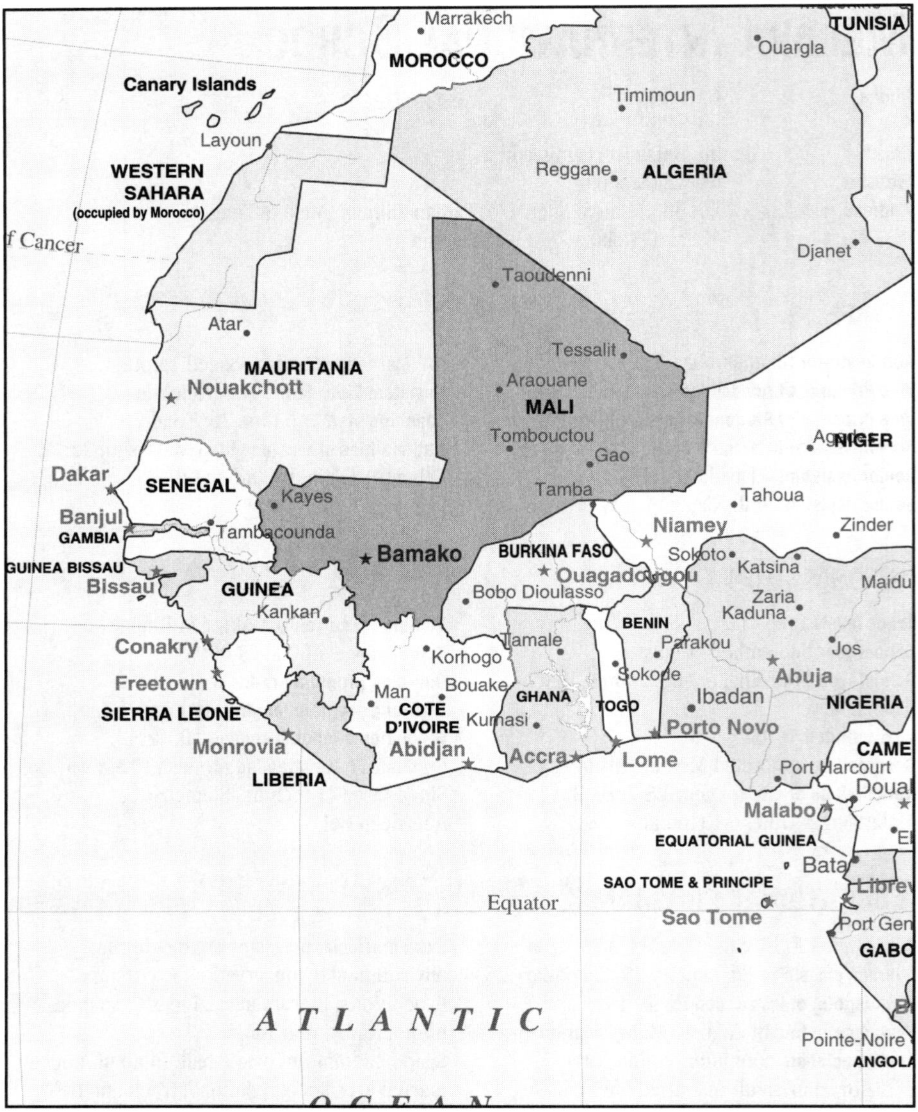

MALI

Area:	1,240,192 sq km
Population:	13,796,354
Capital:	Bamako
Currency:	CFA Franc (XOF)
Languages:	French, Bambara

AMERICAN INTERNATIONAL SCHOOL OF BAMAKO

Phone 223 2022 47 38
Fax 223 2022 08 53
Email aisb@aisbmali.org
Website www.aisbmali.org
Address Porte 36, Rue 111, Badalabougou Ouest, Bamako, 34, Mali
Mailing address DOS/AISB, 2050 Bamako Place, Dulles, VA 20189-2010, USA

STAFF

Director David G. Henry
Secondary Principal/Counselor Randy Neen
Athletic & Activities Director Justin Cohen
Technology Coordinator Nathaniel Erickson
Librarian Jenny Rose
Teaching staff Full time 25; Part time 4; Total 29
Nationalities of teaching staff US 18; Malian 2; Other(s) (Canadian) 9

INFORMATION

Grade levels PreK–12
School year August–June
School type coeducational, day, private non-profit
Year founded 1977
Governed by elected Board of Directors
Sponsored by US Embassy
Accredited by Middle States
Regional organizations AISA
Enrollment PreK 25; Elementary K–5 104; Middle School 6–8 41; High School 9–12 34; Total 204
Nationalities of student body US 66; Malian 22; Other(s) (Dutch, Canadian) 116
Tuition/fee currency US Dollar
Tuition range 4,000–16,900
Annual fees Busing 1,700
One time fees Registration 350; Capital Levy 4,000; ESOL 1,700
Graduates attending college 100%
Graduates have attended McGill U, Utica Col, U Laval, U of Richmond, The American International U, Virginia Commonwealth U

EDUCATIONAL PROGRAM

Curriculum US, AP
Average class size Elementary 15; Secondary 10
Language(s) of instruction English
Language(s) taught French, Spanish (7–12)
Staff specialists computer, counselor, ESL, librarian, math resource, nurse, reading resource
Special curricular programs art, instrumental music, vocal music, computer/technology, physical education, theater arts
Extra curricular programs computers, community service, dance, drama, environmental conservation, excursions/expeditions, newspaper, photography, yearbook, rock climbing, crafts, guitar, ballet, yoga
Sports badminton, basketball, golf, soccer, softball, swimming, track and field, volleyball
Clubs Model UN, student council, Global Issues Network, International Math , community service
Examinations ACT, AP, Iowa, PSAT, SAT, SAT II, TOEFL, MAP

CAMPUS FACILITIES

Location Suburban
Campus 13 hectares, 5 buildings, 24 classrooms, 2 computer labs, 65 instructional computers, 10,000 library volumes, 1 auditorium, 1 cafeteria, 1 gymnasium, 1 infirmary, 1 playing field, 2 science labs, 1 pool, 1 tennis court, air conditioning

MALTA

MALTA

Area:	316 sq km
Population:	406,771
Capital:	Valletta
Currency:	Euro (EUR)
Languages:	Maltese, English

QSI International School of Malta

Phone 356-21-423067
Email john-lepetit@qsi.org
Website www.qsimalta.org
Address Triq Durumblat, Mosta, MST 4815, Malta

STAFF

Director Bud Iles
Administrative Coordinator Caroline Sammut
IT Coordinator Emma Scerri
Teaching staff Full time 5; Part time 5; Total 10
Nationalities of teaching staff US 2; Maltese 7; Other(s) (French) 1

INFORMATION

Grade levels K–12
School year August–June
School type day, private non-profit
Year founded 2007
Governed by appointed Quality Schools International
Accredited by Middle States
Enrollment Elementary K–5 10; Middle School 6–8 10; High School 9–12 10; Total 30
Nationalities of student body US 2; UK 5; Korean 3; Other(s) (Chinese, Dutch) 15
Tuition/fee currency US Dollar
Tuition 10,400
Annual fees Capital Levy 1,600
One time fees Registration 300

EDUCATIONAL PROGRAM

Curriculum US, Intl, AP
Average class size Elementary 5; Secondary 5
Language(s) of instruction English
Language(s) taught French
Staff specialists computer, ESL, math resource, reading resource
Special curricular programs art, vocal music, computer/technology, distance learning, physical education
Extra curricular programs community service, yearbook
Sports cross-country, swimming, volleyball
Clubs martial arts, Mandarin Chinese, sign language
Examinations AP, GCSE, IGCSE, Iowa, MAP

CAMPUS FACILITIES

Location Urban
Campus 15 instructional computers, 1,000 library volumes, air conditioning

MARSHALL ISLANDS

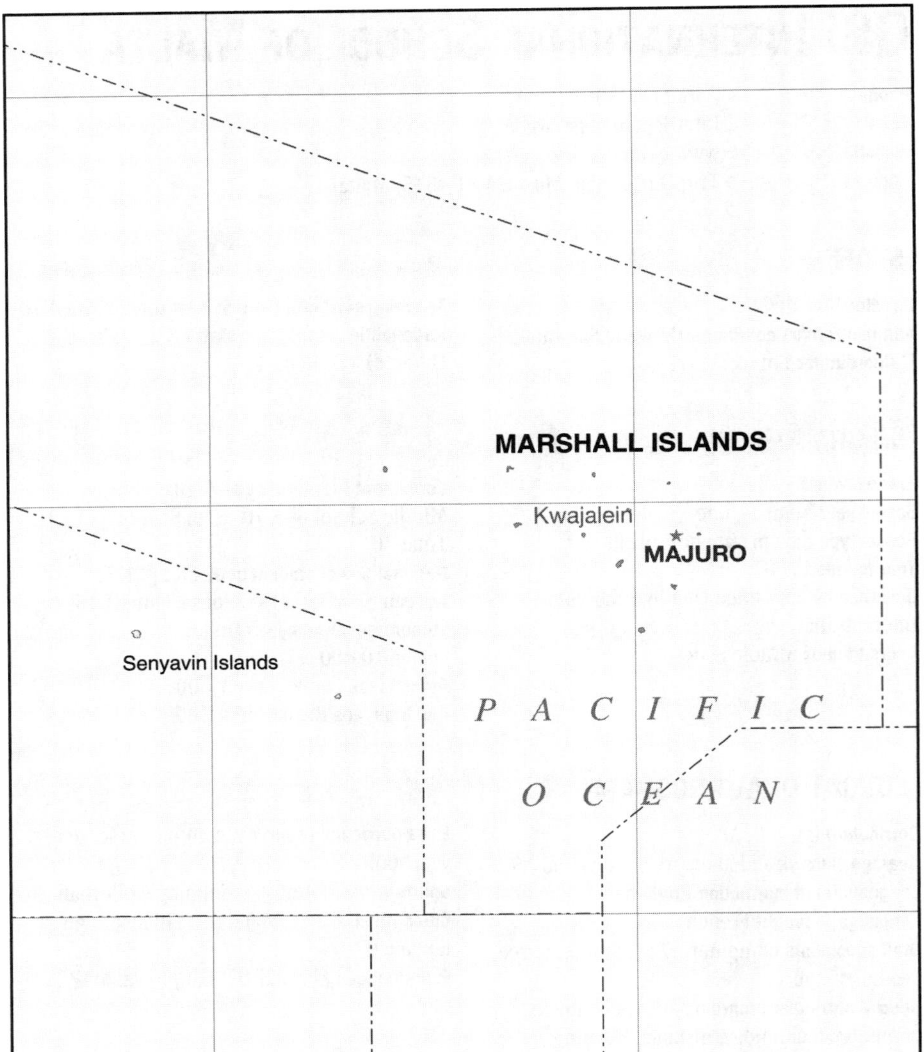

MARSHALL ISLANDS

Area:	11,673 sq km
Population:	65,859
Capital:	Majuro
Currency:	US Dollar (USD)
Languages:	Marshallese, English

KWAJALEIN SCHOOLS

Phone 805 355 3761
Fax 805 355 3584
Email robinsaw@kwajalein-school.com
Website www.kwajalein-school.com
Address Kwajalein Range Services, LLC., Attn: Kwajalein Schools, APO, AP, 96555, Marshall Islands

STAFF

Superintendent/Principal Allan W. Robinson
Librarian Laura Callaway
Teaching staff Full time 42; Total 42
Nationalities of teaching staff US 40; Host 2

INFORMATION

Grade levels K–12
School year August–June
School type coeducational, company-sponsored, day
Year founded 1956
Governed by appointed School Advisory Council
Sponsored by Kwajalein Range Services
Accredited by North Central
Enrollment Elementary K–5 160; Middle School 6–8 62; High School 9–12 90; Total 312
Nationalities of student body US 212; Marshallese 100
Graduates attending college 94%
Graduates have attended Stanford U, Johns Hopkins U, Massachusetts Institute of Technology, Northwestern U, New York U

EDUCATIONAL PROGRAM

Curriculum US, AP
Average class size Elementary 14; Secondary 16
Language(s) of instruction English
Language(s) taught French, Spanish
Staff specialists computer, counselor, ESL, learning disabilities, librarian, speech/hearing
Special curricular programs art, instrumental music, vocal music, computer/technology, physical education
Extra curricular programs dance, drama, yearbook
Sports baseball, basketball, soccer, softball, swimming, volleyball
Clubs National Junior Honor Society, National Honor Society
Examinations ACT, AP, PSAT, SAT, SAT II, TOEFL

CAMPUS FACILITIES

Location Rural
Campus 8 buildings, 36 classrooms, 3 computer labs, 120 instructional computers, 24,500 library volumes, 2 gymnasiums, 3 playing fields, 2 science labs, 1 pool, air conditioning

MAURITANIA

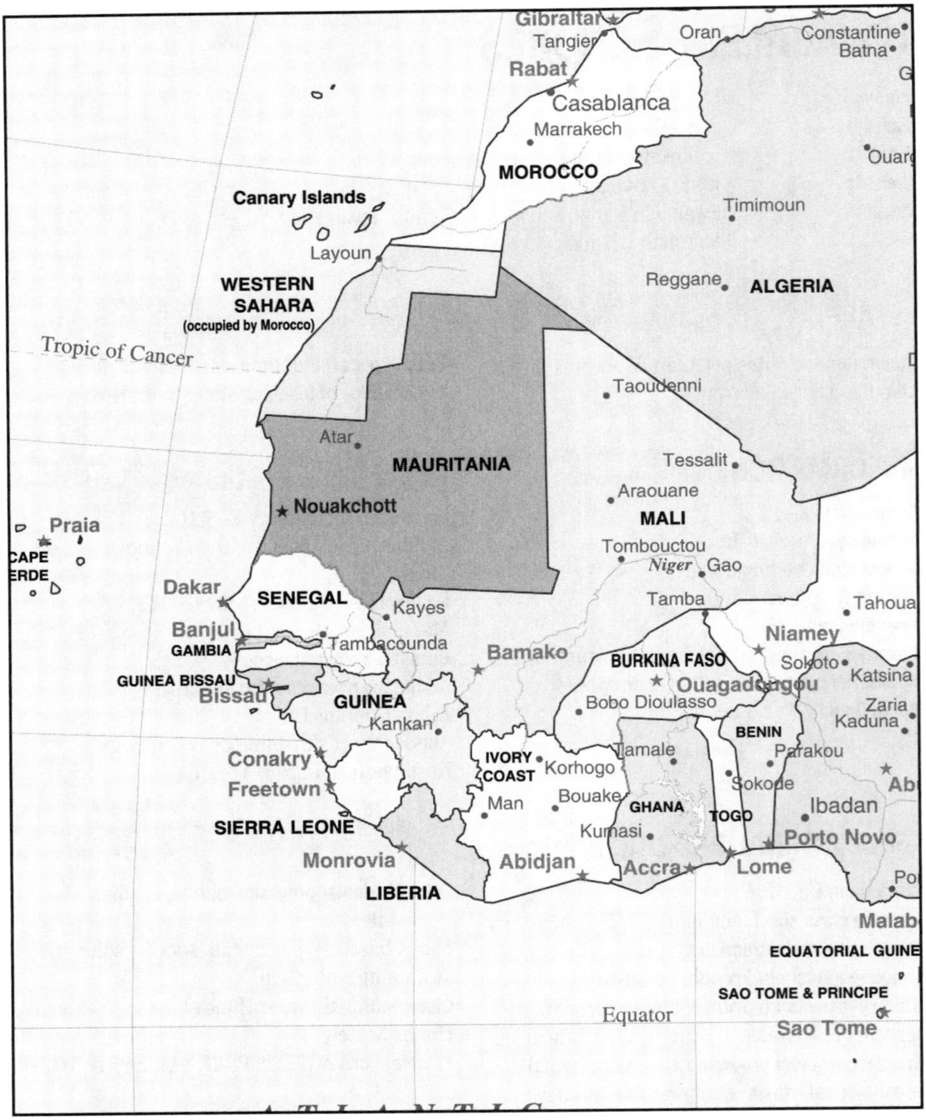

MAURITANIA

Area:	1,030,700 sq km
Population:	3,205,060
Capital:	Nouakchott
Currency:	Ouguiya (MRO)
Languages:	Arabic

AMERICAN INTERNATIONAL SCHOOL OF NOUAKCHOTT

Phone 222 525 2967
Fax 222 525 2967
Email aisnsahara@yahoo.com
Website www.aisn.mr/
Address BP 3107, 288, rue 42-100 (Rue Abdallaye), Nouakchott, Mauritania
Mailing address Department of State, 2430 Nouakchott Place, Dulles, VA 20189 USA

STAFF

Director Matthew Gaetano
Business Manager Fatimata Mangane
Head of Technology Sidi Ali Francois
Librarian Julie Hoffman

Teaching staff Full time 8; Part time 2; Total 10
Nationalities of teaching staff US 5; Mauritanian 3; Other(s) (Algerian, Canadian) 2

INFORMATION

Grade levels PreK–12
School year August–June
School type coeducational, day, private non-profit
Year founded 1978
Governed by appointed and elected Board of Trustees
Accredited by Middle States
Regional organizations AISA

Enrollment PreK 8; Elementary K–5 24; Middle School 6–8 9; High School 9–12 9; Total 50
Nationalities of student body US 14; Mauritanian 18; Other(s) 18
Tuition/fee currency US Dollar
Tuition range 5,355–13,650
One time fees Registration 2,000
Graduates attending college 90%

EDUCATIONAL PROGRAM

Curriculum US
Average class size Elementary 9; Secondary 5
Language(s) of instruction English
Language(s) taught English, French
Staff specialists computer
Special curricular programs art, instrumental music, vocal music, computer/technology, physical education, Mauritanian studies

Extra curricular programs community service, yearbook, swimming, tae kwon do
Sports basketball, soccer, swimming, tennis, track and field, volleyball
Examinations PSAT, SAT, TOEFL, ISA

CAMPUS FACILITIES

Location Urban
Campus 1 hectare, 2 buildings, 9 classrooms, 1 computer lab, 12 instructional computers, 4,500 library volumes, 1 science lab, 1 pool, air conditioning

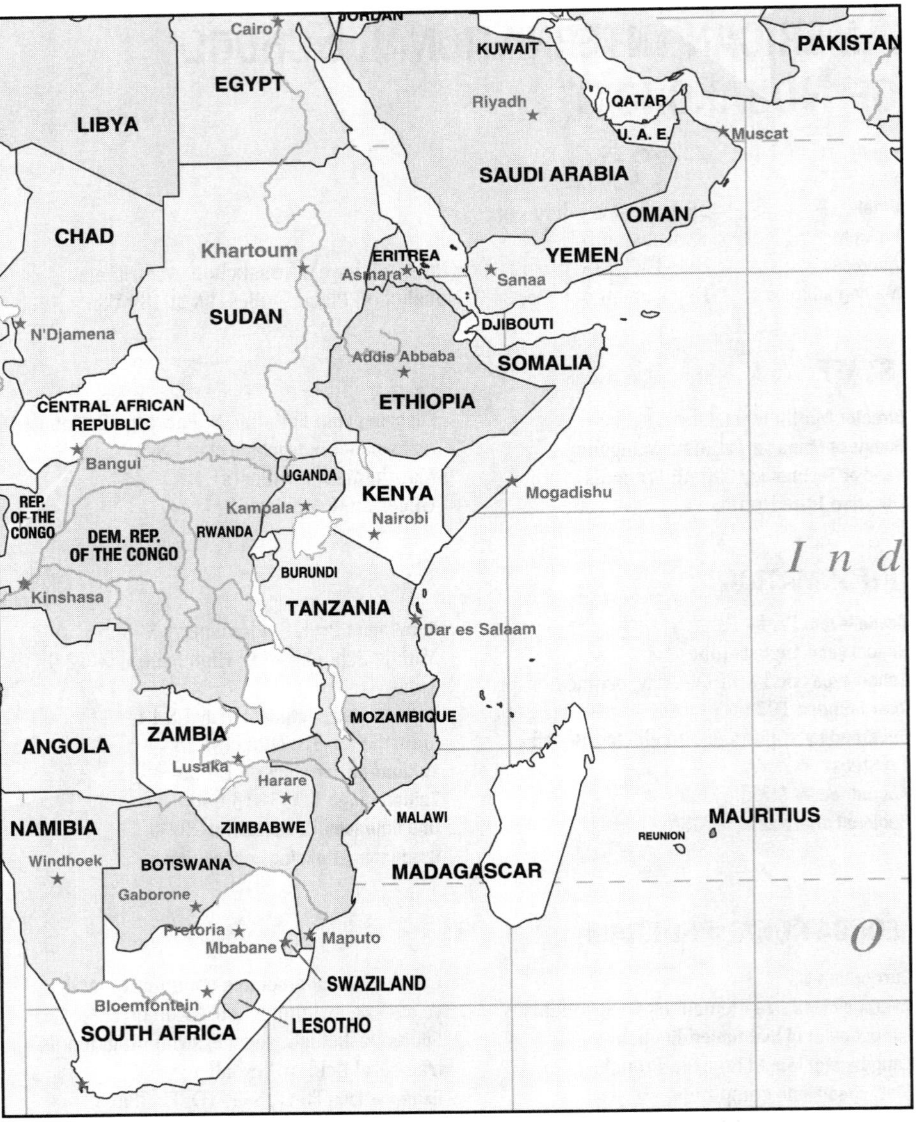

MAURITIUS

Area:	2,040 sq km
Population:	1,294,104
Capital:	Port Louis
Currency:	Mauritian Rupee (MUR)
Languages:	Creole, Bhojpuri

NORTHFIELDS INTERNATIONAL HIGH SCHOOL

Phone 230 266 9448
Fax 230 266 9447
Email office@northfieldsonline.com
Website www.northfieldsonline.com
Address Labourdonnais Village, Mapou, Mauritius

STAFF

Head of School Clive R. Barnes
Personal Assistant to the Head of School Tracey Fleurot
Deputing Headmaster Gerry Young
Head of Department, Mathematics Phyllis Philogene
Head of Department, English Tamiyendi Rungasamy
Head of Department, Science Thierry Adam
Accountant Rose May Laure
Head of IT Department Kevin Erskine
Librarian Linda Ramasawmy
Teaching staff Full time 27; Part time 7; Total 34
Nationalities of teaching staff US 1; UK 8; Mauritian 17; Other(s) (South African) 8

INFORMATION

Grade levels 7–13
School year September–July
School type coeducational, company-sponsored
Year founded 2002
Governed by appointed Board of Directors
Sponsored by NIHS Ltd.
Regional organizations AISA
Enrollment Middle School 6–8 87; High School 9–12 117; Grade 13 37; Total 241
Nationalities of student body US 8; UK 23; Mauritian 150; Other(s) (South African, French) 60
Tuition/fee currency Mauritius Rupee
Tuition range 158,888–287,222
Annual fees Books 4,000
One time fees Registration 40,000; Expat Registration 50,000; Expat Deposit 114,888; Mauritian Deposit 63,555
Graduates attending college 75%
Graduates have attended U of Western Australia, Curtin U of Technology, U of Cape Town, Imperial Col London, Princeton U

EDUCATIONAL PROGRAM

Curriculum UK, IB Diploma, IGCSE
Average class size Secondary 22
Language(s) of instruction English
Language(s) taught English, French, Spanish, German, Latin, Mandarin
Staff specialists computer, counselor, librarian, math resource, nurse, psychologist, reading resource
Special curricular programs art, instrumental music, vocal music, computer/technology, physical education, vocational
Extra curricular programs computers, community service, dance, drama, environmental conservation, excursions/expeditions, literary magazine, newspaper, photography, yearbook
Sports badminton, basketball, cricket, cross-country, football, martial arts, rugby, soccer, softball, swimming, tennis, track and field, volleyball, netball
Clubs art, Young Rotarians, public speaking, Scrabble, chess, table tennis, cookery, yoga, dance, debating, spelling bee, calligraphy, carom
Examinations GCSE, IB, IGCSE

CAMPUS FACILITIES

Location Rural
Campus 9 hectares, 6 buildings, 31 classrooms, 2 computer labs, 70 instructional computers, 3,000 library volumes, 1 auditorium, 1 cafeteria, 1 infirmary, 2 playing fields, 3 science labs, air conditioning

LE BOCAGE INTERNATIONAL SCHOOL

Phone 230 433 0941
Fax 230 433 4914
Email lbis@intnet.mu
Website www.lebocage.net
Address Mount Ory, Moka, Mauritius

STAFF

Head of School Andrew R. Scott
High School Principal Shekar Dewoo
Middle School Principal Robert Roopnaraine
IGCSE Coordinator Nadine Espiegle
IB Diploma Coordinator Marie Claire Luchmun
Careers Guidance Officer Prya Jundoosingh
Business Manager Hemraz Gunesie
Head of Technology Ronny Laroche
Head Librarian Anjali hardin
Teaching staff Full time 58; Part time 3; Total 61
Nationalities of teaching staff UK 3; Mauritanian 53; Other(s) (Indian, South African) 5

INFORMATION

Grade levels 6–12
School year January–November
School type coeducational, day, private non-profit
Year founded 1990
Governed by appointed Board of Directors
Accredited by CIS
Regional organizations ECIS, NESA
Enrollment Middle School 6–8 224; High School 9–12 320; Total 544
Nationalities of student body US 2; UK 12; Mauritanian 478; Other(s) (South African, Indian) 52
Tuition/fee currency Mauritius Rupee
Tuition range 255,200–280,500
Annual fees Books 4,000; PTA Annual 300
One time fees Capital Levy 45,000; PTA Affiliation 200
Graduates attending college 95%
Graduates have attended Mercer U, U of California, Imperial Col London, U of Toronto, U of Melbourne

EDUCATIONAL PROGRAM

Curriculum Intl, IB Diploma, IGCSE
Average class size Secondary 24
Language(s) of instruction English, French
Language(s) taught Spanish
Staff specialists computer, counselor, ESL, learning disabilities, librarian, math resource, nurse, reading resource
Special curricular programs art, computer/ technology, physical education, vocational
Extra curricular programs computers, community service, drama, excursions/expeditions, literary magazine, yearbook
Sports badminton, basketball, cricket, cross-country, football, soccer, swimming, track and field, volleyball
Clubs computer, games, outdoor, drums
Examinations GCSE, IB, IGCSE, SAT

CAMPUS FACILITIES

Location Rural
Campus 3 hectares, 4 buildings, 37 classrooms, 3 computer labs, 680 instructional computers, 10,000 library volumes, 1 auditorium, 1 cafeteria, 1 gymnasium, 1 infirmary, 1 playing field, 3 science labs

MEXICO

Area:	1,964,375 sq km
Population:	112,468,855
Capital:	Mexico City
Currency:	Mexican Peso (MXN)
Languages:	Spanish

Cardinal School, Campus Allende

Phone 826 268 1870
Fax 826 268 1872
Email headmasters@cardinal.edu.mx
Website www.cardinal.edu.mx
Address Carretera a La Colmena #888, La Colmena de Abajo, Allende, Nuevo Leon, 67350, Mexico

STAFF

Principal Leonor Arpee
Academic Director Mely Coronado
Administrative Director Oscar Trevino
Elementary & Junior High Principal Reina Salazar
Preschool Principal Edith Cavazos
Admissions Patricia Najera
Financial Controller Alejandro Fernandez
Technology Coordinator Edna Trevino
Head of Library & Media Resources Oscar Horacio Rodriguez Cantú
Teaching staff Full time 17; Part time 6; Total 23
Nationalities of teaching staff US 4; Mexican 19

INFORMATION

Grade levels N–8
School year August–July
School type coeducational, church-affiliated, day, private non-profit
Year founded 2005
Enrollment Nursery 10; PreK 25; Elementary K–5 164; Middle School 6–8 67; Total 266
Nationalities of student body US 2; Mexican 264
Tuition/fee currency US Dollar
Tuition range 123–300
Annual fees Registration 260; Insurance 23; Books 400; Technology; Yearbook, APF & FAE 161; Uniform 150; Personal Academic Supplies 80
Boarding program grades Nursery–8
Boys 144 **Girls** 122
Graduates attending college 100%

EDUCATIONAL PROGRAM

Curriculum US, National
Average class size Elementary 18; Secondary 21
Language(s) of instruction English, Spanish
Language(s) taught English, Spanish
Staff specialists computer, counselor, librarian, math resource, nurse, physician, psychologist, reading resource
Special curricular programs art, instrumental music, vocal music, computer/technology, physical education, vocational
Extra curricular programs computers, community service, dance, environmental conservation, excursions/expeditions, newspaper
Sports basketball, gymnastics, soccer, track and field, volleyball
Clubs Model UN, HELP, math, ecology
Examinations College Board, Microsoft

CAMPUS FACILITIES

Location Suburban
Campus 5 hectares, 3 buildings, 16 classrooms, 2 computer labs, 25 instructional computers, 500 library volumes, 1 cafeteria, 1 covered play area, 1 infirmary, 1 playing field, 1 science lab, air conditioning

THE AMERICAN SCHOOL FOUNDATION OF GUADALAJARA A.C.

Phone 52 333 648 0299
Fax 52 333 817 3356
Email janet.heinze@asfg.mx
Website www.asfg.mx
Address Colomos 2100, APDO 6-280, Fracc. Italia Providencia, Guadalajara, Jalisco, 44630, Mexico

STAFF

Director General Janet L. Heinze
Early Childhood Principal Tina Carstensen de Lopez
Elementary Principal Dawn Lussier
Middle School Principal David Markman
High School Principal David McGrath
Instructional Programs Director Julie Villand, Ph.D.
Administration & Finance Director Laura Jimenez
IT Manager Rafael De La Cruz
Information Technology & Literacy Director Juliet Evans, Ed.D.
Teaching staff Full time 124; Part time 3; Total 127
Nationalities of teaching staff US 49; UK 1; Mexican 63; Other(s) (Canadian, Argentine) 14

INFORMATION

Grade levels N–12
School year August–June
School type coeducational, day, private non-profit
Year founded 1956
Governed by appointed Board of Directors
Accredited by Southern
Regional organizations ASOMEX
Enrollment Nursery 44; PreK 62; Elementary K–5 726; Middle School 6–8 300; High School 9–12 324; Total 1,456
Nationalities of student body US 146; Mexican 1,238; Other(s) (Japanese, Korean) 72
Tuition/fee currency Mexican Peso
Tuition range 57,900–86,100
Annual fees Registration 36,700
One time fees Admission (low) 23,000; Admission (high) 46,000
Graduates attending college 98%
Graduates have attended Yale U, U of Pennsylvania, U of Notre Dame, Massachusetts Institute of Technology, Harvard U

(Continued)

The American School Foundation of Guadalajara A.C. (Continued)

EDUCATIONAL PROGRAM

Curriculum US, National, AP, Mexican Ministry Program
Average class size Elementary 23; Secondary 25
Language(s) of instruction English, Spanish
Language(s) taught French, German
Staff specialists computer, counselor, ESL, learning disabilities, librarian, math resource, nurse, psychologist, reading resource
Special curricular programs art, instrumental music, vocal music, computer/technology, physical education, theater
Extra curricular programs computers, community service, dance, drama, environmental conservation, excursions/expeditions, literary magazine, newspaper, photography, yearbook
Sports badminton, basketball, football, soccer, swimming, track and field, volleyball
Clubs Model UN, National Junior Honor Society, National Honor Society, MathCounts, ecology, Destination Imagination
Examinations AP, PSAT, SAT, SAT II, TOEFL, Enlace, MAP

CAMPUS FACILITIES

Location Urban
Campus 3 hectares, 7 buildings, 92 classrooms, 6 computer labs, 575 instructional computers, 30,000 library volumes, 1 auditorium, 2 cafeterias, 1 covered play area, 1 gymnasium, 1 infirmary, 3 playing fields, 6 science labs, 1 pool

THE AMERICAN SCHOOL FOUNDATION, A.C.

Phone 5255 5227 4900
Fax 5255 52274143
Email communications@asf.edu.mx
Website www.asf.edu.mx
Address Bondojito 215, Col. Las Americas, Delegacion Alvaro Obregon, Mexico City, D.F., 01120, Mexico

STAFF

Executive Director Paul Williams
Head of Upper School Amy Gallie
Head of Middle School Allen Jackson
Head of Lower School Evan D. Hunt
Head of Early Childhood Center Susan Olivo
Head of Athletics & Extended Learning Robert Wilson
Chief Administration & Finance Officer Cynthia DeLong
Chief Information Officer Carlos Alberto Reyes Castano
Upper School Librarian Elaine Fong
Teaching staff Full time 210; Part time 6; Total 216
Nationalities of teaching staff US 90; UK 2; Mexican 104; Other(s) (Canadian, Argentine) 20

INFORMATION

Grade levels PreK–12
School year August–June
School type coeducational, day, private non-profit
Year founded 1888
Governed by elected Board of Trustees
Accredited by Southern
Regional organizations ASOMEX
Enrollment PreK 30; Elementary K–5 1,291; Middle School 6–8 591; High School 9–12 722; Total 2,634
Nationalities of student body US 685; UK 13; Mexican 1,633; Other(s) (Korean, Colombian) 303
Tuition/fee currency Mexican Peso
Tuition range 100,400–146,000
Annual fees Registration 26,090; Busing 20,600
One time fees Admission 48,891
Graduates attending college 100%
Graduates have attended Georgetown U, Yale U, Boston U, U Anahuac, U Iberoamericana

(Continued)

THE AMERICAN SCHOOL FOUNDATION, A.C. (Continued)

EDUCATIONAL PROGRAM

Curriculum US, National, Intl, IB Diploma, IBPYP, IBMYP, AP
Average class size Elementary 24; Secondary 22
Language(s) of instruction English, Spanish
Language(s) taught French, Korean
Staff specialists computer, counselor, ESL, learning disabilities, librarian, math resource, nurse, physician, psychologist, reading resource
Special curricular programs art, instrumental music, vocal music, computer/technology, physical education
Extra curricular programs computers, community service, dance, drama, environmental conservation, excursions/expeditions, literary magazine, newspaper, photography, yearbook
Sports basketball, football, gymnastics, soccer, swimming, tennis, track and field, volleyball
Clubs Asian, ecology, film, French, Gamma, Habitat for Humanity, Hogar Dulce Hogar, literary magazine, Model UN, camping
Examinations ACT, AP, IB, PSAT, SAT, SAT II, Stanford, TOEFL, SSAT

CAMPUS FACILITIES

Location Urban
Campus 7 hectares, 7 buildings, 160 classrooms, 10 computer labs, 500 instructional computers, 87,140 library volumes, 2 cafeterias, 2 covered play areas, 3 gymnasiums, 1 infirmary, 4 playing fields, 12 science labs, 1 pool, 4 tennis courts, air conditioning

American Institute of Monterrey

Phone 52 81 81743700
Fax 52 81 81743701
Email prosani@aim-net.mx
Website www.aim-net.mx
Address Perseverancia No. 100, Col. Balcones del Valle, Monterrey, NL, 66220, Mexico

STAFF

General Director Elizabeth W. Huergo
Santa Catarina Campus Director David Arnold
San Pedro Campus Director Isabel Boughton
i-PAL Director Amelia Cantu
Public Relations & Admissions Olga Chapa
Human Resources Supervisor Trudy Kwan
Finance Director Hilda Davila
Technology Coordinator Guadalupe Gonzalez
Library & Media Center Head Julieta Negrete
Teaching staff Full time 110; Part time 41; Total 151
Nationalities of teaching staff US 3; UK 1; Mexican 140; Other(s) (Canadian) 7

INFORMATION

Grade levels N–9
School year August–June
School type coeducational, day, proprietary
Year founded 1968
Sponsored by Elizabeth Huergo, Betty Wagner, Betina Elizondo
Accredited by CIS, New England
Regional organizations ASOMEX
Enrollment Nursery 127; PreK 222; Elementary K–5 562; Middle School 6–8 385; Total 1,296
Nationalities of student body US 7; UK 5; Mexican 1,224; Other(s) (Venezuelan, Brazilian) 60
Tuition/fee currency US Dollar
Tuition range 4,920–8,390
Annual fees Registration 960; Insurance 83; Busing 975
One time fees Capital Levy 2,345
Graduates attending college 100%
Graduates have attended Tecnologico of Monterrey, U of Monterrey

EDUCATIONAL PROGRAM

Curriculum US, UK, National, Canada
Average class size Elementary 25; Secondary 25
Language(s) of instruction English, Spanish
Staff specialists computer, counselor, ESL, librarian, math resource, nurse, physician, psychologist, reading resource
Special curricular programs art, instrumental music, vocal music, computer/technology, physical education, SEAL (Social-Emotional Aspects of Learning)
Extra curricular programs community service, dance, drama, excursions/expeditions, yearbook, instrumental music, visual arts
Sports basketball, soccer, track and field, tae kwon do
Clubs Boy Scouts
Examinations TOEFL, MAP, PAA

CAMPUS FACILITIES

Location Urban
Campus 53 hectares, 2 buildings, 63 classrooms, 4 computer labs, 472 instructional computers, 29,081 library volumes, 1 auditorium, 2 cafeterias, 2 covered play areas, 1 gymnasium, 2 infirmaries, 9 playing fields, 1 science lab, air conditioning

American School Foundation of Monterrey

Phone 52 81 5000 4400
Fax 52 81 8378 2535
Email jeff.keller@asfm.edu.mx
Website www.asfm.edu.mx
Address Rio Missouri 555 Ote., Colonia del Valle, Garza Garcia, Monterrey, Nuevo Leon, 66220, Mexico
Mailing address AP 1762, Monterrey, N.L., Mexico 64000

STAFF

Superintendent D. Jeffrey Keller, Ed.D.
High School Principal & Campus Director Jeff Farrington
Middle School Principal Ron Lalonde, Ph.D.
Elementary Principal & Campus Director Sonia Keller, Ed.D.
Chief Financial Officer Luis Carlos Reyes
Information Technology Director Luis Zuniga
Elementary Librarian Fiona Morales
Teaching staff Full time 225; Total 225
Nationalities of teaching staff US 56; Mexican 114; Other(s) (Canadian) 55

INFORMATION

Grade levels N–12
School year August–June
School type coeducational, day, private non-profit
Year founded 1928
Governed by appointed Board of Directors
Accredited by Southern
Regional organizations ASOMEX
Enrollment Nursery 152; PreK 157; Elementary K–5 1,001; Middle School 6–8 513; High School 9–12 652; Total 2,475
Nationalities of student body US 130; Mexican 2,244; Other(s) (Korean) 101
Tuition/fee currency US Dollar
Tuition range 4,750–8,400
Annual fees Registration 1,000; Usage 300; Plant Upkeep 900
One time fees Entrance 7,000
Graduates attending college 100%
Graduates have attended Yale U, Massachusetts Institute of Technology, Princeton U, Harvard U, Stanford U

(Continued)

AMERICAN SCHOOL FOUNDATION OF MONTERREY (Continued)

EDUCATIONAL PROGRAM

Curriculum US, National, AP
Average class size Elementary 22; Secondary 20
Language(s) of instruction English, Spanish
Language(s) taught French
Staff specialists computer, counselor, ESL, learning disabilities, librarian, math resource, nurse, physician, psychologist, reading resource
Special curricular programs art, instrumental music, vocal music, computer/technology, distance learning, physical education
Extra curricular programs computers, community service, drama, environmental conservation, excursions/expeditions, literary magazine, photography, yearbook
Sports basketball, gymnastics, soccer, track and field, volleyball
Clubs MathCounts, National Honor Society, Junior Honor Society, student council, environmental, community service
Examinations AP, PSAT, SAT, MAP

CAMPUS FACILITIES

Location Suburban
Campus 26 hectares, 3 buildings, 180 classrooms, 10 computer labs, 600 instructional computers, 300,000 library volumes, 2 auditoriums, 2 cafeterias, 3 gymnasiums, 2 infirmaries, 5 playing fields, 8 science labs, 2 tennis courts, air conditioning

Pan American School, Monterrey Campus

Phone 52 81 8342 0778
Fax 52 81 8340 2749
Email dadmission@pas.edu.mx
Website www.pas.edu.mx
Address Hidalgo 656 pte., Monterrey, Nuevo Leon, 64000, Mexico
Mailing address PO Box 474, Monterrey, Nuevo Leon, Mexico 64000

STAFF

Head of School & Co-Founder Leonor Arpee
General Director Sandra Fernandez
Middle School Principal Nelly Granados
Elementary School Principal Mireya Pinelo
Preschool Principal Lorena Flores
Sports Supervisor Ruben Lujano
Omar Garza Omar Garza
Technology Coordinator Edna Trevino
Head of Library & Media Resources Miriam Cardenas
Teaching staff Full time 49; Part time 7; Total 56
Nationalities of teaching staff Mexican 55; Other(s) (Australian) 1

INFORMATION

Grade levels N–9
School year August–July
School type coeducational, day, private non-profit
Year founded 1952
Governed by appointed Board of Directors
Enrollment Nursery 42; PreK 103; Elementary K–5 278; Middle School 6–8 109; High School 9–12 40; Total 572
Nationalities of student body US 9; Mexican 562; Other(s) (Colombian) 1
Tuition/fee currency US Dollar
Tuition range 170–437
Annual fees Registration 668; Insurance 40; Books 298; Personal Supplies 102; Extra-Curricular Activities 259
Boarding program grades Nursery–9
Boarding program length 5-day **Boys** 305 **Girls** 267
Graduates attending college 100%
Graduates have attended Instituto Tecnologico de Monterrey, U de Monterrey, U Autonoma de Nuevo Leon, Texas A&M U, Trinity U

EDUCATIONAL PROGRAM

Curriculum US, National
Average class size Elementary 23; Secondary 20
Language(s) of instruction English, Spanish
Language(s) taught English, Spanish
Staff specialists computer, counselor, librarian, math resource, nurse, psychologist, reading resource
Special curricular programs art, instrumental music, vocal music, computer/technology, physical education, vocational
Extra curricular programs computers, community service, dance, environmental conservation, yearbook, social service
Sports basketball, football, soccer, volleyball
Clubs ecology, math, jazz, HELP (Healing the Environment Learning Program), Model UN
Examinations TOEFL, Microsoft, College Board

CAMPUS FACILITIES

Location Urban
Campus 1 building, 30 classrooms, 1 computer lab, 27 instructional computers, 7,193 library volumes, 1 auditorium, 1 cafeteria, 1 covered play area, 1 gymnasium, 1 infirmary, 1 playing field, 1 science lab, air conditioning

PAN AMERICAN SCHOOL, SAN PEDRO CAMPUS

Phone 52 8 363 5474
Fax 52 8 363 5602
Email cadmission@pas.edu.mx
Website www.pas.edu.mx
Address Casolar 200, Villas de San Agustin, San Pedro Garza Garcia, Nuevo Leon, 66266, Mexico
Mailing address PO Box 474, Centro Monterrey Nuevo Leon, Mexico 64000

STAFF

Head of School & Co-Founder Leonor Arpee
General Director Hermelinda Coronado
Middle School Principal Nancy Gonzalez
Elementary School Principal Karla Silva
Preschool Principal Lourdes Guerra
Sports Supervisor Gabriel Guzman
Finance Manager Omar Garza
Technology Coordinator Edna Trevino
Head of Library & Media Resources Dalia Cantú
Teaching staff Full time 59; Part time 3; Total 62
Nationalities of teaching staff Mexican 60; Other(s) (Canadian, Filipino) 2

INFORMATION

Grade levels N–9
School year August–July
School type coeducational, day, private non-profit
Year founded 1952
Governed by appointed Board of Directors
Enrollment Nursery 51; PreK 119; Elementary K–5 314; Middle School 6–8 110; High School 9–12 36; Total 630
Nationalities of student body US 16; Mexican 610; Other(s) (Argentine, Korean) 4
Tuition/fee currency US Dollar
Tuition range 235–501
Annual fees Registration 1,040; Insurance 40; Books 298; Personal Supplies 102; Extra-Curricular Activities 259
Boarding program grades Nursery–9
Boarding program length 5-day **Boys** 316 **Girls** 314
Graduates have attended Instituto Tecnologico de Monterrey, U de Monterrey, U de Nuevo Leon, Texas A&M U, Trinity U

EDUCATIONAL PROGRAM

Curriculum US, National
Average class size Elementary 21; Secondary 19
Language(s) of instruction English, Spanish
Staff specialists computer, counselor, librarian, math resource, nurse, psychologist, reading resource
Special curricular programs art, instrumental music, vocal music, computer/technology, physical education, vocational, human values program
Extra curricular programs computers, community service, dance, environmental conservation, excursions/expeditions, yearbook, social service
Sports basketball, football, gymnastics, soccer, volleyball
Clubs ecology, math, jazz, HELP (Healing the environment learning program), Model UN
Examinations TOEFL, Microsoft, College Board

CAMPUS FACILITIES

Location Urban
Campus 4 hectares, 2 buildings, 41 classrooms, 1 computer lab, 27 instructional computers, 4,700 library volumes, 1 auditorium, 1 cafeteria, 1 covered play area, 1 gymnasium, 1 infirmary, 4 playing fields, 1 science lab, 1 tennis court, air conditioning

American School of Puerto Vallarta

Phone 52 322 221 1525
Fax 52 322 226 7677
Email gsel@aspv.edu.mx
Website aspv.edu.mx
Address Albatros 129, Marina Vallarta, Puerto Vallarta, Jalisco, 48354, Mexico
Mailing address PO Box 2-280, Marina Vallarta, Puerto Vallarta, Jalisco 48354, Mexico

STAFF

General Director Gerald Selitzer
Junior & High School Principal Jose Antonio Salgado
Primary Principal Kathleen Selitzer
Director of Admissions & College Guidance Elise Langley
School Counselor Josiah Laposky
Financial Controller Martha Vega
Technology Director Mark Piketts
Librarian Genevieve Orr Perez
Teaching staff Full time 40; Part time 2; Total 42
Nationalities of teaching staff US 17; Mexican 15; Other(s) (Canadian, Italian) 10

INFORMATION

Grade levels N–12
School year August–June
School type coeducational, day, private non-profit
Year founded 1986
Governed by appointed School Board
Accredited by Southern
Regional organizations ASOMEX
Enrollment Nursery 16; PreK 16; Elementary K–5 176; Middle School 6–8 68; High School 9–12 67; Total 343
Nationalities of student body US 81; UK 4; Mexican 228; Other(s) (Canadian, German) 30
Tuition/fee currency US Dollar
Tuition range 4,493–7,076
One time fees Registration 1,300
Graduates attending college 95%
Graduates have attended Boston U, Clark U, Cornell U, Queen's U, U of Victoria

EDUCATIONAL PROGRAM

Curriculum US, National, AP
Average class size Elementary 23; Secondary 25
Language(s) of instruction English, Spanish
Language(s) taught English, Spanish
Staff specialists computer, counselor, ESL, librarian, math resource, nurse, psychologist, reading resource
Special curricular programs art, vocal music, computer/technology, physical education
Extra curricular programs community service, dance, yearbook
Sports basketball, gymnastics, soccer, tennis, volleyball, skipping rope
Examinations AP, PSAT, SAT, Stanford, TOEFL

CAMPUS FACILITIES

Location Suburban
Campus 3 hectares, 6 buildings, 26 classrooms, 2 computer labs, 100 instructional computers, 8,000 library volumes, 1 auditorium, 1 cafeteria, 1 infirmary, 3 playing fields, 2 science labs, air conditioning

JOHN F. KENNEDY SCHOOL

Phone 52 442 218 0075
Fax 52 442 218 1784
Email mstappung@jfk.edu.mx
Website www.jfk.edu.mx
Address Av. Sabinos 272, Fracc. Jurica Campestre, Queretaro, Qro., 76100, Mexico

STAFF

General Director Mirtha I. Stappung
Assistant Director Charles A. Weiss
High School Principal Adrian Leece
Middle School Principal Tara Fitzgerald
Preschool Principal Denise Humphries
Elementary School Principal Mark Dunn
Finance Director Josefina Morgan
Systems Director Patricia Muller
Head Librarian Patricia Muller
Teaching staff Full time 140; Part time 35; Total 175
Nationalities of teaching staff US 23; UK 3; Mexican 134; Other(s) (Canadian, Chilean) 15

INFORMATION

Grade levels N–12
School year August–July
School type coeducational, day, private non-profit
Year founded 1964
Governed by elected Board of Directors
Accredited by Southern
Regional organizations ASOMEX
Enrollment Nursery 136; PreK 91; Elementary K–5 576; Middle School 6–8 289; High School 9–12 353; Total 1,445
Nationalities of student body US 91; UK 1; Mexican 1,178; Other(s) (Korean, Canadian) 175
Tuition/fee currency Mexican Peso
Tuition range 4,554–7,598
Annual fees Registration 10,794; Insurance 450; Books 1,500; Uniform 850; 10 Month Payment 6,455
One time fees New Admission 15,450
Graduates attending college 99%
Graduates have attended Stanford U, U de Monterrey, U del Valle de Mèxico, Illinois Institute of Technology, Instituto Tecnologico y de Estudios Superiors

EDUCATIONAL PROGRAM

Curriculum US, National, Intl, IB Diploma
Average class size Elementary 25; Secondary 25
Language(s) of instruction English, Spanish
Language(s) taught Spanish, English
Staff specialists computer, counselor, ESL, librarian, math resource, nurse, psychologist, reading resource
Special curricular programs art, instrumental music, vocal music, computer/technology, distance learning, physical education, vocational
Extra curricular programs community service, dance, drama, environmental conservation, excursions/expeditions, photography, yearbook
Sports basketball, football, martial arts, soccer, track and field, volleyball
Examinations IB, PSAT, SAT, SAT II, Stanford, TOEFL

CAMPUS FACILITIES

Location Suburban
Campus 6 hectares, 36 buildings, 67 classrooms, 4 computer labs, 185 instructional computers, 22,097 library volumes, 1 auditorium, 2 cafeterias, 1 gymnasium, 1 infirmary, 3 playing fields, 2 science labs

THE AMERICAN SCHOOL OF TAMPICO

Phone 52 833 227 2081
Fax 52 833 227 2080 ext 126
Email avega@ats.edu.mx
Website www.ats.edu.mx
Address Calle Hidalgo No. 100, Col. Tancol, Tampico, Tamaulipas, 89320, Mexico
Mailing address P.O. Box 407, Tampico, Tamaulipas 89000, Mexico

STAFF

Director Emma G. de Salazar
Early Childhood Coordinator Ana Laura Luengas de Salazar
Elementary Principal Irelda Galvan Garza
Middle School Principal Monique Autrique
High School Principal Charles Tracy
Public Relations & Admissions Araceli Vega Paredes
Business Manager Sandra Ma. Trevino de Alexandre
Director of Technology Cesar Sanchez Rojas
Library Media Specialist Judith Mullens
Teaching staff Full time 112; Part time 8; Total 120
Nationalities of teaching staff US 16; Mexican 99; Other(s) (Canadian, French) 5

INFORMATION

Grade levels PreK–12
School year August–June
School type coeducational, day, private non-profit
Year founded 1917
Governed by appointed Board of Directors
Accredited by Southern
Regional organizations ASOMEX
Enrollment PreK 166; Elementary K–5 513; Middle School 6–8 179; High School 9–12 165; Total 1,023
Nationalities of student body US 30; Mexican 958; Other(s) (Korean, Colombian) 35
Tuition/fee currency Mexican Peso
Tuition range 3,260–7,200
Annual fees Registration 10,500; Books 3,000; Parents Association 400
One time fees Capital Levy 45,000
Graduates attending college 100%
Graduates have attended Emerson Col, St. Edward's U, U of Texas–Pan American, U of Southern Florida, Rice U

(Continued)

The American School of Tampico (Continued)

EDUCATIONAL PROGRAM

Curriculum US, National, Intl. AP
Average class size Elementary 22; Secondary 22
Language(s) of instruction English, Spanish
Language(s) taught English, Spanish, French, Chinese
Staff specialists computer, counselor, learning disabilities, librarian, math resource, nurse, psychologist, reading resource, speech/hearing
Special curricular programs art, instrumental music, vocal music, computer/technology, physical education, vocational
Extra curricular programs community service, dance, drama, environmental conservation, excursions/expeditions, photography, yearbook
Sports baseball, basketball, soccer, track and field, volleyball
Clubs performing arts, Destination Imagination, MathCounts, Model UN, Character Counts, cheerleaders
Examinations ACT, AP, PSAT, SAT, TOEFL, ERB, PLAN, MAP

CAMPUS FACILITIES

Location Urban
Campus 15 hectares, 9 buildings, 58 classrooms, 3 computer labs, 220 instructional computers, 13,000 library volumes, 2 auditoriums, 1 cafeteria, 1 covered play area, 2 infirmaries, 4 playing fields, 3 science labs, air conditioning

Colegio Americano de Torreón, A.C.

Phone 52 871 222 51 00
Fax 52 871 733 26 68
Email makhlouf.ouyed@cat.mx
Website www.cat.mx
Address Blvd. Paseo del Algodón #500, Fraccionamiento Los Viedos, Torreon, Coahuila, 27019, Mexico
Mailing address 344 Rio Dulce, Suite 871-152, El Paso, TX 79932, USA

STAFF

Director General Makhlouf Ouyed, Ed.D.
Elementary Principal Shirley Hooper, Ed.D.
Secondary Principal Craig Viscardi
Mexican Secondary Program Director Jesus Cuellar
Mexican Elementary Program Director Lorena Celis
Early Childhood Coordinator Anneke Berumen
Finance Manager Edilberto Martinez Martinez
Technology Coordinator Eros Muñoz
Head Librarian Elizabeth Kangas
Teaching staff Full time 100; Part time 21; Total 121
Nationalities of teaching staff US 31; UK 1; Mexican 86; Other(s) (Canadian, Russian) 3

INFORMATION

Grade levels PreK–12
School year August–June
School type coeducational, day, private non-profit
Year founded 1950
Governed by elected School Board
Accredited by Southern
Regional organizations ASOMEX
Enrollment Nursery 80; PreK 80; Elementary K–5 550; Middle School 6–8 250; High School 9–12 320; Total 1,280
Nationalities of student body US 10; Mexican 1,254; Other(s) (Japanese, French) 16
Tuition/fee currency US Dollar
Tuition range 3,000–6,800
Annual fees Registration 450; Insurance 15; Busing 900; Books 350
One time fees New Enrollment 900
Graduates attending college 87%
Graduates have attended U of Texas at San Antonio, Michigan State U, U of Austin, McGill U

EDUCATIONAL PROGRAM

Curriculum US, National, AP
Average class size Elementary 20; Secondary 22
Language(s) of instruction English, Spanish
Language(s) taught French
Staff specialists computer, counselor, ESL, librarian, nurse, psychologist
Special curricular programs art, instrumental music, vocal music, computer/technology, physical education
Extra curricular programs computers, community service, drama, environmental conservation, excursions/expeditions, photography, yearbook
Sports baseball, basketball, martial arts, soccer, softball, swimming, tennis, volleyball
Clubs National Honor Society, National Junior Honor Society, student council, chess, investigation, Destination Imagination, ecology
Examinations AP, PSAT, SAT, SAT II, Stanford, TOEFL

CAMPUS FACILITIES

Location Urban
Campus 9 hectares, 5 buildings, 90 classrooms, 7 computer labs, 200 instructional computers, 16,000 library volumes, 1 cafeteria, 1 covered play area, 2 gymnasiums, 1 infirmary, 4 playing fields, 4 science labs, 1 pool, 2 tennis courts, air conditioning

MOLDOVA

Area:	33,851 sq km
Population:	4,317,483
Capital:	Chisinau (Kishinev)
Currency:	Moldovan Lei (MDL)
Languages:	Moldovan

QSI International School of Chisinau

Phone 373 22 588 346
Fax 373 22 588 353
Email chisinau@qsi.org
Website www.qsi.org/mdv_home/mdv_home.htm
Address 48/2 Nicolae Costin Street, Chisinau, 2051, Moldova
Mailing address c/o American Embassy, Chisinau, Dept. of State, 7080 Chisinau Place, Dulles, VA 20189, USA

STAFF

Director Sandra L. Smith, Ph.D.
Office Manager Ion Rotari
IT Specialist Andrei Rusu
Librarian Inga Mancas
Teaching staff Full time 15; Part time 3; Total 18
Nationalities of teaching staff US 9; UK 1; Moldovan 8

INFORMATION

Grade levels PreK–12
School year August–June
School type coeducational, day, private non-profit
Year founded 1996
Governed by appointed Board of Directors
Accredited by Middle States
Regional organizations CEESA
Enrollment PreK 8; Elementary K–5 45; Middle School 6–8 6; High School 9–12 4; Total 63
Nationalities of student body US 25; UK 7; Moldovan 4; Other(s) (German, Swede) 27
Tuition/fee currency US Dollar
Tuition range 3,400–17,400
Annual fees Capital Levy 1,600
One time fees Registration 300
Graduates attending college 100%
Graduates have attended Ohio State U

EDUCATIONAL PROGRAM

Curriculum US
Average class size Elementary 9; Secondary 4
Language(s) of instruction English
Language(s) taught Romanian, Russian, Spanish, German, French
Staff specialists computer, ESL, learning disabilities, librarian, physician
Special curricular programs art, instrumental music, vocal music, computer/technology, distance learning, physical education
Extra curricular programs computers, community service, dance, drama, environmental conservation, excursions/expeditions, photography, yearbook, art, music
Sports martial arts
Clubs book, chess, creative dance, tae kwon do, poetry, drama, math
Examinations MAP

CAMPUS FACILITIES

Location Suburban
Campus 1 building, 16 classrooms, 2 computer labs, 33 instructional computers, 8,000 library volumes, 1 auditorium, 1 cafeteria, 1 covered play area, 1 infirmary, 1 playing field, 1 science lab, air conditioning

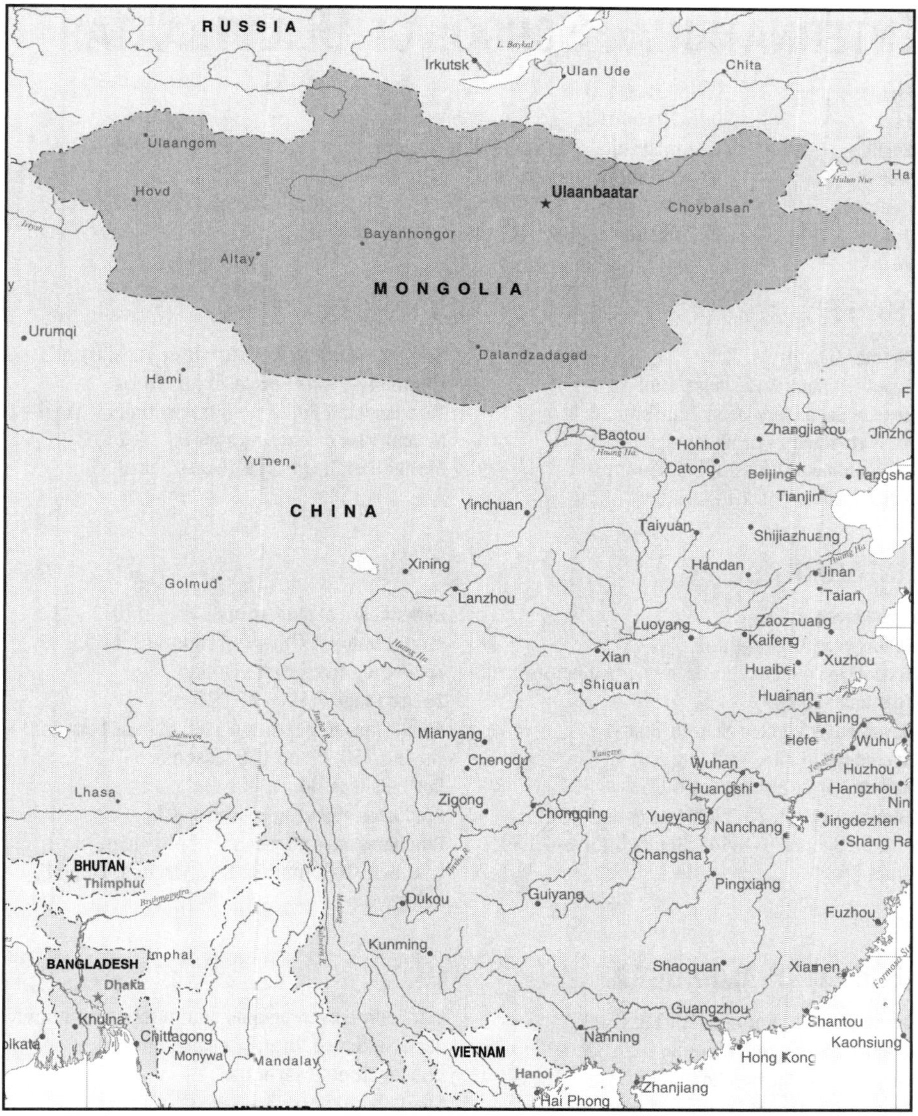

MONGOLIA

Area:	1,564 116 sq km
Population:	3,086,918
Capital:	Ulaanbaatar
Currency:	Togrog/Tugriks (MNT)
Languages:	Khalkha Mongol

International School of Ulaanbaatar

Phone 976 70160010
Fax 976 70160012
Email administration@isumongolia.edu.mn
Website www.isumongolia.edu.mn
Address PO Box 36/10, Four Seasons Garden, Khan-Uul District, Khoroo District, Ulaanbaatar, 17032, Mongolia

STAFF

Director Gregory A. Rayl
Deputy Director & Business Tuul Arildii
Head of Secondary Betsy Hanselmann
Head of Primary Jan Wiggins
DP Coordinator Christopher Thompson
MYP Coordinator David Chilton
Accounts Manager Luvsantseren Tugsjargal
Librarian & Media Specialist Jeri Hurd
Teaching staff Full time 39; Part time 3; Total 42
Nationalities of teaching staff US 23; UK 3; Mongolian 3; Other(s) (Australian) 13

INFORMATION

Grade levels PreK–12
School year August–June
School type coeducational, day, private non-profit
Year founded 1992
Governed by elected School Board
Accredited by CIS, New England
Regional organizations EARCOS
Enrollment PreK 22; Elementary K–5 118; Middle School 6–8 59; High School 9–12 59; Total 258
Nationalities of student body US 44; UK 7; Mongolian 93; Other(s) (Korean) 114
Tuition/fee currency US Dollar
Tuition range 7,500–27,927
Annual fees Registration 100; Capital Levy 1,000; Busing 750; Piano (30 lessons) 330
One time fees Books 406
Graduates attending college 100%
Graduates have attended U of Michigan, U of British Columbia, U of Virginia, Duke U, Lehigh U

EDUCATIONAL PROGRAM

Curriculum IB Diploma, IBPYP, IBMYP
Average class size Elementary 20; Secondary 22
Language(s) of instruction English
Language(s) taught French, Mongolian, English, Chinese, Korean
Staff specialists computer, counselor, ESL, librarian, nurse
Special curricular programs art, instrumental music, computer/technology, physical education, piano
Extra curricular programs computers, community service, dance, drama, environmental conservation, yearbook
Sports badminton, basketball, martial arts, soccer, volleyball
Clubs Young Adventures
Examinations IB, PSAT, SAT, SAT II

CAMPUS FACILITIES

Location Urban
Campus 2 hectares, 1 building, 30 classrooms, 3 computer labs, 120 instructional computers, 16,607 library volumes, 1 auditorium, 1 cafeteria, 1 gymnasium, 1 infirmary, 1 playing field, 2 science labs

MONTENEGRO

Area:	13,812 sq km
Population:	666,730
Capital:	Podgorica
Currency:	Euro (EUR)
Languages:	Serbian, Montenegrin

QSI International School of Montenegro

Phone 382 20 641 734
Fax 382 20 640 837
Email montenegro@qsi.org
Website www.qsi.org/mtg_home/mtg_home.htm
Address Ul: Romanovih 33, Zabjelo, Podgorica, 81000, Montenegro

STAFF

Director Bill Bruihler
Teaching staff Full time 6; Part time 4; Total 10
Nationalities of teaching staff US 4; UK 1; Host 3; Other(s) 2

INFORMATION

Grade levels K–8
School year September–June
School type coeducational, day, private non-profit
Year founded 2006
Regional organizations CEESA
Enrollment PreK 10; Elementary K–5 25; Middle School 6–8 12; Total 47
Nationalities of student body US 5; UK 3; Other(s) (Pole, Russian) 39
Tuition/fee currency US Dollar
Tuition range 5,700–16,400
One time fees Registration 300

EDUCATIONAL PROGRAM

Curriculum Intl
Average class size Elementary 9
Language(s) of instruction English
Language(s) taught Montenegrin, French
Staff specialists ESL
Special curricular programs art, instrumental music, vocal music, computer/technology, physical education
Extra curricular programs drama, yearbook, games
Examinations Iowa

CAMPUS FACILITIES

Location Suburban
Campus 1 building, 6 classrooms, 1 computer lab, 11 instructional computers, 3,500 library volumes, 1 playing field, air conditioning

MOROCCO

Area:	446,550 sq km
Population:	31,627,428
Capital:	Rabat
Currency:	Moroccan Dirham (MAD)
Languages:	Arabic, French

Casablanca American School

Phone 212 (0)522 214 115
Fax 212 (0)522 212 488
Email cas@cas.ac.ma
Website www.cas.ac.ma
Address Route de la Mecque, Lotissement Ougoug, Quartier Californie, Casablanca, 20150, Morocco

STAFF

Director Mark Lee, Ph.D.
Upper School Principal Patrick Gross
Lower School Principal Tony Moniz
Curiculum Coordinator Kim West Aba
Admissions/Communications Coordinator Marti Fields Johnson
Registrar Atika Amani
Business Manager Abdelhak El Fellah
IT Manager Mohammed El Baakili
Head Librarian Margaret Carpenter
Teaching staff Full time 91; Part time 7; Total 98
Nationalities of teaching staff US 39; UK 1; Moroccan 34; Other(s) (Canadian, French) 24

INFORMATION

Grade levels N–12
School year September–June
School type coeducational, day, private non-profit
Year founded 1973
Governed by elected Board of Directors
Accredited by New England
Regional organizations ECIS, MAIS
Enrollment Nursery 33; PreK 27; Elementary K–5 245; Middle School 6–8 125; High School 9–12 129; Total 559
Nationalities of student body US 91; UK 3; Moroccan 288; Other(s) (Canadian, French) 177
Tuition/fee currency US Dollar
Tuition range 6,545–15,930
Annual fees Registration 100; Capital Levy 600; PTA 27
One time fees Administration 1,333
Graduates attending college 100%
Graduates have attended U of California, Los Angeles, Georgetown U, Brown U, Stanford U, Boston U

EDUCATIONAL PROGRAM

Curriculum US, IB Diploma
Average class size Elementary 22; Secondary 22
Language(s) of instruction English
Language(s) taught Arabic, French, Spanish
Staff specialists computer, counselor, ESL, learning disabilities, librarian, nurse, psychologist, reading resource
Special curricular programs art, computer/ technology, physical education
Extra curricular programs community service, drama, literary magazine, yearbook
Sports badminton, basketball, soccer, swimming, track and field, volleyball
Examinations ACT, AP, IB, PSAT, SAT, TOEFL, MAP

CAMPUS FACILITIES

Location Suburban
Campus 2 hectares, 5 buildings, 45 classrooms, 3 computer labs, 70 instructional computers, 16,000 library volumes, 1 auditorium, 1 cafeteria, 1 gymnasium, 1 infirmary, 1 playing field, 4 science labs

George Washington Academy

Phone 212 522 95 30 00
Fax 212 522 95 30 01
Email info@gwa.ac.ma
Website www.gwa.ac.ma
Address Km 5, 6 Route d'Azemmour, Hay Hassani, Casablanca, 20220, Morocco

STAFF

Director Betty Creamer, Ph.D.
High School Principal Anthony Barbusca
Staff Services & Human Resources Collin Quigley
Director of Operations Paul DeBoer
Librarian Libby Bergstrom
Teaching staff Full time 81; Part time 5; Total 86
Nationalities of teaching staff US 41; UK 1; Moroccan 32; Other(s) (French, Canadian) 12

INFORMATION

Grade levels PreK–12
School year September–June
School type coeducational, day, private non-profit
Year founded 1998
Governed by appointed Board of Directors
Sponsored by Global Education
Accredited by Middle States
Regional organizations MAIS
Enrollment PreK 78; Elementary K–5 299; Middle School 6–8 143; High School 9–12 189; Total 709
Nationalities of student body US 131; UK 17; Moroccan 411; Other(s) (Canadian, French) 150
Tuition/fee currency Moroccan Dirham
Tuition range 47,200–85,100
Annual fees Registration 400; Capital Levy 24,000; Busing 8,000; L unch 7,000
Graduates attending college 97%
Graduates have attended U of California, Berkeley, U Col London, American U of Paris, Seton Hall U, Pennsylvania State U

EDUCATIONAL PROGRAM

Curriculum US, AP
Average class size Elementary 24; Secondary 20
Language(s) of instruction English, French, Arabic
Staff specialists computer, counselor, ESL, learning disabilities, librarian, nurse, reading resource
Special curricular programs art, instrumental music, vocal music, computer/technology, physical education
Extra curricular programs community service, dance, drama, excursions/expeditions, photography, yearbook
Sports badminton, basketball, soccer, swimming, track and field, volleyball
Clubs movie, homework, reading, intramural sports
Examinations ACT, AP, GCSE, IGCSE, PSAT, SAT, SAT II, Stanford

CAMPUS FACILITIES

Location Suburban
Campus 5 hectares, 3 buildings, 55 classrooms, 3 computer labs, 128 instructional computers, 30,000 library volumes, 1 auditorium, 1 cafeteria, 1 infirmary, 1 playing field, 2 science labs

Data from 2009/10 school year.

Rabat American School

Phone 212 53 767 1476
Fax 212 53 767 0963
Email info@ras.ma
Website www.ras.ma
Address 1 bis rue El Amir Abdelkader, Agdal, Rabat, 10102, Morocco
Mailing address US Embassy, BP 120, Rabat, 10000, Morocco

STAFF

Director Paul W. Johnson, Ed.D.
Secondary Principal John McCandless
Elementary Principal Kathy Morabet
Admissions & Development Officer Btissam Touijer
Business Manager Elizabeth Skiredj
Technology Coordinator Woodrow Kramm
Librarian Cynthia Ruptic
Teaching staff Full time 48; Part time 9; Total 57
Nationalities of teaching staff US 22; UK 6; Moroccan 9; Other(s) (Canadian, French) 20

INFORMATION

Grade levels PreK–12
School year August–June
School type coeducational, day, private non-profit
Year founded 1962
Governed by elected Board of Trustees
Accredited by Middle States
Regional organizations MAIS
Enrollment PreK 20; Elementary K–5 170; Middle School 6–8 100; High School 9–12 110; Total 400
Nationalities of student body US 87; UK 16; Moroccan 85; Other(s) (German, Canadian) 237
Tuition/fee currency US Dollar
Tuition range 13,925–19,975
Annual fees Busing 925
One time fees Registration 7,500
Graduates attending college 98%
Graduates have attended Boston U, Georgetown U, McGill U, American U of Paris, New York U

EDUCATIONAL PROGRAM

Curriculum US, Intl, IB Diploma
Average class size Elementary 18; Secondary 18
Language(s) of instruction English
Language(s) taught French, Arabic
Staff specialists computer, counselor, ESL, learning disabilities, librarian, nurse, psychologist
Special curricular programs art, instrumental music, vocal music, computer/technology, physical education
Extra curricular programs computers, community service, drama, environmental conservation, excursions/expeditions, yearbook
Sports badminton, baseball, basketball, soccer, softball, swimming, track and field, volleyball
Examinations ACT, IB, PSAT, SAT, SAT II, ERB, Terra Nova

CAMPUS FACILITIES

Location Suburban
Campus 4 hectares, 10 buildings, 41 classrooms, 4 computer labs, 200 instructional computers, 23,500 library volumes

THE AMERICAN SCHOOL OF TANGIER

Phone (212)(539)939827
Fax (212)(539)947535
Email headofschool@ast.ma
Website www.ast.ma
Address 149 Rue Christophe Colomb, Tangier, 90000, Morocco

STAFF

Head of School Brian Horvath, Ed.D.
Head of Lower School Eliza Eastman
Business Manager Mounia Ait Ahmed
Computer Lab Manager Aziz Laroussi
Librarian Catherine Belhamdounia
Teaching staff Full time 40; Part time 2; Total 42
Nationalities of teaching staff US 11; UK 5; Moroccan 21; Other(s) (Indian, French) 5

INFORMATION

Grade levels PreK–12
School year September–June
School type coeducational, day, private non-profit
Year founded 1950
Governed by elected Board of Trustees
Regional organizations MAIS
Enrollment PreK 20; Elementary K–5 130; Middle School 6–8 50; High School 9–12 90; Total 290
Nationalities of student body US 20; UK 10; Moroccan 250; Other(s) (Spaniard, Dutch) 10
Tuition/fee currency Moroccan Dirham
Tuition range 37,022–128,828
One time fees Registration 10,000
Graduates attending college 98%
Graduates have attended Boston U, Case Western Reserve U, Michigan State U, Villanova U, Worcester Polytechnic Institute

EDUCATIONAL PROGRAM

Curriculum US, Intl, AP
Average class size Elementary 15; Secondary 16
Language(s) of instruction English
Language(s) taught French, Arabic
Staff specialists computer, counselor, ESL, librarian, reading resource
Special curricular programs art, computer/technology, distance learning, physical education
Extra curricular programs computers, community service, dance, drama, excursions/expeditions, literary magazine, newspaper, photography, yearbook
Sports basketball, football, soccer, swimming, tennis, track and field, volleyball
Clubs debate, chess, chorus
Examinations ACT, AP, PSAT, SAT, SAT II, TOEFL

CAMPUS FACILITIES

Location Urban
Campus 10 hectares, 4 buildings, 29 classrooms, 1 computer lab, 10 instructional computers, 12,000 library volumes, 1 covered play area, 1 gymnasium, 1 playing field, 2 science labs, 1 pool

MOZAMBIQUE

Area:	799,380 sq km
Population:	22,061,451
Capital:	Maputo
Currency:	Metical (MZM)
Languages:	Emakhuwa, Xichangana, Portuguese

American International School of Mozambique

Phone 258 21 491 994
Fax 258 21 490 596
Email directoraism@aism-moz.com
Website www.aism-moz.com
Address Rua do Rio Raraga, 266, Bairro da Costa do Sol, Maputo, Mozambique
Mailing address AISM Director, c/o Admin Officer, 2330 Maputo Place, Dulles, Virginia, 20189-2330

STAFF

Director Mary Jo Heatherington, Ph.D.
Primary School Principal Karen Crooke
Secondary School Principal MaryAnn Przekurat
Secondary School Counselor Cherie Mobasherie, Ph.D.
Primary School Counselor Tania Ribeiro
Technology Coordinator Sharon Peters
Librarian Alyson Frayne
Teaching staff Full time 53; Total 53
Nationalities of teaching staff US 19; UK 3; Mozambican 6; Other(s) (Australian, South African) 25

INFORMATION

Grade levels PreK–12
School year August–June
School type coeducational, day, private non-profit
Year founded 1990
Governed by elected Board of Directors
Accredited by Middle States
Regional organizations AISA
Enrollment PreK 40; Elementary K–5 194; Middle School 6–8 107; High School 9–12 110; Total 451
Nationalities of student body US 71; UK 24; Mozambican 89; Other(s) (South African, Dutch) 267
Tuition/fee currency US Dollar
Tuition range 8,700–15,250
Annual fees Busing 1,400
One time fees Registration 150; Capital Levy 3,500
Graduates attending college 97%
Graduates have attended Syracuse U, George Washington U, George Mason U, Temple U, Rutgers U

(Continued)

AMERICAN INTERNATIONAL SCHOOL OF MOZAMBIQUE (Continued)

EDUCATIONAL PROGRAM

Curriculum US, IB Diploma, IBPYP, IBMYP
Average class size Elementary 15; Secondary 20
Language(s) of instruction English
Language(s) taught Portuguese, French
Staff specialists computer, counselor, ESL, librarian, nurse, psychologist, reading resource
Special curricular programs art, instrumental music, vocal music, computer/technology, physical education, drama
Extra curricular programs computers, community service, dance, drama, environmental conservation, excursions/expeditions, yearbook, Week Without Walls
Sports basketball, football, gymnastics, martial arts, rugby, soccer, swimming, tennis, track and field, volleyball
Clubs Model UN, virtual science fair, mathathon, Global Issues Network, Toastmasters, service learning, arts and crafts, drama, instrumental music, gymnastics
Examinations IB, PSAT, SAT, SAT II, TOEFL, ISA

CAMPUS FACILITIES

Location Urban
Campus 5 hectares, 4 buildings, 42 classrooms, 4 computer labs, 175 instructional computers, 15,000 library volumes, 1 auditorium, 1 cafeteria, 1 covered play area, 1 gymnasium, 1 infirmary, 2 playing fields, 3 science labs, 1 pool, air conditioning

MYANMAR (BURMA)

Area:	676,578 sq km
Population:	53,414,374
Capital:	Yangon (Rangoon)
Currency:	Kyat (MMK)
Languages:	Burmese

INTERNATIONAL SCHOOL OF MYANMAR

Phone 951 530 082
Fax 951 530 083
Email admin@ismyanmar.com
Website www.ismyanmar.com
Address No. W-22, Mya Kan Thar Main Road, Mya Kan Thar Housing, 5th Quarter, Hlaing Township, Yangon, Myanmar

STAFF

Director Tom C. Egerton
Coordinator Daw Myint Myint Win
Executive Director Daw Hla Hnin Khine
Middle School Principal Tom Keever
Elementary Principal Stacey Gailey
High School Principal Tom Egerton
Business Manager Khin Win Myint
Head of Technology none
Librarian Maria Bernadette
Teaching staff Full time 66; Part time 1; Total 67
Nationalities of teaching staff US 50; UK 2; Burmese 4; Other(s) (Australian, Canadian) 11

INFORMATION

Grade levels PreK–12
School year August–June
School type coeducational, day, proprietary
Year founded 1998
Governed by appointed Board of Directors
Sponsored by Myanmar Educare Co, Ltd
Accredited by Western
Enrollment PreK 50; Elementary K–5 450; Middle School 6–8 250; High School 9–12 250; Total 1,000
Nationalities of student body US 25; UK 25; Burmese 700; Other(s) (Chinese, Korean) 250
Tuition/fee currency Myanmar Kyat
Tuition range 3,000–6,200
One time fees Registration 500
Graduates attending college 95%
Graduates have attended Washington U in St. Louis, Bard Col, Colorado Col, U of Southern California, Florida Institute of Technology

EDUCATIONAL PROGRAM

Curriculum US, Intl, AP
Average class size Elementary 22; Secondary 20
Language(s) of instruction English
Language(s) taught Chinese, Myanmar, French, Spanish
Staff specialists computer, counselor, ESL, librarian, math resource, nurse, reading resource
Special curricular programs art, instrumental music, vocal music, computer/technology, physical education, dance, drama
Extra curricular programs computers, community service, dance, drama, environmental conservation, excursions/expeditions, literary magazine, newspaper, photography, yearbook
Sports badminton, basketball, football, golf, hockey, soccer, softball, swimming, tennis, volleyball
Clubs community service, golf, badminton, student council, cooking, yoga, guitar, French Myanmar, computer
Examinations AP, PSAT, SAT, SAT II, TOEFL, ISA

CAMPUS FACILITIES

Location Suburban
Campus 2 hectares, 3 buildings, 80 classrooms, 3 computer labs, 200 instructional computers, 6,000 library volumes, 1 auditorium, 3 cafeterias, 1 covered play area, 2 gymnasiums, 1 infirmary, 2 playing fields, 3 science labs, air conditioning

International School of Yangon

Phone 95 1 512793
Fax 95 1 525020
Email director.i.s.y@gmail.com
Website www.internationalschoolyangon.org/
Address 20 Shwe Taungyar, Bahan Township, Yangon, 11181, Myanmar
Mailing address Management Officer (for ISY), 4250 Rangoon Place, Dulles, VA 20189-4250, USA

STAFF

Director Timothy J. Travers
Secondary School Principal James Gerhard
Elementary School Principal William Martin-Muth
Middle & High School Counselor Janet Susan Hallwood
Elementary Counselor Tonya Gerhard
IB Coordinator Patricia Moreno
Business Manager Daw Khin Hla Khine
Technology Coordinator Larry Johnson
Librarian Michelle Rinker
Teaching staff Full time 47; Part time 4; Total 51
Nationalities of teaching staff US 28; UK 1; Myanmar National 11; Other(s) (French, Australian) 11

INFORMATION

Grade levels PreK–12
School year August–June
School type coeducational, day, private non-profit
Year founded 1955
Governed by appointed and elected Board of Management
Sponsored by American Embassy
Accredited by Western
Regional organizations EARCOS
Enrollment PreK 16; Elementary K–5 193; Middle School 6–8 103; High School 9–12 151; Total 463
Nationalities of student body US 43; UK 12; Myanmar National 134; Other(s) (Korean, Indian) 274
Tuition/fee currency US Dollar
Tuition range 7,426–12,676
Annual fees ESL 830
One time fees Registration 1,000; Capital Levy 4,000
Graduates attending college 100%
Graduates have attended New York U, Georgetown U, Notre Dame U, Brandis U, Swarthmore Col

EDUCATIONAL PROGRAM

Curriculum US, Intl, IB Diploma, AP
Average class size Elementary 16; Secondary 18
Language(s) of instruction English
Language(s) taught French, Spanish, Mandarin
Staff specialists computer, counselor, ESL, librarian, nurse, physician
Special curricular programs art, instrumental music, vocal music, computer/technology, physical education
Extra curricular programs computers, community service, dance, drama, environmental conservation, excursions/expeditions, literary magazine, photography, yearbook
Sports badminton, basketball, soccer, softball, volleyball
Examinations AP, IB, PSAT, SAT, SAT II, TOEFL, ERB CTPY, ERB WRAP

CAMPUS FACILITIES

Location Suburban
Campus 4 hectares, 7 buildings, 50 classrooms, 4 computer labs, 260 instructional computers, 26,000 library volumes, 1 cafeteria, 2 covered play areas, 1 infirmary, 1 playing field, 3 science labs, air conditioning

YANGON INTERNATIONAL SCHOOL

Phone 95-1-578 171
Fax 95-1-578 604
Email vonspreecken@yis.edu.mm
Website www.yismyanmar.net
Address No. 117, Thu Mingalar Housing, Thingangyun Township, Yangon, Myanmar

STAFF

Director Greg L. Von Spreecken
K–8 Principal Donny McCoy
Activities & Athletic Director Devron Shepherd
Business Manager Miss Carol
Technology Coordinator Ian Craig
Librarian Nancy Grimwood
Teaching staff Full time 33; Total 33
Nationalities of teaching staff US 26; Myanmar National 4; Other(s) (Canadian) 3

INFORMATION

Grade levels K–12
School year August–May
School type coeducational, day, private non-profit
Year founded 2004
Governed by International Language Business Center
Sponsored by Managed by International Schools Services
Accredited by Western
Enrollment PreK 15; Elementary K–5 135; Middle School 6–8 50; High School 9–12 65; Total 265
Nationalities of student body US 3; Myanmar National 215; Other(s) 47
Tuition/fee currency US Dollar
Tuition range 7,000–9,500
One time fees Registration 1,000; Capital Levy 3,500
Graduates attending college 100%
Graduates have attended Dickinson Col, Texas Christian U, Elizabethtown Col, Leheigh U, Sarah Lawrence U

EDUCATIONAL PROGRAM

Curriculum US, AP
Average class size Elementary 16; Secondary 18
Language(s) of instruction English
Language(s) taught Chinese, Spanish
Staff specialists computer, counselor, ESL, librarian
Special curricular programs art, vocal music, computer/technology, physical education, Myanmar studies
Extra curricular programs computers, community service, drama, environmental conservation, excursions/expeditions, newspaper, yearbook, crafts
Sports badminton, basketball, soccer, swimming, volleyball
Clubs games, math, student council, community service
Examinations AP, Iowa, PSAT, SAT

CAMPUS FACILITIES

Location Suburban
Campus 4 buildings, 21 classrooms, 2 computer labs, 60 instructional computers, 1 cafeteria, 1 covered play area, 1 gymnasium, 1 infirmary, 2 playing fields, 2 science labs, 1 pool, air conditioning

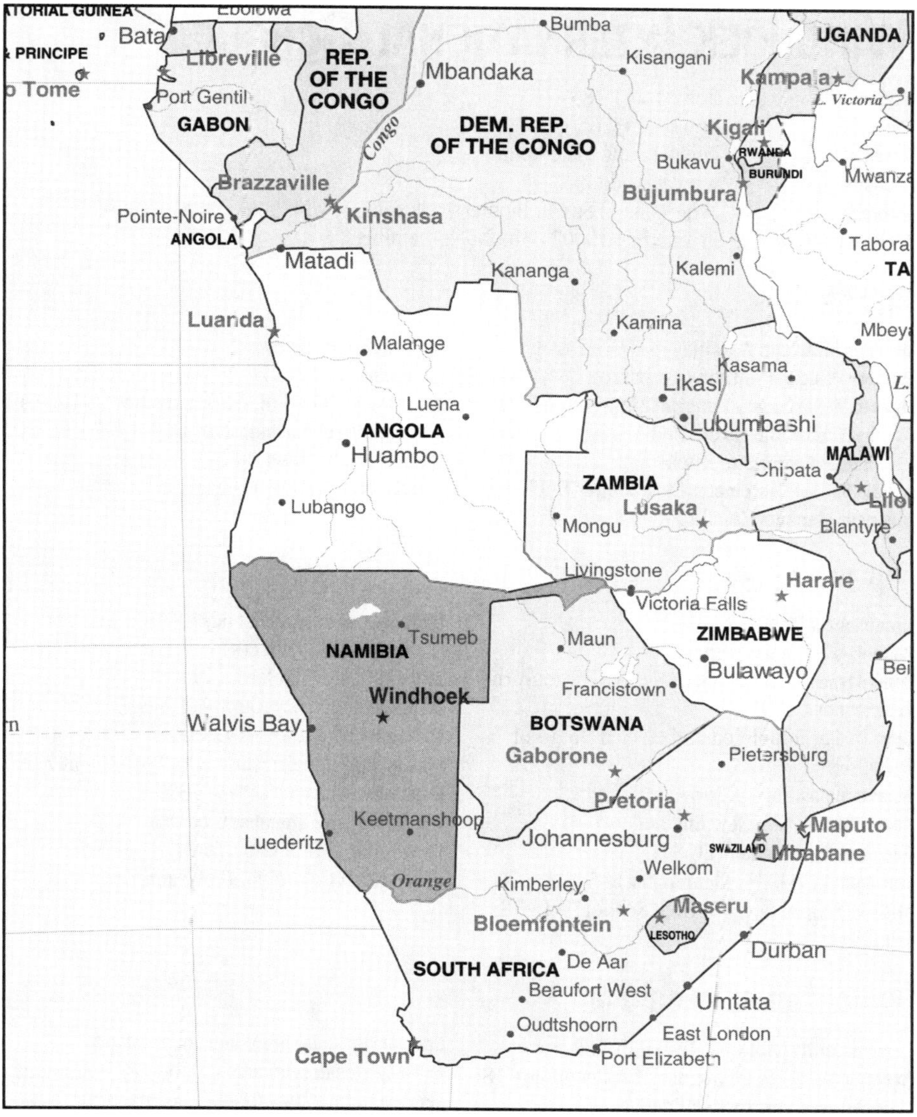

NAMIBIA

Area:	824,292 sq km
Population:	22,061,451
Capital:	Windhoek
Currency:	Namibian Dollar (NAD)
Languages:	Afrikaans, German, English

WINDHOEK INTERNATIONAL SCHOOL

Phone	264 61 241 783
Fax	264 61 243 127
Email	cheimstadt@wis.edu.na
Website	www.wis.edu.na
Address	Scheppmann Street, Pionierspark extn. 1, Windhoek, 9000, Namibia
Mailing address	Private Bag 16007, Windhoek, Namibia

STAFF

Director Maureen A Rainey
Primary Principal Anthony Millward
Director & Secondary Principal Maureen Rainey
IB Coordinator Margarete Reiff
IGCSE Coordinator Sue Huck
Middle School Coordinator Christopher Buckland
Business Manager Zebald Rijatua
ICT Teacher JP Bruwer
Librarian Mana Avafia
Teaching staff Full time 40; Part time 7; Total 47
Nationalities of teaching staff US 1; UK 7; Namibian 28; Other(s) (South African, Australian) 11

INFORMATION

Grade levels PreK–12
School year August–June
School type coeducational, day, private non-profit
Year founded 1991
Governed by appointed and elected Board of Directors
Sponsored by Parent Body
Accredited by CIS, New England
Regional organizations ECIS
Enrollment PreK 38; Elementary K–5 131; Middle School 6–8 67; High School 9–12 78; Total 314
Nationalities of student body US 18; UK 4; Namibian 173; Other(s) (Portuguese, Angolan) 119
Tuition/fee currency Namibia Dollar
Tuition range 24,160–142,660
One time fees Registration 200; Enrollment 7,000
Graduates attending college 75%
Graduates have attended U of Oxford, U of Finland, U of Cape Town, U of British Columbia, U of Namibia

EDUCATIONAL PROGRAM

Curriculum IB Diploma, IBPYP, IGCSE
Average class size Elementary 22; Secondary 18
Language(s) of instruction English
Language(s) taught English, French, German, Portuguese
Staff specialists computer, counselor, ESL, learning disabilities, librarian, nurse, reading resource
Special curricular programs vocal music
Extra curricular programs computers, community service, dance, drama, literary magazine, yearbook
Sports basketball, football, rugby, soccer, track and field, volleyball
Clubs voluntary work, chess, craft, ballet, band
Examinations GCSE, IB, IGCSE

CAMPUS FACILITIES

Location Urban
Campus 14 hectares, 41 buildings, 52 classrooms, 1 computer lab, 30 instructional computers, 10,100 library volumes, 1 auditorium, 1 cafeteria, 1 covered play area, 1 gymnasium, 1 infirmary, 2 playing fields, 3 science labs, 1 tennis court

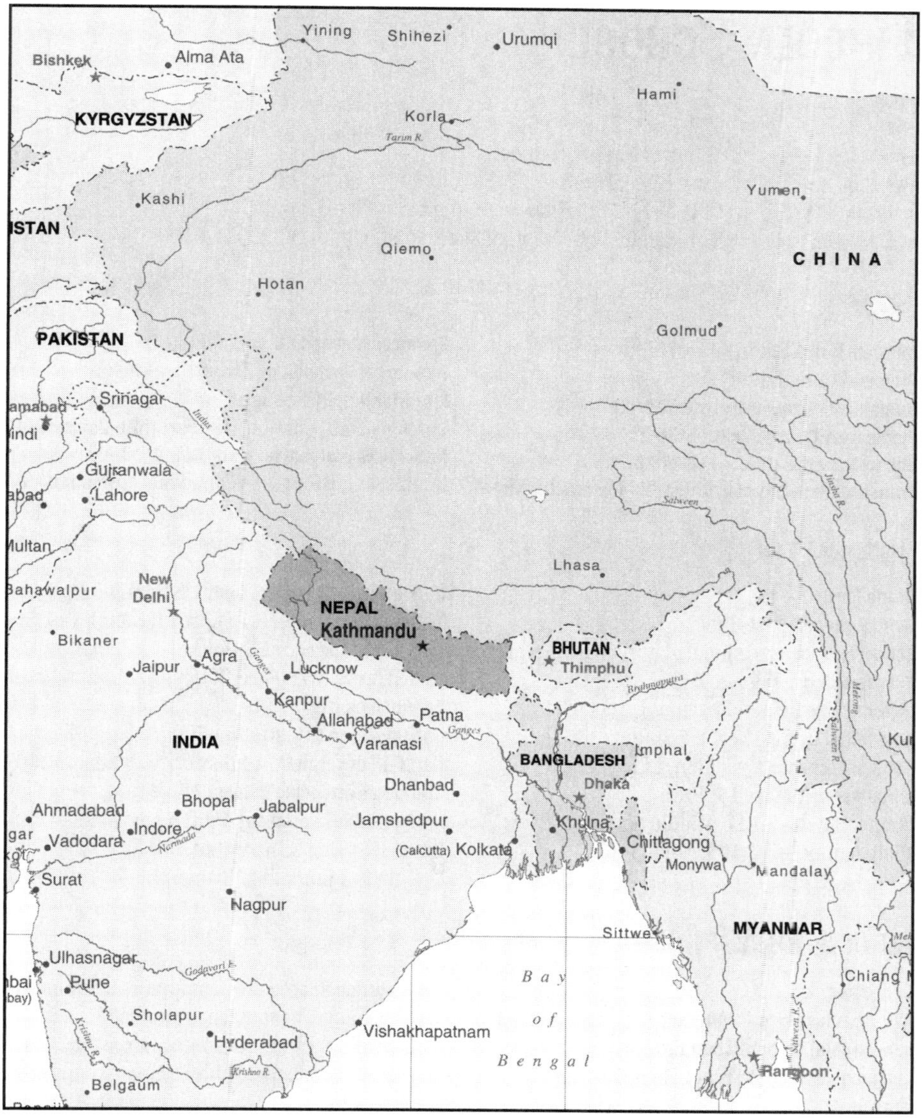

NEPAL

Area:	147,181 sq km
Population:	28,951,852
Capital:	Kathmandu
Currency:	Nepalese Rupee (NPR)
Languages:	Nepali, Maithali

Lincoln School

Phone 977 1 4 270 482
Fax 977 1 4 272 685
Email abredy@lsnepal.com.np
Website www.lsnepal.com
Address GPO 2673, Rabi Bhawan, Kathmandu, Nepal
Mailing address Kathmandu (LS), Dept. of State, Washington, DC 20521-6190, USA

STAFF

Director Phil Clinton
Principal Craig Baker
Guidance Counselor Bernie Lenoue
Elementary Counselor Joel Garrison
School Services Officer Dal Thapa
Transportation Director Rajendra Karmacharya
Business Manager Janne Shah
Director of Technology Robert Jenkinson
Librarian Peggy Keough
Teaching staff Full time 38; Part time 2; Total 40
Nationalities of teaching staff US 25; UK 1; Nepalese 2; Other(s) (Canadian, Australian) 12

INFORMATION

Grade levels N–12
School year August–June
School type coeducational, day, private non-profit
Year founded 1954
Governed by elected Board of Directors
Accredited by CIS, New England
Regional organizations AISA, ECIS, NESA
Enrollment Nursery 15; PreK 18; Elementary K–5 124; Middle School 6–8 85; High School 9–12 103; Total 345
Nationalities of student body US 93; UK 7; Nepalese 96; Other(s) (Korean, Dane) 149
Tuition/fee currency US Dollar
Tuition range 3,750–16,800
Annual fees Busing 900
One time fees Registration 500; Capital Levy 3,000; Admission 450; Senior 200
Graduates attending college 100%
Graduates have attended U of Pennsylvania, Johns Hopkins U, Bates Col, U of British Columbia, Brown U

EDUCATIONAL PROGRAM

Curriculum US, AP
Average class size Elementary 19; Secondary 18
Language(s) of instruction English
Language(s) taught French, Spanish, Nepali, German
Staff specialists computer, counselor, ESL, learning disabilities, librarian, math resource, nurse, reading resource
Special curricular programs art, instrumental music, vocal music, computer/technology, physical education
Extra curricular programs computers, community service, dance, drama, environmental conservation, excursions/expeditions, literary magazine, newspaper, photography, yearbook, Explore Nepal
Sports basketball, martial arts, soccer, swimming, tennis, track and field, volleyball
Clubs Roots & Shoots, National Honor Society, French Honor Society, Model UN
Examinations ACT, AP, PSAT, SAT, SAT II, MAP

CAMPUS FACILITIES

Location Suburban
Campus 2 hectares, 4 buildings, 30 classrooms, 3 computer labs, 150 instructional computers, 25,000 library volumes, 1 auditorium, 1 covered play area, 1 gymnasium, 1 infirmary, 2 playing fields, 3 science labs, air conditioning

THE NETHERLANDS

Area:	41,543 sq km
Population:	16,783,092
Capital:	Amsterdam
Currency:	Euro (EUR)
Languages:	Dutch, Frisian

INTERNATIONAL SCHOOL OF AMSTERDAM

Phone 31 20 347 1111
Fax 31 20 347 1222
Email info@isa.nl
Website www.isa.nl
Address Sportlaan 45, Amstelveen, 1185 TB, The Netherlands
Mailing address PO Box 920, 1180 AX Amstelveen, The Netherlands

STAFF

Director Edward E. Greene, Jr., Ph.D.
Head of Lower School Sarah Grace
Head of Upper School David Norcott
Assistant Head of Upper School Claire McQuillan
Assistant Head of Lower School Susan Loban
Business Office Manager Harmen Veling
Educational Technology Director Warren Apel
Library Media Center Coordinator Donna Saxby
Teaching staff Full time 101; Part time 36; Total 137
Nationalities of teaching staff US 23; UK 36; Dutch 25; Other(s) (Canadian, Irish) 53

INFORMATION

Grade levels N–12
School year August–June
School type coeducational, day, private non-profit
Year founded 1964
Governed by Board of Governors
Accredited by CIS, New England
Regional organizations ECIS
Enrollment Nursery 57; PreK 64; Elementary K–5 422; Middle School 6–8 195; High School 9–12 213; Total 951
Nationalities of student body US 166; UK 121; Dutch 127; Other(s) (Japanese, Korean) 537
Tuition/fee currency Euro
Tuition range 5,795–21,055
Annual fees Registration 300
One time fees Enrolment 3,500
Graduates attending college 98%
Graduates have attended John Hopkins U, Stanford U, McGill U, Brown U, Hong Kong U of Science & Technology

EDUCATIONAL PROGRAM

Curriculum Intl, IB Diploma, IBPYP, IBMYP
Average class size Elementary 20; Secondary 18
Language(s) of instruction English
Language(s) taught Dutch, French, Spanish, German, Japanese
Staff specialists computer, counselor, ESL, learning disabilities, librarian, math resource, nurse, reading resource
Special curricular programs art, instrumental music, vocal music, computer/technology, physical education
Extra curricular programs computers, community service, dance, drama, excursions/expeditions, newspaper, yearbook
Sports badminton, baseball, basketball, cricket, football, golf, gymnastics, hockey, martial arts, rugby, soccer, softball, squash, swimming, tennis, track and field, volleyball, flag football
Examinations IB, PSAT, SAT, SAT II, TOEFL

CAMPUS FACILITIES

Location Suburban
Campus 6 hectares, 2 buildings, 88 classrooms, 4 computer labs, 534 instructional computers, 20,000 library volumes, 1 auditorium, 1 cafeteria, 2 gymnasiums, 1 infirmary, 2 playing fields, 6 science labs, 2 tennis courts

AFNORTH International School

Phone 31 45 527 8221
Fax 31 45 527 8233
Email AIS.Directorate@eu.dodea.edu
Website www.afnorth-is.com
Address Ferd Bolstraat 1, Brunssum, 6445 EE, The Netherlands

STAFF

International Director H. Elsie Stresman
UK Elementary Head Sheena Macleod
US Section Head Ellen Minette
Canadian High School Head France Thibault
Canadian Elementary Head Shannon Tipping
German Section Head Iris Gerloff
Business Manager Corrina Halters
Educational Technologist Jeff Black
Media Specialist Lorna Kee

INFORMATION

Grade levels PreK–13
School year August–June
School type coeducational, day, private non-profit
Year founded 1967
Governed by appointed Board of Directors
Accredited by North Central
Regional organizations ECIS
Tuition/fee currency Euro
Tuition range 15,972–18,432
Graduates attending college 96%
Graduates have attended Queens Col, Colorado School of Mines, U of Texas, Auburn U, U of California

EDUCATIONAL PROGRAM

Curriculum US, AP, Hauptschule, Realschule, Allgemeine Hochschulreife, Ontario HS Diploma
Average class size Elementary 22; Secondary 20
Language(s) of instruction English, German
Language(s) taught English, German, French, Spanish
Staff specialists computer, counselor, ESL, learning disabilities, librarian, nurse, psychologist, reading resource, speech/hearing
Special curricular programs art, instrumental music, vocal music, computer/technology, distance learning, physical education, vocational
Extra curricular programs computers, community service, drama, excursions/expeditions, yearbook
Sports baseball, basketball, cross-country, football, soccer, softball, tennis, track and field, volleyball, wrestling
Clubs international, National Honor Society, Junior Honor Society
Examinations ACT, AP, PSAT, SAT, SAT II, Tera Nova

CAMPUS FACILITIES

Location Suburban
Campus 1 auditorium, 1 cafeteria, 1 covered play area, 3 gymnasiums, 1 infirmary, 1 playing field, 3 science labs

INTERNATIONAL SCHOOL EERDE

Phone 31 529 451 452
Fax 31 529 456 377
Email info@eerde.nl
Website www.eerde.nl
Address Kasteellaan 1, Ommen, Overijssel, 7731 PJ, The Netherlands

STAFF

Principal H. G. Voogd
Deputy Principal E. Lock
IGCSE Coordinator H. van der Zwan
IB Coordinator H. Lenoir
Head of Library M. Plomp
Teaching staff Full time 23; Part time 15; Total 38

INFORMATION

Grade levels PreK–12
School year August–July
School type boarding, coeducational, day, private non-profit
Year founded 1934
Governed by appointed Board, Landstede Education Group
Sponsored by Landstede Education Group
Accredited by CIS
Regional organizations ECIS
Tuition/fee currency Euro
Tuition range 13,200–18,000
Annual fees Boarding, 5-day 24,000; Boarding, 7-day 26,400; Books 750
One time fees Registration 2,500; Laptop eLearning 1,750; Examination 1,500
Boarding program grades 6–13
Boys 45 **Girls** 15

EDUCATIONAL PROGRAM

Curriculum UK, Intl, IB Diploma, IGCSE
Average class size Elementary 10; Secondary 15
Language(s) of instruction English
Language(s) taught Spanish, German, French, Dutch, Russian, Italian, Swedish, Finnish
Staff specialists computer, counselor, learning disabilities, librarian
Special curricular programs vocal music
Extra curricular programs yearbook
Sports basketball, golf, hockey, martial arts, soccer, swimming, tennis, volleyball
Examinations GCSE, IB, IGCSE

CAMPUS FACILITIES

Location Rural
Campus 8 hectares, 7 buildings, 20 classrooms, 1 computer lab, 20 instructional computers, 5,000 library volumes, 1 auditorium, 1 cafeteria, 1 gymnasium, 1 playing field, 2 science labs, 1 pool, 1 tennis court

AMERICAN INTERNATIONAL SCHOOL OF ROTTERDAM

Phone 31 10 422 5351
Fax 31 10 422 4075
Email queries@aisr.nl
Website www.aisr.nl
Address Verhulstlaan 21, 3055 WJ, Rotterdam, 3055 WJ, The Netherlands

STAFF

Director Graham N. Gamble
Elementary Principal Anne Marie Blitz
Guidance Counselor Kate Driver
IB Coordinator Evelyn Armstrong
External Affairs Lesley Murphy
Finance Manager Maria Josey
IT Coordinator Phil Krumrei, Ph.D.
Librarian Stewart Shipman
Teaching staff Full time 32; Part time 10; Total 42
Nationalities of teaching staff US 22; UK 6; Dutch 3; Other(s) (Canadian, New Zealander) 11

INFORMATION

Grade levels PreK–12
School year August–June
School type coeducational, day, private non-profit
Year founded 1959
Governed by appointed Board of Directors
Accredited by CIS, New England
Regional organizations ECIS
Enrollment PreK 40; Elementary K–5 105; Middle School 6–8 25; High School 9–12 30; Total 200
Nationalities of student body US 42; UK 22; Dutch 22; Other(s) (Japanese, Korean) 114
Tuition/fee currency Euro
Tuition range 12,200–17,500
Annual fees Registration 950; Busing 3,100
One time fees Capital Levy 3,400
Graduates attending college 98%
Graduates have attended U of Toronto, Ithaca Col, Erasmus U Rotterdam, Cardiff U, American U

EDUCATIONAL PROGRAM

Curriculum US, Intl, IB Diploma, IPC
Average class size Elementary 16; Secondary 14
Language(s) of instruction English
Language(s) taught French, Spanish, Dutch
Staff specialists computer, counselor, ESL, learning disabilities, librarian, nurse
Special curricular programs art, instrumental music, computer/technology, distance learning, physical education
Extra curricular programs computers, community service, drama, environmental conservation, excursions/expeditions, newspaper, photography, yearbook
Sports basketball, soccer, softball, swimming, tennis, track and field, volleyball
Clubs Global Issues Network, Model UN
Examinations IB, PSAT, SAT, SAT II, ISA

CAMPUS FACILITIES

Location Suburban
Campus 3 hectares, 1 building, 35 classrooms, 1 computer lab, 95 instructional computers, 12,000 library volumes, 1 auditorium, 1 cafeteria, 1 gymnasium, 4 playing fields, 3 science labs

Data from 2009/10 school year.

American School of The Hague

Phone 31 70 512 1060
Fax 31 70 511 2400
Email admissions@ash.nl
Website www.ash.nl
Address Rijksstraatweg 200, Wassenaar, 2241 BX, The Netherlands

STAFF

Director Richard L. Spradling, Ph.D.
High School Principal Paul Mackaill
Middle School Principal Mary Russman
Elementary School Principal Tim Messick
Curriculum Director Sue Williams
Director of External Relations Jessie Rodell
Business Manager Ton Ravensbergen
IT Director Lal Abraham
Head Librarian Kim Tyo-Dickerson
Teaching staff Full time 123; Part time 21; Total 144
Nationalities of teaching staff US 89; UK 10; Dutch 18; Other(s) (Canadian, Australian) 27

INFORMATION

Grade levels N–12
School year August–June
School type coeducational, day, private non-profit
Year founded 1953
Governed by elected Board of Trustees
Accredited by CIS, Middle States
Regional organizations ECIS
Enrollment Nursery 15; PreK 45; Elementary K–5 380; Middle School 6–8 270; High School 9–12 380; Total 1,090
Nationalities of student body US 400; UK 40; Dutch 100; Other(s) (Swede, Italian) 550
Tuition/fee currency Euro
Tuition range 10,915–17,320
Annual fees Capital 2,575
One time fees Enrollmment 3,600
Graduates attending college 94%
Graduates have attended U Maastricht, Auburn U, Queen's U, John Hopkins U, U of St. Andrew's

EDUCATIONAL PROGRAM

Curriculum US, IB Diploma, AP
Average class size Elementary 18; Secondary 18
Language(s) of instruction English
Language(s) taught French, Spanish, Dutch, German
Staff specialists computer, counselor, ESL, learning disabilities, librarian, math resource, nurse, reading resource, speech/hearing
Special curricular programs art, instrumental music, vocal music, computer/technology, physical education, theatre, journalism
Extra curricular programs community service, dance, drama, excursions/expeditions, literary magazine, newspaper, yearbook
Sports baseball, basketball, cross-country, soccer, softball, swimming, tennis, track and field, volleyball
Clubs National Honor Society, role playing games, chess, science, jazz band, speech & debate, student senate, MathCounts, Model UN, yearbook, literary magazine, movement, service learning/advisory
Examinations ACT, AP, IB, PSAT, SAT, SAT II, TOEFL, ISA

CAMPUS FACILITIES

Location Suburban
Campus 5 hectares, 1 building, 100 classrooms, 15 computer labs, 800 instructional computers, 50,000 library volumes, 1 auditorium, 2 cafeterias, 5 gymnasiums, 1 infirmary, 3 playing fields, 10 science labs

THE BRITISH SCHOOL IN THE NETHERLANDS

Phone 31 070 315 4077
Fax 31 070 315 4078
Email info@britishschool.nl
Website www.britishschool.nl
Address Vrouw Avenweg 640, Den Haag, 2493 WZ, The Netherlands

STAFF

Principal Martin Coles, Ph.D.
Head of Senior School Peter Simpson
Head of Junior School Vlaskamp Tony Berwick
Head of Junior School Diamanthorst Paul Ellis
Head of Junior School Assen Michala Warner
Head of Junior School Leidschenveen David Porritt
Finance Director Wouter Hoobroeckx

INFORMATION

Grade levels N–13
School year September–July
School type coeducational, day, private non-profit
Year founded 1931
Tuition/fee currency Euro
Tuition range 6,000–16,188
One time fees Registration 580
Graduates attending college 98%
Graduates have attended U of Oxford, U of Cambridge, U of London, U of East Anglia, U of Edinburgh

EDUCATIONAL PROGRAM

Curriculum UK, IB Diploma, GenCSE
Average class size Elementary 22; Secondary 20
Language(s) of instruction English
Language(s) taught French, German, Dutch, Spanish, Latin, Mandarin, Italian
Staff specialists computer, ESL, learning disabilities, librarian, nurse
Special curricular programs art, instrumental music, computer/technology, physical education
Extra curricular programs community service
Sports badminton, basketball, cross-country, golf, gymnastics, hockey, rugby, skiing, soccer, swimming
Examinations A-level GCE, GCSE, IB

CAMPUS FACILITIES

Location Urban
Campus 4 buildings, 110 classrooms, 6 computer labs, 400 instructional computers, 28,000 library volumes, 4 auditoriums, 1 cafeteria, 4 gymnasiums, 5 infirmaries, 4 playing fields, 8 science labs, 5 tennis courts

NICARAGUA

NICARAGUA

Area:	130,370 sq km
Population:	5,995,928
Capital:	Managua
Currency:	Cordoba
Languages:	Spanish

American Nicaraguan School

Phone 505 2278 0029
Fax 505 2278 2565
Email director@ans.edu.ni
Website www.ans.edu.ni
Address Reparto Lomas de Montserrat, frente al Club, Managua, Nicaragua
Mailing address P.O. Box 2670, Managua, Nicaragua

STAFF

Director General Stan Key
Secondary Principal Timothy Gardina
Middle School Coordinator Rodolfo Narvaez
Elementary Principal Fredy Ramirez
Athletic Director Oswaldo Ortiz
Curriculum Coordinator Virginia Ferrey
Director of Finance & Support Services Roberto Cardenal
Media & Technology Coordinator Roberta Arguello
Head of Library Magda Morice
Teaching staff Full time 96; Total 96
Nationalities of teaching staff US 44; Nicaraguan 45; Other(s) 7

INFORMATION

Grade levels N–12
School year August–June
School type coeducational, day, private non-profit
Year founded 1944
Governed by elected Board of Directors
Accredited by Southern
Regional organizations AASCA, AASSA
Enrollment Nursery 23; PreK 39; Elementary K–5 393; Middle School 6–8 211; High School 9–12 286; Total 952
Nationalities of student body US 301; UK 7; Nicaraguan 460; Other(s) (Korean, Dutch) 184
Tuition/fee currency US Dollar
Tuition range 1,920–6,000
Annual fees Registration 150; Technology/PTO/Scholarship Fund 195
One time fees Entrance 3,500; Construction 1,500
Graduates attending college 100%
Graduates have attended Georgetown U, Loyola U, Johnson & Wales U, U of Notre Dame, Purdue U

(Continued)

AMERICAN NICARAGUAN SCHOOL (Continued)

EDUCATIONAL PROGRAM

Curriculum US, National, AP
Average class size Elementary 20; Secondary 22
Language(s) of instruction English
Language(s) taught Spanish, French, Mandarin
Staff specialists computer, counselor, ESL, learning disabilities, librarian, nurse, psychologist, reading resource
Special curricular programs art, instrumental music, vocal music, computer/technology, physical education, drama
Extra curricular programs computers, community service, dance, drama, environmental conservation, excursions/expeditions, newspaper, photography, yearbook, sports
Sports badminton, baseball, basketball, football, gymnastics, soccer, swimming, track and field, volleyball, handball, flag football, table tennis, chess
Clubs National Honor Society, National Junior Honor Society, Hacia Democracy, Operation Smile, drama,band, Knowledge Bowl, United Hands, Model UN, astronomy
Examinations ACT, AP, PSAT, SAT, SAT II, Stanford, TOEFL, LSAT, SSAT,SCAT, GRE, GRE Subject, GMAT

CAMPUS FACILITIES

Location Urban
Campus 29 hectares, 20 buildings, 70 classrooms, 4 computer labs, 230 instructional computers, 25,000 library volumes, 3 cafeterias, 2 covered play areas, 2 gymnasiums, 1 infirmary, 4 playing fields, 1 science lab, 1 pool, 3 tennis courts

LINCOLN INTERNATIONAL ACADEMY

Phone (505) 2276-3000
Fax (505) 2276-1700
Email lincoln@lincoln.edu.ni
Website www.lincoln.edu.ni
Address Las Colinas Sur, de la Base Militar Julian Roque 600 mts al sur, Managua, Nicaragua
Mailing address Lincoln International Academy, Nicabox 250 P.O. Box 52-7444, Miami, FL 33152

STAFF

General Director Adolfo J. Gonzalez
Elementary School Principal Patricia Callejas
Secondary School Principal Roberto Porta
Preschool Coordinator Marcela Chamorro
Institutional Development Director Veronica Cardenal
Business Manager Arsenio Toledo
IT Coordinator Jorge Perez
Head Librarian Elizabeth Ugarte
Teaching staff Full time 130; Total 130
Nationalities of teaching staff US 20; Nicaraguan 105; Other(s) (Spaniard) 5

INFORMATION

Grade levels N–12
School year August–June
School type coeducational, church-affiliated, day, proprietary
Year founded 1991
Governed by appointed Board of Directors
Accredited by Southern
Regional organizations AASCA
Enrollment Nursery 50; PreK 40; Elementary K–5 270; Middle School 6–8 170; High School 9–12 215; Total 745
Nationalities of student body US 145; Nicaraguan 405; Other(s) 195
Tuition/fee currency US Dollar
Tuition range 1,900–5,260
Annual fees Registration 150
One time fees Entrance 3,000
Graduates attending college 100%
Graduates have attended Johns Hopkins U, Notre Dame U, Purdue U, Stanford U, Savannah Col of Art & Design

EDUCATIONAL PROGRAM

Curriculum US, National, AP
Average class size Elementary 22; Secondary 24
Language(s) of instruction English, Spanish
Language(s) taught English, Spanish
Staff specialists computer, counselor, ESL, librarian, math resource, physician, psychologist
Special curricular programs art, instrumental music, vocal music, computer/technology, distance learning, physical education
Extra curricular programs community service, dance, drama, environmental conservation, excursions/expeditions, yearbook
Sports basketball, soccer, softball, tennis, track and field, volleyball, table tennis
Clubs HACIA Democracy, Sagrada Familia, Operation Smile, La Mascota Children's Hospital, student government
Examinations AP, PSAT, SAT, SAT II, Stanford, TOEFL, MAP

CAMPUS FACILITIES

Location Suburban
Campus 10 hectares, 15 buildings, 44 classrooms, 3 computer labs, 100 instructional computers, 8,000 library volumes, 4 auditoriums, 1 cafeteria, 2 covered play areas, 1 gymnasium, 1 infirmary, 6 playing fields, 1 science lab, 1 tennis court

NIGER

NIGER

Area:	1,267,000 sq km
Population:	15,878,271
Capital:	Niamey
Currency:	CFA Franc (XOF)
Languages:	French

American International School of Niamey

Phone 227 20723 942
Fax 227 20723 457
Email asniger@intnet.ne
Website www.geocities.com/asniamey
Address c/o American Embassy, BP 11201, Rue des Ambassades, Niamey, Niger
Mailing address MO/Director (AISN), 2420 Niamey Place, Dulles, VA 20189-2420, USA

STAFF

Director Deborah Robinson
Business Manager Fidele Dassi
Teaching staff Full time 8; Part time 5; Total 13
Nationalities of teaching staff US 4; Nigerian 5; Other(s) (Russian, French) 4

INFORMATION

Grade levels PreK–12
School year August–June
School type coeducational, day, private non-profit
Year founded 1982
Governed by appointed and elected Board of Directors
Accredited by Middle States
Regional organizations AISA
Enrollment PreK 13; Elementary K–5 37; Middle School 6–8 22; High School 9–12 8; Total 80
Nationalities of student body US 21; UK 2; Nigerien 14; Other(s) 43
Tuition/fee currency US Dollar
Tuition range 3,000–14,515
Annual fees Busing 1,840
One time fees Registration 3,000
Graduates attending college 100%
Graduates have attended California State U, John A. Logan Col

EDUCATIONAL PROGRAM

Curriculum US
Average class size Elementary 12; Secondary 10
Language(s) of instruction English
Language(s) taught French
Special curricular programs art, vocal music, distance learning, physical education
Extra curricular programs computers, community service, dance, yearbook
Sports basketball, soccer, softball
Examinations Iowa, PSAT, SAT

CAMPUS FACILITIES

Location Suburban
Campus 3 hectares, 5 buildings, 12 classrooms, 1 computer lab, 22 instructional computers, 12,000 library volumes, 1 auditorium, 1 cafeteria, 4 playing fields, 1 science lab, 1 pool, 1 tennis court, air conditioning

Data from 2009/10 school year.

NIGERIA

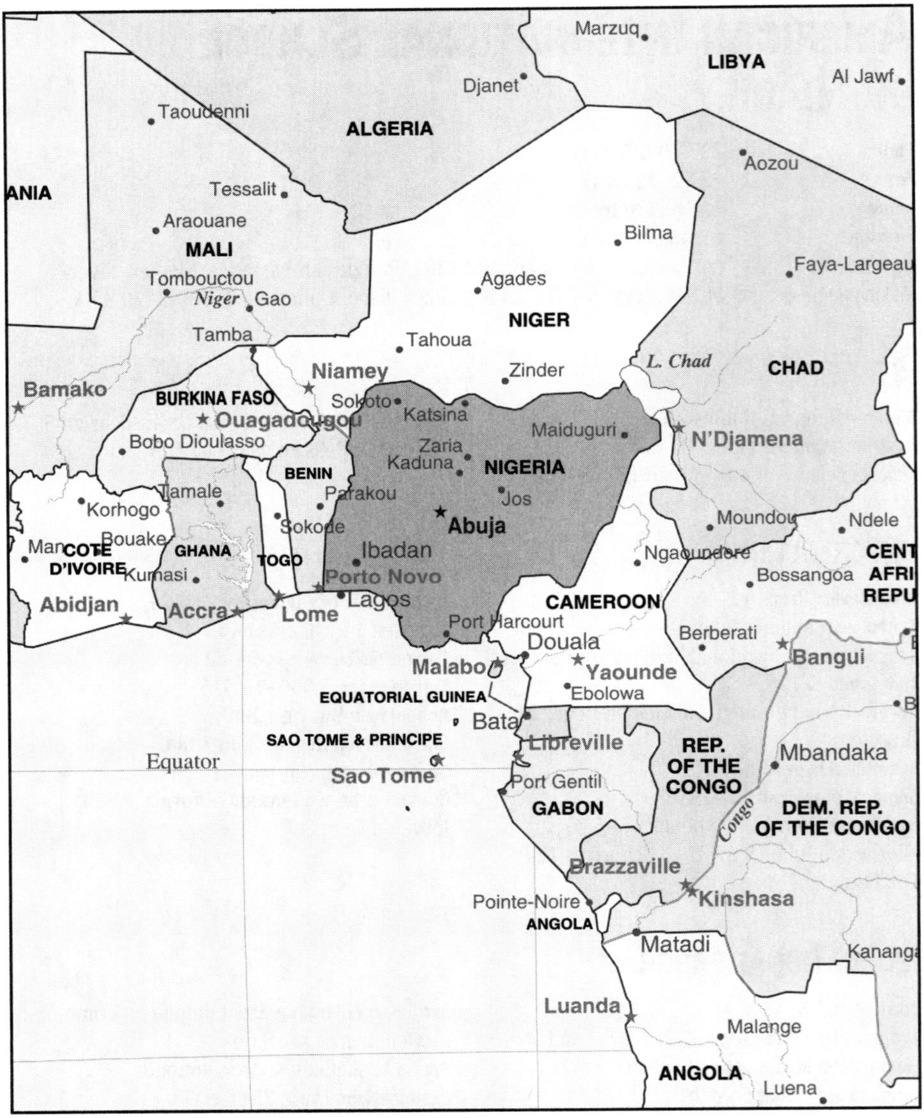

NIGERIA

Area:	923,768 sq km
Population:	152,217,341
Capital:	Abuja
Currency:	Naira (NGN)
Languages:	English

American International School of Abuja

Phone 234 9 672 6260
Email auzoewulu@yahoo.com
Website www.aisabuja.com
Address Plot 346 Cadastral Zone B02, Durumi District, Durumi, Abuja, FCT, Nigeria
Mailing address 8320 Abuja Place, Dulles, VA 20189-8320, USA

STAFF

Director Amy A Uzoewulu
Middle & High School Principal Diana Martelly, Ph.D.
Guidance Counselor Rivien Amobi
Elementary Principal Janet Ericson
Assistant Elementary Principal & Registrar Deanna Emond
Finance Officer Grace Daniel
IT Coordinator Bryan Scholes
Librarian Carolina Cuello
Teaching staff Full time 40; Total 40
Nationalities of teaching staff US 25; UK 1; Nigerian 6; Other(s) (Canadian, Indian) 8

INFORMATION

Grade levels N–12
School year August–June
School type coeducational, day, private non-profit
Year founded 1993
Governed by elected Board of Directors
Accredited by Middle States
Regional organizations AISA
Enrollment Nursery 30; PreK 30; Elementary K–5 250; Middle School 6–8 90; High School 9–12 50; Total 450
Nationalities of student body US 90; UK 20; Nigerian 90; Other(s) (Israeli) 250
Tuition/fee currency US Dollar
Tuition range 4,330–16,086
One time fees Registration 200; Capital Levy 5,000
Graduates attending college 100%
Graduates have attended Johns Hopkins U, Massachusetts Institute of Technology, Rice U, U of Houston, Brandise U

EDUCATIONAL PROGRAM

Curriculum US, AP
Average class size Elementary 22; Secondary 20
Language(s) of instruction English
Language(s) taught French
Staff specialists computer, counselor, ESL, learning disabilities, librarian, nurse
Special curricular programs art, instrumental music, vocal music, computer/technology, physical education
Extra curricular programs computers, community service, dance, drama, excursions/expeditions, yearbook
Sports basketball, soccer, swimming, track and field
Clubs swimming, gymnastics, dance, ballet, tae kwon do, crafts, basketball, soccer, community service
Examinations AP, Iowa, PSAT, SAT, TOEFL

CAMPUS FACILITIES

Location Suburban
Campus 6 hectares, 6 buildings, 30 classrooms, 2 computer labs, 40 instructional computers, 8,000 library volumes, 1 auditorium, 1 cafeteria, 1 covered play area, 1 infirmary, 2 playing fields, 1 science lab, 1 pool, air conditioning

Hillcrest School

Phone 234 73 465410
Fax 234 73 465410
Email hillcrestschool@yahoo.com
Website www.hillcrestschool.net
Address 13 Old Bukuru Road, Jos, Plateau, 930001, Nigeria
Mailing address c/o Nigerian Courier, 3901 E. Paris Ave S.E., Grand Rapids, MI 49512-3906 USA

STAFF

Superintendent Dick A. Seinen
High School & Middle School Principal Brian Huff, Ph.D.
Elementary School Principal Jennifer Bhide
Finance Officer Vikram Bhide
Head of Computer Department Dele Alabi
Librarian Aisha Garba

INFORMATION

Grade levels 1–12
School year August–May
School type boarding, coeducational, church-affiliated, day, private non-profit
Year founded 1942
Governed by appointed Cooperating Body
Accredited by Middle States
Regional organizations AISA
Graduates attending college 92%
Graduates have attended American U, American U of Beirut, Calvin Col, George Washington U, Texas A&M U

EDUCATIONAL PROGRAM

Curriculum US, AP
Average class size Elementary 18; Secondary 22
Language(s) of instruction English
Language(s) taught French, Spanish, Hausa
Staff specialists computer, learning disabilities, librarian, nurse
Special curricular programs art, instrumental music, vocal music, computer/technology, physical education, vocational
Extra curricular programs computers, community service, dance, excursions/expeditions, literary magazine, newspaper, photography, yearbook
Sports badminton, baseball, basketball, cross-country, golf, gymnastics, soccer, tennis, track and field, volleyball
Examinations ACT, AP, Iowa, PSAT, SAT

CAMPUS FACILITIES

Location Urban
Campus 16 hectares, 9 buildings, 23 classrooms, 3 computer labs, 45 instructional computers, 1 auditorium, 1 gymnasium, 1 infirmary, 2 playing fields, 3 science labs, 5 tennis courts

Data from 2009/10 school year.

American International School of Lagos

Phone 234 1 261 7793
Fax 234 1 261 7794
Email information@aislagos.com
Website www.aislagos.org
Address Behind 1004 Estates, Victoria Island, Lagos, Lagos State, Nigeria
Mailing address c/o TPS-AIS Lagos, PO Box 1357, Tacoma, WA 98401-1357, USA

STAFF

Superintendent Thomas P. Shearer
Secondary Principal Sharon Schauss
Elementary Principal Justin Smith
Dircetor of Admissions/IB Coordinator John Stewart
Asst. Principal Ebele Mbanugo
Dean of Students Laurie Klancke
Business Manager Trudy Mafe
Technology Coordinator Jeff Klancke
Librarian Kay Riley
Teaching staff Full time 74; Part time 3; Total 77
Nationalities of teaching staff US 58; UK 2; Nigerian 9; Other(s) (Indian, Lebanese) 8

INFORMATION

Grade levels PreK–12
School year August–June
School type coeducational, day, private non-profit
Year founded 1964
Governed by elected Board of Directors
Accredited by Middle States
Regional organizations AISA
Enrollment PreK 48; Elementary K–5 400; Middle School 6–8 232; High School 9–12 140; Total 820
Nationalities of student body US 355; UK 73; Nigerian 83; Other(s) (South African, Israeli) 309
Tuition/fee currency US Dollar
Tuition range 8,980–20,200
Annual fees Capital Levy 1,600; ELL 4,800; Student Support Services 4,800
One time fees Registration 7,000; Application 400
Graduates attending college 100%
Graduates have attended U of Chicago, Amherst Col, U of Illinois, U of Maryland, U of Virginia

(Continued)

AMERICAN INTERNATIONAL SCHOOL OF LAGOS (Continued)

EDUCATIONAL PROGRAM

Curriculum US, Intl, IB Diploma
Average class size Elementary 18; Secondary 22
Language(s) of instruction English
Language(s) taught French, Spanish
Staff specialists computer, counselor, ESL, librarian, math resource, nurse, reading resource
Special curricular programs art, instrumental music, vocal music, computer/technology, physical education
Extra curricular programs computers, community service, dance, drama, environmental conservation, excursions/expeditions, newspaper, photography, yearbook, art,
Sports badminton, baseball, basketball, football, golf, gymnastics, martial arts, soccer, softball, swimming, tennis, track and field, volleyball, lacrosse
Clubs National Honor Society, Model UN, Global Issues Network, art, student senate, debate, chess, community service
Examinations IB, Iowa, PSAT, SAT, SAT II, ISA

CAMPUS FACILITIES

Location Urban
Campus 4 hectares, 5 buildings, 54 classrooms, 9 computer labs, 429 instructional computers, 29,000 library volumes, 1 auditorium, 1 covered play area, 1 gymnasium, 1 infirmary, 1 playing field, 3 science labs, 1 pool, 2 tennis courts, air conditioning

Data from 2009/10 school year.

NORWAY

Area:	323,802 sq km
Population:	4,676,305
Capital:	Oslo
Currency:	Norwegian Krone (NOK)
Languages:	Bokmal Norwegian, Nynorsk Norwegian

INTERNATIONAL SCHOOL OF BERGEN

Phone 47 55 306 330
Fax 47 55 306 331
Email june@isob.no
Website www.isob.no
Address Vilhelm Bjerknesvei 15, Bergen, 5081, Norway

STAFF

Director June Murison
Deputy Director of Upper School & DP Coordinator Frank Braccia
MYP Coordinator Gillian Boniface
Deputy Director of Lower School & PYP Coordinator Jeanette Morehouse
Business Coordinator Anne Helen Austgulen
IT Coordinator Karla Braccia
Library Coordinator Juliet Crossley-Nilsen
Teaching staff Full time 15; Part time 11; Total 26
Nationalities of teaching staff US 5; UK 14; Norwegian 3; Other(s) (Canadian, French) 4

INFORMATION

Grade levels PreK–11
School year August–June
School type coeducational, day, private non-profit
Year founded 1975
Governed by elected Board of Trustees
Accredited by CIS, New England
Regional organizations ECIS
Enrollment PreK 40; Elementary K–5 90; Middle School 6–8 40; High School 9–12 40; Total 210
Nationalities of student body US 15; UK 25; Norwegian 60; Other(s) (French, Sri Lankan) 110
Tuition/fee currency Norwegian Kroner
Tuition range 25,360–180,000

EDUCATIONAL PROGRAM

Curriculum National, Intl, IBPYP, IBMYP
Average class size Elementary 18; Secondary 15
Language(s) of instruction English, Norwegian
Language(s) taught Norwegian, French
Staff specialists computer, counselor, ESL, learning disabilities, librarian, nurse
Extra curricular programs community service, drama, excursions/expeditions, circus school
Clubs Model UN
Examinations ISA

CAMPUS FACILITIES

Location Suburban
Campus 2 hectares, 3 buildings, 16 classrooms, 1 computer lab, 80 instructional computers, 10,000 library volumes, 2 covered play areas, 2 gymnasiums, 1 infirmary, 1 science lab

INTERNATIONAL SCHOOL OF STAVANGER

Phone 47 51 554300
Fax 47 51 554301
Email Lduevel@isstavanger.no
Website www.isstavanger.no
Address Treskeveien 3, Hafrsfjord, 4043, Norway

STAFF

Director Linda M. Duevel, Ph.D.
Middle School Principal Carol Wallace
Primary Principal & Curriculum Coordinator Len Duevel, Ph.D.
High School Principal Gareth Jones
Business Manager Brynhild Asheim
Technology Manager Allen Smith
Librarian Emma Rees
Teaching staff Full time 77; Part time 7; Total 84
Nationalities of teaching staff US 37; UK 29; Norwegian 7; Other(s) (Dutch, French) 11

INFORMATION

Grade levels PreK–12
School year August–June
School type coeducational, day, private non-profit
Year founded 1966
Governed by appointed Board of Trustees
Accredited by CIS, New England
Regional organizations CEESA, ECIS
Enrollment PreK 50; Elementary K–5 250; Middle School 6–8 195; High School 9–12 215; Total 710
Nationalities of student body US 167; UK 185; Norwegian 141; Other(s) (German, Canadian) 217
Tuition/fee currency Norwegian Kroner
Tuition 160,000
Graduates attending college 95%
Graduates have attended U of British Columbia, Cambridge U, St. Andrews U, U of Michigan, Texas A&M U

EDUCATIONAL PROGRAM

Curriculum US, UK, Intl, IB Diploma, IGCSE
Average class size Elementary 18; Secondary 18
Language(s) of instruction English
Language(s) taught English, Norwegian, French, Spanish, German, Dutch, Italian
Staff specialists computer, counselor, ESL, learning disabilities, librarian, nurse
Special curricular programs art, instrumental music, vocal music, computer/technology, physical education
Extra curricular programs computers, community service, dance, drama, environmental conservation, excursions/expeditions, yearbook
Sports basketball, rugby, skiing, soccer, softball, swimming, track and field, volleyball
Clubs Model UN, skating, Girl & Boy Scouts, environmental
Examinations ACT, GCSE, IB, IGCSE, PSAT, SAT, SAT II, TOEFL, ISA

CAMPUS FACILITIES

Location Suburban
Campus 7 hectares, 1 building, 70 classrooms, 2 computer labs, 325 instructional computers, 35,000 library volumes, 1 auditorium, 1 cafeteria, 3 covered play areas, 3 gymnasiums, 1 infirmary, 3 playing fields, 6 science labs

OMAN

OMAN

Area:	309,500 sq km
Population:	2,967,717
Capital:	Muscat
Currency:	Omani Rial (OMR)
Languages:	Arabic

ABA–AN IB WORLD SCHOOL

Phone 968 24603 646
Fax 968 24603 544
Email admin@abaoman.edu.om
Website www.abaoman.edu.om
Address PO Box 372, Medinat Al Sultan Qaboos, Muscat, 115, Oman

STAFF

Superintendent Mona H. Nashman-Smith
Assistant Superintendent Elsbeth Lang
Secondary Principal Terry Storer
Assistant Secondary Principals Patricia Bruce, Lee Rosky, John Savage
Elementary Principal Stephen Madden
Assistant Elementary Principal Michael Berry
Business Manager Bahul S. Pillai
IT Manager Shahji Prabhakar, Ph.D.
Secondary Librarian Sheila Pontifex
Teaching staff Full time 78; Part time 1; Total 79
Nationalities of teaching staff US 12; UK 21; Other(s) (Canadian, Australian) 46

INFORMATION

Grade levels N–12
School year August–June
School type coeducational, day, private non-profit
Year founded 1987
Governed by elected Board of Directors
Accredited by Middle States
Regional organizations MAIS, NESA
Enrollment Nursery 32; PreK 40; Elementary K–5 396; Middle School 6–8 253; High School 9–12 269; Total 990
Nationalities of student body US 47; UK 221; Omani 28; Other(s) (Indian, Australian) 694
Tuition/fee currency US Dollar
Tuition range 6,632–16,088
Annual fees Re-registration 259
One time fees Registration 389; Capital Levy 6,475
Graduates attending college 99%
Graduates have attended U of Cambridge, Massachusetts Institute of Technology, London School of Economics, U of Stanford, Imperial Col London

EDUCATIONAL PROGRAM

Curriculum Intl, IB Diploma, IBPYP, IBMYP, IGCSE
Average class size Elementary 22; Secondary 22
Language(s) of instruction English
Language(s) taught French, Spanish, Arabic
Staff specialists computer, counselor, ESL, learning disabilities, librarian, nurse, speech/hearing
Special curricular programs art, instrumental music, vocal music, computer/technology, physical education, design & technology, IB theatre
Extra curricular programs computers, community service, drama, environmental conservation, excursions/expeditions, photography, yearbook, cooking, rock 'n pop, choir, Amnesty International, acadmic games, sewing, guitar, jazz band, orchestra, science fun, advanced art
Sports badminton, basketball, cricket, football, golf, hockey, skiing, soccer, swimming, tennis, track and field, volleyball, netball, fitness, judo, fun & games, weight lifting,
Clubs chess, Chinese, homework, Destination Imagination, sewing, Kids Healing Kids, woodwork, scrapbooking, crochet, environmental
Examinations GCSE, IB, IGCSE, PSAT, SAT, SAT II, TOEFL, ISA

CAMPUS FACILITIES

Location Suburban
Campus 3 hectares, 11 buildings, 79 classrooms, 4 computer labs, 264 instructional computers, 19,800 library volumes, 1 auditorium, 2 cafeterias, 3 covered play areas, 2 gymnasiums, 1 infirmary, 2 playing fields, 6 science labs, 1 pool, 3 tennis courts, air conditioning

The American International School of Muscat

Phone (968) 2459-5180
Fax (968) 2450-3815
Email taism@omantel.net.om
Website www.taism.com
Address Way 6305, Building 86, Ghala Street, Muscat, 130, Oman
Mailing address P.O. Box 584, Azaiba, Postal Code 130, Muscat, Oman

STAFF

Director Kevin D. Schafer
High School Principal Nelson File
Middle School Principal Keith Boniface
Elementary School Principal Daniel Hovland
Business Manager Hemant Dutia
IT Coordinator Douglas Irish
Librarian Paige Spilles
Teaching staff Full time 69; Part time 1; Total 70
Nationalities of teaching staff US 53; UK 1; Other(s) (Canadian, Lebanese) 16

INFORMATION

Grade levels PreK–12
School year August–June
School type coeducational, day, private non-profit
Year founded 1998
Governed by appointed and elected Board of Directors
Sponsored by U.S. Embassy
Accredited by CIS, New England
Regional organizations NESA
Enrollment PreK 55; Elementary K–5 280; Middle School 6–8 149; High School 9–12 199; Total 683
Nationalities of student body US 161; UK 21; Omani 30; Other(s) (Dane, Canadian) 471
Tuition/fee currency Omani Rial
Tuition range 3,665–7,850
One time fees Registration 50; Capital Levy 3,950
Graduates attending college 95%
Graduates have attended Stanford U, Brown U, Rhode Island School of Design, Tufts U, U of British Columbia

EDUCATIONAL PROGRAM

Curriculum US, AP
Average class size Elementary 20; Secondary 20
Language(s) of instruction English
Language(s) taught French, Arabic, Spanish
Staff specialists computer, counselor, ESL, learning disabilities, librarian, math resource, nurse, reading resource, speech/hearing
Special curricular programs art, instrumental music, vocal music, computer/technology, physical education, Discover Oman
Extra curricular programs computers, community service, dance, drama, environmental conservation, excursions/expeditions, literary magazine, newspaper, yearbook, crafts, study assistance
Sports basketball, gymnastics, soccer, swimming, track and field, volleyball
Clubs Model UN, chess, student council, poetry, elementary activities
Examinations ACT, AP, Iowa, PSAT, SAT, SAT II, TOEFL, MAP

CAMPUS FACILITIES

Location Suburban
Campus 6 hectares, 1 building, 81 classrooms, 4 computer labs, 514 instructional computers, 17,000 library volumes, 1 auditorium, 1 cafeteria, 3 covered play areas, 2 gymnasiums, 1 infirmary, 4 playing fields, 5 science labs, 1 pool, air conditioning

AL-BATINAH INTERNATIONAL SCHOOL

Phone 968 26850001
Fax 968 26850003
Email info@abisoman.com
Website abisoman.com
Address P.O. Box 193, Muwelah, Sohar, 321, Oman

STAFF

Director Marlene Sewell
Business Manager Ramesh Warrier, Ed.D.
Teaching staff Full time 13; Part time 1; Total 14
Nationalities of teaching staff US 3; UK 2; Australian 1; Other(s) (Canadian, South African) 8

INFORMATION

Grade levels N–10
School year August–June
School type coeducational, company-sponsored
Year founded 2007
Governed by appointed Board
Sponsored by Sohar Aluminium Company
Enrollment Nursery 12; PreK 15; Elementary K–5 70; Middle School 6–8 18; High School 9–12 12; Total 127
Nationalities of student body US 3; UK 7; Dutch 5; Other(s) (South African, Australian) 112
Tuition/fee currency Omani Rial
Tuition range 2,650–5,520
One time fees Registration 100; Capital Levy 2,000

EDUCATIONAL PROGRAM

Curriculum IBPYP, IBMYP, IGCSE
Average class size Elementary 15; Secondary 8
Language(s) of instruction English
Language(s) taught French, Arabic
Staff specialists computer
Special curricular programs art, vocal music, computer/technology, physical education
Extra curricular programs computers, community service, dance, drama, environmental conservation, excursions/expeditions
Sports badminton, basketball, football, hockey, soccer, softball, swimming, track and field, volleyball
Clubs digital photography, year book, hockey, T-ball, cooking, ballet, crafts, swimming, pickle ball, movie making
Examinations GCSE, IGCSE, ISA

CAMPUS FACILITIES

Location Rural
Campus 4 hectares, 2 buildings, 14 classrooms, 1 computer lab, 90 instructional computers, 20,000 library volumes, 1 covered play area, 1 gymnasium, 1 science lab, 1 pool, air conditioning

PAKISTAN

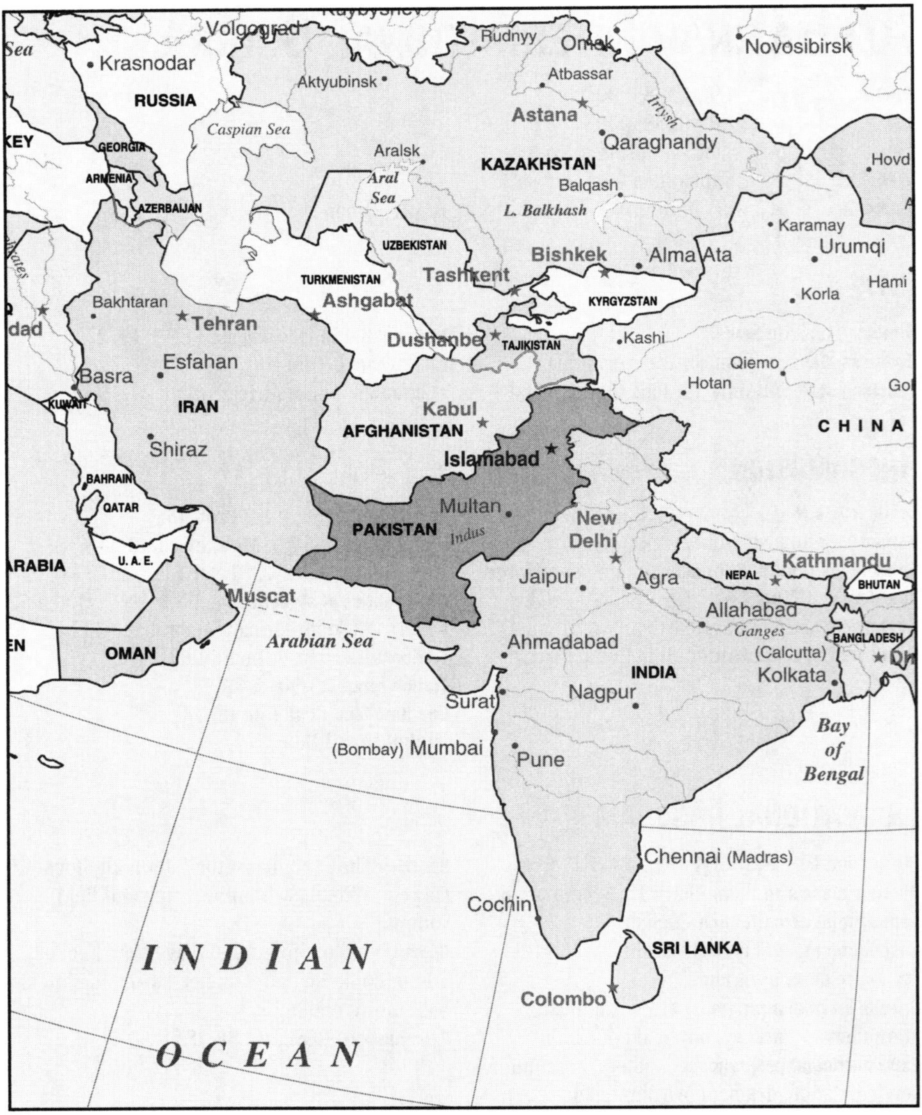

PAKISTAN

Area:	796,095 sq km
Population:	177,276,594
Capital:	Islamabad
Currency:	Pakistani Rupee (PER)
Languages:	Punjabi, Sindhi, Urdu

INTERNATIONAL SCHOOL OF ISLAMABAD

Phone 92 51 443 4950
Fax 92 51 444 0193
Email school@isoi.edu.pk
Website www.isoi.edu.pk
Address PO Box 1124, Johar Rd., Sector H-9/1, Islamabad, 44000, Pakistan
Mailing address PO Box 1124, Islamabad, 44000, Pakistan

STAFF

Superintendent Rose C. Puffer
K–12 School Principal Daniel Polta
Elementary School Assistant Principal Elizabeth Abbasi
Director of Finance Sibte Hassan
Technology Coordinator Wayne Peterson
School Librarian Andrea Fossum
Teaching staff Full time 32; Part time 3; Total 35
Nationalities of teaching staff US 17; UK 2; Pakistani 5; Other(s) (Canadian) 11

INFORMATION

Grade levels N–12
School year August–June
School type coeducational, day, private non-profit
Year founded 1965
Governed by appointed and elected Board of Directors
Accredited by Middle States
Regional organizations NESA
Enrollment Nursery 11; PreK 10; Elementary K–5 86; Middle School 6–8 48; High School 9–12 53; Total 208
Nationalities of student body US 23; Pakistani 90; Other(s) (Indian, Kenyan) 95
Tuition/fee currency US Dollar
Tuition range 3,900–17,009
One time fees Registration 250; Capital Levy 4,800; Pre-School Application 100
Graduates attending college 100%
Graduates have attended Georgetown U, Rochester Institute of Technology, U Col London, Vassar Col, McGill U

EDUCATIONAL PROGRAM

Curriculum US, AP
Average class size Elementary 14; Secondary 14
Language(s) of instruction English
Language(s) taught French, Urdu
Staff specialists computer, counselor, ESL, learning disabilities, librarian, nurse
Special curricular programs art, instrumental music, vocal music, computer/technology, physical education
Extra curricular programs computers, community service, drama, environmental conservation, literary magazine, yearbook
Sports basketball, cricket, soccer, swimming, tennis, track and field, volleyball
Clubs Model UN, Host Nation, National Honor Society, student council
Examinations ACT, AP, PSAT, SAT, SAT II, MAP, OLSAT

CAMPUS FACILITIES

Location Suburban
Campus 9 hectares, 14 buildings, 54 classrooms, 4 computer labs, 200 instructional computers, 30,000 library volumes, 1 auditorium, 1 cafeteria, 1 covered play area, 1 gymnasium, 1 infirmary, 3 playing fields, 4 science labs, 1 pool, 2 tennis courts, air conditioning

KARACHI AMERICAN SCHOOL

Phone 92 21 453 9096
Fax 92 21 454 7305
Email pelosipeter@kas.edu.pk
Website www.kas.edu.pk
Address Amir Khusro Road, KDA Scheme No. I, Karachi, 75350, Pakistan

STAFF

Superintendent Peter L. Pelosi, Ph.D.
Middle School & Elementary Principal Wayne Morton
Business Manager Erna Faruqui
Director of Technology Toby Youngs
Head Librarian Terri Smith
Teaching staff Full time 38; Part time 3; Total 41
Nationalities of teaching staff US 18; Pakistani 16; Other(s) (South African) 7

INFORMATION

Grade levels PreK–12
School year August–May
School type coeducational, day, private non-profit
Year founded 1953
Governed by elected Board of Directors
Accredited by Middle States
Regional organizations AISA, NESA
Enrollment PreK 12; Elementary K–5 130; Middle School 6–8 72; High School 9–12 124; Total 338
Nationalities of student body US 53; UK 15; Pakistani 196; Other(s) (Canadian, Korean) 74
Tuition/fee currency US Dollar
Tuition range 8,025–12,330
One time fees Registration 4,000; Application Processing 100
Graduates attending college 100%
Graduates have attended Harvard U, Columbia U, Stanford U, Barnard Col, Dartmouth Col

EDUCATIONAL PROGRAM

Curriculum US, AP
Average class size Elementary 20; Secondary 14
Language(s) of instruction English
Language(s) taught Urdu, Spanish, French
Staff specialists computer, counselor, ESL, librarian, math resource, physician
Special curricular programs art, instrumental music, vocal music, computer/technology, physical education
Extra curricular programs computers, community service, drama, environmental conservation, excursions/expeditions, literary magazine, newspaper, photography, yearbook, Girl Guides
Sports badminton, basketball, cricket, football, golf, gymnastics, martial arts, soccer, squash, swimming, tennis, track and field, volleyball
Clubs cricket, tae kwon do, table tennis, computers, camping, Proud Pakistan, board games, art, puppetery, jigsaw puzzle, community service
Examinations ACT, AP, Iowa, PSAT, SAT, SAT II, Stanford, TOEFL

CAMPUS FACILITIES

Location Urban
Campus 5 hectares, 11 buildings, 40 classrooms, 3 computer labs, 150 instructional computers, 45,000 library volumes, 1 auditorium, 1 cafeteria, 1 covered play area, 1 gymnasium, 1 infirmary, 2 playing fields, 3 science labs, 1 pool, 2 tennis courts, air conditioning

Lahore American School

Phone 92 423 576 2406 / 7 / 8
Fax 92 423 571 1901
Email las@las.edu.pk
Website www.las.edu.pk
Address 15 Upper Mall, Canal Bank, Lahore, 54000, Pakistan

STAFF

Superintendent Kathryn D. Cochran
Elementary & Middle School Principal Dale Eineder, Ed.D.
Elementary & Middle School Assistant Principal Kathy Khan
High School Principal Dennis Tangeman
Curriculum Coordinator Karen Zuvich
Educational Program Coordinator Bonnie Snowdon
Accounts & Business Manager Fariduddin
Librarian Dianne Mohiuddin
Teaching staff Full time 46; Part time 5; Total 51
Nationalities of teaching staff US 15; UK 3; Pakistani 22; Other(s) (Canadian, Korean) 11

INFORMATION

Grade levels PreK–12
School year August–June
School type coeducational, day, private non-profit
Year founded 1956
Governed by elected Board of Directors
Accredited by Middle States
Regional organizations AISA, NESA
Enrollment PreK 10; Elementary K–5 158; Middle School 6–8 97; High School 9–12 142; Total 407
Nationalities of student body US 55; UK 15; Pakistani 270; Other(s) (Canadian, Korean) 67
Tuition/fee currency US Dollar
Tuition range 4,045–8,470
Annual fees Student Activity 150
One time fees Registration 2,000
Graduates attending college 100%
Graduates have attended Brown U, Tufts U, Massachusetts Institute of Technology, Stanford U, Harvard U

EDUCATIONAL PROGRAM

Curriculum US, AP
Average class size Elementary 18; Secondary 12
Language(s) of instruction English
Language(s) taught French, Urdu
Staff specialists computer, counselor, ESL, learning disabilities, librarian, physician, reading resource
Special curricular programs art, instrumental music, computer/technology, distance learning, physical education
Extra curricular programs computers, community service, drama, literary magazine, newspaper, yearbook
Sports baseball, basketball, cricket, soccer, swimming, tennis, track and field, volleyball
Clubs puppet making, book cooks, arts and crafts, board games, community service, yoga, dance, bowling, ballet, karate
Examinations ACT, AP, Iowa, PSAT, SAT, SAT II, TOEFL

CAMPUS FACILITIES

Location Suburban
Campus 1 hectare, 6 buildings, 47 classrooms, 3 computer labs, 110 instructional computers, 20,000 library volumes, 1 auditorium, 1 cafeteria, 1 covered play area, 1 gymnasium, 1 infirmary, 2 playing fields, 4 science labs, 1 pool, air conditioning

PANAMA

Area:	75,420 sq km
Population:	3,410,676
Capital:	Panama
Currency:	Balboa (PAB)
Languages:	Spanish, English

THE INTERNATIONAL SCHOOL OF PANAMA

Phone 507 293 3000
Fax 507 266 7808
Email isp@isp.edu.pa
Website www.isp.edu.pa
Address New Golf Club Road, Cerro Viento, Panama City, Panama
Mailing address P.O. Box 0819-02588, Panama, Rep. of Panama

STAFF

Director Linda L. LaPine
High School Principal Daniel McKee
Elementary Principal Wendy McArthur
Middle School Principal Diane Guevara
Associate Principal Alida de Garcia de Paredes
HR Manager Wanda Bennasar
Director of Finance & Operations Juan Carlos Lopez
Library & Media Center Specialist John Fitzgerald
Teaching staff Full time 95; Part time 7; Total 102
Nationalities of teaching staff US 16; UK 4; Panamanian 55; Other(s) (Canadian) 27

INFORMATION

Grade levels PreK–12
School year August–June
School type coeducational, day, private non-profit
Year founded 1982
Governed by elected Board of Directors
Accredited by Southern
Regional organizations AASCA
Enrollment PreK 75; Elementary K–5 525; Middle School 6–8 240; High School 9–12 220; Total 1,060
Nationalities of student body US 125; UK 22; Panamanian 194; Other(s) (Mexican, Korean) 719
Tuition/fee currency US Dollar
Tuition range 4,860–9,572
Annual fees Registration 1,000; Busing 1,105; Sponsor 2,000; ESL (beyond 1 year) 1,000
One time fees Capital Levy 10,000
Graduates attending college 95%
Graduates have attended U of Virginia, Duke U, U of Southhampton, Savannah Col of Art and Design, U of Vienna

EDUCATIONAL PROGRAM

Curriculum US, National, IB Diploma
Average class size Elementary 22; Secondary 22
Language(s) of instruction English
Language(s) taught Spanish
Staff specialists computer, counselor, ESL, learning disabilities, librarian, nurse
Special curricular programs art, instrumental music, vocal music, computer/technology, physical education
Extra curricular programs computers, community service, dance, drama, environmental conservation, excursions/expeditions, literary magazine, newspaper, yearbook
Sports basketball, football, soccer, volleyball
Clubs science, chess, yoga
Examinations ACT, IB, Iowa, PSAT, SAT, SAT II, MAP

CAMPUS FACILITIES

Location Suburban
Campus 8 hectares, 8 buildings, 65 classrooms, 3 computer labs, 250 instructional computers, 16,000 library volumes, 1 auditorium, 2 cafeterias, 3 covered play areas, 2 gymnasiums, 1 infirmary, 3 playing fields, 4 science labs, 1 pool, 4 tennis courts, air conditioning

PAPUA NEW GUINEA

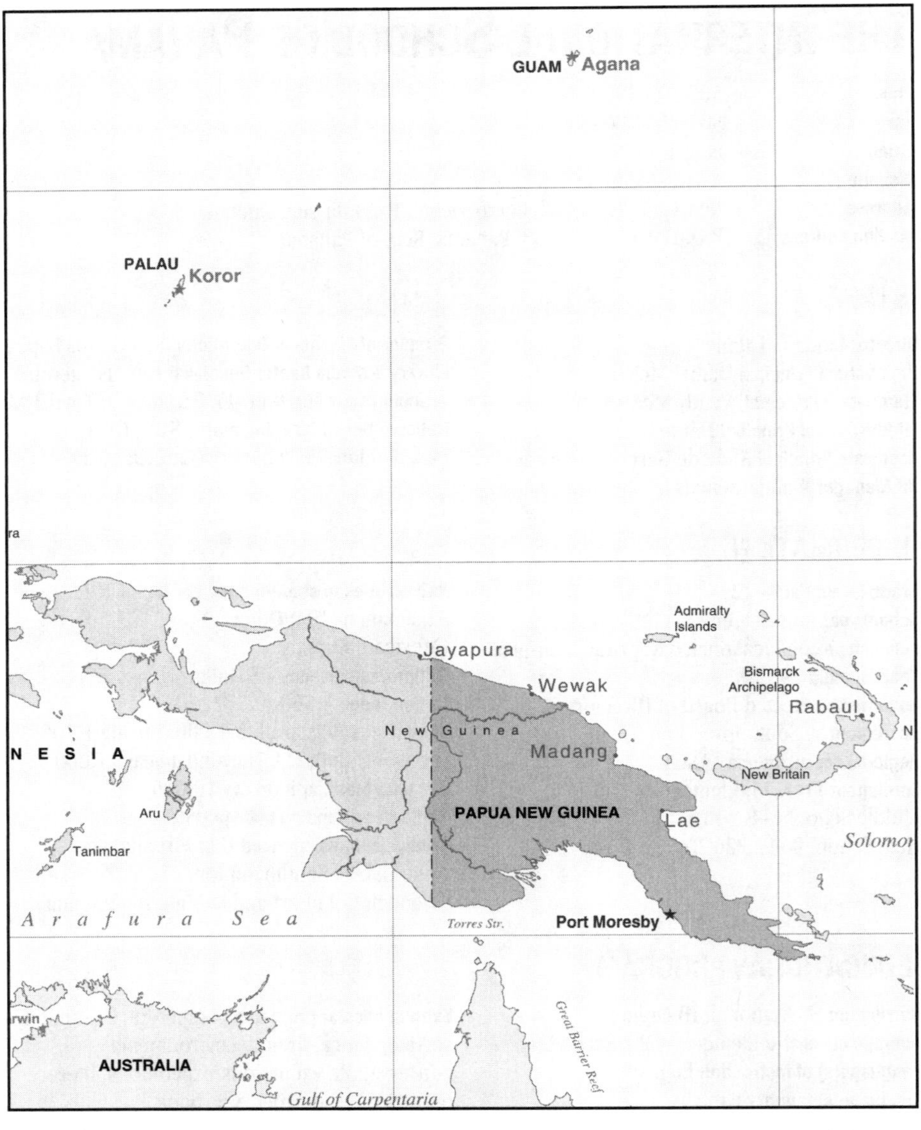

PAPUA NEW GUINEA

Area:	462,840 sq km
Population:	6,064,515
Capital:	Port Moresby
Currency:	Kina (PGK)
Languages:	Tok Pisin

UKARUMPA INTERNATIONAL SCHOOL

Phone 675 737 4575
Fax 675 737 3532
Email uissc-principal@sil.org.pg
Website www.uispng.org
Address SIL Box 406, Ukarumpa, EHP 444, Papua New Guinea

STAFF

Secondary Principal Max Sahl, Ed.D.
Primary School Principal Sharlene Burkett
Secondary Campus Assistant Principal Gary Lenn
School Registrar Kathy Husk
Bookkeeper Christine Apini
UISSC Head of Technology Elden Sandy
UISSC Head Librarian Ruth Benning
Teaching staff Full time 37; Part time 15; Total 52
Nationalities of teaching staff US 39; UK 2; Other(s) (Australian, Canadian) 11

INFORMATION

Grade levels PreK–12
School year July–June
School type coeducational, company-sponsored, church-affiliated, day
Year founded 1962
Governed by elected School Board
Sponsored by Summer Institute of Linguistics
Accredited by Western
Enrollment PreK 38; Elementary K–5 149; Middle School 6–8 41; High School 9–12 95; Total 323
Nationalities of student body US 161; UK 13; Papua New Guinean 43; Other(s) (Australian, Canadian) 106
Tuition/fee currency US Dollar
Tuition range 244–4,800
Graduates attending college 85%
Graduates have attended Messiah Col, Houghton Col, U of Southern California, Wheaton Col, Brown U

EDUCATIONAL PROGRAM

Curriculum US, Intl, AP
Average class size Elementary 20; Secondary 15
Language(s) of instruction English
Language(s) taught Spanish, French, Japanese
Special curricular programs art, instrumental music, computer/technology, physical education, vocational
Extra curricular programs computers, drama
Sports baseball, basketball, football, soccer, softball, tennis, track and field, volleyball
Examinations ACT, AP, PSAT, SAT, Stanford

CAMPUS FACILITIES

Location Rural
Campus 10 buildings, 26 classrooms, 3 computer labs, 60 instructional computers, 12,000 library volumes, 2 auditoriums, 1 covered play area, 1 gymnasium, 2 playing fields, 3 science labs, 6 tennis courts

PARAGUAY

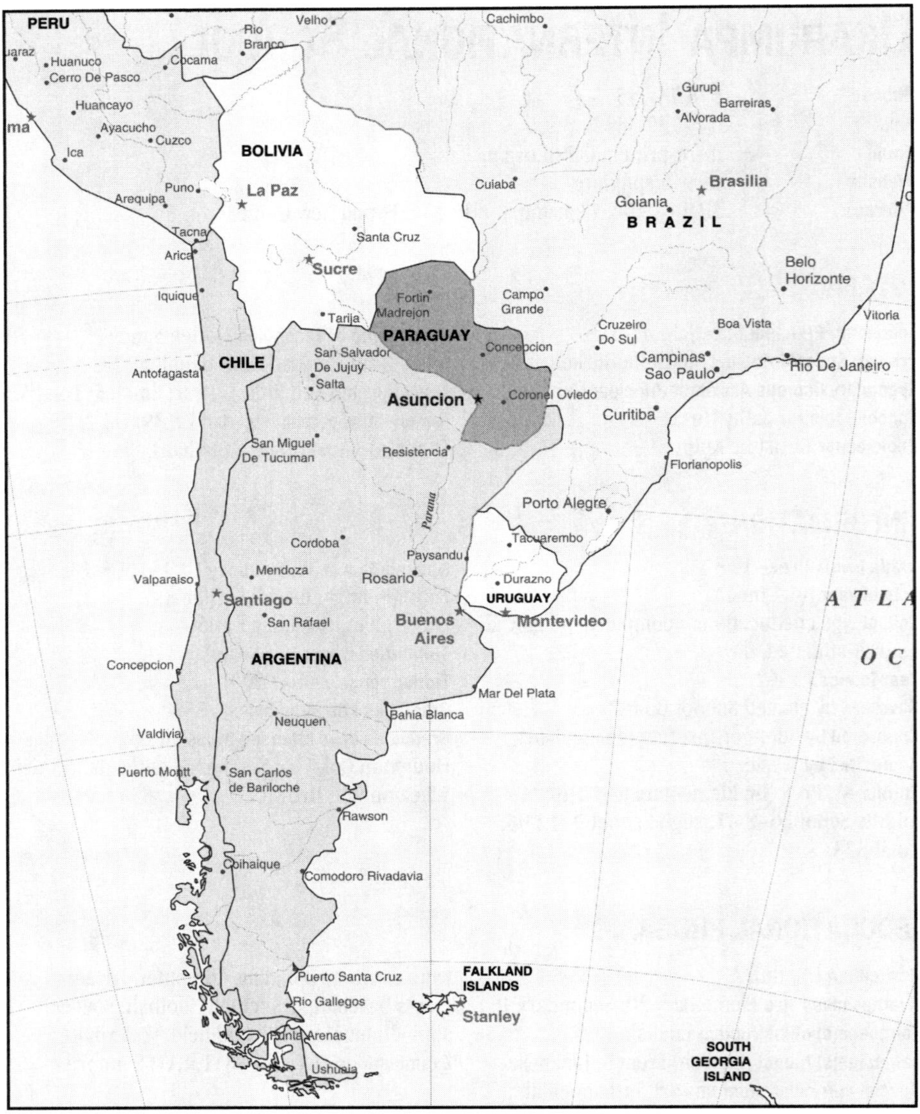

PARAGUAY

Area: 406,752 sq km
Population: 6,375,830
Capital: Asuncion
Currency: Guarani (PYG)
Languages: Spanish, Guarani

The American School of Asunción

Phone 595 21 600 479
Fax 595 21 603 518
Email asagator@asa.edu.py
Website www.asa.edu.py
Address Av. Espana 1175 esq. Sgto. Marecos, Asuncion, Paraguay
Mailing address 7331 NW 35th Street, Suite MC 30020, Miami, FL 33122, USA

STAFF

Director General Robert E. Beck, Ph.D.
Elementary Principal Pam Carpenter
Deputy Director & Middle School Principal Robert Imholt, Ph.D.
High School Principal Steve Nilhas, Ph.D.
Paraguayan Program Coordinator Rodrigo Colman
Business Manager Norman Stark
Technology Coordinator Timothy Teasdale
Librarian Graciana Boettner
Teaching staff Full time 71; Part time 5; Total 76
Nationalities of teaching staff US 41; Paraguayan 30; Other(s) (Brazilian, Colombian) 5

INFORMATION

Grade levels PreK–12
School year August–June
School type coeducational, day, private non-profit
Year founded 1954
Governed by elected Board of Directors
Accredited by Southern
Regional organizations AASSA
Enrollment PreK 36; Elementary K–5 263; Middle School 6–8 154; High School 9–12 187; Total 640
Nationalities of student body US 94; UK 2; Paraguayan 391; Other(s) (Argentine, Korean) 153
Tuition/fee currency US Dollar
Tuition range 3,420–5,700
Annual fees Registration 650
One time fees Capital Levy 6,500
Graduates attending college 99%
Graduates have attended Brown U, Boston Col, Columbia U, Princeton U, U of Chicago

EDUCATIONAL PROGRAM

Curriculum US, National, AP
Average class size Elementary 21; Secondary 17
Language(s) of instruction English, Spanish
Language(s) taught English, Spanish, Guarani, French, Portuguese
Staff specialists computer, counselor, learning disabilities, librarian, math resource, nurse, psychologist, reading resource
Special curricular programs art, instrumental music, vocal music, computer/technology, distance learning, physical education
Extra curricular programs computers, community service, dance, drama, environmental conservation, excursions/expeditions, literary magazine, newspaper, yearbook
Sports basketball, gymnastics, soccer, volleyball, handball, indoor soccer
Clubs National Honor Society, Knowledge Bowl, Operation Smile, Model UN, chess, Destination Imagination, student council, computer games, recycling
Examinations ACT, AP, Iowa, MAT, PSAT, SAT, SAT II, TOEFL, MAP

CAMPUS FACILITIES

Location Suburban
Campus 8 hectares, 13 buildings, 51 classrooms, 3 computer labs, 135 instructional computers, 25,000 library volumes, 1 cafeteria, 1 covered play area, 1 gymnasium, 1 infirmary, 4 playing fields, 2 science labs, air conditioning

PERU

PERU

Area:	1,285,216 sq km
Population:	29,907,003
Capital:	Lima
Currency:	Nuevo Sol (PEN)
Languges:	Spanish, Quechua

Davy College

Phone 51 76 367501
Fax 51 76 367502
Email peter.zeitoun@davycollege.edu.pe
Website www.davycollege.edu.pe
Address Av. Hoyos Rubio 2684, Casilla Postal 1, Cajamarca, Peru

STAFF

Superintendent Peter Zeitoun, Ph.D.
Secondary Principal Williams Amaya
Primary Principal Robert Hagenbucher
Early Childhood Principal Arlette Romero
Business Manager Marisabel Abanto
Head of Technology Manuel Huaripata
Librarian Liliana Baldini
Teaching staff Full time 100; Part time 13; Total 113
Nationalities of teaching staff US 6; Peruvian 96; Other(s) (Canadian, Australian) 11

INFORMATION

Grade levels N–12
School year February–December
School type coeducational, company-sponsored, day, private non-profit
Year founded 1995
Governed by appointed Davy Educational Association
Sponsored by Minera Yanacocha; Managed by International Schools Services, Inc.
Accredited by Southern
Regional organizations AASSA
Enrollment Nursery 58; PreK 138; Elementary K–5 380; Middle School 6–8 120; High School 9–12 103; Total 799
Nationalities of student body US 25; Peruvian 734; Other(s) (Canadian, Australian) 31
Tuition/fee currency US Dollar
Tuition range 300–400
One time fees Registration 300
Boarding program grades Nursery–12
Boys 360 **Girls** 402
Graduates attending college 100%
Graduates have attended U of Lima, Catholic U of Lima, U of Piura, Polytechnic U of Catalonia

EDUCATIONAL PROGRAM

Curriculum US, Intl, IB Diploma, IBMYP
Average class size Elementary 21; Secondary 15
Language(s) of instruction English, Spanish
Language(s) taught French
Staff specialists computer, counselor, ESL, learning disabilities, librarian, nurse, psychologist
Special curricular programs art, instrumental music, vocal music, computer/technology, physical education
Extra curricular programs computers, community service, drama, excursions/expeditions
Sports badminton, basketball, gymnastics, martial arts, soccer, tennis, track and field, volleyball
Examinations IB, PSAT, SAT, TOEFL, Cambridge Exams, MAP

CAMPUS FACILITIES

Location Suburban
Campus 8 hectares, 8 buildings, 64 classrooms, 4 computer labs, 270 instructional computers, 36,000 library volumes, 2 cafeterias, 2 covered play areas, 1 gymnasium, 2 infirmaries, 2 playing fields, 4 science labs, 2 tennis courts

Colegio Franklin Delano Roosevelt

Phone 51 1 435 0890
Fax 51 1 702-4500
Email fdr@amersol.edu.pe
Website www.amersol.edu.pe
Address Av. Las Palmeras 325, Urb. Camacho, La Molina, Lima, Lima, 12, Peru
Mailing address Apartado 18-0977, Lima 18, Peru

STAFF

Superintendent Russell D. Jones
High School Principal Oli Tooher-Hancock
Middle School Principal Sheryl Salem
Elementary Principal Rachel Metcalf
Director of Curriculum & Planning Kristy Krahl
Business Manager Maria Isabel Payet
Technology Director John Lakatos
Media Center Director John Kurtenbach
Teaching staff Full time 223; Part time 2; Total 225
Nationalities of teaching staff US 56; UK 4; Peruvian 156; Other(s) (Canadian, New Zealander) 9

INFORMATION

Grade levels N–12
School year August–June
School type coeducational, day, private non-profit
Year founded 1946
Governed by appointed Board of Directors
Accredited by Southern
Regional organizations AASSA
Enrollment Nursery 99; PreK 95; Elementary K–5 541; Middle School 6–8 313; High School 9–12 350; Total 1,398
Nationalities of student body US 317; UK 10; Peruvian 730; Other(s) (Korean, Canadian) 341
Tuition/fee currency US Dollar
Tuition range 9,200–10,980
Annual fees Busing 1,080; Technology 300
One time fees Registration 7,500
Graduates attending college 95%
Graduates have attended U of British Columbia, John Hopkins U, U of Pennsylvania, New York U, U of California, Berkeley

EDUCATIONAL PROGRAM

Curriculum National, Intl, IB Diploma, IBPYP, IBMYP
Average class size Elementary 20; Secondary 20
Language(s) of instruction English, Spanish
Language(s) taught Spanish, IB French
Staff specialists computer, counselor, ESL, learning disabilities, librarian, nurse, physician
Special curricular programs art, instrumental music, computer/technology, physical education, Virtual High School, drama
Extra curricular programs community service, drama, environmental conservation, excursions/ expeditions, newspaper, photography, yearbook
Sports basketball, cross-country, football, gymnastics, hockey, martial arts, rugby, soccer, softball, swimming, tennis, track and field, volleyball, aquatics, rollerhockey
Clubs Operation Smile, debate, photography, jazz band, drama, Korean Culture, Model UN, Technology Student Association, Junior Honor, Society, National Honor Society, Global Issues Network
Examinations ACT, IB, Iowa, PSAT, SAT, SAT II, MAP

CAMPUS FACILITIES

Location Urban
Campus 10 hectares, 12 buildings, 108 classrooms, 8 computer labs, 695 instructional computers, 55,000 library volumes, 1 auditorium, 1 covered play area, 2 gymnasiums, 1 infirmary, 4 playing fields, 7 science labs, 1 pool, 4 tennis courts

International Christian School Of Lima

Phone 51 1 442 6149
Fax 51 1 440 3134
Email icslimaperu@gmail.com
Website www.icslima.org
Address Av. Angamos Oeste 1155, Lima, Miraflores, 18, Peru

STAFF

Director John D. Havill
Secondary Principal Laura Hintermeyer
Elementary Principal Kathy McKinney
Business Manager Jeremy Hollie
Computer teacher John Swaney
Librarian Rebecca Havill
Teaching staff Full time 27; Part time 3; Total 30
Nationalities of teaching staff US 24; Peruvian 6

INFORMATION

Grade levels K–12
School year August–June
School type private non-profit
Year founded 2001
Governed by appointed School Board
Sponsored by Network of International Christian Schools
Accredited by Southern
Enrollment Elementary K–5 60; Middle School 6–8 42; High School 9–12 56; Total 158
Nationalities of student body US 71; UK 1; Peruvian 16; Other(s) (Korean, Canadian) 70
Tuition/fee currency US Dollar
Tuition range 5,250–6,400
Annual fees Registration 50; Technology 550; Building 550; Activity 350
One time fees Capital Levy 5,000
Graduates attending college 100%
Graduates have attended Pace U, John Brown U, Mount Vernon Nazarene U, Gordon Col, Florida State U

EDUCATIONAL PROGRAM

Curriculum US, AP
Average class size Elementary 10; Secondary 14
Language(s) of instruction English
Language(s) taught Spanish
Staff specialists computer, counselor, ESL, learning disabilities, librarian, reading resource
Special curricular programs art, vocal music, computer/technology, distance learning, physical education
Extra curricular programs computers, community service, dance, drama, excursions/expeditions, newspaper, yearbook
Sports badminton, basketball, martial arts, soccer, softball, swimming, volleyball
Examinations ACT, AP, PSAT, SAT, SAT II, Stanford, TOEFL

CAMPUS FACILITIES

Location Urban
Campus 1 hectare, 2 buildings, 16 classrooms, 1 computer lab, 24 instructional computers, 12,000 library volumes, 1 auditorium, 1 science lab

PHILIPPINES

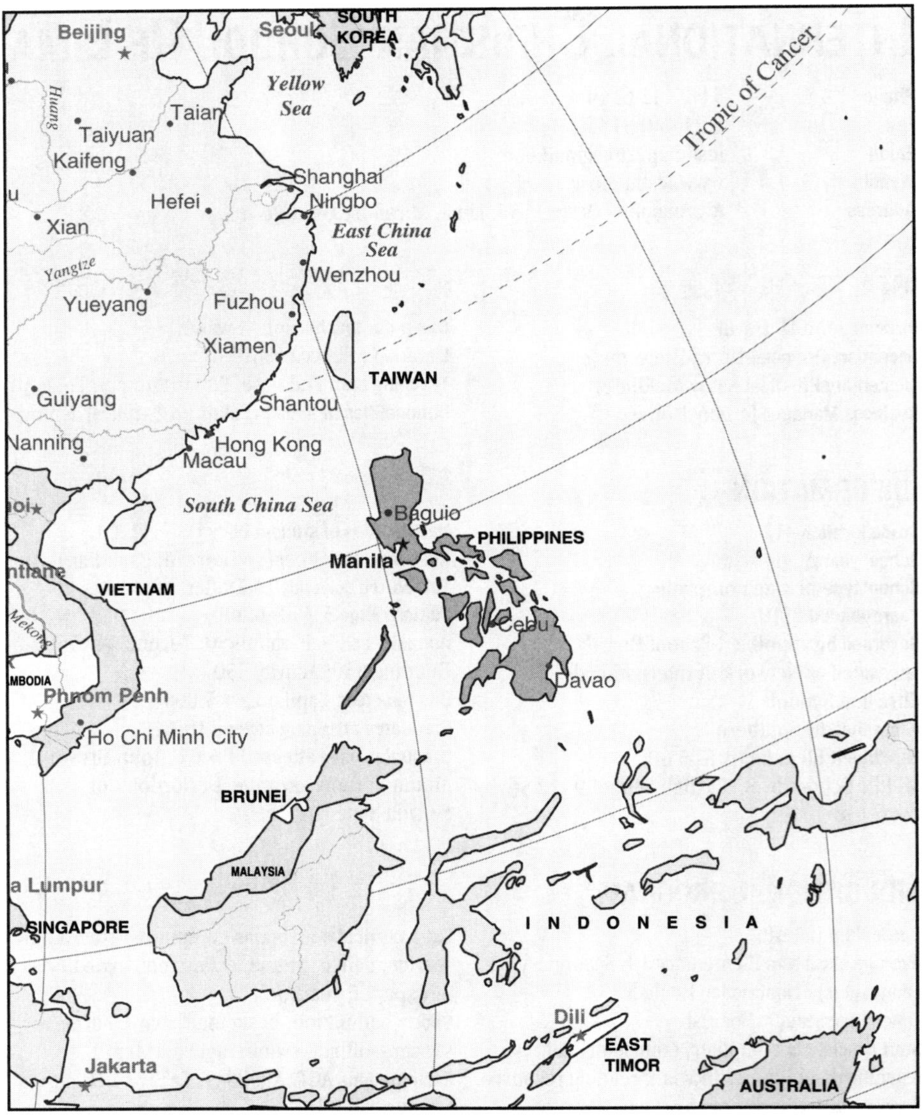

PHILIPPINES

Area:	300,000 sq km
Population:	99,900,177
Capital:	Manila
Currency:	Philippine Peso (PHP)
Languages:	Filipino, English

Brent International School Baguio

Phone 63 74 442 4050
Fax 63 74 442 3638
Email brent@brentbaguio.edu.ph
Website www.brentbaguio.edu.ph
Address Brent Road, Baguio City, 2600, Philippines
Mailing address PO Box 35, Baguio City 2600, Philippines

STAFF

Head of School Dick B. Robbins
Deputy Head Ursula Daoey
Academic Director & IB Coordinator Todd Wyks
Lower School Principal Carolyn Morris
Middle School Principal Susan Sanidad
Registrar & Admission Contact Lourdes Balanza
Chief Administrative Officer Marissa Caluya
Information Technology Manager Kurt Salvador
Librarian Vivien Torres
Teaching staff Full time 40; Part time 1; Total 41
Nationalities of teaching staff US 6; UK 1; Filipino 30; Other(s) (New Zealander, Korean) 4

INFORMATION

Grade levels N–12
School year August–May
School type boarding, coeducational, day, private non-profit
Year founded 1909
Governed by appointed Board of Trustees
Accredited by Western
Regional organizations EARCOS
Enrollment PreK 12; Elementary K–5 86; Middle School 6–8 61; High School 9–12 91; Total 250
Nationalities of student body US 27; UK 9; Filipino 44; Other(s) (Korean) 170
Tuition/fee currency US Dollar
Tuition range 2,495–12,092
Annual fees Boarding, 7-day 9,208; Capital Levy 250
One time fees Registration 100; Matriculation (new students) 1,500
Boarding program grades 7–12
Boarding program length 7-day **Boys** 4 **Girls** 3
Graduates attending college 89%
Graduates have attended Renssalear Polytechnic Institute, U of Washington, U of Massachusetts, Boston Col, U of the Philippines

(Continued)

BRENT INTERNATIONAL SCHOOL BAGUIO (Continued)

EDUCATIONAL PROGRAM

Curriculum US, UK, National, Intl, IB Diploma
Average class size Elementary 20; Secondary 22
Language(s) of instruction English
Language(s) taught Mandarin, Spanish, Filipino, Korean
Staff specialists computer, counselor, librarian, nurse
Special curricular programs art, computer/ technology, physical education
Extra curricular programs computers, community service, dance, drama, environmental conservation, excursions/expeditions, literary magazine, newspaper, yearbook
Sports badminton, basketball, cross-country, football, soccer, track and field, volleyball
Clubs community service, bowling, table tennis, dance, ballet & jazz dancing, children's classic movies, guerilla film making, tae kwon do, environmental
Examinations ACT, AP, IB, Iowa, MAT, PSAT, SAT, SAT II, Stanford

CAMPUS FACILITIES

Location Suburban
Campus 13 hectares, 19 buildings, 32 classrooms, 2 computer labs, 90 instructional computers, 21,559 library volumes, 2 auditoriums, 2 cafeterias, 1 covered play area, 1 gymnasium, 1 infirmary, 1 playing field, 4 science labs, 1 tennis court

Cebu International School

Phone 0063 32 401 1900 to 03
Fax 0063 32 401 1904
Email CebuIntSchool@gmail.com
Website www.cis.edu.ph
Address Pit-os Road, Pit-os, Talamban, Cebu City, Cebu, 6000, Philippines
Mailing address PO Box 735, Pit-os, Talamban, 6000 Cebu City, Philippines

STAFF

Superintendent Deidre Fischer
Elementary School Principal Ann Frew
Middle & High School Principal Kurt Mecklem
Registrar Emma Peligro
Dean of Student Services Jenny Basa
Business Manager Avelina Obregon
IT Manager Graham Taylor
Educational Media Center Head Alfredo Papaseit
Teaching staff Full time 56; Part time 3; Total 59
Nationalities of teaching staff US 3; UK 3; Filipino 44; Other(s) (Australian, Canadian) 9

INFORMATION

Grade levels N–12
School year August–June
School type coeducational, day, private non-profit
Year founded 1924
Governed by elected Board of Trustees
Accredited by CIS, Western
Regional organizations EARCOS, ECIS
Enrollment Nursery 17; PreK 31; Elementary K–5 192; Middle School 6–8 101; High School 9–12 104; Total 445
Nationalities of student body US 38; UK 6; Filipino 181; Other(s) (Korean) 220
Tuition/fee currency Philippine Peso
Tuition range 77,279–265,241
Annual fees Registration 137,885; Busing 42,000; Exchange Fund 73,600; Other 144,968
Graduates attending college 98%
Graduates have attended Brandeis U, International School of Culinary Arts, State U of New York at Buffalo, Santa Clara U, Ateneo de Manila U

EDUCATIONAL PROGRAM

Curriculum Intl, IB Diploma
Average class size Elementary 20; Secondary 20
Language(s) of instruction English
Language(s) taught Spanish, Filipino, Chinese
Staff specialists computer, counselor, ESL, librarian, nurse
Special curricular programs art, instrumental music, computer/technology, physical education
Extra curricular programs computers, community service, dance, drama, environmental conservation, excursions/expeditions, literary magazine, newspaper, yearbook
Sports badminton, basketball, golf, martial arts, soccer, swimming, tennis, volleyball, wall climbing, tap dance
Clubs cooking, Model UN, arts & crafts, guitar, piano, ikebana, band
Examinations IB, SAT, SAT II, SAT10

CAMPUS FACILITIES

Location Suburban
Campus 4 hectares, 3 buildings, 51 classrooms, 2 computer labs, 120 instructional computers, 18,000 library volumes, 1 cafeteria, 2 covered play areas, 1 gymnasium, 1 infirmary, 1 playing field, 3 science labs, 2 pools, air conditioning

Brent International School, Manila (South Campus)

Phone 63 2 600 10300
Fax 63 49 511 4343
Email bism@brent.edu.ph
Website www.brent.edu.ph
Address Brentville Subdivision, Brgy. Mamplasan, Binan, Laguna, 4024, Philippines

STAFF

Head of School Dick B. Robbins
Deputy Headmaster Jeffrey Hammett
Upper School Principal Jason Atkins
Middle School Principal Ronald Knapp, Ph.D.
Lower School Principal Robert Hartleip
Director for Admissions Heather Atkins
Director for Finance Edna Ballesteros
Head of Library & Media Center Kurt Lamb
Teaching staff Full time 114; Part time 2; Total 116
Nationalities of teaching staff US 33; UK 8; Filipino 54; Other(s) (Australian, New Zealander) 21

INFORMATION

Grade levels N–12
School year August–May
School type coeducational, church-affiliated, day, private non-profit
Year founded 1984
Governed by appointed Board of Trustees
Accredited by Western
Regional organizations EARCOS
Enrollment Nursery 3; PreK 3; Elementary K–5 332; Middle School 6–8 233; High School 9–12 523; Total 1,094
Nationalities of student body US 206; UK 40; Filipino 235; Other(s) (Korean, Australian) 613
Tuition/fee currency US Dollar
Tuition range 5,769–13,092
Annual fees Boarding, 5-day 3,000; Capital Levy 1,575; Busing 1,376; ESL 1,100
One time fees Registration 110; Matriculation 2,900
Graduates attending college 96%
Graduates have attended Stanford U, Harvard U, Yale U, U of British Columbia, Simon Fraser U

EDUCATIONAL PROGRAM

Curriculum US, IB Diploma
Average class size Elementary 20; Secondary 22
Language(s) of instruction English
Language(s) taught French, Chinese, Korean, Spanish, Filipino, Japanese
Examinations IB, PSAT, SAT, SAT II, Stanford

CAMPUS FACILITIES

Location Urban
Campus 6 hectares, 6 buildings, 85 classrooms, 5 computer labs, 196 instructional computers, 31,741 library volumes, 1 auditorium, 3 cafeterias, 3 covered play areas, 3 gymnasiums, 2 infirmaries, 3 playing fields, 7 science labs, 1 pool, 3 tennis courts, air conditioning

Faith Academy, Inc.

Phone 63 2 658 0048
Fax 63 2 658 0026
Email vanguard@faith.edu.ph
Website www.faith.edu.ph
Address Penny Lane, off Valley Golf Road, Victoria Valley, Cainta, Rizal, 1900, Philippines
Mailing address MCPO BOX 2016, 0706 Makati City, Philippines

STAFF

Superintendent Thomas D. Hardeman
Deputy Superintendent Mike Hause
Elementary Principal Stephen Taylor
Middle School Principal Peter Winslade
High School Principal Brian Foutz
Boarding Administrator Steve Anderson
Business Administrator Frank Cherry
Faith Academy Technology Director Tony Book
Learning Resource Center Director Sharon Tully
Teaching staff Full time 82; Part time 50; Total 132
Nationalities of teaching staff US 98; UK 2; Filipino 5; Other(s) (Australian, New Zealander) 27

INFORMATION

Grade levels K–12
School year August–May
School type boarding, coeducational, day, private non-profit
Year founded 1956
Governed by elected Board of Trustees
Accredited by Western
Regional organizations EARCOS
Enrollment Elementary K–5 201; Middle School 6–8 172; High School 9–12 323; Total 696
Nationalities of student body US 351; UK 16; Filipino 37; Other(s) (Korean, Canadian) 292
Tuition/fee currency US Dollar
Tuition range 2,227–7,039
Annual fees Registration 60; Boarding, 5-day 3,225; Boarding, 7-day 4,515; Capital Levy 5,500; Busing 1,470; Lunch 405
Boarding program grades 6–12
Boarding program length 7-day **Boys** 27 **Girls** 36
Graduates attending college 85%
Graduates have attended Northwestern U, Penn State U, Kent State U, Notre Dame U, Wheaton Col

EDUCATIONAL PROGRAM

Curriculum US, UK, Intl, AP, IGCSE
Average class size Elementary 18; Secondary 13
Language(s) of instruction English
Language(s) taught French, Spanish, Tagalog, Korean
Staff specialists computer, counselor, ESL, learning disabilities, librarian, nurse, reading resource
Special curricular programs art, instrumental music, vocal music, computer/technology, physical education, vocational
Extra curricular programs community service, dance, drama, environmental conservation, excursions/expeditions, yearbook
Sports basketball, cross-country, rugby, soccer, swimming, tennis, track and field, volleyball
Clubs chess, Model UN, Academic Bowl, tae kwon do, juggling, calligraphy
Examinations ACT, AP, GCSE, IGCSE, PSAT, SAT, SAT II, Stanford

CAMPUS FACILITIES

Location Suburban
Campus 5 hectares, 12 buildings, 60 classrooms, 5 computer labs, 225 instructional computers, 22,000 library volumes, 1 auditorium, 1 cafeteria, 2 covered play areas, 1 gymnasium, 1 infirmary, 2 playing fields, 5 science labs, 2 pools, 2 tennis courts, air conditioning

INTERNATIONAL SCHOOL MANILA

Phone 63 2 840 8400
Fax 63 2 840 8441
Email super@ismanila.org
Website www.ismanila.org
Address University Parkway, Fort Bonifacio Global City, Taguig, Manila, 1634, Philippines
Mailing address PO Box 1526, MCPO 1255, Makati City, Philippines

STAFF

Superintendent David E. Toze
High School Principal William Brown
Middle School Principal Danielle Fredericks
Elementary School Principal Simon Gillespie
Director of Finance & Administration Juris Lallana
Director of Media Services David Birchenall
Teaching staff Full time 192; Part time 14; Total 206
Nationalities of teaching staff US 62; UK 32; Filipino 21; Other(s) (Canadian, Australian) 91

INFORMATION

Grade levels N–12
School year August–June
School type coeducational, day, private non-profit
Year founded 1920
Governed by elected Board of Trustees
Accredited by CIS, Western
Regional organizations EARCOS
Enrollment PreK 65; Elementary K–5 676; Middle School 6–8 430
High School 9–12 692; Total 1,863
Nationalities of student body US 463; UK 49; Filipino 310; Other(s) (Japanese, Korean) 1,102
Tuition/fee currency US Dollar
Tuition range 7,200–19,600
Graduates attending college 99%
Graduates have attended Harvard U, Yale U, Stanford U, Princeton U, Dartmouth Col

EDUCATIONAL PROGRAM

Curriculum Intl, IB Diploma
Average class size Elementary 20; Secondary 18
Language(s) of instruction English
Language(s) taught Spanish, French, Chinese, Japanese, Korean, Filipino
Staff specialists computer, counselor, ESL, learning disabilities, librarian, math resource, nurse, physician, psychologist, reading resource, speech/hearing
Special curricular programs art, instrumental music, vocal music, computer/technology, physical education
Extra curricular programs computers, community service, dance, drama, environmental conservation, excursions/expeditions, literary magazine, newspaper, photography, yearbook
Sports badminton, basketball, cross-country, golf, gymnastics, martial arts, rugby, soccer, softball, squash, swimming, tennis, track and field, volleyball
Clubs scouting, environmental, cultural, outreach, Scholia, publications, debate, math, charity, IT
Examinations AP, IB, PSAT, SAT, SAT II, TOEFL, ERB; MAP

CAMPUS FACILITIES

Location Urban
Campus 7 hectares, 1 building, 149 classrooms, 9 computer labs, 1000 instructional computers, 87,000 library volumes, 2 auditoriums, 2 cafeterias, 2 covered play areas, 4 gymnasiums, 1 infirmary, 3 playing fields, 16 science labs, 3 pools, 8 tennis courts, air conditioning

Brent International School Subic, Inc.

Phone 63 47 252 6871
Fax 63 47 252 3240
Email biss.info@brentsubic.edu.ph
Website www.brentsubic.edu.ph
Address Bldg 6601, Binictican Drive, Subic Bay Freeport Zone, Olongapo City, 2200, Philippines
Mailing address Bldg. 6601, Binictican Drive, Subic Bay Freeport Zone, PO Box 073, Olongapo City 2200, Philippines

STAFF

Head of School Dick B. Robbins
Deputy Headmaster; Middle & Upper School Principal Garth Wyncoll
Director of Admissions Maricar Peralta
Lower School Principal & Director of Academic Affairs Arvis Kennedy
Director of Student Activities Stephen Davis
IB & WASC Coordinator Edward Oviatt
Treasury Officer Norma Lingad
Librarian Angelo Fernandez
Teaching staff Full time 49; Total 49
Nationalities of teaching staff US 17; UK 2; Filipino 24; Other(s) (South African, Korean) 6

INFORMATION

Grade levels PreK–12
School year August–May
School type coeducational, church-affiliated, day, private non-profit
Year founded 1994
Governed by appointed Board of Trustees
Accredited by Western
Regional organizations EARCOS
Enrollment Nursery 9; PreK 18; Elementary K–5 145; Middle School 6–8 118; High School 9–12 130; Total 420
Nationalities of student body US 33; UK 15; Filipino 60; Other(s) (Korean, Taiwanese) 312
Tuition/fee currency US Dollar
Tuition range 5,112–12,028
Annual fees Busing 650
One time fees Registration 1,500; Capital Levy 500; Application 100; ESL 1,150
Graduates attending college 100%
Graduates have attended U of Kansas, U of Minnesota–Twin Cities, U of Texas, U of Houston, U of Nevada, Las Vegas

(Continued)

BRENT INTERNATIONAL SCHOOL SUBIC, INC. (Continued)

EDUCATIONAL PROGRAM

Curriculum US, IB Diploma, AP
Average class size Elementary 22; Secondary 22
Language(s) of instruction English
Language(s) taught Mandarin, Spanish
Staff specialists computer, counselor, ESL, librarian, nurse
Special curricular programs art, instrumental music, computer/technology, physical education
Extra curricular programs computers, community service, dance, drama, excursions/expeditions, newspaper, yearbook
Sports badminton, basketball, cross-country, football, soccer, swimming, tennis, track and field, volleyball
Clubs MiniBacks Soccer, violin, jazz band, chess, production crew, creative dance, math, karate, yoga, photography, The Brent Review
Examinations AP, IB, PSAT, SAT, Stanford

CAMPUS FACILITIES

Location Suburban
Campus 5 hectares, 17 buildings, 46 classrooms, 3 computer labs, 114 instructional computers, 25,000 library volumes, 2 auditoriums, 1 cafeteria, 1 covered play area, 1 gymnasium, 1 infirmary, 2 playing fields, 2 science labs, 1 pool, air conditioning

POLAND

Area:	312,685 sq km
Population:	38,463,689
Capital:	Warsaw
Currency:	Zloty (PLN)
Languages:	Polish

International School of Krakow

Phone 48 12 270 14 09
Fax 48 12 270 14 09
Email School@iskonline.org
Website www.iskonline.org
Address Lusina ul. sw. Floriana 57, Krakow, 30-698, Poland

STAFF

Director Erica T. Mazzeo
Head of Middle School Erik Lutley
Head of Secondary Matthew Mazzeo
Deputy Director, Head of Early Years & Elementary Susan Mleczko
Special & Exceptional Needs Coordinator Michael Glenn
Special & Exceptional Needs Coordinator Lilianna Lutley
Business Officer Piotr Buczkowicz
Head of IT David Prousse
Librarian Sara Hobbs
Teaching staff Full time 35; Part time 7; Total 42
Nationalities of teaching staff US 16; UK 1; Pole 17; Other(s) (French, Canadian) 8

INFORMATION

Grade levels N–12
School year September–June
School type coeducational, day, private non-profit
Year founded 1992
Governed by appointed and elected School Board
Sponsored by US Department of State
Accredited by CIS, New England
Regional organizations CEESA, ECIS
Enrollment Nursery 15; PreK 20; Elementary K–5 80; Middle School 6–8 31; High School 9–12 22; Total 168
Nationalities of student body US 38; UK 8; Pole 32; Other(s) (French, German) 90
Tuition/fee currency Euro
Tuition range 4,900–11,600
Annual fees Busing (optional) 1,400; Lunch (optional) 500
One time fees Registration 500
Graduates attending college 100%
Graduates have attended Jagiellonian U, U of Toronto, U Col London, Kent State U, Michigan State U

EDUCATIONAL PROGRAM

Curriculum US, National, Intl, AP
Average class size Elementary 15; Secondary 10
Language(s) of instruction English
Language(s) taught Polish, Dutch, French, German, Spanish
Staff specialists computer, counselor, ESL, learning disabilities, librarian, nurse, physician
Special curricular programs art, instrumental music, vocal music, computer/technology, distance learning, physical education
Extra curricular programs computers, community service, dance, drama, environmental conservation, excursions/expeditions, literary magazine, newspaper, photography, yearbook, homework
Sports baseball, basketball, cross-country, skiing, soccer, swimming, track and field, volleyball, archery
Clubs languages, science, yoga, math, After School of Rock, gardening, Book Worms, guitar, chess, Snow Riders
Examinations ACT, AP, PSAT, SAT, SAT II, MAP

CAMPUS FACILITIES

Location Suburban
Campus 2 hectares, 2 buildings, 24 classrooms, 2 computer labs, 50 instructional computers, 15,000 library volumes, 1 auditorium, 1 cafeteria, 1 covered play area, 1 gymnasium, 1 infirmary, 3 playing fields, 1 science lab, air conditioning

THE AMERICAN SCHOOL OF WARSAW

Phone 48 22 702 85 00
Fax 48 22 702 85 98
Email director@asw.waw.pl
Website www.asw.waw.pl
Address Bielawa, Ul. Warszawska 202, Konstancin-Jeziorna, 05-520, Poland

STAFF

Director Anthony P. Gerlicz
High School Principal Brian Brumsickle
Middle School Principal Matthew Leishman
Elementary School Principal Terry Gamble
Elementary School Assistant Principal & Literacy Coordinator Leslie Erian Leishman
PD & Curriculum Director Michelle Kuhns
Director of Finance & Operations Larry Kraut
Director of Technology William MacKenty
Librarians Matthew Kollasch & Susan Matter
Teaching staff Full time 102; Part time 11; Total 113
Nationalities of teaching staff US 73; UK 5; Pole 15; Other(s) (Canadian) 20

INFORMATION

Grade levels PreK–12
School year August–June
School type coeducational, day, private non-profit
Year founded 1953
Governed by appointed and elected Board of Trustees
Accredited by CIS, New England
Regional organizations CEESA, ECIS
Enrollment PreK 26; Elementary K–5 416; Middle School 6–8 209; High School 9–12 255; Total 906
Nationalities of student body US 176; UK 21; Pole 226; Other(s) (Korean, Dane) 483
Tuition/fee currency US Dollar
Tuition range 14,214–23,186
Annual fees Capital Levy 3,050
One time fees Registration 750
Graduates attending college 100%
Graduates have attended Northeastern U, American U, George Washington U, Stanford U, Boston U

EDUCATIONAL PROGRAM

Curriculum Intl, IB Diploma
Average class size Elementary 18; Secondary 22
Language(s) of instruction English
Language(s) taught French, German, Spanish, Polish, Dutch, Swedish
Staff specialists computer, counselor, ESL, learning disabilities, librarian, math resource, nurse, reading resource, speech/hearing
Special curricular programs art, instrumental music, vocal music, computer/technology, physical education
Extra curricular programs computers, community service, dance, drama, environmental conservation, excursions/expeditions, photography, yearbook
Sports basketball, cross-country, football, soccer, softball, swimming, tennis, track and field, volleyball, flag football
Clubs mask making, cultural arts, jazz ensemble, sign language, chess, Math Olympiads, card making, Fun with Fabrics
Examinations ACT, AP, IB, PSAT, SAT, SAT II, MAP

CAMPUS FACILITIES

Location Suburban
Campus 10 hectares, 1 building, 56 classrooms, 3 computer labs, 565 instructional computers, 40,666 library volumes, 1 auditorium, 1 cafeteria, 2 gymnasiums, 1 infirmary, 4 playing fields, 7 science labs, 1 pool, 4 tennis courts

PORTUGAL

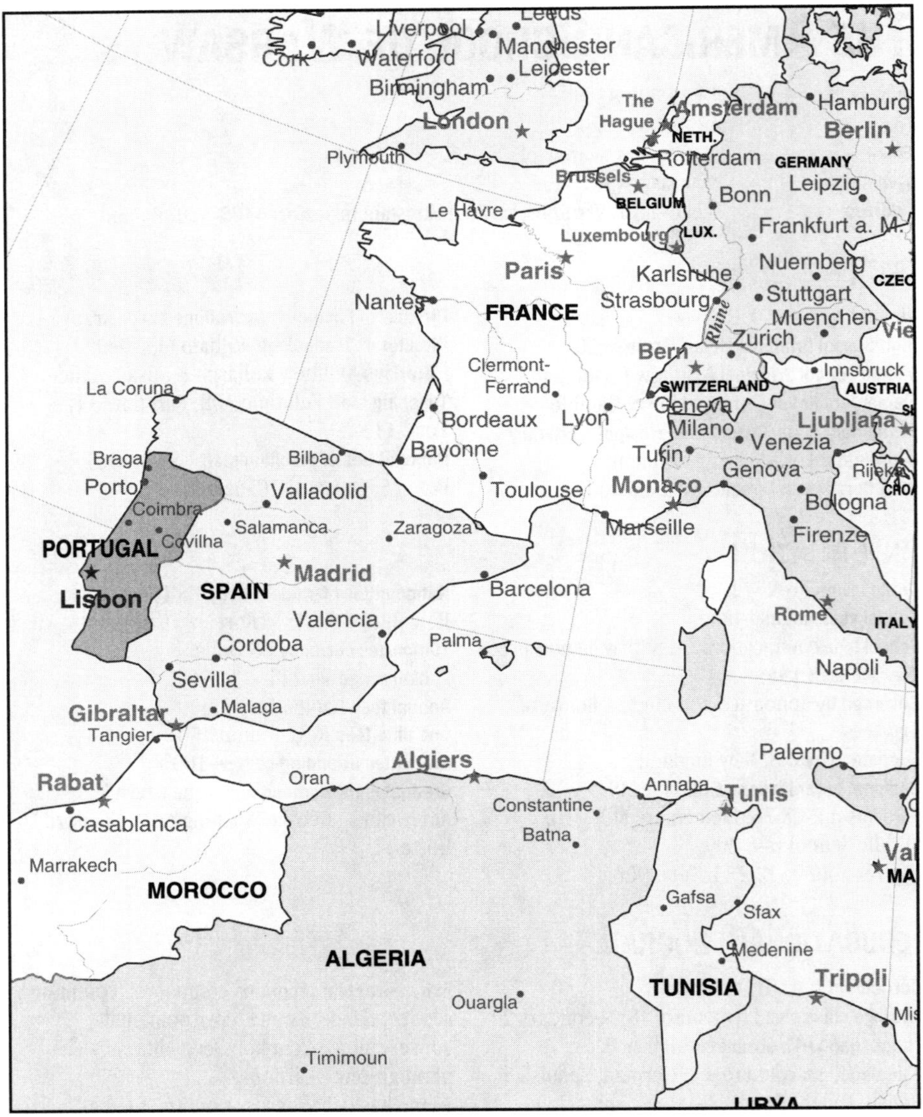

PORTUGAL

Area:	92,090 sq km
Population:	38,463,689
Capital:	Lisbon
Currency:	Euro (EUR)
Languages:	Portuguese, Mirandese

St. Julian's School

Phone 351 21 458 5300
Fax 351 21 458 5312
Email mail@stjulians.com
Website www stjulians.com
Address 2776-601 Carcavelos, Carcavelos, Lisbon, 2776-601, Portugal

STAFF

Head of School David Smith, Ed.D.
Secondary School Principal Nicholas Connolly
Primary School Principal Angela Harris
Business Manager Ormond Fannon
Director of Design & Technology David Pendlebury
Head of Careers & Library Resources Christine Sousa e Sa
Teaching staff Full time 113; Total 113
Nationalities of teaching staff US 1; UK 83; Portuguese 27; Other(s) 2

INFORMATION

Grade levels N–13
School year September–June
School type coeducational, day, private non-profit
Year founded 1932
Governed by elected Governors
Accredited by CIS, New England
Regional organizations ECIS
Enrollment Nursery 41; PreK 54; Elementary K–5 340; Middle School 6–8 340; High School 9–12 235; Grade 13 63; Total 1,073
Nationalities of student body US 27; UK 213; Portuguese 640; Other(s) 193
Tuition/fee currency Euro
Tuition range 7,830–18,600
Annual fees Insurance 60; Lunch 1,050
One time fees Registration 800; Capital Levy 2,900
Graduates attending college 100%
Graduates have attended Cambridge U, Imperial Col London, U Catolica, St. Andrew's Col, U of Bath

EDUCATIONAL PROGRAM

Curriculum UK, National, IB Diploma, IGCSE
Average class size Elementary 15; Secondary 18
Language(s) of instruction English, Portuguese
Language(s) taught French
Staff specialists computer, ESL, learning disabilities, librarian, nurse, physician
Special curricular programs art, instrumental music, vocal music, computer/technology, physical education
Extra curricular programs community service, dance, drama, environmental conservation, excursions/expeditions, newspaper
Sports badminton, basketball, cricket, cross-country, football, hockey, rugby, soccer, tennis, track and field, volleyball
Examinations GCSE, IB, IGCSE, PSAT, SAT

CAMPUS FACILITIES

Location Suburban
Campus 8 hectares, 7 buildings, 55 classrooms, 4 computer labs, 369 instructional computers, 18,000 library volumes, 2 auditoriums, 2 cafeterias, 3 gymnasiums, 2 infirmaries, 4 playing fields, 7 science labs, 4 tennis courts

Carlucci American International School–Lisbon

Phone +351 21 923 9800
Fax +351 21 923 9809
Email info@caislisbon.org
Website www.caislisbon.org
Address Rua Antonio dos Reis, 95, Linho, Sintra, 2710-301, Portugal

STAFF

Director Blannie M. Curtis
Secondary School Principal Nathan Chapman
Elementary School Principal Katie Morris
Business Manager Antonio Vilhena
IT Coordinator Vera Tamen
Library & Media Specialist Helen Jenkins
Teaching staff Full time 59; Part time 2; Total 61
Nationalities of teaching staff US 27; UK 7; Portuguese 19; Other(s) 8

INFORMATION

Grade levels PreK–12
School year September–June
School type coeducational, day, private non-profit
Year founded 1956
Governed by appointed Board of Trustees
Sponsored by US Embassy, Visteon Portuguesa, and Grupo Esprito Santo
Accredited by CIS, New England
Regional organizations ECIS, MAIS
Enrollment PreK 34; Elementary K–5 225; Middle School 6–8 133; High School 9–12 145; Total 537
Nationalities of student body US 86; UK 5; Portuguese 294; Other(s) (Brazilian, Chinese) 152
Tuition/fee currency Euro
Tuition range 7,064–16,480
Annual fees Busing 2,300; Lunch 592; Building (For First 5 Years) 17,860
One time fees Registration 500
Graduates attending college 100%
Graduates have attended Yale U, Harvard U, Massachusetts Institute of Technology, U of St. Andrews, Instituto Superior Tècnico

EDUCATIONAL PROGRAM

Curriculum US, National, IB Diploma
Average class size Elementary 20; Secondary 20
Language(s) of instruction English
Language(s) taught Portuguese, French, Spanish
Staff specialists computer, counselor, ESL, learning disabilities, librarian, nurse, psychologist
Special curricular programs art, instrumental music, vocal music, computer/technology, physical education
Extra curricular programs computers, community service, dance, drama, environmental conservation, excursions/expeditions, literary magazine, yearbook, handbells
Sports basketball, cross-country, golf, soccer, track and field, volleyball
Clubs National Honor Society, student council, drama, community service, Model UN
Examinations IB, PSAT, SAT, SAT II, TOEFL

CAMPUS FACILITIES

Location Suburban
Campus 4 hectares, 4 buildings, 32 classrooms, 2 computer labs, 120 instructional computers, 35,000 library volumes, 2 cafeterias, 1 covered play area, 1 infirmary, 2 playing fields, 3 science labs, 1 tennis court

PUERTO RICO

Area:	13,790 sq km
Population:	3,977,663
Capital:	San Juan
Currency:	US Dollar (USD)
Languages:	Spanish, English

Caribbean School

Phone 787 843 2048
Fax 787 844 5626
Email discovercs@gmail.com
Website www.caribbeanschool.org
Address 1689 Calle Navarra, Urbanizacion La Rambla, Ponce, 00730-4043, Puerto Rico

STAFF

Headmaster James Bonnell
Middle & High School Principal Frances Rivera
Elementary School Principal David Jett
Comptroller Israel Gonzalez
Librarian Belinda Cabassa
Teaching staff Full time 58; Part time 1; Total 59
Nationalities of teaching staff US 10; UK 1; Puerto Rican 47; Other(s) (German) 1

INFORMATION

Grade levels PreK–12
School year August–May
School type coeducational, day, private non-profit
Year founded 1954
Governed by elected Board of Directors
Accredited by Middle States
Enrollment PreK 30; Elementary K–5 290; Middle School 6–8 155; High School 9–12 130; Total 605
Nationalities of student body US 20; Puerto Rican 573; Other(s) (Egyptian, Israeli) 12
Tuition/fee currency US Dollar
Tuition range 3,460–4,700
Annual fees Re-Enrollment 350; General Operating 1,200
One time fees Registration 1,000; Entrance Testing 25
Graduates attending college 100%
Graduates have attended Yale U, Harvard U, Brown U, U of Puerto Rico

EDUCATIONAL PROGRAM

Curriculum US, AP, Puerto Rican
Average class size Elementary 20; Secondary 17
Language(s) of instruction English
Language(s) taught Spanish, Russian
Staff specialists computer, counselor, librarian, nurse
Special curricular programs art, computer/technology, physical education, drama, voice
Extra curricular programs computers, community service, drama, environmental conservation, excursions/expeditions, literary magazine, newspaper, photography, yearbook, Math Bowl, spelling bee, geography bee
Sports baseball, basketball, cross-country, soccer, softball, tennis, track and field, volleyball
Clubs Red Cross, art, National, Junior & Elementary Honor Societies, space camp, Europe trip, Close Up, Math Counts, Boy & Girl Scouts, after school First Communion & Confirmation
Examinations ACT, AP, Iowa, PSAT, SAT, TOEFL, ERB, Learn Aid Spanish

CAMPUS FACILITIES

Location Urban
Campus 25 hectares, 4 buildings, 44 classrooms, 2 computer labs, 90 instructional computers, 16,000 library volumes, 1 cafeteria, 3 covered play areas, 1 gymnasium, 1 infirmary, 3 playing fields, 4 science labs, 2 tennis courts

Commonwealth-Parkville School

Phone 787 765 4411
Fax 787 764 3809
Email rmarracino@cpspr.org
Website www.cpspr.org
Address Urb Roosevelt, 100 Castillo Street, San Juan, 00918, Puerto Rico
Mailing address PO Box 70177, San Juan, Puerto Rico 00936-8177

STAFF

Head of School Richard Marracino
Director of Lower Elementary School Elsie I. Calimano
Director of Upper Elementary School Judith Rivera
Director of Middle & High School Evelyn Collazo
Dean of Students of High School Edmundo Bez
Director of Finance & Operations Diana de Jesus
Librarian Magali Sanchez
Teaching staff Full time 90; Total 90
Nationalities of teaching staff US 90

INFORMATION

Grade levels N–12
School year August–May
School type coeducational, day, private non-profit
Year founded 1952
Governed by appointed and elected Board of Directors
Accredited by Middle States
Enrollment Nursery 18; PreK 35; Elementary K–5 314; Middle School 6–8 121; High School 9–12 162; Total 650
Nationalities of student body US 640; Other(s) (Mexican, Colombian) 10
Tuition/fee currency US Dollar
Tuition range 4,360–12,080
Annual fees Capital Levy 975; Re-enrollment 375; Technology 150
One time fees Registration 1,500; Graduation 160
Graduates attending college 100%
Graduates have attended New York U, Syracuse U, Northeastern U, Georgetown U, Swarthmore Col

EDUCATIONAL PROGRAM

Curriculum US, AP
Average class size Elementary 25; Secondary 16
Language(s) of instruction English
Language(s) taught Spanish, French
Staff specialists computer, counselor, ESL, learning disabilities, librarian, nurse, psychologist
Special curricular programs art, instrumental music, vocal music, computer/technology, physical education
Extra curricular programs computers, community service, dance, drama, environmental conservation, excursions/expeditions, literary magazine, newspaper, photography, yearbook
Sports baseball, basketball, football, soccer, softball, swimming, tennis, track and field, volleyball, Indoor Soccer
Clubs National Honor Society, Junior National Honor Society, forensics, drama, Interact, spelling bee, Spanish oratory, science, mathematics, recycling
Examinations ACT, AP, PSAT, SAT, SAT II, Stanford, TOEFL

CAMPUS FACILITIES

Location Urban
Campus 2 hectares, 4 buildings, 70 classrooms, 4 computer labs, 124 instructional computers, 41,000 library volumes, 2 auditoriums, 2 cafeterias, 1 covered play area, 1 infirmary, 2 playing fields, 5 science labs, air conditioning

QATAR

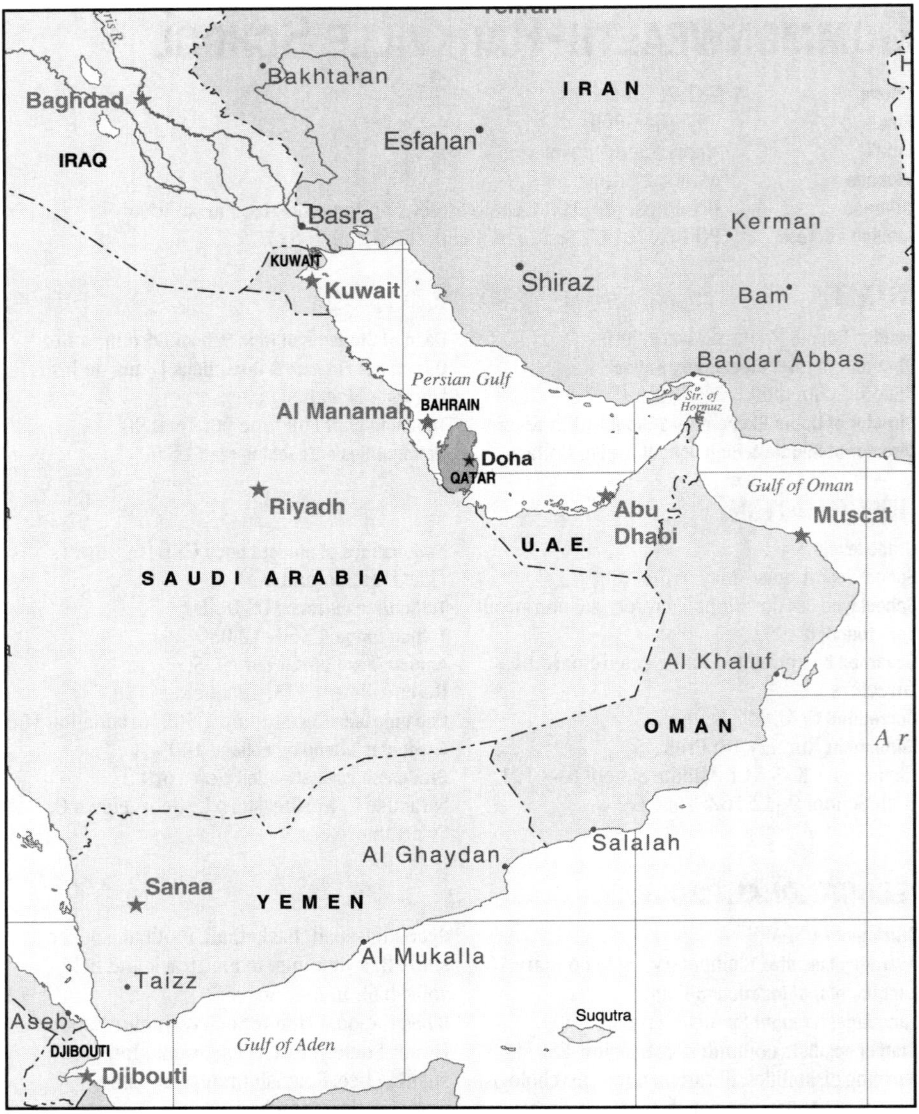

QATAR

Area:	11,586 sq km
Population:	840,926
Capital:	Doha
Currency:	Qatari Rial (QAR)
Languages:	Arabic, English

QATAR LEADERSHIP ACADEMY

Phone 974 4742222
Fax 974 4742112
Email qla@qf.org.qa
Website www.qla.edu.qa
Mailing address P.O. Box 24421, Doha, Qatar

STAFF

Director Robert W. Trent
Head, Academic Affairs Kathy Farrell
Head, Student Affairs & Residential Life George Hopkins
Head, Administration Affairs Badriya al Dosari
Teaching staff Full time 39; Part time 2; Total 41
Nationalities of teaching staff US 11; UK 4; Qatari 12; Other(s) (Canadian, Australian) 14

INFORMATION

Grade levels 6–12
School year September–June
School type boarding, boys only, private non-profit
Year founded 2005
Governed by appointed Board of Governors
Sponsored by Qatar Foundation
Accredited by Middle States
Regional organizations ECIS, NESA
Enrollment Middle School 6–8 35; High School 9–12 60; Total 95
Nationalities of student body Qatari 55; Other(s) (Omani, Kuwaiti) 40
Tuition/fee currency Qatari Rial
Tuition range 45,000–50,000
Boarding program grades 6–12
Boarding program length 5-day and 7-day **Boys** 95
Graduates attending college 95%
Graduates have attended Georgetown U–Qatar, Texas A&M U–Qatar, Carnegie Mellon U–Qatar, Northwestern U–Qatar

EDUCATIONAL PROGRAM

Curriculum US, National, IB Diploma
Average class size Elementary -; Secondary 12
Language(s) of instruction English
Language(s) taught Arabic, French
Staff specialists computer, counselor, ESL, librarian, math resource, nurse, physician
Special curricular programs art, physical education, leadership training, outdoor education
Extra curricular programs community service, environmental conservation, excursions/expeditions, yearbook
Sports basketball, martial arts, soccer, swimming, track and field
Examinations IB, SAT, MAP

CAMPUS FACILITIES

Location Suburban
Campus 8 hectares, 5 buildings, 25 classrooms, 2 computer labs, 150 instructional computers, 8,000 library volumes, 1 auditorium, 1 cafeteria, 1 gymnasium, 2 infirmaries, 2 playing fields, 3 science labs, 1 pool, air conditioning

Academic Bridge Program– Qatar Foundation

Phone 974 492 7300
Fax 974 481 9928
Email sjacob@qf.org.qa
Website www.abp.edu.qa
Address PO Box 24404, Doha, Qatar

STAFF

Director Miles Lovelace, Ed.D.
Assistant Director for Student Services Shetha Numan, Ph.D.
Coordinator of Admissions & Records Said Sami Hijab
Assistant Director for Academic Affairs Raul Hinojosa, Ed.D.
Assistant Director for Administration Don Bowden, Ed.D.
Coordinator of Business Services Deborah Hogue
IT Coordinator Mohammed Ali Ragab
Learning Resources Center Coordinator Marci Brown
Teaching staff Full time 66; Part time 3; Total 69
Nationalities of teaching staff US 40; UK 6; Qatari 5; Other(s) (Lebanese, Iraqi) 18

INFORMATION

Grade levels 13–13
School year August–May
School type coeducational, day, private non-profit
Year founded 2001
Governed by appointed ABP Board of Governors
Sponsored by Qatar Foundation
Regional organizations ECIS, NESA
Enrollment Grade 13 305; Total 305
Nationalities of student body Qatari 280; Other(s) (Emirati, Sudanese) 25
Tuition/fee currency Qatari Rial
Tuition range 48,500–95,000
One time fees Registration 350
Boarding program grades 13–13
Boarding program length 5-day and 7-day
Boys 10 **Girls** 5
Graduates attending college 85%
Graduates have attended Weill Cornell Medical Col–Qatar, Carnegie Mellon U–Qatar, Texas A&M U–Qatar, Virginia Commonwealth U–Qatar, Georgetown School Foreign Service–Qatar

EDUCATIONAL PROGRAM

Curriculum US
Average class size Secondary 13
Language(s) of instruction English
Staff specialists computer, counselor, ESL, librarian, math resource, reading resource
Special curricular programs university preparation, time management, study skills
Extra curricular programs drama, excursions/expeditions, newspaper, photography, yearbook
Sports basketball, soccer
Clubs photography, journalism, student government, debate, Model UN, movie nights
Examinations ACT, SAT, TOEFL, IELTS

CAMPUS FACILITIES

Location Urban
Campus 200 hectares, 1 building, 16 classrooms, 6 computer labs, 300 instructional computers, 12,000 library volumes, 2 auditoriums, 1 cafeteria, 1 gymnasium, 1 infirmary, 1 playing field, 4 science labs, 2 pools, 1 tennis court, air conditioning

American School of Doha

Phone 974 459-1500/1501
Fax 974 459-1570
Email info@asd.edu.qa
Website www.asd.edu.qa
Address PO Box 22090, Al Bustan Street/ Al Waab/South Al Soudan District, Doha, Qatar
Mailing address American School of Doha, PO Box 22090, Doha, State of Qatar

STAFF

Director Deborah Welch, Ph.D.
High School Principal Colin Boudreau
Lower Elementary Principal Lana Al Aghbar
Middle School Principal Steven Leever
Director of Curriculum & Professional Development Gail Seay
Upper Elementary Principal Brian Donaldson
Chief Financial Officer Roeland Weisfelt
IT Director David Beaty
Head of High School Library Kathy Patterson
Teaching staff Full time 197; Total 197
Nationalities of teaching staff US 123; UK 5; Other(s) (Canadian) 69

INFORMATION

Grade levels PreK–12
School year August–June
School type coeducational, day, private non-profit
Year founded 1988
Governed by appointed and elected Board of Directors
Accredited by New England
Regional organizations NESA
Enrollment PreK 105; Elementary K–5 811; Middle School 6–8 440; High School 9–12 560; Total 1,916
Nationalities of student body US 792; UK 30; Qatari 138; Other(s) (Canadian, Dutch) 956
Tuition/fee currency Qatari Rial
Tuition range 26,880–62,000
Annual fees Capital Levy 14,600; Busing 6,650
One time fees Registration 3,650
Graduates attending college 98%
Graduates have attended Harvard U, Stanford U, Duke U, Carnegie Mellon U, Texas A&M U

EDUCATIONAL PROGRAM

Curriculum US, IB Diploma, AP
Average class size Elementary 19; Secondary 21
Language(s) of instruction English
Language(s) taught Arabic, French, Spanish
Staff specialists computer, counselor, ESL, librarian, math resource, nurse, reading resource
Special curricular programs art, instrumental music, vocal music, computer/technology, physical education
Extra curricular programs computers, community service, drama, environmental conservation, excursions/expeditions, literary magazine, newspaper, yearbook
Sports baseball, basketball, cross-country, gymnastics, soccer, softball, swimming, tennis, track and field, volleyball
Clubs Boy & Girl Scouts, chamber orchestra, soccer league, baseball, booster, tae kwon do, Doha Debates
Examinations ACT, AP, IB, Iowa, PSAT, SAT, SAT II, TOEFL

CAMPUS FACILITIES

Location Suburban
Campus 8 hectares, 10 buildings, 154 classrooms, 4 computer labs, 500 instructional computers, 34,500 library volumes, 1 auditorium, 2 cafeterias, 4 covered play areas, 2 gymnasiums, 2 infirmaries, 4 playing fields, 10 science labs, 2 pools, 2 tennis courts, air conditioning

International School of Choueifat

Phone 974 4933110
Fax 974 4835874
Email iscdoha@sabis.net
Website www.iscdoha-sabis.net
Address West Bay Area No. 66, Al Onaizah Street No. 825, Doha, 22085, Qatar

STAFF

Regional Director Ramzi Germanos, Ph.D.
Director Joseph Salemeh
Head of Infants Department Chantal Lahad
Head of Primary Department Rima Abou Alwan
Head of Intermediate Department Selman Mawad
Head of Secondary Department Maha Abu Shaaban
Finance Manager Oussama Loubani
IT Manager Shinu Varughese
Head of Library Mona Hamza
Teaching staff Full time 77; Total 77
Nationalities of teaching staff US 1; UK 33; Other(s) (Lebanese, Irish) 43

INFORMATION

Grade levels PreK–12
School year September–June
School type coeducational, day, proprietary
Year founded 1886
Sponsored by SABIS School Network
Accredited by North Central, World-Wide Education Service
Enrollment PreK 166; Elementary K–5 1,060; Middle School 6–8 297; High School 9–12 186; Total 1,709
Nationalities of student body US 127; UK 22; Qatari 384; Other(s) (Lebanese, Canadian) 1,176
Tuition/fee currency Qatari Rial
Tuition range 15,750–33,000
Annual fees Busing 3,500; Lunch 600; Books 2,000
One time fees Registration 1,000
Graduates attending college 100%
Graduates have attended Cornell U, Carnegie Mellon U, Texas A&M U, Georgetown U, American U of Beirut

EDUCATIONAL PROGRAM

Curriculum US, UK, Intl, AP, IGCSE, GenCSE
Average class size Elementary 32; Secondary 36
Language(s) of instruction English
Language(s) taught French, Arabic
Staff specialists computer, nurse, reading resource
Special curricular programs art, instrumental music, vocal music, computer/technology, physical education
Extra curricular programs computers, community service, dance, excursions/expeditions, yearbook, ballet, gymnastics, tae kwan do
Sports basketball, gymnastics, hockey, soccer, swimming, track and field, volleyball
Examinations A-level GCE, AP, GCSE, IGCSE, SAT, SAT II, TOEFL

CAMPUS FACILITIES

Location Suburban
Campus 5 hectares, 7 buildings, 69 classrooms, 1 computer lab, 40 instructional computers, 1 auditorium, 1 cafeteria, 4 covered play areas, 1 gymnasium, 1 infirmary, 4 playing fields, 2 science labs, 2 pools, 2 tennis courts, air conditioning

THE LEARNING CENTER SCHOOL

Phone 974 454 2111
Fax 974 454 2110
Email tlc@qf.org.qa
Website www.tlc.edu.qa
Address PO Box 6639, 52 Al Luqta Street, Doha, Qatar

STAFF

Director Ralph H. Pruitt, Ph.D.
Principal Tina Santilli
Head of Clinical Zeta Hitchcock
Special Assistant to the Director Suad Al-Kindi
Administrative Officer Eiman Omar Ahmed
Head of Library & Media Specialist Christopher Bell
Teaching staff Full time 70; Part time 2; Total 72
Nationalities of teaching staff US 26; UK 2; Qatari 12; Other(s) (Canadian, Jordanian) 32

INFORMATION

Grade levels 1–12
School year September–June
School type coeducational, day, private non-profit
Year founded 1996
Governed by appointed Board of Governors
Sponsored by Qatar Foundation
Regional organizations ECIS, NESA
Enrollment Elementary K–5 50; Middle School 6–8 30; High School 9–12 37; Total 117
Nationalities of student body US 1; Qatari 109; Other(s) (Russian, Iranian) 7
Tuition/fee currency Qatari Rial
Tuition range 41,675–54,409
Annual fees Lunch 3,906
One time fees Registration 2,200
Graduates attending college 100%
Graduates have attended Texas A&M U at Qatar, Col of the North Atlantic, Qatar U, Stenden U

EDUCATIONAL PROGRAM

Curriculum US, Intl
Average class size Elementary 10; Secondary 10
Language(s) of instruction English
Language(s) taught Arabic
Staff specialists computer, counselor, ESL, learning disabilities, librarian, nurse, psychologist, reading resource, speech/hearing
Special curricular programs art, computer/technology, physical education, Islamic studies
Extra curricular programs community service, drama, environmental conservation, excursions/expeditions, newspaper, photography, yearbook
Sports badminton, basketball, soccer, swimming, tennis, track and field, volleyball
Clubs student council, Model UN, Roots & Shoots
Examinations ACT, SAT, TOEFL

CAMPUS FACILITIES

Location Suburban
Campus 300 hectares, 2 buildings, 26 classrooms, 1 computer lab, 100 instructional computers, 10,000 library volumes, 1 auditorium, 1 cafeteria, 1 covered play area, 5 gymnasiums, 1 infirmary, 3 playing fields, 2 science labs, 1 pool, 1 tennis court, air conditioning

Qatar Academy

Phone 974 482 6666
Fax 974 480 2769
Email qataracademy@qf.org.qa
Website www.qataracademy.edu.qa
Address PO Box 1129, Al Luqta Street, Doha, Qatar

STAFF

Director Gregory A. Hedger, Ed.D.
Head of Senior School Michael Hitchman
Head of Primary School Sandy Sheppard
Assistant Head of Senior School & IBD Coordinator Sarah McGinley
Assistant Head of Primary School Kirsten Holland
Curriculum Coordinator Diana Rosberg
Head of Administration & Finance Shaheed Khan
Head of IT & E-Learning Sam Liberto
Head of Libraries Beverley Stubbs
Teaching staff Full time 196; Part time 4; Total 200
Nationalities of teaching staff US 29; UK 38; Qatari 13; Other(s) (Canadian, Jordanian) 120

INFORMATION

Grade levels PreK–12
School year September–June
School type coeducational, day, private non-profit
Year founded 1996
Governed by appointed Board of Governors
Sponsored by Qatar Foundation for Education, Science, & Community Development
Accredited by CIS, New England
Regional organizations ECIS, NESA
Enrollment PreK 180; Elementary K–5 657; Middle School 6–8 330; High School 9–12 393; Total 1,560
Nationalities of student body US 146; UK 64; Qatari 770; Other(s) (Canadian, Jordanian) 580
Tuition/fee currency Qatari Rial
Tuition range 16,145–42,678
Annual fees Lunch PS-180; KG-478; Grd. 3–5-604
One time fees Registration 2,000; Application 250; Books in Grade 11 3,000
Graduates attending college 98%
Graduates have attended U Col London, U of Bristol, U of Maastricht, U of Toronto, U of British Columbia

EDUCATIONAL PROGRAM

Curriculum Intl, IB Diploma, IBPYP, IBMYP
Average class size Elementary 20; Secondary 20
Language(s) of instruction English
Language(s) taught Arabic, French, Spanish
Staff specialists computer, counselor, ESL, learning disabilities, librarian, nurse, psychologist, reading resource
Special curricular programs art, instrumental music, vocal music, computer/technology, physical education, design technology, drama
Extra curricular programs community service, drama, environmental conservation, excursions/expeditions, yearbook, guitar, beginners band, choir
Sports badminton, basketball, cross-country, gymnastics, rugby, soccer, softball, squash, swimming, tennis, track and field, volleyball, table tennis, ice hockey
Clubs Model UN, robotics, QATV, environment, chess, art, student council
Examinations IB, PSAT, SAT, SAT II, TOEFL, ISA

CAMPUS FACILITIES

Location Suburban
Campus 300 hectares, 2 buildings, 105 classrooms, 7 computer labs, 1000 instructional computers 64,683 library volumes, 1 auditorium, 1 cafeteria, 2 covered play areas, 7 gymnasiums, 2 infirmaries, 3 playing fields, 13 science labs, 2 pools, 1 tennis court, air conditioning

ROMANIA

Area:	238,391 sq km
Population:	22,181,287
Capital:	Bucharest
Currency:	Leu (RON)
Languages:	Romanian

American International School of Bucharest

Phone 40 21 204 4300
Fax 40 21 204 4306
Email office@aisb.ro
Website www.aisb.ro
Address Sos. Pipera-Tunari 196, Voluntari, Jud. Ilfov, 077190, Romania

STAFF

Director David A. Ottaviano, Ed.D.
Elementary Principal Melissa Schaub
Middle School Principal Brian Roach
Admission & Advancement Director Lynn Wells
Elementary School Vice Principal Rosella Diliberto
High School Principal Lorne Bird
Director of Finance & Operations Sheldon Hutchison
IT Director Johnson Jacob
Head Librarian Linda Mailey
Teaching staff Full time 92; Part time 3; Total 95
Nationalities of teaching staff US 36; UK 12; Romanian 27; Other(s) (Canadian, New Zealander) 20

INFORMATION

Grade levels PreK–12
School year August–June
School type coeducational, day, private non-profit
Year founded 1962
Governed by appointed Ten Member Board of Directors
Accredited by CIS, New England
Regional organizations CEESA, ECIS
Enrollment PreK 29; Elementary K–5 315; Middle School 6–8 152; High School 9–12 178; Total 674
Nationalities of student body US 82; UK 21; Romanian 206; Other(s) (Israeli, German) 365
Tuition/fee currency Euro
Tuition range 10,300–15,605
Annual fees Capital Levy 3,000; Lunch 800
One time fees Registration 800; Application 200
Graduates attending college 100%
Graduates have attended City U London, King's Col, Swarthmore Col, U of Oxford, Stanford U

EDUCATIONAL PROGRAM

Curriculum US, Intl, IB Diploma, IBPYP, IBMYP
Average class size Elementary 18; Secondary 18
Language(s) of instruction English
Language(s) taught French, Spanish, Romanian
Staff specialists computer, counselor, ESL, learning disabilities, librarian, nurse, physician
Special curricular programs art, instrumental music, vocal music, computer/technology, physical education
Extra curricular programs community service, dance, drama, excursions/expeditions, yearbook
Sports basketball, cross-country, martial arts, soccer, softball, swimming, tennis, volleyball
Examinations IB, PSAT, SAT, SAT II, ISA, MAP

CAMPUS FACILITIES

Location Suburban
Campus 10 hectares, 3 buildings, 50 classrooms, 4 computer labs, 180 instructional computers, 24,000 library volumes, 1 auditorium, 1 cafeteria, 2 gymnasiums, 1 infirmary, 3 playing fields, 4 science labs, 4 tennis courts, air conditioning

RUSSIA

Area:	17,098,242 sq km
Population:	139,390,205
Capital:	Moscow
Currency:	Russian Ruble (RUR)
Languages:	Russian

Anglo-American School of Moscow

Phone 7 495 231 4488
Fax 7 495 231 4475
Email director@aas.ru
Website www.aas.ru
Address Beregovaya 1, Moscow, 125367, Russia
Mailing address c/o American Embassy, 14 Itainen Puistotie, Box M 00140, Helsinki, Finland

STAFF

Director Drew N. Alexander
Director of Curriculum Peggy Smith
High School Principal Theressa Smith
Middle School Principal Judith Curtis
Elementary School Principal George Dolesch
St. Petersburg Campus Principal Ronald Gleason
DFO Ian Forster
Technology Coordinator Cindy Emmans, Ph.D.
Librarian Ann Symons
Teaching staff Full time 135; Part time 4; Total 139
Nationalities of teaching staff US 80; UK 11; Russian 11; Other(s) (Canadian, French) 37

INFORMATION

Grade levels PreK–12
School year August–June
School type coeducational, day, private non-profit
Year founded 1949
Governed by appointed School Board
Sponsored by US, UK and Canadian Embassies in Moscow
Accredited by CIS, New England
Regional organizations CEESA, ECIS
Enrollment PreK 64; Elementary K–5 594; Middle School 6–8 291; High School 9–12 343; Total 1,292
Nationalities of student body US 361; UK 100; Russian 138; Other(s) (Korean, Canadian) 693
Tuition/fee currency US Dollar
Tuition range 14,250–27,900
Annual fees ESL (Gr.1–10) 2,000
One time fees Registration 500; Capital Levy 10,000
Graduates attending college 100%
Graduates have attended Tufts U, Boston U, Michigan U, Edinborough U, McGill

(Continued)

ANGLO-AMERICAN SCHOOL OF MOSCOW (Continued)

EDUCATIONAL PROGRAM

Curriculum US, UK, IB Diploma, IBPYP, Canada
Average class size Elementary 18; Secondary 18
Language(s) of instruction English
Language(s) taught French, Russian, Spanish
Staff specialists computer, counselor, ESL, learning disabilities, librarian, math resource, nurse, psychologist, reading resource, speech/hearing
Special curricular programs art, instrumental music, vocal music, computer/technology, physical education, drama, dance, health, economy
Extra curricular programs community service, environmental conservation, excursions/expeditions, literary magazine, photography, yearbook, Boatbuilding, Knowledge Bowl, Mathcounts, Speech & Debate
Sports basketball, cross-country, soccer, swimming, tennis, volleyball, Softball
Clubs Student Council, National Honor Society, Model UN, table tennis, ultimate frisbee, badminton, archery, oriental chess, drawing & painting
Examinations IB, PSAT, SAT, ERB, MAP

CAMPUS FACILITIES

Location Urban
Campus 6 hectares, 1 building, 85 classrooms, 4 computer labs, 245 instructional computers, 60,000 library volumes, 1 auditorium, 2 cafeterias, 1 covered play area, 2 gymnasiums 1 infirmary, 3 playing fields, 10 science labs, 1 pool, 3 tennis courts, air conditioning

Anglo-American School of St. Petersburg

Phone 7 812 320 8925
Fax 7 812 320 8926
Email nastia.smirnova@aas.ru
Website www.aas.ru/stpetersburg.cfm
Address 5 Penkovaya, St. Petersburg, 197046, Russia
Mailing address c/o American Embassy , Itainen Puistotie 14, Box L , 00140 Helsinki, Finland

STAFF

Director Drew Alexander
Principal Ronald Gleason
Director of Finance & Operations Ian Forster
IT Consultant Alexey Sheglov
Teaching staff Full time 14; Part time 5; Total 19
Nationalities of teaching staff US 7; Russian 7; Other(s) (Iranian, Indian) 5

INFORMATION

Grade levels K–12
School year August–June
School type coeducational, day
Year founded 1993
Governed by appointed Anglo-American School of Moscow School Board
Accredited by New England
Regional organizations CEESA, ECIS
Enrollment Elementary K–5 78; Middle School 6–8 25; High School 9–12 33; Total 136
Nationalities of student body US 20; UK 7; Russian 7; Other(s) (Korean, Dutch) 102
Tuition/fee currency US Dollar
Tuition range 20,650–21,650
Annual fees Busing 2,000
One time fees Registration 500
Graduates attending college 100%
Graduates have attended New York U, Webster U, State U of St. Petersburg, Brown U, U of Virginia

EDUCATIONAL PROGRAM

Curriculum US, UK
Average class size Elementary 14; Secondary 8
Language(s) of instruction English
Language(s) taught French, Russian
Staff specialists computer, counselor, ESL, librarian
Special curricular programs art, computer/ technology, physical education
Extra curricular programs computers, dance, environmental conservation, photography, yearbook
Sports badminton, basketball, soccer, swimming, tennis, track and field, volleyball
Examinations PSAT, SAT

CAMPUS FACILITIES

Location Urban
Campus 1 hectare, 1 building, 9 classrooms, 30 instructional computers, 5,200 library volumes, 1 gymnasium, 1 playing field, 1 science lab

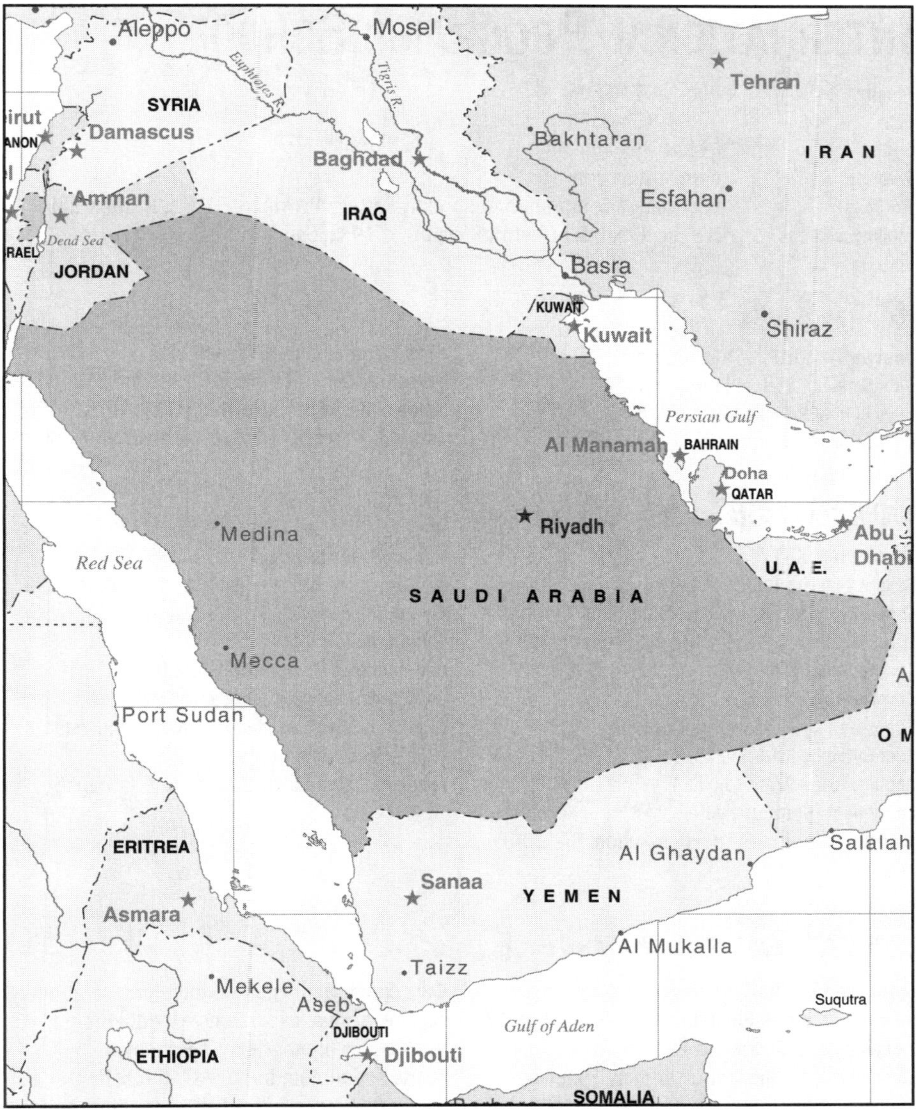

SAUDI ARABIA

Area:	2,149,690 sq km
Population:	29,207,277
Capital:	Riyadh
Currency:	Saudi Riyal (SAR)
Languages:	Arabic

International Programs School

Phone 966-3-857-5603
Fax 966-3-857-0076
Email ipsksa@gmail.com
Website www.ipsksa.com
Address Eurovillage Compound, Al Khobar, Eastern Province, 31932, Saudi Arabia
Mailing address IPS, PO Box 691, Dhahran Airport , 31932, Saudi Arabia

STAFF

Director Hendrik A Taatgen, Ph.D.
Girls School Principal Linda Amin
Boys School Principal Bryan Ashby
Counselor Bill Cooke
Head Librarian Karen Yeramian
Teaching staff Full time 56; Part time 2; Total 58
Nationalities of teaching staff US 13; UK 4; Saudi 3; Other(s) (Canadian, Australian) 36

INFORMATION

Grade levels K–12
School year September–June
School type boys only, coeducational, company-sponsored, day, girls only, proprietary
Year founded 2000
Governed by ESOL
Sponsored by Al Suwaiket Company
Accredited by Middle States
Regional organizations NESA
Enrollment Elementary K–5 233; Middle School 6–8 76; High School 9–12 98; Total 407
Nationalities of student body US 55; UK 8; Saudi 50; Other(s) (Egyptian, Jordanian) 294
Tuition/fee currency Saudi Riyal
Tuition range 19,000–42,000
One time fees Registration 3,500
Graduates attending college 90%
Graduates have attended U of Massachusetts, U of Texas, Austin, Purdue U, American U in Cairo, American U in Beirut

EDUCATIONAL PROGRAM

Curriculum US, Intl
Average class size Elementary 15; Secondary 12
Language(s) of instruction English
Language(s) taught Arabic, French, Spanish
Staff specialists computer, counselor, ESL, librarian, nurse, reading resource
Special curricular programs art, computer/technology, physical education, guidance, health, drama
Extra curricular programs computers, community service, drama, excursions/expeditions, newspaper, photography, yearbook
Sports badminton, basketball, football, gymnastics, soccer, softball, swimming, tennis, track and field, volleyball
Clubs Model UN, fencing, floor hockey, arts & crafts, volleyball, band, SAT test taking skills, writing, poetry, chess, puzzle, martial arts
Examinations PSAT, SAT, SAT II, ISA

CAMPUS FACILITIES

Location Urban
Campus 2 hectares, 18 buildings, 37 classrooms, 2 computer labs, 45 instructional computers, 20,000 library volumes, 1 gymnasium, 2 playing fields, 1 science lab, 1 pool, 3 tennis courts, air conditioning

INTERNATIONAL SCHOOLS GROUP

Phone 00966 3 330 0555
Fax 00966 3 330 3270
Email nhudson@isgdh.org
Website www.isgdh.org
Address P.O. Box 31677, Al-Khobar, 31952, Saudi Arabia
Mailing address Dhahran Academy, Unit 66804, APO AE 09858-6804, USA

STAFF

Superintendent Norma Hudson
Deputy Superintendent Bill Stapp
Director of Human Resources John Chapman
Director of Finance David Whitaker
Director of Support Services Christ L'Esteve
Librarian Vargie Johnson
Teaching staff Full time 151; Part time 4; Total 155
Nationalities of teaching staff US 63; UK 47; Saudi 4; Other(s) (Lebanese) 41

INFORMATION

Grade levels PreK–12
School year August–June
School type coeducational, day, private non-profit
Year founded 1962
Governed by elected Board of Trustees
Sponsored by Saudi Arabian Ministry of Education
Accredited by CIS, Middle States
Regional organizations ECIS, NESA
Enrollment PreK 112; Elementary K–5 565; Middle School 6–8 433; High School 9–12 655; Total 1,765
Nationalities of student body US 560; UK 350; Saudi 65; Other(s) (Canadian, Lebanese) 790
Tuition/fee currency Saudi Riyal
Tuition range 20,140–50,090
One time fees Registration 7,000
Graduates attending college 100%
Graduates have attended Stanford U, New York U, U of Pennsylvania, Dartmouth Col, Columbia U

EDUCATIONAL PROGRAM

Curriculum US, UK, AP, IGCSE, GenCSE
Average class size Elementary 18; Secondary 22
Language(s) of instruction English
Language(s) taught French, Spanish, Arabic,
Staff specialists computer, counselor, ESL, learning disabilities, librarian, math resource, nurse, reading resource
Special curricular programs art, instrumental music, vocal music, computer/technology, physical education, Arab Culture
Extra curricular programs computers, community service, dance, drama, excursions/expeditions, newspaper, photography, yearbook
Sports badminton, basketball, cricket, cross-country, football, soccer, softball, tennis, track and field, volleyball
Examinations ACT, AP, GCSE, IGCSE, SAT, SAT II, Stanford

CAMPUS FACILITIES

Location Rural
Campus 20 hectares, 16 buildings, 60 classrooms, 7 computer labs, 300 instructional computers, 100,000 library volumes, 2 auditoriums, 1 cafeteria, 6 covered play areas, 3 gymnasiums, 1 infirmary, 2 playing fields, 4 science labs, air conditioning

Saudi Aramco Schools

Phone 966 3 877 1676
Fax 966 3 872 0783
Email timothy.hansen@aramco.com
Website www.saudiaramco.com/sas
Address c/o Saudi Aramco, Box 73, Dhahran, 31311, Saudi Arabia

STAFF

Superintendent of Schools Timothy T. Hansen, Ph.D.
Associate Superintendent John A. Carey
Curriculum Coordinator Crystal W. Jacobs
Director of Pupil Personnel & Special Services Nathan H. Taylor, Ph.D.
Business Office Manager Christopher J. Wollak
Technology Coordinator Benjamin L. Jacobs
Teaching staff Full time 246; Part time 60; Total 306
Nationalities of teaching staff US 214; Saudi 7; Other(s) (Canadian) 85

INFORMATION

Grade levels K–9
School year September–June
School type company-sponsored, day
Year founded 1945
Governed & Sponsored by Saudi Arabian Oil Company
Accredited by Middle States
Regional organizations NESA
Enrollment Elementary K–5 1,191; Middle School 6–8 621; High School 9–12 180; Total 1,992
Nationalities of student body US 900; UK 37; Saudi 41; Other(s) (Canadian) 1,014

EDUCATIONAL PROGRAM

Curriculum US
Average class size Elementary 18; Secondary 17
Language(s) of instruction English
Language(s) taught Spanish, French, Arabic
Staff specialists computer, counselor, learning disabilities, librarian, nurse, psychologist, reading resource, speech/hearing
Special curricular programs art, instrumental music, vocal music, computer/technology, physical education
Extra curricular programs computers, community service, drama, excursions/expeditions, newspaper, yearbook, ballet
Sports baseball, basketball, cricket, cross-country, golf, soccer, softball, swimming, tennis, track and field, volleyball
Clubs student council, Knowledge Bowl, jazz band, Math Olympiads, climbing, photography, media
Examinations SSAT, ERB WrAP, MAP

CAMPUS FACILITIES

Location Rural
Campus 11 buildings, 152 classrooms, 22 computer labs, 550 instructional computers, 105,305 library volumes, 16 covered play areas, 9 gymnasiums, 6 playing fields, 15 science labs, 5 pools, 50 tennis courts, air conditioning

American International School of Jeddah

Phone 966 2 662 0051
Fax 966 2 691 2402
Email aisj@aisj.edu.sa
Website www.aisj.edu.sa/
Address Khaleel Al-Azdey Street, (N35-W14), Al-Zahra District 4, PO Box 127328, Jeddah, 21352, Saudi Arabia
Mailing address PO Box 127328, Jeddah, Saudi Arabia 21352

STAFF

Superintendent Mark A. English, Ph.D.
Director of Curriculum Jonathan Acker
Elementary Principal Debra Caskey
High School Principal Gilbert Briones
Middle School Principal Derek Jerrier
Accounts Manager Nenita Gomez
IT Coordinator Chandra Kumar Sinnappah
Librarian Michael Brantley
Teaching staff Full time 135; Total 135
Nationalities of teaching staff US 80; Saudi 5; Other(s) (Canadian, Lebanese) 50

INFORMATION

Grade levels N–12
School year September–June
School type coeducational, day, private non-profit
Year founded 1952
Governed by elected Board of Trustees
Accredited by Middle States
Regional organizations ECIS, NESA
Enrollment Nursery 10; PreK 108; Elementary K–5 385; Middle School 6–8 180; High School 9–12 285; Total 968
Nationalities of student body US 290; UK 5; Saudi 90; Other(s) (Lebanese, Egyptian) 583
Tuition/fee currency US Dollar
Tuition range 5,200–11,500
One time fees Registration 400
Graduates attending college 95%
Graduates have attended Johns Hopkins U, Georgia Institute of Technology, U of California, Los Angeles, U of Texas, Penn State U

EDUCATIONAL PROGRAM

Curriculum US, AP
Average class size Elementary 15; Secondary 20
Language(s) of instruction English
Language(s) taught French, Spanish, Arabic
Staff specialists computer, counselor, ESL, learning disabilities, librarian, math resource, nurse, reading resource
Special curricular programs art, instrumental music, vocal music, computer/technology, physical education
Extra curricular programs computers, community service, drama, environmental conservation, excursions/expeditions, newspaper, photography, yearbook
Sports badminton, baseball, basketball, rugby, soccer, softball, swimming, tennis, t rack and field, volleyball
Clubs Model UN, chess, robotics
Examinations ACT, AP, PSAT, SAT, SAT II, Stanford

CAMPUS FACILITIES

Location Urban
Campus 9 buildings, 85 classrooms, 5 computer labs, 300 instructional computers, 12,000 library volumes, 2 auditoriums, 1 cafeteria, 3 covered play areas, 2 gymnasiums, 1 infirmary, 3 playing fields, 2 science labs, air conditioning

The British International School of Jeddah

Phone 966 2 699 0019
Fax 966 2 699 1943
Email director@conti.sch.sa
Website www.continentalschool.com
Address West of Al Amir Sultan Street, Mohammadiyah District, Al Basateen Development, North Jeddah and South Obhur, Jeddah, Makkah Region, 21442, Saudi Arabia
Mailing address PO Box 6453, Jeddah 21442, Saudi Arabia

STAFF

Director Bruce Gamwell
Head Teacher of Primary School Neil Hugo
Head Teacher of Upper School Helen Mack
Business Manager Dammes Ledeboer
IT Manager Jacques Gouws
Upper School Librarian Susan Rigby
Teaching staff Full time 146; Part time 8; Total 154
Nationalities of teaching staff US 8; UK 59; Saudi 4; Other(s) (Lebanese, Australian) 75

INFORMATION

Grade levels N–12
School year September–June
School type coeducational, day, private non-profit
Year founded 1977
Governed by elected Board of Trustees
Accredited by CIS, New England
Enrollment Nursery 35; PreK 252; Elementary K–5 605; Middle School 6–8 335; High School 9–12 265; Grade 13 63; Total 1,555
Nationalities of student body US 117; UK 143; Saudi 259; Other(s) (Egyptian, Lebanese) 1,036
Tuition/fee currency Saudi Riyal
Tuition range 16,470–56,550
Annual fees Music 3,300
One time fees Registration 800; Entrance 6,000
Graduates attending college 100%
Graduates have attended George Washington U, Bentley Col, U of British Columbia, U of Toronto, McGill U

EDUCATIONAL PROGRAM

Curriculum UK, Intl, IB Diploma, IGCSE
Average class size Elementary 21; Secondary 21
Language(s) of instruction English, Arabic
Language(s) taught French, Spanish
Staff specialists computer, counselor, learning disabilities, librarian, nurse
Special curricular programs art, instrumental music, vocal music, physical education
Extra curricular programs community service, drama, yearbook
Sports badminton, basketball, cricket, gymnastics, hockey, soccer, swimming, tennis, track and field, volleyball
Examinations GCSE, IB, IGCSE

CAMPUS FACILITIES

Location Suburban
Campus 3 hectares, 10 buildings, 100 classrooms, 5 computer labs, 278 instructional computers, 35,500 library volumes, 1 auditorium, 1 cafeteria, 3 covered play areas, 2 gymnasiums, 1 infirmary, 1 playing field, 8 science labs, 3 pools, 3 tennis courts, air conditioning

THE KAUST SCHOOL

Phone +966 2 808 6305
Email madeleine.hewitt@kaust.edu.sa
Website www.kaust.edu.sa and www.kaustschools.org
Address Superintendent's Office, Harbor Elementary School, Thuwal, 23955-6900, Saudi Arabia
Mailing address c/o 4700 King Abdullah University of Science & Technology, Thuwal 23955-6900, Kingdom of Saudia Arabia

STAFF

Superintendent Madeleine Hewitt
Elementary Principal Kandace Williams, Ed.D.
Secondary Principal Jennifer Lees
Early Childhood Assistant Principal Leny de Ruijter
IT Coordinator Virginia Jewell, Ed.D.
Head Librarian Mary Alice Osborne
Teaching staff Full time 86; Part time 8; Total 94
Nationalities of teaching staff US 45; UK 2; Saudi 1; Other(s) (Australian, Canadian) 46

INFORMATION

Grade levels N–12
School year August–June
School type coeducational, company-sponsored, day, girls only, private non-profit
Year founded 2008
Governed by University Management
Sponsored by King Abdullah University of Science & Technology
Regional organizations NESA
Enrollment Nursery 45; PreK 45; Elementary K–5 250; Middle School 6–8 90; High School 9–12 170; Total 600
Nationalities of student body US 25; UK 10; Saudi 225; Other(s) (Filipino, Indian) 340
Tuition/fee currency Saudi Riyal
Graduates attending college 95%

EDUCATIONAL PROGRAM

Curriculum National, IB Diploma, IBPYP, IBMYP
Average class size Elementary 15; Secondary 12
Language(s) of instruction English
Language(s) taught English, Arabic
Staff specialists computer, counselor, ESL, learning disabilities, librarian, math resource, nurse, psychologist, reading resource
Special curricular programs art, instrumental music, vocal music, computer/technology, distance learning, physical education
Extra curricular programs computers, community service, drama, environmental conservation, excursions/expeditions, literary magazine, newspaper, yearbook
Sports badminton, basketball, cross-country, golf, martial arts, soccer, squash, swimming, tennis, track and field, volleyball
Clubs Cancer We Care, Model UN, Green Team, Scouts, student council, yearbook, math
Examinations IB, MAP

CAMPUS FACILITIES

Location Suburban
Campus 3 buildings, 56 classrooms, 3 computer labs, 200 instructional computers, 38,000 library volumes, 2 auditoriums, 2 cafeterias, 4 covered play areas, 2 gymnasiums, 3 infirmaries, 3 playing fields, 8 science labs, 1 pool, 2 tennis courts, air conditioning

Advanced Learning Schools

Phone 0096614700754
Fax 009614700754
Email admin@alsschools.com
Website www.alsschools.com
Address PO Box 221985, Riyadh, 11311, Saudi Arabia

STAFF

Superintendent Iain Stirling
K–3 Coordinator Hala Bazna
Girls' Principal Kathy Khayatt
Boys' Principal Majdi El-Hajj
IB MYP & DP Coordinator Rola Abu Sager
IB PYP Coordinator Christelle Thompson
Business Manager Essam El-Soubky
ICT Systems Manager Imran Mahmood
Librarian Nenita Hermann
Teaching staff Full time 64; Total 64
Nationalities of teaching staff US 11; UK 5; Saudi 3; Other(s) (Jordanian, Lebanese) 45

INFORMATION

Grade levels K–12
School year September–June
School type boys only, coeducational, day, girls only, private non-profit
Year founded 2005
Governed by appointed Board of Trustees
Accredited by CIS
Regional organizations NESA
Enrollment Elementary K–5 216; Middle School 6–8 90; High School 9–12 92; Total 398
Nationalities of student body US 7; UK 1; Saudi 369; Other(s) (Canadian, Qatari) 21
Tuition/fee currency Saudi Riyal
Tuition 55,000
One time fees Registration 2,000
Graduates attending college 88%
Graduates have attended Bentley U, Georgetown U, Lebanese American U, Al Faisal U, King Fahad Medical U

EDUCATIONAL PROGRAM

Curriculum Intl, IB Diploma, IBPYP
Average class size Elementary 17; Secondary 15
Language(s) of instruction English, Arabic
Language(s) taught English, Arabic, French, Spanish
Staff specialists computer, counselor, ESL, learning disabilities, librarian, nurse, physician
Special curricular programs art, instrumental music, vocal music, computer/technology, physical education
Extra curricular programs computers, community service, dance, environmental conservation, excursions/expeditions, literary magazine, newspaper, photography, yearbook
Sports badminton, basketball, football, martial arts, soccer, swimming, track and field, volleyball
Clubs Model UN, Debating Society, student council, drama, CPR, Arabic theatre, computer, reading, photography, Spotlight, Spanish, singing, music, cookery
Examinations IB, PSAT, SAT, TOEFL, ACER

CAMPUS FACILITIES

Location Suburban
Campus 3 buildings, 48 classrooms, 3 computer labs, 143 instructional computers, 13,966 library volumes, 5 covered play areas, 3 infirmaries, 3 playing fields, 3 science labs, air conditioning

AMERICAN INTERNATIONAL SCHOOL–RIYADH

Phone 966 1 491 4270
Fax 966 1 491 7101
Email superintendent@ais-r.edu.sa
Website www.aisr.org
Address PO Box 990, Riyadh, 11421, Saudi Arabia

STAFF

Superintendent Brian Matthews, Ed.D.
High School Principal Daniel Gordon
Middle School Principal Geraldine Myers
Elementary School Principal Jan Young
Finance Director Leila Giansiracusa
Director of Technology Michael McGlade
Librarian Robert Jonas
Teaching staff Full time 150; Part time 12; Total 162
Nationalities of teaching staff US 74; UK 1; Saudi 1; Other(s) (Canadian, Lebanese) 86

INFORMATION

Grade levels PreK–12
School year August–June
School type coeducational, day, private non-profit
Year founded 1963
Governed by elected Board of Trustees
Accredited by CIS, New England
Regional organizations ECIS, NESA
Enrollment Nursery 13; PreK 24; Elementary K–5 454; Middle School 6–8 242; High School 9–12 270; Total 1,003
Nationalities of student body US 310; UK 15; Canadian 110; Other(s) (Egyptian, Lebanese) 568
Tuition/fee currency US Dollar
Tuition range 9,043–16,866
Annual fees Registration 7,000; Capital Levy 2,000
Graduates attending college 95%
Graduates have attended American U of Beirut, Brown U, Harvard U, Stanford U, U of Michigan-Ann Arbor

EDUCATIONAL PROGRAM

Curriculum US, IB Diploma
Average class size Elementary 20; Secondary 18
Language(s) of instruction English
Language(s) taught French, Spanish, Arabic
Staff specialists computer, counselor, librarian, nurse
Special curricular programs art, instrumental music, computer/technology, physical education
Extra curricular programs community service, drama, excursions/expeditions, literary magazine, yearbook
Sports badminton, baseball, basketball, cricket, football, gymnastics, soccer, softball, tennis, track and field, volleyball
Examinations IB, PSAT, SAT, SAT II, Stanford

CAMPUS FACILITIES

Location Suburban
Campus 10 hectares, 10 buildings, 131 classrooms, 9 computer labs, 220 instructional computers, 50,000 library volumes, 2 auditoriums, 2 cafeterias, 4 covered play areas, 1 gymnasium, 1 infirmary, 6 playing fields, 6 science labs, 2 tennis courts, air conditioning

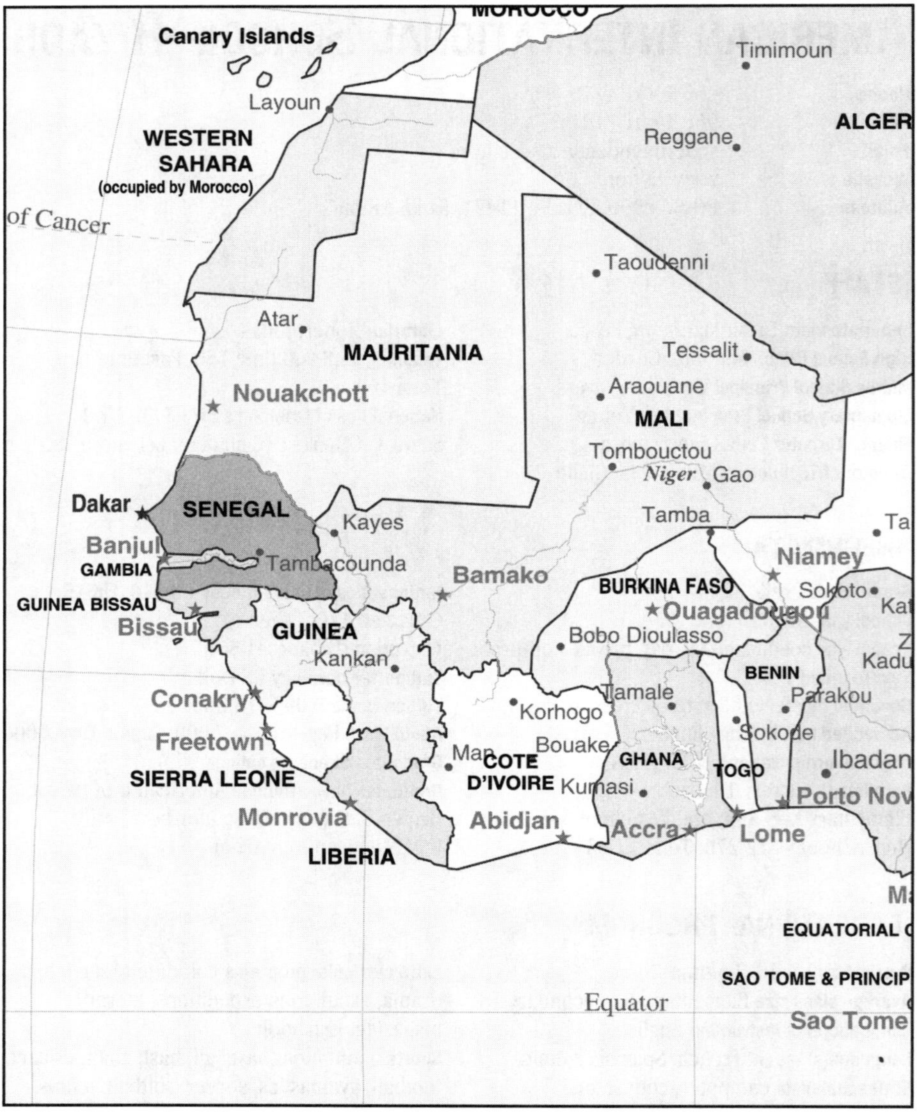

SENEGAL

Area:	196,722 sq km
Population:	14,086,103
Capital:	Dakar
Currency:	CFA Franc (XOF)
Languages:	French

Dakar Academy

Phone 221 33 832 0682
Fax 221 33 832 1721
Email Office@dakar-academy.org
Website www.dakar-academy.org
Address BP 3189, 69 Rue des Peres Maristes, Hann II, Dakar, Senegal

STAFF

Director Joe Rosa
Assistant Director Dan Mulay
Guidance Counselor Deborah Aisenbrey
Curriculum Coordinator Barb Van Straten
Business Manager Murray Sitte
IT Coordinator Steve Fensler
Librarian Mindee Evans-Maxson
Teaching staff Full time 51; Part time 4; Total 55
Nationalities of teaching staff US 44; UK 2; Senegalese 3; Other(s) (Canadian) 6

INFORMATION

Grade levels K–12
School year August–June
School type boarding, coeducational, church-affiliated, day
Year founded 1961
Governed by appointed Owning Missions
Accredited by Middle States
Enrollment Elementary K–5 55; Middle School 6–8 50; High School 9–12 113; Total 218
Nationalities of student body US 140; UK 1; Senegalese 4; Other(s) 73
Tuition/fee currency US Dollar
Tuition range 9,950–10,700
Annual fees Registration 300
One time fees Capital Levy 3,000
Boarding program grades 6–12
Boarding program length 7-day **Graduates attending college** 96%
Graduates have attended Carson-Newman Col, Houghton Col, Col of the Ozarks, Wheaton Col, Covenant Col

EDUCATIONAL PROGRAM

Curriculum US, AP, ACSI
Average class size Elementary 11; Secondary 23
Language(s) of instruction English
Language(s) taught French
Staff specialists computer, counselor, ESL, learning disabilities, librarian
Special curricular programs art, vocal music, computer/technology, physical education
Extra curricular programs community service, drama, newspaper, yearbook
Sports basketball, soccer, softball, track and field, volleyball
Clubs National Honor Society, Association of Christian Athletes
Examinations ACT, AP, PSAT, SAT, SAT II, Stanford

CAMPUS FACILITIES

Location Urban
Campus 2 hectares, 8 buildings, 25 classrooms, 2 computer labs, 40 instructional computers, 17,000 library volumes, 1 auditorium, 1 covered play area, 3 playing fields, 2 science labs, 1 tennis court, air conditioning

International School of Dakar

Phone (221) 33 860 2332
Fax (221) 33 825 5030
Email admin_isd@orange.sn
Website www.isdakar.org
Address Route de Ouakam, cote de l'ENEA, BP 5136-Fann, Dakar, Senegal
Mailing address c/o Management Officer, Department of State, 2130 Dakar Place, Dulles, VA 20189-2130

STAFF

Director Wayne D. Rutherford
Elementary School Principal Ian Clark
Upper School Principal Michael Emborsky
Athletics & Activities Director Murray Te Huki
Upper School Counselor Sam Scoggin
Finance Manager Adams Ndoye
Technology Director Santha Kumar
Librarian Roxann Siegel
Teaching staff Full time 42; Part time 2; Total 44
Nationalities of teaching staff US 26; UK 2; Senegalese 1; Other(s) (Canadian, French) 15

INFORMATION

Grade levels PreK–12
School year August–June
School type coeducational, day, private non-profit
Year founded 1983
Governed by elected Seven Member Board
Accredited by CIS, Middle States
Regional organizations AISA
Enrollment PreK 35; Elementary K–5 210; Middle School 6–8 90; High School 9–12 80; Total 415
Nationalities of student body US 160; UK 10; Senegalese 10; Other(s) (French, Belgian) 235
Tuition/fee currency US Dollar
Tuition range 14,300–17,400
Annual fees Technology 150; Capital 1,000
One time fees Registration 100; Capital Levy 3,500
Graduates attending college 95%
Graduates have attended Harvard U, Col of William & Mary, McGill U, Stanford U, U of British Columbia

EDUCATIONAL PROGRAM

Curriculum US, AP
Average class size Elementary 17; Secondary 14
Language(s) of instruction English
Language(s) taught French, Spanish
Staff specialists computer, counselor, ESL, learning disabilities, librarian, nurse
Special curricular programs art, vocal music, computer/technology, physical education
Extra curricular programs computers, community service, dance, drama, excursions/expeditions, yearbook
Sports badminton, basketball, martial arts, rugby, soccer, softball, swimming, track and field, volleyball, floorball
Clubs student council, service, social, environmental
Examinations ACT, AP, Iowa, PSAT, SAT, SAT II

CAMPUS FACILITIES

Location Suburban
Campus 3 hectares, 8 buildings, 33 classrooms, 3 computer labs, 80 instructional computers, 13,700 library volumes, 1 auditorium, 1 gymnasium, 1 infirmary, 1 playing field, 2 science labs, 1 pool, 2 tennis courts, air conditioning

SERBIA

Area:	77,474 sq km
Population:	7,344,847
Capital:	Belgrade
Currency:	Serbian Dinar (RSD)
Languages:	Serbian

International School of Belgrade

Phone 381 11 206 9999
Fax 381 11 206 9940
Email isb@isb.rs
Website www.isb.rs
Address Temisvarska 19, Belgrade, 11040, Serbia

STAFF

Director Eric W. Sands, Ph.D.
Lower School Principal Tim Moynihan
Secondary Principal Bill Kralovec
Middle School Coordinator Mark Noonan
High School Counselor Elizabeth Kozodoy
Lower School Counselor Tracy Gammage
Business Manager Snezana Hasanovic
EY–12 IT Facilitator Paul McKenzie
Librarian Jennie Scott-McKenzie
Teaching staff Full time 62; Part time 4; Total 66
Nationalities of teaching staff US 25; UK 3; Serb 23; Other(s) (Canadian, Australian) 15

INFORMATION

Grade levels PreK–12
School year August–June
School type coeducational, day, private non-profit
Year founded 1948
Governed by appointed and elected Board of Trustees
Accredited by CIS, New England
Regional organizations CEESA, ECIS
Enrollment PreK 31; Elementary K–5 177; Middle School 6–8 86; High School 9–12 97; Total 391
Nationalities of student body US 74; UK 20; Serb 99; Other(s) (Israeli, Australian) 198
Tuition/fee currency US Dollar
Tuition range 12,585–21,635
Annual fees Capital Levy 2,040; Busing 2,400
One time fees Registration 875
Graduates attending college 100%
Graduates have attended London School of Economics, Brown U, McGill U, Cornell U, Delft U of Technology

EDUCATIONAL PROGRAM

Curriculum Intl, IB Diploma, IBPYP, IBMYP
Average class size Elementary 15; Secondary 12
Language(s) of instruction English
Language(s) taught French, Serbian, Spanish
Staff specialists computer, counselor, ESL, learning disabilities, librarian, physician, psychologist
Special curricular programs art, instrumental music, vocal music, computer/technology, physical education
Extra curricular programs computers, community service, drama, excursions/expeditions, newspaper, yearbook, instrumental music
Sports basketball, cross-country, soccer, tennis, volleyball
Clubs International Thespian Society, Global Issues Network
Examinations IB, PSAT, SAT, SAT II, TOEFL, MAP

CAMPUS FACILITIES

Location Suburban
Campus 5 hectares, 8 buildings, 29 classrooms, 3 computer labs, 80 instructional computers, 11,873 library volumes, 1 auditorium, 2 gymnasiums, 1 infirmary, 2 playing fields, 2 science labs, 1 tennis court, air conditioning

SINGAPORE

Area:	697 sq km
Population:	4,701,069
Capital:	Singapore
Currency:	Singapore Dollar (SGD)
Languages:	Mandarin, English, Malay, Hokkien

Canadian International School

Phone 65 6467 1732
Fax 65 6467 1729
Email admissions@cis.edu.sg
Website www.cis.edu.sg
Address 5 Toh Tuck Road, Singapore, 596679, Singapore

STAFF

Head of School Glenn D. Odland, Ed.D.
Toh Tuck Campus (ECE to Gr. 3) Principal Sharon Gibson
Tanjong Katong Campus (ECE to Gr.9) Principal Jim Gibson
Bukit Tinggi Campus (Gr. 4 to 8) Principal Keith Bland
Kampong Bahru Campus (Gr. 9 to 12) Principal Ted Cowan
Accounts Manager Chua Ping Chim
Head of IT Martin Laidlaw
Head Librarian Lisa Patton
Teaching staff Full time 174; Part time 3; Total 177
Nationalities of teaching staff US 25; UK 20; Singaporean 5; Other(s) (Canadian) 127

INFORMATION

Grade levels N–12
School year August–June
School type coeducational, day, proprietary
Year founded 1990
Sponsored by Board of Directors
Accredited by CIS
Regional organizations ECIS
Enrollment Nursery 100; PreK 250; Elementary K–5 1,100; Middle School 6–8 350; High School 9–12 300; Total 2,100
Nationalities of student body US 200; UK 200; Canadian 200; Other(s) 1,500
Tuition/fee currency Singapore Dollar
Tuition range 8,935–24,045
Annual fees Academic Resource Programme 3,210; Enrichment Programme 2,140
One time fees Registration 1,214
Graduates attending college 96%
Graduates have attended U of Toronto, Queen's U, U of London, U of Sydney, U of Zurich

EDUCATIONAL PROGRAM

Curriculum Intl, IB Diploma, IBPYP, IBMYP, Ontario Secondary School Diploma
Average class size Elementary 20; Secondary 25
Language(s) of instruction English
Language(s) taught English, French, Mandarin
Staff specialists computer, ESL, librarian, nurse, reading resource
Special curricular programs art, instrumental music, vocal music, computer/technology, physical education, vocational
Extra curricular programs computers, community service, dance, drama, environmental conservation, excursions/expeditions, newspaper, yearbook
Sports badminton, basketball, cross-country, football, golf, gymnastics, hockey, martial arts, rugby, soccer, swimming, tennis, volleyball
Clubs leadership, Kids for Kids, student council
Examinations IB, OSSD

CAMPUS FACILITIES

Location Urban
Campus 10 hectares, 5 buildings, 106 classrooms, 6 computer labs, 400 instructional computers, 20,000 library volumes, 2 auditoriums, 4 cafeterias, 5 covered play areas, 3 gymnasiums, 3 infirmaries, 2 playing fields, 6 science labs, air conditioning

International Community School

Phone 65 6776 7435
Fax 65 6776 7436
Email info@ics.edu.sg
Website www.ics.edu.sg
Address 27A Jubilee Road, Singapore, 128575, Singapore

STAFF

Director Joseph W. Beeson, Ed.D.
Elementary Principal Gretchen Schlie
Admissions Director Florence Tan
High School Principal Matt Eiler
School Counselor Sam Fleischmann
Middle School Principal NoeLe Fleischmann
Business Manager John Kennedy
IT Director Robert Brosius
Librarian Marjorie Kennedy
Teaching staff Full time 50; Part time 5; Total 55
Nationalities of teaching staff US 50; Singaporean 2; Other(s) 3

INFORMATION

Grade levels PreK–12
School year August–June
School type coeducational, day, private non-profit
Year founded 1993
Governed by appointed Board of Directors
Sponsored by Network of International Christian Schools
Accredited by Western
Regional organizations EARCOS
Enrollment PreK 15; Elementary K–5 160; Middle School 6–8 115; High School 9–12 100; Total 390
Nationalities of student body US 195; UK 2; Host 15; Other(s) 178
Tuition/fee currency Singapore Dollar
Tuition range 17,000–20,000
Graduates attending college 98%
Graduates have attended U of California, Berkley, Purdue U, Massachusetts Institute of Technology, U of Virginia, Virginia Military Institute

EDUCATIONAL PROGRAM

Curriculum US, AP
Average class size Elementary 18; Secondary 17
Language(s) of instruction English
Language(s) taught English, Mandarin, Spanish
Staff specialists computer, counselor, ESL, learning disabilities, librarian, nurse
Special curricular programs art, instrumental music, vocal music, computer/technology, physical education
Extra curricular programs computers, community service, dance, drama, excursions/expeditions, newspaper, yearbook
Sports basketball, soccer, track and field, volleyball
Examinations ACT, SAT, Stanford

CAMPUS FACILITIES

Location Urban
Campus 1 hectare, 3 buildings, 30 classrooms, 2 computer labs, 45 instructional computers, 10,000 library volumes, 1 auditorium, 1 cafeteria, 2 covered play areas, 1 gymnasium, 1 infirmary, 1 playing field, 2 science labs, air conditioning

International School Singapore

Phone 65 6475 4188
Fax 65 6273 7065
Email hm@iss.edu.sg
Website www.iss.edu.sg
Address 21 Preston Road, Singapore, 109355, Singapore

STAFF

Head Teacher Anthony Race
Head of Elementary School George Piacentini
Head of Middle School Mel Hughes
Head of High School Mark McCallum
CEO Chan Ching Oi
IT Teacher Toni Nash
Librarian Michael Smith
Teaching staff Full time 75; Part time 10; Total 85
Nationalities of teaching staff US 25; UK 16; Singaporean 2; Other(s) (New Zealander, Canadian) 42

INFORMATION

Grade levels PreK–12
School year August–June
School type coeducational, day, private non-profit, proprietary
Year founded 1981
Governed by appointed Committee of Management
Accredited by Western
Regional organizations EARCOS
Enrollment PreK 14; Elementary K–5 344; Middle School 6–8 104; High School 9–12 238; Total 700
Nationalities of student body US 47; UK 60; Singaporean 26; Other(s) (Korean, Japanese) 567
Tuition/fee currency Singapore Dollar
Tuition range 11,770–25,680
Annual fees ESL 2,140; Development 1,070; PTA 22
One time fees Registration 2,140
Graduates attending college 97%
Graduates have attended U of Westminster, Carleton U, Massachusettes Col of Art & Design, U of Calgary, U of British Columbia

EDUCATIONAL PROGRAM

Curriculum Intl, IB Diploma, IBPYP, IBMYP
Average class size Elementary 20; Secondary 16
Language(s) of instruction English
Language(s) taught French, Japanese, Mandarin, Spanish, Korean
Staff specialists computer, counselor, learning disabilities, librarian, nurse
Special curricular programs art, instrumental music, computer/technology, physical education
Extra curricular programs computers, community service, dance, drama, environmental conservation, excursions/expeditions, newspaper, photography, yearbook
Sports badminton, basketball, football, rugby, soccer, swimming, track and field
Examinations IB

CAMPUS FACILITIES

Location Urban
Campus 5 buildings, 60 classrooms, 5 computer labs, 150 instructional computers, 22,000 library volumes, 3 auditoriums, 2 cafeterias, 2 covered play areas, 1 playing field, 5 science labs, air conditioning

Data from 2009/10 school year.

Overseas Family School

Phone 65 6738 0211
Fax 65 6733 8825
Email executive_director@ofs.edu.sg
Website www.ofs.edu.sg
Address 25F Paterson Road, Singapore, 238515, Singapore

STAFF

Chairman David A. Perry
Kindergarten Principal Rani Suppiah
Elementary School Principal Aaron Nussbaum
Middle School Principal Wayne Holden
High School Principal Sue Bentin
Academic Director Pat Keenan
Executive Director Irene Wong LH
Technology Development Consultant James Clark
Library Manager Tan Bee Leng
Teaching staff Full time 340; Part time 20; Total 360
Nationalities of teaching staff US 40; UK 60; Singaporean 50; Other(s) (Australian, New Zealander) 210

INFORMATION

Grade levels PreK–12
School year August–June
School type coeducational, day, proprietary
Year founded 1991
Governed by appointed Executive Board
Accredited by Western
Enrollment PreK 70; Elementary K–5 1,770; Middle School 6–8 860; High School 9–12 1,100; Total 3,800
Nationalities of student body US 300; UK 260; Singaporean 100; Other(s) (Chinese, Indian) 3,140
Tuition/fee currency Singapore Dollar
Tuition range 18,000–29,000
One time fees Registration 1,000
Graduates attending college 99%

EDUCATIONAL PROGRAM

Curriculum IB Diploma, IBPYP, IBMYP, IGCSE, High School Graduation Diploma
Average class size Elementary 25; Secondary 20
Language(s) of instruction English
Language(s) taught English, French, German, Japanese, Mandarin, Spanish-from Gr1
Staff specialists computer, counselor, ESL, librarian, math resource, nurse, physician, reading resource
Special curricular programs art, instrumental music, vocal music, computer/technology, distance learning, physical education, Study Preparation Program
Extra curricular programs computers, community service, dance, drama, environmental conservation, excursions/expeditions, literary magazine, newspaper, photography, yearbook, Enrichment Program
Sports badminton, basketball, cricket, cross-country, gymnastics, martial arts, rugby, soccer, swimming, tennis, track and field, volleyball
Clubs Scouts and Guides, chess, technology, martial arts, dance, gymnastics, Model UN
Examinations GCSE, IB, IGCSE, SAT, TOEFL, Independent Pre/Post Assessment 1–12

CAMPUS FACILITIES

Location Urban
Campus 7 hectares, 12 buildings, 225 classrooms, 7 computer labs, 2000 instructional computers, 95,000 library volumes, 2 auditoriums, 1 cafeteria, 5 covered play areas, 1 infirmary, 2 playing fields, 14 science labs, 2 pools, 1 tennis court, air conditioning

Singapore American School

Phone 65 6363 3403
Fax 65 6363 3408
Email humanresources@sas.edu.sg
Website www.sas.edu.sg
Address 40 Woodlands Street 41, Singapore, 738547, Singapore

STAFF

Superintendent of Schools Brent A. Mutsch, Ed.D.
High School Principal Tim Stuart, Ed.D.
Director of Human Resources Katherine Johnson, Ph.D.
Assistant Superintendent for Learning Mark Boyer
Middle School Principal Devin Pratt
Intermediate School Principal Marian Graham
Director of Finance & Business Operations William Scarborough
Director of InformationTechnology Ed Gilbreath
Librarian & Media Specialist John Johnson
Teaching staff Full time 318; Part time 16; Total 334
Nationalities of teaching staff US 220; UK 5; Singaporean 11; Other(s) (Canadian, Australian) 98

INFORMATION

Grade levels N–12
School year August–June
School type coeducational, day, private non-profit
Year founded 1956
Governed by elected Board of Governors
Accredited by Western
Regional organizations EARCOS, NESA
Enrollment Nursery 64; PreK 96; Elementary K–5 1,614; Middle School 6–8 924; High School 9–12 1,150; Total 3,848
Nationalities of student body US 2,600; UK 72; Singaporean 130; Other(s) (Korean, Indian) 1,046
Tuition/fee currency Singapore Dollar
Tuition range 12,000–26,750
Annual fees Capital Levy 3,500; ESL 4,000
One time fees Registration 12,000
Graduates attending college 99%
Graduates have attended Brown U, Harvard U, U of Pennsylvania, Stanford U, Princeton U

(Continued)

SINGAPORE AMERICAN SCHOOL (Continued)

EDUCATIONAL PROGRAM

Curriculum US, AP
Average class size Elementary 21; Secondary 21
Language(s) of instruction English
Language(s) taught French, Spanish, Japanese, Mandarin
Staff specialists computer, counselor, ESL, learning disabilities, librarian, math resource, nurse, psychologist, reading resource, speech/hearing
Special curricular programs art, instrumental music, vocal music, computer/technology, physical education, vocational
Extra curricular programs computers, community service, dance, drama, environmental conservation, excursions/expeditions, literary magazine, newspaper, photography, yearbook
Sports badminton, baseball, basketball, cross-country, football, golf, hockey, rugby, soccer, softball, swimming, tennis, track and field, volleyball
Clubs chess, wrestling, drama, newspaper, photograhy, community service, environmental conservation, computers, literary magazine, yearbook
Examinations AP, Iowa, SAT, SAT II

CAMPUS FACILITIES

Location Suburban
Campus 14 hectares, 14 buildings, 302 classrooms, 27 computer labs, 2090 instructional computers, 144,530 library volumes, 3 auditoriums, 3 cafeterias, 3 covered play areas, 7 gymnasiums, 2 infirmaries, 6 playing fields, 23 science labs, 3 pools, 5 tennis courts, air conditioning

STAMFORD AMERICAN INTERNATIONAL SCHOOL

Phone +65 6602 7247
Email admissions@sais.edu.sg
Website www.sais.edu.sg
Address 11 Lorong Chuan, Singapore, 556821, Singapore

STAFF

Principal Liam King
Director of Admissions Eve Rogove
Director of Finance Tracey Harris

INFORMATION

Grade levels N–8
School year August–June
School type coeducational
Year founded 2009
Sponsored by Cognita
Tuition/fee currency Singapore Dollar

EDUCATIONAL PROGRAM

Curriculum US, Intl, IB Diploma, Candidate School for IB PYP and MYP
Average class size Elementary 22
Language(s) of instruction English
Language(s) taught Mandarin, Spanish
Staff specialists computer, counselor, ESL, librarian, nurse, reading resource
Special curricular programs art, instrumental music, vocal music, computer/technology, physical education
Extra curricular programs computers, community service, dance, drama, excursions/expeditions, newspaper, yearbook
Sports basketball, football, hockey, soccer, swimming, volleyball

CAMPUS FACILITIES

Location Urban
Campus 1 cafeteria, 1 covered play area, 1 infirmary, 3 playing fields, 1 science lab, 1 pool, air conditioning

Tanglin Trust School

Phone 65 6778 0771
Fax 65 6777 5862
Email communications@tts.edu.sg
Website www.tts.edu.sg
Address 95 Portsdown Road, Singapore, 139299, Singapore

STAFF

Chief Executive Officer Peter Derby-Crook
Head of Senior School Neil Turrell
Head of Junior School David Ingram
Head of Infant School Geraldine Chandran
Director of Education David Clegg
Chief Operating Officer Ling Guan Heng
Financial Controller Lynn Yip
Director of Educational & Business Technology Craig Whalland
Director of TLRC Jacqueline Makseon
Teaching staff Full time 183; Part time 20; Total 203
Nationalities of teaching staff US 1; UK 159; Other(s) (Australian) 43

INFORMATION

Grade levels N–13
School year September–August
School type coeducational, day, private non-profit
Year founded 1925
Governed by appointed Board of Governors
Nationalities of student body US 55; UK 1,781; Other(s) (Australian) 666
Tuition/fee currency Singapore Dollar
Tuition range 5,774–9,598
Graduates attending college 100%

EDUCATIONAL PROGRAM

Curriculum UK, IB Diploma
Average class size Elementary 24; Secondary 24
Language(s) of instruction English
Language(s) taught French, German, Mandarin
Staff specialists counselor, ESL, learning disabilities, math resource, nurse, reading resource
Special curricular programs art, instrumental music, vocal music, computer/technology, physical education, vocational
Extra curricular programs computers, community service, dance, environmental conservation, excursions/expeditions, newspaper, speech & debate
Sports cricket, cross-country, football, golf, hockey, rugby, soccer, swimming, tennis, Karate, fencing, scuba diving, judo, netball, dodgeball, rock climbing
Clubs cooking, fired ceramics, scrapbooking, chess, Lego, newsletter production, sewing, athletics, netball, football & ball games
Examinations A-level GCE, GCSE, IB

CAMPUS FACILITIES

Location Suburban
Campus 4 hectares, 6 buildings, 96 classrooms, 8 computer labs, 1156 instructional computers, 56,800 library volumes, 3 auditoriums, 3 cafeterias, 1 covered play area, 1 gymnasium, 3 infirmaries, 3 playing fields, 6 science labs, 1 pool, 4 tennis courts, air conditioning

United World College of Southeast Asia

Phone 65 6775 5344
Fax 65 6778 5846
Email info@uwcsea.edu.sg
Website www.uwcsea.edu.sg
Address 1207 Dover Road, Singapore, 139654, Singapore

STAFF

Head of College Julian P. Whiteley
Head of East Campus James Dalzeil, Ph.D.
Director of College Advancement David Shepherd
Assistant Head of College, Personnel & Logistics Geraint Jones
Director of Admissions Jonathan Carter
Director of Administration Chegne How Poon
Director of IT Ben Morgan
Head Librarian, Dover Campus Yvonne Krishnan
Teaching staff Full time 288; Part time 54; Total 342
Nationalities of teaching staff US 10; UK 160; Singaporean 18; Other(s) (Australian, Canadian) 154

INFORMATION

Grade levels K–12
School year August–June
School type boarding, coeducational, day, private non-profit
Year founded 1971
Governed by elected Board of Governors
Accredited by CIS
Regional organizations EARCOS, ECIS
Enrollment Elementary K–5 1,496; Middle School 6–8 858; High School 9–12 1,230; Total 3,584
Tuition/fee currency Singapore Dollar
Tuition range 20,849–26,017
Annual fees Boarding, 7-day 24,557; Capital Levy 2,863
One time fees Registration 2,140
Boarding program grades 7–12
Boarding program length 7-day
Graduates attending college 98%
Graduates have attended U of Oxford, U of Cambridge, Stanford U, Princeton U, Harvard U

(Continued)

UNITED WORLD COLLEGE OF SOUTHEAST ASIA (Continued)

EDUCATIONAL PROGRAM

Curriculum Intl, IB Diploma, IBPYP, IGCSE, GenCSE
Average class size Elementary 22; Secondary 20
Language(s) of instruction English
Language(s) taught English, Mandarin, French, Spanish, Japanese, Dutch, German
Staff specialists computer, counselor, ESL, learning disabilities, librarian, math resource, nurse, physician, reading resource
Extra curricular programs computers, community service, dance, drama, environmental conservation, excursions/expeditions, literary magazine, newspaper, photography, yearbook, service, music, Duke of Edinburgh
Sports badminton, basketball, cricket, cross-country, golf, gymnastics, hockey, martial arts, rugby, soccer, softball, swimming, tennis, track and field, volleyball, floorball, touch rugby, sailing, sport climbing, netball, hockey
Examinations GCSE, IB, IGCSE

CAMPUS FACILITIES

Location Suburban
Campus 16 hectares, 24 buildings, 174 classrooms, 11 computer labs, 500 instructional computers, 41,000 library volumes, 5 auditoriums, 3 cafeterias, 2 covered play areas, 3 gymnasiums, 2 infirmaries, 7 playing fields, 19 science labs, 1 pool, 6 tennis courts, air conditioning

SLOVAKIA

SLOVAKIA

Area:	49,035 sq km
Population:	5,470,306
Capital:	Bratislava
Currency:	Slovak Koruna (SKK), Euro (EUR)
Languages:	Slovak, Hungarian

British International School Bratislava

Phone 421 2 6930 7081 (2)
Fax 421 2 6930 7083
Email info@bisb.sk
Website www.bis.sk
Address Peknikova 6, Bratislava, 841 02, Slovakia

STAFF

Principal Wendy A. Ellis, Ed D.
Head of Secondary Peter Ashbourne
Head of Primary Niki Meehan
Admissions Officer Milina Bires
Marketing Officer Katarina Kesjarova
Business Manager Barbara Kanclirova
Teaching staff Full time 70; Part time 10; Total 80
Nationalities of teaching staff US 2; UK 48; Slovak 26; Other(s) (Canadian, Australian) 4

INFORMATION

Grade levels N–13
School year September–July
School type coeducational, day, proprietary
Year founded 1997
Sponsored by Nord Anglia Education Group
Regional organizations ECIS
Enrollment Nursery 20; PreK 45; Elementary K–5 234; Middle School 6–8 133; High School 9–12 129; Grade 13 29; Total 590
Nationalities of student body US 35; UK 50; Slovak 145; Other(s) (Korean, French) 360
Tuition/fee currency Euro
Tuition range 6,970–15,202
Annual fees Busing 1,620; Lunch 414; Snack 240
One time fees Registration 675; Deposit 1,200
Graduates attending college 100%
Graduates have attended U of Oxford, Oxford Brookes U, U of Florida, Heriot-Watt U, Bath U

EDUCATIONAL PROGRAM

Curriculum UK, National, Intl, IB Diploma, AP, IGCSE
Average class size Elementary 18; Secondary 18
Language(s) of instruction English
Language(s) taught English, German, Slovak, French
Staff specialists computer, counselor, ESL, learning disabilities, librarian, nurse, physician
Special curricular programs art, computer/technology, physical education
Extra curricular programs computers, community service, dance, environmental conservation, excursions/expeditions, newspaper, photography, yearbook, International Award
Sports badminton, basketball, cricket, football, gymnastics, skiing, soccer, squash, swimming, volleyball, floorball, netball
Clubs choir, design & technology, jewellery, cookery, ICT games, nature, sewing, chess, Young Enterprise, arts & crafts, film & photography club, guitar, Scrabble, sign language
Examinations AP, GCSE, IB, IGCSE, PSAT, SAT

CAMPUS FACILITIES

Location Suburban
Campus 6 hectares, 2 buildings, 30 classrooms, 4 computer labs, 100 instructional computers, 5,000 library volumes, 1 cafeteria, 4 gymnasiums, 4 playing fields, 3 science labs, 2 tennis courts

QSI International School of Bratislava

Phone 421 2 6542 2844
Fax 421 2 6541 1646
Email office@svk.qsi.org
Website www.qsi.sk
Address Iuventa Building, Karloveska 64, Karlova Ves, Bratislava, 842 20, Slovakia
Mailing address Karloveska 64, 842 20 Bratislava, Slovakia

STAFF

Director Britt Brantley
Director of Instruction Joel Tammell, Ed.D.
Resource Coordinator Elizabeth McAuliffe Pokorny
IB Coordinator Scott Legan
Finance Manager Jana Mezovska
Technology Co-Ordinator Peter Kosut
Librarian Beata Balog
Teaching staff Full time 41; Part time 5; Total 46
Nationalities of teaching staff US 18; Canadian 15; Other(s) (German, French) 13

INFORMATION

Grade levels N–12
School year August–June
School type coeducational, day, private non-profit
Year founded 1994
Governed by appointed Board of Directors
Accredited by Middle States
Regional organizations CEESA
Enrollment Nursery 15; PreK 15; Elementary K–5 120; Middle School 6–8 65; High School 9–12 85; Total 300
Nationalities of student body US 30; UK 5; Korean 65; Other(s) (Japanese, Dane) 200
Tuition/fee currency US Dollar
Tuition range 7,100–18,400
Annual fees Capital Levy 1,600
One time fees Registration 300
Graduates attending college 100%
Graduates have attended Purdue U, Boston Col, Bocconi U, U of Ottawa, Pennsylvania State U

EDUCATIONAL PROGRAM

Curriculum US, IB Diploma, AP
Average class size Elementary 15; Secondary 20
Language(s) of instruction English
Language(s) taught Slovak, German, French
Staff specialists computer, counselor, ESL, librarian
Special curricular programs art, instrumental music, computer/technology, distance learning, physical education
Extra curricular programs computers, community service, dance, drama, excursions/expeditions, yearbook
Sports basketball, cross-country, soccer, swimming, tennis, track and field, volleyball
Examinations AP, IB, PSAT, SAT, SAT II, MAP

CAMPUS FACILITIES

Location Suburban
Campus 4 hectares, 1 building, 50 classrooms, 3 computer labs, 65 instructional computers, 12,000 library volumes, 1 auditorium, 1 cafeteria, 1 covered play area, 1 gymnasium, 1 infirmary, 1 playing field, 2 science labs, 1 pool, 1 tennis court

QSI International School of Kosice

Phone 421 55 6250040
Fax 421 55 7294157
Email kosice@qsi.org
Website www1.qsi.org/ksc/
Address Nam. L. Novomeskeho 2, Kosice, 04001, Slovakia

STAFF

Director Richard Langille
Office Manager Zuzana Cervenicka
Technology Coordinator Peter Harcar
Librarian Diane McNary
Teaching staff Full time 13; Total 13
Nationalities of teaching staff US 5; Slovak 3; Other(s) (Canadian) 5

INFORMATION

Grade levels PreK–12
School year August–June
School type coeducational, company-sponsored, day, private non-profit
Year founded 2001
Governed by appointed Board of Directors
Sponsored by U.S. Steel Kosice
Accredited by Middle States
Enrollment PreK 5; Elementary K–5 23; Middle School 6–8 8; High School 9–12 9; Total 45
Nationalities of student body US 16; UK 8; Slovak 6; Other(s) (Pole, French) 15
Tuition/fee currency US Dollar
Tuition range 8,100–18,400
Annual fees Capital Levy 1,600
One time fees Registration 300
Graduates attending college 100%
Graduates have attended Charles U, Webster U, U of Findlay

EDUCATIONAL PROGRAM

Curriculum US, AP
Average class size Elementary 6; Secondary 4
Language(s) of instruction English
Language(s) taught Slovak, Spanish
Staff specialists computer, ESL, librarian, nurse
Special curricular programs art, instrumental music, vocal music, computer/technology, distance learning, physical education
Extra curricular programs computers, drama, excursions/expeditions, newspaper, yearbook
Clubs Girl Scouts
Examinations AP, Iowa, PSAT, SAT, TOEFL

CAMPUS FACILITIES

Location Urban
Campus 3 hectares, 1 building, 10 classrooms, 2 computer labs, 26 instructional computers, 3,000 library volumes, 1 cafeteria, 2 gymnasiums, 1 playing field

SLOVENIA

SLOVENIA

Area:	20,273 sq km
Population:	2,003,136
Capital:	Ljubljana
Currency:	Euro (EUR)
Languages:	Slovenian

QSI International School of Ljubljana

Phone 386 1 244 1750
Fax 386 1 244 1754
Email tom-sauter@qsi.org
Website ljubljana.qsi.org
Address Dolgi most 6a, Ljubljana, 1000, Slovenia
Mailing address c/o US Embassy, Ljubljana, Dept. of State, 7140 Ljubljana Place, Washington, DC 20521-7140, USA

STAFF

Director Tom J. Sauter
Teaching staff Full time 7; Part time 7; Total 14
Nationalities of teaching staff US 7; Slovene 5; Other(s) (Indian, Canadian) 2

INFORMATION

Grade levels PreK–12
School year September–June
School type coeducational, day, private non-profit
Year founded 1995
Governed by appointed Board of Directors
Sponsored by Quality Schools International
Accredited by Middle States
Regional organizations CEESA
Enrollment PreK 16; Elementary K–5 18; Middle School 6–8 14; High School 9–12 4; Total 52
Nationalities of student body US 14; Slovene 17; Other(s) (Japanese, Finn) 21
Tuition/fee currency US Dollar
Tuition 17,400
Annual fees Capital Levy 1,600
One time fees Registration 300
Graduates attending college 100%
Graduates have attended Redeemer U Col, U of Ljubljana

EDUCATIONAL PROGRAM

Curriculum US, Intl, AP, QSI Certificate
Average class size Elementary 12; Secondary 6
Language(s) of instruction English
Language(s) taught German, Spanish
Staff specialists computer
Special curricular programs art, vocal music, computer/technology, distance learning, physical education
Extra curricular programs computers, community service, dance, drama, environmental conservation, excursions/expeditions, yearbook
Sports badminton, baseball, basketball, cross-country, skiing, soccer, softball, swimming, tennis, track and field, volleyball
Clubs Boy & Girl Scouts, cooking, drama, study group, instrumental music, sports, gardening, arts, crafts, board games
Examinations AP, SAT, MAP

CAMPUS FACILITIES

Location Urban
Campus 1 hectare, 1 building, 7 classrooms, 2 computer labs, 17 instructional computers, 5,000 library volumes, 1 covered play area, 1 gymnasium, 1 playing field, 1 science lab, 2 tennis courts, air conditioning

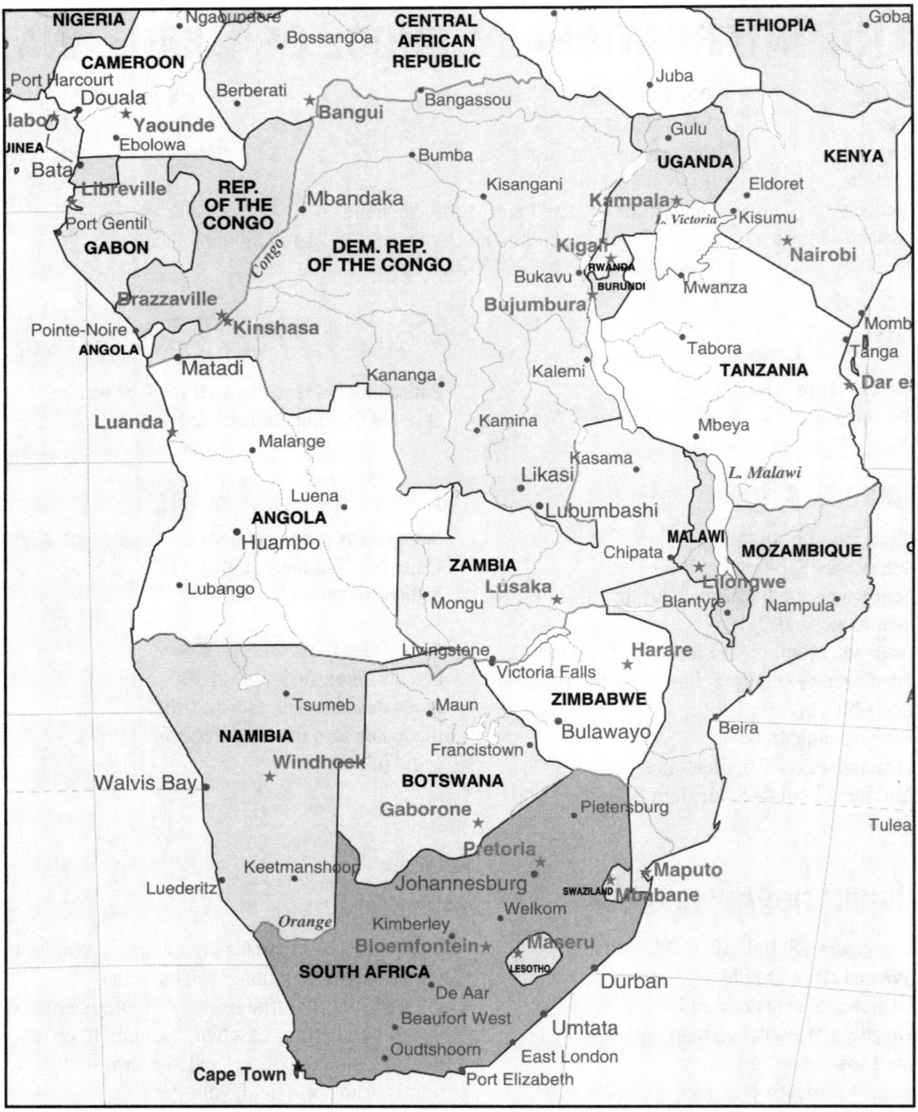

SOUTH AFRICA

Area:	1,219,090 sq km
Population:	49,109,107
Capital:	Pretoria
Currency:	Rand (ZAR)
Languages:	IsiZulu, IsiXhosa, Afrikaans

THE AMERICAN INTERNATIONAL SCHOOL OF JOHANNESBURG

Phone 27 11 464 1505
Fax 27 11 464 1327
Email info@aisj-jhb.com
Website www.aisj-jhb.com
Address Private Bag X4, Bryanston, 2021, Johannesburg, Gauteng, South Africa

STAFF

Director Andy Page-Smith
Elementary Principal Terry Burns
Middle School Principal Robyn Schilling
High School Principal Jon Walker
Deputy Director for Operations Willie Rudolph
Finance Manager Elize Ramsay
Technology Manager Barry Locker
High School Librarian Andrea Staples
Teaching staff Full time 122; Part time 7; Total 129
Nationalities of teaching staff US 42; UK 4; South African 41; Other(s) (Canadian, Australian) 42

INFORMATION

Grade levels PreK–12
School year August–June
School type coeducational, day, private non-profit
Year founded 1982
Governed by elected Parent Board
Accredited by Middle States
Regional organizations AISA
Enrollment PreK 31; Elementary K–5 309; Middle School 6–8 154; High School 9–12 193; Total 687
Nationalities of student body US 198; UK 51; South African 56; Other(s) (German, Korean) 382
Tuition/fee currency US Dollar
Tuition range 14,920–25,835
Annual fees Busing 2,716; Annual Renewal 667
One time fees Registration 200; Capital Levy 6,000
Graduates attending college 99%
Graduates have attended Tufts U, Cornell U, U of Virginia, Edinburgh U, Leeds U

(Continued)

THE AMERICAN INTERNATIONAL SCHOOL OF JOHANNESBURG

(Continued)

EDUCATIONAL PROGRAM

Curriculum US, IB Diploma
Average class size Elementary 15; Secondary 15
Language(s) of instruction English
Language(s) taught French, Spanish
Staff specialists computer, counselor, learning disabilities, librarian, nurse, reading resource
Special curricular programs art, vocal music, computer/technology, physical education, band
Extra curricular programs computers, community service, excursions/expeditions, yearbook, Mount Kilimanjaro climb
Sports basketball, soccer, swimming, tennis, volleyball, horseback riding
Clubs Model UN
Examinations IB, PSAT, SAT, Stanford, OLSAT

CAMPUS FACILITIES

Location Rural
Campus 58 hectares, 34 buildings, 90 classrooms, 3 computer labs, 285 instructional computers, 30,000 library volumes, 1 auditorium, 1 cafeteria, 6 gymnasiums, 1 infirmary, 3 playing fields, 6 science labs, 1 pool, 3 tennis courts, air conditioning

THE AMERICAN INTERNATIONAL SCHOOL OF JOHANNESBURG AT PRETORIA

Phone 27 12 344 6242
Fax 27 12 344 2502
Email bweinberg@aisj-jhb.com
Website www.aisj-jhb.com
Address PO Box 20817, Arcadia, Pretoria, 0007, South Africa

STAFF

Site Administrator & Principal Ben Weinberg
Director Andy Page-Smith, Ed.D.
Elementary Principal Terry Burns
High School Principal Jon Walker
Middle School Principal Robyn Schilling
Deputy Director for Operations Willie Rudolph
Finance Manager Elize Ramsay
Technology Manager Barry Locker
Pretoria Librarian Claire Weinberg
Teaching staff Full time 25; Total 25
Nationalities of teaching staff US 9; South African 16

INFORMATION

Grade levels PreK–7
School year August–June
School type coeducational, day, private non-profit
Year founded 2001
Governed by elected Board of Education
Accredited by Middle States
Regional organizations AISA
Enrollment PreK 8; Elementary K–5 125; Middle School 6–8 17; Total 150
Nationalities of student body US 60; UK 20; Other(s) 70
Tuition/fee currency US Dollar
Tuition range 20,000–25,000
Annual fees Busing 4,000
One time fees Registration 400; Capital Levy 6,000
Graduates attending college 98%

EDUCATIONAL PROGRAM

Curriculum US, Intl, IB Diploma
Average class size Elementary 12
Language(s) of instruction English
Language(s) taught Spanish
Staff specialists computer, ESL, learning disabilities, librarian, reading resource, speech/hearing
Special curricular programs art, instrumental music, vocal music, computer/technology, physical education, Spanish
Extra curricular programs computers, community service, dance, drama, environmental conservation
Sports basketball, gymnastics, martial arts, soccer, swimming, tennis
Examinations Stanford

CAMPUS FACILITIES

Location Urban
Campus 8 buildings, 10 classrooms, 3 computer labs, 47 instructional computers, 6,000 library volumes, 1 cafeteria, 1 infirmary, 2 playing fields, 1 science lab, 1 pool, 1 tennis court, air conditioning

SOUTH KOREA

Area:	99,720 sq km
Population:	48,636,068
Capital:	Seoul
Currency:	South Korean Won (KRW)
Languages:	Korean

KOREA INTERNATIONAL SCHOOL

Phone 82 31 789 0509
Fax 82 31 748 0509
Email scathers@kis.or.kr
Website www.kis.or.kr
Address 373-6 Baekhyun-dong, Bundang-gu, Seongnam, 463-420, South Korea

STAFF

Director Steve Cathers
Elementary Principal Shane Kells
Middle School Principal Richard Nies
High School Principal David Christenbury
Director of Business Operations Daniel Choi
IT Coordinator Bruce Roadside
Library Media Specialist Kris Feller
Teaching staff Full time 125; Total 125
Nationalities of teaching staff US 100; Korean 5; Other(s) (Canadian, Australian) 20

INFORMATION

Grade levels N–12
School year August–June
School type coeducational, day, private non-profit
Year founded 2000
Governed by appointed Board of Directors
Sponsored by YBM Si-sa
Accredited by Western
Regional organizations EARCOS
Enrollment Nursery 40; PreK 60; Elementary K–5 500; Middle School 6–8 320; High School 9–12 380; Total 1,300
Nationalities of student body US 635; UK 15; Korean 550; Other(s) (Japanese, Canadian) 100
Tuition/fee currency US Dollar
Tuition range 20,800–28,000
Annual fees Busing 1,700; Technology 300
One time fees Registration 600; Capital Levy 3,000; Books 150; Senior 200
Graduates attending college 100%
Graduates have attended Georgetown U, Washington U in St.Louis, Skidmore Col, U of California, Berkeley, U of Pennsylvania

EDUCATIONAL PROGRAM

Curriculum US, Intl, AP
Average class size Elementary 20; Secondary 15
Language(s) of instruction English
Language(s) taught Korean, Chinese, Spanish, French
Staff specialists computer, counselor, ESL, librarian, nurse, reading resource
Special curricular programs art, instrumental music, vocal music, computer/technology, physical education, 1 to 1 Laptop Program
Extra curricular programs computers, community service, dance, drama, environmental conservation, excursions/expeditions, literary magazine, newspaper, photography, yearbook
Sports basketball, cross-country, soccer, squash, swimming, tennis, volleyball
Clubs Phoenix TV, Model UN, Habitat for Humanity, National Honor Society jazz band, student council, speech & debate, visual impact, style & design
Examinations AP, PSAT, SAT, SAT II, MAP

CAMPUS FACILITIES

Location Suburban
Campus 1 hectare, 7 buildings, 80 classrooms, 4 computer labs, 940 instructional computers, 28,000 library volumes 3 auditoriums, 1 cafeteria, 2 covered play areas, 3 gymnasiums, 1 infirmary, 2 playing fields, 10 science labs, 1 pool, air conditioning

International School of Busan

Phone 82 51 742 3332
Fax 82 51 742 3375
Email ispusan@ispusan.co.kr
Website www.ispusan.co.kr
Address 1492-12, Jung-2-Dong, Haeundae-gu, Busan, 612-849, South Korea

STAFF

Principal Stephen J. Palmer
Head of Early Learning Centre Karen Norris
Head of Elementary School Kevin Smith
Head of Middle & High School Jeff Blackband
Finance Manager Jan Benggaard
ICT Coordinator Carina Jader
Librarian Scott Eder
Teaching staff Full time 28; Total 28
Nationalities of teaching staff US 5; UK 6; Australian 3; Other(s) (Canadian, Filipino) 14

INFORMATION

Grade levels N–11
School year August–June
School type coeducational, day, private non-profit
Year founded 1983
Governed by elected Board of Governors
Accredited by CIS
Regional organizations EARCOS, ECIS
Enrollment Nursery 30; PreK 16; Elementary K–5 109; Middle School 6–8 43; High School 9–12 28; Total 226
Nationalities of student body US 27; UK 16; Korean 54; Other(s) (Norwegian, Dane) 129
Tuition/fee currency South-Korean Won
Tuition range 7,250,000–18,425,000
Annual fees Busing 1,600,000; Lunch 1,000,000
One time fees Registration 100,000; Capital Levy 1,250,000; Enrollment 500,000

EDUCATIONAL PROGRAM

Curriculum Intl, IB Diploma, IBPYP, IGCSE
Average class size Elementary 18; Secondary 10
Language(s) of instruction English
Language(s) taught Korean, Spanish
Staff specialists computer, ESL, librarian, math resource, reading resource
Special curricular programs art, instrumental music, vocal music, computer/technology, physical education
Extra curricular programs computers, community service, dance, drama, excursions/expeditions, photography, yearbook
Sports basketball, cross-country, football, gymnastics, hockey, martial arts, rugby, skiing, soccer, swimming, track and field
Clubs ceramics, orchestra, string group, choir, yearbook, sports, crafts, debating
Examinations GCSE, IB, IGCSE, ACER-ISA Tests

CAMPUS FACILITIES

Location Suburban
Campus 2 buildings, 26 classrooms, 2 computer labs, 70 instructional computers, 17,000 library volumes, 1 auditorium, 1 cafeteria, 1 playing field, 1 science lab

Data from 2009/10 school year.

Taejon Christian International School

Phone 82 042 633 3663
Fax 82 042 631 5732
Email hdmst@tcis.or.kr
Website www.tcis.or.kr
Address 210-1 O-Jung Dong, Daedeok-Gu, Daejeon, 306 819, South Korea

STAFF

Head of School Thomas J. Penland, Ed.D.
Assistant Headmaster Ryan Roberts
High School Principal Mark Pleasants
Middle School Principal Mike Moimoi
Elementary Principal George Zickefoose
Residence Program Director Brent Frazier
Business Administrator Jackie Lee
Director of Technology Darren Price
Media Center Director Kyung Hae Lee
Teaching staff Full time 92; Part time 6; Total 98
Nationalities of teaching staff US 62; Korean 11; Other(s) (Canadian, Australian) 25

INFORMATION

Grade levels PreK–12
School year August–June
School type boarding, coeducational, day, private non-profit
Year founded 1958
Governed by appointed Board of Trustees
Accredited by Western
Regional organizations EARCOS
Enrollment PreK 5; Elementary K–5 94; Middle School 6–8 136; High School 9–12 376; Total 611
Nationalities of student body US 287; UK 3; Korean 231; Other(s) (Canadian, Taiwanese) 90
Tuition/fee currency US Dollar
Tuition range 17,400–24,500
Annual fees Boarding, 7-day 12,850; Busing 1,700; Lunch 960
One time fees Capital Levy 5,450; Application 270; Senior (transcripts) 230
Boarding program grades 6–12
Boarding program length 7-day **Boys** 119 **Girls** 95
Graduates attending college 100%
Graduates have attended Cornell U, Columbia U, Northwestern U, Rhode Island School of Design, Duke U

EDUCATIONAL PROGRAM

Curriculum US, Intl, IB Diploma, IBPYP, IBMYP
Average class size Elementary 15; Secondary 18
Language(s) of instruction English
Language(s) taught Korean, Spanish, Mandarin
Staff specialists computer, counselor, ESL, learning disabilities, librarian, math resource, nurse, reading resource
Special curricular programs art, instrumental music, vocal music, computer/technology, physical education
Extra curricular programs computers, community service, dance, drama, environmental conservation, excursions/expeditions, literary magazine, newspaper, photography, yearbook
Sports basketball, cross-country, soccer, swimming, tennis, volleyball
Clubs Amnesty International, environmental, Spanish, Mandarin, Korean, National Honor Society, student council, Key
Examinations IB, PSAT, SAT, SAT II, ISA

CAMPUS FACILITIES

Location Urban
Campus 7 hectares, 9 buildings, 35 classrooms, 3 computer labs, 350 instructional computers, 11,000 library volumes, 1 auditorium, 3 cafeterias, 1 gymnasium, 2 infirmaries, 1 playing field, 4 science labs, 3 tennis courts, air conditioning

International Christian School–Pyongtaek

Phone 82 31 651 1376
Fax 82 31 653 1375
Email TadRomsa@nics.org
Website www.icsptk.org
Address Shin-Dae Dong 367-3, Pyongtaek-Si, Kyunggi Do, Pyongtaek, 450-820, South Korea
Mailing address PO Box 24, Pyongtaek 450-600, Korea

STAFF

Director Tad A. Romsa
Elementary Principal Grace Maxwell
Athletic Director Jason Lantz
Lead Teacher Meredith Holder
Business Manager Mylene Haselman
IT Coordinator John Richards
Librarian Laurie Zanger
Teaching staff Full time 24; Total 24
Nationalities of teaching staff US 24

INFORMATION

Grade levels K–12
School year August–June
School type coeducational, day, private non-profit
Year founded 1990
Governed by appointed Administration
Sponsored by Network of International Christian Schools
Accredited by Western
Regional organizations EARCOS
Enrollment Elementary K–5 115; Middle School 6–8 60; High School 9–12 60; Total 235
Tuition/fee currency South-Korean Won
Tuition range 10,000,000–12,000,000
Annual fees Registration 450,000
One time fees Capital Levy 2,000,000
Graduates attending college 90%
Graduates have attended Syracuse U, Pepperdine U, Stony Brook U, Northwestern U, Azusa Pacific U

EDUCATIONAL PROGRAM

Curriculum US
Average class size Elementary 20; Secondary 20
Language(s) of instruction English
Language(s) taught Spanish, Korean
Staff specialists computer, ESL, librarian
Special curricular programs art, vocal music, computer/technology, physical education
Extra curricular programs community service, drama, excursions/expeditions, yearbook
Sports basketball, soccer, volleyball
Clubs cheerleading
Examinations PSAT, SAT, Stanford

CAMPUS FACILITIES

Location Suburban
Campus 1 building, 18 classrooms, 2 computer labs, 40 instructional computers, 7,000 library volumes, 1 cafeteria, 1 gymnasium, 1 playing field, 1 science lab, air conditioning

Seoul Foreign School

Phone 82 2 330 3100
Fax 82 2 335 1857
Email sfsoffice@seoulforeign.org
Website www.seoulforeign.org
Address 55 Yonhi Dong, Seoul, 120-113, South Korea

STAFF

Head of School John B. Engstrom, Ed.D.
High School Principal Kevin C. Baker
Middle School Principal P. Lynn Gaylord
Elementary School Principal John E. Gaylord
British School Headteacher Timothy J. Gray
Assistant Head of School–Academics Shirley M. Droese, Ph.D.
Assistant Head of School–Operations Rob Black
Director of InformationTechnology Jeffrey J. Kersting
Head of Library/Media Center .
Teaching staff Full time 130; Part time 24; Total 154
Nationalities of teaching staff US 77; UK 21; Korean 10; Other(s) (Canadian, Australian) 46

INFORMATION

Grade levels N–12
School year August–June
School type coeducational, day, private non-profit
Year founded 1912
Governed by appointed School Board
Accredited by Western
Regional organizations EARCOS, ECIS
Enrollment Nursery 27; PreK 60; Elementary K–5 624; Middle School 6–8 348; High School 9–12 421; Total 1,480
Nationalities of student body US 883; UK 91; Other(s) (Canadian, Australian) 506
Tuition/fee currency US Dollar
Tuition range 8,000–23,000
Annual fees Busing 1,357; IB Fee-Junior Year 464; IB Fee-Senior Year 928
One time fees Registration 357; Capital Levy 2,857; Application 250
Graduates attending college 99%
Graduates have attended Harvard U, Johns Hopkins U, Dartmouth Col, Northwestern U, U of Pennsylvania

EDUCATIONAL PROGRAM

Curriculum US, UK, IB Diploma, AP, IGCSE
Average class size Elementary 20; Secondary 14
Language(s) of instruction English
Language(s) taught French, Spanish, Korean
Staff specialists computer, counselor, ESL, learning disabilities, librarian, math resource, nurse, psychologist, reading resource
Special curricular programs art, instrumental music, vocal music, computer/technology, physical education
Extra curricular programs computers, community service, drama, environmental conservation, excursions/expeditions, literary magazine, newspaper, photography, yearbook
Sports badminton, baseball, basketball, cross-country, gymnastics, rugby, soccer, swimming, tennis, volleyball
Clubs National Honor Society, student council, Fellowship of Christian Students
Examinations ACT, AP, GCSE, IB, IGCSE, PSAT, SAT, SAT II

CAMPUS FACILITIES

Location Urban
Campus 10 hectares, 10 buildings, 99 classrooms, 4 computer labs, 400 instructional computers, 60,000 library volumes, 3 auditoriums, 1 cafeteria, 2 gymnasiums, 1 infirmary, 1 playing field, 4 science labs, 1 pool, 6 tennis courts, air conditioning

SEOUL INTERNATIONAL SCHOOL

Phone 82 31 750 1325
Fax 82 31 759 5133
Email depsec@siskorea.org
Website www.siskorea.org
Address San 388-14, Bokjeong-dong, Sujeong-gu, Gyeonggi-do, Seoul, Korea 461-200, Seongnam-si, Gyeonggi-do, 461-200, South Korea
Mailing address Songpa P.O. Box 47, Seoul 138-600, Korea

STAFF

Head of School Hyung Shik Kim, Ed.D.
Director of School Paul Gowans
High School Principal Peter Corcoran
Middle School Principal Nancy Sisung, Ph.D.
Elementary School Principal Art DeFilippo
Elementary Vice Principal Liset Palmitessa
Technology Coordinator Bob Havens
Secondary Librarian Angela Erickson
Elementary Librarian & Natasha Hritzuk
Teaching staff Full time 102; Total 102
Nationalities of teaching staff US 65; UK 2; Korean 4; Other(s) (Canadian, New Zealander) 31

INFORMATION

Grade levels PreK–12
School year August–June
School type coeducational, day, private non-profit
Year founded 1973
Governed by appointed Foundation Board
Accredited by Western
Regional organizations EARCOS
Enrollment PreK 14; Elementary K–5 496; Middle School 6–8 276; High School 9–12 356; Total 1,142
Nationalities of student body US 789; UK 5; Korean 186; Other(s) (Canadian, Japanese) 162
Tuition/fee currency US Dollar
Tuition range 17,000–21,200
One time fees Registration 385; Busing 1,460; Lunch 470; Books 155
Graduates attending college 100%
Graduates have attended Columbia U, Duke U, Carnegie Mellon U, U of Pennsylvania, Yale U

EDUCATIONAL PROGRAM

Curriculum US, AP
Average class size Elementary 23; Secondary 23
Language(s) of instruction English
Language(s) taught Chinese, Spanish
Staff specialists computer, counselor, ESL, librarian, nurse, reading resource
Special curricular programs art, instrumental music, vocal music, computer/technology, physical education, drama
Extra curricular programs computers, community service, drama, environmental conservation, excursions/expeditions, literary magazine, newspaper, yearbook
Sports basketball, cross-country, soccer, swimming, tennis, volleyball, cheerleading
Clubs creative writing, forensics, Model UN, mathematics, National Honor Society, drama, student council, Habitat for Humanity
Examinations AP, PSAT, SAT, ISA

CAMPUS FACILITIES

Location Suburban
Campus 3 hectares, 2 buildings, 59 classrooms, 8 computer labs, 369 instructional computers, 30,000 library volumes, 2 auditoriums, 1 cafeteria, 3 gymnasiums, 1 infirmary, 3 playing fields, 4 science labs, 1 pool, 1 tennis court, air conditioning

YONGSAN INTERNATIONAL SCHOOL OF SEOUL

Phone 82 2 797 5104
Fax 82 2 797 5224
Email information@yisseoul.org
Website www.yisseoul.org
Address San 10-213, Hannam Dong, Yongsan Ku, Seoul, 140-210, South Korea

STAFF

Headmaster Jeff Pinnow
Director of Admissions Robin Parrish
Elementary Principal Dan Lazor
High School Principal Seth Parrish
Guidance Counselor Wilson Lee
Middle School Principal Susan Sevey
Business Manager Stephen Boush Ed.D.
Lead Librarian Gabriel Johnson
Teaching staff Full time 95; Part time 5; Total 100
Nationalities of teaching staff US 85; UK 2; Korean 5; Other(s) (Canadian) 8

INFORMATION

Grade levels K–12
School year August–June
School type coeducational, day, private non-profit
Year founded 1990
Governed by appointed Board Members
Sponsored by NICS/OASIS
Accredited by Western
Regional organizations EARCOS
Enrollment Elementary K–5 375; Middle School 6–8 225; High School 9–12 245; Total 845
Nationalities of student body US 486; UK 10; Korean 127; Other(s) (Canadian, Japanese) 222
Tuition/fee currency US Dollar
Tuition range 17,000–19,000
Annual fees Registration 400; Busing 1,800; Subsequent Capital Levy 800
One time fees Capital Levy 5,000
Graduates attending college 100%
Graduates have attended Northwestern U, Brown U, U of California, Berkeley, New York U, U of Michigan

EDUCATIONAL PROGRAM

Curriculum US, Intl, AP
Average class size Elementary 20; Secondary 15
Language(s) of instruction English
Language(s) taught Spanish, French, Japanese, Korean
Staff specialists computer, counselor, ESL, learning disabilities, librarian, math resource, nurse, reading resource
Special curricular programs art, instrumental music, vocal music, computer/technology, physical education
Extra curricular programs computers, community service, dance, drama, environmental conservation, excursions/expeditions, literary magazine, newspaper, photography, yearbook
Sports basketball, cross-country, martial arts, rugby, soccer, swimming, tennis, volleyball, lacrosse
Clubs Model UN, speech & debate, Mu Alpha Theta, drama, community service, newspaper, chess, dance, music compassion
Examinations AP, PSAT, SAT, SAT II, Stanford, Star Reading, Star Math

CAMPUS FACILITIES

Location Urban
Campus 3 hectares, 5 buildings, 50 classrooms, 1 computer lab, 14,000 library volumes, 1 auditorium, 2 cafeterias, 1 covered play area, 2 gymnasiums, 1 infirmary, 1 playing field, 4 science labs, 1 pool, air conditioning

Indianhead International School

Phone (82)31-8703700
Fax (82)31-8263476
Email es@iis.or.kr
Website www.iis.or.kr
Address #233-3 Howon-1 Dong, Uijeongbu City, Gyeonggi-Do, 480-701, South Korea

STAFF

Principal Daniel Legault
Board Representative JeongJin Park
Administrative Manager Supyong Chong
Head of Technology Marilou Pagarigan
Librarian Carl Feucht
Teaching staff Full time 31; Part time 2; Total 33
Nationalities of teaching staff US 18; Korean 4; Other(s) (Canadian) 11

INFORMATION

Grade levels K–12
School year August–June
School type coeducational, day, private non-profit, proprietary
Year founded 1979
Governed by appointed Board
Accredited by Western
Regional organizations EARCOS
Enrollment Elementary K–5 70; Middle School 6–8 41; High School 9–12 97; Total 208
Tuition/fee currency US Dollar
Tuition range 11,400–13,600
Annual fees Registration 430; Busing 1,640; Lunch 650
Graduates attending college 96%
Graduates have attended Stanford U, U of Virginia, U of Michigan, Oberlin U, U of Illinois

EDUCATIONAL PROGRAM

Curriculum US, Intl, AP
Average class size Elementary 12; Secondary 16
Language(s) of instruction English
Language(s) taught Spanish, Mandarin, French
Staff specialists computer, counselor, ESL, librarian
Special curricular programs art, instrumental music, vocal music, computer/technology, physical education
Extra curricular programs community service, drama, literary magazine, yearbook
Sports basketball, soccer, volleyball
Clubs student council,chess, leadership, drama, Community Action Service, Model UN
Examinations AP, PSAT, SAT, SAT II, Stanford

CAMPUS FACILITIES

Location Suburban
Campus 1000 hectares, 2 buildings, 25 classrooms, 3 computer labs, 48 instructional computers, 10,000 library volumes, 1 auditorium, 1 cafeteria, 1 covered play area, 1 gymnasium, 1 infirmary, 1 playing field, 2 science labs, 1 tennis court, air conditioning

International Christian School–Uijongbu

Phone 82 031 855 1277
Fax 82 031 855 1278
Email RexFreel@nics.org
Website www.ics-ujb.org
Address PO Box 23, Nok yang Dong 375-2, Uijongbu, 480-120, South Korea
Mailing address Unit 15707, APO AP 96258, USA

STAFF

Director Rex A. Freel
High School Principal Randy Lounds
Guidance Counselor Jennifer Scudder
Elementary Principal Shamala Boice
Head of Technology Jay Silvas
Head of Library & Media Center Sharon Miller
Teaching staff Full time 22; Part time 5; Total 27
Nationalities of teaching staff US 23; Korean 2; Other(s) (Canadian, Thai) 2

INFORMATION

Grade levels K–12
School year August–June
School type coeducational, day, private non-profit
Year founded 1983
Governed by appointed School Board and NICS International
Accredited by Western
Regional organizations EARCOS
Enrollment Elementary K–5 60; Middle School 6–8 60; High School 9–12 90; Total 210
Nationalities of student body US 130; Japanese 40; Other(s) (Indian, Canadian) 40
Tuition/fee currency South-Korean Won
Tuition range 11,500,000–13,500,000
Annual fees Registration 600; Capital Levy 200
Graduates attending college 94%
Graduates have attended Harvard U, Wheaton Col, Liberty U, U of California, Los Angeles, US Military Academy at West Point

EDUCATIONAL PROGRAM

Curriculum US, AP
Average class size Elementary 15; Secondary 20
Language(s) of instruction English
Language(s) taught German, Spanish, French, Korean
Staff specialists computer, counselor, ESL, librarian
Special curricular programs art, vocal music, computer/technology, physical education
Extra curricular programs computers, drama, yearbook
Sports basketball, cross-country, soccer, swimming, volleyball
Clubs drama, singing
Examinations AP, PSAT, SAT, SAT II, Stanford

CAMPUS FACILITIES

Location Suburban
Campus 2 buildings, 21 classrooms, 2 computer labs, 50 instructional computers, 12,000 library volumes, 1 cafeteria, 1 gymnasium, 2 playing fields, 1 science lab, 1 pool, air conditioning

M. Wright International College Preparatory School

Phone +82 31 286 2913
Fax +82 31 286 2913
Email N/A
Website www.mwright.kr
Address 1802-1 Bojeong-dong, Juk-jeon, Yongin, Gyeonggi-do, South Korea

STAFF

President Matthew N. Wright

INFORMATION

Grade levels 1–12
School type coeducational
Year founded 2008
Tuition/fee currency South-Korean Won
Tuition range 4,200,000–20,000,000

EDUCATIONAL PROGRAM

Curriculum US, Intl, AP
Language(s) of instruction English
Staff specialists computer, ESL

CAMPUS FACILITIES

Location Suburban

Data from 2009/10 school year.

SPAIN

Area:	505,370 sq km
Population:	40,548,753
Capital:	Madrid
Currency:	Euro (EUR)
Languages:	Castilian Spanish, Catalan

AMERICAN SCHOOL OF BARCELONA

Phone 34 93 371 4016
Fax 34 93 473 4787
Email info@a-s-b.com
Website www.a-s-b.com
Address C/Jaume Balmes, 7, Esplugues de Llobregat, Barcelona, 08950, Spain

STAFF

Director Mark Pingitore
Elementary Principal Nancy Boyd
High School Principal William Volchok
Middle School Principal Alan Phan
ECC Coordinaotor Christina Torrengo
Admissions & Community Relations Coordinator Robin Berting
Operations Manager Ferran Sole
Instructional Technology Coordinator Ros Greehy
Librarian Courtney Park
Teaching staff Full time 91; Part time 4; Total 95
Nationalities of teaching staff US 42; UK 8; Spaniard 26; Other(s) (Canadian) 19

INFORMATION

Grade levels PreK–12
School year September–June
School type coeducational, day, private non-profit
Year founded 1962
Governed by elected Parent-Board of Governors
Sponsored by Parents Association
Accredited by Middle States
Regional organizations ECIS, MAIS
Enrollment PreK 75; Elementary K–5 300; Middle School 6–8 130; High School 9–12 150; Total 655
Nationalities of student body US 100; UK 20; Spaniard 295; Other(s) (Swede, Dutch) 240
Tuition/fee currency Euro
Tuition range 6,480–10,080
Annual fees Registration 900; Insurance 500; Busing 1,500; Lunch 1,500
One time fees Capital Levy 3,500; Application (Pre-K to Elementary) 100; Application (Secondary) 170
Graduates attending college 99%
Graduates have attended Rice U, Oxford U, Georgetown U, Duke U, Texas A&M U

EDUCATIONAL PROGRAM

Curriculum US, National, IB Diploma
Average class size Elementary 17; Secondary 18
Language(s) of instruction English
Language(s) taught Spanish, Catalan
Staff specialists computer, counselor, ESL, learning disabilities, librarian, nurse
Special curricular programs art, vocal music, computer/technology, physical education
Extra curricular programs community service, dance, drama, excursions/expeditions, literary magazine, photography, yearbook, Languages
Sports basketball, soccer, swimming, volleyball
Clubs Model UN, drama, choir
Examinations IB, PSAT, SAT, SAT II, ISA, MAP

CAMPUS FACILITIES

Location Suburban
Campus 2 hectares, 2 buildings, 35 classrooms, 3 computer labs, 240 instructional computers, 18,000 library volumes, 1 cafeteria, 2 covered play areas, 1 infirmary, 3 playing fields, 3 science labs

THE BENJAMIN FRANKLIN INTERNATIONAL SCHOOL

Phone 34 93 434 2380
Fax 34 93 417 3633
Email info@bfischool.org
Website www.bfischool.org
Address Martorell i Pena, 9, Barcelona, 08017, Spain

STAFF

Director David Penberg, Ph.D.
Middle & High School Principal Joe Santos
Preschool & Elementary School Principal James Duval
College Counselor Shellee Hendricks
High School Counselor Jeremy Marks
ES Counselor Jessica Delgado
Finance & Operations Director Thomas Park
IT & Communications Director Roberto Baldizon
Librarian David Cevoli
Teaching staff Full time 76; Part time 4; Total 80
Nationalities of teaching staff US 36; UK 8; Canadian 20; Other(s) (Venezuelan, Mexican) 16

INFORMATION

Grade levels N–12
School year September–June
School type coeducational, day, private non-profit
Year founded 1986
Governed by appointed Foundation Board
Accredited by Middle States
Regional organizations ECIS, MAIS
Enrollment Nursery 25; PreK 17; Elementary K–5 223; Middle School 6–8 114; High School 9–12 102; Total 481
Nationalities of student body US 148; UK 23; Spaniard 164; Other(s) (Dutch, Venezuelan) 146
Tuition/fee currency Euro
Tuition range 8,870–12,260
Annual fees Registration 810; Busing 1,470; Lunch 1,230
One time fees Capital Levy 3,400; Graduation 270
Graduates attending college 100%
Graduates have attended Wesleyan U, U of Chicago, Boston U, U of Michigan, Imperial Col London

EDUCATIONAL PROGRAM

Curriculum US, National, AP
Average class size Elementary 15; Secondary 15
Language(s) of instruction English, Spanish
Language(s) taught English, Spanish, French, Catalan
Staff specialists computer, counselor, ESL, learning disabilities, librarian, speech/hearing
Special curricular programs art, instrumental music, vocal music, computer/technology, physical education, Digital Arts
Extra curricular programs computers, community service, dance, drama, environmental conservation, excursions/expeditions, literary magazine, photography, yearbook
Sports basketball, football, soccer, swimming
Clubs Model UN, National Honor Society, National Junior Honor Society
Examinations ACT, AP, PSAT, SAT, SAT II, ISA

CAMPUS FACILITIES

Location Urban
Campus 5 buildings, 38 classrooms, 3 computer labs, 102 instructional computers, 11,200 library volumes, 1 cafeteria, 3 playing fields, 2 science labs, air conditioning

American School of Las Palmas

Phone 34-928-430-023
Fax 34-928-430-017
Email info@aslp.org
Website www.aslp.org
Address Carretera a los Hoyos, KM. 1.7, Las Palmas de Gran Canari, Spain

STAFF

Director Nathan Walker
ECC/ES Principal & Curriculum Coordinator Sarah Zarzo
Secondary School Principal Bruno Costemale
First Steps Coordinator Carmen Padilla
Business Manager Juan Carlos Aleman
Librarian Fiona Shea
Teaching staff Full time 72; Part time 2; Total 74
Nationalities of teaching staff US 8; UK 13; Spaniard 41; Other(s) (Canadian, Irish) 12

INFORMATION

Grade levels N–12
School year September–June
School type coeducational, day, private non-profit
Year founded 1967
Governed by elected Board of Governors
Accredited by New England
Regional organizations MAIS
Enrollment Nursery 91; PreK 67; Elementary K–5 134; Middle School 6–8 105; High School 9–12 118; Total 515
Nationalities of student body US 12; UK 34; Host 348; Other(s) (Indian, Korean) 121
Tuition/fee currency Euro
Tuition range 2,500–5,500
One time fees Matruculation 1,800
Graduates attending college 99%
Graduates have attended Rochester Institute of Technology, Hofstra U, U of Toronto, U de Madrid Computense, U de Las Palmas

EDUCATIONAL PROGRAM

Curriculum US, National, IBPYP, AP
Average class size Elementary 18; Secondary 16
Language(s) of instruction English, Spanish
Language(s) taught English, Spanish, French, German
Staff specialists computer, counselor, ESL, librarian, math resource, psychologist
Special curricular programs art, vocal music, computer/technology, physical education
Extra curricular programs computers, community service, dance, drama, environmental conservation, excursions/expeditions, newspaper, yearbook
Sports basketball, soccer, swimming, track and field, volleyball, Judo
Clubs Roots & Shoots, ecology, mathematics, computers, drama
Examinations AP, PSAT, SAT, SAT II, TOEFL

CAMPUS FACILITIES

Location Rural
Campus 2 hectares, 14 buildings, 40 classrooms, 3 computer labs, 78 instructional computers, 12,000 library volumes, 1 cafeteria, 1 covered play area, 1 infirmary, 4 playing fields, 2 science labs

Data from 2009/10 school year.

American School of Madrid

Phone 34 91 740 1900
Fax 34 91 357 2678
Email info@asmadrid.org
Website www.asmadrid.org
Address Apartado 80, Madrid, 28080, Spain

STAFF

Head of School William D. O'Hale
Middle & Upper School Director Joanne Reykdal
Lower School Director Faraday Burditt de la Camara
Head of Admissions Sholeh Farpour
Head of Development Ana Suarez
Head of Spanish Program Juan Ortiz
Director of Administrative Services Jesus Hortal
Technology Coordinator Fernando Montalban
Middle & Upper School Librarian Jana Roth
Teaching staff Full time 88; Part time 8; Total 96
Nationalities of teaching staff US 72; UK 1; Spaniard 15; Other(s) (French, Belgian) 8

INFORMATION

Grade levels N–12
School year September–June
School type coeducational, day, private non-profit
Year founded 1961
Governed by appointed Board of Trustees
Accredited by Middle States
Regional organizations ECIS, MAIS, NESA
Enrollment Nursery 25; PreK 37; Elementary K–5 342; Middle School 6–8 195; High School 9–12 276; Total 875
Nationalities of student body US 294; UK 11; Spaniard 262; Other(s) (Mexican, Korean) 308
Tuition/fee currency Euro
Tuition range 5,918–18,706
Annual fees Busing 1,950; Lunch 1,239
One time fees Registration 3,800
Graduates attending college 99%
Graduates have attended Harvard U, Yale U, Princeton U, Rice U, Art Institute of Chicago

EDUCATIONAL PROGRAM

Curriculum US, National, IB Diploma, Spanish
Average class size Elementary 20; Secondary 20
Language(s) of instruction English
Language(s) taught Spanish, French
Staff specialists computer, counselor, ESL, librarian, math resource, nurse, reading resource
Special curricular programs art, instrumental music, vocal music, computer/technology, physical education
Extra curricular programs computers, community service, dance, drama, literary magazine, newspaper, photography, yearbook
Sports basketball, golf, gymnastics, soccer, tennis, volleyball
Examinations AP, IB, PSAT, SAT, SAT II

CAMPUS FACILITIES

Location Suburban
Campus 4 hectares, 4 buildings, 70 classrooms, 4 computer labs, 300 instructional computers, 40,000 library volumes, 1 auditorium, 2 cafeterias, 1 covered play area, 1 gymnasium, 1 infirmary, 2 playing fields, 4 science labs, 2 tennis courts

Evangelical Christian Academy

Phone 34 91 886 5003
Fax 34 91 886 6419
Email info@ecaspain.com
Website www.ecaspain.com
Address Calle la Manda, 47, Camarma de Esteruelas, Madrid, 28816, Spain

STAFF

Headmaster Scot A. Musser
Academic Principal Beth Almack
Business Manager Jerry Fields
Webmaster Paul Madsen
Librarian Jennifer Fields
Teaching staff Full time 20; Part time 20; Total 40
Nationalities of teaching staff US 36; Spaniard 2; Other(s) (Canadian) 2

INFORMATION

Grade levels K–12
School year August–June
School type boarding, coeducational, day, private non-profit
Year founded 1973
Governed by elected Board of Trustees
Enrollment Elementary K–5 26; Middle School 6–8 24; High School 9–12 36; Total 86
Nationalities of student body US 67; UK 4; Spaniard 10; Other(s) (Korean) 5
Tuition/fee currency Euro
Tuition range 1,855–5,410
Annual fees Registration 50; Boarding, 5-day 3,825; Boarding, 7-day 4,275; Capital Levy 200
Boarding program grades 10–12
Boarding program length 5-day and 7-day **Girls** 3
Graduates attending college 98%
Graduates have attended Evangel U, Asbury Col, Bryan Col, Northwest U, Grove City Col

EDUCATIONAL PROGRAM

Curriculum US, AP
Average class size Elementary 8; Secondary 12
Language(s) of instruction English
Language(s) taught Spanish
Staff specialists computer, ESL, learning disabilities, librarian
Special curricular programs art, instrumental music, vocal music, computer/technology, physical education
Extra curricular programs community service, yearbook
Clubs soccer, basketball, ping-pong, running, hockey, volleyball, yearbook, dance
Examinations AP, PSAT, SAT, Stanford

CAMPUS FACILITIES

Location Rural
Campus 1 building, 15 classrooms, 1 computer lab, 14 instructional computers, 12,500 library volumes, 1 auditorium, 1 playing field, 1 science lab

International College Spain

Phone 34 91 650 2398
Fax 34 91 650 1035
Email info@icsmadrid.org
Website www.icsmadrid.org
Address Calle Vereda Norte 3, La Moraleja, Madrid, 28109, Spain
Mailing address Apartado 1271, 28108 Alcobendas, Madrid, Spain

STAFF

Director Peter Southern, Ph.D.
Deputy Director & Head of Secondary School Barry Hughes
Deputy Director & Head of Primary School Christina Barlow
Business Manager Raquel Pariente
Systems Manager Ramesh Farhangi
Librarian Ursula Garcia
Teaching staff Full time 84; Part time 17; Total 101
Nationalities of teaching staff US 17; UK 35; Spaniard 20; Other(s) 29

INFORMATION

Grade levels N–13
School year September–June
School type coeducational, day, proprietary
Year founded 1980
Governed by appointed Board of Trustees
Sponsored by International College Spain SA
Accredited by CIS, New England
Regional organizations ECIS, MAIS
Enrollment Nursery 66; PreK 38; Elementary K–5 176; Middle School 6–8 136; High School 9–12 215; Grade 13 53; Total 684
Nationalities of student body US 54; UK 44; Spaniard 237; Other(s) (Dutch, Mexican) 349
Tuition/fee currency Euro
Tuition range 7,950–14,100
Annual fees Books 470
One time fees Registration 550; Enrollment 2,100; Deposit 600
Graduates attending college 95%
Graduates have attended Bentley U, Boston Col, McGill U, U of Oxford, U of Edinburgh

EDUCATIONAL PROGRAM

Curriculum Intl, IB Diploma, IBPYP, IBMYP
Average class size Elementary 20; Secondary 18
Language(s) of instruction English
Language(s) taught English, Spanish, French, Dutch
Staff specialists computer, counselor, ESL, learning disabilities, librarian, math resource, nurse, psychologist, reading resource
Extra curricular programs computers, community service, dance, drama, environmental conservation, excursions/expeditions, newspaper, orchestra
Sports badminton, basketball, football, golf, hockey, martial arts, skiing, soccer, softball, tennis, track and field, volleyball
Clubs Model UN
Examinations IB, PSAT, SAT, TOEFL

CAMPUS FACILITIES

Location Suburban
Campus 3 hectares, 2 buildings, 56 classrooms, 3 computer labs, 150 instructional computers, 34,000 library volumes, 1 auditorium, 1 cafeteria, 1 gymnasium, 1 infirmary, 3 playing fields, 5 science labs, 1 tennis court, air conditioning

Bellver International College

Phone 34 971 401679
Fax 34 971 401762
Email info@bellvercollege.com
Website www.bellvercollege.com
Address Jose Costa Ferrer 5, Marivent, Cala Mayor, Palma de Mallorca, Baleares, 07015, Spain

STAFF

Head Teacher Larry J. Longhurst, Ed.D.
Secondary Coordinator David Anderson
Primary Coordinator Gillian Amengual
Treasurer Mark Muirhead
Teaching staff Full time 25; Part time 7; Total 32
Nationalities of teaching staff US 2; UK 25; Spaniard 4; Other(s) 1

INFORMATION

Grade levels N–13
School year September–June
School type coeducational, day, proprietary
Year founded 1950
Governed by Director & Owners
Enrollment Nursery 24; PreK 24; Elementary K–5 132; Middle School 6–8 49; High School 9–12 78; Total 307
Tuition/fee currency Euro
Tuition range 5,145–8,325
One time fees Registration 1,200
Graduates attending college 100%
Graduates have attended U of Cambridge, Imperial Col London, King's Col, Durham U

EDUCATIONAL PROGRAM

Curriculum UK, GCE Advanced Level
Average class size Elementary 24; Secondary 22
Language(s) of instruction English
Language(s) taught French, Spanish, Catalan, German

CAMPUS FACILITIES

Location Urban
Campus 1 hectare, 2 buildings, 25 classrooms, 1 computer lab, 40 instructional computers, 1 auditorium, 2 covered play areas, 1 gymnasium, 2 science labs, air conditioning

Data from 2009/10 school year.

American School of Valencia

Phone 34 96 140 5412
Fax 34 96 140 5039
Email saaratatem@asvalencia.org
Website www.asvalencia.org
Address Avenida Sierra Calderona 29, Urb. Los Monasterios, Puzol, Valencia, 46530, Spain
Mailing address Apartado de Correos No. 9, 46530 Puzol, Valencia, Spain

STAFF

Director Saara M. Tatem
High School Principal Jeff Lippman
Elementary & Preschool Principal Julianne Stall
High School Guidance Counselor Emily Thomsen
Elementary Counselor Felicitas Berazay
HS Vice Principal & IB Diploma Coordinator Josep Vicent Frechina
Finance Director Ildefonso Segura
Development Coordinator Marc Boyer
Librarian Alex Caamano
Teaching staff Full time 74; Part time 4; Total 78
Nationalities of teaching staff US 18; UK 10; Spaniard 35; Other(s) (Canadian, Argentine) 15

INFORMATION

Grade levels N–12
School year September–June
School type coeducational, day, private non-profit
Year founded 1980
Governed by elected Board of Directors
Accredited by Middle States
Regional organizations ECIS, MAIS
Enrollment Nursery 18; PreK 104; Elementary K–5 310; Middle School 6–8 137; High School 9–12 181; Total 750
Nationalities of student body US 39; UK 3; Spaniard 675; Other(s) (Dane, Japanese) 33
Tuition/fee currency Euro
Tuition range 4,000–5,500
Annual fees Registration 185; Busing 1,200; Lunch 900; Books 300
Graduates attending college 100%
Graduates have attended Tufts U, Oxford U, U de Navarra, U Comillas, American U of Paris

EDUCATIONAL PROGRAM

Curriculum US, National, IB Diploma, Spanish National Program
Average class size Elementary 24; Secondary 22
Language(s) of instruction English, Spanish
Language(s) taught French, Valenciano, German
Staff specialists computer, counselor, ESL, learning disabilities, librarian, nurse, psychologist, reading resource
Special curricular programs art, instrumental music, vocal music, computer/technology, physical education
Extra curricular programs community service, dance, drama, excursions/expeditions, yearbook, arts & crafts
Sports baseball, basketball, football, soccer, softball, swimming, track and field, volleyball
Clubs soccer, basketball, volleyball, judo, ballet, Model UN, First Certificate Examination (ESOL) preparation, Europrojects, honor choir
Examinations IB, PSAT, SAT, FCE, PET

CAMPUS FACILITIES

Location Suburban
Campus 4 hectares, 3 buildings, 57 classrooms, 2 computer labs, 50 instructional computers, 8,500 library volumes, 1 auditorium, 2 cafeterias, 1 gymnasium, 1 infirmary, 5 playing fields, 4 science labs, 1 pool, air conditioning

SRI LANKA

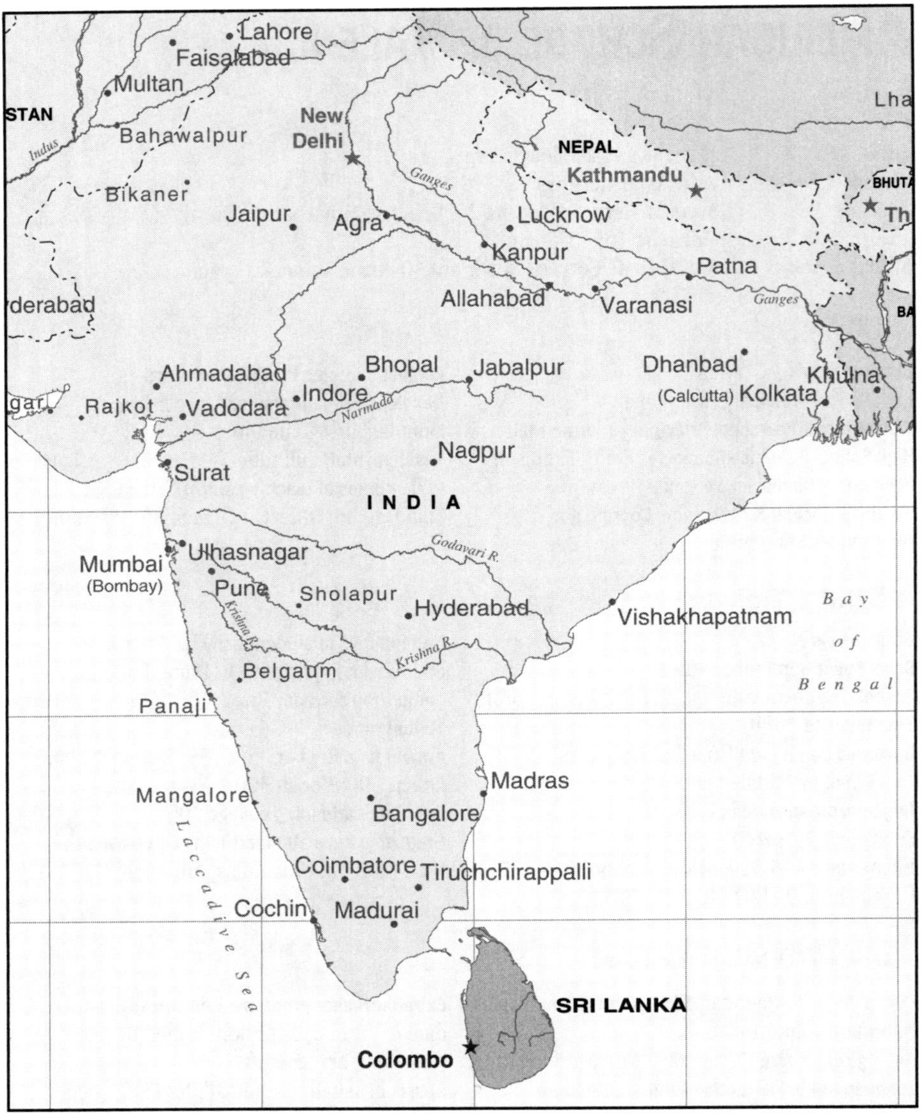

SRI LANKA

Area:	65,610 sq km
Population:	21,513,990
Capital:	Colombo
Currency:	Sri Lankan Rupee (LKR)
Languages:	Sinhala, Tamil, English

THE OVERSEAS SCHOOL OF COLOMBO

Phone 94 11 2 784 920
Fax 94 11 2784 999
Email admin@osc.lk
Website www.osc.lk
Address Pelawatte, P O Box 9, Battaramulla, Colombo, Sri Lanka

STAFF

Head of School Areta Williams
Secondary School Principal Anthony Coles
Primary School Principal Adam Campbell
Head of Administrative Operations Hiruka Soza
Head of Information Technology Jonathan Smith
Secondary Librarian Ronipuii Aineh
Teaching staff Full time 54; Part time 01; Total 55
Nationalities of teaching staff US 13; UK 7; Sri Lankan 20; Other(s) (Australian) 15

INFORMATION

Grade levels PreK–12
School year August–June
School type coeducational, day, private non-profit
Year founded 1957
Governed by elected Board of Directors
Accredited by CIS, Middle States
Regional organizations ECIS, NESA
Enrollment PreK 32; Elementary K–5 155; Middle School 6–8 89; High School 9–12 128; Total 404
Nationalities of student body US 35; UK 38; Sri Lankan 67; Other(s) (Indian, Korean) 264
Tuition/fee currency US Dollar
Tuition range 7,385–18,055
One time fees Registration 4,850; Refundable Deposit (Grades 6–12) 434; Refundable Deposit (Pre-school–5) 217
Graduates attending college 95%
Graduates have attended London School of Economics, New York U, Stanford U, U of British Colombia, U of California, Berkeley

EDUCATIONAL PROGRAM

Curriculum IB Diploma, IBPYP, IBMYP
Average class size Elementary 16; Secondary 15
Language(s) of instruction English
Language(s) taught French, Spanish
Staff specialists computer, counselor, ESL, learning disabilities, librarian, physician
Special curricular programs art, instrumental music, vocal music, computer/technology, physical education
Extra curricular programs computers, community service, dance, drama, environmental conservation, excursions/expeditions, photography, yearbook
Sports badminton, basketball, cricket, football, soccer, swimming, track and field, volleyball, new gym with aerobics room
Clubs Interact
Examinations IB, PSAT, SAT, SAT II

CAMPUS FACILITIES

Location Suburban
Campus 2 hectares, 7 buildings, 42 classrooms, 3 computer labs, 200 instructional computers, 24,000 library volumes, 1 auditorium, 1 cafeteria, 1 covered play area, 1 gymnasium, 1 infirmary, 2 playing fields, 4 science labs, 1 pool, air conditioning

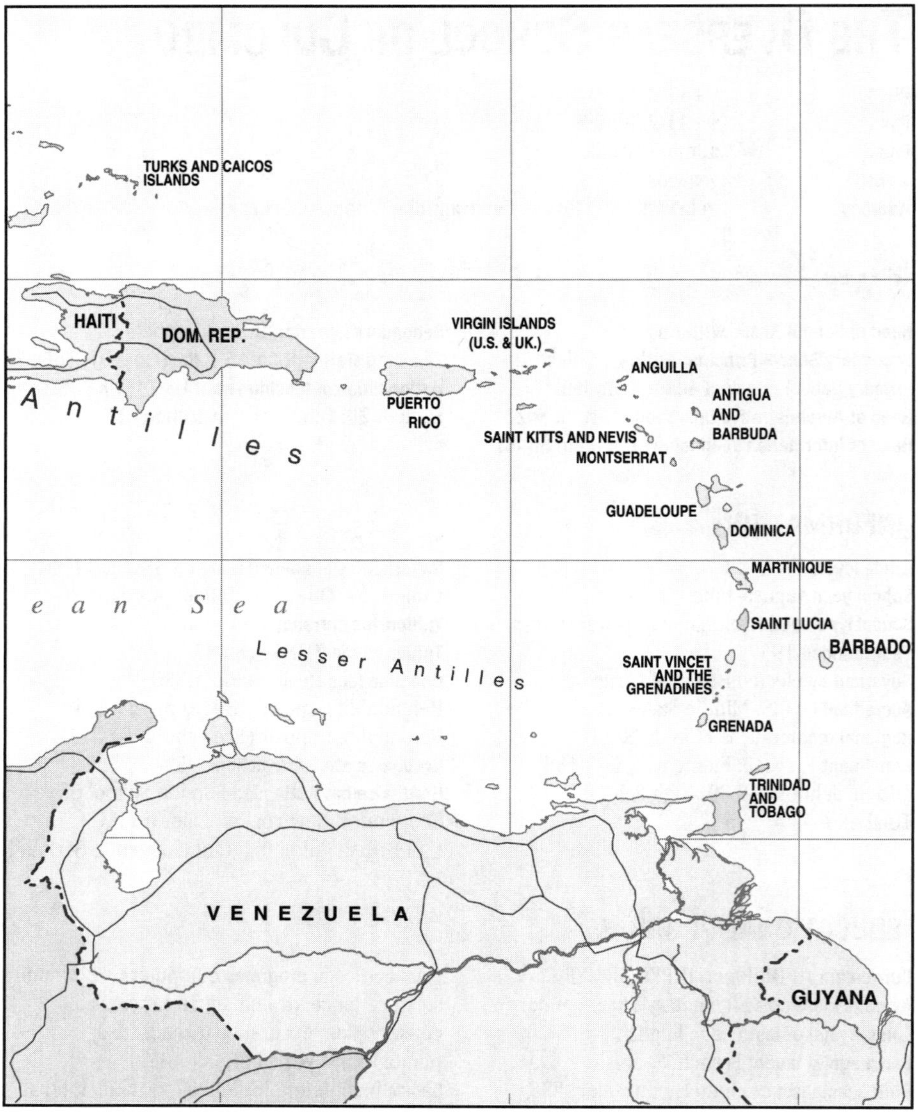

ST. KITTS, WEST INDIES

Area:	168 sq km
Population:	37,521
Capital:	Basseterre
Currency:	East Caribbean Dollar (XCD)
Languages:	English

RUSVM Preparatory School

Phone 869 465 2405
Fax 869 465 1203
Email jsandquist@rossvet.edu.kn
Website rossu.edu/veterinary-school/faculty/Preparatory-School.cfm
Address Box 334, West Farm, Basseterre, St. Kitts
Mailing address 630 US Highway 1, North Brunswick, NJ 08902-3311

STAFF

Superintendent Jane Sandquist, Ph.D.
Teaching staff Full time 13; Total 13
Nationalities of teaching staff US 12; Host 1

INFORMATION

Grade levels N–9
School year September–August
School type coeducational, company-sponsored, day
Year founded 2001
Governed by appointed Management Team
Sponsored by Ross University School of Veterinary Medicine
Enrollment Nursery 14; PreK 10; Elementary K–5 26; Middle School 6–8 18; High School 9–12 2; Total 70
Nationalities of student body US 40; UK 3; Dutch Antillean 12; Other(s) (Australian, Canadian) 15
Tuition/fee currency US Dollar
Tuition range 1,320–7,600

EDUCATIONAL PROGRAM

Curriculum US
Average class size Elementary 10; Secondary 1
Language(s) of instruction English
Staff specialists computer, counselor, ESL, learning disabilities, librarian, nurse, psychologist, reading resource
Special curricular programs art, vocal music, computer/technology, distance learning, physical education
Extra curricular programs computers, community service, dance, drama, environmental conservation, photography, yearbook
Sports badminton, baseball, basketball, football, gymnastics, martial arts, soccer, softball, swimming, track and field
Examinations MAP

CAMPUS FACILITIES

Location Rural
Campus 40 hectares, 1 building, 8 classrooms, 1 computer lab, 40 instructional computers, 13,000 library volumes, 1 covered play area, 1 infirmary, 1 playing field, air conditioning

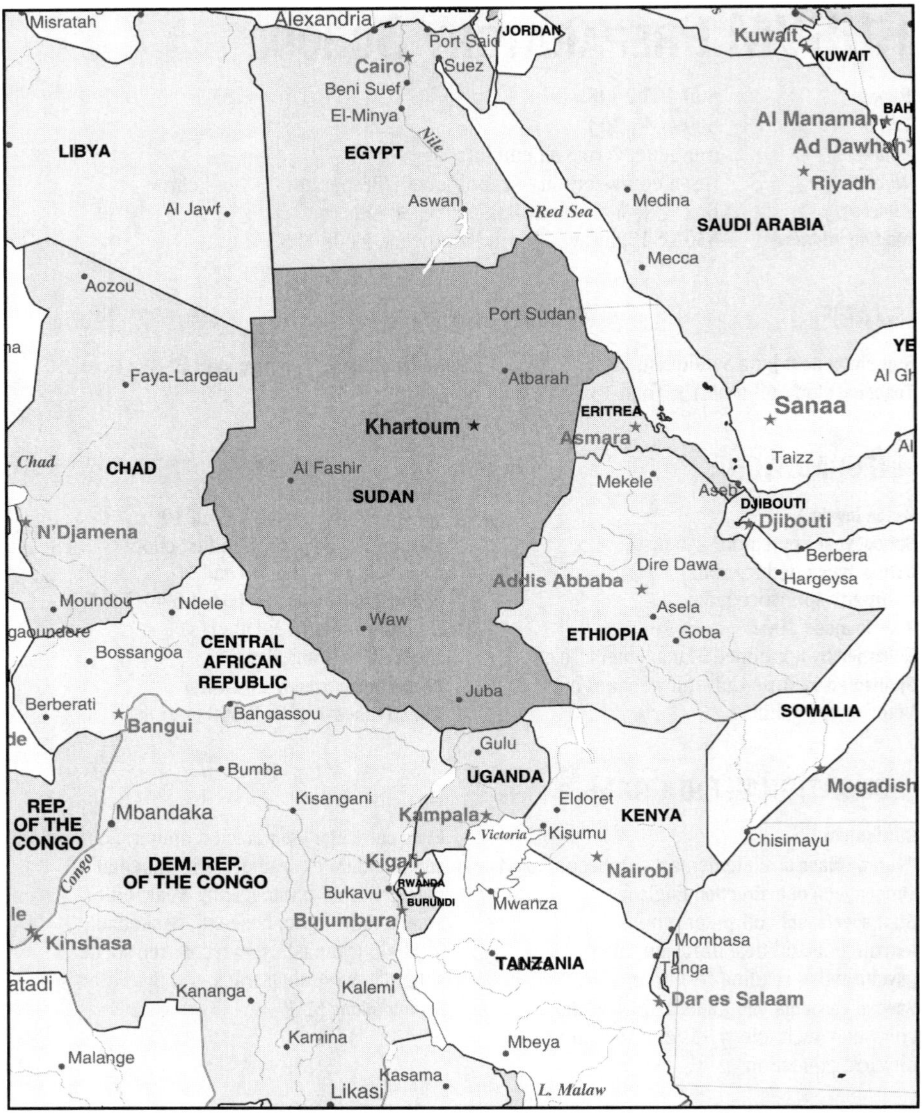

SUDAN

Area: 2,505,813 sq km
Population: 41,980,182
Capital: Khartoum
Currency: Sudanese Pounds
Languages: Arabic, English

Khartoum American School

Phone 249 15 577 0105
Fax 249 183 512044
Email kas@krtams.org
Website www.krtams.org
Address Street 69 and Cemetery Road, Khartoum, 11111, Sudan
Mailing address PO Box 699, Khartoum, Sudan

STAFF

Superintendent Gregory Hughes
Principal Susan Boutros
Office & Business Manager Anna Garcia
K–12 Computer Teacher & Network Administrator Egbal Mohamed
Librarian Ann Marsh
Teaching staff Full time 35; Part time 3; Total 38
Nationalities of teaching staff US 19; Sudanese 5; Other(s) (Canadian, Filipino) 14

INFORMATION

Grade levels N–12
School year August–May
School type coeducational, day, private non-profit
Year founded 1957
Governed by elected School Board
Accredited by CIS, Middle States
Regional organizations AISA, ECIS
Enrollment Nursery 5; PreK 30; Elementary K–5 74; Middle School 6–8 47; High School 9–12 67; Total 223
Nationalities of student body US 34; UK 8; Sudanese 35; Other(s) (Indian, Chinese) 146
Tuition/fee currency US Dollar
Tuition range 7,200–20,000
Annual fees Capital Levy 1,650; ESL 2,400
One time fees Registration 250; Senior 250
Graduates attending college 100%
Graduates have attended McMaster U, U of Waterloo, Col of William & Mary, U of Southern California, Lawrence U

EDUCATIONAL PROGRAM

Curriculum US, Intl, AP
Average class size Elementary 15; Secondary 12
Language(s) of instruction English
Language(s) taught Arabic, French
Staff specialists computer, counselor, ESL, learning disabilities, librarian, nurse
Special curricular programs art, vocal music, computer/technology, physical education
Extra curricular programs computers, community service, drama, excursions/expeditions, literary magazine, yearbook
Sports basketball, cross-country, soccer, volleyball
Clubs Model UN
Examinations AP, PSAT, SAT, SAT II, TOEFL, ISA

CAMPUS FACILITIES

Location Suburban
Campus 3 hectares, 10 buildings, 23 classrooms, 1 computer lab, 70 instructional computers, 8,500 library volumes, 4 covered play areas, 1 infirmary, 2 playing fields, 1 science lab, air conditioning

SURINAME

SURINAME

Area:	163,820 sq km
Population:	486,618
Capital:	Paramaribo
Currency:	Surinamese Dollar (SRD)
Languages:	Dutch, English

INTERNATIONAL ACADEMY OF SURINAME

Phone 597 499 806
Fax 597 427 188
Email iasuriname@gmail.com
Website www.iasuriname.org
Address Lawtonlaan 20, Paramaribo, Suriname

STAFF

Director Evelyn C. Jones
Business Manager Andrea Huisden
High School Science Teacher Jana Dickman
Librarian Sara Harmon
Teaching staff Full time 20; Part time 2; Total 22
Nationalities of teaching staff US 17; Surinamer 2; Other(s) (Canadian, Nigerian) 3

INFORMATION

Grade levels PreK–12
School year August–June
School type coeducational, day, private non-profit
Year founded 1985
Governed by School Board
Accredited by Southern
Enrollment PreK 7; Elementary K–5 46; Middle School 6–8 27; High School 9–12 34; Total 114
Nationalities of student body US 24; Surinamer 15; Other(s) (Indian, Dutch) 75
Tuition/fee currency US Dollar
Tuition 7,500
One time fees Registration 100; Capital Levy 1,000
Graduates attending college 88%
Graduates have attended Georgetown U, Seoul National U, Houghton Col

EDUCATIONAL PROGRAM

Curriculum US
Average class size Elementary 8; Secondary 8
Language(s) of instruction English
Language(s) taught Spanish
Staff specialists counselor, ESL, librarian
Special curricular programs art, vocal music, computer/technology, distance learning, physical education
Extra curricular programs dance, drama, yearbook
Sports basketball, soccer, volleyball
Examinations PSAT, SAT, SAT II, Stanford

CAMPUS FACILITIES

Location Suburban
Campus 2 hectares, 3 buildings, 15 classrooms, 1 computer lab, 15 instructional computers, 9,000 library volumes, 1 gymnasium, 1 playing field, 1 science lab, air conditioning

SWAZILAND

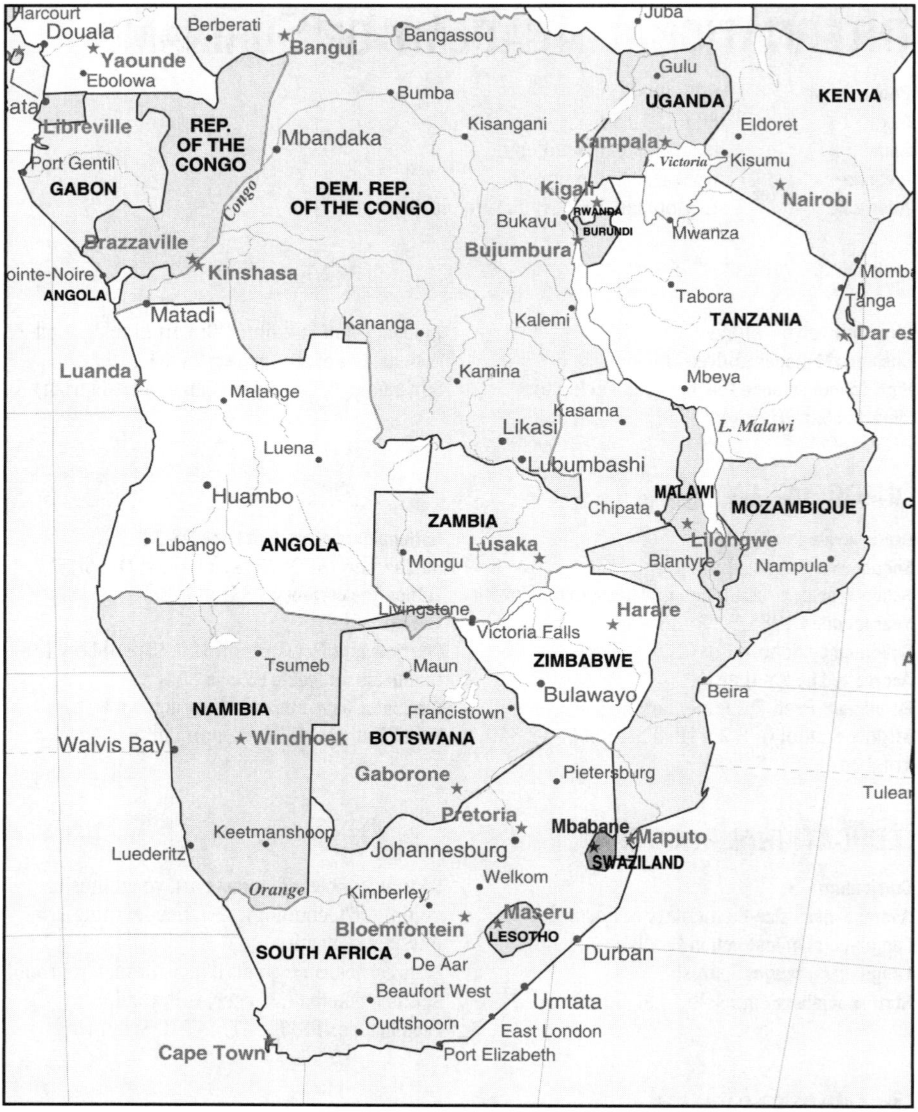

SWAZILAND

Area:	17,364 sq km
Population:	1,354,051
Capital:	Mbabane
Currency:	Lilangeni (SZL)
Languages:	English, siSwati

Sifundzani School

Phone 268 404 2465
Fax 268 404 0320
Email sifundzani@realnet.co.sz
Address Riverside Drive, Ridge Street, Mbabane, Hhohho, H100, Swaziland
Mailing address PO Box A286, Swazi Plaza, Mbabane, Swaziland

STAFF

Principal Ella M. Magongo, Ed.D.
Principal, Grades 8–12 P. R. Magongo, Ed.D.
Deputy Principal (Junior School) Anna Simelane, Ed.D.
Deputy Principal (High School) K. Rowley, Ed.D.
School Secretary Z. Hatton
Bursar S. Mkentane
IT Tutor W. Carmichael
Librarian Ann McDermott
Teaching staff Full time 18; Part time 6; Total 24
Nationalities of teaching staff UK 2; Swazi 10; Other(s) (South African, Zambian) 12

INFORMATION

Grade levels 1–7
School year January–December
School type coeducational, day
Year founded 1981
Governed by appointed and elected School Board
Regional organizations AISA
Enrollment Elementary K–5 176; Middle School 6–8 230; Total 406
Nationalities of student body US 3; UK 12; Swazi 291; Other(s) (South African, Zambian) 100
Tuition/fee currency Swaziland Lilangeni
Tuition range 10,980–12,750
Annual fees Capital Levy 1,770; Building Fund 330
One time fees Registration 100; Deposit 500
Graduates attending college 100%
Graduates have attended Stellenbosch U, Rhodes U, Witwatersrand U, Durban U

EDUCATIONAL PROGRAM

Curriculum US, UK, National, Intl, IGCSE, GenCSE, HIGSE
Average class size Elementary 30; Secondary 20
Language(s) of instruction English
Language(s) taught English, French, Siswati, Portuguese, Afrikaans
Staff specialists computer, librarian, math resource, speech/hearing
Special curricular programs art, instrumental music, physical education
Extra curricular programs computers, community service, drama, environmental conservation, yearbook
Sports baseball, basketball, cricket, cross-country, football, gymnastics, hockey, soccer, squash, swimming, tennis, track and field, volleyball
Clubs math, Conversational SiSwati, Scripture Union, speech, drama
Examinations GCSE, IGCSE, Swaziland Schools Primary Certificate

CAMPUS FACILITIES

Location Urban
Campus 20 hectares, 12 buildings, 36 classrooms, 2 computer labs, 50 instructional computers, 9,500 library volumes, 2 auditoriums, 2 cafeterias, 4 covered play areas, 3 playing fields, 2 science labs, 1 pool, 2 tennis courts

SWEDEN

SWEDEN

Area:	450,295 sq km
Population:	9,074,055
Capital:	Stockholm
Currency:	Swedish Krona (SEK)
Languages:	Swedish

International School of the Gothenburg Region

Phone 46 31 3672900
Fax 46 31 3672901
Email iona@isgr.se
Website www.isgr.se
Address Molinsgatan 6, Gothenburg, 411 33, Sweden
Mailing address Molinsgatan 6, S-411 33 Gteborg, Sweden

STAFF

Head of School Birgitta Sandstrom Barac, Ed.D.
International Section Principal Mark Mayer
Swedish Section Principal AnnChristin Rothstein
High School Deputy Principal Maria Olsson
Business Manager Imre Tomasits
Head of School Birgitta Sandstrom Barac
Librarian Veronica Alfredsson
Teaching staff Full time 86; Part time 15; Total 101
Nationalities of teaching staff US 11; UK 10; Swede 57; Other(s) (Australian, Caymanian) 23

INFORMATION

Grade levels K–10
School year August–June
School type coeducational, day, private non-profit, proprietary
Year founded 1997
Governed by appointed Gothenburg Region
Sponsored by Gothenburg Regional Municipalities
Accredited by CIS
Regional organizations ECIS
Enrollment Elementary K–5 403; Middle School 6–8 286; High School 9–12 150; Total 839
Nationalities of student body US 9; UK 20; Swede 410; Other(s) (Dutch, French) 400
Tuition/fee currency Swedish Krona
Tuition range 5,200–25,600

EDUCATIONAL PROGRAM

Curriculum National, Intl, IB Diploma, IBPYP, IBMYP
Average class size Elementary 20; Secondary 25
Language(s) of instruction English, Swedish
Language(s) taught French, Spanish
Staff specialists computer, counselor, ESL, learning disabilities, librarian, math resource, nurse, physician, psychologist, reading resource
Special curricular programs art, computer/technology, physical education
Sports basketball, football, soccer, swimming, track and field, volleyball
Examinations IB

CAMPUS FACILITIES

Location Urban
Campus 4 buildings, 40 classrooms, 2 computer labs, 60 instructional computers, 6,000 library volumes, 1 auditorium, 2 cafeterias, 2 gymnasiums, 2 infirmaries, 1 playing field, 4 science labs

Data from 2009/10 school year.

INTERNATIONAL SCHOOL OF HELSINGBORG

Phone 46 42 10 57 05
Fax 46 42 13 41 90
Email ish@helsingborg.se
Website www.helsingborg.se/internationalschool
Address Vastra Allen 7, Helsingborg, S 25451, Sweden

STAFF

Head of School & PYP/MYP Coordinator Shane A. Tastad
Guidance Counselor Gabrielle Mastmeier
Head of Technology Lee Ellam
Librarians Margareta Carlquist
Teaching staff Full time 40; Part time 30; Total 70
Nationalities of teaching staff US 8; UK 10; Swede 15; Other(s) (Australian, New Zealander) 37

INFORMATION

Grade levels PreK–12
School year August–June
School type coeducational, day
Year founded 1995
Governed by the City of Helsingborg
Regional organizations ECIS
Enrollment PreK 30; Elementary K–5 145; Middle School 6–8 96; High School 9–12 152; Total 423
Nationalities of student body US 30; UK 35; Host 75; Other(s) (Indian, Dutch) 283
Graduates attending college 90%
Graduates have attended U of Cambridge, U of Dundee, U of Edinburgh, Lund U

EDUCATIONAL PROGRAM

Curriculum National, IB Diploma, IBPYP, IBMYP
Average class size Elementary 17; Secondary 18
Language(s) of instruction English
Language(s) taught French, German, Spanish, Swedish
Staff specialists computer, counselor, ESL, learning disabilities, librarian, math resource, nurse, physician, psychologist, reading resource, speech/hearing
Special curricular programs art, instrumental music, vocal music, computer/technology, physical education
Extra curricular programs computers, community service, drama, excursions/expeditions, newspaper
Sports badminton, baseball, basketball, cross-country, football, gymnastics, rugby, soccer, swimming, track and field, volleyball
Clubs homework, art, language
Examinations IB

CAMPUS FACILITIES

Location Urban
Campus 2 hectares, 1 building, 36 classrooms, 2 computer labs, 80 instructional computers, 7,000 library volumes, 1 auditorium, 1 cafeteria, 1 gymnasium, 1 infirmary, 1 playing field, 2 science labs

The Stockholm International School

Phone 46 8 412 4000
Fax 46 8 412 4001
Email admin@intsch.se
Website www.intsch.se
Address Johannesgatan 18, Stockholm, SE-111 38, Sweden

STAFF

Director Rune Svaninger
Secondary School Principal Kevin Munro
Primary School Principal David Osler
Head of Admissions Teri Al Fakir-Williams
Business Manager Annica Ward
Teaching staff Full time 53; Part time 15; Total 68

INFORMATION

Grade levels K–12
School year August–June
School type coeducational, day, private non-profit
Year founded 1951
Governed by appointed and elected Board of Directors
Accredited by CIS, Middle States
Regional organizations ECIS
Tuition/fee currency Swedish Krona
Tuition range 84,000–165,000
Annual fees Lunch 8,000
One time fees New Enrollment 22,000; Building 85,000
Graduates attending college 68%
Graduates have attended U of Tokyo, U of Stockholm, U of Antwerp, U of Budapest, American U of Vienna

EDUCATIONAL PROGRAM

Curriculum Intl, IB Diploma, IBMYP
Average class size Elementary 18; Secondary 20
Language(s) of instruction English
Language(s) taught French, Swedish, Spanish
Staff specialists counselor, ESL, learning disabilities, librarian, nurse, reading resource
Special curricular programs instrumental music
Extra curricular programs drama, literary magazine, yearbook
Sports basketball, football, soccer, swimming, track and field, yoga
Clubs knitting, film, running, fashion design, web design, writing
Examinations PSAT, SAT, NMSQT

CAMPUS FACILITIES

Location Urban
Campus 2 buildings, 28 classrooms, 4 computer labs, 100 instructional computers, 15,000 library volumes, 1 auditorium, 1 cafeteria, 1 covered play area, 1 gymnasium, 1 infirmary, 1 playing field, 2 science labs

SWITZERLAND

SWITZERLAND

Area:	41,277 sq km
Population:	7,623,438
Capital:	Bern
Currency:	Swiss Franc (CHF)
Languages:	German, French, Italian, Romansch

THE INTERNATIONAL SCHOOL OF THE BASEL REGION AG

Phone 41 61 715 3333
Fax 41 61 715 3375
Email info@isbasel.ch
Website www.isbasel.ch
Address Fleischbachstrasse 2, Reinach, 4153, Switzerland

STAFF

Director Lesley M. Barron
Junior School Principal Brenda Christopherson
Middle School Principal Grant Fielder
High School Principal Stephen Sims, Ph.D.
Head of Pre-School Joanna Havenhand
Finance Manager Andreas Schmid
IT Services Manager Claude Sanford
Middle School Librarian Susan Clark
Teaching staff Full time 153; Part time 22; Total 175
Nationalities of teaching staff US 25; UK 65; Swiss 7; Other(s) (Canadian, German) 78

INFORMATION

Grade levels PreK–12
School year August–June
School type coeducational, day, private non-profit
Year founded 1979
Governed by elected Board
Accredited by CIS, New England
Regional organizations ECIS, SGIS
Enrollment PreK 110; Elementary K–5 490; Middle School 6–8 280; High School 9–12 350; Total 1,230
Nationalities of student body US 237; UK 264; Swiss 94; Other(s) (Dutch, German) 635
Tuition/fee currency Swiss Franc
Tuition range 19,900–31,600
One time fees Registration 500; Enrollment 4,000
Graduates attending college 95%
Graduates have attended London School of Economics, Carnegie Mellon U, Sarah Lawrence Col, Royal Veterinary School London, Ecole Hotel Lausanne

EDUCATIONAL PROGRAM

Curriculum Intl, IB Diploma, IBPYP, IBMYP, ISB Academic Diploma
Average class size Elementary 18; Secondary 16
Language(s) of instruction English
Language(s) taught German, French, English, Spanish
Staff specialists computer, ESL, learning disabilities, librarian, nurse
Special curricular programs art, instrumental music, vocal music, computer/technology, physical education
Extra curricular programs computers, community service, dance, drama, environmental conservation, excursions/expeditions, newspaper, photography, yearbook
Sports baseball, basketball, cross-country, hockey, rugby, skiing, soccer, softball, swimming, tennis, track and field, volleyball
Examinations IB, PSAT, SAT, SAT II, ABRSM

CAMPUS FACILITIES

Location Suburban
Campus 24000 hectares, 2 buildings, 100 classrooms, 6 computer labs, 350 instructional computers, 40,000 library volumes, 2 auditoriums, 2 cafeterias, 2 covered play areas, 5 gymnasiums, 2 infirmaries, 2 playing fields, 8 science labs

INTERNATIONAL SCHOOL OF BERNE

Phone 41 31 951 2358
Fax 41 31 951 1710
Email office@isberne.ch
Website www.isberne.ch
Address Mattenstrasse 3, Guemligen, 3073, Switzerland

STAFF

Director & Elementary School Principal Kevin T. Page
Secondary School Principal Tobin Bechtel
Early Learning Center Coordinator Patricia Drechsel
Guidance & Pastoral Care Coordinator Christopher Warren
Business Manager Margrit Schuerch
Head of IT Alain Levy
Head of Media Center Jill Van Niekerk
Teaching staff Full time 37; Part time 10; Total 47
Nationalities of teaching staff US 14; UK 13; Swiss 2; Other(s) (New Zealander, Australian) 18

INFORMATION

Grade levels N–12
School year August–June
School type coeducational, day, private non-profit
Year founded 1961
Governed by elected Nine Member Board of Directors
Accredited by CIS, New England
Regional organizations ECIS, SGIS
Enrollment Nursery 14; PreK 11; Elementary K–5 76; Middle School 6–8 65; High School 9–12 92; Total 258
Nationalities of student body US 37; UK 16; Swiss 27; Other(s) (German, Indian) 178
Tuition/fee currency Swiss Franc
Tuition range 8,350–30,140
Annual fees Registration 250
One time fees Capital Levy 3,500
Graduates attending college 90%
Graduates have attended U of Cambridge, Imperial Col London, Brown U, Stanford U, McGill U

EDUCATIONAL PROGRAM

Curriculum Intl, IB Diploma, IBPYP, IBMYP
Average class size Elementary 16; Secondary 20
Language(s) of instruction English
Language(s) taught French, German
Staff specialists computer, ESL, learning disabilities, librarian
Special curricular programs art, instrumental music, vocal music, computer/technology, physical education
Extra curricular programs community service, drama, environmental conservation, yearbook
Sports basketball, cross-country, football, skiing, soccer, swimming, track and field, volleyball
Clubs ski/snowboard, Swimming Squad
Examinations IB, PSAT, SAT, SAT II

CAMPUS FACILITIES

Location Suburban
Campus 5 hectares, 6 buildings, 24 classrooms, 3 computer labs, 100 instructional computers, 12,000 library volumes, 1 cafeteria, 1 gymnasium, 1 infirmary, 1 playing field, 3 science labs

AIGLON COLLEGE

Phone 41 24 496 6161
Fax 41 24 496 6162
Email info@aiglon.ch
Website www.aiglon.ch
Address Route Centrale, Chesieres-Villars, 1885, Switzerland
Mailing address Aiglon College, 1885 Chesieres-Villars, Switzerland

STAFF

Head Master Richard McDonald
Deputy Head Claire Chalcraft
Head of Junior School Didier Boutroux
Director of Studies Andrew Cheadle
Second Master Chris Chalcraft
Director of Admissions Mary Sidebottom
Bursar Patricia Bremner
Computer Services Manager Andre Jordaan
Library Services Manager Alison Jeffery
Teaching staff Full time 62; Part time 24; Total 86
Nationalities of teaching staff US 8; UK 70; Swiss 6; Other(s) 2

INFORMATION

Grade levels 4–12
School year September–June
School type boarding, coeducational, day, private non-profit
Year founded 1949
Governed by appointed Board of Governors
Accredited by CIS, New England
Regional organizations ECIS, SGIS
Nationalities of student body US 31; UK 58; Swiss 20; Other(s) (Spaniard, Italian) 237
Tuition/fee currency Swiss Franc
Tuition range 38,100–80,000
Annual fees Boarding, 7-day 80,000; Junior School Day 42,300; Junior School Boarding 63,600; Senior School Day 56,700
Boarding program grades 4–12
Boarding program length 7-day **Boys** 162 **Girls** 124
Graduates attending college 100%
Graduates have attended U of Oxford, U of Cambridge, Brown U, Massachusetts Institute of Technology, Stanford U

EDUCATIONAL PROGRAM

Curriculum UK, IB Diploma IGCSE, GenCSE
Average class size Elementary 12; Secondary 12
Language(s) of instruction English, French
Language(s) taught English, French, Spanish, German, Italian, Russian
Staff specialists computer, counselor, ESL, learning disabilities, librarian, math resource, nurse
Special curricular programs art, instrumental music, vocal music, computer/technology, physical education
Extra curricular programs community service, dance, drama, environmental conservation, excursions/expeditions, newspaper, yearbook
Sports badminton, basketball, football, golf, gymnastics, skiing, soccer, squash, swimming, tennis, volleyball
Clubs investment
Examinations GCSE, IB, IGCSE, SAT, TOEFL

CAMPUS FACILITIES

Location Rural
Campus 5 hectares, 16 buildings, 29 classrooms, 4 computer labs, 125 instructional computers, 15,000 library volumes, 1 auditorium, 1 cafeteria, 1 gymnasium, 1 infirmary, 2 playing fields, 8 science labs, 2 tennis courts

Collège du Léman International School

Phone 41 22 775 5555
Fax 41 22 775 5559
Email info@cdl.ch
Website www.cdl.ch
Address 74 Route de Sauverny, Geneva, CH-1290, Switzerland
Mailing address College du Leman, PO Box 156, CH-1290 Versoix (Geneva), Switzerland

STAFF

Director General Marc Paloma
Head of School Giao Fehr
Director of Studies James Bearblock
Director of Studies Alain Delaune
Director of Studies Nicolas Sierro
Financial Director Francoise Bommensatt
IT Director Jean-Franois Maeder
Head of Library & Media Center Elizabeth Brown
Teaching staff Full time 350; Total 350

INFORMATION

Grade levels PreK–12
School year September–June
School type boarding, coeducational, day
Year founded 1960
Governed by appointed Advisory Board
Accredited by CIS, New England
Regional organizations ECIS, SGIS
Tuition/fee currency Swiss Franc
Tuition 65,000
Boarding program grades 6–12
Boarding program length 7-day
Graduates attending college 98%
Graduates have attended Cornell U, Georgetown U, U of Oxford, Ecole Polytechnique Federale de Lausanne, London School of Economics

EDUCATIONAL PROGRAM

Curriculum US, UK, National, IB Diploma, IBPYP, IBMYP, AP, IGCSE, Swiss Maturite, French Baccalaureat
Average class size Elementary 20; Secondary 20
Language(s) of instruction English, French
Language(s) taught English, French, German, Spanish, Italian, Russian, Arabic

CAMPUS FACILITIES

Location Suburban
Campus 8 hectares, 18 buildings, 90 classrooms, 3 computer labs, 66 instructional computers, 20,000 library volumes, 2 auditoriums, 2 cafeterias, 2 covered play areas, 1 gymnasium, 1 infirmary, 5 playing fields, 6 science labs, 1 pool, 3 tennis courts

Data from 2009/10 school year.

Foundation of the International School of Geneva

Phone 41 22 787 24 00
Fax 41 22 787 24 10
Email admissions@ecolint.ch
Website www.ecolint.ch
Address 62 route de Chene, Geneva, 1208, Switzerland

STAFF

Director General Nicholas Tate, Ph.D.
Campus Principal La Chataigneriae Michel Chinal
Campus Principal La Grande Boissiere Jean-Guy Carpentier
Campus Principal Campus des Nations Andrew Hand
Director of Finance Francois Collini
IT Director Mark Grace
Teaching staff Full time 255; Part time 162; Total 417
Nationalities of teaching staff US 29; UK 140; Swiss 94; Other(s) (French, Canadian) 154

INFORMATION

Grade levels N–13
School year September–June
School type coeducational, day, private non-profit
Year founded 1924
Governed by elected Governing Board
Accredited by CIS, Middle States
Regional organizations ECIS, SGIS
Enrollment Nursery 77; PreK 123; Elementary K–5 1,231; Middle School 6–8 911; High School 9–12 1,351; Grade 13 350; Total 4,043
Nationalities of student body US 778; UK 859; Swiss 704; Other(s) (French, Italian) 1,702
Tuition/fee currency Swiss Franc
Tuition range 16,935–29,055
Annual fees Lunch 1,705
One time fees Registration 2,500; Capital Levy 4,000
Graduates attending college 98%
Graduates have attended McGill U, U of Oxbridge, London School of Economics, Georgetown U, Princeton U

EDUCATIONAL PROGRAM

Curriculum National, IB Diploma, IBPYP, IBMYP, IGCSE
Average class size Elementary 22; Secondary 18
Language(s) of instruction English, French
Language(s) taught English, French, German, Spanish, Italian
Staff specialists computer, counselor, ESL, learning disabilities, librarian, nurse, psychologist
Extra curricular programs community service, drama, excursions/expeditions, yearbook
Sports basketball, cross-country, rugby, skiing, soccer, track and field, volleyball
Examinations GCSE, IB, IGCSE, Maturité Suisse

CAMPUS FACILITIES

Location Suburban
Campus 11 hectares, 13 buildings, 6 computer labs, 100,000 library volumes, 2 auditoriums, 4 cafeterias, 1 covered play area, 5 gymnasiums, 4 infirmaries, 3 playing fields, 25 science labs, 2 tennis courts

JOHN F. KENNEDY INTERNATIONAL SCHOOL

Phone +41 (0)33 744 1372
Fax +41 (0)33 744 8982
Email info@jfk.ch
Website www.jfk.ch
Address Chilchgasse 2, Saanen, BE, 3792, Switzerland

STAFF

Director William M. Lovell
Director of Studies Sandra Lovell
Director of Administration Catherine Lovell
Teaching staff Full time 7; Part time 4; Total 11
Nationalities of teaching staff US 2; UK 4; Host 1; Other(s) (Canadian, French) 4

INFORMATION

Grade levels PreK–8
School year September–June
School type boarding, coeducational, day, proprietary
Year founded 1950
Governed by appointed Owners and Co-directors
Regional organizations ECIS, SGIS
Enrollment PreK 5; Elementary K–5 45; Middle School 6–8 20; Total 70
Nationalities of student body US 8; UK 5; Swiss 6; Other(s) (Russian) 51
Tuition/fee currency Swiss Franc
Tuition range 30,000–53,500
Annual fees Excursions & Trips 2,000; School Uniform 1,500
Boarding program grades 1–8
Boarding program length 7-day **Boys** 16 **Girls** 12

EDUCATIONAL PROGRAM

Curriculum US, UK, National, Intl, International Primary Curriculum
Average class size Elementary 12
Language(s) of instruction English
Language(s) taught French
Staff specialists computer, ESL, learning disabilities, librarian, nurse
Special curricular programs art, vocal music, computer/technology, physical education, alpine skiing, drama
Extra curricular programs dance, environmental conservation, excursions/expeditions, yearbook
Sports badminton, basketball, cross-country, gymnastics, hockey, martial arts, skiing, soccer, swimming, tennis, track and field, volleyball, rock-climbing
Examinations ERB, CTP IV

CAMPUS FACILITIES

Location Rural
Campus 3 hectares, 5 buildings, 12 classrooms, 1 computer lab, 50 instructional computers, 10,000 library volumes, 1 cafeteria, 2 playing fields

Brillantmont International School

Phone	41 21 310 0400
Fax	41 21 320 8417
Email	info@brillantmont.ch
Website	www.brillantmont.ch
Address	Avenue Secrtan 16, Lausanne, Vaud, 1005, Switzerland

STAFF

Director Philippe Pasche
Academic Head & Deputy Director Geraldine Boland
Webmaster Christophe Guignard
Teaching staff Full time 20; Part time 10; Total 30

INFORMATION

Grade levels 8–12
School year September–June
School type boarding, coeducational, day, proprietary
Year founded 1882
Accredited by CIS, New England
Regional organizations ECIS, SGIS
Enrollment High School 9–12 150; Total 150
Nationalities of student body US 10; UK 10; Swiss 10; Other(s) 120
Tuition/fee currency Swiss Franc
Tuition range 60,000–63,000
One time fees Registration 500; Boarding, 7-day 10,000
Boarding program grades 8–12
Boarding program length 5-day and 7-day
Boys 35 **Girls** 65
Graduates attending college 95%
Graduates have attended U of New York, U of Boston, Tufts U, George Washington U, U of Sussex

EDUCATIONAL PROGRAM

Curriculum US, UK, AP, IGCSE
Average class size Secondary 15
Language(s) of instruction English
Language(s) taught French, German, Italian, Spanish, Russian, English, Chinese
Staff specialists computer, counselor, ESL, librarian, math resource, nurse
Special curricular programs art, physical education
Extra curricular programs computers, community service, dance, drama, excursions/expeditions, photography, yearbook
Sports badminton, basketball, football, golf, rugby, skiing, soccer, swimming, tennis, track and field, volleyball
Clubs Model UN, charity fundraising, Habitat for Humanity, aerobics, robotics, finance & business
Examinations A-level GCE, AP, GCSE, IGCSE, PSAT, SAT, SAT II, TOEFL

CAMPUS FACILITIES

Location Urban
Campus 4 hectares, 7 buildings, 12 classrooms, 2 computer labs, 20 instructional computers, 4,400 library volumes, 1 cafeteria, 1 gymnasium, 1 playing field, 2 science labs, 2 tennis courts

Data from 2009/10 school year.

INTERNATIONAL SCHOOL OF LAUSANNE

Phone 41 21 5600202
Fax 41 21 5600203
Email info@isl.ch
Website www.isl.ch
Address Chemin de la Grangette 2, Le Mont sur Lausanne, 1052, Switzerland

STAFF

Director Lyn Cheetham, Ph.D.
Assistant Director & Secondary School Principal John Ivett
Primary School Principal Edward McBride
High School Principal Yvonne Secker
Business & Services Manager Thomas Baetschmann
Technology Coordinator Daniel Auger
Head of Library Janet Gereige
Teaching staff Full time 92; Part time 35; Total 127
Nationalities of teaching staff US 18; UK 32; Swiss 36; Other(s) 41

INFORMATION

Grade levels PreK–12
School year September–June
School type coeducational, day, private non-profit
Year founded 1962
Governed by appointed Board
Accredited by CIS, New England
Regional organizations ECIS, SGIS
Enrollment Nursery 22; PreK 31; Elementary K–5 228; Middle School 6–8 131; High School 9–12 98; Grade 13 106; Total 616
Nationalities of student body US 128; UK 89; Swiss 80; Other(s) 319
Tuition/fee currency Swiss Franc
Tuition range 13,600–31,250
One time fees Registration 4,000
Graduates attending college 99%
Graduates have attended McGill U, Standford U, Cornell U, U of Oxford, Ecole Polytechnique Federale de Lausanne

EDUCATIONAL PROGRAM

Curriculum Intl, IB Diploma, IBPYP, IBMYP
Average class size Elementary 18; Secondary 20
Language(s) of instruction English
Language(s) taught French, Spanish, German, Swedish
Staff specialists computer, counselor, ESL, learning disabilities, librarian, nurse
Special curricular programs art, instrumental music, computer/technology, physical education
Extra curricular programs community service, dance, drama, environmental conservation, excursions/expeditions, literary magazine, newspaper, yearbook
Sports badminton, basketball, cross-country, gymnastics, hockey, skiing, soccer, swimming, tennis, track and field, volleyball
Clubs student council, excursions, string ensemble, stage band, drama, Model UN, Eco leadership, Mathematics competition, forensics
Examinations IB, PSAT, SAT, SAT II

CAMPUS FACILITIES

Location Suburban
Campus 1 building, 45 classrooms, 2 computer labs, 120 instructional computers, 15,000 library volumes, 1 auditorium, 1 cafeteria, 1 covered play area, 2 gymnasiums, 1 infirmary, 1 playing field, 3 science labs, 4 tennis courts

KUMON LEYSIN ACADEMY OF SWITZERLAND

Phone 41 24 493 5335
Fax 41 24 493 5300
Email klas@klas.ch
Website kumon.ac.jp/klas/english/
Address Ave. Secretan, Leysin, Vaud, 1854, Switzerland
Mailing address CH-1854, Leysin, Switzerland

STAFF

Principal Hiroshi Watanabe
Academic Dean Masahiro Zaita
Dean of Students William Mangan
Head of Department of Foreign Lanugage John Southworth
Business Manager Akemi Takayama
IT Coordinator/Campus Network Administrator Michael Stowers
Teaching staff Full time 29; Part time 1; Total 30
Nationalities of teaching staff US 4; UK 4; Other(s) (Japanese, Canadian) 22

INFORMATION

Grade levels 10–12
School year July–May
School type boarding, coeducational
Year founded 1990
Governed by appointed Board of KLAS S.A.
Regional organizations ECIS, SGIS
Enrollment High School 9–12 184; Total 184
Nationalities of student body Other(s) (Japanese, Korean) 184
Tuition/fee currency Swiss Franc
Tuition 47,500
One time fees Insurance 400; Books 200
Boarding program grades 10–12
Boarding program length 7-day **Boys** 75 **Girls** 108
Graduates attending college 99%
Graduates have attended U of Pennsylvania, Tufts U, Hitotsubashi U, Waseda U, Keio U

EDUCATIONAL PROGRAM

Curriculum National, AP, Japanese
Average class size Secondary 15
Language(s) of instruction English, Japanese
Language(s) taught Japanese, English, French
Staff specialists computer, ESL, nurse
Special curricular programs art, computer/technology
Extra curricular programs community service, drama, excursions/expeditions, yearbook, music
Sports badminton, basketball, cross-country, football, skiing, soccer, squash, swimming, tennis, track and field, volleyball
Examinations AP, PSAT, SAT, SAT II, TOEFL

CAMPUS FACILITIES

Location Rural
Campus 5 buildings, 21 classrooms, 2 computer labs, 45 instructional computers, 9,000 library volumes, 1 auditorium, 1 cafeteria, 1 infirmary, 1 science lab

Leysin American School

Phone 41 24 493 3777
Fax 41 24 494 1585
Email admissions@las.ch
Website www.las.ch
Address Batiment Beau Site, Leysin, CH 1854, Switzerland
Mailing address CH 1854, Leysin, Switzerland

STAFF

Head of School Marc-Frederic Ott, Ph.D.
Administrative Director Doris Ott
Dean of Faculty & Academic Affairs Stephen Dexter
Dean of the Belle Epoque Campus (IB Program) Jonathan Keen
Dean of Students Richard Tyler
Business Manager Maurice Felli
Director of Technology John Squier
Teaching staff Full time 47; Part time 5; Total 52
Nationalities of teaching staff US 37; UK 8; Swiss 3; Other(s) 4

INFORMATION

Grade levels 8–13
School year August–June
School type boarding, coeducational, proprietary
Year founded 1960
Governed by appointed Board of Directors
Sponsored by Doris & Steven Ott
Accredited by CIS, Middle States
Regional organizations CEESA, ECIS, NESA, SGIS
Enrollment Middle School 6–8 15; High School 9–12 360; Grade 13 10; Total 385
Nationalities of student body US 95; UK 12; Swiss 12; Other(s) (Russian, Brazilian) 266
Tuition/fee currency Swiss Franc
Tuition 69,500
One time fees Registration 200; Security Deposit 4,000; Senior Surcharge 1,500
Boarding program grades 8–13
Boarding program length 5-day and 7-day
Boys 200 **Girls** 185
Graduates attending college 99%
Graduates have attended Stanford U, Colombia U, Princeton U, Yale U, U of Chicago

EDUCATIONAL PROGRAM

Curriculum US, IB Diploma
Average class size Secondary 13
Language(s) of instruction English
Language(s) taught French, Spanish, German, English
Staff specialists computer, counselor, ESL, learning disabilities, librarian, nurse, psychologist
Special curricular programs art, instrumental music, vocal music, computer/technology, physical education
Extra curricular programs computers, community service, dance, drama, excursions/expeditions, newspaper, photography, yearbook
Sports basketball, cross-country, golf, hockey, skiing, soccer, squash, swimming, tennis, track and field, volleyball
Examinations AP, IB, SAT, SAT II, TOEFL, IELTS

CAMPUS FACILITIES

Location Rural
Campus 5 hectares, 14 buildings, 75 classrooms, 3 computer labs, 80 instructional computers, 13,000 library volumes, 3 auditoriums, 2 cafeterias, 1 gymnasium, 2 infirmaries, 6 science labs

ECOLE D'HUMANITÉ

Phone 41 33 972 9292
Fax 41 33 972 9211
Email us.office@ecole.ch
Website www.ecole.ch
Address Dorfstrasse, 6085 Hasliberg-Goldern, Switzerland

STAFF

Director Ashley Curtis
Dean of Academics Melissa Bagg, Ph.D.
Business & Finance Manager Hans Willi
Head of Technology Stefan Waschenfelder
Head of Library & Media Center Natalie Luethi-Peterson
Teaching staff Full time 32; Part time 10; Total 42
Nationalities of teaching staff US 8; UK 4; Swiss 20; Other(s) (German) 10

INFORMATION

Grade levels 5–13
School year September–June
School type boarding, coeducational, private non-profit
Year founded 1934
Governed by Genossenschaft der Ecole d'Humanité
Accredited by CIS
Regional organizations ECIS, SGIS
Enrollment Elementary K–5 8; Middle School 6–8 45; High School 9–12 84; Grade 13 3; Total 140
Nationalities of student body US 11; UK 2; Swiss 67; Other(s) (German, Taiwanese) 60
Tuition/fee currency Swiss Franc
Tuition range 44,000–48,000
Annual fees Boarding, 7-day 44,000
One time fees Foreign Resident 3,000; Domestic Resident 2,000
Boarding program grades 7–12
Boarding program length 7-day **Boys** 64 **Girls** 62
Graduates attending college 95%
Graduates have attended Brown U, Colorado Col, New York U, Brandeis U, U of Chicago

EDUCATIONAL PROGRAM

Curriculum US, National, AP, Swiss Matura
Average class size Elementary 5; Secondary 8
Language(s) of instruction English, German
Language(s) taught English, German, French
Staff specialists computer, counselor, psychologist
Extra curricular programs community service, drama, excursions/expeditions, yearbook
Sports basketball, gymnastics, martial arts, skiing, soccer, swimming, tennis, volleyball, climbing
Examinations AP, PSAT, SAT, SAT II, TOEFL, LTE

CAMPUS FACILITIES

Location Rural
Campus 5 hectares, 20 buildings, 32 classrooms, 1 computer lab, 10 instructional computers, 22,000 library volumes, 1 auditorium, 1 cafeteria, 2 covered play areas, 1 gymnasium, 3 playing fields, 3 science labs, 1 tennis court

TASIS, The American School in Switzerland

Phone 41 91 960 5151
Fax 41 91 986 54 22
Email administration@tasis.ch
Website www.tasis.com
Address Via Collina D'Oro 15, Montagnola-Lugano, 6926, Switzerland

STAFF

Chairman of the Board of Directors Lynn F. Aeschliman
Head of School Michael Ulku-Steiner
Director of Admissions William E. Eichner
Dean of Student Affairs Thomas Bendel
Academic Dean John Nelson
Business Manager Massimo Gygax
Director of Information Technology Fulvio Galli
Director of Libraries Thomas Mauro, Ph.D.
Teaching staff Full time 92; Part time 14; Total 106
Nationalities of teaching staff US 63; UK 3; S wiss 13; Other(s) (Italian, Canadian) 27

INFORMATION

Grade levels PreK–13
School year September–June
School type boarding, coeducational, day, private non-profit
Year founded 1956
Governed by elected TASIS Foundation Board
Accredited by CIS, New England
Regional organizations ECIS, SGIS
Enrollment Nursery 17; PreK 18; Elementary K–5 135; Middle School 6–8 75; High School 9–12 313; Grade 13 2; Total 560
Nationalities of student body US 145; UK 30; Swiss 60; Other(s) (Italian, German) 325
Tuition/fee currency Swiss Franc
Tuition range 24,000–68,300
One time fees Registration 300
Boarding program grades 7–13
Boarding program length 7-day **Boys** 118 **Girls** 157
Graduates attending college 100%
Graduates have attended U of Virginia, George Washington U, Boston U, Tufts U, New York U

(Continued)

TASIS, The American School in Switzerland (Continued)

EDUCATIONAL PROGRAM

Curriculum US, IB Diploma, AP, Core Knowledge Curriculum for the Elementary School
Average class size Elementary 12; Secondary 13
Language(s) of instruction English
Language(s) taught French, German, Italian, Spanish, Russian
Staff specialists computer, counselor, ESL, learning disabilities, librarian, nurse, psychologist
Special curricular programs art, instrumental music, vocal music, physical education
Extra curricular programs community service, dance, drama, environmental conservation, excursions/expeditions, literary magazine, newspaper, photography, yearbook
Sports baseball, basketball, cross-country, golf, martial arts, rugby, skiing, soccer, softball, squash, swimming, tennis, track and field, volleyball, ultimate frisbee, lacrosse, aerobics, horseback riding, hiking, mountain biking, rafting
Clubs Peer Mediators, Peer Tutoring & Counseling, Environmental E-Club, Habitat for Humanity, Model UN, Malaria Education, Amnesty International, WISER, Operation Smile, Philip House
Examinations AP, IB, PSAT, SAT, SAT II, Stanford, TOEFL

CAMPUS FACILITIES

Location Suburban
Campus 15 hectares, 18 buildings, 43 classrooms, 4 computer labs, 50 instructional computers, 30,000 library volumes, 2 auditoriums, 2 cafeterias, 1 covered play area, 1 gymnasium, 1 infirmary, 2 playing fields, 5 science labs, 1 pool

INSTITUT LE ROSEY

Phone 41 21 822 5500
Fax 41 21 822 5555
Email rosey@rosey.ch
Website www.rosey.ch
Address Chateau du Rosey, Rolle, Vaud, 1180, Switzerland

STAFF

Director General
Philippe A. Gudin de la Sablonniere
Head of School Michael Gray
Head of Studies Henri-Francois Vellut
IB Coordinator Steven Cranville
Counselor Thomas Andrew White
Hotel Director Bruce Reynier
IT Director Jean-Jacques Pioger
Librarian Pierre Berube
Teaching staff Full time 105; Part time 22; Total 127
Nationalities of teaching staff US 7; UK 26; Swiss 22; Other(s) (French) 50

INFORMATION

Grade levels 2–12
School year September–June
School type boarding, coeducational, proprietary
Year founded 1880
Sponsored by Philippe Gudin
Accredited by CIS, New England
Regional organizations ECIS, SGIS
Enrollment Elementary K–5 50; Middle School 6–8 150; High School 9–12 200; Total 400
Nationalities of student body US 40; UK 30; Host 42; Other(s) (French, Russian) 288
Tuition/fee currency Swiss Franc
Tuition 89,000
One time fees Registration 2,000
Graduates attending college 100%
Graduates have attended Chicago U, Princeton U, Tufts U, Ecole Polytechnique de Lausanne, London School of Economics

EDUCATIONAL PROGRAM

Curriculum UK, National, Intl, IB Diploma, French Baccalauréat
Average class size Elementary 12; Secondary 12
Language(s) of instruction English, French
Language(s) taught German, Italian, Spanish, Russian, Chinese, Arabic
Staff specialists computer, counselor, ESL, learning disabilities, librarian, math resource, nurse, reading resource
Special curricular programs art, instrumental music, vocal music, computer/technology, physical education
Extra curricular programs computers, community service, dance, drama, environmental conservation, excursions/expeditions, literary magazine, newspaper, photography, yearbook
Sports badminton, baseball, basketball, cross-country, football, golf, gymnastics, hockey, martial arts, rugby, skiing, soccer, squash, swimming, tennis, track and field, volleyball, sailing, rowing, jumping (horses)
Examinations GCSE, IGCSE, SAT, SAT II, TOEFL

CAMPUS FACILITIES

Location Rural
Campus 40 hectares, 24 buildings, 80 classrooms, 3 computer labs, 300 instructional computers, 26,500 library volumes, 2 auditoriums, 3 cafeterias, 8 covered play areas, 2 gymnasiums, 4 infirmaries, 5 playing fields, 12 science labs, 2 pools, 11 tennis courts

International School of Zug and Luzern

Phone +41 41 768 1188
Fax +41 41 768 1189
Email office.zug@iszl.ch
Website www.iszl.ch
Address Walterswil, Baar, Zug, 6340, Switzerland

STAFF

Director Dominic Currer
Head of Riverside Campus David Monk
Head of Zug Campus Meryl Siggs
Head of Luzern Campus Gary Langenhuizen
Director of Student Life Colin Walker
Director of Admissions Laura Schoepfer
Business Manager Urs Kappeler
Head of Technology Brant Davidson
Teaching staff Full time 115; Part time 55; Total 170
Nationalities of teaching staff US 24; UK 68; Swiss 27; Other(s) 51

INFORMATION

Grade levels PreK–13
School year August–June
School type coeducational, day, private non-profit
Year founded 1961
Governed by appointed Board of Trustees
Regional organizations ECIS, SGIS
Enrollment PreK 177; Elementary K–5 417; Middle School 6–8 239; High School 9–12 204; Grade 13 2; Total 1,039
Nationalities of student body US 198; UK 261; Swiss 129; Other(s) (Dane, German) 451
Tuition/fee currency Swiss Franc
Tuition range 22,500–32,000
One time fees Registration 5,000; ESL 2,000; Parent Association 30
Graduates attending college 90%
Graduates have attended Yale U, U of Cambridge, Brown U, Stanford U, Warwick U

EDUCATIONAL PROGRAM

Curriculum Intl, IB Diploma, IBPYP, IBMYP, AP
Average class size Elementary 18; Secondary 16
Language(s) of instruction English
Language(s) taught German, French, Spanish
Staff specialists computer, counselor, ESL, learning disabilities, librarian, math resource, nurse, reading resource, speech/hearing
Special curricular programs art, instrumental music, vocal music
Extra curricular programs community service, dance, drama, environmental conservation, excursions/expeditions, newspaper, yearbook
Sports basketball, cross-country, golf, hockey, rugby, skiing, soccer, swimming, tennis, track and field
Clubs Duke of Edinborough
Examinations AP, IB, SAT

CAMPUS FACILITIES

Location Rural
Campus 5 computer labs, 220 instructional computers, 15,000 library volumes, 2 auditoriums, 2 cafeterias, 2 gymnasiums, 3 playing fields, 6 science labs

THE INTER-COMMUNITY SCHOOL ZURICH

Phone 41 44 919 8300
Fax 41 44 919 8320
Email admissions@icsz.ch
Website www.icsz.ch
Address Strubenacher 3, CH-8126 Zumikon, Zumikon, CH-8126, Switzerland

STAFF

Head of School Michael Matthews
Primary Principal Brett Penny
Secondary Principal Martin Hall
Finance Manager Edgar Suppiger
Technology Coordinator Ian Dundas
Teaching staff Full time 107; Part time 24; Total 131
Nationalities of teaching staff US 22; UK 32; Swiss 19; Other(s) (Canadian, Australian) 58

INFORMATION

Grade levels N–12
School year August–June
School type coeducational, day, private non-profit
Year founded 1960
Governed by appointed Board of Trustees
Accredited by CIS, New England
Regional organizations ECIS, SGIS
Enrollment Nursery 21; PreK 40; Elementary K–5 328; Middle School 6–8 203; High School 9–12 224; Total 816
Nationalities of student body US 102; UK 141; Swiss 92; Other(s) (German, Swede) 481
Tuition/fee currency Swiss Franc
Tuition range 15,300–33,700
Annual fees Busing 2,750
One time fees Registration 1,000; Capital Levy 5,000; Lunch 9
Graduates attending college 92%
Graduates have attended Harvard U, McGill U, U of Oxford, U of London, U of Zurich

EDUCATIONAL PROGRAM

Curriculum Intl, IB Diploma, IBPYP, IBMYP
Average class size Elementary 18; Secondary 18
Language(s) of instruction English
Language(s) taught English, German, French, Italian, Spanish
Staff specialists computer, counselor, ESL, learning disabilities, librarian, math resource, nurse, psychologist, reading resource, speech/hearing
Special curricular programs art, instrumental music, vocal music, computer/technology, physical education
Extra curricular programs community service, dance, drama, excursions/expeditions, newspaper, yearbook
Sports badminton, basketball, cricket, cross-country, golf, hockey, skiing, soccer, softball, swimming, tennis, track and field, volleyball
Examinations IB

CAMPUS FACILITIES

Location Suburban
Campus 20 hectares, 6 buildings, 46 classrooms, 4 computer labs, 300 instructional computers, 1 auditorium, 1 cafeteria, 1 covered play area, 2 gymnasiums, 1 infirmary, 1 playing field, 5 science labs, 2 tennis courts

ZURICH INTERNATIONAL SCHOOL

Phone 41 58 750 2500
Fax 41 58 750 2501
Email info@zis.ch
Website www.zis.ch
Address Steinacherstrasse 140, Waedenswil, CH-8820, Switzerland

STAFF

Director Peter C. Mott
Upper School Principal Jon McLeod
Middle School Principal David Wood
Lower School Principal Viki Stiebert
Early Childhood Assistant Principal Laurel Sutcliffe
Principal, Baden Ji Han
Head Business Office Beatrice Pleban
Head of IT Curriculum Jason Cone
Upper School Librarian Edel Sturcke
Teaching staff Full time 159; Part time 56; Total 215

INFORMATION

Grade levels N–13
School year August–June
School type coeducational, day, private non-profit
Year founded 2001
Governed by elected Board of Trustees
Accredited by CIS, New England
Regional organizations ECIS, SGIS
Enrollment Nursery 45; PreK 63; Elementary K–5 519; Middle School 6–8 290; High School 9–12 441; Grade 13 1; Total 1,359
Nationalities of student body US 271; UK 210; Swiss 152; Other(s) (German) 157
Tuition/fee currency Swiss Franc
Tuition range 23,050–32,750
Annual fees Busing 3,000; Lunch 1,925
One time fees Registration 500
Graduates attending college 90%
Graduates have attended Cornell U, London School of Economics, Boston Col, Johns Hopkins U, U of Edinburgh

EDUCATIONAL PROGRAM

Curriculum Intl, IB Diploma, IBPYP, AP
Average class size Elementary 18; Secondary 13
Language(s) of instruction English
Language(s) taught German, French, Spanish
Staff specialists computer, counselor, ESL, learning disabilities, librarian, nurse, psychologist, speech/hearing
Special curricular programs art, instrumental music, vocal music, computer/technology, distance learning, physical education, theater
Extra curricular programs computers, community service, dance, drama, excursions/expeditions, literary magazine, newspaper, photography, yearbook, Duke of Edinburgh program
Sports basketball, cross-country, rugby, skiing, soccer, softball, swimming, tennis, track and field, volleyball
Clubs Model UN, student council, Junior Achievement, Young Enterprise Switzerland, Harvard Model Congress, Amnesty International, climbing
Examinations AP, IB, PSAT, SAT, SAT II, TOEFL

CAMPUS FACILITIES

Location Suburban
Campus 10 hectares, 5 buildings, 6 computer labs, 1000 instructional computers, 25,000 library volumes, 3 auditoriums, 4 cafeterias, 2 gymnasiums, 3 infirmaries, 2 playing fields, 9 science labs, 6 tennis courts

SYRIA

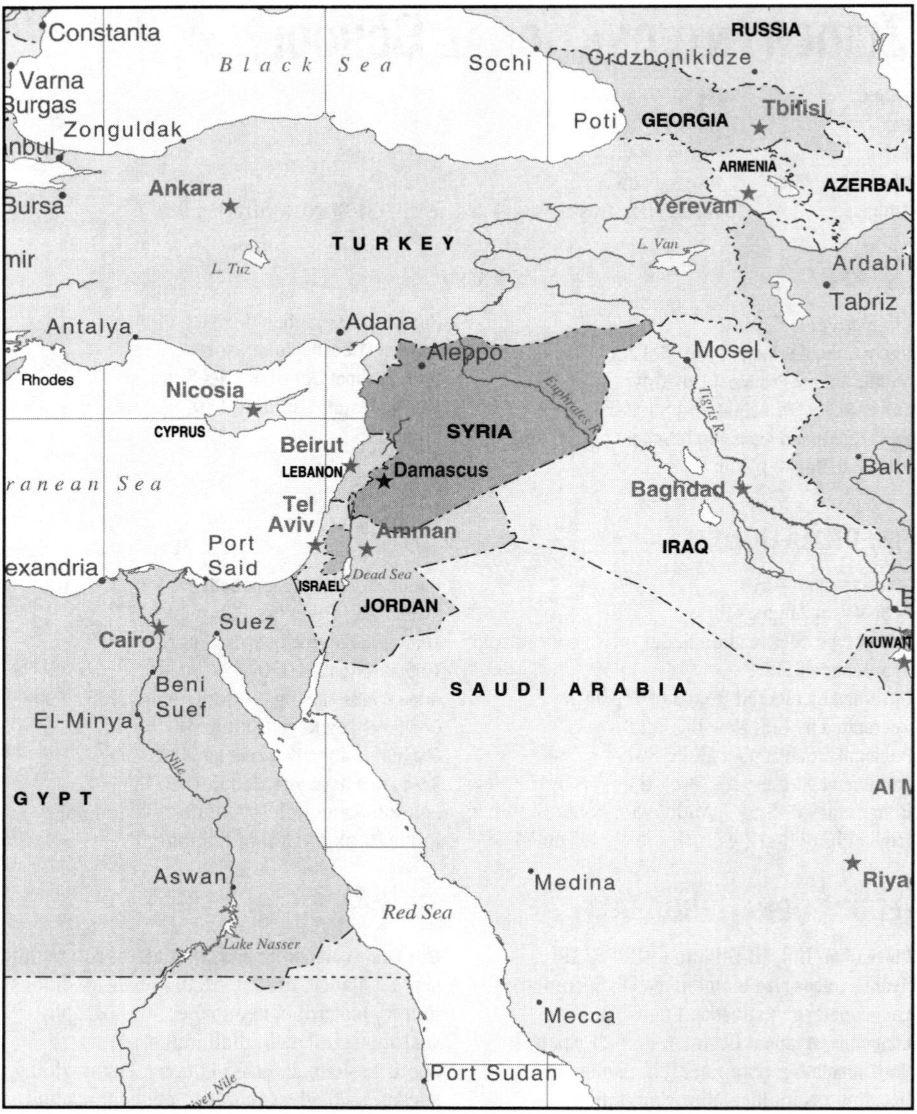

SYRIA

Area:	185,180 sq km
Population:	22,198,110
Capital:	Damascus
Currency:	Syrian Pound (SYP)
Languages:	Arabic

ICARDA International School of Aleppo

Phone 963 21 574 3104
Fax 963 21 576 3936
Email info@icardaschool.org
Website www.icardaschool.org
Address PO Box 5466, Damascus Rd. Al-Aazamieh Area, Aleppo, Syria

STAFF

Head of School Shirley Davis
Elementary Principal Susan Victor
High School Principal Colin Webster
Head of Guidance Ibi Venzcel
IB Coordinator Peter Krader
Middle School Principal Jane Krader
School Accountant Munzer Kastaly
Teacher of Information Technology Jennifer Polizos
Librarian Heather Norman
Teaching staff Full time 56; Part time 2; Total 58
Nationalities of teaching staff US 13; UK 2; Syrian 22; Other(s) (Canadian, New Zealander) 21

INFORMATION

Grade levels N–12
School year August–June
School type coeducational, company-sponsored, day, private non-profit
Year founded 1977
Governed by appointed Committee
Sponsored by ICARDA
Accredited by Middle States
Regional organizations MAIS, NESA
Enrollment Nursery 9; PreK 19; Elementary K–5 110; Middle School 6–8 78; High School 9–12 109; Total 325
Nationalities of student body US 55; UK 14; Syrian 67; Other(s) (Canadian, German) 189
Tuition/fee currency US Dollar
Tuition range 3,068–10,529
Annual fees Busing 450; Activities 578; IB-Grades 11 & 12 1,150; MYP-Grades 6–10 250
One time fees Registration 230; Capital Levy 1,400
Graduates attending college 98%
Graduates have attended Massachusetts Institute of Technology, Cornell U, U of Pennsylvania, American U of Beirut, McGill U

EDUCATIONAL PROGRAM

Curriculum US, Intl, IB Diploma, IBPYP, IBMYP
Average class size Elementary 16; Secondary 14
Language(s) of instruction English
Language(s) taught French, Arabic, Spanish, German
Staff specialists computer, counselor, ESL, learning disabilities, librarian, math resource, physician, reading resource
Special curricular programs art, vocal music, computer/technology, physical education
Extra curricular programs computers, community service, drama, environmental conservation, excursions/expeditions, newspaper, yearbook
Sports basketball, soccer, swimming, tennis, track and field, volleyball
Clubs Global Issues Network, touch rugby, chess, drama
Examinations GCSE, IB, IGCSE, PSAT, SAT, SAT II

CAMPUS FACILITIES

Location Urban
Campus 5 hectares, 8 buildings, 43 classrooms, 3 computer labs, 140 instructional computers, 15,000 library volumes, 1 auditorium, 1 covered play area, 1 gymnasium, 1 infirmary, 1 playing field, 3 science labs, 2 tennis courts, air conditioning

Damascus Community School

Phone 963 11 333 7737
Fax 963 11 332 1457
Email dcs@dcssyria.org
Website www.dcssyria.org
Address Al Mahdi Bin Baraka Street, Damascus, Syria
Mailing address DCS Director, 6110 Damascus Place, Dulles, VA 20189-6110, USA

STAFF

Director James L. Liebzeit, Ph.D.
Elementary School Principal Brian Smith
Business Manager Diana Yazigi
Computer Coordinator Susan Hiba

INFORMATION

Grade levels PreK–12
School year August–June
School type coeducational, day, private non-profit
Year founded 1957
Governed by appointed Board of Directors
Accredited by Middle States
Regional organizations ECIS, NESA
Tuition/fee currency US Dollar
Tuition range 5,000–14,750
Annual fees Registration 300; Building (first 3 years) 1,500
One time fees Testing 200; Entrance 600
Graduates attending college 100%
Graduates have attended Brown U, Boston U, McGill U, Concordia U, Royal Holloway, U of London

EDUCATIONAL PROGRAM

Curriculum US, AP
Average class size Elementary 17; Secondary 18
Language(s) of instruction English
Language(s) taught Arabic, French
Staff specialists computer, counselor, ESL, librarian, nurse
Special curricular programs art, vocal music, computer/technology, physical education
Extra curricular programs computers, community service, drama, environmental conservation, excursions/expeditions, literary magazine, newspaper, yearbook
Sports basketball, soccer, volleyball
Clubs Model UN, student council, National Honor Society, Habitat for Humanity, Social Responsibility
Examinations AP, Iowa, PSAT, SAT, SAT II, TOEFL, ERB, MAPS

CAMPUS FACILITIES

Location Urban
Campus 5 hectares, 7 buildings, 53 classrooms, 3 computer labs, 96 instructional computers, 18,100 library volumes, 1 cafeteria, 1 covered play area, 1 infirmary, 1 playing field, 3 science labs, 1 tennis court, air conditioning

TAIWAN

Area:	35,980 sq km
Population:	23,024,956
Capital:	Taipei
Currency:	New Taiwan Dollar (TWD)
Languages:	Mandarin Chinese, Taiwanese

Hsinchu American School

Phone 03-520-3211 x611 or x612
Fax 03-529-6482
Email darin.murphy@has.hc.edu.tw
Website www.has.hc.edu.tw/
Address No.2, Yih-Shuh Road, National Art Park, Hsinchu, 300-67, Taiwan

STAFF

Principal Darin Murphy, Ph.D.
Administrative Director Sonia Murphy
Teaching staff Full time 12; Part time 4; Total 16
Nationalities of teaching staff US 10; Taiwanese 3; Other(s) (Canadian) 3

INFORMATION

Grade levels K–12
School year September–June
School type boarding, coeducational, day, proprietary
Enrollment Elementary K–5 20; Middle School 6–8 20; High School 9–12 30; Total 70
Tuition/fee currency Taiwan Dollar
Tuition range 260,000–333,000
Annual fees Registration 20,000; Boarding, 5-day 100,000; Busing 30,000; Lunch 14,000; Books 15,000
Boarding program grades 9–12
Boarding program length 5-day **Boys** 4 **Girls** 2

EDUCATIONAL PROGRAM

Curriculum US
Average class size Elementary 5; Secondary 10
Language(s) of instruction English
Staff specialists computer, nurse
Special curricular programs art, instrumental music, vocal music, computer/technology, physical education
Extra curricular programs community service, dance, drama, excursions/expeditions, yearbook
Sports badminton, basketball, soccer
Examinations AP, PSAT, SAT, SAT II, TOEFL

CAMPUS FACILITIES

Location Suburban
Campus 1 building, 12 classrooms, 1 computer lab, 30 instructional computers, 1 auditorium, 1 cafeteria, 1 covered play area, 2 playing fields, 1 science lab, air conditioning

INTERNATIONAL BILINGUAL SCHOOL AT HSINCHU-SCIENCE-PARK

Phone 886 3 5777011 ext 280
Fax 886 3 578 5565
Email chuang886@gmail.com
Website www.ibsh.tw/
Address 300 Jieshou Road, Hsinchu, 300, Taiwan

STAFF

Principal Christine Huang
Dean Christine Yin
Academic Affairs Coordinator Nancy Wang
Student Affairs Coordinator Tree Chen
Registrar Yi-chi
Western Teachers Liaison Jess Cheng
Dean of General Affairs Office Gary Cheng
Director of Computer Center Shih-Jen Lee
Director Jieh-Yin Chao
Teaching staff Full time 61; Part time 20; Total 81
Nationalities of teaching staff US 20; Taiwanese 58; Other(s) (Canadian, South African) 3

INFORMATION

Grade levels 1–12
School year August–July
School type coeducational, day
Year founded 1983
Governed by Taiwan Ministry of Education
Sponsored by National Science Council
Enrollment Elementary K–5 212; Middle School 6–8 176; High School 9–12 215; Total 603
Nationalities of student body US 284; Taiwanese 243; Other(s) (Korean, Indian) 76
Tuition/fee currency Taiwan Dollar
Tuition range 38,000–52,000
Annual fees Boarding, 5-day 9,000; Insurance 284; Busing 5,000; Lunch 12,000; Books 12,000
Boarding program grades 10–12
Boarding program length 5-day **Boys** 7 **Girls** 5
Graduates attending college 100%
Graduates have attended Yale U, Harvard U, Stanford U, Princeton U, U of California, Berkeley

(Continued)

International Bilingual School at Hsinchu–Science-Park (Continued)

EDUCATIONAL PROGRAM

Curriculum US, National, Intl, AP
Average class size Elementary 28; Secondary 28
Language(s) of instruction English, Mandarin Chinese
Language(s) taught English, Chinese, Japanese, French
Staff specialists computer, counselor, ESL, learning disabilities, librarian, math resource, nurse, physician, psychologist, reading resource, speech/hearing
Special curricular programs art, instrumental music, vocal music, computer/technology, distance learning, physical education
Extra curricular programs computers, community service, dance, drama, environmental conservation, excursions/expeditions, literary magazine, newspaper, photography, yearbook
Sports badminton, baseball, basketball, cross-country, football, golf, martial arts, soccer, softball, tennis, track and field, volleyball, table tennis
Clubs student council, environment, Interact, Key, Humane Society, Chinese chess, computer
Examinations ACT, AP, Iowa, PSAT, SAT, SAT II, TOEFL, CTP IV

CAMPUS FACILITIES

Location Urban
Campus 9 hectares, 11 buildings, 113 classrooms, 3 computer labs, 100 instructional computers, 70,000 library volumes, 2 auditoriums, 2 cafeterias, 1 covered play area, 1 gymnasium, 1 infirmary, 4 playing fields, 5 science labs, 1 pool, 4 tennis courts, air conditioning

PACIFIC AMERICAN SCHOOL

Phone 886 35717070
Fax 886 3 5721148
Email pchu@pacificamerican.org
Website www.pacificamerican.org
Address 3F, No. 151, Section 2, Guang-Fu Road, Hsinchu, 30071, Taiwan

STAFF

Head of School Pamela Chu
Principal Chris Williamson
Special Assistant Sherry Lee
Deputy Administrator Christian Choquette
Office Manager Popo Yuan
Technology Coordinator & Instructor Frank Wu
Teaching staff Full time 24; Part time 8; Total 32
Nationalities of teaching staff US 13; Canadian 5; Other(s) (Taiwanese, Singaporean) 14

INFORMATION

Grade levels 1–12
School year September–June
School type boarding, coeducational, day, proprietary
Year founded 2007
Governed by appointed Board of Directors
Sponsored by Proprietary
Accredited by Western
Regional organizations EARCOS
Enrollment Elementary K–5 24; Middle School 6–8 35; High School 9–12 80; Total 139
Nationalities of student body US 53; Singaporean 27; Other(s) (Canadian, Korean) 59
Tuition/fee currency Taiwan Dollar
Tuition range 360,000–420,000
Annual fees Registration 25,000; Boarding, 5-day 140,000; Capital Levy 30,000; Insurance 1,600; Busing 46,000; Lunch 17,000; Books 15,000; Parent Association 1,000
One time fees Boarding, 7-day 140,000; Leadership Camp 10,000
Boarding program grades 7–12
Boarding program length 5-day **Boys** 10 **Girls** 10
Graduates attending college 100%
Graduates have attended Carnegie Mellon U, U of California, U of Michigan–Ann Arbor, U of Southern California, School of the Art Institute of Chicago

(Continued)

PACIFIC AMERICAN SCHOOL (Continued)

EDUCATIONAL PROGRAM

Curriculum US, AP
Average class size Elementary 12; Secondary 27
Language(s) of instruction English
Language(s) taught Chinese, French, Spanish
Staff specialists computer, counselor, ESL, math resource, nurse, psychologist, reading resource
Special curricular programs art, instrumental music, vocal music, computer/technology, physical education
Extra curricular programs computers, community service, dance, drama, environmental conservation, newspaper, photography, yearbook
Sports badminton, baseball, basketball, hockey, soccer, swimming, tennis, track and field, volleyball
Clubs horseback riding, robotics, chess, cooking, hip-hop, choir, guitar, school band, cheerleading
Examinations AP, Iowa, PSAT, SAT, SAT II, Stanford, TOEFL

CAMPUS FACILITIES

Location Urban
Campus 2 hectares, 2 buildings, 45 classrooms, 1 computer lab, 28 instructional computers, 170,000 library volumes, 1 auditorium, 1 cafeteria, 1 gymnasium, 1 infirmary, 3 playing fields, 4 science labs, 1 pool, 1 tennis court, air conditioning

Kaohsiung American School

Phone 886 7 5830112
Fax 886 7 5824536
Email tfarrell@kas.kh.edu.tw
Website www.kas.kh.edu.tw
Address 35 Sheng Li Road, Tzuo-Ying Dist.,, Kaohsiung, 81351, Taiwan

STAFF

Director Thomas Farrell, Ed.D.
Elementary Principal Gerry Dery, Ed.D.
Secondary School Principal Dawn Rock
Curriculum Coordinator Tammy Burke
Executive Secretary & Operations Manager Daisy Chang
Counselor Carla Aiello, Ed.D.
Business Manager Karia Chen
Technology Coordinator Myron Tuttle
Librarian Martha Johnson
Teaching staff Full time 40; Total 40
Nationalities of teaching staff US 30; Taiwanese 4; Other(s) 6

INFORMATION

Grade levels PreK–12
School year August–June
School type coeducational, day, private non-profit
Year founded 1989
Governed by appointed and elected Board of Directors
Accredited by Western
Regional organizations EARCOS
Enrollment PreK 11; Elementary K–5 42; Middle School 6–8 129; High School 9–12 152; Total 334
Nationalities of student body US 5; Taiwanese 85; Other(s) 10
Graduates attending college 99%
Graduates have attended Georgetown U, U of Pennsylvania, Columbia U, Wellesley U, McGill U

EDUCATIONAL PROGRAM

Curriculum US, IB Diploma, AP
Average class size Elementary 18; Secondary 15
Language(s) of instruction English
Language(s) taught Mandarin, Spanish, Japanese
Staff specialists computer, counselor, librarian, nurse
Special curricular programs art, instrumental music, vocal music, computer/technology, physical education
Extra curricular programs community service, dance, drama, environmental conservation, yearbook, chess
Sports basketball, football, soccer, softball, swimming, volleyball
Clubs Model UN, National Honor Society, Global Issues Network, science, yearbook, Shakespeare for Kids
Examinations AP, IB, PSAT, SAT

CAMPUS FACILITIES

Location Urban
Campus 4 hectares, 3 buildings, 43 classrooms, 2 computer labs, 150 instructional computers, 13,000 library volumes, 1 auditorium, 1 cafeteria, 1 covered play area, 1 playing field, 2 science labs, air conditioning

American School in Taichung

Phone 886 4 2239 7532
Fax 886 4 2239 7520
Email director@ast.tc.edu.tw
Website www.ast.tc.edu.tw
Address 21-1 Chu Yuan Lane, Pei-Tun, Taichung, 40661, Taiwan

STAFF

Director Andrew Corcoran
Counselor Allison O' Sullivan
Executive Secretary Ching Wang
Activities Director Scott Brown
Business Manager Anna Lee
Librarian Debra Chen
Teaching staff Full time 20; Total 20
Nationalities of teaching staff US 17; Taiwanese 1; Other(s) 2

INFORMATION

Grade levels 1–12
School year August–June
School type coeducational, day, private non-profit, proprietary
Year founded 1989
Governed by appointed Board
Accredited by Western
Regional organizations EARCOS
Enrollment Elementary K–5 25; Middle School 6–8 70; High School 9–12 77; Total 172
Nationalities of student body US 145; UK 4; Other(s) 23
Tuition/fee currency Taiwan Dollar
Tuition range 280,000–320,000
Annual fees Registration 40,000; Capital Levy 40,000; Busing 35,000; Lunch 22,000; ESOL 80,000
Graduates attending college 100%
Graduates have attended U of Pennsylvania, Tufts U, Brandeis U, U of California, Berkeley, Parsons the New School of Design

EDUCATIONAL PROGRAM

Curriculum US, AP
Average class size Elementary 15; Secondary 18
Language(s) of instruction English
Language(s) taught Spanish, Chinese
Staff specialists computer, counselor, ESL
Special curricular programs art, instrumental music, vocal music, computer/technology, physical education
Extra curricular programs community service, drama, excursions/expeditions, newspaper, yearbook
Sports basketball, cross-country, soccer, softball, volleyball
Clubs Model UN
Examinations AP, PSAT, SAT, SAT II, Stanford, TOEFL

CAMPUS FACILITIES

Location Suburban
Campus 9 buildings, 24 classrooms, 2 computer labs, 60 instructional computers, 9,000 library volumes, 1 auditorium, 2 cafeterias, 1 infirmary, 2 playing fields, 3 science labs, air conditioning

Morrison Christian Academy

Phone 886 4 2297 3927
Fax 886 4 2292 1174
Email morrison@mca.org.tw
Website www.mca.org.tw
Address 136-1 Shui Nan Road, Taichung, 406, Taiwan

STAFF

Superintendent Timothy C. McGill
Director of Curriculum & Professional Development Matt Strange
Taichung Campus Principal Dan Robinson
Bethany Campus Principal Uwe Maurer
Kaohsiung Campus Principal Gabe Choi
Director of Human Services Bonnie McGill, Ph.D.
Director of Finance Michele Law
Director of Information Technology Services Larry Dilley
System Library Coordinator Cris Laytham
Teaching staff Full time 90; Part time 21; Total 111
Nationalities of teaching staff US 72; Taiwanese 12; Other(s) (Canadian, South African) 27

INFORMATION

Grade levels K–12
School year August–June
School type boarding, coeducational, church-affiliated, day, private non-profit
Year founded 1952
Governed by appointed Board of Trustees
Accredited by Western
Regional organizations EARCOS
Enrollment Elementary K–5 328; Middle School 6–8 218; High School 9–12 278; Total 824
Nationalities of student body US 499; UK 5; Other(s) (Canadian, Korean) 320
Tuition/fee currency Taiwan Dollar
Tuition range 322,000–388,600
Annual fees Registration 30,000; Boarding, 7-day 382,320; Building 35,000
One time fees Application & Testing 3,500
Boarding program grades 10–12
Boarding program length 7-day **Boys** 36 **Girls** 36
Graduates attending college 90%
Graduates have attended U of British Columbia, U of Washington, Wheaton Col, Rice U, U of Illinois at Urbana-Champain

EDUCATIONAL PROGRAM

Curriculum US, AP
Average class size Elementary 22; Secondary 25
Language(s) of instruction English
Language(s) taught Mandarin, Spanish
Staff specialists computer, counselor, ESL, librarian, nurse
Special curricular programs art, instrumental music, vocal music, computer/technology, physical education
Extra curricular programs community service, drama, yearbook
Sports basketball, soccer, softball, swimming, track and field, volleyball
Examinations ACT, AP, Iowa, PSAT, SAT, SAT II, Stanford

CAMPUS FACILITIES

Location Urban
Campus 9 hectares, 8 buildings, 3 computer labs, 120 instructional computers, 20,000 library volumes, 1 auditorium, 1 cafeteria, 1 covered play area, 2 gymnasiums, 1 infirmary, 3 playing fields, 4 science labs, 1 pool, 2 tennis courts, air conditioning

TAIPEI ADVENTIST AMERICAN SCHOOL

Phone 886 2 2861 6400
Fax 886 2 2861 5121
Email taasprin@gmail.com
Website www.taas-taiwan.com
Address 64 Ln. 80 Zhuang Ding Rd., Shihlin 111, Taipei, 111, Taiwan

STAFF

Principal David Robinson
Teaching staff Full time 16; Part time 3; Total 19
Nationalities of teaching staff US 14; Taiwanese 3; Other(s) 2

INFORMATION

Grade levels K–8
School year August–May
School type coeducational, church-affiliated, day, private non-profit
Year founded 1950
Governed by appointed David Robinson
Sponsored by Seventh-Day Adventist Church
Enrollment Elementary K–5 60; Middle School 6–8 59; Total 119
Nationalities of student body US 35; Other(s) (Korean) 84
Tuition/fee currency Taiwan Dollar
Tuition range 254,000–296,000
Annual fees Registration 28,000; Busing 60,000; ESL 60,000; Special Education 150,000

EDUCATIONAL PROGRAM

Curriculum US
Average class size Elementary 15
Language(s) of instruction English
Language(s) taught Chinese
Staff specialists computer, ESL, learning disabilities, nurse
Special curricular programs instrumental music, vocal music, computer/technology, physical education
Extra curricular programs community service, excursions/expeditions, yearbook
Sports badminton, basketball, football, soccer, softball, track and field, volleyball
Examinations Iowa, ITBS

CAMPUS FACILITIES

Location Rural
Campus 5 hectares, 1 building, 10 classrooms, 1 computer lab, 25 instructional computers, 5,000 library volumes, 1 covered play area, 2 playing fields, 1 science lab, air conditioning

Taipei American School

Phone 886 2 2873 9900
Fax 886 2 2873 1641
Email mainadmn@tas.edu.tw
Website www.tas.edu.tw
Address 800 Chung Shan North Road, Section 6, Taipei, 11152, Taiwan

STAFF

Superintendent Sharon D. Hennessy, Ed.D.
Assistant Superintendent for Learning Karen Moreau
Assistant Superintendent for Advancement Paige Summers
Upper School Principal Richard Hartzell, Ph.D.
Middle School Principal Michelle Hiteman
Lower School Principal Catriona Moran, Ed.D.
Assistant Superintendent for Business & Operations Steve Panta
Information Technology Director David Sinclair
Library Services Coordinator Candace Aiani, Ed.D.
Teaching staff Full time 223; Part time 15; Total 238
Nationalities of teaching staff US 163; UK 3; Taiwanese 19; Other(s) (Canadian, Australian) 53

INFORMATION

Grade levels PreK–12
School year August–June
School type coeducational, day, private non-profit
Year founded 1949
Governed by elected Board of Directors
Accredited by Western
Regional organizations EARCOS, ECIS
Enrollment PreK 39; Elementary K–5 667; Middle School 6–8 569; High School 9–12 887; Total 2,162
Nationalities of student body US 1,448; UK 12; Other(s) (Canadian, Korean) 702
Tuition/fee currency Taiwan Dollar
Tuition range 450,300–499,400
Annual fees Registration 50,000; Insurance 600; Busing 44,000; Lunch 26,000
One time fees Capital Levy 200,000
Graduates attending college 94%
Graduates have attended Harvard U, Massachusetts Institute of Technology, Columbia U, Johns Hopkins U, U of California, Berkeley

EDUCATIONAL PROGRAM

Curriculum US, IB Diploma, AP
Average class size Elementary 20; Secondary 24
Language(s) of instruction English
Language(s) taught Mandarin, French, Spanish, Japanese
Staff specialists computer, counselor, ESL, learning disabilities, librarian, math resource, nurse, psychologist, reading resource, speech/hearing
Special curricular programs art, instrumental music, vocal music, computer/technology, physical education, vocational, dance, drama
Extra curricular programs computers, community service, dance, drama, environmental conservation, excursions/expeditions, newspaper, photography, yearbook
Sports badminton, baseball, basketball, cross-country, golf, rugby, soccer, softball, swimming, tennis, track and field, volleyball
Clubs Over 60 Different Clubs
Examinations ACT, AP, IB, PSAT, SAT, SAT II, ERB

CAMPUS FACILITIES

Location Urban
Campus 7 hectares, 3 buildings, 180 classrooms, 2 computer labs, 1962 instructional computers, 155,384 library volumes, 2 auditoriums, 1 cafeteria, 1 covered play area, 2 gymnasiums, 1 infirmary, 2 playing fields, 14 science labs, 1 pool, 4 tennis courts, air conditioning

Taipei European School

Phone 886 2 2862 2920
Fax 886 2 2862 1458
Email admission@tes.tp.edu.tw
Website www.taipeieuropeanschool.com
Address Swire European Campus, 31, Jian Ye Road, Yang Ming Shan, Shihlin District, Taipei, 11193, Taiwan

STAFF

Chief Executive Officer Allan Weston, Ed.D.
Head of British Secondary & High School Section Stuart Glascott
Head of British Infant School Section Ruth Martin
Head of British Junior School Section Adele Corry
Head of French School Section Patrick Trividic
Head of German School Section Emmanuel Fritzen
Director of Finance Joyce Tsao
IT Coordinator Jonathan Marshall
Chief Librarian Angela Chang
Teaching staff Full time 104; Part time 22; Total 126
Nationalities of teaching staff US 7; UK 42; Taiwanese 9; Other(s) (French, German) 68

INFORMATION

Grade levels N–12
School year August–June
School type coeducational, day, private non-profit
Year founded 1990
Governed by elected Board of Governors
Enrollment Nursery 76; PreK 87; Elementary K–5 512; Middle School 6–8 238; High School 9–12 245; Total 1,158
Nationalities of student body US 245; UK 85; Other(s) (French, German) 828
Tuition/fee currency Taiwan Dollar
Tuition range 164,400–432,600
Annual fees Capital Levy 60,000; Busing 29,500; Lunch 22,000; EAL 110,000
One time fees Registration 21,000
Graduates attending college 97%
Graduates have attended U of Cambridge, Boston U, Melbourne U, Bristol U, U of Paris

EDUCATIONAL PROGRAM

Curriculum UK, IB Diploma, IGCSE, GenCSE, French, German
Average class size Elementary 20; Secondary 16
Language(s) of instruction English, French, German
Language(s) taught English, French, German, Mandarin, Dutch, Swedish, Japanese and Spanish
Staff specialists computer, counselor, ESL, learning disabilities, librarian, math resource, nurse, reading resource
Special curricular programs art, instrumental music, vocal music, computer/technology, physical education
Extra curricular programs computers, community service, dance, drama, environmental conservation, excursions/expeditions, literary magazine, newspaper, yearbook, choir, debating
Sports badminton, basketball, football, martial arts, soccer, softball, swimming, track and field, volleyball
Clubs International Award, Model UN
Examinations GCSE, IB, IGCSE, SAT

CAMPUS FACILITIES

Location Suburban
Campus 4 hectares, 5 buildings, 70 classrooms, 7 computer labs, 250 instructional computers, 30,000 library volumes, 3 auditoriums, 3 cafeterias, 1 covered play area, 3 gymnasiums, 3 infirmaries, 4 playing fields, 7 science labs, air conditioning

TAJIKISTAN

Area:	143,100 sq km
Population:	7,487,489
Capital:	Dushanbe
Currency:	Somoni (TJS)
Languages:	Tajik, Russian

QSI International School of Dushanbe

Phone 992 372 224 8559/8560
Email dushanbe@qsi.org
Website qsi.org/tjk_home/tjk_home.htm
Address Sovetskaya 85, Dushanbe, 734001, Tajikistan

STAFF

Director Lois H. Bridenback
Teaching staff Full time 4; Part time 6; Total 10
Nationalities of teaching staff US 5; Tajikistani 4; Other(s) (French) 1

INFORMATION

Grade levels PreK–9
School year August–June
School type coeducational, day, private non-profit
Year founded 2004
Governed by appointed Advisory Board
Sponsored by Quality Schools International
Regional organizations CEESA
Enrollment PreK 12; Elementary K–5 25; Middle School 6–8 3; High School 9–12 2; Total 42
Nationalities of student body US 20; Tajikistani 4; Other(s) (Afghan, German) 18
Tuition/fee currency US Dollar
Tuition range 4,800–16,400
Annual fees Capital Levy 1,600
One time fees Registration 300

EDUCATIONAL PROGRAM

Curriculum US
Average class size Elementary 7
Language(s) of instruction English
Language(s) taught Russian
Staff specialists computer
Special curricular programs art, computer/technology, physical education
Extra curricular programs dance, piano
Examinations Iowa

CAMPUS FACILITIES

Location Urban
Campus 1 building, 9 classrooms, 1 computer lab, 6 instructional computers, 3,000 library volumes, 1 cafeteria, air conditioning

TANZANIA

Area:	947,300 sq km
Population:	41,892,895
Capital:	Dar es Salaam
Currency:	Tanzanian Shilling (TZS)
Languages:	Kiswahili, English, Arabic

INTERNATIONAL SCHOOL OF TANGANYIKA LTD.

Phone 255 22 2151 817
Fax 255 22 2152 077
Email director@istafrica.com
Website www.istafrica.com
Address United Nations Road, Upanga, Dar es Salaam, Tanzania
Mailing address PO Box 2651, Dar es Salaam, Tanzania, East Africa

STAFF

Director David J. Shawver, Ph.D.
Elementary School Principal Susan Peacock, Ed.D.
Secondary School Principal Tom Pado
Elementary Vice Principal Jason Grandbois
Secondary Vice Principal Elizabeth Andrews
Secondary Vice Principal Andrew Buckman
General Manager of Finance & Administration Nazir Thawer
IT Coordinator Joe Barder
Secondary School Librarian Ilana Locker
Teaching staff Full time 115; Part time 5; Total 120
Nationalities of teaching staff US 40; UK 25; Canadian 10; Other(s) (Indian, Dutch) 45

INFORMATION

Grade levels PreK–12
School year August–June
School type coeducational, day, private non-profit
Year founded 1963
Governed by elected Board of Directors
Accredited by CIS, Middle States
Regional organizations AISA, ECIS
Enrollment PreK 48; Elementary K–5 500; Middle School 6–8 230; High School 9–12 310; Total 1,088
Nationalities of student body US 130; UK 140; South African 195; Other(s) (Indian, Canadian) 623
Tuition/fee currency US Dollar
Tuition range 11,400–21,100
Annual fees Maintenance 1,200
One time fees Registration 500; Capital Levy 6,000
Graduates attending college 95%
Graduates have attended Cambridge U, Massachusetts Institute of Technology, Yale U, Princeton U, Harvard U

EDUCATIONAL PROGRAM

Curriculum Intl, IB Diploma, IBPYP, IBMYP
Average class size Elementary 20; Secondary 20
Language(s) of instruction English
Language(s) taught French, Kiswahili, Spanish
Staff specialists computer, counselor, ESL, learning disabilities, librarian, nurse, physician
Special curricular programs art, instrumental music, vocal music, computer/technology, physical education
Extra curricular programs computers, community service, drama, environmental conservation, excursions/expeditions, newspaper, yearbook
Sports basketball, cricket, rugby, soccer, swimming, volleyball, netball
Clubs community service, Model UN, Global Issues Network
Examinations IB, PSAT, SAT, SAT II, TOEFL, ISA

CAMPUS FACILITIES

Location Suburban
Campus 8 hectares, 30 buildings, 90 classrooms, 5 computer labs, 600 instructional computers, 30,000 library volumes, 1 cafeteria, 2 covered play areas, 2 gymnasiums, 2 infirmaries, 2 playing fields, 9 science labs, 2 pools, air conditioning

INTERNATIONAL SCHOOL MOSHI

Phone 255 27 275 5004
Fax 255 27 275 2877
Email school@ismoshi.org
Website www.ismoshi.org
Address Lema Road, PO Box 733, Moshi, Kilimanjaro, Tanzania

STAFF

Director Bob Woods
Head of Moshi Campus Keiron White
Head of Secondary, Moshi Campus Colin Beveridge
Senior Boarding Parent Sunita Somaiya
Head of Arusha Campus Eanna O'Boyle
Head of Secondary, Arusha Campus Carl Love
Finance Manager Mustafa Madan
Information Technology Teacher Paul Johnson
Head Librarian Jeff Mayo
Teaching staff Full time 58; Part time 6; Total 64
Nationalities of teaching staff US 25; UK 23; Tanzanian 10; Other(s) (Canadian, Fijian) 6

INFORMATION

Grade levels PreK–12
School year August–June
School type boarding, coeducational, day, private non-profit
Year founded 1969
Governed by appointed Governing Board
Accredited by CIS, Middle States
Regional organizations AISA
Enrollment PreK 39; Elementary K–5 173; Middle School 6–8 103; High School 9–12 145; Total 460
Nationalities of student body US 40; UK 38; Tanzanian 156; Other(s) (Canadian) 226
Tuition/fee currency US Dollar
Tuition range 5,100–23,000
Annual fees Boarding, 7-day 6,300; Primary Boarding 4,300; M5 Moderation 610; IB Diploma Exams 830
One time fees Capital Levy 700
Boarding program grades 4–12
Boarding program length 7-day **Boys** 55 **Girls** 60
Graduates attending college 98%
Graduates have attended Yale U, Duke U, U of British Columbia, McGill U, Harvard U

EDUCATIONAL PROGRAM

Curriculum Intl, IB Diploma, IBPYP, IBMYP
Average class size Elementary 22; Secondary 20
Language(s) of instruction English
Language(s) taught French, Kiswahili
Staff specialists ESL, learning disabilities, librarian, math resource, nurse, reading resource
Special curricular programs art, instrumental music, vocal music, computer/technology, physical education
Extra curricular programs computers, community service, dance, drama, environmental conservation, excursions/expeditions, photography
Sports badminton, basketball, cricket, football, rugby, soccer, softball, swimming, tennis, track and field, volleyball, netball
Clubs Model UN, Amnesty International
Examinations IB, PSAT, SAT, TOEFL, ISA

CAMPUS FACILITIES

Location Suburban
Campus 40 hectares, 25 buildings, 30 classrooms, 3 computer labs, 50 instructional computers, 15,000 library volumes, 1 auditorium, 2 cafeterias, 1 gymnasium, 1 infirmary, 3 playing fields, 6 science labs, 2 pools, 4 tennis courts

THAILAND

THAILAND

Area:	513,120 sq km
Population:	66,404,688
Capital:	Bangkok
Currency:	Baht (THB)
Languages:	Thai, English

BANGKOK PATANA SCHOOL

Phone 66 2 398 0200
Fax 66 2 399 3179
Email reception@patana.ac.th
Website www.patana.ac.th
Address 643 Lasalle Road, Sukhumvit 105, Bangna, Bangkok, 10260, Thailand

STAFF

Head of School Matthew G. Mills
Principal of Secondary School Mick Smith
Principal of Primary School David Knott
Director to the Office of the Foundation Board Kulvadee Siribhadra
Business Director Andrew Gordon
Financial Controller Preeyanuch Paiboonsithiwong
Assistant Principal for Campus Curriculum Technology John Tranter
Head of Library Sally Flint
Teaching staff Full time 273; Part time 16; Total 289
Nationalities of teaching staff US 8; UK 154; Thai 58; Other(s) (Australian, New Zealander) 69

INFORMATION

Grade levels N–13
School year August–June
School type coeducational, day, private non-profit
Year founded 1957
Governed by appointed Nominated Board of Trustees
Accredited by CIS, New England
Regional organizations EARCOS, ECIS
Enrollment Nursery 39; PreK 156; Elementary K–5 963; Middle School 6–8 486; High School 9–12 395; Grade 13 130; Total 2,169
Nationalities of student body US 175; UK 459; Thai 429; Other(s) (Indian, Australian) 1,106
Tuition/fee currency Thai Baht
Tuition range 326,130–658,980
Annual fees Busing 72,090; Lunch 10,000; EAL 105,000
One time fees Registration 4,000; Capital Levy 400,000
Graduates attending college 93%
Graduates have attended U of Cambridge, U of Oxford, King's Col London, Imperial Col London, U of Southern California

(Continued)

Bangkok Patana School (Continued)

EDUCATIONAL PROGRAM

Curriculum UK, IB Diploma, IGCSE, GenCSE
Average class size Elementary 22; Secondary 20
Language(s) of instruction English
Language(s) taught English, Thai, French, Spanish, Mandarin, Japanese, German
Staff specialists computer, counselor, ESL, learning disabilities, librarian, math resource, nurse, physician, psychologist, reading resource, speech/hearing
Special curricular programs art, instrumental music, vocal music, computer/technology, physical education
Extra curricular programs computers, community service, dance, drama, environmental conservation, excursions/expeditions, literary magazine, photography, yearbook
Sports badminton, basketball, cricket, football, golf, gymnastics, martial arts, rugby, soccer, squash, swimming, tennis, track and field, volleyball, outdoor education
Clubs youth, International Award for Young People
Examinations GCSE, IB, IGCSE, SAT, SAT II

CAMPUS FACILITIES

Location Suburban
Campus 20 hectares, 18 buildings, 107 classrooms, 9 computer labs, 793 instructional computers, 90,000 library volumes, 3 auditoriums, 2 cafeterias, 3 covered play areas, 2 gymnasiums, 2 infirmaries, 5 playing fields, 10 science labs, 3 pools, 11 tennis courts, air conditioning

CONCORDIAN INTERNATIONAL SCHOOL

Phone 66 2 706 9000
Fax 66 2 706 9001
Email enquiries@concordian.ac.th
Website www.concordian.ac.th
Address 918 Moo 8, Bangna-Trad Highway Km. 7, Bangkaew, Bangplee, Bangkok, Samutprakarn, 10540, Thailand

STAFF

Director Varnnee C. Ross
High School Principal & Academic Dean James Leung, Ph.D.
Elementary & Middle School Principal Laurent Goetschmann
Vice Principal Robert Wenger
MYP Coordinator Aloha Lavina
PYP Coordinator Inese Zvirgzdins
HR & Communications Manager Shelley Harris
Technology Coordinator Tom Johnson
Teacher Librarian Theresa Nall
Teaching staff Full time 100; Total 100
Nationalities of teaching staff US 26; UK 2; Thai 17; Other(s) (Chinese) 55

INFORMATION

Grade levels N–12
School year August–June
School type coeducational, day, proprietary
Year founded 2001
Governed by appointed Ministry of Education
Accredited by CIS, New England
Regional organizations EARCOS, ECIS
Enrollment Nursery 32; Elementary K–5 301; Middle School 6–8 71; High School 9–12 61; Total 465
Nationalities of student body US 19; UK 4; Thai 383; Other(s) (Chinese, Taiwanese) 59
Tuition/fee currency Thai Baht
Tuition range 330,000–488,250
Annual fees Lunch 20,100; Field Trip & Activities Deposit 20,000; Parent & Teacher Association Member 1,000
One time fees Registration 3,000; Entrance 200,000
Graduates attending college 100%
Graduates have attended Stanford U, U of Pennsylvania, U of British Columbia, Hong Kong U of Science & Technology, National U of Singapore

EDUCATIONAL PROGRAM

Curriculum Intl, IB Diploma, IBPYP, IBMYP
Average class size Elementary 18; Secondary 18
Language(s) of instruction English, Chinese, Thai
Language(s) taught Chinese, Thai, Spanish, French
Staff specialists computer, counselor, ESL, librarian, math resource, nurse
Special curricular programs art, instrumental music, vocal music, computer/technology, physical education
Extra curricular programs community service, dance, drama, yearbook, piano, violin, shaolin kung fu
Sports badminton, basketball, golf, soccer, softball, swimming, tennis, floor hockey
Examinations IB, PSAT, SAT, ACER

CAMPUS FACILITIES

Location Suburban
Campus 5 hectares, 6 buildings, 24 classrooms, 2 computer labs, 200 instructional computers, 35,000 library volumes, 1 auditorium, 1 cafeteria, 2 covered play areas, 1 gymnasium, 1 infirmary, 2 playing fields, 2 science labs, 2 pools, 2 tennis courts, air conditioning

International Community School

Phone 662 338 0777
Fax 662 338 0778
Email info@icsbangkok.com
Website www.icsbangkok.com
Address 1225 The Parkland Rd., Khwaeng Bangna, Khet Bangna, Bangkok, 10260, Thailand

STAFF

Head of School Darren Gentry
Student Services Coordinator Rebel Houston
Elementary Principal Elsie Poosawtsee
Middle School Principal Stephen Ladas
Thai Principal & Director Aungsana Kinghirunwatana
High School Principal Gary Opfer
Business Manager Narin Suranaowarat
Head of Technology Anchalee Tanabodeeumpon
Librarian Jeed Houston
Teaching staff Full time 80; Total 80
Nationalities of teaching staff US 59; Thai 11; Other(s) (Canadian, Australian) 10

INFORMATION

Grade levels PreK–12
School year August–June
School type coeducational, day, private non-profit
Year founded 1993
Governed by appointed ICS Local School Board
Accredited by Western
Enrollment PreK 16; Elementary K–5 308; Middle School 6–8 236; High School 9–12 327; Total 887
Nationalities of student body US 114; UK 7; Thai 467; Other(s) (Korean, Indian) 299
Tuition/fee currency Thai Baht
Tuition range 198,700–336,300
Annual fees Capital Levy 30,000; Busing 50,000; Lunch 14,000; ESL 72,100
One time fees Registration 200,000; Application 5,000
Graduates attending college 99%
Graduates have attended U of California, Berkeley, U of California, Los Angeles, Columbus Col of Art & Design, Hawaii Pacific U, Mahidol U

EDUCATIONAL PROGRAM

Curriculum US, AP
Average class size Elementary 20; Secondary 25
Language(s) of instruction English
Language(s) taught Thai, Spanish, Mandarin
Staff specialists computer, counselor, ESL, librarian, nurse
Special curricular programs art, instrumental music, vocal music, computer/technology, distance learning, physical education
Extra curricular programs community service, drama, excursions/expeditions, yearbook
Sports badminton, basketball, martial arts, soccer, volleyball
Clubs Bible, student council, Scholar's World Cup, judo, science, Boy & Cub Scouts
Examinations ACT, AP, PSAT, SAT, Stanford

CAMPUS FACILITIES

Location Urban
Campus 16 hectares, 7 buildings, 60 classrooms, 3 computer labs, 230 instructional computers, 14,600 library volumes, 1 auditorium, 2 cafeterias, 1 covered play area, 1 gymnasium, 1 infirmary, 1 playing field, 5 science labs, 1 pool, 2 tennis courts, air conditioning

INTERNATIONAL SCHOOL BANGKOK

Phone 66 2 963 5800
Fax 66 2 583 5431
Email register@isb.ac.th
Website www.isb.ac.th
Address 39/7 Soi Nichada Thani, Samakee Road, Pakkret, Nonthaburi, 11120, Thailand
Mailing address PO Box 20-1015, Ha Yaek Pakkret, Nonthaburi 11121 , Thailand

STAFF

Head of School William H. Gerritz, Ph.D.
Headmistress Usa Somboon
High School Principal Phillip Bradley
Middle School Principal James Souza
Elementary School Principal Stuan Robertson
Deputy Head of School for Learning Andrew Davies
Deputy Head of School & Chief Financial Officer Ugo Costessi
Director of Information Technology Chad Bates
Librarian Robert Rubis
Teaching staff Full time 205; Part time 19; Total 224
Nationalities of teaching staff US 133; UK 10; Thai 13; Other(s) (Canadian, Australian) 68

INFORMATION

Grade levels PreK–12
School year August–June
School type coeducational, day, private non-profit
Year founded 1951
Governed by elected Board of Trustees
Accredited by Western
Regional organizations EARCOS, ECIS
Enrollment PreK 34; Elementary K–5 600; Middle School 6–8 500; High School 9–12 700; Total 1,834
Nationalities of student body US 648; UK 32; Thai 371; Other(s) (Japanese, Korean) 783
Tuition/fee currency Thai Baht
Tuition range 398,000–721,000
One time fees Registration 240,000
Graduates attending college 99%
Graduates have attended Yale U, Stanford U, Brown U, Columbia U, Massachusetts Institute of Technology

(Continued)

INTERNATIONAL SCHOOL BANGKOK (Continued)

EDUCATIONAL PROGRAM

Curriculum US, Intl, IB Diploma, AP Exams only
Average class size Elementary 19; Secondary 20
Language(s) of instruction English
Language(s) taught English, French, Spanish, Japanese, Mandarin, Thai
Staff specialists computer, counselor, ESL, learning disabilities, librarian, math resource, nurse, psychologist, reading resource, s peech/hearing
Special curricular programs art, instrumental music, vocal music, computer/technology, physical education, Industrial Design, photography, dance, drama, jewelry design
Extra curricular programs computers, community service, dance, drama, environmental conservation, excursions/expeditions, literary magazine, newspaper, photography, yearbook, over 15 extra-curricular programs available
Sports badminton, basketball, cross-country, golf, gymnastics, rugby, soccer, softball, swimming, tennis, track and field, volleyball
Clubs More than 60 clubs offered
Examinations AP, IB, PSAT, SAT, SAT II, MAP

CAMPUS FACILITIES

Location Suburban
Campus 14 hectares, 6 buildings, 200 classrooms, 3 computer labs, 1200 instructional computers, 65,000 library volumes, 2 auditoriums, 2 cafeterias, 3 covered play areas, 2 gymnasiums, 1 infirmary, 5 playing fields, 7 science labs, 1 pool, 7 tennis courts, air conditioning

KIS International School

Phone 66 2 274 3444
Fax 66 2 274 3452
Email info@kis.ac.th
Website www.kis.ac.th
Address 999/124 Kesinee Ville, Pracha-Utit Rd., Huay-Kwang, Bangkok, 10320, Thailand

STAFF

Head of School Sally L. Holloway
Primary School Principal June van den Bos
Secondary School Principal Michael Hirsch
IB DP Coordinator Neil McDonald
IB MYP Coordinator Daniel Magie
IB PYP Coordinator Gerry Campbell
Business Director Suraphong Thunyatada
Head of Technology Piyarat Khanthap, Ph.D.
Head of Library & Media Center Gerry Campbell, Ed.D.
Teaching staff Full time 53; Part time 3; Total 56
Nationalities of teaching staff US 12; UK 8; Thai 10; Other(s) (Australian, Canadian) 26

INFORMATION

Grade levels N–12
School year August–June
School type coeducational, day
Year founded 1998
Governed by appointed and elected School Board
Accredited by CIS
Enrollment Nursery 40; PreK 25; Elementary K–5 212; Middle School 6–8 125; High School 9–12 92; Total 494
Nationalities of student body US 39; UK 19; Thai 285; Other(s) (Australian, Canadian) 151
Tuition/fee currency Thai Baht
Tuition range 243,500–487,000
Annual fees Busing 54,000; Lunch 20,500
One time fees Registration 120,000

EDUCATIONAL PROGRAM

Curriculum Intl, IB Diploma, IBPYP, IBMYP
Average class size Elementary 15; Secondary 18
Language(s) of instruction English
Language(s) taught English, Thai, Spanish, Japanese, Mandarin
Staff specialists computer, counselor, ESL, learning disabilities, librarian, nurse
Special curricular programs art, instrumental music, computer/technology, physical education
Extra curricular programs computers, community service, dance, drama, environmental conservation, excursions/expeditions, newspaper, yearbook
Sports badminton, basketball, soccer, swimming, tennis, volleyball
Clubs drama, Model UN, speed stacking, sports, student council, art, IT, newcomers
Examinations IB, SAT

CAMPUS FACILITIES

Location Urban
Campus 16 hectares, 4 buildings, 50 classrooms, 4 computer labs, 170 instructional computers, 31,000 library volumes, 1 auditorium, 1 cafeteria, 2 covered play areas, 2 gymnasiums, 1 infirmary, 1 playing field, 3 science labs, 1 pool, 2 tennis courts, air conditioning

New International School of Thailand

Phone 66 2 651 2065
Fax 66 2 253 3800
Email nist@nist.ac.th
Website www.nist.ac.th
Address 36 Sukhumvit Soi 15, Klongtoey Nua, Wattana, Bangkok, 10110, Thailand

STAFF

Head of School Simon Leslie
Deputy Head & Director of Academic Studies Adrian Watts
Secondary School Principal Julian Edwards
Elementary School Principal Paul Hamlyn
Director of Development Jaemi Hodgson
Finance & Accountancy Director Malai Bupapirak
Director of IT Jay Priebe
Librarians Stephanie Wallis & Suzanne McCluskey
Teaching staff Full time 146; Part time 8; Total 154
Nationalities of teaching staff US 25; UK 32; Thai 5; Other(s) (Australian, New Zealander) 92

INFORMATION

Grade levels PreK–13
School year August–July
School type coeducational, day, private non-profit
Year founded 1992
Governed by appointed and elected Foundation for International Education
Accredited by CIS, New England
Regional organizations AASCA, EARCOS, ECIS
Enrollment PreK 91; Elementary K–5 559; Middle School 6–8 334; High School 9–12 377; Grade 13 97; Total 1,458
Nationalities of student body US 178; UK 59; Thai 451; Other(s) (Indian, Japanese) 770
Tuition/fee currency Thai Baht
Tuition range 337,800–655,600
Annual fees Capital Levy 55,000; Busing 70,590
One time fees Registration 260,000
Graduates attending college 95%
Graduates have attended Brown U, London School of Economics, U of Melbourne, U of British Columbia, New York U

EDUCATIONAL PROGRAM

Curriculum Intl, IB Diploma, IBPYP, IBMYP
Average class size Elementary 23; Secondary 25
Language(s) of instruction English
Language(s) taught Thai, Mandarin, Spanish, French, Japanese, Hindi, Korean, (German, Finnish, grades 11–12)
Staff specialists computer, counselor, ESL, learning disabilities, librarian, math resource, nurse, psychologist, reading resource
Special curricular programs art, instrumental music, vocal music, computer/technology, distance learning, physical education, vocational, seasac sport
Extra curricular programs computers, community service, dance, drama, environmental conservation, excursions/expeditions, literary magazine, newspaper, photography, yearbook
Sports badminton, basketball, cricket, football, golf, gymnastics, rugby, soccer, softball, swimming, tennis, track and field, volleyball
Clubs environmental, Amnesty International
Examinations IB, PSAT, SAT, SAT II

CAMPUS FACILITIES

Location Urban
Campus 4 hectares, 9 buildings, 63 classrooms, 7 computer labs, 1200 instructional computers, 46,000 library volumes, 1 auditorium, 1 cafeteria, 1 covered play area, 4 gymnasiums, 1 infirmary, 2 playing fields, 5 science labs, 1 pool, 2 tennis courts, air conditioning

Data from 2009/10 school year.

Redeemer International School Thailand

Phone 66 2 916 6257
Fax 66 2 916 6279
Email inforist@rism.ac.th
Website www.rist.ac.th
Address 6/2 Ramkhamhaeng 184, Minburi, Bangkok, 10510, Thailand

STAFF

Head of School Fr. Sukhum Thanasingha, C.Ss.R.
School Director Fr. Somphong Teowtrakul, C.Ss.R.
Principal Michael Booton
Assistant Principal Sudarat Tanattanawin
School Manager Fr. Thanu Krathong, C.Ss.R.
Head of Computer Science & Technology Coordinator David Casler
Librarian Alba Uthaichalanond
Teaching staff Full time 24; Part time 2; Total 26
Nationalities of teaching staff US 15; UK 2; Thai 3; Other(s) (Japanese) 6

INFORMATION

Grade levels 1–12
School year August–June
School type coeducational, church-affiliated, day, private non-profit
Year founded 2003
Governed by appointed School Board
Sponsored by The Redemptorist Foundation of Thailand
Accredited by Western
Regional organizations EARCOS
Enrollment Elementary K–5 12; Middle School 6–8 25; High School 9–12 62; Total 99
Nationalities of student body Thai 60; Other(s) (Japanese, Korean) 39
Tuition/fee currency Thai Baht
Tuition range 498,320–615,250
One time fees Registration 200,000; Campus Development (Refundable) 200,000; Text Book Deposit (Two-thirds Refundable) 30,000
Graduates attending college 100%

EDUCATIONAL PROGRAM

Curriculum US
Average class size Elementary 10; Secondary 12
Language(s) of instruction English
Language(s) taught Thai, Japanese
Staff specialists computer, counselor, ESL, librarian, nurse, psychologist
Special curricular programs art, vocal music, computer/technology, physical education, business studies
Extra curricular programs community service, dance, drama, environmental conservation, excursions/expeditions, yearbook, extended day program
Sports badminton, baseball, basketball, golf, soccer, softball, swimming, tennis, volleyball
Examinations PSAT, SAT, Stanford, TOEFL

CAMPUS FACILITIES

Location Suburban
Campus 3 hectares, 2 buildings, 23 classrooms, 3 computer labs, 110 instructional computers, 10,000 library volumes, 1 auditorium, 1 cafeteria, 2 gymnasiums, 1 infirmary, 1 playing field, 2 science labs, 2 pools, 2 tennis courts, air conditioning

Ruamrudee International School

Phone 66 2 518 0320
Fax 66 2 518 0334
Email director@rism.ac.th
Website www.rism.ac.th
Address 6 Ramkhamhaeng 184 Road, Minburi, Bangkok, 10510, Thailand

STAFF

Head of School Rev. Fr. Apisit Kritsaralam, C.Ss.R.
Deputy Head of School Anonth Collaco
Elementary School Principal Antonia Lee Boush
Middle School Principal Sudha Maroli
High School Principal David Miller
Director of Curriculum, Technology & Professional Development Peter Matthew Toscano, Ph.D.
School Manager Anonth Collaco
MS/HS Library & Media Specialist Nancy Bono
Teaching staff Full time 153; Part time 1; Total 154
Nationalities of teaching staff US 68; UK 5; Thai 24; Other(s) (Canadian, Australian) 57

INFORMATION

Grade levels PreK–12
School year August–June
School type coeducational, church-affiliated, day, private non-profit
Year founded 1957
Governed by appointed School Board
Sponsored by The Redemptorist Foundation of Thailand
Accredited by Western
Regional organizations EARCOS, ECIS
Enrollment Nursery 15; PreK 28; Elementary K–5 360; Middle School 6–8 381; High School 9–12 722; Total 1,506
Nationalities of student body US 64; UK 4; Thai 1,118; Other(s) (Indian, Lao) 320
Tuition/fee currency Thai Baht
Tuition range 320,000–500,000
One time fees Registration 200,000; Books 30,000
Graduates attending college 100%
Graduates have attended U of Oxford, Cornell U, Columbia U, Yale U, Dartmouth Col

(Continued)

Ruamrudee International School (Continued)

EDUCATIONAL PROGRAM

Curriculum US, Intl, IB Diploma, AP
Average class size Elementary 18–20; Secondary 20–22
Language(s) of instruction English
Language(s) taught Thai, Mandarin, Japanese, French, Spanish
Staff specialists computer, counselor, ESL, learning disabilities, librarian, math resource, nurse, psychologist, reading resource, speech/hearing
Special curricular programs art, instrumental music, vocal music, computer/technology, physical education, robotics
Extra curricular programs computers, community service, dance, drama, environmental conservation, excursions/expeditions, literary magazine, newspaper, photography, yearbook
Sports badminton, basketball, cross-country, golf, rugby, soccer, softball, swimming, tennis, volleyball, t-ball
Clubs forensics, Model UN, Amnesty International, Interact Rotary, math, National Honor Society, digital art, Global Issues Network, web design, French
Examinations AP, IB, MAT, PSAT, SAT, SAT II, TOEFL, ISA

CAMPUS FACILITIES

Location Suburban
Campus 25 hectares, 12 buildings, 150 classrooms, 9 computer labs, 1500 instructional computers, 98,840 library volumes, 2 auditoriums, 4 cafeterias, 4 covered play areas, 2 gymnasiums, 1 infirmary, 4 playing fields, 15 science labs, 2 pools, 2 tennis courts, air conditioning

St. Stephen's International School

Phone 66 2 513 0270
Fax 66 2 930 3307, 513-8271
Email info@sis.edu
Website www.sis.edu
Address 998 Viphavadi Rangsit Road, Lad Yao, Chatuchak, Bangkok, 10900, Thailand

STAFF

Principal of Bangkok Campus Chris Whitfield
Assistant Principal of Bangkok Campus Kevin McGee
School Manager Supatra Angkawinijwong
Head of ICT Melanie Morison
Teaching staff Full time 40; Total 40
Nationalities of teaching staff UK 35; Other(s) (Canadian, Australian) 5

INFORMATION

Grade levels N–13
School year August–July
School type coeducational, day, proprietary
Year founded 1998
Governed by appointed School Board
Accredited by CIS, New England, World-Wide Education Service
Enrollment Nursery 13; PreK 49; Elementary K–5 157; Middle School 6–8 113; High School 9–12 76; Total 408
Nationalities of student body Thai 402; Other(s) (Chinese, Filipino) 6
Tuition/fee currency Thai Baht
Graduates attending college 100%

EDUCATIONAL PROGRAM

Curriculum UK, National, Intl, IGCSE, GenCSE
Average class size Elementary 15–20; Secondary 20–25
Language(s) of instruction English
Language(s) taught Thai, Mandarin, Spanish
Staff specialists computer, counselor, ESL, learning disabilities, librarian, math resource, nurse
Special curricular programs art, instrumental music, vocal music, computer/technology, physical education
Extra curricular programs computers, community service, dance, drama, environmental conservation, excursions/expeditions
Sports badminton, basketball, cricket, football, golf, gymnastics, martial arts, soccer, softball, swimming, track and field, volleyball
Clubs art, dance, Italian, French, origami, face painting, UNESCO, table tennis, bowling, tae kwon do
Examinations GCSE, IGCSE

CAMPUS FACILITIES

Location Urban
Campus 42 hectares, 4 buildings, 78 classrooms, 3 computer labs, 64 instructional computers, 20,000 library volumes, air conditioning

Data from 2009/10 school year.

THAI-CHINESE INTERNATIONAL SCHOOL

Phone 66 2 751 1201
Fax 66 2 751 1210
Email registrar@tcis.ac.th
Website www.tcis.ac.th
Address 101/177 Moo 7, Soi Mooban, Bangpleenives, Prasertsin Road, Bangplee, Samutprakarn, 10540, Thailand

STAFF

Academic Director & Head of High School Charles C. Knisley, Ed.D.
Thai Director Jiratchaya Jirathammakul
Head of Middle School David Swanson
Head of Lower School Susan Clark
Curriculum Coordinator Paul Henderson
Business Manager Andrew Juthapornmanee
IT Coordinator Brian Duffy
K–12 School Librarian Brad Turpin
Teaching staff Full time 91; Total 91
Nationalities of teaching staff US 60; Thai 12; Other(s) (Taiwanese, Canadian) 19

INFORMATION

Grade levels PreK–12
School year August–June
School type boarding, coeducational, day, private non-profit
Year founded 1995
Governed by elected School Board
Accredited by Western
Regional organizations EARCOS
Enrollment PreK 25; Elementary K–5 150; Middle School 6–8 250; High School 9–12 250; Total 675
Nationalities of student body US 9; UK 7; Thai 412; Other(s) (Taiwanese, Korean) 247
Tuition/fee currency Thai Baht
Tuition range 198,240–256,851
Annual fees Boarding, 7-day 350,000; Insurance 1,080; Lunch 8,190; Books 12,651; ESL 50,000; English Intensive Program 70,000; Chinese Foreign Language 30,000
One time fees Registration 100,000; Capital Levy 100,000
Boarding program grades 9–12
Boarding program length 5-day and 7-day **Boys** 10
Graduates attending college 100%
Graduates have attended Carnegie Mellon U, National Taiwan U, U of California, Los Angeles, Chulalongkorn U, U of Michigan

(Continued)

THAI-CHINESE INTERNATIONAL SCHOOL (Continued)

EDUCATIONAL PROGRAM

Curriculum US, Intl, AP
Average class size Elementary 15; Secondary 22
Language(s) of instruction English
Language(s) taught Thai, Mandarin, Spanish, French, Japanese
Staff specialists computer, counselor, ESL, learning disabilities, librarian, nurse
Special curricular programs art, instrumental music, vocal music, computer/technology, physical education, robotics, jewelry design
Extra curricular programs computers, community service, dance, drama, environmental conservation, excursions/expeditions, literary magazine, newspaper, yearbook
Sports badminton, baseball, basketball, cross-country, football, golf, soccer, softball, swimming, tennis, track and field, volleyball, golf
Clubs chess, math, junior council, student council, environmental, jazz ensemble, forensics, drama
Examinations ACT, AP, MAT, PSAT, SAT, SAT II, Stanford, TOEFL, MAP

CAMPUS FACILITIES

Location Suburban
Campus 1 hectare, 6 buildings, 102 classrooms, 5 computer labs, 278 instructional computers, 49,500 library volumes, 2 auditoriums, 2 cafeterias, 3 gymnasiums, 1 infirmary, 1 playing field, 6 science labs, 2 pools, 2 tennis courts, air conditioning

American Pacific International School

Phone 66 53 365 303
Fax 66 53 365 304
Email hmapis@apis.ac.th
Website www.apis.ac.th
Address 158/1 Moo 3 Hangdong-Samoeng Road, Banpong, Hangdong, Chiang Mai, 50230, Thailand

STAFF

Deputy Head Holly Gardner
Thai Head of School Panthip Kolyanee
Thai Head of School Ladda Ahmad-Mahidi
Admissions and Marketing Director Kathyrn Phillips
Principal of Nursery–Grade 5 Patsy Wecker

INFORMATION

Grade levels N–12
School year August–June
School type boarding, coeducational, day, proprietary
Year founded 1997
Governed by appointed Board of Trustees
Sponsored by Kritsanant Palarit
Accredited by Western
Regional organizations EARCOS
Graduates attending college 90%
Graduates have attended Allegheny Col, Boston U, Monash U, Richmond U, Trent U

EDUCATIONAL PROGRAM

Curriculum US, Intl, IBPYP, AP
Average class size Elementary 15; Secondary 15
Language(s) of instruction English
Language(s) taught Mandarin , Japanese, Thai

CAMPUS FACILITIES

Location Rural
Campus 4 hectares, 8 buildings, 28 classrooms, 1 computer lab, 30 instructional computers, 10,000 library volumes, 1 auditorium, 1 cafeteria, 2 covered play areas, 1 gymnasium, 1 infirmary, 1 playing field, 2 science labs, 2 pools, 3 tennis courts, air conditioning

Data from 2009/10 school year.

Chiang Mai International School

Phone 66 53 306 152
Fax 66 53 242 455
Email info@cmis.ac.th
Website www.cmis.ac.th
Address 13 Chetupon Road, Tambon Watket, Amphur Muang, Chiang Mai, 50000, Thailand
Mailing address P.O. Box 38, 13 Chetupon Road, Chiang Mai, Thailand 50000

STAFF

Director Supaporn Yanasarn
Principal Robert Lance Potter, Ph.D.
Secondary School Vice Principal Gerry Steiert
Elementary School Vice Principal Barbara Burleigh
Administrative Assistant Nuansiri Maneethien
IT Systems Administrator Bradley Shank
Librarian Ruth Erickson
Teaching staff Full time 64; Total 64
Nationalities of teaching staff US 29; UK 4; Thai 9; Other(s) (Canadian, Australian) 22

INFORMATION

Grade levels PreK–12
School year August–June
School type coeducational, church-affiliated, day, private non-profit
Year founded 1954
Governed by appointed School Board
Sponsored by Foundation of the Church of Christ in Thailand
Accredited by Western
Regional organizations EARCOS
Enrollment PreK 12; Elementary K–5 188; Middle School 6–8 116; High School 9–12 155; Total 471
Nationalities of student body US 89; UK 23; Thai 95; Other(s) (Korean, Canadian) 264
Tuition/fee currency Thai Baht
Tuition range 154,000–340,000
One time fees Registration 65,000; Application 2,000
Graduates attending college 95%
Graduates have attended State U of New York, Plattsburg, U of Sheffield, The Australian National U, U of British Columbia, Chulalongkorn U

(Continued)

CHIANG MAI INTERNATIONAL SCHOOL (Continued)

EDUCATIONAL PROGRAM

Curriculum US, Intl, AP
Average class size Elementary 18; Secondary 20
Language(s) of instruction English
Language(s) taught Thai, French, Mandarin, Spanish
Staff specialists computer, counselor, ESL, librarian, nurse, reading resource
Special curricular programs art, instrumental music, computer/technology, physical education, drama
Extra curricular programs community service, dance, drama, environmental conservation, excursions/expeditions, yearbook, fencing
Sports badminton, basketball, cross-country, gymnastics, rugby, soccer, swimming, tennis, track and field, volleyball, futsal, street hockey
Clubs Boy Scouts, Kendo, gymnastics, tae kwon do, Thai music & dance, strength training, ROTC
Examinations AP, MAT, PSAT, SAT, SAT II, Stanford, ISA

CAMPUS FACILITIES

Location Urban
Campus 6 buildings, 23 classrooms, 3 computer labs, 52 instructional computers, 12,000 library volumes, 1 auditorium, 1 cafeteria, 3 covered play areas, 1 gymnasium, 1 infirmary, 1 playing field, 2 science labs, air conditioning

LANNA INTERNATIONAL SCHOOL THAILAND

Phone 66 53 806 231
Fax 66 53 806 230 ext 16
Email head@lannaist.ac.th
Website www.lannaist.ac.th
Address 300 Grandview Moo 10, Chiang-Mai to Hang Dong Road, Chiang Mai, 50100, Thailand

STAFF

Head of School Roy Lewis
Thai Director Cherdchaisiri Suwimonprapas
Elementary Principal Christopher Jenkins
Secondary Principal Kevin Pugh
Business Manager Surin De Muth
ICT Teacher Becan MacQuibban
Teaching staff Full time 48; Part time 1; Total 49
Nationalities of teaching staff US 4; UK 21; Thai 9; Other(s) (Australian, Canadian) 15

INFORMATION

Grade levels PreK–12
School year August–June
School type coeducational, day, proprietary
Year founded 1993
Governed by appointed and elected Board of Investors/Advisory Board
Sponsored by High Standard International Consultant Co. Ltd
Accredited by Western
Regional organizations EARCOS
Enrollment PreK 12; Elementary K–5 128; Middle School 6–8 76; High School 9–12 68; Total 284
Nationalities of student body US 26; UK 30; Thai 65; Other(s) (Korean, Japanese) 163
Tuition/fee currency Thai Baht
Tuition range 95,000–252,000
Annual fees Insurance 600; Busing 24,000; Lunch 11,000; ESL 52,000
One time fees Registration 12,000; Capital Levy 30,000; Book Deposit 10,000; Application/Pre-testing 4,000
Graduates attending college 100%
Graduates have attended Boston Col, Deakin U, U of Alaska Fairbanks, Mahidol U, Chiang Mai U

EDUCATIONAL PROGRAM

Curriculum UK, National, Intl, AP, IGCSE, AS/Alevels
Average class size Elementary 16; Secondary 10
Language(s) of instruction English
Language(s) taught Thai, Chinese, French
Staff specialists computer, counselor, ESL, learning disabilities, librarian, nurse
Special curricular programs art, instrumental music, vocal music, computer/technology, physical education
Extra curricular programs computers, community service, drama, environmental conservation, excursions/expeditions, literary magazine, newspaper, yearbook
Sports badminton, basketball, cricket, cross-country, football, soccer, swimming, track and field, volleyball
Clubs Model UN
Examinations A-level GCE, GCSE, IGCSE, PSAT, SAT, SAT II, IELTS

CAMPUS FACILITIES

Location Suburban
Campus 5 buildings, 40 classrooms, 1 computer lab, 45 instructional computers, 18,000 library volumes, 1 cafeteria, 1 covered play area, 1 infirmary, 1 playing field, 3 science labs, 1 pool, air conditioning

International School Eastern Seaboard

Phone 66 3 837 2591
Fax 66 3 837 2590
Email ise@ise.ac.th
Website www.ise.ac.th
Address 282 Moo 5, Tambon Bowin, Chonburi, 20230, Thailand
Mailing address PO Box 6, Banglamung, Chonburi, 20150 Thailand

STAFF

Superintendent & Secondary Principal Robert W. Brewitt, Ed.D.
Secondary Coordinator Andrew McDermid
Elementary Principal Heather Naro
IB Coordinator Tim Overacker
Chief Financial Officer Charlie Chuvapituck
Technology Coordinator Megan Eastlake
Librarian John Pahls
Teaching staff Full time 45; Part time 2; Total 47
Nationalities of teaching staff US 25; UK 5; Thai 4; Other(s) (Canadian) 13

INFORMATION

Grade levels N–12
School year August–June
School type coeducational, day, proprietary
Year founded 1994
Governed by appointed Board of Directors
Sponsored by Investors
Accredited by Western
Regional organizations EARCOS
Enrollment Nursery 11; PreK 44; Elementary K–5 120; Middle School 6–8 95; High School 9–12 75; Total 345
Nationalities of student body US 32; UK 4; Korean 105; Other(s) (Japanese, German) 204
Tuition/fee currency Thai Baht
Tuition range 211,100–430,000
Annual fees Busing 60,000; ESL 101,100
One time fees Registration 83,000; Capital Levy 155,000
Graduates attending college 100%
Graduates have attended Purdue U, U of Washington, U of Toronto, Chulalongkorn U, U of Melbourne

EDUCATIONAL PROGRAM

Curriculum US, IB Diploma
Average class size Elementary 18; Secondary 15
Language(s) of instruction English, Thai, Korean, Japanese
Language(s) taught Thai, Spanish, Japanese, Korean
Staff specialists computer, ESL, librarian, nurse, reading resource, speech/hearing
Special curricular programs art, instrumental music, vocal music, computer/technology, physical education, drama
Extra curricular programs computers, community service, dance, drama, environmental conservation, excursions/expeditions, yearbook
Sports basketball, cricket, cross-country, golf, soccer, softball, swimming, tennis, track and field, volleyball
Clubs Model UN, National Honor Society, Creativity Action Service, drama society, student council, concert band, math, art, jazz band
Examinations IB, PSAT, SAT, SAT II, TOEFL, MAP

CAMPUS FACILITIES

Location Rural
Campus 10 hectares, 12 buildings, 32 classrooms, 4 computer labs, 120 instructional computers, 17,000 library volumes, 1 auditorium, 1 cafeteria, 2 covered play areas, 2 gymnasiums, 1 infirmary, 4 playing fields, 4 science labs, 1 pool, 2 tennis courts, air conditioning

QSI International School of Phuket

Phone 66 (0)76 524 064
Fax 66 (0)76 524 064
Email qsi@phuketinternet.co.th
Website www.qsi.org/pkt_home/pkt_home.htm
Address 8 1/4 Moo 1, Chalemprakiat R.9, Soi Teepaksong Samkong, T. Kathu A. Kathu, Phuket, Phuket, 83120, Thailand

STAFF

Director Alan J. Siporin
Thai Director Jantira Nobnorb
Director of Instruction Matthew Zandstra
Office Manager Angelika Langner
Technology Coordinator & Teacher Dave Moody
Library Coordinator Marivic Maxwell
Teaching staff Full time 24; Total 24
Nationalities of teaching staff US 14; Thai 6; Other(s) (Australian, New Zealander) 4

INFORMATION

Grade levels PreK–12
School year August–June
School type coeducational, day, private non-profit
Year founded 2000
Governed by appointed Board of Directors
Accredited by Middle States
Enrollment PreK 10; Elementary K–5 37; Middle School 6–8 39; High School 9–12 54; Total 140
Nationalities of student body US 23; UK 11; Thai 22; Other(s) (Korean, French) 84
Tuition/fee currency US Dollar
Tuition range 3,000–9,400
Annual fees Capital Levy 1,600; Insurance 15; Busing 500; Lunch 350; Uniform Shirt 15
One time fees Registration 300
Graduates attending college 100%
Graduates have attended ESEC Cinema School, Glion Institute of Hotel Management, Blue Mountain Hotel School, Curtin U, James Madison U

EDUCATIONAL PROGRAM

Curriculum US, AP, Thai Culture
Average class size Elementary 9; Secondary 16
Language(s) of instruction English
Language(s) taught Thai
Staff specialists computer, counselor, ESL, librarian, reading resource
Special curricular programs art, instrumental music, vocal music, computer/technology, distance learning, physical education
Extra curricular programs computers, community service, dance, drama, environmental conservation, excursions/expeditions, newspaper, photography, yearbook, Thai dancing
Sports badminton, baseball, basketball, cricket, cross-country, golf, gymnastics, hockey, martial arts, rugby, soccer, softball, swimming, track and field, volleyball, chair ball, scuba diving
Clubs student government
Examinations AP, PSAT, SAT, MAP

CAMPUS FACILITIES

Location Suburban
Campus 4 hectares, 3 buildings, 23 classrooms, 1 computer lab, 23 instructional computers, 4,100 library volumes, 1 cafeteria, 2 covered play areas, 1 infirmary, 3 playing fields, 1 science lab, air conditioning

TIMOR-LESTE

Area:	14,874 sq km
Population:	1,154,625
Capital:	Dili
Currency:	US Dollar
Languages:	Tetum, Portuguese

Dili International School

Phone +670 731 6065 (after 1 pm daily)
Email managerdis@gmail.com
Website www.distimor.com
Address 14 Rue Avenue de Portugal, Pantai Kelapa, Dili, Timor-Leste
Mailing address PO Box 83, Darwin 0801, Northern Territory, Australia

STAFF

Principal Alison Bailey
Manager Carmel Bates
Finance Manager Tony Haritos
Teaching staff Full time 15; Part time 5; Total 20
Nationalities of teaching staff US 1; UK 1; Australian 10; Other(s) 8

INFORMATION

Grade levels PreK–12
School year January–December
School type coeducational, day, proprietary
Year founded 2003
Enrollment PreK 35; Elementary K–5 40; Middle School 6–8 25; High School 9–12 15; Total 115
Nationalities of student body US 10; UK 5; Australian 50; Other(s) 50
Tuition/fee currency US Dollar
Tuition range 7,000–15,000

EDUCATIONAL PROGRAM

Curriculum Intl
Language(s) of instruction English
Special curricular programs art, instrumental music, vocal music, physical education
Extra curricular programs computers
Sports basketball, soccer, swimming, tennis

CAMPUS FACILITIES

Location Suburban
Campus air conditioning

QSI International School of Dili

Phone 670 332 2389
Email dili@qsi.org
Website www.qsi.org/etm_home/etm_home.htm
Address Aldea 04 Marconi, Suco Fatuhada, Sub Distrito Dom Aleixo, Dili, Timor-Leste
Mailing address QSI Director, 8250 Dili Place, Dulles, Va. 20189-8250, USA

STAFF

Director Valerie A. Mullen, Ed.D.
Administrative Assistant Daniel Neri
Teaching staff Full time 11; Part time 3; Total 14
Nationalities of teaching staff US 3; UK 1; Other(s) (Canadian, Filipino) 10

INFORMATION

Grade levels PreK–12
School year August–June
School type coeducational, day, private non-profit
Year founded 2005
Sponsored by Quality Schools International
Enrollment PreK 24; Elementary K–5 31; Middle School 6–8 10; High School 9–12 10; Total 75
Nationalities of student body US 8; UK 5; Timorese 9; Other(s) (Australian) 53
Tuition/fee currency US Dollar
Tuition 15,400
Annual fees Capital Levy 1,600
One time fees Registration 300

EDUCATIONAL PROGRAM

Curriculum US
Average class size Elementary 9; Secondary 8
Language(s) of instruction English
Language(s) taught Spanish
Staff specialists computer, ESL
Special curricular programs art, vocal music, computer/technology, distance learning, physical education
Extra curricular programs computers, dance, drama, environmental conservation, excursions/expeditions, yearbook, art
Sports badminton, basketball, gymnastics, soccer, softball, swimming, tennis, track and field, volleyball
Examinations Iowa, PSAT, SAT

CAMPUS FACILITIES

Location Urban
Campus 5 buildings, 6 classrooms, 1 computer lab, 20 instructional computers, 1,500 library volumes, 1 covered play area, 1 playing field, air conditioning

TRINIDAD AND TOBAGO

TRINIDAD AND TOBAGO

Area:	5,128 sq km
Population:	1,228,691
Capital:	Port-of-Spain
Currency:	Trinidad and Tobago Dollar (TTD)
Languages:	English, Caribbean Hindustani

The International School of Port of Spain

Phone 868 633 4777
Fax 868 632 4595
Email slrique@isps.edu.tt
Website www.isps.edu.tt
Address 1 International Drive, Westmoorings, Trinidad and Tobago
Mailing address #POS 1369, 1601 NW 97th Avenue, PO Box 025307, Miami, FL 33102-5307, USA

STAFF

Director Eric Larson
High School Principal John Horsfall
Middle School Principal Alicia Solozano
Elementary School Principal Suzette Julien
Business & Finance Manager Nadine Pereira
Head of Technology Arnold Thomas
Head of Library & Media Center Debbie Jacob
Teaching staff Full time 55; Part time 5; Total 60
Nationalities of teaching staff US 8; UK 5; Trinidadian 42; Other(s) (Venezuelan, Australian) 5

INFORMATION

Grade levels PreK–12
School year August–June
School type coeducational, day
Year founded 1994
Governed by appointed and elected Board of Directors
Sponsored by US Embassy, EOG Resources, bpTT, British Gas
Accredited by Southern
Regional organizations AASSA
Enrollment PreK 15; Elementary K–5 175; Middle School 6–8 95; High School 9–12 160; Total 445
Nationalities of student body US 85; UK 54; Trinidadian 180; Other(s) (Venezuelan) 126
Tuition/fee currency US Dollar
Tuition range 9,875–14,844
Annual fees Insurance 10
One time fees Registration 100; Capital Levy 6,000
Graduates attending college 95%
Graduates have attended Cornell U, Boston Col, Yale U, Princeton U, Stanford U

(Continued)

THE INTERNATIONAL SCHOOL OF PORT OF SPAIN (Continued)

EDUCATIONAL PROGRAM

Curriculum US, Intl, IBPYP, AP
Average class size Elementary 16; Secondary 16
Language(s) of instruction English
Language(s) taught Spanish, French
Staff specialists computer, counselor, ESL, learning disabilities, librarian, nurse
Special curricular programs art, instrumental music, vocal music, computer/technology, distance learning, physical education
Extra curricular programs community service, dance, environmental conservation, excursions/expeditions, yearbook
Sports badminton, basketball, cricket, gymnastics, martial arts, rugby, soccer, swimming, tennis, volleyball
Clubs Spanish, dive
Examinations ACT, AP, Iowa, PSAT, SAT, SAT II

CAMPUS FACILITIES

Location Suburban
Campus 1 hectare, 1 building, 30 classrooms, 7 computer labs, 220 instructional computers, 17,192 library volumes, 1 auditorium, 1 cafeteria, 1 covered play area, 1 gymnasium, 1 infirmary, 2 playing fields, 5 science labs, air conditioning

TUNISIA

Area:	163,610 sq km
Population:	10,589,025
Capital:	Tunis
Currency:	Tunisian Dinar (TND)
Languages:	Arabic, French

American Cooperative School of Tunis

Phone 216 71 760 905
Fax 216 71 761 412
Email american.school@acst.intl.tn
Website www.acst.net
Address Km 10 Route de la Marsa, Cite Taieb M'Hiri, Laouini, 2045, Tunisia
Mailing address c/o BP 150 (ACST), Cite Taieb M'Hiri, 2045 Laouini, Tunisia

STAFF

Director Allan R. Bredy
Secondary Principal Paul Sexton
Elementary Principal Barbara Alken
Secondary Guidance Diane Mills Hart
Elementary Guidance Jennifer Caldwell
IB Coordinator Elizabeth Thornton
Business Manager Faouzi Ben Sedrine
Finance Director Erik Do Valle
Director of Technology Fredrick Park
Elementary School Librarian Gwen Martin
Upper School Librarian Karen Lindsay
Teaching staff Full time 59; Part time 6; Total 65
Nationalities of teaching staff US 35; UK 4; Tunisian 10; Other(s) (German, Nigerian) 16

INFORMATION

Grade levels PreK–12
School year August–June
School type coeducational, day, private non-profit
Year founded 1959
Governed by elected Board of Governors
Sponsored by U.S. Office of Overseas Schools
Accredited by CIS, Middle States
Regional organizations ECIS, MAIS, NESA
Enrollment PreK 32; Elementary K–5 270; Middle School 6–8 120; High School 9–12 150; Total 572
Nationalities of student body US 130; UK 30; Tunisian 35; Other(s) (Nigerian, German) 377
Tuition/fee currency US Dollar
Tuition range 9,190–20,770
Annual fees Capital Levy 1,600; Busing 1,330
One time fees Registration 9,600; Testing/Placement 120
Graduates attending college 98%
Graduates have attended U of Oxford, McGill U, U of Virginia, Carleton Col, Duke U

(Continued)

AMERICAN COOPERATIVE SCHOOL OF TUNIS (Continued)

EDUCATIONAL PROGRAM

Curriculum US, Intl, IB Diploma
Average class size Elementary 22; Secondary 18
Language(s) of instruction English
Language(s) taught English, French, Arabic, German
Staff specialists computer, counselor, ESL, learning disabilities, librarian, nurse, reading resource
Special curricular programs art, instrumental music, vocal music, computer/technology, physical education, Tunisian studies
Extra curricular programs computers, community service, dance, drama, environmental conservation, excursions/expeditions, literary magazine, newspaper, yearbook
Sports baseball, basketball, cross-country, martial arts, soccer, swimming, track and field, volleyball
Clubs National Honor Society, student council, community service, intramural sports, Girl Scouts
Examinations ACT, AP, IB, PSAT, SAT, SAT II, TOEFL, MAP, Gates MacGinitie Reading Test

CAMPUS FACILITIES

Location Suburban
Campus 3 hectares, 18 buildings, 56 classrooms, 4 computer labs, 180 instructional computers, 25,000 library volumes, 1 auditorium, 1 cafeteria, 3 covered play areas, 2 gymnasiums, 1 infirmary, 1 playing field, 3 science labs, 1 pool, air conditioning

TURKEY

TURKEY

Area:	783,562 sq km
Population:	77,804,122
Capital:	Ankara
Currency:	Turkish Lira (TRY)
Languages:	Turkish, Kurdish

Bilkent Laboratory & International School

Phone 90 312 290 8201
Fax 90 312 266 4963
Email school@blis.bilkent.edu.tr
Website www.blis.bilkent.edu.tr
Address East Campus, Bilkent, Ankara, 06800, Turkey

STAFF

Director General James J. Swetz
Associate Director General for Secondary Jim Costigan
Associate Director General for Elementary Daniel Keller
Middle School Principal Chris Green
Turkish Principal–International Section Tayfun Durakcay
Turkish Principal–High School Aysegul Erdem
Administrative Manager & Turkish Principal (Elementary) Gulcan Ataman
Head Librarian Melanie Swetz
Teaching staff Full time 105; Part time 2; Total 107
Nationalities of teaching staff US 22; UK 5; Turk 54; Other(s) (Canadian, Australian) 26

INFORMATION

Grade levels PreK–12
School year September–June
School type coeducational, day, private non-profit
Year founded 1993
Governed by appointed Board of Directors
Accredited by CIS, New England
Regional organizations ECIS
Enrollment PreK 36; Elementary K–5 243; Middle School 6–8 135; High School 9–12 180; Total 594
Nationalities of student body US 17; UK 11; Turk 504; Other(s) (Italian, Pole) 62
Tuition/fee currency US Dollar
Tuition range 11,015–27,225
Annual fees Busing 2,680; Lunch 1,535; Books 500
One time fees Registration 200
Graduates attending college 100%
Graduates have attended Yale U, Stanford U, Massachusettes Institute of Technology, Johns Hopkins U, U of Chicago

(Continued)

BILKENT LABORATORY & INTERNATIONAL SCHOOL (Continued)

EDUCATIONAL PROGRAM

Curriculum National, Intl, IB Diploma, IBPYP, IGCSE, Turkish National Curriculum
Average class size Elementary 16; Secondary 15
Language(s) of instruction English, Turkish
Language(s) taught French, German, Spanish
Staff specialists computer, counselor, ESL, learning disabilities, librarian, nurse, psychologist
Special curricular programs art, instrumental music, vocal music, computer/technology, physical education
Extra curricular programs community service, drama, environmental conservation, excursions/expeditions, literary magazine, yearbook
Sports basketball, cricket, cross-country, golf, gymnastics, martial arts, skiing, soccer, softball, swimming, tennis, track and field, volleyball
Clubs Math Society, chemistry, chess, philosophy, poetry, Flamenco guitar, comic book, Light & Sound, debate, film
Examinations GCSE, IB, IGCSE, PSAT, SAT, SAT II, ISA

CAMPUS FACILITIES

Location Suburban
Campus 1 hectare, 8 buildings, 80 classrooms, 3 computer labs, 70 instructional computers, 23,600 library volumes, 1 auditorium, 3 cafeterias, 1 gymnasium, 2 infirmaries, 2 playing fields, 5 science labs

Oasis International School

Phone 90 312 285 7524
Fax 90 312 286 0560
Email ankara@oasisis.org
Website www.oisankara.org
Address 362 Sokak No 5, 1558 Caddesi, Cigdem Mah., Ankara, 06530, Turkey

STAFF

Director Ross Campbell
Assistant Principal Brenda Morton
Business Administrator Troy Lundy
IT Director Chris Puckett
Librarian Jenna Newcomer
Teaching staff Full time 18; Part time 3; Total 21
Nationalities of teaching staff US 19; Turk 1; Other(s) (South African) 1

INFORMATION

Grade levels PreK–12
School year August–June
School type coeducational, day
Year founded 2004
Sponsored by Oasis International Schools
Accredited by Middle States
Enrollment PreK 10; Elementary K–5 125; Middle School 6–8 60; High School 9–12 45; Total 240
Nationalities of student body US 100; Other(s) (Korean) 140
Tuition/fee currency US Dollar
Tuition range 7,500–13,000
Annual fees Capital Levy 500; ESL 400; Educational Therapy 2,000
Graduates attending college 98%
Graduates have attended Northwestern U, Wheaton Col, Texas A&M U, Columbia International U

EDUCATIONAL PROGRAM

Curriculum US, Intl
Average class size Elementary 20; Secondary 18
Language(s) of instruction English
Language(s) taught Spanish, Turkish, German
Staff specialists computer, counselor, ESL, learning disabilities, librarian
Special curricular programs art, instrumental music, vocal music, computer/technology, physical education
Extra curricular programs community service, dance, drama, yearbook
Sports basketball, cross-country, martial arts, soccer, tennis, volleyball
Clubs cooking, geography, chess stock investment, Bible, band, choir, handbells, Model UN
Examinations AP, PSAT, SAT, Stanford

CAMPUS FACILITIES

Location Urban
Campus 1 building, 20 classrooms, 2 computer labs, 40 instructional computers, 8,000 library volumes, 1 cafeteria, 1 infirmary, 1 playing field, 4 science labs

ENKA OKULLARI-ENKA SCHOOLS

Phone 90 212 276 0545
Fax 90 212 276 8294
Email mailbox@enkaschools.k12.tr
Website www.enkaschools.k12.tr
Address Sadi Gulcelik Spor Sitesi, Istinye, Istanbul, 34460, Turkey

STAFF

Director Darlene J. Fisher
Primary School Principal Filiz Aktepe
High School Principal Mustafa Balkas
Preschool Principal Ayten Yilmaz
Primary Assistant Principal Hulya Kapdan
Lise Assistant Principal Erkan Gultekin
Business Manager Cumhur Goksoy
Technology Coordinator Cetin Artan
Librarian Cara Keyman
Teaching staff Full time 155; Part time 9; Total 164
Nationalities of teaching staff US 10; UK 5; Turk 132; Other(s) (Australian, Canadian) 17

INFORMATION

Grade levels PreK–12
School year September–June
School type coeducational, company-sponsored, day, private non-profit
Year founded 1995
Governed by appointed Board of Trustees
Sponsored by Enka Holdings
Regional organizations ECIS
Enrollment PreK 64; Elementary K–5 528; Middle School 6–8 268; High School 9–12 250; Total 1,110
Nationalities of student body Turk 1,107; Other(s) (Russian, Azerbaijani) 3
Tuition/fee currency Turkish Lira
Tuition range 17,000–24,000
Annual fees Lunch 1,899
Graduates attending college 98%
Graduates have attended Harvard U, Duke U, Carnegie Mellon U, Brown U, McGill U

EDUCATIONAL PROGRAM

Curriculum National, Intl, IB Diploma, IBPYP
Average class size Elementary 22; Secondary 18
Language(s) of instruction English, Turkish
Language(s) taught English, Turkish, French, German
Staff specialists computer, counselor, ESL, learning disabilities, librarian, nurse, physician, reading resource
Special curricular programs art, instrumental music, vocal music, computer/technology, physical education
Extra curricular programs computers, community service, dance, drama, environmental conservation, excursions/expeditions, literary magazine, newspaper, yearbook
Sports basketball, football, gymnastics, martial arts, skiing, soccer, swimming, tennis, track and field
Examinations IB, Turkish National

CAMPUS FACILITIES

Location Suburban
Campus 10 hectares, 2 buildings, 105 classrooms, 5 computer labs, 150 instructional computers, 35,000 library volumes, 1 auditorium, 3 cafeterias, 2 gymnasiums, 2 infirmaries, 1 playing field, 3 science labs, 2 pools, 10 tennis courts

Istanbul International Community School

Phone 90 212 857 8264
Fax 90 212 857 8270
Email headmast@iics.k12.tr
Website www.iics.k12.tr
Address Karaagac Koyu, Hadimkoy, Istanbul, 34866, Turkey

STAFF

Head of School Peter Welch
Primary Principal Sean Murphy
Secondary Principal Paul Sebastian
Primary Vice Principal Jonathan Twigg
University Counselor Lane Ceylan
Business Manager Nalan Yalcin
Head of Technology Ash Esmail
Librarian Amanda Bond
Teaching staff Full time 64; Part time 2; Total 66
Nationalities of teaching staff US 12; UK 16; Turk 3; Other(s) (Australian, Canadian) 35

INFORMATION

Grade levels N–12
School year August–June
School type coeducational, day, private non-profit
Year founded 1911
Governed by appointed and elected Volunteer Board
Accredited by CIS, New England
Regional organizations CEESA, ECIS
Enrollment Nursery 42; PreK 36; Elementary K–5 187; Middle School 6–8 108; High School 9–12 163; Total 536
Nationalities of student body US 130; UK 60; Other(s) (German, Korean) 346
Tuition/fee currency US Dollar
Tuition range 13,500–26,850
One time fees Registration 500; Capital Levy 2,500
Graduates attending college 98%
Graduates have attended Brown U, McGill U, Columbia U, U of Exeter, Boston U

EDUCATIONAL PROGRAM

Curriculum Intl, IB Diploma, IBPYP, IBMYP
Average class size Elementary 16; Secondary 19
Language(s) of instruction English
Language(s) taught French, German, Spanish (grades 11 and 12), Turkish (Turkish Culture)
Staff specialists computer, counselor, learning disabilities, librarian, nurse, psychologist
Special curricular programs art, instrumental music, vocal music, computer/technology, physical education, design technology, theater arts
Extra curricular programs computers, community service, dance, drama
Sports badminton, basketball, cross-country, martial arts, soccer, softball, tennis, volleyball, table tennis, ballet, swimming, field hockey
Clubs Model UN, Math Counts, Knowledge Bowl, student leadership
Examinations IB, SAT

CAMPUS FACILITIES

Location Suburban
Campus 13 hectares, 2 buildings, 40 classrooms, 4 computer labs, 94 instructional computers, 16,000 library volumes, 1 auditorium, 1 cafeteria, 2 covered play areas, 1 gymnasium, 1 infirmary, 3 playing fields, 4 science labs, 2 tennis courts, air conditioning

THE KOÇ SCHOOL

Phone 90 216 585 6282
Fax 90 216 304 1048
Email info@kocschool.k12.tr
Website www.kocschool.k12.tr
Address PK 60-Tuzla, Istanbul, 34941, Turkey

STAFF

General Director Robert Lennox
Assistant General Director Jale Onur, Ph.D.
Elementary School Director Mesrure Tekay
High School Director Koray Ozsarac
Chief Financial Officer Aynur Demirayak
Head of Information & Communications David Cousens
Head Librarian Sebnem Yalcin
Teaching staff Full time 303; Part time 4; Total 307
Nationalities of teaching staff US 30; UK 11; Turk 238; Other(s) (Canadian, French) 28

INFORMATION

Grade levels K–12
School year September–June
School type boarding, coeducational, day, private non-profit
Year founded 1988
Governed by appointed Board of Trustees
Regional organizations ECIS, NESA
Enrollment Elementary K–5 688; Middle School 6–8 452; High School 9–12 936; Total 2,076
Nationalities of student body Turk 2,074; Other(s) (Korean) 2
Tuition/fee currency US Dollar
Tuition range 17,435–32,160
Annual fees Boarding, 5-day 27,216; Boarding, 7-day 32,160
Boarding program grades 9–12
Boarding program length 5-day and 7-day **Boys** 93 **Girls** 78
Graduates attending college 100%
Graduates have attended Harvard U, Yale U, Princeton U, Massachusetts Institute of Technology, Stanford U

EDUCATIONAL PROGRAM

Curriculum National, Intl, IB Diploma
Average class size Elementary 24; Secondary 22
Language(s) of instruction English, Turkish
Language(s) taught Turkish, English, French, Spanish, German
Staff specialists computer, counselor, ESL, learning disabilities, librarian, math resource, nurse
Special curricular programs art, instrumental music, computer/technology, physical education
Extra curricular programs computers, community service, dance, drama, environmental conservation, excursions/expeditions, literary magazine, newspaper, photography, yearbook
Sports basketball, football, gymnastics, skiing, tennis, track and field, volleyball
Clubs Model UN, archeology, European Youth, ceramics, arts, photography
Examinations IB, SAT, National

CAMPUS FACILITIES

Location Suburban
Campus 300 hectares, 2 buildings, 118 classrooms, 6 computer labs, 202 instructional computers, 68,388 library volumes, 2 auditoriums, 2 cafeterias, 1 covered play area, 2 gymnasiums, 2 infirmaries, 4 playing fields, 8 science labs, 2 tennis courts

Robert College

Phone 90 212 359 2211
Fax 90 212 287 0117
Email jchandler@robcol.k12.tr
Website www.robcol.k12.tr
Address Kurucesme Cad. No. 87, Arnavutkoy, Istanbul, 34345, Turkey

STAFF

Head of School John R. Chandler
Turkish Assistant Head Guler Erdur
Academic Director Maria Orhon
Dean of Student Affairs Margaret Halicioglu
Dean of Student Activities Joseph Welch
Director of Alumni & Development Leyla Aktay
Director of Business & Finance Umran Ungun
Director of Technical Computing Metin Ferhatoglu
Director of Library John Royce
Teaching staff Full time 104; Part time 4; Total 108
Nationalities of teaching staff US 31; UK 11; Turk 54; Other(s) (Australian, Canadian) 12

INFORMATION

Grade levels 9–12
School year September–June
School type boarding, coeducational, day, private non-profit
Year founded 1863
Governed by elected Board of Trustees & Ministry of Education
Regional organizations ECIS, NESA
Enrollment Middle School 6–8 220; High School 9–12 755; Total 975
Nationalities of student body Turk 975
Tuition/fee currency Turkish Lira
Tuition 29,200
Annual fees Boarding, 5-day 12,300; Lunch 1,500; Books 500
Boarding program grades 9–12
Boarding program length 5-day and 7-day **Boys** 100 **Girls** 85
Graduates attending college 100%
Graduates have attended Oxford U, Yale U, Princeton U, Brown U, Harvard U

EDUCATIONAL PROGRAM

Curriculum US, National, AP
Average class size Secondary 22
Language(s) of instruction English, Turkish
Language(s) taught German, French
Staff specialists computer, counselor, librarian, nurse, physician, psychologist
Special curricular programs art, instrumental music, vocal music, computer/technology, physical education
Extra curricular programs computers, community service, dance, drama, environmental conservation, excursions/expeditions, literary magazine, newspaper, photography, yearbook
Sports badminton, basketball, cross-country, golf, skiing, soccer, softball, tennis, track and field, volleyball
Clubs Model UN, European Youth Parliament, drama, music, intermural sports, community service, art, student publications, Destination Imagination, math, science, IT
Examinations ACT, AP, PSAT, SAT, SAT II, TOEFL, SLEP

CAMPUS FACILITIES

Location Urban
Campus 60 hectares, 8 buildings, 50 classrooms, 3 computer labs, 130 instructional computers, 45,000 library volumes, 2 auditoriums, 1 cafeteria, 2 covered play areas, 1 gymnasium, 1 infirmary, 2 playing fields, 11 science labs, 4 tennis courts

ÜSKÜDAR AMERICAN ACADEMY AND SEV ELEMENTARY SCHOOL

Phone 90 216 310 6823
Fax 90 216 553 1818
Email etrujillo@uaa.k12.tr
Website www.uaa.k12.tr
Address Vakif Sokak No. 1, Baglarbasi, Istanbul, 34664, Turkey

STAFF

Director Eric Trujillo
Elementary School Principal Dilek Yakar
Secondary School Principal Melike Ates
Business Manager Simay Barim
IT Coordinator Birkan Kilic
Head Librarian Ruth Briddock
Teaching staff Full time 194; Part time 5; Total 199
Nationalities of teaching staff US 25; UK 13; Turk 155; Other(s) (Canadian, South African) 6

INFORMATION

Grade levels PreK–12
School year September–June
School type coeducational, day, private non-profit
Year founded 1876
Governed by elected Board
Accredited by CIS
Regional organizations ECIS
Enrollment PreK 21; Elementary K–5 669; Middle School 6–8 336; High School 9–12 623; Total 1,649
Nationalities of student body Turk 1,649
Tuition/fee currency US Dollar
Tuition 18,000
One time fees Busing 1,600; Lunch 1,000; Books 300
Graduates attending college 100%
Graduates have attended Harvard U, Brown U, Princeton U, Cornell U, Yale U

EDUCATIONAL PROGRAM

Curriculum US, National, Intl, AP, Turkish
Average class size Elementary 28; Secondary 24
Language(s) of instruction English, Turkish
Language(s) taught Turkish, English, French, German
Staff specialists computer, counselor, ESL, librarian, nurse, physician, psychologist
Special curricular programs art, instrumental music, vocal music, computer/technology, physical education
Extra curricular programs computers, community service, dance, drama, environmental conservation, excursions/expeditions, literary magazine, photography, yearbook
Sports badminton, basketball, rugby, skiing, soccer, swimming, tennis, volleyball, floor hockey, snowboarding
Clubs student association, Model UN, art, hiking, chess, juggling, Destination Imagination
Examinations AP, PSAT, SAT, SAT II, TOEFL

CAMPUS FACILITIES

Location Urban
Campus 6 hectares, 10 buildings, 68 classrooms, 5 computer labs, 120 instructional computers, 29,050 library volumes, 2 auditoriums, 4 cafeterias, 1 covered play area, 3 gymnasiums, 3 infirmaries, 2 playing fields, 7 science labs, 1 tennis court, air conditioning

ACI High School and SEV Elementary School

Phone 90 232 285 3401
Fax 90 232 246 1674
Email school@aci.k12.tr
Website www.aci.k12.tr
Address Inonu Cad. No: 476, Goztepe, Izmir, 35290, Turkey

STAFF

Campus Director Charles C. Hanna
Turkish High School Principal Anet Gomel
SEV Elementary Principal Nilhan Cubuk
International University Counselor Cory Miller
Marketing & Development Coordinator Aydan Yakin
Business Manager Canturk Candan
Campus IT Coordinator Serpil Kilic
Director of Library & Media Center Services Julie Anne Dotterer
Teaching staff Full time 132; Part time 17; Total 149
Nationalities of teaching staff US 13; UK 6; Turk 122; Other(s) (Canadian) 8

INFORMATION

Grade levels K–12
School year September–June
School type coeducational, day, private non-profit
Year founded 1878
Governed by elected Board of Directors
Accredited by CIS
Regional organizations ECIS
Enrollment Elementary K–5 459; Middle School 6–8 204; High School 9–12 440; Total 1,103
Nationalities of student body US 1; Turk 1,102
Graduates attending college 96%
Graduates have attended Georgetown U, Yale U, U of California, Berkeley, London School of Economics, Cornell Col

EDUCATIONAL PROGRAM

Curriculum National, IB Diploma, AP
Average class size Elementary 26; Secondary 24
Language(s) of instruction English, Turkish
Language(s) taught German, French
Staff specialists computer, counselor, ESL, librarian, nurse, physician, psychologist
Special curricular programs art, instrumental music, vocal music, computer/technology, physical education
Extra curricular programs computers, community service, dance, drama, environmental conservation, excursions/expeditions, literary magazine, newspaper, photography, yearbook
Sports badminton, basketball, cross-country, soccer, tennis, volleyball
Examinations AP, IB, PSAT, SAT, SAT II, TOEFL

CAMPUS FACILITIES

Location Suburban
Campus 14 hectares, 8 buildings, 86 classrooms, 8 computer labs, 250 instructional computers, 55,000 library volumes, 2 auditoriums, 3 cafeterias, 2 covered play areas, 2 gymnasiums, 3 infirmaries, 3 playing fields, 8 science labs, 1 tennis court, air conditioning

Data from 2009/10 school year.

Tarsus American School and SEV Elementary School

Phone 90 324 613 5402
Fax 90 324 624 6347
Email info@tac.k12.tr
Website www.tac.k12.tr
Address Caminur Mahallesi, Cengiz Topel Caddesi, No. 44, Tarsus, Mersin, 33440, Turkey
Mailing address PK 6, 33440, Tarsus, Turkey

STAFF

Director Charles C. Hanna
Elementary School Principal Sidika Albayrak
Turkish First Vice Principal Tekin Baransel
Counsellor Brita Nash
Business Manager Ayse Apa Dildar
Network Manager Mehmet Ozdemir
Librarian Sezin Ozkan
Teaching staff Full time 102; Part time 16; Total 118
Nationalities of teaching staff US 14; Turk 103; Other(s) (Canadian, Kenyan) 1

INFORMATION

Grade levels PreK–12
School year September–June
School type boarding, coeducational, day, private non-profit
Year founded 1888
Governed by appointed Board of Directors
Sponsored by UCBWM
Accredited by CIS
Regional organizations ECIS
Enrollment PreK 14; Elementary K–5 316; Middle School 6–8 170; High School 9–12 305; Total 805
Nationalities of student body Turk 805
Tuition/fee currency US Dollar
Tuition range 8,189–10,822
Annual fees Registration 10,822; Boarding, 7-day 5,729; Busing 1,234; Lunch 786; Books 375
Boarding program grades 9–12
Boarding program length 7-day **Boys** 37 **Girls** 13
Graduates attending college 100%
Graduates have attended McGill U, U of British Columbia, U of Southern California, Boston U, Bentley U

EDUCATIONAL PROGRAM

Curriculum National, IB Diploma
Average class size Elementary 20; Secondary 20
Language(s) of instruction English, Turkish
Language(s) taught Turkish, English, German, French
Staff specialists computer, counselor, librarian, nurse, physician
Special curricular programs art, computer/technology, physical education
Extra curricular programs community service, drama, excursions/expeditions, literary magazine, yearbook
Sports basketball, tennis, volleyball, Handball
Examinations IB, PSAT, SAT, SAT II, TOEFL

CAMPUS FACILITIES

Location Urban
Campus 25 hectares, 14 buildings, 47 classrooms, 2 computer labs, 100 instructional computers, 23,000 library volumes, 1 auditorium, 2 cafeterias, 1 covered play area, 1 gymnasium, 2 infirmaries, 7 playing fields, 6 science labs, 1 tennis court, air conditioning

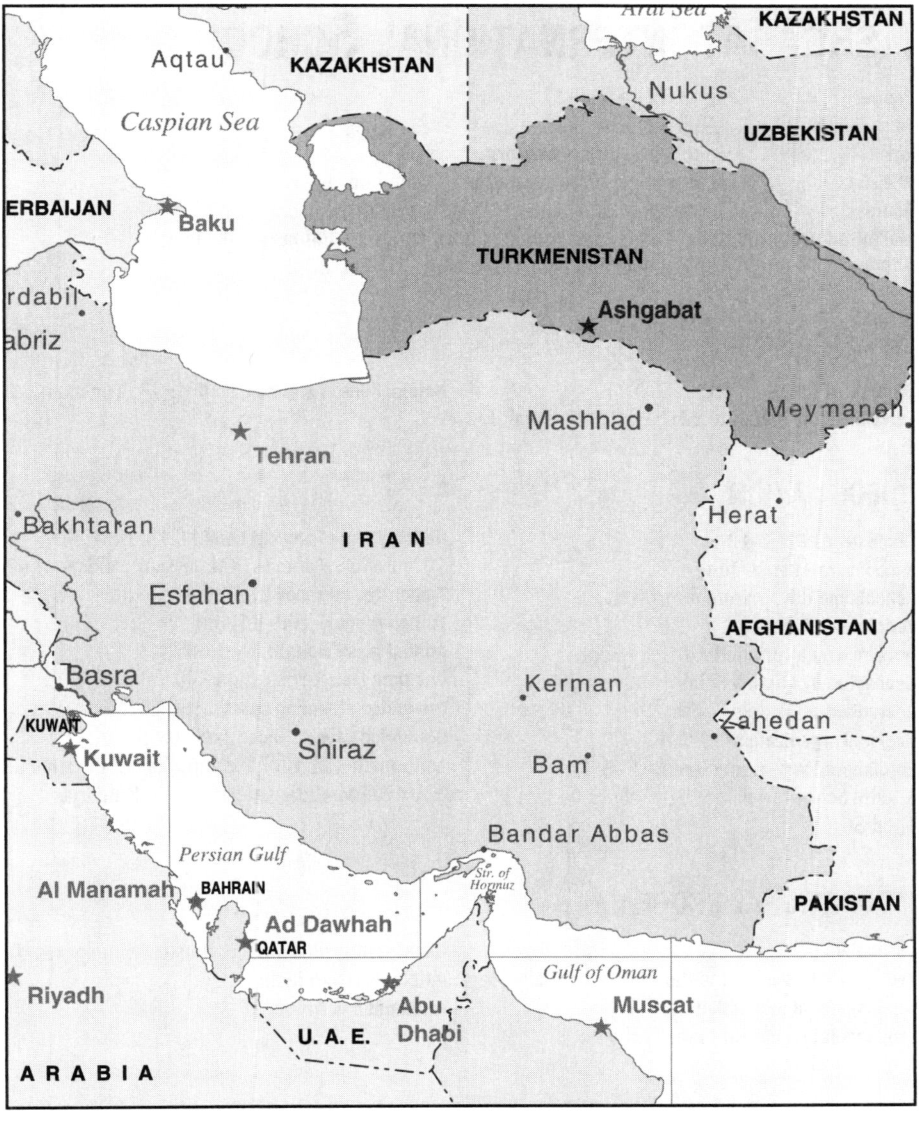

TURKMENISTAN

Area:	488,100 sq km
Population:	4,940,916
Capital:	Ashgabat (Ashkhabad)
Currency:	Turkmen Manat (TMM)
Languages:	Turkmen, Russian

ASHGABAT INTERNATIONAL SCHOOL

Phone (993-12) 48-90-27
Fax (993-12) 48-90-28
Email mitchell-elswick@qsi.org
Website www.qsi.org/tkm_home/tkm_home.htm
Address Berzengi, Ataturk Street, Ashgabat, Turkmenistan
Mailing address Ashgabat International School , American Embassy Ashgabat, 7070 Ashgabat Place, Dulles, VA, 20189 U.S.

STAFF

Director Mitchell Elswick, Ed.D.
Teaching staff Full time 22; Part time 5; Total 27
Nationalities of teaching staff US 13; Turkmen 14

INFORMATION

Grade levels PreK–12
School year August–June
School type day, private non-profit
Year founded 1994
Governed by appointed Advisory Board
Sponsored by Quality Schools International
Accredited by Middle States
Regional organizations CEESA
Enrollment PreK 4; Elementary K–5 53; Middle School 6–8 16; High School 9–12 13; Total 86
Nationalities of student body US 13; UK 1; Turkmen 25; Other(s) (Malaysian, Pakistani) 47
Tuition/fee currency US Dollar
Tuition range 5,100–15,400
Annual fees Capital Levy 1,600
One time fees Registration 300
Graduates attending college 100%
Graduates have attended Jacksonville U, Ashbourne Col, U of London, School of Oriental & African Studies, American U in Bulgaria

EDUCATIONAL PROGRAM

Curriculum US
Average class size Elementary 10; Secondary 10
Language(s) of instruction English
Language(s) taught Russian, Turkmen
Clubs gymnastics, dance, music, team sports, guitar, Russian technology
Examinations Iowa

CAMPUS FACILITIES

Location Urban
Campus 5 hectares, 1 building, 12 classrooms, 1 computer lab, 15 instructional computers, 6,000 library volumes, 1 playing field, 1 science lab, air conditioning

UGANDA

Area:	241,038 sq km
Population:	33,398,682
Capital:	Kampala
Currency:	Ugandan Shilling (UGX)
Languages:	English, Ganda

The International School of Uganda

Phone 256 414 200374/8/9
Fax 256 414 200303
Email gmail@isumail.ac.ug
Website www.isu.ac.ug
Address Plot 272 Lubowa, Entebbe Rd, Kampala, Uganda
Mailing address PO Box 4200, Kampala, Uganda

STAFF

Head of School Donald S. Groves, Ph.D.
Junior School Principal Tony Breese
Senior School Principal Bryn Gabriel
Dean of Studies Jan Coyle Groves
Operations & Business Manager Pieter Visser
IT Coordinator Jed Stern
Librarian Cathy Kreutter
Teaching staff Full time 48; Part time 4; Total 52
Nationalities of teaching staff US 8; UK 9; Ugandan 10; Other(s) (Canadian, Irish) 25

INFORMATION

Grade levels PreK–12
School year August–June
School type coeducational, day, private non-profit
Year founded 1967
Governed by elected Board of Trustees
Accredited by CIS, Middle States
Regional organizations AISA
Enrollment PreK 41; Elementary K–5 163; Middle School 6–8 116; High School 9–12 165; Total 485
Nationalities of student body US 81; UK 56; Ugandan 48; Other(s) (Indian, Belgian) 300
Tuition/fee currency US Dollar
Tuition range 2,900–16,500
Annual fees Busing 1,190
One time fees Registration 2,000; Capital Levy 2,000
Graduates attending college 95%
Graduates have attended Brown U, McGill U, Mt Holyoke Col, Columbia U, Vassar Col

EDUCATIONAL PROGRAM

Curriculum Intl, IB Diploma, IBPYP, IBMYP
Average class size Elementary 20; Secondary 20
Language(s) of instruction English
Language(s) taught French, German, Spanish
Staff specialists computer, counselor, ESL, learning disabilities, librarian, nurse
Special curricular programs art, instrumental music, computer/technology, physical education
Extra curricular programs community service, drama, environmental conservation, excursions/expeditions, yearbook
Sports baseball, basketball, cricket, cross-country, football, golf, martial arts, soccer, swimming, tennis, track and field, volleyball
Clubs Model UN
Examinations IB, SAT, ISA

CAMPUS FACILITIES

Location Rural
Campus 13 hectares, 26 buildings, 45 classrooms 3 computer labs, 150 instructional computers, 16,000 library volumes, 1 cafeteria, 1 covered play area, 1 gymnasium, 1 infirmary, 3 playing fields, 4 science labs, 2 pools, 4 tennis courts

Data from 2009/10 school year.

KAMPALA INTERNATIONAL SCHOOL, UGANDA

Phone 256 41 4530 472
Fax 256 41 4543 444
Email office@kisu.com
Website www.kisu.com
Address Bukoto, Kampala, Uganda
Mailing address PO Box 34249, Kampala, Uganda

STAFF

Principal Ian Williams
Head of Administration Harriet Spry
Head of Primary Kurtis Peterson
Secondary Coordinator Catherine Meyer
IB Coordinator Marie Kamure
Bursar Wasat Husain
Librarian Florence Nabbumba
Teaching staff Full time 66; Part time 2; Total 68
Nationalities of teaching staff US 4; UK 6; Ugandan 37; Other(s) (Canadian, Belgian) 21

INFORMATION

Grade levels N–13
School year September–July
School type coeducational, day, proprietary
Year founded 1993
Governed by appointed and elected Board of Management
Sponsored by Ruparelia Group
Accredited by CIS, New England
Regional organizations ECIS
Enrollment Nursery 65; PreK 46; Elementary K–5 205; Middle School 6–8 105; High School 9–12 65; Grade 13 20; Total 506
Nationalities of student body US 20; UK 63; Ugandan 50; Other(s) (South African, Sudanese) 373
Tuition/fee currency US Dollar
Tuition range 2,463–16,032
Annual fees Busing 1,500
One time fees Registration 1,000

EDUCATIONAL PROGRAM

Curriculum UK, IB Diploma, IGCSE
Average class size Elementary 20; Secondary 20
Language(s) of instruction English
Language(s) taught French
Staff specialists computer, counselor, ESL, librarian, nurse
Extra curricular programs computers, community service, dance, drama, environmental conservation, excursions/expeditions, yearbook, sports, music, choir, languages, maths, crafts
Sports basketball, cricket, cross-country, hockey, martial arts, rugby, skiing, soccer, squash, swimming, tennis, track and field, volleyball, netball, water polo
Clubs student council, student magazine, swimming, soccer, basketball, hockey, track & field
Examinations GCSE, IB, IGCSE, Year 2: SAT1, Year 6: SAT2

CAMPUS FACILITIES

Location Urban
Campus 12 hectares, 15 buildings, 70 classrooms, 3 computer labs, 110 instructional computers, 15,000 library volumes

Data from 2009/10 school year.

UKRAINE

UKRAINE

Area:	603,550 sq km
Population:	45,415,596
Capital:	Kiev
Currency:	Hryvnia (UAH)
Languages:	Ukrainian, Russian

KYIV INTERNATIONAL SCHOOL

Phone 380 44 452 2792
Fax 380 44 452 2998
Email kiev@ukr.qsi.org
Website www.qsi.org/ukr_home/ukr_home.htm
Address 3A Svyatoshinskiy Provulok, Kyiv, 03115, Ukraine
Mailing address Administrative Officer, Kiev Int'l School, 5850 Kiev Place, Dulles, VA 20189–5850, USA

STAFF

Director Scott D'Alterio, Ed.D.
Director of Instruction Secondary Ron Snyder
Guidance Counselor Adam Runyan
Director of Instruction Elementary Susan Ferguson
Middle School Coordinator Robert Jackson
PreSchool Coordinator Rachel DuBose
Business Office Manager Yulia Usikova
Information Technologist Kostya Osadchuk
Librarian Keith Tinlklenberg
Teaching staff Full time 85; Total 85
Nationalities of teaching staff US 40; Ukrainian 24; Other(s) (Canadian) 21

INFORMATION

Grade levels PreK–12
School year August–June
School type coeducational, day, private non-profit
Year founded 1992
Governed by appointed Board of Directors
Accredited by Middle States
Regional organizations CEESA
Enrollment PreK 50; Elementary K–5 340; Middle School 6–8 160; High School 9–12 150; Total 700
Nationalities of student body US 150; UK 5; Ukrainian 200; Other(s) (Indian Korean) 345
Tuition/fee currency US Dollar
Tuition 15,400
Annual fees Capital Levy 1,600
One time fees Registration 300
Graduates attending college 100%
Graduates have attended Cornell U, U of Chicago, U of California, Los Angeles, George Washington U, Indiana U

EDUCATIONAL PROGRAM

Curriculum US, IB Diploma, AP
Average class size Elementary 17; Secondary 15
Language(s) of instruction English
Language(s) taught Russian, French, Ukrainian, German, Spanish,
Staff specialists computer, counselor, librarian, physician, reading resource
Special curricular programs art, vocal music, computer/technology, distance learning, physical education
Extra curricular programs computers, community service, dance, drama, excursions/expeditions, yearbook
Sports basketball, cross-country, skiing, soccer, softball, swimming, tennis, track and field, volleyball
Clubs chess, sewing, humanitarian, homework, nature, dance, foreign language, art, tae kwon do, jewelry making
Examinations AP, IB, Iowa, PSAT, SAT, Stanford, MAP

CAMPUS FACILITIES

Location Suburban
Campus 4 hectares, 1 building, 40 classrooms, 3 computer labs, 150 instructional computers, 40,000 library volumes, 1 auditorium, 1 cafeteria, 1 gymnasium, 1 infirmary, 1 playing field, 3 science labs, 1 pool, 1 tennis court

Pechersk School International

Phone 380 44 455 9585
Fax 380 44 455 9580
Email communication@psi.kiev.ua
Website www.psi.kiev.ua
Address Victora Zabily 7a, Kyiv, 03039, Ukraine

STAFF

Director Steven Calland-Scoble
Primary Principal Tatiana Lopukhin
Secondary Principal Patricia Puia
Counselor Sarah Charles, Ph.D.
Business Manager Valery Povorotniy
IT Coordinator Mike Johnson
Librarian Graham Grant
Teaching staff Full time 59; Part time 1; Total 60
Nationalities of teaching staff US 20; UK 7; Ukrainian 11; Other(s) (Canadian, Australian) 22

INFORMATION

Grade levels PreK–12
School year August–June
School type coeducational, day, private non-profit
Year founded 1995
Governed by elected Board of Governors
Accredited by CIS, New England
Regional organizations CEESA, ECIS
Enrollment PreK 32; Elementary K–5 186; Middle School 6–8 78; High School 9–12 104; Total 400
Nationalities of student body US 45; UK 40; Ukrainian 90; Other(s) (Dutch, Pole) 225
Tuition/fee currency US Dollar
Tuition range 9,360–22,360
Annual fees Busing 2,000
One time fees Registration 1,000
Graduates attending college 98%
Graduates have attended Cambridge U, Carnegie Mellon U, Durham U, Imperial Col of London, U of British Colombia

EDUCATIONAL PROGRAM

Curriculum IB Diploma, IBPYP, IBMYP
Average class size Elementary 18; Secondary 15
Language(s) of instruction English
Language(s) taught Ukrainian, Russian, French, German, Spanish
Staff specialists computer, counselor, ESL, librarian
Special curricular programs art, instrumental music, vocal music, computer/technology, physical education
Extra curricular programs community service, dance, drama, environmental conservation, excursions/expeditions, literary magazine, newspaper, photography, yearbook
Sports badminton, basketball, cross-country, football, gymnastics, martial arts, soccer, softball, swimming, tennis, track and field, volleyball, ice skating
Examinations IB, PSAT, SAT, ACER

CAMPUS FACILITIES

Location Urban
Campus 1 hectare, 5 buildings, 30 classrooms, 2 computer labs, 80 instructional computers, 8,000 library volumes, 1 cafeteria, 1 gymnasium, 2 science labs

UNITED ARAB EMIRATES

Area:	83,600 sq km
Population:	4,975,593
Capital:	Abu Dhabi
Currency:	Emirati Dirham (AED)
Languages:	Arabic, Persian, English

Al-Worood School

Phone 971 2 444 7655
Fax 971 2 444 9732
Email alworood@emirates.net.ae
Website www.alworood.sch.ae
Address Off Airport Road, after 29th Street, Opposite ADCB Building, Abu Dhabi, United Arab Emirates
Mailing address PO Box 46673, Abu Dhabi, United Arab Emirates

STAFF

President Abdulla Al Nowais, Ph.D.
Principal Judith Flatt, Ph.D.
College Counselor Robert Sivers
Examinations Officer Habibullah A. Salam
Teaching staff Full time 176; Total 176
Nationalities of teaching staff UK 1; Other(s) (Lebanese, Jordanian) 175

INFORMATION

Grade levels N–12
School year September–June
School type coeducational, day, proprietary
Year founded 1982
Governed by School President
Sponsored by Dr. Abdulla Al Nowais
Accredited by Middle States, North Central
Regional organizations ECIS, NESA
Enrollment Nursery 15; PreK 14; Elementary K–5 1,600; Middle School 6–8 560; High School 9–12 687; Total 2,876
Nationalities of student body US 50; UK 20; Emirati 1,877; Other(s) (Jordanian, Egyptian) 929
Tuition/fee currency Utd. Arab Emir. Dirham
Tuition range 11,220–24,860
Annual fees Busing 3,150; Books 2,500; Uniform 300
One time fees Entrance Test 400
Graduates attending college 90%
Graduates have attended American U of Sharjah, Abu Dhabi U, Zayed U, Petroleum Institute, U of Sharjah

EDUCATIONAL PROGRAM

Curriculum Intl, IGCSE, GenCSE
Average class size Elementary 27; Secondary 25
Language(s) of instruction English, Arabic
Language(s) taught Arabic, French
Staff specialists nurse
Sports basketball, soccer
Examinations A-level GCE, GCSE, IGCSE, PSAT, SAT, TOEFL

CAMPUS FACILITIES

Location Urban
Campus 2 hectares, 2 buildings, 124 classrooms, 3 computer labs, 120 instructional computers, 30,000 library volumes, 1 auditorium, 1 cafeteria, 2 covered play areas, 1 gymnasium, 1 infirmary, 6 science labs, air conditioning

AMERICAN COMMUNITY SCHOOL OF ABU DHABI

Phone 971 2 681 5115
Fax 971 2 681 6006
Email acs@acs.sch.ae
Website www.acs.sch.ae
Address Sheikh Sultan Bin Zayed Street, Street No. 32, PO Box 42114, Abu Dhabi, United Arab Emirates

STAFF

Superintendent George H. Robinson, Ed.D.
High School Principal Michelle Remington, Ph.D.
Middle School Principal Mark Hardeman
Elementary School Principal Jane Shartzer
Curriculum Director Fred Schafer
Director of Finance Jan Al Hafi
Technology Director Bill Willis
Head Librarian Steve Crandell
Teaching staff Full time 110; Part time 5; Total 115
Nationalities of teaching staff US 72; UK 5; Other(s) (Canadian, Australian) 38

INFORMATION

Grade levels PreK–12
School year August–June
School type coeducational, day, private non-profit
Year founded 1973
Governed by elected Board of Trustees
Accredited by Middle States
Regional organizations NESA
Enrollment PreK 60; Elementary K–5 365; Middle School 6–8 255; High School 9–12 340; Total 1,020
Nationalities of student body US 560; UK 10; Emirati 50; Other(s) (Canadian, German) 400
Tuition/fee currency Utd. Arab Emir Dirham
Tuition range 28,000–71,000
One time fees Registration 300; Capital Levy 17,000
Graduates attending college 98%
Graduates have attended Stanford U, U of Pennsylvania, Williams Col, Notre Dame U, Brown U

EDUCATIONAL PROGRAM

Curriculum US, IB Diploma
Average class size Elementary 20; Secondary 22
Language(s) of instruction English
Language(s) taught French, Spanish, Arabic
Staff specialists computer, counselor, learning disabilities, librarian, nurse, psychologist
Special curricular programs art, instrumental music, vocal music, computer/technology, distance learning, physical education
Extra curricular programs community service, drama, excursions/expeditions, literary magazine, newspaper, yearbook
Sports badminton, baseball, basketball, cross-country, soccer, softball, swimming, tennis, track and field, volleyball
Clubs Habitat for Humanity, Doctors Without Borders, National Honor Society, student council, film, robotics
Examinations ACT, IB, PSAT, SAT, ERB-CTP4 & WrAP; MAPS

CAMPUS FACILITIES

Location Suburban
Campus 3 hectares, 4 buildings, 76 classrooms, 4 computer labs, 600 instructional computers, 25,000 library volumes, 1 auditorium, 1 cafeteria, 2 covered play areas, 2 gymnasiums, 1 infirmary, 2 playing fields, 7 science labs, 1 pool, air conditioning

AMERICAN INTERNATIONAL SCHOOL IN ABU DHABI

Phone 971 2 444 4333
Fax 971 2 444 4005
Email aisa@emirates.net.ae
Website www.aisa.sch.ae
Address Corner of Airport Road and 29th Street, Maroor, Abu Dhabi, United Arab Emirates
Mailing address P O Box 5992, Abu Dhabi, United Arab Emirates

STAFF

Superintendent Walid K. Abushakra
Director Gareth Jones
Elementary Principal Robert Evans, Ed.D.
Middle & High School Principal Robert Godley
Middle & High School Vice Principal Alan Morley
Elementary Vice Principal Mary Pittman-Jones
Business Manager Mohamed Saad
Librarian Elaine Fortune
Teaching staff Full time 134; Part time 8; Total 142
Nationalities of teaching staff US 15; UK 11; Emirati 2; Other(s) (Canadian, Jordanian) 114

INFORMATION

Grade levels PreK–12
School year September–June
School type day, proprietary
Year founded 1995
Governed by appointed ESOL
Sponsored by ESOL
Accredited by Middle States
Regional organizations ECIS, MAIS
Enrollment PreK 18; Elementary K–5 593; Middle School 6–8 226; High School 9–12 308; Total 1,145
Nationalities of student body US 175; UK 23; Emirati 411; Other(s) (Australian, Canadian) 536
Tuition/fee currency Utd. Arab Emir. Dirham
Tuition range 24,200–44,000
Annual fees Registration 500; Busing 5,000
Graduates attending college 95%
Graduates have attended Duke U, Boston U, U of Toronto, Bentley U, Queens U

EDUCATIONAL PROGRAM

Curriculum US, Intl, IB Diploma, IBPYP
Average class size Elementary 19; Secondary 19
Language(s) of instruction English
Language(s) taught Arabic, French, Spanish
Staff specialists computer, counselor, ESL, learning disabilities, librarian, nurse, physician
Special curricular programs art, computer/ technology, physical education, drama
Extra curricular programs community service, drama, excursions/expeditions, literary magazine, yearbook
Sports badminton, basketball, hockey, soccer, track and field, volleyball
Clubs Model UN, Global Village
Examinations IB, PSAT, SAT, SAT II

CAMPUS FACILITIES

Location Urban
Campus 3 hectares, 7 buildings, 79 classrooms, 4 computer labs, 125 instructional computers, 11,500 library volumes, 2 cafeterias, 6 covered play areas, 1 gymnasium, 2 infirmaries, 3 playing fields, 4 science labs, air conditioning

Data from 2009/10 school year.

INTERNATIONAL SCHOOL OF CHOUEIFAT

Phone 971 2 446 1444
Fax 971 2 446 1048
Email iscad@sabis.net
Website www.iscad-sabis.net
Address Mohamed Bin Khalifa Street, PO Box 7212, Abu Dhabi, 7212, United Arab Emirates

STAFF

Regional Director Ramzi Germanos
Director John Kassis
Special Projects Director Abdul el Rahman Shaer

INFORMATION

Grade levels PreK–13
School year September–June
School type coeducational, day
Year founded 1886
Sponsored by SABIS Educational Systems Inc.
Accredited by North Central
Graduates attending college 100%

EDUCATIONAL PROGRAM

Curriculum US, UK, Intl, AP, IGCSE, GenCSE
Average class size Elementary 25; Secondary 32
Language(s) of instruction English
Language(s) taught English, French, Italian, Arabic
Staff specialists computer, librarian, nurse
Extra curricular programs computers, yearbook
Sports basketball, cricket, cross-country, football, gymnastics, soccer, softball, squash, swimming, track and field, volleyball
Examinations A-level GCE, AP, GCSE, IGCSE, SAT, SAT II, TOEFL

CAMPUS FACILITIES

Location Urban
Campus 5 hectares, 15 buildings, 110 classrooms, 4 computer labs, 300 instructional computers, 18,000 library volumes, 1 auditorium, 2 cafeterias, 8 covered play areas, 1 gymnasium, 2 infirmaries, 4 playing fields, 4 science labs, 2 pools, 3 tennis courts, air conditioning

American School of Dubai

Phone 971 4 344 0824
Fax 971 4 344 1510
Email asdadmin@asdubai.org
Website www.asdubai.org
Address Intersection of 611/316 Street, Al Barsha, Al Barsha, Dubai, 71188, United Arab Emirates
Mailing address PO Box 71188, Dubai, United Arab Emirates

STAFF

Superintendent Harold S. Fleetham, Ed.D.
High School Principal Bernadette Carmody, Ph.D.
Middle School Principal Mary Harty
Elementary School Principal Monica Medina-Olds, Ed.D.
Director of Curriculum & Staff Development Diana Reinsmoen
Financial Controller Sikander Shallwani
Director of IT Grant Weaver
Teaching staff Full time 121; Part time 1; Total 122
Nationalities of teaching staff US 81; UK 2; Other(s) (Canadian, Australian) 39

INFORMATION

Grade levels PreK–12
School year August–June
School type coeducational, day, private non-profit
Year founded 1966
Governed by appointed Board of Trustees
Sponsored by Cultural Foundation
Accredited by Middle States
Regional organizations NESA
Enrollment PreK 96; Elementary K–5 570; Middle School 6–8 300; High School 9–12 368; Total 1,334
Nationalities of student body US 667; UK 35; Emirati 8; Other(s) (Canadian) 624
Tuition/fee currency US Dollar
Tuition range 12,255–16,252
One time fees Registration 137
Graduates attending college 100%
Graduates have attended Massachusetts Institute of Technology, Babson Col, US Naval Academy, Boston U, Harvard U

(Continued)

AMERICAN SCHOOL OF DUBAI (Continued)

EDUCATIONAL PROGRAM

Curriculum US, AP
Average class size Elementary 18; Secondary 18
Language(s) of instruction English
Language(s) taught French, Spanish
Staff specialists computer, counselor, learning disabilities, librarian, nurse, reading resource
Special curricular programs art, instrumental music, vocal music, computer/technology, distance learning, physical education
Extra curricular programs computers, community service, dance, drama, environmental conservation, excursions/expeditions, literary magazine, newspaper, photography, yearbook, debate, forensics, sailing, scuba diving
Sports badminton, baseball, basketball, cross-country, skiing, soccer, softball, swimming, tennis, track and field, volleyball, wrestling
Clubs National Honor Society, National Junior Honor Society, Thespians, Medicins Sans Frontiers, student council, backgammon, chess, scouts, International Student Association
Examinations ACT, AP, Iowa, PSAT, SAT, SAT II, WrAP

CAMPUS FACILITIES

Location Urban
Campus 9 hectares, 3 buildings, 120 classrooms, 4 computer labs, 1000 instructional computers, 50,000 library volumes, 1 auditorium, 2 cafeterias, 1 covered play area, 2 gymnasiums, 1 infirmary, 1 playing field, 4 science labs, 2 pools, 2 tennis courts, air conditioning

DEIRA INTERNATIONAL SCHOOL

Phone 009714 2325552
Fax 009714 2325151
Email info@disdubai.ae
Website www.disdubai.ae
Address Dubai Festival City, Dubai, 79043, United Arab Emirates

STAFF

Director David Watson, Ph.D.
Primary School Principal Martyn Clifford
Secondary School Principal Tony Ross
Deputy Primary School Principal Nigel Ludlam
Deputy Secondary School Principal Linda Clifford
Deputy Secondary School Principal Ian Temple
Business Manager Syed Abdul Wajeed
Head of Technology Joseph Nettikaden
Librarian Debra Naysee
Teaching staff Full time 125; Total 125
Nationalities of teaching staff US 2; UK 63; Other(s) (Australian, South African) 60

INFORMATION

Grade levels K–13
School year September-June
School type coeducational, day, private non-profit
Year founded 2005
Governed by appointed Educational Services Overseas Limited
Sponsored by Al-Futtaim Group
Accredited by CIS
Regional organizations ECIS
Enrollment Elementary K–5 656; Middle School 6-8 333; High School 9–12 195; Total 1,184
Nationalities of student body US 60; UK 145; Emirati 125; Other(s) (Indian, Australian) 854
Tuition/fee currency Utd. Arab Emir. Dirham
Tuition range 28,995–58,420
One time fees Registration 3,000
Graduates attending college 98%

EDUCATIONAL PROGRAM

Curriculum UK, Intl, IB Diploma, IGCSE
Average class size Elementary 22; Secondary 22
Language(s) of instruction English
Language(s) taught Arabic, French, Spanish
Staff specialists computer, counselor, ESL, librarian, math resource, nurse, reading resource
Special curricular programs art, instrumental music, vocal music, computer/technology, physical education, vocational
Extra curricular programs computers, community service, dance, drama, environmental conservation, excursions/expeditions, literary magazine, newspaper, photography, yearbook
Sports badminton, basketball, football, golf, gymnastics, martial arts, rugby, soccer, softball, swimming, tennis, track and field, volleyball
Examinations GCSE, IB, IGCSE

CAMPUS FACILITIES

Location Urban
Campus 10 hectares, 4 buildings, 65 classrooms, 2 computer labs, 120 instructional computers, 4 library volumes, 1 auditorium, 2 cafeterias, 5 covered play areas, 1 gymnasium, 1 infirmary, 4 playing fields, 4 science labs, 1 pool, 2 tennis courts, air conditioning

Data from 2009/10 school year.

Dubai American Academy

Phone 971 4 347 9222
Fax 971 4 341 1047
Email superintendent@daa.sch.ae
Website www.gemsaa-dubai.com
Address PO Box 32762, Al Barsha, Sheik Zayed Road, Dubai, United Arab Emirates

STAFF

Superintendent Robin S. Appleby, Ed.D.
Assistant Superintendent Denise Hardie
High School Principal Anthony Mock
Middle School Principal Andrew Ball
Elementary Principal Jay Roy
Accounts Manager Mohan Viswanathan
IT Coordinator Anthony DePrato
MS & HS Librarian Maggie Travis
Teaching staff Full time 164; Total 164
Nationalities of teaching staff US 81; UK 12; Other(s) (Canadian, Australian) 71

INFORMATION

Grade levels PreK–12
School year August–June
School type coeducational, proprietary
Year founded 1997
Governed by appointed Board of Directors
Sponsored by Varkey Group/GEMS
Accredited by CIS, New England
Regional organizations ECIS, NESA
Enrollment PreK 53; Elementary K–5 1,212; Middle School 6–8 448; High School 9–12 546; Total 2,259
Nationalities of student body US 598; UK 76; Emirati 19; Other(s) (Canadian, Indian) 1,566
Tuition/fee currency Utd. Arab Emir. Dirham
Tuition range 17,630–65,270
Annual fees ELL 3,500
One time fees Registration 500
Graduates attending college 95%
Graduates have attended Yale U, London School of Economics, U of Toronto, Cornell U, Columbia U

EDUCATIONAL PROGRAM

Curriculum US, IB Diploma
Average class size Elementary 25; Secondary 20
Language(s) of instruction English, English
Language(s) taught French, Spanish, Arabic
Staff specialists computer, counselor, librarian, math resource, nurse, physician, reading resource
Special curricular programs art, instrumental music, vocal music, computer/technology, distance learning, physical education
Extra curricular programs computers, community service, dance, drama, environmental conservation, excursions/expeditions, literary magazine, newspaper, photography, yearbook
Sports badminton, basketball, cross-country, golf, hockey, martial arts, rugby, skiing, soccer, softball, swimming, tennis, track and field, volleyball
Clubs student senate, student council, community service, Creativity Action Service, foreign language, art, environmental
Examinations IB, Iowa, PSAT, SAT

CAMPUS FACILITIES

Location Suburban
Campus 5 hectares, 5 buildings, 116 classrooms, 11 computer labs, 900 instructional computers, 40,000 library volumes, 1 auditorium, 2 cafeterias, 4 covered play areas, 2 gymnasiums, 2 infirmaries, 4 playing fields, 6 science labs, 2 pools, 4 tennis courts, air conditioning

JUMEIRAH ENGLISH SPEAKING SCHOOL

Phone 971 4 3945515
Fax 971 4 3943531
Email jess@jess.sch.ae
Website www.jess.sch.ae/home.aspx
Address PO Box 24942, Dubai, United Arab Emirates

STAFF

Director Robert D. Stokoe
Head of Primary School at Arabian Ranches Ann Jones
Head of Secondary School at Arabian Ranches M. Biggs, Ph.D.
Head of Primary School at Jumeirah Ruth Burke
Finance Manager Catherine Lodge
Director of E-Learning Catherine Convery
Librarian Yvette Judge
Teaching staff Full time 225; Part time 7; Total 232
Nationalities of teaching staff US 3; UK 180; Host 3; Other(s) (Australian, New Zealander) 36

INFORMATION

Grade levels PreK–6
School year September–June
School type coeducational, day, private non-profit
Year founded 1975
Governed by appointed Board
Regional organizations ECIS
Enrollment Elementary K–5 154; Middle School 6–8 154; High School 9–12 132; Grade 13 100; Total 540

EDUCATIONAL PROGRAM

Curriculum UK, IB Diploma
Average class size Elementary 22; Secondary 22
Language(s) of instruction English
Language(s) taught French, Arabic,Spanish
Staff specialists computer, learning disabilities, librarian, math resource, nurse, psychologist
Special curricular programs art, instrumental music, vocal music, computer/technology, physical education
Extra curricular programs computers, community service, dance, drama, environmental conservation, excursions/expeditions, literary magazine, newspaper, photography
Sports badminton, basketball, cricket, football, golf, gymnastics, hockey, martial arts, rugby, skiing, soccer, swimming, tennis, track and field
Examinations GCSE, IB, SAT

CAMPUS FACILITIES

Location Suburban
Campus 14 buildings, 84 classrooms, 5 computer labs, 140 instructional computers, 12,000 library volumes, 1 auditorium, 1 cafeteria, 1 covered play area, 2 gymnasiums, 1 infirmary, 2 playing fields, 8 science labs, 2 pools, 4 tennis courts, air conditioning

UNIVERSAL AMERICAN SCHOOL

Phone 9714 2325222
Fax 9714 2325545
Email gbrandt@uasdubai.ae
Website www.uasdubai.ae
Address P.O Box 79133, Dubai, United Arab Emirates
Mailing address Dubai Festival City, near the Garhoud Bridg

STAFF

Director Gunther Brandt, Ed.D.
Elementary Principal Eric Webb
Secondary Principal Simone Sebban
Assistant Principal Secondary Scott Terry
Assistant Principal Elementary Joan Marie Larter
IB Coordinator Carinn Mariani
Business Manager Ayman Khouzam
CIO Joseph Nettikaden
Teaching staff Full time 120; Total 120
Nationalities of teaching staff US 44; UK 4; Other(s) 72

INFORMATION

Grade levels PreK–12
School year September–June
School type coeducational
Year founded 2005
Accredited by CIS, Middle States
Regional organizations ECIS
Enrollment PreK 34; Elementary K–5 550; Middle School 6–8 230; High School 9–12 345; Total 1,159
Nationalities of student body US 243; UK 24; Emirati 115; Other(s) 777
Tuition/fee currency Utd. Arab Emir. Dirham
Tuition range 26,000–61,000
Graduates attending college 90%
Graduates have attended Syracuse U, Boston U, York U, U of Toronto, George Washington U

EDUCATIONAL PROGRAM

Curriculum US, IB Diploma, IBPYP
Average class size Elementary 18; Secondary 20
Language(s) of instruction English
Language(s) taught Arabic, French, Spanish
Staff specialists computer, counselor, ESL, learning disabilities, librarian, nurse, physician, reading resource
Special curricular programs art, instrumental music, vocal music, computer/technology, physical education
Extra curricular programs community service, dance, drama, environmental conservation, excursions/expeditions, yearbook
Sports badminton, basketball, cross-country, golf, gymnastics, soccer, swimming, tennis, track and field, volleyball
Examinations IB, Iowa, SAT, TOEFL, ACER

CAMPUS FACILITIES

Location Urban
Campus 6 hectares, 2 buildings, 62 classrooms, 4 computer labs, 295 instructional computers, 10,000 library volumes, 1 cafeteria, 5 covered play areas, 1 gymnasium, 1 playing field, 8 science labs, 1 pool, 3 tennis courts, air conditioning

UNITED KINGDOM

UNITED KINGDOM

Area: 243,610 sq km
Population: 61,284,806
Capital: London
Currency: British Pound (GBP)
Languages: English, Welsh, Scottish

INTERNATIONAL SCHOOL OF ABERDEEN

Phone 44 1224 730300
Fax 44 1224 865558
Email admin@isa.aberdeen.sch.uk
Website www.isa.aberdeen.sch.uk
Address North Deeside Road, Pitfodels, Cults, Aberdeen, Scotland, AB15 9YA, United Kingdom

STAFF

Director Dan Hovde, Ph.D.
Middle School & High School Principal Franke Thomas
Elementary School Principal Don Newbury
Business Manager Cyria Scott
IT Coordinator Stan Richards
Library Media Teacher Lisa Smith
Teaching staff Full time 56; Part time 10; Total 66
Nationalities of teaching staff US 32; UK 20; Other(s) (Australian, Dutch) 14

INFORMATION

Grade levels PreK–12
School year August–June
School type coeducational, company-sponsored, day
Year founded 1972
Governed by appointed and elected Board of Directors
Sponsored by Petroleum & Multinational Companies
Accredited by CIS, Middle States
Regional organizations ECIS
Enrollment Nursery 17; PreK 19; Elementary K–5 152; Middle School 6–8 90; High School 9–12 101; Total 379
Nationalities of student body US 120; UK 44; Other(s) (Dutch, Dane) 215
Tuition/fee currency British Pound
Tuition range 16,205–18,145
Annual fees Registration 250; Capital Levy 2,000
Graduates attending college 99%
Graduates have attended U of Oxford, U of Cambridge, U of Chicago, London School of Economics, Texas A&M U

EDUCATIONAL PROGRAM

Curriculum Intl, IB Diploma
Average class size Elementary 14; Secondary 18
Language(s) of instruction English
Language(s) taught French, Spanish, Dutch Mother Tongue
Staff specialists computer, counselor, ESL, learning disabilities, librarian, math resource, nurse, reading resource
Special curricular programs art, instrumental music, vocal music, computer/technology, physical education, drama
Extra curricular programs computers, community service, environmental conservation, excursions/expeditions, photography, yearbook
Sports badminton, baseball, basketball, cross-country, golf, gymnastics, hockey, martial arts, rugby, soccer, softball, swimming, tennis, track and field, volleyball, aerobics
Clubs Girl & Boy Scouts, National Honor Society, Model UN, ESL, Spanish, chess, pottery, circus
Examinations ACT, IB, PSAT, SAT, ISA

CAMPUS FACILITIES

Location Suburban
Campus 6 hectares, 2 buildings, 56 classrooms, 4 computer labs, 207 instructional computers, 26,000 library volumes, 1 auditorium, 1 cafeteria, 2 gymnasiums, 1 infirmary, 2 playing fields, 4 science labs, 1 pool, 2 tennis courts, air conditioning

ACS Cobham International School

Phone 44 1932 867 251
Fax 44 1932 869 789
Email CobhamAdmissions@acs-england.co.uk
Website www.acs-england.co.uk
Address Heywood, Portsmouth Road, Cobham, Surrey, KT11 1BL, United Kingdom

STAFF

Head of School Thomas J. Lehman
High School Principal Steve Baker
Middle School Principal Diane Hren
Lower School Principal Lacy Chapman
Academic Dean Craig Worthington
Chief Accountant Clive Abbott
IT Coordinator Peter Tilghman, Ph.D.
Teaching staff Full time 147; Part time 13; Total 160
Nationalities of teaching staff US 47; UK 66; Other(s) (Canadian, French) 47

INFORMATION

Grade levels N–12
School year August–June
School type boarding, coeducational, day, proprietary
Year founded 1967
Governed by appointed Board of Directors
Sponsored by Chairman of Board of Directors
Accredited by New England
Regional organizations ECIS, NESA
Enrollment Nursery 54; PreK 53; Elementary K–5 488; Middle School 6–8 290; High School 9–12 469; Total 1,354
Nationalities of student body US 582; UK 200; Other(s) (Norwegian, Swede) 572
Tuition/fee currency British Pound
Tuition range 5,620–18,280
Annual fees Boarding, 5-day 10,870; Boarding, 7-day 14,880; Capital Levy 500; Busing 2,320
One time fees Registration 150
Boarding program grades 7–12
Boarding program length 5-day and 7-day
Boys 58 **Girls** 38
Graduates attending college 100%
Graduates have attended Harvard U, London School of Economics, U of Oxford, Pennsylvania State U, Imperial Col London

(Continued)

ACS COBHAM INTERNATIONAL SCHOOL (Continued)

EDUCATIONAL PROGRAM

Curriculum US, Intl, IB Diploma, AP
Average class size Elementary 20; Secondary 20
Language(s) of instruction English
Language(s) taught French, Spanish, German, Danish, Dutch, Japanese, Swedish, Norwegian
Staff specialists computer, counselor, ESL, learning disabilities, librarian, math resource, nurse, reading resource, speech/hearing
Special curricular programs art, instrumental music, vocal music, computer/technology, physical education
Extra curricular programs computers, community service, dance, drama, environmental conservation, excursions/expeditions, literary magazine, newspaper, photography, yearbook
Sports badminton, baseball, basketball, cross-country, golf, gymnastics, hockey, rugby, soccer, softball, swimming, tennis, track and field, volleyball
Clubs student council, honor society, art, Habitat for Humanity, Model UN, peer supporters, animation & science, junior & senior math teams
Examinations AP, IB, PSAT, SAT

CAMPUS FACILITIES

Location Suburban
Campus 52 hectares, 11 buildings, 91 classrooms, 5 computer labs, 258 instructional computers, 26,500 library volumes, 1 auditorium, 2 cafeterias, 3 gymnasiums, 1 infirmary, 6 playing fields, 9 science labs, 1 pool, 6 tennis courts

ACS Egham International School

Phone 44 1784 430 800
Fax 44 1784 742 146
Email EghamAdmissions@acs-england.co.uk
Website www.acs-england.co.uk
Address Woodlee, London Road (A30), Egham, Surrey, TW20 0HS, United Kingdom

STAFF

Head of School Jeremy Lewis
High School Principal Cathy Jones
Middle School Principal Peter Hosier
Lower School Principal Cindy Blanes
Assistant HS Principal & IB Co-ordinator Alan Perkins
Chief Accountant Clive Abbott
Head of Technology Denis Connolly
HS Librarian Susan Merrick
Teaching staff Full time 93; Part time 8; Total 101
Nationalities of teaching staff US 18; UK 54; Other(s) (Canadian, Australian) 29

INFORMATION

Grade levels PreK–12
School year August–June
School type coeducational, day, proprietary
Year founded 1967
Governed by appointed Board of Directors
Sponsored by Chairman of Board of Directors
Accredited by New England
Regional organizations ECIS
Enrollment Nursery 28; PreK 35; Elementary K–5 220; Middle School 6–8 134; High School 9–12 176; Total 593
Nationalities of student body US 233; UK 72; Other(s) (Dutch, German) 316
Tuition/fee currency British Pound
Tuition range 6,020–19,240
Annual fees Busing 2,320
One time fees Registration 150; Capital Levy 500
Graduates attending college 100%
Graduates have attended King's Col London, U Col London, U of Oxford, London School of Economics, New York U

EDUCATIONAL PROGRAM

Curriculum US, Intl, IB Diploma, IBPYP, IBMYP
Average class size Elementary 16; Secondary 16
Language(s) of instruction English
Language(s) taught French, Spanish
Staff specialists computer, counselor, ESL, learning disabilities, librarian, math resource, nurse, reading resource, speech/hearing
Special curricular programs art, instrumental music, vocal music, computer/technology, physical education, information & design technology
Extra curricular programs computers, community service, dance, drama, environmental conservation, excursions/expeditions, literary magazine, newspaper, photography, yearbook
Sports badminton, baseball, basketball, cross-country, golf, gymnastics, rugby, soccer, softball, tennis, track and field, volleyball
Clubs student council, Model UN, chess, Duke of Edinburgh Award, horseback riding, math, homework, creative writing, arts & crafts, Boy & Girl Scouts
Examinations IB, PSAT, SAT, ISA

CAMPUS FACILITIES

Location Suburban
Campus 8 hectares, 10 buildings, 50 classrooms, 2 computer labs, 168 instructional computers, 20,000 library volumes, 1 cafeteria, 2 gymnasiums, 1 infirmary, 2 playing fields, 3 science labs, 2 tennis courts

ACS Hillingdon International School

Phone 44 1895 259771
Fax 44 1895 818404
Email HillingdonAdmissions@acs-england.co.uk
Website www.acs-england.co.uk
Address Hillingdon Court, 108 Vine Lane, Hillingdon, Middlesex, UB10 0BE, United Kingdom

STAFF

Head of School Ginger G. Apple
Lower School Principal Michelle Eriksen
Middle School Principal Alan Phan
High School Principal Monika Howick
Assistant High School Principal & IB Coordinator Chris Green
Chief Accountant Clive Abbott
IT Coordinator Michael Parr
High School Librarian Ruth Ross
Teaching staff Full time 79; Part time 2; Total 81
Nationalities of teaching staff US 38; UK 24; Other(s) (Canadian, Australian) 19

INFORMATION

Grade levels PreK–13
School year August–June
School type coeducational, day, proprietary
Year founded 1978
Governed by appointed Board of Directors
Sponsored by Chairman of Board of Directors
Accredited by New England
Regional organizations ECIS
Enrollment PreK 11; Elementary K–5 191; Middle School 6–8 153; High School 9–12 208; Grade 13 1; Total 564
Nationalities of student body US 279; UK 60; Other(s) (Japanese, Canadian) 225
Tuition/fee currency British Pound
Tuition range 8,820–18,560
One time fees Registration 150
Graduates attending college 100%
Graduates have attended U of Oxford, U Col London, Imperial Col London, U of Pennsylvania, Harvard U

EDUCATIONAL PROGRAM

Curriculum US, Intl, IB Diploma, IBMYP, AP
Average class size Elementary 20; Secondary 20
Language(s) of instruction English
Language(s) taught French, Spanish, Japanese, Dutch, Mandarin
Staff specialists computer, counselor, ESL, learning disabilities, librarian, nurse
Special curricular programs art, instrumental music, vocal music, computer/technology, physical education
Extra curricular programs community service, drama, excursions/expeditions, newspaper, yearbook
Sports baseball, basketball, cross-country, golf, rugby, soccer, softball, tennis, track and field, volleyball
Clubs student council, National Honor Society, homework, drama, jazz music, Boy & Girl Scouts
Examinations AP, IB, PSAT, SAT

CAMPUS FACILITIES

Location Suburban
Campus 5 hectares, 3 buildings, 72 classrooms, 6 computer labs, 440 instructional computers, 25,000 library volumes, 1 auditorium, 1 cafeteria, 1 gymnasium, 1 infirmary, 2 playing fields, 7 science labs, 3 tennis courts, air conditioning

THE AMERICAN SCHOOL IN LONDON

Phone 44 207 449 1200
Fax 44 207 449 1350
Email admissions@asl.org
Website www.asl.org
Address One Waverley Place, St Johns Wood, London, NW8 0NP, United Kingdom

STAFF

Head of School Coreen R. Hester
High School Principal Paul Richards, Ed.D.
Middle School Principal Margaret Mongiello
Lower School Principal Julie Ryan
Director of Finance & Operations Chris Almond
Director of Technology & Operations Jim Heyndericks
Head of Library Karen Field
Teaching staff Full time 148; Part time 18; Total 166
Nationalities of teaching staff US 100; UK 31; Other(s) (New Zealander, Canadian) 35

INFORMATION

Grade levels PreK–12
School year September–June
School type coeducational, day, private non-profit
Year founded 1951
Governed by elected Board of Trustees
Accredited by CIS, Middle States
Regional organizations ECIS, MAIS
Enrollment PreK 36; Elementary K–5 501; Middle School 6–8 351; High School 9–12 462; Total 1,350
Nationalities of student body US 1,086; UK 92; Other(s) (Canadian) 172
Tuition/fee currency British Pound
Tuition range 18,600–21,700
Annual fees Busing 2,300
One time fees Registration 100
Graduates attending college 99%
Graduates have attended Boston U, Duke U, George Washington U, Princeton U, Stanford U

EDUCATIONAL PROGRAM

Curriculum US, AP
Average class size Elementary 20; Secondary 16
Language(s) of instruction English
Language(s) taught French, Spanish, German, Chinese, Arabic, Russian, Japanese
Staff specialists computer, counselor, ESL, learning disabilities, librarian, math resource, nurse, psychologist, reading resource, speech/hearing
Special curricular programs art, instrumental music, vocal music, computer/technology, physical education
Extra curricular programs computers, community service, dance, drama, environmental conservation, excursions/expeditions, literary magazine, newspaper, photography, yearbook
Sports baseball, basketball, cross-country, golf, hockey, rugby, soccer, softball, swimming, tennis, track and field, volleyball, crew, cheerleading
Clubs debate, robotics, Middle East, writers, Amnesty International, Ubuntu Education Fund, community service
Examinations AP, PSAT, SAT, ERB

CAMPUS FACILITIES

Location Urban
Campus 1 hectare, 1 building, 80 classrooms, 4 computer labs, 650 instructional computers, 42,000 library volumes, 1 auditorium, 1 cafeteria, 3 gymnasiums, 1 infirmary, 1 playing field, 10 science labs, 2 tennis courts, air conditioning

International School of London

Phone 44 0 20 8992 5823
Fax 44 0 20 8993 7012
Email mail@islondon.com
Website www.islondon.com
Address 139 Gunnersbury Avenue, London, W3 8LG, United Kingdom

STAFF

Head of School Huw Davies
IB Diploma Coordinator Paul Morris
MYP Coordinator Maria Bailey
PYP Coordinator Micahel Patehis
Business Officer Sesil Costandi
Systems Administrator Jay Kelly
Librarian Farideh Urrestarazu
Teaching staff Full time 50; Part time 30; Total 80

INFORMATION

Grade levels N–12
School year September–June
School type coeducational, day, proprietary
Year founded 1972
Accredited by CIS
Regional organizations ECIS
Enrollment Nursery 18; PreK 20; Elementary K–5 120; Middle School 6–8 96; High School 9–12 128; Total 382
Nationalities of student body US 20; UK 15; Zimbabwean 15; Other(s) (Italian, French) 332
Tuition/fee currency British Pound
Tuition range 13,500–18,950
Annual fees Busing 2,500; Lunch 1,500
One time fees Registration 150; Capital Levy 1,300
Graduates attending college 100%
Graduates have attended U of Chicago, U of Oxford, U of London, Keio U, Bocconi U

EDUCATIONAL PROGRAM

Curriculum IB Diploma, IBPYP, IBMYP
Average class size Elementary 20; Secondary 20
Language(s) of instruction English
Language(s) taught More Than 20 Others
Staff specialists computer, counselor, ESL, learning disabilities, librarian
Extra curricular programs computers, community service, dance, drama, environmental conservation, newspaper, photography, yearbook
Sports badminton, basketball, cross-country, football, gymnastics, hockey, martial arts, rugby, skiing, soccer, softball, squash, swimming, tennis, track and field, volleyball
Examinations IB

CAMPUS FACILITIES

Location Urban
Campus 2 buildings, 45 classrooms, 3 computer labs, 40 instructional computers, 1 auditorium, 1 cafeteria, 1 covered play area, 1 gymnasium, 1 playing field, 3 science labs, 1 pool

Marymount International School

Phone 0044 20 8949 0571
Fax 0044 20 8336 2485
Email admissions@marymountlondon.com
Website www.marymountlondon.com
Address George Road, Kingston upon Thames, Surrey, KT2 7PE, United Kingdom

STAFF

Head of School Sister Michaeline O'Dwyer, RSHM
Deputy Head Frances O'Neill, Ph.D.
IB Diploma Coordinator John MacInerney
Middle Years Program Coordinator Nick Marcou
Middle School Coordinator Geraldine Donnelly
Head of Boarding Anne Malabar
Bursar Demetrios Souppouris
Librarian Jennifer Beeftink
Teaching staff Full time 40; Part time 6; Total 46

INFORMATION

Grade levels 6–12
School year September–June
School type boarding, church-affiliated, day, girls only, private non-profit
Year founded 1955
Governed by appointed Board of Governors
Accredited by CIS, Middle States
Regional organizations ECIS
Enrollment Middle School 6–8 68; High School 9–12 174; Total 242
Nationalities of student body US 18; UK 53; Other(s) (Japanese, Spaniard) 171
Tuition/fee currency British Pound
Tuition range 15,950–18,230
Annual fees Boarding, 5-day 11,070; Boarding, 7-day 12,370
One time fees Registration 100; Acceptance 1,000
Boarding program grades 6–12
Boarding program length 5-day and 7-day **Girls** 88
Graduates attending college 98%
Graduates have attended U of Oxford, U of Cambridge, Imperial Col London, Stanford U, U of Pennsylvania

EDUCATIONAL PROGRAM

Curriculum US, Intl, IB Diploma, IBMYP
Average class size Secondary 14
Language(s) of instruction English
Language(s) taught French, Spanish, Japanese, German, Mandarin
Staff specialists computer, counselor, ESL, librarian, math resource, nurse, reading resource
Special curricular programs art, instrumental music, vocal music, computer/technology, physical education
Extra curricular programs community service, dance, drama, excursions/expeditions, newspaper, yearbook
Sports badminton, basketball, cross-country, golf, soccer, softball, tennis, volleyball
Clubs Model UN, student council, boarders council, National Honor Society, student newspaper, yearbook, science, art, choir, orchestra
Examinations ACT, IB, PSAT, SAT

CAMPUS FACILITIES

Location Suburban
Campus 3 hectares, 10 buildings, 27 classrooms, 2 computer labs, 50 instructional computers, 10,000 library volumes, 1 auditorium, 1 cafeteria, 1 gymnasium, 1 infirmary, 1 playing field, 3 science labs, 2 tennis courts

TASIS, The American School in England

Phone 44 1932 565 252
Fax 44 1932 564 644
Email ukadmissions@tasisengland
Website www.tasis.com/England
Address Coldharbour Lane, Thorpe, Surrey, TW20 8TE, United Kingdom

STAFF

Head of School Michael V. McBrien
Head of Upper School David Jepson
Head of Middle School Deborah Cross
Head of Lower School Susan Porter
Director of Finance David King
Director of Information Technology John Arcay
Librarian Ariana Ladjevardi
Teaching staff Full time 107; Part time 12; Total 119
Nationalities of teaching staff US 81; UK 27; Other(s) (Dutch, Canadian) 11

INFORMATION

Grade levels N–13
School year August–June
School type boarding, coeducational, day, private non-profit
Year founded 1976
Governed by appointed TASIS Board of Directors
Accredited by CIS, New England
Regional organizations ECIS, NESA
Enrollment Nursery 10; PreK 15; Elementary K–5 165; Middle School 6–8 130; High School 9–12 380; Total 700
Nationalities of student body US 400; UK 50; Other(s) (Spaniard, Chinese) 250
Tuition/fee currency British Pound
Tuition range 5,750–18,650
Annual fees Boarding, 7-day 11,950
One time fees Registration 125; Capital Levy 750
Boarding program grades 9–13
Boarding program length 7-day **Boys** 90 **Girls** 90
Graduates attending college 99%
Graduates have attended U of Pennsylvania, Massachusetts Institute of Technology, Yale U, Princeton U, U of Cambridge

EDUCATIONAL PROGRAM

Curriculum US, Intl, IB Diploma, AP
Average class size Elementary 15; Secondary 15
Language(s) of instruction English
Language(s) taught French, Spanish, Latin, German
Staff specialists computer, counselor, ESL, librarian, math resource, nurse, psychologist, reading resource
Special curricular programs art, instrumental music, vocal music, computer/technology, physical education
Extra curricular programs computers, community service, dance, drama, excursions/expeditions, literary magazine, newspaper, photography, yearbook
Sports baseball, basketball, cross-country, football, golf, rugby, soccer, softball, tennis, volleyball, lacrosse
Clubs art, chess, aomputer, conditioning, dance, drama, riding, squash, swimming, yearbook, Model UN, Duke of Edinburgh Award
Examinations ACT, AP, IB, PSAT, SAT, SAT II, TOEFL

CAMPUS FACILITIES

Location Rural
Campus 18 hectares, 25 buildings, 84 classrooms, 3 computer labs, 200 instructional computers, 12,000 library volumes, 1 auditorium, 2 cafeterias, 2 gymnasiums, 1 infirmary, 3 playing fields, 4 science labs, 6 tennis courts

UNITED STATES OF AMERICA

UNITED STATES OF AMERICA

Area:	9,826,675 sq km
Population:	310,232,863
Capital:	Washington, DC
Currency:	US Dollar (USD)
Languages:	English, Spanish

ATLANTA INTERNATIONAL SCHOOL

Phone 404 841 3840
Fax 404 841 3873
Email info@aischool.org
Website www.aischool.org
Address 2890 North Fulton Drive, Atlanta, GA, 30305, United States of America

STAFF

Headmaster Kevin J. Glass
Head of Secondary School Patrick Hurworth
Head of Upper Primary School Alain Poiraud
Head of Lower Primary School Dusty Fretwell
Head of Curriculum & Professional Development Rachel Hovington
Director of Admission, Financial Aid & Marketing Reid Mizell
Director of Finance & Operations Scott McDonald
IT Coordinator Alan Preis
Head Librarian Elena Barrio
Teaching staff Full time 129; Part time 6; Total 135
Nationalities of teaching staff US 49; UK 19; Other(s) (French, German) 67

INFORMATION

Grade levels PreK–12
School year August–June
School type coeducational, day, private non-profit
Year founded 1985
Governed by appointed Board of Trustees
Accredited by CIS, Southern
Regional organizations ECIS
Enrollment PreK 64; Elementary K–5 433; Middle School 6–8 185; High School 9–12 300; Total 982
Nationalities of student body US 565; UK 35; Other(s) (German, French) 382
Tuition/fee currency US Dollar
Tuition range 17,230–19,658
Annual fees Lunch 1,300; Afterschool 1,235
One time fees Registration 100; Matriculation 3,000
Graduates attending college 100%
Graduates have attended Yale U, Princeton U, Stanford U, U of California, Berkeley, Georgetown U

EDUCATIONAL PROGRAM

Curriculum US, IB Diploma, IBPYP, IBMYP
Average class size Elementary 15; Secondary 15
Language(s) of instruction English, German, French, Spanish
Language(s) taught Latin, German, French, Spanish, Mandarin
Staff specialists computer, counselor, ESL, learning disabilities, librarian, math resource, nurse, reading resource
Special curricular programs art, instrumental music, vocal music, computer/technology, physical education
Extra curricular programs computers, community service, dance, drama, environmental conservation, excursions/expeditions, newspaper, yearbook
Sports basketball, cross-country, golf, soccer, swimming, tennis, track and field, volleyball
Clubs International Students Against Land Mines, Model UN, Bethania Orphanage, Mondialogo, AIS recycling, iHOT robotics, mock trial, Students Taking Action Now (STAND:Darfur)
Examinations ACT, GCSE, IB, SAT

CAMPUS FACILITIES

Location Urban
Campus 2 hectares, 4 buildings, 100 classrooms, 5 computer labs, 250 instructional computers, 32,000 library volumes, 2 auditoriums, 2 cafeterias, 2 gymnasiums, 1 infirmary, 1 playing field, 6 science labs, air conditioning

International Academy

Phone 248 341 5900
Fax 248 341 5959
Email lgibson@bloomfield.org
Website www.iatoday.org
Address 1020 E. Square Lake Rd., Bloomfield Hills, MI, 48304, United States of America

STAFF

Principal Lynne Gibson
Associate Principal–IA Central Michael Giromini
Associate Principal–IA West Nhu Do
Associate Principal–IA East Audra Melton, Ed.D.
IB Coordinator & Administrator Eric Sturm
Business Manager Carol Arola
Head of Technology Mary Miner
Head of Library Klaudia Janek
Teaching staff Full time 65; Part time 10; Total 75
Nationalities of teaching staff US 71; UK 1; Other(s) (Dutch, Canadian) 3

INFORMATION

Grade levels 9–12
School year August–June
School type coeducational, day
Year founded 1996
Governed by Local Public School Districts
Accredited by North Central
Enrollment High School 9–12 1,315; Total 1,315
Nationalities of student body US 1,025; UK 10; Other(s) (Indian, German) 280
Tuition/fee currency US Dollar
Annual fees Enrichment Programs 150; Lab 150
One time fees Registration 20; Books 150
Graduates attending college 100%
Graduates have attended Harvard U, Duke U, Massachusetts Institute of Technology, Columbia U, U of Michigan

EDUCATIONAL PROGRAM

Curriculum IB Diploma
Average class size Secondary 28
Language(s) of instruction English
Language(s) taught French, German, Spanish, Mandarin Chinese
Staff specialists computer, counselor, ESL, librarian, psychologist
Special curricular programs art, instrumental music, vocal music, distance learning, physical education
Extra curricular programs community service, drama, literary magazine, newspaper, yearbook, enrichment program
Clubs Key, National Honor Society, Build On, Indian American Student Association, German Honor Society, French Honor Society, Spanish Honor Society, Model UN, robotics, Science Olympiad
Examinations ACT, AP, IB, PSAT, SAT, SAT II

CAMPUS FACILITIES

Location Suburban
Campus 3 buildings, 70 classrooms, 3 computer labs, 300 instructional computers, 20,000 library volumes, 1 auditorium, 1 cafeteria, 1 gymnasium, 1 playing field, 9 science labs, 1 tennis court, air conditioning

PUNAHOU SCHOOL

Phone 808 944 5711
Fax 808 944 5779
Email hr@punahou.edu
Website www.punahou.edu
Address 1601 Punahou Street, Honolulu, HI, 96822, United States of America

STAFF

President James K. Scott, Ph.D.
Academy Principal Kevin Conway, Ed.D.
Junior School Principal Michael Walker
Director of Instruction Bruce Schauble
Director of Human Resources Pauline Bailey
Director of Admissions Betsy Hata
Vice President and Treasurer, Finance and Administration John Field
Director of Technology Wendi Takemoto
Academy Head Librarian Deb Peterson
Teaching staff Full time 260; Part time 45; Total 305
Nationalities of teaching staff US 290; Other(s) 15

INFORMATION

Grade levels K–12
School year August–June
School type coeducational, day, private non-profit
Year founded 1841
Governed by appointed Board of Trustees
Accredited by Western
Enrollment Elementary K–5 960; Middle School 6–8 1,050; High School 9–12 1,730; Total 3,740
Nationalities of student body US 3,740
Tuition/fee currency US Dollar
Tuition 17,800
Graduates attending college 99%
Graduates have attended Stanford U, Princeton U, Harvard U, Washington Col, U of South Carolina

EDUCATIONAL PROGRAM

Curriculum US, AP
Average class size Elementary 22; Secondary 22
Language(s) of instruction English
Language(s) taught Japanese, Chinese, Spanish, French, Hawaiian
Staff specialists computer, counselor, librarian, nurse, psychologist
Special curricular programs art, instrumental music, vocal music, computer/technology, physical education
Extra curricular programs community service, dance, drama, environmental conservation, excursions/expeditions, literary magazine, newspaper, photography, yearbook
Sports baseball, basketball, cross-country, football, golf, gymnastics, soccer, softball, swimming, tennis, track and field, volleyball, water polo, paddling
Clubs National Honor Society, Key, Model UN, SADD, ROTC, Young Life, Amnesty International, MathCounts
Examinations AP, PSAT, SAT, SAT II, ERB

CAMPUS FACILITIES

Location Suburban
Campus 30 hectares, 43 buildings, 190 classrooms, 7 computer labs, 1900 instructional computers, 95,000 library volumes, 1 auditorium, 1 cafeteria, 1 covered play area, 2 gymnasiums, 1 infirmary, 3 playing fields, 20 science labs, 1 pool, 9 tennis courts, air conditioning

AWTY INTERNATIONAL SCHOOL

Phone 713 686 4850
Fax 713 686 4956
Email admissions@awty.org
Website www.awty.org
Address 7455 Awty School Lane, Houston, TX, 77055-7222, United States of America

STAFF

Head of School Peter R. Cooper
Head of Upper School Sam Waugh
Head of Middle School Tom Beuscher
Head of Lower School Lilian Mullane
Deputy Head of School & Proviseur Boualem Maizia
Chief Financial Officer Hank Nicodemus, IV
Director of Information Technology Willie Roberts
Librarian Diana Armentor
Teaching staff Full time 132; Part time 16; Total 148
Nationalities of teaching staff US 110; Other(s) (French, Mexican) 38

INFORMATION

Grade levels PreK–12
School year August–June
School type coeducational, day, private non-profit
Year founded 1956
Governed by appointed and elected Board of Trustees
Accredited by CIS
Regional organizations ECIS
Enrollment PreK 62; Elementary K–5 509; Middle School 6–8 267; High School 9–12 362; Total 1,200
Nationalities of student body US 547; UK 44; Other(s) (French, Mexican) 609
Tuition/fee currency US Dollar
Tuition range 13,820–18,927
Annual fees Registration 250; Capital Levy 750; Insurance 624; Busing 2,300; Books 585; Building 750
One time fees New Family 800; Application 100
Graduates attending college 100%
Graduates have attended Stanford U, Yale U, Georgetown U, Duke U, Rice U

EDUCATIONAL PROGRAM

Curriculum US, National, Intl, IB Diploma, French Baccalaureate
Average class size Elementary 17; Secondary 15
Language(s) of instruction English, French
Language(s) taught French, Spanish, Arabic, Dutch, German, Mandarin
Staff specialists computer, counselor, ESL, librarian, math resource, nurse, psychologist, reading resource, speech/hearing
Special curricular programs art, instrumental music, vocal music, computer/technology, physical education
Extra curricular programs community service, dance, drama, environmental conservation, excursions/expeditions, literary magazine, newspaper, photography, yearbook
Sports basketball, cross-country, golf, soccer, swimming, tennis, track and field, volleyball
Clubs Academic Challenge, Amnesty International, Leo, National Honor Society, Model UN, French Honor Society, debate, newspaper, choirs, orchestra, ensembles, Red Cross
Examinations ACT, IB, PSAT, SAT, SAT II, ERB

CAMPUS FACILITIES

Location Urban
Campus 10 hectares, 24 buildings, 115 classrooms, 6 computer labs, 170 instructional computers, 50,000 library volumes, 1 auditorium, 1 cafeteria, 1 covered play area, 2 gymnasiums, 1 infirmary, 3 playing fields, 6 science labs, 4 tennis courts, air conditioning

INTERNATIONAL SCHOOL OF INDIANA

Phone 317 923 1951
Fax 312 923 1910
Email info@isind.org
Website www.isind.org
Address 4330 North Michigan Road, Indianapolis, IN, 46208, United States of America

STAFF

Head of School David Garner, Ph.D.
Upper School Principal Michael Urquart
Lower School Principal Alastair Kay
Assistant Lower School Principal & Pre-Elementary Coordinator Marianella Means
Assistant Principal Matthew Self
IB Diploma Coordinator & Assistant Principal Mitchell Chabraja
Director of Finance & Operations Lynn Greggs
Head of Technology Rick Seifert
Librarian Angie Roberts
Teaching staff Full time 74; Part time 2; Total 76
Nationalities of teaching staff US 44; UK 5; Other(s) (Mexican, French) 27

INFORMATION

Grade levels PreK–12
School year August–June
School type coeducational, day, private non-profit
Year founded 1994
Governed by appointed Board of Directors
Regional organizations ECIS
Enrollment Nursery 15; PreK 35; Elementary K–5 237; Middle School 6–8 113; High School 9–12 126; Total 526
Nationalities of student body US 439; UK 13; Other(s) (Canadian, French) 74
Tuition/fee currency US Dollar
Tuition range 12,860–14,250
Annual fees Parent Association 25
Athletic Participation 125
One time fees Registration 50; IB Exam 800
Graduates attending college 100%
Graduates have attended U of St. Andrews, U of Pennsylvania, U of Cambridge, Concordia U, Massachusetts Institute of Technology

EDUCATIONAL PROGRAM

Curriculum US, National, Intl, IB Diploma, IBPYP, IBMYP, French, Spanish
Average class size Elementary 16; Secondary 14
Language(s) of instruction English, Spanish, French, Mandarin
Language(s) taught Spanish, French, Mandarin
Staff specialists computer, counselor, ESL, librarian, nurse, reading resource
Special curricular programs art, instrumental music, vocal music, computer/technology, physical education
Extra curricular programs community service, dance, drama, environmental conservation, excursions/expeditions, literary magazine, yearbook
Sports basketball, cross-country, golf, soccer, swimming, tennis, track and field, volleyball, lacrosse, crew
Clubs student government, literary arts magazine, yearbook, Model UN, International Thespian Society, vocal jazz choir, GEARS science, math, Academic Super Bowl Team, Brain Game Team
Examinations ACT, AP, IB, PSAT, SAT, ISTEP, ERB, PLAN

CAMPUS FACILITIES

Location Urban
Campus 29 hectares, 3 buildings, 70 classrooms, 3 computer labs, 90 instructional computers, 20,000 library volumes, 2 cafeterias, 2 gymnasiums, 2 infirmaries, 4 playing fields, 2 science labs, air conditioning

HAWAII PREPARATORY ACADEMY

Phone 808 885 7321
Fax 808 881 4003
Email admissions@hpa.edu
Website www.hpa.edu
Address 65-1692 Kohala Mountain Road, Kamuela, Hawaii, 96743, United States of America

STAFF

Headmaster Lindsay R. Barnes, Jr.
Assistant Headmaster Shirley Ann K. Fukumoto
Principal of Upper School Mark A. Noetzel
Principal of Lower & Middle Schools Terrence E. Factor
Director of Admission Joshua D. Clark
Director of Advancement Keawe Liu
Business Manager Gary Campbell
Director of Information Technology Steve Bernstein
Library Media Specialist Lois Inman
Teaching staff Full time 50; Part time 15; Total 65

INFORMATION

Grade levels K–13
School year August–May
School type boarding, coeducational, day, private non-profit
Year founded 1949
Governed by appointed Board of Trustees
Accredited by Western
Enrollment Elementary K–5 118; Middle School 6–8 118; High School 9–12 339; Grade 13 1; Total 576
Tuition/fee currency US Dollar
Tuition 46,500
Boarding program grades 6–13
Boarding program length 7-day **Boys** 87 **Girls** 87
Graduates attending college 100%

EDUCATIONAL PROGRAM

Curriculum US, AP
Average class size Elementary 20; Secondary 13
Language(s) of instruction English
Language(s) taught French, Spanish, Japanese
Staff specialists computer, counselor, ESL, librarian, nurse
Special curricular programs art, instrumental music, vocal music, computer/technology, physical education, vocational
Extra curricular programs computers, community service, dance, drama, environmental conservation, excursions/expeditions, literary magazine, yearbook, engineering, turtle research project
Sports baseball, basketball, cross-country, football, golf, rugby, soccer, softball, swimming, tennis, track and field, volleyball, wrestling, outrigger canoe paddling
Clubs Red Cross, environmental, robotics, recycling, ultimate frisbee, scuba
Examinations AP, SAT, TOEFL

CAMPUS FACILITIES

Location Rural
Campus 1 auditorium, 2 cafeterias, 1 gymnasium, 2 infirmaries, 6 playing fields, 4 science labs, 1 pool, 4 tennis courts

THE DWIGHT SCHOOL

Phone 212 724 6360
Fax 212 724 2539
Email admissions@dwight.edu
Website www.dwight.edu
Address 291 Central Park West, New York City, New York, 10024, United States of America

STAFF

Chancellor Stephen Spahn
Associate Headmaster Blake Spahn, Ph.D.
Assistant Headmaster Anthony Foster
Director of Curriculum & Professional Development Dianne Drew
Co-Director of Admissions Marina Bernstein
Co-Director of Admissions Alicia Janiak
Director of Finance Rose LaMorte
Director of Information Services Basil Kolani
Director of Library Services Susan Lissim
Teaching staff Full time 125; Part time 10; Total 135

INFORMATION

Grade levels PreK–12
School year September–June
School type coeducational, day
Year founded 1880
Governed by elected Trustees
Accredited by CIS, Middle States
Regional organizations ECIS
Enrollment PreK 160; Elementary K–5 160; Middle School 6–8 120; High School 9–12 210; Total 650
Tuition/fee currency US Dollar
Tuition range 32,865–34,900
Annual fees Books 850
Graduates attending college 100%
Graduates have attended Harvard U, Brown U, Dartmouth Col, Columbia U, Vanderbilt U

EDUCATIONAL PROGRAM

Curriculum Intl, IB Diploma, IBPYP, IBMYP
Average class size Elementary 15; Secondary 15
Language(s) of instruction English
Language(s) taught French, Spanish, Italian, Hebrew, Dutch, German, Chinese
Staff specialists computer, counselor, ESL, learning disabilities, librarian, psychologist
Special curricular programs art, instrumental music, vocal music, computer/technology, physical education
Extra curricular programs computers, community service, dance, drama, environmental conservation, excursions/expeditions, literary magazine, newspaper, photography, yearbook
Sports baseball, basketball, cross-country, golf, soccer, tennis, track and field, volleyball, fencing
Clubs Green Team, tai chi, lacrosse, yoga, studio art, jazz band, spinning, dance, boxing
Examinations ACT, AP, IB, PSAT, SAT, SAT II, TOEFL, ERB

CAMPUS FACILITIES

Location Urban
Campus 2 buildings, 48 classrooms, 2 computer labs, 200 instructional computers, 15,000 library volumes, 1 auditorium, 1 cafeteria, 1 covered play area, 3 gymnasiums, 1 infirmary, 3 science labs, air conditioning

United Nations International School

Phone 212 684 7400
Fax 212 779 2259
Email administration@unis.org
Website www.unis.org
Address 24-50 FDR Drive, New York, NY, 10010, United States of America

STAFF

Executive Director George B. Dymond
High School Principal Andrew Hand
Junior School Principal Jacqueline Jenkins
Middle School Principal Anthony Brown
Queens School Principal Judith Honor, Ed.D.
Director of Business Operations Stephen Roache
Director of Technology Dominique Lap
Head of Library Jerome Dutilloy
Teaching staff Full time 183; Part time 32; Total 215
Nationalities of teaching staff US 86; UK 18; Other(s) (French, Spaniard) 111

INFORMATION

Grade levels K–12
School year September–June
School type coeducational, day, private non-profit
Year founded 1947
Governed by appointed Board of Trustees
Accredited by CIS
Regional organizations ECIS
Enrollment Elementary K–5 678; Middle School 6–8 392; High School 9–12 484; Total 1,554
Nationalities of student body US 699; UK 50; Other(s) (French, Japanese) 805
Tuition/fee currency US Dollar
Tuition range 24,000–26,500
Annual fees Capital Levy 300
One time fees Registration 2,950
Graduates attending college 100%
Graduates have attended Harvard U, Princeton U, Yale U, U of Oxford, U of Bath

EDUCATIONAL PROGRAM

Curriculum Intl, IB Diploma
Average class size Elementary 20; Secondary 21
Language(s) of instruction English
Language(s) taught Arabic, Chinese, French, German, Italian, Japanese, Russian, Spanish
Staff specialists computer, counselor, ESL, learning disabilities, librarian, nurse, psychologist, reading resource
Special curricular programs art, instrumental music, vocal music, computer/technology, physical education
Extra curricular programs computers, community service, dance, drama, environmental conservation, excursions/expeditions, literary magazine, newspaper, photography, yearbook, UNIS/UN Annual Conference
Sports baseball, basketball, cross-country, gymnastics, soccer, softball, swimming, tennis, track and field, volleyball
Clubs Amnesty International, Solutions To Environmental Problems, Prevent Violence Against Women, Student Against Landmines, Neel Bagh Committee
Examinations ACT, IB, PSAT, SAT, SAT II, TOEFL

CAMPUS FACILITIES

Location Urban
Campus 2 hectares, 2 buildings, 140 classrooms, 6 computer labs, 1000 instructional computers, 65,000 library volumes, 1 auditorium, 1 cafeteria, 2 covered play areas, 5 gymnasiums, 1 infirmary, 1 playing field, 7 science labs, 3 tennis courts, air conditioning

KAMEHAMEHA SCHOOLS MAUI

Phone 808 572 3100
Fax 808 573 7062
Email ledelima@ksbe.edu
Website maui.ksbe.edu/
Address 270 'A' Apueo Parkway, Pukalani, Hawaii, 96768, United States of America

STAFF

Head of School Lee Ann L. DeLima
Grade 9 & 10 Principal Lance Cagasan
Academy Principal–High School Jay-R Kaawa
High School Vice Principal Leo Delatori
Middle School Principal Lois Nishikawa
Elementary School Principal Paul Prevenas, Ph.D.
Director of Campus Operations Carl Alexander

INFORMATION

Grade levels K–12
School year August–May
School type coeducational, day, private non-profit
Year founded 1996
Governed by appointed Board of Trustees
Accredited by Western
Enrollment Elementary K–5 264; Middle School 6–8 324; High School 9–12 480; Total 1,068
Nationalities of student body US 1,068
Tuition/fee currency US Dollar
Tuition range 2,830–3,565
Annual fees Busing 1,200
Graduates attending college 95%
Graduates have attended Brigham Young U, Oregon State U, San Deigo State U, Standford U, U of Hawaii

EDUCATIONAL PROGRAM

Curriculum US
Average class size Elementary 22; Secondary 22
Language(s) of instruction English
Language(s) taught Hawaiian, Japanese, Spanish
Staff specialists computer, counselor, librarian, math resource, nurse, reading resource
Special curricular programs art, instrumental music, vocal music, computer/technology, physical education, Hawaiian chant & dance
Extra curricular programs community service, drama, environmental conservation, excursions/expeditions, newspaper, photography, yearbook, student council
Sports baseball, basketball, cross-country, football, golf, martial arts, soccer, softball, swimming, tennis, track and field, volleyball, wrestling, cheerleading, water polo, paddling
Clubs National Honor Society, astronomy, chess, fishing, Hawaiian Ensemble, Math League, mock trial
Examinations ACT, PSAT, SAT, SAT II, PPVT-IV

CAMPUS FACILITIES

Location Rural
Campus 73 hectares, 23 buildings, 110 classrooms, 4 computer labs, 1100 instructional computers, 2 gymnasiums, 3 infirmaries, 3 playing fields, 8 science labs, 1 pool, 6 tennis courts, air conditioning

CHINESE AMERICAN INTERNATIONAL SCHOOL

Phone 415 865 6000
Fax 415 865 6089
Email j_bissell@cais.org
Website www.cais.org
Address 150 Oak Street, San Francisco, CA, 94102, United States of America

STAFF

Head of School Jeffrey Bissell, Ph.D.
PreK–K Director Susan Martin
Assistant Head of Academics Wendy Zacuto
Lower School Director Kevin Chang
Middle School Director Elizabeth Larose, Ed.D.
Director of Admission Linda Vann-Adibe
Assistant Head for Institutional Advancement & Finance Betty Shon
IT Director Bernard Tsang
Library Media Specialist Warren Wright
Teaching staff Full time 63; Part time 3; Total 66
Nationalities of teaching staff US 30; UK 1; Chinese 34; Other(s) (French) 1

INFORMATION

Grade levels PreK–8
School year August–June
School type coeducational, day, private non-profit
Year founded 1981
Governed by elected Board of Trustees
Accredited by Western
Enrollment PreK 72; Elementary K–5 284; Middle School 6–8 104; Total 460
Nationalities of student body US 460
Tuition/fee currency US Dollar
Tuition range 21,000–22,000
One time fees Registration 2,015; Middle School Outdoor Education 250
Graduates have attended U of California, Berkeley, U of Southern California, Boston Col, Georgetown U, George Washington U

EDUCATIONAL PROGRAM

Curriculum US
Average class size Elementary 20; Secondary 20
Language(s) of instruction English, Mandarin
Language(s) taught English, Chinese
Staff specialists computer, counselor, learning disabilities, librarian, nurse, reading resource
Special curricular programs art, instrumental music, vocal music, computer/technology, physical education, Chinese painting
Extra curricular programs computers, community service, dance, drama, environmental conservation, excursions/expeditions, literary magazine, newspaper, photography, yearbook, Chinese dance
Sports basketball, cross-country, martial arts, soccer, swimming, track and field, volleyball, indoor football
Clubs journalism, chess, lego,dance troupe (Chinese), English music, MathCounts
Examinations AP, PSAT, SAT, STAMP, OPI (Chinese)

CAMPUS FACILITIES

Location Urban
Campus 2 hectares, 2 buildings, 25 classrooms, 1 computer lab, 120 instructional computers, 50,000 library volumes, 1 cafeteria, 1 gymnasium, 1 infirmary, 2 science labs

French American International School

Phone 415 558 2000
Fax 415 558 2024
Email janec@frenchamericansf.org
Website www.internationalsf.org
Address 150 Oak Street, San Francisco, CA, 94102, United States of America

STAFF

Head of School Jane A. Camblin
Lower School Principal Raymond Hinz
International High School Principal Richard Ulffers
Middle School Principal Mireille Rabate
Director of Admissions, Grades K–8 Andrew Brown
Director of Admissions, Grades 9–12 Betsy Brody
Chief Financial Officer Aaron Levine
Director of IT Stephen Lehmann
Head Librarian Catherine Sullivan
Teaching staff Full time 119; Part time 15; Total 134
Nationalities of teaching staff US 45; UK 5; Other(s) (French, Russian) 84

INFORMATION

Grade levels PreK–12
School year August–June
School type coeducational, day, private non-profit
Year founded 1962
Governed by elected Board of Directors
Accredited by CIS, Western
Regional organizations ECIS
Enrollment Nursery 19; PreK 59; Elementary K–5 438; Middle School 6–8 150; High School 9–12 330; Total 996
Nationalities of student body US 752; UK 23; Other(s) (French, Canadian) 221
Tuition/fee currency US Dollar
Tuition range 20,810–30,360
Annual fees Registration 1,000
One time fees New Student Enrollment 2,000
Graduates attending college 99%
Graduates have attended U of California, Berkeley, Columbia U, McGill U, U of Paris, Sorbonne, Yale U

EDUCATIONAL PROGRAM

Curriculum US, Intl, IB Diploma, AP, French
Average class size Elementary 20; Secondary 20
Language(s) of instruction English, French
Language(s) taught French, Spanish, German, Mandarin, Italian
Staff specialists computer, counselor, ESL, learning disabilities, librarian
Special curricular programs art, instrumental music, vocal music, computer/technology, physical education, theatre
Extra curricular programs community service, drama, excursions/expeditions, yearbook
Sports badminton, baseball, basketball, cross-country, golf, soccer, swimming, tennis, track and field, volleyball
Clubs jazz, Multicultural Students' Association, Bake for Lives, Model UN, GSA, LSA, BSA, film, KIVA, HS chorus, The Exposer, Casa Para Amigos
Examinations AP, IB, PSAT, SAT, SAT II

CAMPUS FACILITIES

Location Urban
Campus 3 buildings, 60 classrooms, 3 computer labs, 50 instructional computers, 40,000 library volumes, 3 auditoriums, 1 covered play area, 1 gymnasium, 1 infirmary, 5 science labs

Data from 2009/10 school year.

INTERNATIONAL SCHOOL OF MONTEREY

Phone 831 583 2165
Fax 831 899 7653
Email info@ismonterey.org
Website www.ismonterey.org
Address 1720 Yosemite Street, Seaside, CA, 93955, United States of America
Mailing address PO Box 711, Monterey, CA 93942-0711, USA

STAFF

Executive Director Louis J. Perske
Associate Director Eric Pearlstein
Counselor Neli Volante, Ph.D.
Operations Manager Lisa Griffin-Burns
Office Administrator Karen Kushel
Business Manager Lorraine Williby
Teaching staff Full time 24; Part time 4; Total 28
Nationalities of teaching staff US 26; Other(s) (Bolivian, Israeli) 2

INFORMATION

Grade levels K–8
School year August–June
School type coeducational, day
Year founded 2001
Governed by Appointed Board of Directors
Accredited by CIS, Western
Enrollment Elementary K–5 260; Middle School 6–8 125; Total 385
Nationalities of student body US 226; UK 6; Other(s) (Chinese, Filipino) 153
Tuition/fee currency US Dollar
Annual fees Lunch 630; Requested Donation 1,500

EDUCATIONAL PROGRAM

Curriculum US, National, Intl, International Primary Curriculum (IPC)
Average class size Elementary 20; Secondary 25
Language(s) of instruction English
Language(s) taught Spanish
Staff specialists computer, counselor, learning disabilities, math resource, reading resource, speech/hearing
Special curricular programs art, instrumental music, vocal music, computer/technology, physical education
Extra curricular programs computers, community service, drama, environmental conservation, excursions/expeditions, newspaper
Sports basketball, soccer, track and field, volleyball, surfing
Clubs chess, Chinese jewelry making, ROV Explorers, tae kwon do
Examinations ISA, STAR

CAMPUS FACILITIES

Location Suburban
Campus 5 hectares, 4 buildings, 18 classrooms, 2 computer labs, 25 instructional computers, 5,000 library volumes, 1 auditorium, 1 cafeteria, 1 infirmary, 2 playing fields, 1 science lab

Data from 2009/10 school year.

WASHINGTON INTERNATIONAL SCHOOL

Phone 202 243 1800
Fax 202 243 1802
Email admissions@wis.edu
Website www.wis.edu
Address 3100 Macomb Street NW, Washington, DC, 20008, United States of America

STAFF

Head of School Clayton Lewis
Deputy Head of School David Merkel
Upper School Principal Tony Jones
Middle School Principal Natasha Bhalla
Primary School Principal Melody Meade
Director of Business & Operations Bill Preston
Director of Information Services Chad Fairey
Librarian Lauren Wright
Teaching staff Full time 94; Part time 10; Total 104
Nationalities of teaching staff US 40; UK 12; Other(s) (French, Spaniard) 52

INFORMATION

Grade levels PreK–12
School year September–June
School type coeducational, day, private non-profit
Year founded 1966
Governed by appointed Trustees
Accredited by CIS, Middle States
Regional organizations ECIS
Enrollment PreK 63; Elementary K–5 380; Middle School 6–8 191; High School 9–12 259; Total 893
Nationalities of student body US 512; UK 44; Other(s) (French, Spaniard) 337
Tuition/fee currency US Dollar
Tuition range 21,510–29,605
Annual fees Busing 950; Construction 400
One time fees Capital Levy 2,500
Graduates attending college 100%
Graduates have attended Yale U, Stanford U, Columbia U, U of Virginia, Georgetown U

EDUCATIONAL PROGRAM

Curriculum Intl, IB Diploma, IBPYP, IBMYP
Average class size Elementary 16; Secondary 16
Language(s) of instruction English, French, Spanish, Dutch
Language(s) taught French, Spanish, Dutch, Chinese, Italian
Staff specialists computer, counselor, ESL, learning disabilities, librarian, math resource, nurse, reading resource
Special curricular programs art, instrumental music, vocal music, computer/technology, physical education
Extra curricular programs computers, community service, drama, environmental conservation, excursions/expeditions, literary magazine, newspaper, photography, yearbook
Sports baseball, basketball, cross-country, golf, soccer, softball, swimming, tennis, track and field, volleyball
Clubs Amnesty International, model rocket, Roots & Shoots, debate team, riding, Model Organization of American States, Model UN, chess, Science Bowl, math
Examinations AP, IB, SAT, ERB

CAMPUS FACILITIES

Location Urban
Campus 4 hectares, 8 buildings, 77 classrooms, 5 computer labs, 250 instructional computers, 32,000 library volumes, 1 auditorium, 1 cafeteria, 2 covered play areas, 2 gymnasiums, 1 infirmary, 2 playing fields, 7 science labs, air conditioning

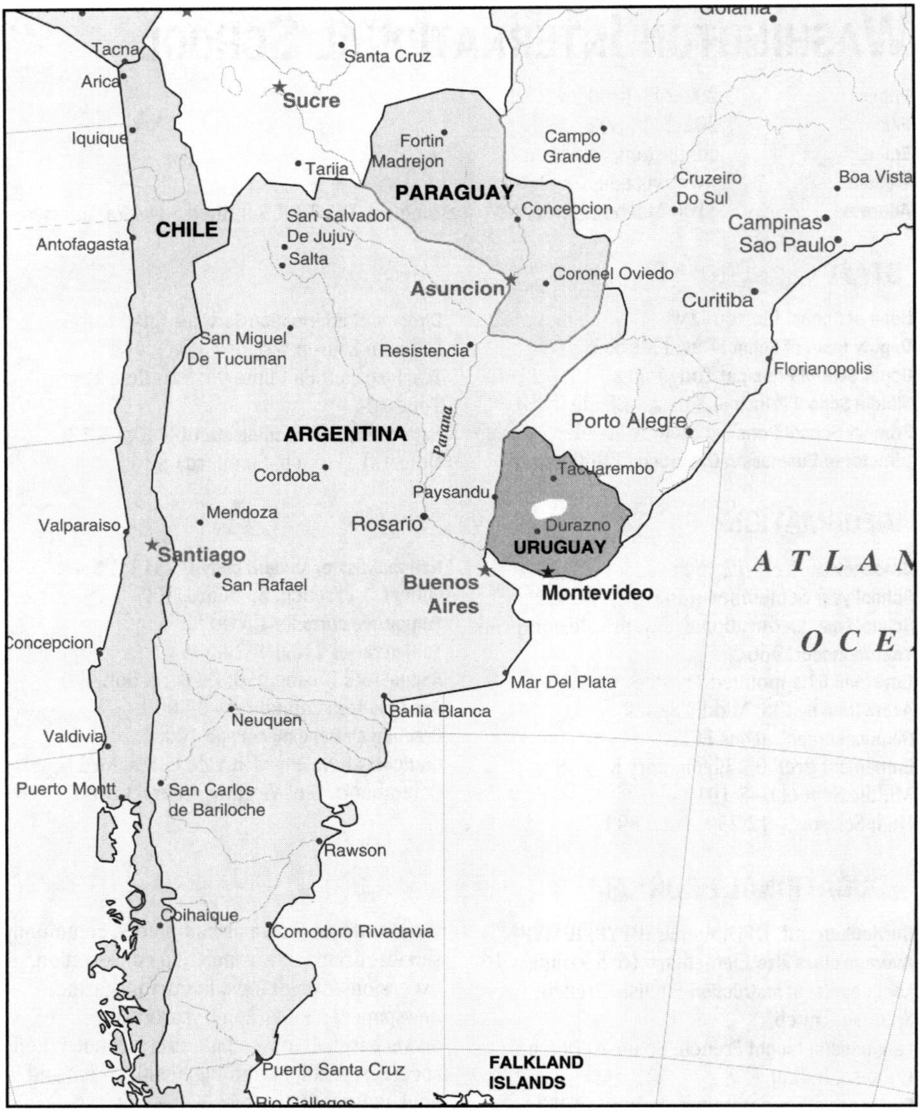

URUGUAY

Area:	176,215 sq km
Population:	3,510,386
Capital:	Montevideo
Currency:	Uruguayan Peso (UYU)
Languages:	Spanish

URUGUAYAN AMERICAN SCHOOL

Phone 598 2 600 7681
Fax 598 2 606 1935
Email lbishop@uas.edu.uy
Website www.uas.edu.uy
Address Saldun de Rodriguez 2375, CP 11500, Montevideo, Uruguay

STAFF

Director Lois V. T. Bishop, Ed.D.
Counselor Marisa Cao
Coordinator for Activities & Athletics Kathy Clark
Business Manager Ian Babirecki
IT Coordinator Alejandro Amado
Librarian Rocio Ravera

INFORMATION

Grade levels N–12
School year August–June
School type coeducational, day, private non-profit
Year founded 1958
Governed by elected Board
Accredited by Southern
Regional organizations AASSA
Enrollment Nursery 19; PreK 22; Elementary K–5 105; Middle School 6–8 79; High School 9–12 68; Total 293
Nationalities of student body US 64; Uruguayan 71; Other(s) (Brazilian, Argentine) 158
Tuition/fee currency US Dollar
Tuition range 2,500–15,500
One time fees Registration 6,000
Graduates attending college 99%
Graduates have attended Col of William & Mary, U of Virginia, Stanford U, Colby Col, Yale U

EDUCATIONAL PROGRAM

Curriculum US, National, AP
Average class size Elementary 20; Secondary 16
Language(s) of instruction English, Spanish
Language(s) taught English, Spanish, Portuguese, French
Staff specialists computer, counselor, ESL, librarian, nurse
Special curricular programs art, instrumental music, vocal music, computer/technology, distance learning, physical education
Extra curricular programs computers, community service, dance, drama, environmental conservation, excursions/expeditions, yearbook
Sports basketball, gymnastics, soccer, softball, swimming, track and field, volleyball
Examinations AP, Iowa, PSAT, SAT, SAT II

CAMPUS FACILITIES

Location Suburban
Campus 3 hectares, 1 building, 31 classrooms, 2 computer labs, 65 instructional computers, 12,400 library volumes, 1 auditorium, 1 cafeteria, 1 covered play area, 1 gymnasium, 1 infirmary, 2 playing fields, 2 science labs, air conditioning

US VIRGIN ISLANDS

US VIRGIN ISLANDS

Area:	1,910 sq km
Population:	109,775
Capital:	Charlotte Amalie
Currency:	US Dollar (USD)
Languages:	English, Spanish

THE GOOD HOPE SCHOOL

Phone 340 772 0022
Fax 340 772 0951
Email mail.ghs@gmail.com
Website www.ghsvi.org
Address 170 Estate Whim, Frederiksted, 00840, US Virgin Islands

STAFF

Head of School Michael E. Mongeau
Director of the Lower & Middle Schools Raquel Boucher Cedano
Director of Upper School & College Counseling Patricia Swan
Director of Admissions Richard Carter
Director of Finance Kalila Quow
Technology Director Robert Freiburghouse
Librarian Wanda Bishop

INFORMATION

Grade levels PreK–12
School year August–June
School type coeducational, day, private non-profit
Year founded 1967
Governed by elected Board of Trustees
Accredited by Middle States
Graduates attending college 100%
Graduates have attended Yale U, Princeton U, Harvard U, Massachusetts Institute of Technology, U of Chicago

EDUCATIONAL PROGRAM

Curriculum US, AP
Average class size Elementary 15; Secondary 12
Language(s) of instruction English
Language(s) taught Spanish, French
Staff specialists computer, counselor, learning disabilities, librarian, math resource, reading resource, speech/hearing
Special curricular programs instrumental music, vocal music, computer/technology
Extra curricular programs computers, drama
Sports baseball, basketball, golf, soccer, softball, swimming, tennis, volleyball, dodge ball

CAMPUS FACILITIES

Location Suburban
Campus 32 hectares, 12 buildings, 33 classrooms, 3 computer labs, 100 instructional computers, 15,000 library volumes, 1 auditorium, 2 covered play areas, 1 gymnasium, 1 infirmary, 3 playing fields, 3 science labs, 1 pool

Data from 2009/10 school year.

The Virgin Islands Montessori School and International Academy

Phone 340-775-6360
Fax 340-775-3080
Email info@vimontessori.com
Website www.vimsia.org
Address 6936 Vessup Lane, St. Thomas, VI, 00802, US Virgin Islands

STAFF

Montessori Director Shournagh McWeeney
IBDP Coordinator & High School Coordinator Gloria Zakers
MYP Coordinator David Jenkins
Interim IA Director Camille McKalye, Ph.D.
Business Director Peggy Hunt
Head of Technology Gil Anspacher
Librarian Betty Story
Teaching staff Full time 45; Part time 4; Total 49
Nationalities of teaching staff US 41; UK 5; Other(s) 3

INFORMATION

Grade levels N–12
School year August–June
School type coeducational, day, private non-profit
Year founded 1964
Governed by appointed Board of Trustees
Accredited by Middle States
Enrollment Nursery 10; PreK 10; Elementary K–5 140; Middle School 6–8 60; High School 9–12 50; Total 270
Nationalities of student body US 220; UK 10; Other(s) 40
Tuition/fee currency US Dollar
Tuition range 6,000–12,000
Annual fees Books 300
One time fees Capital Levy 750

EDUCATIONAL PROGRAM

Curriculum US, National, Intl, IB Diploma, IBMYP, Association Montessori International (AMI)
Average class size Elementary 25; Secondary 15
Language(s) of instruction English
Language(s) taught Spanish
Staff specialists computer, counselor, librarian, math resource
Special curricular programs art, instrumental music, vocal music, computer/technology, distance learning, physical education
Extra curricular programs computers, community service, dance, drama, environmental conservation, excursions/expeditions, newspaper, photography, yearbook, French, fine arts
Sports baseball, basketball, cross-country, martial arts, soccer, swimming, tennis, track and field, volleyball
Clubs student ambassadors, VIMSIA, student news, ecology, chess, drama,
Examinations ACT, IB, Iowa, PSAT, SAT, SAT II, TOEFL, ISA

CAMPUS FACILITIES

Location Rural
Campus 7 hectares, 9 buildings, 12 classrooms, 3 computer labs, 45 instructional computers, 5,000 library volumes, 1 auditorium, 1 playing field, 2 science labs, air conditioning

UZBEKISTAN

Area:	447,400 sq km
Population:	27,865,738
Capital:	Tashkent (Toshkent)
Currency:	Uzbekistani Soum (UZS)
Languages:	Uzbek, Russian

Tashkent International School

Phone 998 71 291 96 67
Fax 998 71 120 66 21
Email office@tashschool.org
Website www.tashschool.org
Address 38 Sarikulskaya Street, Tashkent, 100005, Uzbekistan
Mailing address ADM/2 TIS, Dept. of State, 7110 Tashkent Place, Dulles, VA 20189-7110, USA

STAFF

Director Robert Brindley, Ph.D.
Secondary Principal & College Counselor Mamie Heard
Elementary Principal Kristen DiMatteo
IB Diploma Coordinator Timothy Getter
IB PYP Coordinator Elizabeth Ford
IB MYP Coordinator Fiona Moss
Business Manager Geoffroy De Vaulgrenant
Head of Technology Mark Brookes
Librarian Sayyora Tairova
Teaching staff Full time 55; Part time 12; Total 67
Nationalities of teaching staff US 18; UK 3; Uzbekistani 21; Other(s) / (Indian, Canadian) 25

INFORMATION

Grade levels N–12
School year August–June
School type coeducational, day, private non-profit
Year founded 1994
Governed by elected School Board
Accredited by CIS, New England
Regional organizations CEESA, ECIS
Enrollment Nursery 25; PreK 24; Elementary K–5 170; Middle School 6–8 85; High School 9–12 96; Total 400
Nationalities of student body US 56; UK 8; Uzbekistani 78; Other(s) (Korean, Indian) 258
Tuition/fee currency US Dollar
Tuition range 4,600–18,100
Annual fees Capital Levy 2,000
One time fees Registration 750; ESL 500
Graduates attending college 100%
Graduates have attended U of Edinburgh, St Mary's U, U of British Columbia, Michigan State U, Oregon State U

EDUCATIONAL PROGRAM

Curriculum US, Intl, IB Diploma, IBPYP, IBMYP
Average class size Elementary 18; Secondary 22
Language(s) of instruction English
Language(s) taught Russian, French, Korean
Staff specialists computer, counselor, ESL, librarian, math resource, psychologist, reading resource
Special curricular programs art, instrumental music, vocal music, computer/technology, physical education, Theory of Knowledge, Creativity Action Service
Extra curricular programs computers, community service, dance, drama, environmental conservation, excursions/expeditions, newspaper, photography, yearbook, archery, ballet, chess, choir
Sports basketball, football, gymnastics, soccer, softball, track and field, volleyball
Clubs Model UN, student council, board games, chess, multimedia, martial arts, arts & crafts, community service, yearbook
Examinations ACT, IB, PSAT, SAT, SAT II, TOEFL, ISA

CAMPUS FACILITIES

Location Suburban
Campus 6 hectares, 6 buildings, 43 classrooms, 3 computer labs, 125 instructional computers, 25,000 library volumes, 1 auditorium, 2 gymnasiums, 1 infirmary, 2 playing fields, 3 science labs, air conditioning

VENEZUELA

Area:	912,050 sq km
Population:	27,223,228
Capital:	Caracas
Currency:	Bolivar (VEB)
Languages:	Spanish

Escuela Anaco

Phone 58 28 2422 2683
Fax 58 28 2422 2683
Email director@escuelaanaco.org
Website www.escuelaanaco.org
Address Escuela Anaco, Avenida Jose Antonio Anzoategui Km. 98, Anaco, Anzoategui, Venezuela
Mailing address c/o Jet Cargo International, PO Box 020010, M-42, Miami, FL 33102-0010, USA

STAFF

Director Phillip Katzmann
Assistant Director & IT Coordinator Gary Donahue
Administrative Assistant Rosangela Uriarte
Librarian Maryestehl Donahue
Teaching staff Full time 15; Part time 3; Total 18
Nationalities of teaching staff US 11; Other(s) 7

INFORMATION

Grade levels N–12
School year August–June
School type coeducational, day, private non-profit
Year founded 1956
Governed by appointed Board of Directors
Accredited by Southern
Regional organizations AASSA
Enrollment Nursery 12; PreK 13; Elementary K–5 38; Middle School 6–8 6; High School 9–12 11; Total 80
Nationalities of student body US 10; Venezuelan 50; Other(s) 20
Tuition/fee currency US Dollar
Tuition range 2,000–34,000
Graduates attending college 100%
Graduates have attended Oklahoma U, Texas A&M U, U of Central Queensland, McNally Smith School of Music, Florida International U

EDUCATIONAL PROGRAM

Curriculum US, AP
Average class size Elementary 8; Secondary 5
Language(s) of instruction English
Language(s) taught Spanish, Norwegian
Staff specialists computer, librarian
Special curricular programs art, computer/technology, distance learning, physical education
Extra curricular programs computers, community service, dance, drama, environmental conservation, excursions/expeditions, literary magazine, newspaper, photography, yearbook
Sports basketball, hockey, soccer, softball, track and field, volleyball
Clubs chess, cooking, arts and crafts, Lego-robotics, popbottle rockets, games
Examinations ACT, Iowa, PSAT, SAT, TOEFL, TOEFL offered through Caracas testing center

CAMPUS FACILITIES

Location Suburban
Campus 6 hectares, 4 buildings, 13 classrooms, 2 computer labs, 25 instructional computers, 8,000 library volumes, 1 cafeteria, 1 gymnasium, 4 playing fields, 1 science lab, 1 tennis court, air conditioning

Data from 2009/10 school year.

COLEGIO INTERNACIONAL PUERTO LA CRUZ

Phone 58 281 277 6051
Fax 58 281 274 1134
Email superintendent@ciplc.net
Website www.ciplc.net
Address Avenida Country Club c/c Calle Ricaurte, Barcelona, Anzoategui, 6023, Venezuela
Mailing address MUN 6111, 2250 NW 114th Ave, Unit 1N, Miami, FL 33172-3652, USA

STAFF

Superintendent Michael Martell
Principal Paul Petit
Business Manager Rafael Rincon
Technology Coordinator Greg Lemoine
Library/Media Center Coordinator Marie Vinel
Teaching staff Full time 30; Total 30
Nationalities of teaching staff US 17; UK 1; Venezuelan 9; Other(s) (Canadian) 3

INFORMATION

Grade levels N–12
School year August–June
School type coeducational, company-sponsored, day, private non-profit
Year founded 1997
Governed by appointed Board of Directors
Accredited by Southern
Regional organizations AASSA
Enrollment Nursery 15; PreK 15; Elementary K–5 75; Middle School 6–8 35; High School 9–12 35; Total 175
Nationalities of student body US 50; UK 5; Venezuelan 120; Other(s) (French, Brazilian) 35
Tuition/fee currency US Dollar
Tuition range 6,600–39,050
Annual fees Registration 250; Busing 3,000
One time fees Capital Levy 8,000
Graduates attending college 99%
Graduates have attended U of Chicago, Texas A&M U, Vanderbilt U, U of Texas at Austin, Colegate U

EDUCATIONAL PROGRAM

Curriculum US, AP
Average class size Elementary 12; Secondary 8
Language(s) of instruction English
Language(s) taught Spanish
Staff specialists computer, counselor, ESL, librarian, physician
Special curricular programs art, instrumental music, computer/technology, distance learning, physical education, K12 Academy
Extra curricular programs computers, community service, drama, environmental conservation, excursions/expeditions, yearbook
Sports basketball, soccer, softball, volleyball, roller hockey
Clubs scuba diving, chess, National Honor Society, Junior National Honor Society, student council, cooking
Examinations ACT, AP, PSAT, SAT, SAT II, TOEFL, MAP, WrAP

CAMPUS FACILITIES

Location Suburban
Campus 2 hectares, 4 buildings, 30 classrooms, 2 computer labs, 120 instructional computers, 9,000 library volumes, 1 auditorium, 1 cafeteria, 2 covered play areas, 2 gymnasiums, 1 infirmary, 2 science labs, air conditioning

Colegio Internacional de Caracas

Phone 58 212 945 0444
Fax 58 212 945 0533
Email Sweetingc@ciccaracas.com.ve
Website www.cic-caracas.org
Address Final Calle Colegio Americano, entre Las Minas y Los Samanes, Baruta, Caracas, 1080, Venezuela
Mailing address PAKMAIL 6030, PO Box 025304, Miami, FL 33102-5304, USA

STAFF

Superintendent Carmen vM Sweeting
Elementary & Middle School Principal Brian Lettinga
Principal High School Chris Walker
Business Office Coordinator Militza Carima
High School Chris Walker
Director of Media Services Cecilia Robinson
Teaching staff Full time 46; Part time 2; Total 48
Nationalities of teaching staff US 16; UK 5; Venezuelan 22; Other(s) (Canadian, Colombian) 5

INFORMATION

Grade levels N–12
School year August–June
School type coeducational, day, private non-profit
Year founded 1958
Governed by elected School Board
Accredited by Southern
Regional organizations AASSA
Enrollment Nursery 13; PreK 18; Elementary K–5 72; Middle School 6–8 41; High School 9–12 53; Total 197
Nationalities of student body US 10; UK 4; Venezuelan 60; Other(s) (Nigerian, Brazilian) 123
Tuition/fee currency Venezuelan Bolivar
Tuition range 50,000–140,000
Annual fees Busing 6,000
One time fees Capital Levy 43,000
Graduates attending college 100%
Graduates have attended Dartmouth Col, Boston U, Northeastern U, U of Notre Dame, Middlebury Col

EDUCATIONAL PROGRAM

Curriculum US, Intl, IB Diploma, IBMYP, AP
Average class size Elementary 12; Secondary 13
Language(s) of instruction English
Language(s) taught Spanish, French
Staff specialists computer, counselor, ESL, learning disabilities, librarian, math resource, nurse, psychologist, reading resource
Special curricular programs art, instrumental music, vocal music, computer/technology, distance learning, physical education
Extra curricular programs computers, community service, dance, drama, environmental conservation, excursions/expeditions, literary magazine, photography
Sports basketball, golf, gymnastics, hockey, martial arts, soccer, track and field, volleyball
Clubs service, Model UN, student council
Examinations AP, IB, PSAT, SAT, SAT II, TOEFL, MAP

CAMPUS FACILITIES

Location Urban
Campus 4 hectares, 8 buildings, 45 classrooms, 4 computer labs, 200 instructional computers, 30,000 library volumes, 1 auditorium, 1 cafeteria, 1 covered play area, 1 gymnasium, 1 infirmary, 1 playing field, 4 science labs, 1 tennis court

ESCUELA CAMPO ALEGRE

Phone 58 212 993 3922
Fax 58 212 993 0219
Email info@eca.com.ve
Website www.eca.com.ve
Address Final Calle La Cinta, Las Mercedes, Caracas, Miranda, 1060A, Venezuela
Mailing address 8424 NW 56th Street, Suite CCS 00007, Doral, FL 33166, USA

STAFF

Superintendent Jeff B. Paulson, Ph.D.
High School Principal Win Lowman
Middle School Principal Michael Johnson
Elementary School Principal Connie Turner
Director of Admissions Monica Rivero
High School & College Counselor James Barekman
Director of Support Services Francisco Hernandez
IT Coordinator Aland Russell
K–12 Media Director Mary Pierce
Teaching staff Full time 92; Part time 6; Total 98
Nationalities of teaching staff US 49; UK 5; Venezuelan 31; Other(s) (Canadian) 13

INFORMATION

Grade levels N–12
School year August–June
School type coeducational, company-sponsored, day, private non-profit
Year founded 1937
Governed by appointed Board of Directors
Sponsored by Multinational Corporations & Parents
Accredited by CIS, North Central, Southern
Regional organizations ACCAS, AASSA, ECIS
Enrollment Nursery 23; PreK 36; Elementary K–5 244; Middle School 6–8 139; High School 9–12 181; Total 623
Nationalities of student body US 138; UK 16; Venezuelan 78; Other(s) 391
Tuition/fee currency US Dollar
Tuition range 14,737–20,492
Annual fees Registration 676; Boarding, 5-day 20,492
One time fees Capital Levy 7,423
Graduates attending college 100%
Graduates have attended Boston Col, U of Miami, McGill U, Columbia U, Penn State U

(Continued)

Escuela Campo Alegre (Continued)

EDUCATIONAL PROGRAM

Curriculum US, Intl, IB Diploma
Average class size Elementary 15; Secondary 16
Language(s) of instruction English
Language(s) taught Spanish, French
Staff specialists computer, counselor, ESL, learning disabilities, librarian, math resource, nurse, psychologist
Special curricular programs art, instrumental music, vocal music, computer/technology, physical education
Extra curricular programs computers, community service, dance, drama, environmental conservation, excursions/expeditions, literary magazine, newspaper, yearbook
Sports baseball, basketball, martial arts, soccer, softball, swimming, tennis, volleyball, ultimate Frisbee
Clubs Model UN, chess, hope, dance, fitness, conservation,journalism
Examinations ACT, AP, IB, Iowa, PSAT, SAT, SAT II, TOEFL, ERB, ITBS, Developmental Assets, Exploration, Strengths Quest, ACER

CAMPUS FACILITIES

Location Urban
Campus 3 hectares, 9 buildings, 77 classrooms, 5 computer labs, 350 instructional computers, 55,000 library volumes, 3 auditoriums, 1 cafeteria, 1 covered play area, 3 gymnasiums, 1 infirmary, 1 playing field, 9 science labs, 1 pool, 3 tennis courts, air conditioning

QSI International School of El Tigre

Phone 58 283 2412005
Fax 58 283 2412467
Email aaron-harnden@qsi.org
Website www.qsiven.net
Address Avenida Intercomunal detras de C.C. El Roble, El Tigre, Anzoategui, 6050, Venezuela
Mailing address Quality Schools International of El Tigre, Mun 5018, 2250 NW 114th Ave. Unit 1N, Miami, Florida 33172-3652, USA

STAFF

Director Aaron Harnden, Ed.D.
Finance Manager Bonita Van Veen
Technology Coordinator Daniel Hefley
Librarian Ada Harnden
Teaching staff Full time 9; Part time 2; Total 11
Nationalities of teaching staff US 5; Venezuelan 1; Other(s) (Canadian, Argentine) 5

INFORMATION

Grade levels PreK–12
School year August–June
School type coeducational, day, private non-profit
Year founded 1994
Sponsored by Quality Schools International
Accredited by Southern
Enrollment PreK 10; Elementary K–5 23; Middle School 6–8 17; High School 9–12 12; Total 62
Nationalities of student body Venezuelan 55; Other(s) (Brazilian, Chinese) 7
Tuition/fee currency US Dollar
Tuition range 12,000–14,400
Annual fees Capital Fund (companies only) 9,600
One time fees Registration 300
Graduates attending college 100%
Graduates have attended U of Buenos Aires, U of Kentucky, York U, Oklahoma State U, Houston Baptist U

EDUCATIONAL PROGRAM

Curriculum US, National
Average class size Elementary 10; Secondary 10
Language(s) of instruction English
Language(s) taught English, Spanish
Staff specialists computer, librarian
Special curricular programs computer/technology, distance learning, physical education
Extra curricular programs community service, drama, excursions/expeditions, yearbook
Sports baseball, basketball, soccer, softball, volleyball
Clubs sports, Girl Scouts, cheerleading, student council, drama, forensics, crafts
Examinations AP, Iowa, SAT

CAMPUS FACILITIES

Location Urban
Campus 1 hectare, 1 building, 13 classrooms, 1 computer lab, 15 instructional computers, 8,000 library volumes, 1 cafeteria, 2 covered play areas, 1 gymnasium, 1 playing field, 1 science lab, air conditioning

Escuela Bella Vista

Phone 58 261 794 0000
Fax 58 261 794 0099
Email zukewicht@ebv.org.ve
Website www.ebv.org.ve
Address Calle 67 entre Avs. 3D y 3E, Sector La Lago, Maracaibo, Zulia, 4002, Venezuela
Mailing address PO Box 025801, (MAR-1815), Miami, FL 33102-5801, USA

STAFF

Superintendent Todd E. Zukewich
Elementary Principal Dulce Gomez
Secondary Principal Alex Partos
IB Coordinator Padmini Sankaran
Counselor Laura Cobo
Business Manager Cira Rincon
Technology Coordinator Alejandro Chacon
Library & Media Center Head Ruben Turtulici
Teaching staff Full time 45; Total 45
Nationalities of teaching staff US 17; UK 1; Venezuelan 22; Other(s) (Canadian) 5

INFORMATION

Grade levels PreK–12
School year August–June
School type coeducational, day, private non-profit
Year founded 1948
Governed by elected Board of Directors
Accredited by Southern
Regional organizations AASSA
Enrollment PreK 22; Elementary K–5 250; Middle School 6–8 100; High School 9–12 75; Total 447
Nationalities of student body US 62; UK 2; Venezuelan 323; Other(s) (Canadian, Italian) 60
Tuition/fee currency US Dollar
Tuition range 5,000–27,000
Annual fees Registration 1,535; Enrollment 3,488; Surcharge 558
Graduates attending college 100%
Graduates have attended Babson Col, U of Miami, Pennsylvania State U, Northeastern U, U of Houston

EDUCATIONAL PROGRAM

Curriculum US, Intl, IB Diploma
Average class size Elementary 15; Secondary 17
Language(s) of instruction English
Language(s) taught Spanish, French, English
Staff specialists computer, counselor, ESL, learning disabilities, librarian, math resource, physician, psychologist, reading resource
Special curricular programs art, instrumental music, vocal music, computer/technology, distance learning, physical education
Extra curricular programs community service, drama, excursions/expeditions, yearbook
Sports baseball, basketball, gymnastics, soccer, softball, tennis, volleyball
Examinations ACT, IB, Iowa, PSAT, SAT, SAT II, TOEFL

CAMPUS FACILITIES

Location Urban
Campus 7 hectares, 7 buildings, 37 classrooms, 2 computer labs, 175 instructional computers, 20,000 library volumes, 1 auditorium, 1 cafeteria, 2 covered play areas, 2 gymnasiums, 1 infirmary, 1 playing field, 2 science labs, 2 tennis courts, air conditioning

INTERNATIONAL SCHOOL OF MONAGAS

Phone 58 291 315 0011
Fax no fax
Email ejspin@hotmail.com
Website www.ismonagas.com
Address Km.1, Carretera via a La Toscana, Sector Costo Abajo, Maturin, Monagas, 6201, Venezuela
Mailing address MUN 39, PO Box 02-5352, Miami, FL 33102-5352, USA

STAFF

Head of School Eric J. Spindler, Ed.D.
Business Manager Rafael Lopez
Head of Technology & Media Center Juan Facendo
Teaching staff Full time 22; Total 22
Nationalities of teaching staff US 10; Venezuelan 9; Other(s) (Australian, Brazilian) 3

INFORMATION

Grade levels N–12
School year August–June
School type coeducational, company-sponsored, day, private non-profit
Year founded 1997
Governed by elected Board of Directors
Sponsored by Shareholding Companies (Oil Businesses)
Accredited by Southern
Regional organizations AASSA
Enrollment Nursery 12; PreK 17; Elementary K–5 110; Middle School 6–8 50; High School 9–12 30; Total 219
Nationalities of student body US 6; Venezuelan 173; Other(s) (Colombian, Brazilian) 40
Tuition/fee currency US Dollar
Tuition range 5,424–25,181
One time fees Capital Levy 5,000
Graduates attending college 100%
Graduates have attended Georgia Institute of Technology, Oklahoma Baptist U, U of Tampa, Louisiana State U, U of Tulsa

EDUCATIONAL PROGRAM

Curriculum US, Intl, AP
Average class size Elementary 18; Secondary 11
Language(s) of instruction English
Language(s) taught Spanish
Staff specialists computer, counselor, nurse
Special curricular programs art, vocal music, computer/technology, distance learning, physical education
Extra curricular programs computers, community service, dance, drama, environmental conservation, excursions/expeditions, newspaper, yearbook
Sports baseball, basketball, golf, rugby, soccer, softball, track and field, volleyball
Examinations AP, PSAT, SAT, ERB WrAP, NWEA MAP

CAMPUS FACILITIES

Location Suburban
Campus 14 hectares, 6 buildings, 32 classrooms, 1 computer lab, 64 instructional computers, 8,000 library volumes, 2 cafeterias, 1 gymnasium, 1 infirmary, 3 playing fields, 2 science labs, air conditioning

Data from 2009/10 school year.

Escuela Las Morochas

Phone 58 265 631 5539
Fax 58 265 631 5539
Email jtrudeau@escuelalasmorochas.com
Website www.escuelalasmorochas.com
Address Avenida Intercomunal,Via Terminales Maracaibo, Diagonal a Baker Hughes, Sector Las Morochas, Ciudad Ojeda, Zulia, Venezuela
Mailing address MCO 2409, PO Box 025323, Miami, Florida 33102-5323

STAFF

Director General Taizu Wold
Early Childhood Education Coordinator Sieneh Wold
Lower School Coordinator Reada Wilkinson
Upper School Coordinator Lon Eilers
Director of Support Services Maria de Arrieta
Technology Support Zuri Richards
Library Media Specialist Carolyn Talbott
Teaching staff Full time 12; Part time 1; Total 13
Nationalities of teaching staff US 8; Venezuelan 2; Other(s) (Jamaican, Paraguayan) 5

INFORMATION

Grade levels N–12
School year August–June
School type coeducational, company-sponsored, day, private non-profit
Year founded 1971
Governed by appointed School Board
Sponsored by Corporate Shareholders
Accredited by Southern
Regional organizations AASSA
Enrollment Nursery 5; PreK 21; Elementary K–5 35; Middle School 6–8 22; High School 9–12 7; Total 90
Nationalities of student body US 12; Venezuelan 60; Other(s) (Colombian, Brazilian) 23
Tuition/fee currency US Dollar
Tuition range 15,000–28,000
Graduates attending college 100%
Graduates have attended Northern State U, South Dakota State U, Black Hills State U

EDUCATIONAL PROGRAM

Curriculum US, AP
Average class size Elementary 10; Secondary 7
Language(s) of instruction English
Language(s) taught Spanish
Staff specialists computer, counselor, ESL, librarian
Special curricular programs art, instrumental music, vocal music, computer/technology, distance learning, physical education
Extra curricular programs computers, dance, drama, environmental conservation, newspaper, yearbook, after school activities
Sports baseball, basketball, soccer, softball, tennis, volleyball
Examinations Iowa, MAT, SAT

CAMPUS FACILITIES

Location Suburban
Campus 3 hectares, 3 buildings, 14 classrooms, 1 computer lab, 21 instructional computers, 7,500 library volumes, 1 auditorium, 1 cafeteria, 1 covered play area, 1 gymnasium, 1 playing field, 1 science lab, 1 tennis court, air conditioning

Colegio Internacional de Carabobo

Phone 58 241 842 6551
Fax 58 241 842 6510
Email admin@cic-valencia.org.ve
Website www.cic-valencia.org.ve
Address Final Avenida Alejo Zuloaga, c/c Calle Colegio, Urb. Trigal Centro, Valencia, Carabobo, 2001, Venezuela
Mailing address VLN 1010, PO Box 025685, Miami, FL 33102-5685, USA

STAFF

Director Joe H. Walker
Secondary School Principal James Daniel Marcum
Elementary Principal Judith Tostenrud
Administrator in Charge of EC Program & Elementary Curriculum Mary Jane Mikolji
Transition Program & Special Needs Coordinator Ana Cristina Perez-Mena
Office & Business Management Coordinator Belkis Monks
Technology Coordinator & Technology Teacher Yolanda Barroeta
Library & Media Center Specialist Laura Carah
Teaching staff Full time 66; Part time 10; Total 76
Nationalities of teaching staff US 26; Canadian 44; Other(s) (French, Colombian) 6

INFORMATION

Grade levels N–12
School year August–June
School type coeducational, company-sponsored, day, private non-profit
Year founded 1955
Governed by elected Board of Directors
Sponsored by Corporate & Private Sectors
Accredited by Southern
Regional organizations AASSA
Enrollment Nursery 20; PreK 28; Elementary K–5 190; Middle School 6–8 99; High School 9–12 120; Total 457
Nationalities of student body US 38; Italian 326; Other(s) (Brazilian, Mexican) 66
Tuition/fee currency US Dollar
Annual fees Registration 4,011; Insurance 233; Busing 4,826; Technology Assesment 7,046; Plant Modernization (Per Family) 1,750
One time fees Entrance 16,746
Graduates attending college 100%
Graduates have attended U of North Carolina at Chapel Hill, Johns Hopkins U, U of Michigan–Ann Arbor, Amherst Col, Carleton Col

EDUCATIONAL PROGRAM

Curriculum US, Intl, AP
Average class size Elementary 15; Secondary 16
Language(s) of instruction English, Spanish
Language(s) taught French
Staff specialists computer, counselor, ESL, learning disabilities, librarian, psychologist, reading resource
Special curricular programs art, computer/technology, physical education
Extra curricular programs computers, community service, drama, environmental conservation, excursions/expeditions, literary magazine, newspaper, yearbook
Sports baseball, basketball, football, soccer, softball, volleyball
Examinations ACT, AP, Iowa, PSAT, SAT, SAT II

CAMPUS FACILITIES

Location Suburban
Campus 17 hectares, 12 buildings, 46 classrooms, 3 computer labs, 180 instructional computers, 17,781 library volumes, 1 auditorium, 1 covered play area, 1 gymnasium, 2 playing fields, 2 science labs

VIETNAM

VIETNAM

Area:	331,210 sq km
Population:	89,571,130
Capital:	Hanoi
Currency:	Dong (VND)
Languages:	Vietnamese

QSI International School of Haiphong

Phone 84-912083198
Fax 84-31-3814256
Email phamthi-huong@qsi.org
Website www.qsi.org/hph_home/hph_home.htm
Address G9A Me Linh Quarter,, Anh Dung Ward, Duong Kinh District, Km 2 Pham Van Dong Road, Haiphong, Vietnam

STAFF

Director Sidney Rodnunsky
Business Manager Bonita Vanveen
Head of Technology Kevin Gilson
Teaching staff Full time 5; Part time 1; Total 6
Nationalities of teaching staff US 4; Vietnamese 1; Other(s) (Canadian) 1

INFORMATION

Grade levels PreK–12
School year August–June
School type coeducational, day, proprietary
Year founded 2005
Governed by appointed Advisory Board
Sponsored by Quality Schools International
Regional organizations AISA
Enrollment PreK 10; Elementary K–5 14; Middle School 6–8 3; High School 9–12 5; Total 32
Nationalities of student body Vietnamese 5; Other(s) (Korean, German) 27
Tuition/fee currency US Dollar
Graduates attending college 100%

EDUCATIONAL PROGRAM

Curriculum US
Average class size Elementary 10; Secondary 5
Language(s) of instruction English
Language(s) taught Vietnamese
Staff specialists computer, math resource, reading resource
Special curricular programs instrumental music, computer/technology, distance learning
Extra curricular programs computers, excursions/expeditions, newspaper, yearbook, cultural & historical trips
Sports badminton, basketball, martial arts, soccer, swimming, tennis, volleyball
Examinations ITBS; IELTS

CAMPUS FACILITIES

Location Urban
Campus 4 buildings, 7 classrooms, 1 computer lab, 9 instructional computers, 3,500 library volumes, 1 pool, 3 tennis courts, air conditioning

UNITED NATIONS INTERNATIONAL SCHOOL OF HANOI

Phone 84 4 3758 1551
Fax 84 4 3758 1542
Email info@unishanoi.org
Website www.unishanoi.org
Address Lac Long Quan Road, Phu Thuong Ward, Tay Ho District, Ha Noi, Vietnam
Mailing address GPO Box 313, Hanoi, Vietnam

STAFF

Head of School Charles P. Barder, Ph.D.
Middle School & High School Principal Chris Vincent
Elementary School Principal Bob Horton
Elementary School Counselor Lillian Canada
High School Counselor Karen Hafner
Middle School Counselor Meagan Enticknap-Smith
Business Manager David King
Director of Technology Harry Bennett, Ph.D.
MS & HS Librarian Joyce Miller
Teaching staff Full time 106; Part time 7; Total 113
Nationalities of teaching staff US 35; UK 26; Vietnamese 4; Other(s) (Australian, Canadian) 48

INFORMATION

Grade levels N–12
School year August–June
School type coeducational, day, private non-profit
Year founded 1988
Governed by appointed and elected Board of Directors
Accredited by CIS, Western
Regional organizations EARCOS, ECIS
Enrollment Nursery 20; PreK 44; Elementary K–5 428; Middle School 6–8 198; High School 9–12 250; Total 940
Nationalities of student body US 117; UK 48; Vietnamese 137; Other(s) (Australian, Korean) 638
Tuition/fee currency US Dollar
Tuition range 7,360–19,070
Annual fees Busing 700; A nnual Development 2,000
One time fees Registration 750
Graduates attending college 98%
Graduates have attended Stanford U, U of British Columbia, Vassar Col, U of Melbourne, London School of Economics

(Continued)

UNITED NATIONS INTERNATIONAL SCHOOL OF HANOI (Continued)

EDUCATIONAL PROGRAM

Curriculum Intl, IB Diploma, IBPYP, IBMYP
Average class size Elementary 18; Secondary 22
Language(s) of instruction English
Language(s) taught French, Vietnamese, Swedish, IB Korean
Staff specialists computer, counselor, ESL, learning disabilities, librarian, math resource, nurse, psychologist, reading resource
Special curricular programs art, instrumental music, vocal music, computer/technology, physical education, vocational
Extra curricular programs computers, community service, dance, drama, environmental conservation, excursions/expeditions, literary magazine, newspaper, yearbook
Sports badminton, basketball, golf, gymnastics, martial arts, rugby, soccer, swimming, tennis, track and field, volleyball
Clubs cooking, music academy program, plays, painting, school band, arts & crafts
Examinations IB, PSAT, SAT, TOEFL

CAMPUS FACILITIES

Location Suburban
Campus 10 hectares, 9 buildings, 80 classrooms, 5 computer labs, 210 instructional computers, 33,299 library volumes, 1 cafeteria, 1 covered play area, 1 infirmary, 2 playing fields, 4 science labs, 1 pool, 3 tennis courts, air conditioning

INTERNATIONAL SCHOOL HO CHI MINH CITY

Phone 84 8 3898 9100
Fax 84 8 3898 9382
Email admissions@ishcmc.edu.vn
Website www.ishcmc.com
Address 28 Vo Truong Toan, An Phu, District 2, Ho Chi Minh City, Vietnam

STAFF

Head of School Sean P. O'Maonaigh
Head of High School Oscar Nilsson
Head of Middle School Robyn Blenkiron
Head of Elementary & Junior School Claire McLeod
Head of City College Campus Quynh Lam, Ph.D.
Business Manager Tony Shadwell
Director of Technology Derek Rutt
Librarian Ruth Bishop
Teaching staff Full time 96; Part time 6; Total 102
Nationalities of teaching staff US 11; UK 29; Vietnamese 5; Other(s) (Australian, Canadian) 57

INFORMATION

Grade levels N–12
School year August–June
School type coeducational, day, proprietary
Year founded 1993
Governed by appointed Board of Management
Accredited by CIS, New England
Regional organizations EARCOS, ECIS
Enrollment Nursery 26; PreK 33; Elementary K–5 319; Middle School 6–8 184; High School 9–12 361; Total 923
Nationalities of student body US 89; UK 30; Vietnamese 277; Other(s) (Korean, American Samoan) 527
Tuition/fee currency US Dollar
Tuition range 5,200–17,900
Graduates attending college 90%
Graduates have attended Stanford U, U of Melbourne, McGill U, U of Michigan, Les Roches Hotel Management School

EDUCATIONAL PROGRAM

Curriculum UK, Intl, IB Diploma, IBPYP, IBMYP, IGCSE, A level
Average class size Elementary 20; Secondary 22
Language(s) of instruction English
Language(s) taught Korean, French, Vietnamese, Chinese, Spanish
Staff specialists computer, counselor, ESL, learning disabilities, librarian, nurse, physician
Special curricular programs art, instrumental music, vocal music, computer/technology, physical education
Extra curricular programs computers, community service, dance, drama, environmental conservation, excursions/expeditions, literary magazine, newspaper, yearbook
Sports badminton, baseball, basketball, cricket, cross-country, football, golf, gymnastics, hockey, martial arts, rugby, soccer, softball, swimming, tennis, track and field, volleyball
Clubs student representative council, Model UN, Global Issues Network, chess
Examinations A-level GCE, IB, PSAT, SAT, SAT II, TOEFL

CAMPUS FACILITIES

Location Suburban
Campus 1 hectare, 4 buildings, 52 classrooms, 5 computer labs, 735 instructional computers, 37,887 library volumes, 1 auditorium, 1 cafeteria, 1 covered play area, 1 gymnasium, 1 infirmary, 1 playing field, 6 science labs, 1 pool, air conditioning

SAIGON SOUTH INTERNATIONAL SCHOOL

Phone 84 8 5413 0901
Fax 84 8 5413 0902
Email info@ssis.edu.vn
Website www.ssis.edu.vn
Address Nguyen Van Linh Parkway, Tan Phong Ward, District 7, Ho Chi Minh City, Vietnam

STAFF

Head of School Charles S. Barton
Elementary Principal Gary Woodford
Secondary Principal Paul Johnson
Director of Admissions Katie Zimmermann
Curriculum Director & Coordinator Theresa Flaspohler
Business Manager Fong Wai Mun
ICT Director David Perkin
Librarian Angela Cleeton & Colleen Williams
Teaching staff Full time 84; Part time 2; Total 86
Nationalities of teaching staff US 58; UK 1; Other(s) (Canadian, Australian) 27

INFORMATION

Grade levels N–12
School year August–June
School type coeducational, day, private non-profit
Year founded 1996
Governed by appointed Board
Sponsored by Phu My Hung Corporation
Accredited by Western
Regional organizations EARCOS
Enrollment Nursery 28; PreK 41; Elementary K–5 330; Middle School 6–8 162; High School 9–12 162; Total 723
Nationalities of student body US 117; UK 14; Vietnamese 102; Other(s) (Korean, Taiwanese) 490
Tuition/fee currency US Dollar
Tuition range 8,273–16,000
Annual fees Capital Assessment 2,000; PTA 35
One time fees Application 300
Graduates attending college 100%
Graduates have attended Brown U, U of British Columbia, U of Pennsylvania, S arah Lawrence Col, McGill U

EDUCATIONAL PROGRAM

Curriculum US, IB Diploma, AP
Average class size Elementary 18; Secondary 17
Language(s) of instruction English
Language(s) taught Mandarin, Spanish
Staff specialists computer, counselor, ESL, librarian, nurse, reading resource
Special curricular programs art, instrumental music, vocal music, computer/technology, distance learning, physical education, dance, swimming
Extra curricular programs computers, community service, dance, drama, excursions/expeditions, literary magazine, newspaper, photography, yearbook
Sports badminton, basketball, soccer, swimming, tennis, volleyball
Clubs Global Issues Network, Habitat for Humanity, Model UN, National Honor Society
Examinations AP, IB, PSAT, SAT, SAT II, ISA, ACER, ERB, MAP

CAMPUS FACILITIES

Location Suburban
Campus 6 hectares, 3 buildings, 80 classrooms, 4 computer labs, 350 instructional computers, 19,000 library volumes, 1 auditorium, 1 cafeteria, 2 covered play areas, 1 gymnasium, 1 infirmary, 2 playing fields, 6 science labs, 2 pools, air conditioning

YEMEN

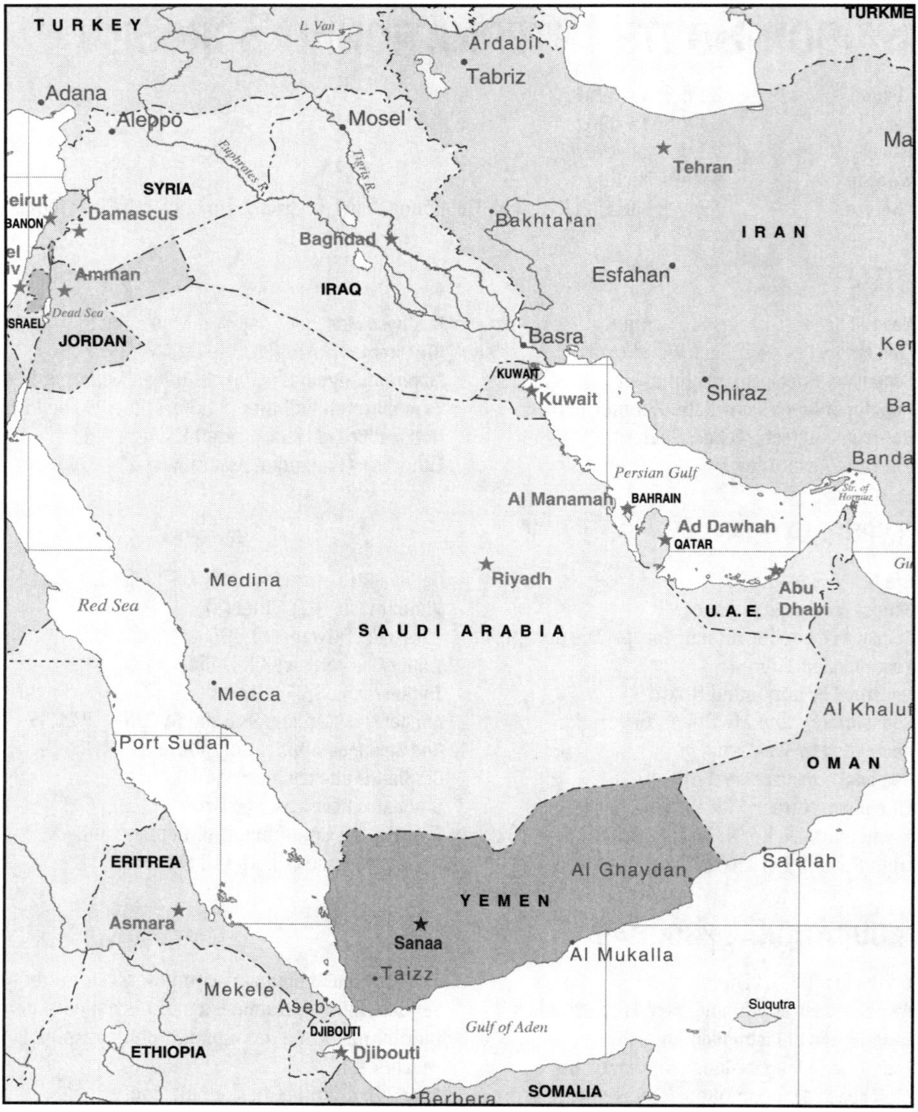

YEMEN

Area: 527,968 sq km
Population: 23,495,361
Capital: Sanaa
Currency: Yemeni Rial (YER)
Languages: Arabic

Sanaa International School

Phone 967 1 370 191
Fax 967 1 370 193
Email sanaa@qsi.org
Website www.qsi.org/yem_home/yem_home.htm
Address Wadi Dahar Street, Shamlan Area, Sanaa, Yemen
Mailing address PO Box 2002, Sanaa, Yemen

STAFF

Director Martin Avelsgaard
Director of Instruction Michael Evans
Systems Administrator Kevin Gilson
Teaching staff Full time 20; Part time 6; Total 26
Nationalities of teaching staff US 15; UK 4; Other(s) (Dutch, French) 7

INFORMATION

Grade levels N–12
School year August–June
School type coeducational, day, private non-profit
Year founded 1971
Governed by appointed Board of Directors
Accredited by Middle States
Regional organizations NESA
Enrollment Nursery 20; PreK 10; Elementary K–5 60; Middle School 6–8 30; High School 9–12 50; Total 170
Nationalities of student body US 16; UK 4; Yemeni 100; Other(s) (German, Korean) 50
Tuition/fee currency US Dollar
Tuition range 4,000–14,100
Annual fees Capital Levy 1,600; Busing 1,200
One time fees Registration 300
Graduates attending college 100%
Graduates have attended Harvard U, Stanford U, Brown U, George Mason U, Johns Hopkins U

EDUCATIONAL PROGRAM

Curriculum US, AP
Average class size Elementary 15; Secondary 10
Language(s) of instruction English
Language(s) taught French, German, Arabic
Staff specialists computer, counselor, ESL, librarian, nurse
Special curricular programs art, instrumental music, vocal music, computer/technology, distance learning, physical education, robotics
Extra curricular programs computers, community service, dance, drama, environmental conservation, excursions/expeditions, photography, yearbook
Sports badminton, basketball, cross-country, golf, gymnastics, hockey, martial arts, soccer, softball, tennis, track and field, volleyball, archery
Examinations AP, Iowa, PSAT, SAT, SAT II

CAMPUS FACILITIES

Location Rural
Campus 5 hectares, 3 buildings, 21 classrooms, 2 computer labs, 120 instructional computers, 15,000 library volumes, 1 auditorium, 1 gymnasium, 3 playing fields, 2 science labs, 2 tennis courts

ZAMBIA

ZAMBIA

Area:	752,618 sq km
Population:	12,056,923
Capital:	Lusaka
Currency:	Zambian Kwacha (ZMK)
Languages:	Bemba, Nyanja, Tonga, English

American International School of Lusaka

Phone 260 211 260 509
Fax 260 211 260 538
Email director@aislusaka.org
Website www.aislusaka.org
Address 487A/F/3 Leopard's Hill Road, Lusaka, Zambia
Mailing address PO Box 31617, Lusaka, Zambia

STAFF

Director Chris Muller
Secondary Principal James Anderson
Primary Principal Sean Areais
Business Manager Shirley Mee
IT Coordinator Michael Mee
Librarian Kelly Kraft
Teaching staff Full time 56; Part time 10; Total 66
Nationalities of teaching staff US 25; UK 10; Zambian 11; Other(s) (Canadian, French) 20

INFORMATION

Grade levels N–12
School year August–June
School type coeducational, day, private non-profit
Year founded 1986
Governed by appointed and elected US Embassy & Board of Directors
Accredited by CIS, Middle States
Regional organizations AISA, ECIS
Enrollment Nursery 42; PreK 26; Elementary K-5 221; Middle School 6-8 115; High School 9-12 121; Total 525
Nationalities of student body US 115; UK 53; Zambian 66; Other(s) (South African, Swede) 291
Tuition/fee currency US Dollar
Tuition range 3,700-15,500
Annual fees Busing 1,650
One time fees Registration 2,500; Capital Levy 2,000; Book Deposit (Secondary) 300; Registration (Play School to Pre-K) 1,000
Graduates attending college 100%
Graduates have attended Princeton U, Stanford U, U of Cambridge, U Col London, U Col Utrecht

EDUCATIONAL PROGRAM

Curriculum US, Intl, IB Diploma, IBPYP, IBMYP
Average class size Elementary 17; Secondary 17
Language(s) of instruction English
Language(s) taught French, Spanish, Mandarin
Staff specialists computer, counselor, ESL, learning disabilities, librarian, nurse
Special curricular programs art, vocal music, computer/technology, distance learning, physical education, performing arts
Extra curricular programs computers, community service, dance, drama, environmental conservation, excursions/expeditions, yearbook
Sports baseball, basketball, cricket, cross-country, golf, gymnastics, hockey, martial arts, rugby, soccer, swimming, tennis, track and field, volleyball
Clubs Model UN, Monkeynastixs, chess, entomology, musical theatre, Zambian Cultural Activity, student council
Examinations IB, PSAT, SAT, SAT II

CAMPUS FACILITIES

Location Suburban
Campus 22 hectares, 15 buildings, 47 classrooms, 3 computer labs, 180 instructional computers, 18,000 library volumes, 1 auditorium, 2 cafeterias, 2 gymnasiums, 1 infirmary, 3 playing fields, 3 science labs, 3 pools, 2 tennis courts

INTERNATIONAL SCHOOL OF LUSAKA

Phone +260 211 252291
Email headofschool@islzambia.org
Website www.islzambia.org
Address 6945 Nangwenya Road, P.O. Box 50121, Ridgeway, Lusaka, Zambia

STAFF

Head of School Patrick Meyer
Secondary Principal Clement Mwanza
Primary Principal Philip Bowen
Business Manager N. M. Abbasi
Teaching staff Full time 65; Part time 2; Total 67
Nationalities of teaching staff US 7; UK 8; Zambian 31; Other(s) (Indian) 21

INFORMATION

Grade levels N–12
School year August–June
School type coeducational
Year founded 1963
Governed by appointed and elected Board
Accredited by CIS, New England
Regional organizations AISA
Enrollment Nursery 32; PreK 36; Elementary K–5 309; Middle School 6–8 125; High School 9–12 184; Total 686
Nationalities of student body US 12; UK 15; Zambian 235; Other(s) (Indian) 424
Tuition/fee currency US Dollar
Tuition range 2,750–12,000
One time fees Registration 100; Capital Levy 1,000; Books 200
Graduates attending college 95%

EDUCATIONAL PROGRAM

Curriculum IB Diploma, IBPYP, IGCSE
Average class size Elementary 24; Secondary 18
Language(s) of instruction English
Language(s) taught French, Spanish
Staff specialists computer, counselor, ESL, librarian, nurse
Special curricular programs art, instrumental music, vocal music, physical education
Extra curricular programs community service, drama, environmental conservation, excursions/expeditions, yearbook
Sports basketball, cricket, soccer, swimming, tennis, track and field, volleyball
Examinations ACT, GCSE, IB, IGCSE, SAT

CAMPUS FACILITIES

Location Urban
Campus 14 hectares, 10 buildings, 58 classrooms, 3 computer labs, 96 instructional computers, 15,000 library volumes, 1 auditorium, 1 covered play area, 1 gymnasium, 2 playing fields, 6 science labs, 2 pools, 2 tennis courts

Data from 2009/10 school year.

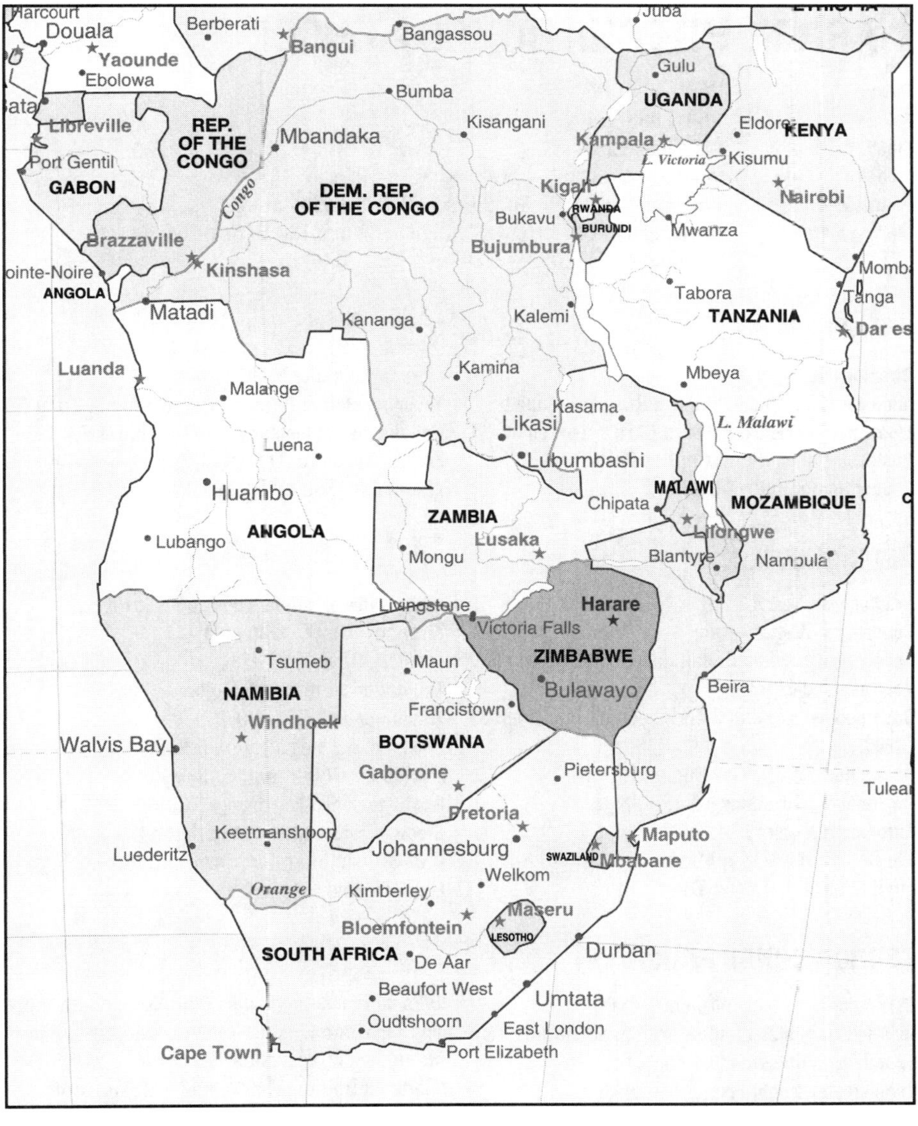

ZIMBABWE

Area:	390,757 sq km
Population:	11,651,858
Capital:	Harare
Currency:	Zimbabwean Dollar (ZWD)
Languages:	English Shona

Harare International School

Phone 263 4 870514
Fax 263 4 883 371
Email his@his.ac.zw
Website www.his-zim.com
Address 66 Pendennis Road, Mt. Pleasant, Harare, Zimbabwe
Mailing address Management Officer (INTS), Dept of State, 2180 Harare Place, Washington DC 20521-2180

STAFF

Director Paul E. Olson
Middle & High School Principal Russell Menard
Elementary Principal Kathryn Carter-Golden
Business Manager Christopher Pretorius
IT Coordinator Kathy Chromicz
Librarian Brooke Mobley
Teaching staff Full time 51; Part time 7; Total 58
Nationalities of teaching staff US 18; UK 5; Zimbabwean 16; Other(s) (Canadian, South African) 19

INFORMATION

Grade levels N–12
School year August–June
School type coeducational, day, private non-profit
Year founded 1992
Governed by appointed and elected 7 member Board
Accredited by CIS, New England
Regional organizations AISA, ECIS
Enrollment Nursery 24; PreK 25; Elementary K–5 174; Middle School 6–8 80; High School 9–12 97; Total 400
Nationalities of student body US 73; UK 42; Zimbabwean 89; Other(s) (Israeli, Ghanaian) 196
Tuition/fee currency US Dollar
Tuition range 7,245–20,700
One time fees Registration 5,500; Capital Levy 600; Application 500
Graduates attending college 100%
Graduates have attended Carleton U, U of British Columbia, Drexel U, Purdue U, U of Arizona

EDUCATIONAL PROGRAM

Curriculum US, IB Diploma, IBPYP
Average class size Elementary 16; Secondary 18
Language(s) of instruction English
Language(s) taught French, Spanish
Staff specialists computer, counselor, ESL, learning disabilities, librarian, nurse
Special curricular programs art, instrumental music, vocal music, computer/technology, physical education
Extra curricular programs computers, community service, drama, excursions/expeditions, photography, yearbook
Sports badminton, basketball, cricket, football, golf, gymnastics, martial arts, soccer, squash, swimming, tennis, track and field, volleyball
Examinations IB, PSAT, SAT, ACER, ISA, MAP

CAMPUS FACILITIES

Location Suburban
Campus 9 hectares, 12 buildings, 42 classrooms, 3 computer labs, 160 instructional computers, 30,000 library volumes, 1 auditorium, 1 cafeteria, 1 covered play area, 1 gymnasium, 1 infirmary, 2 playing fields, 4 science labs, 4 tennis courts

Maps and Additional Information

Time Zones

ARCTIC
OCEAN
PACIFIC
OCEAN
ATLANTIC
OCEAN
Arctic Circle
Tropic of Cancer
Equator
Tropic of Capricorn
-10
-9
-8
-7
-6
-5
-4
-3.5
-3
-1
0
-12
CANADA
GREENLAND
ICELAND
Nuuk
Reykjavik
Calgary
Vancouver
Seattle
Spokane
Portland
Minneapolis
Milwaukee
Chicago
Detroit
Omaha
Denver
Kansas City
U. S. A.
St. Louis
San Francisco
Oakland
Los Angeles
San Diego
Memphis
Dallas
Birmingham
Atlanta
Houston
New Orleans
Jacksonville
Tampa
Ottawa
Montreal
Boston
Buffalo
New York
Philadelphia
Baltimore
Washington D. C.
Norfolk
Charlotte
MEXICO
Mexico City
Havana
CUBA
THE BAHAMAS
JAMAICA
DOM. REP.
HAITI
BELIZE
HONDURAS
GUATEMALA
EL SALVADOR
NICARAGUA
COSTA RICA
PANAMA
Caracas
VENEZUELA
Georgetown
Paramaribo
Bogota
COLOMBIA
ECUADOR
Quito
PERU
Lima
Manaus
BRAZIL
Belem
Fortaleza
Recife
Salvador
Sao Goncalo
BOLIVIA
La Paz
Sucre
Brasilia
Goiania
Belo Horizonte
Campinas
Rio De Janeiro
Sao Paulo
Curitiba
PARAGUAY
Asuncion
CHILE
ARGENTINA
Porto Alegre
Rosario
URUGUAY
Santiago
Buenos Aires
Montevideo
Port Stanley
IRELAND
Dublin
Porto
PORTUGAL
Lisbon
Ponta Delgada
Gibralta
Casablanca
Canary Islands
WESTERN SAHARA
MAURITANIA
Nouakchott
SENEGAL
Dakar
GAMBIA
GUINEA BISSAU
GUINEA
Conakry
Freetown
SIERRA LEONE
Monrovia
LIBERIA

Time Zones

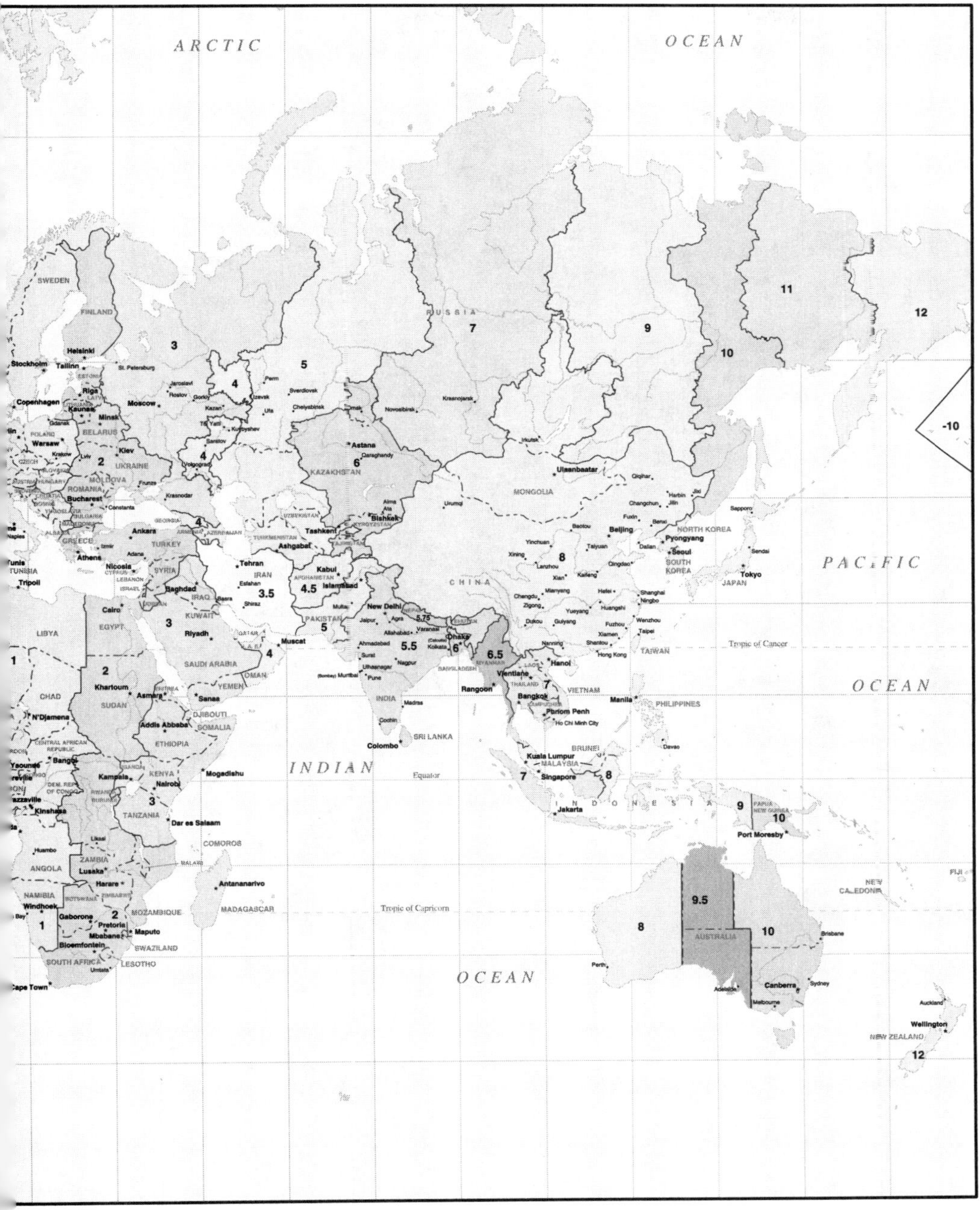
ARCTIC
OCEAN
RUSSIA
3
4
5
6
7
9
10
11
12
-10
SWEDEN
FINLAND
Helsinki
Stockholm
Tallinn
St. Petersburg
Riga
Copenhagen
Kaunas
Minsk
Moscow
BELARUS
Warsaw
Kiev
UKRAINE
2
MOLDOVA
ROMANIA
Bucharest
KAZAKHSTAN
Astana
Ulaanbaatar
MONGOLIA
Irkutsk
Krasnojarsk
Novosibirsk
Urumqi
Bishkek
Tashkent
Ashgabat
Ankara
TURKEY
GREECE
Athens
Nicosia
SYRIA
Baghdad
IRAQ
Tehran
IRAN
3.5
Kabul
4.5
Islamabad
PAKISTAN
New Delhi
5.75
5.5
INDIA
Dhaka
Rangoon
6.5
CHINA
8
Beijing
NORTH KOREA
Pyongyang
Seoul
SOUTH KOREA
Tokyo
JAPAN
PACIFIC
OCEAN
Tropic of Cancer
TAIWAN
Hong Kong
Hanoi
Vientiane
VIETNAM
Bangkok
Phnom Penh
Manila
PHILIPPINES
BRUNEI
Kuala Lumpur
MALAYSIA
Singapore
INDONESIA
Jakarta
PAPUA NEW GUINEA
Port Moresby
LIBYA
EGYPT
Cairo
SAUDI ARABIA
Riyadh
KUWAIT
Muscat
OMAN
YEMEN
Sanaa
SUDAN
Khartoum
CHAD
N'Djamena
ETHIOPIA
Addis Abbaba
DJIBOUTI
SOMALIA
Mogadishu
KENYA
Nairobi
Kampala
TANZANIA
Dar es Salaam
Kinshasa
ANGOLA
ZAMBIA
Lusaka
Harare
MOZAMBIQUE
Maputo
MADAGASCAR
Antananarivo
NAMIBIA
Windhoek
Gaborone
Pretoria
Mbabane
SWAZILAND
LESOTHO
SOUTH AFRICA
Cape Town
Colombo
SRI LANKA
INDIAN
OCEAN
Equator
Tropic of Capricorn
AUSTRALIA
9.5
Perth
Adelaide
Melbourne
Canberra
Sydney
Brisbane
NEW CALEDONIA
FIJI
Auckland
Wellington
NEW ZEALAND

Europe

Vorkuta
Norwegian Sea
Barents Sea
Arctic Circle
Siglufjordhur
Reykjavik
ICELAND
Hammerfest
Alta
Kirkenes
Murmansk
Harstad
Narvik
Kiruna
Mo
Rovaniemi
Archangelsk
Severodvinsk
Lulea
Skelleftea
Umea
Ostersund
FINLAND
Syktyvkar
North
Atlantic
Ocean
Torshavn
Trondheim
Vaasa
Kirov
Lerwick
Bergen
NORWAY
SWEDEN
Baltic Sea
Tampere
Oslo
Gavle
Helsinki
Vologda
Inverness
U. K.
North Sea
Uppsala
Stockholm
Tallinn
St. Petersburg
Novgorod
Jaroslavl
Volga
Kazan
Glasgow
Edinburgh
ESTONIA
Tartu
Rostov
Gorkiy
IRELAND
Belfast
DENMARK
Goteborg
Parnu
Pskov
Riga
Moscow
Dublin
Sunderland
Limerick
Leeds
Vejle
Copenhagen
Liepaja
LATVIA
Daugavpils
Tol Yatti
Liverpool
Manchester
Cork
Waterford
Leicester
Klaipeda
LITHUANIA
Vitebsk
Smolensk
Kaluga
Kaunas
Sovetsk
Mogilev
Saratov
Birmingham
The Hague
Amsterdam
Hamburg
Gdansk
Olsztyn
Lida
Minsk
Orol
London
Berlin
POLAND
Bydgoszcz
BELARUS
Gomel
Voronez
Plymouth
Rotterdam
Warsaw
Brussels
Bonn
Leipzig
Poznan
Le Havre
Lubin
Lodz
Luxembourg
Frankfurt a. M.
Wroclaw Breslau
Lutsk
Kiev
Kharkov
Paris
Karlsruhe
Nuernberg
Prague
Krakow
UKRAINE
Nantes
FRANCE
Strasbourg
Stuttgart
CZECH
Brno
Ostrava
Lviv
Vinnitsa
Donetsk
Muenchen
SLOVAKIA
Krivoy Rog
Zaporozhye
Bern
Zurich
Vienna
Bratislava
Botosani
La Coruna
Clermont-Ferrand
Innsbruck
AUSTRIA
Gyor
Graz
Budapest
Miskolc
Chisinau
Frunze
SWITZERLAND
Geneva
Ljubljana
SLOVENIA
HUNGARY
Cluj
ROMANIA
MOLDOVA
Odessa
Bordeaux
Lyon
Milano
Venezia
Pecs
Arad
Simferopol
Krasnodar
Braga
Bilbao
Bayonne
Turin
Genova
Rijeka
Zagreb
Timisoara
Braila
Porto
Coimbra
Valladolid
Toulouse
Monaco
Bologna
CROATIA
BOSNIA
Belgrade
Bucharest
Sochi
PORTUGAL
Covilha
Salamanca
Zaragoza
Marseille
Firenze
Sarajevo
Danube
Constanta
Black Sea
Poti
Split
Varna
Lisbon
SPAIN
Madrid
Barcelona
Pristina
Sofia
Burgas
BULGARIA
Yerev
Valencia
Rome
ITALY
Podgorica
Tirane
Skopje
Xanthi
Istanbul
Zonguldak
Cordoba
Palma
Bari
MACEDONIA
Thessaloniki
Ankara
Sevilla
Napoli
ALBANIA
Bursa
Gibraltar
Malaga
Tangier
Ioannina
Larisa
GREECE
TURKEY
Izmir
Palermo
Agrinion
Rabat
Oran
Algiers
Patrai
Adana
Halab
Annaba
Tunis
Athens
Casablanca
Constantine
Batna
Catania
Antalya
Marrakech
Valletta
MALTA
Nicosia
SYRIA
MOROCCO
Gafsa
Khania
Iraklion
CYPRUS
LEBANON
Damascus
Sfax
Beirut
Medenine
Mediterranean Sea
Ouargla
TUNISIA
Tripoli
Tel Aviv
Amman
ISRAEL
Misratah
Banghazi
Alexandria
Port Said
JORDAN
Timimoun
ALGERIA
LIBYA
EGYPT
Cairo
Suez

Africa

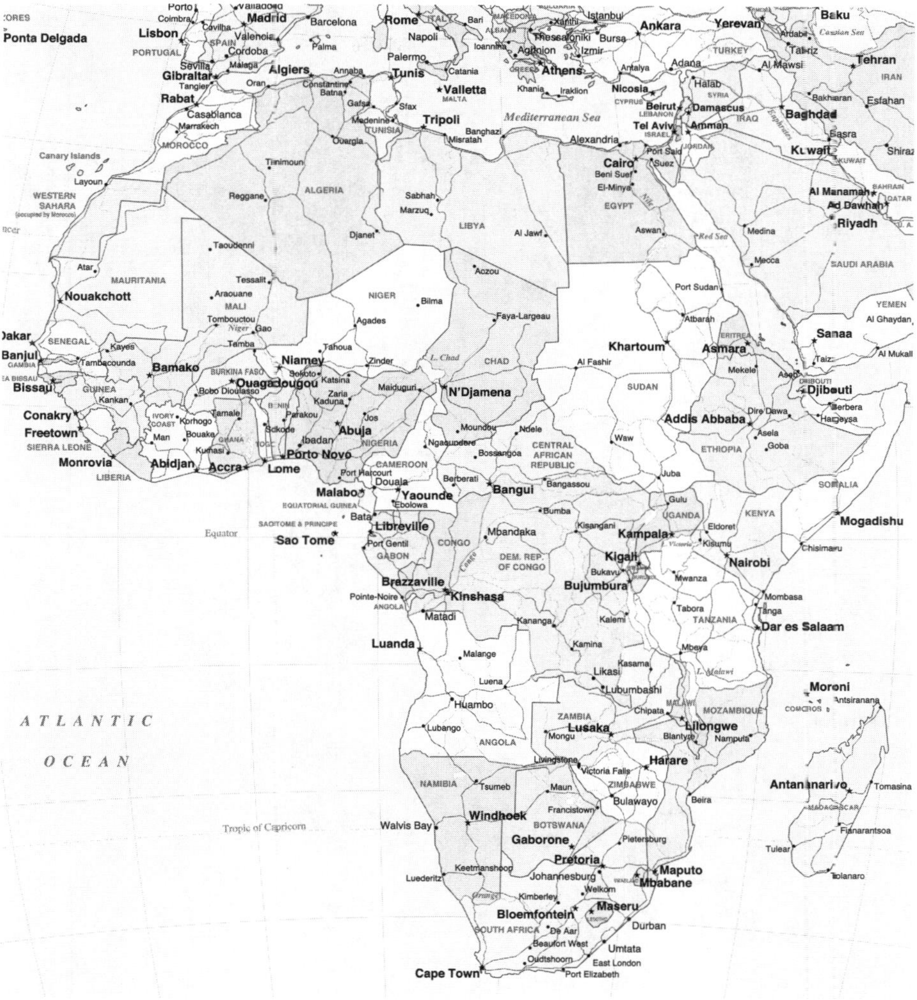
Ponta Delgada
Lisbon
PORTUGAL
Madrid
SPAIN
Barcelona
Rome
ITALY
Napoli
Palermo
Algiers
Tunis
Valletta
MALTA
Rabat
Gibraltar
Casablanca
MOROCCO
Tripoli
Mediterranean Sea
Athens
Istanbul
Ankara
TURKEY
Yerevan
Baku
Tehran
IRAN
Nicosia
Beirut
Damascus
Tel Aviv
Amman
Baghdad
IRAQ
Kuwait
Alexandria
Cairo
EGYPT
ALGERIA
LIBYA
Canary Islands
WESTERN SAHARA
MAURITANIA
Nouakchott
MALI
NIGER
CHAD
SUDAN
Riyadh
SAUDI ARABIA
YEMEN
Sanaa
Dakar
SENEGAL
Banjul
Bissau
Bamako
Niamey
Ouagadougou
Conakry
Freetown
Monrovia
Abidjan
Accra
Lome
Porto Novo
Abuja
NIGERIA
N'Djamena
Khartoum
Asmara
Djibouti
Addis Ababa
ETHIOPIA
SOMALIA
CENTRAL AFRICAN REPUBLIC
Bangui
CAMEROON
Yaounde
Malabo
Libreville
Sao Tome
GABON
CONGO
Brazzaville
Kinshasa
DEM. REP. OF CONGO
Kampala
Nairobi
KENYA
Mogadishu
Kigali
Bujumbura
TANZANIA
Dar es Salaam
Luanda
ANGOLA
ZAMBIA
Lusaka
Lilongwe
MOZAMBIQUE
Moroni
Harare
ZIMBABWE
Antananarivo
NAMIBIA
Windhoek
BOTSWANA
Gaborone
Pretoria
Johannesburg
Maputo
Mbabane
Maseru
Bloemfontein
Durban
SOUTH AFRICA
Cape Town
Port Elizabeth
ATLANTIC OCEAN
Equator
Tropic of Capricorn

Regional Maps

Middle East

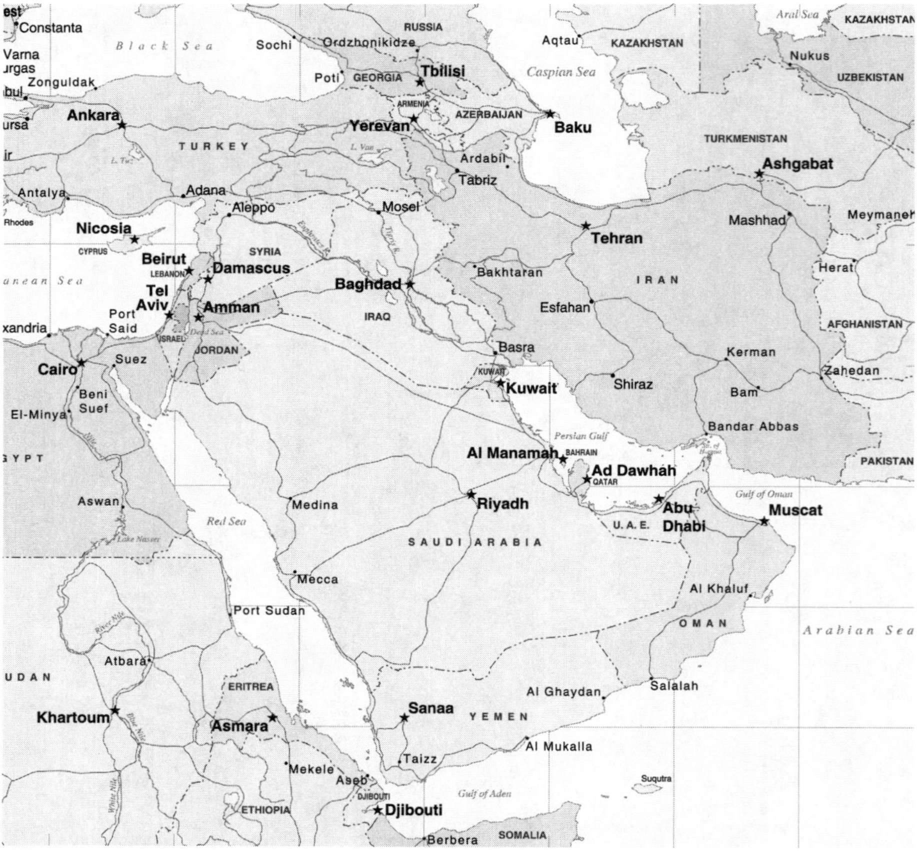

Southeast Asia

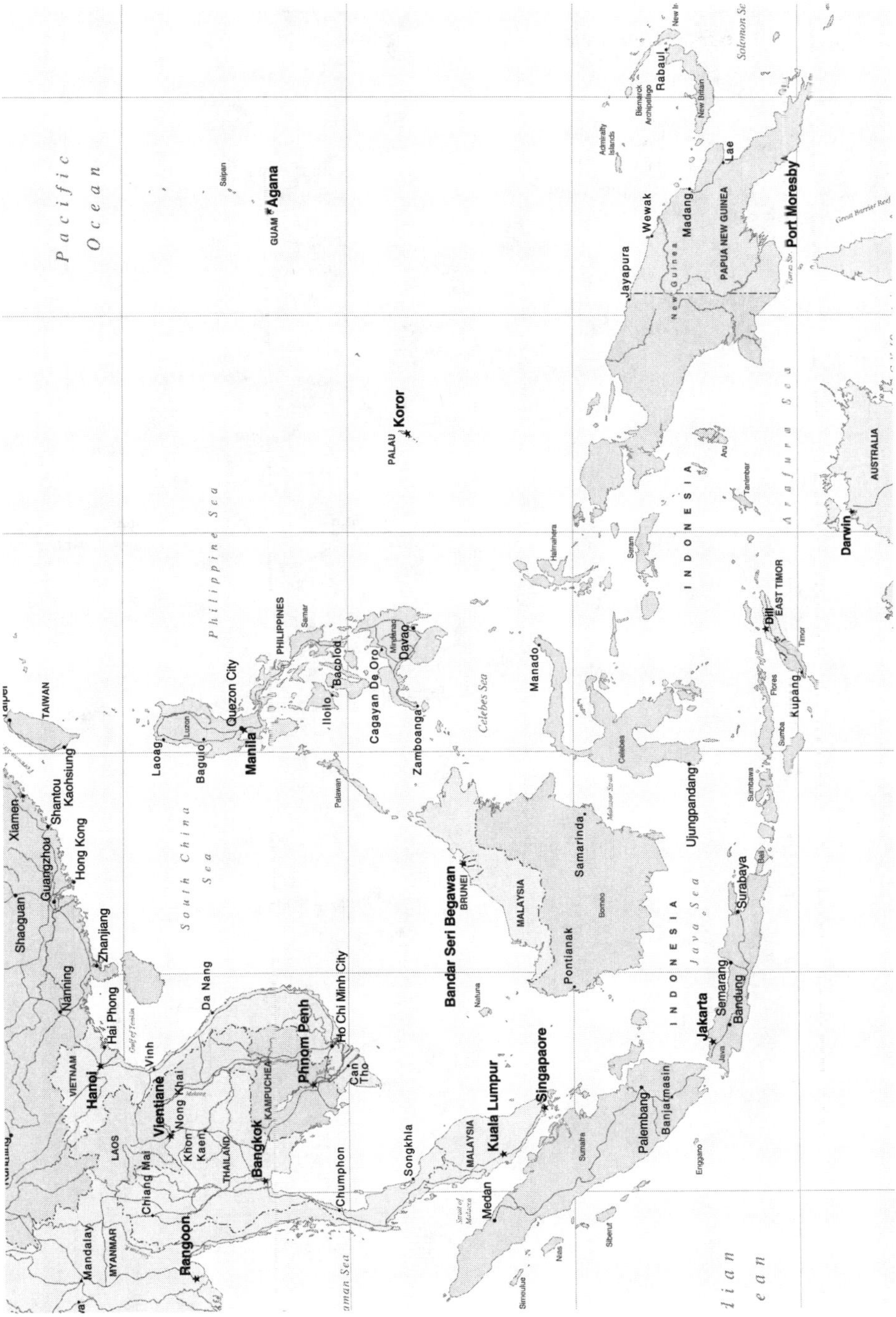

South Asia

Kashi
Dushanbe
TAJIKISTAN
Qiemo
RKMENISTAN
Hotan
Mazar-e Sharif
Meymaneh
Kabul
CHINA
Islamabad
Srinagar
AFGHANISTAN
Rawalpindi
Gujranwala
Qandahar
Lahore
Faisalabad
Quetta
Multan
PAKISTAN
New Delhi
hedan
Bahawalpur
NEPAL
Sukkur
Kathmandu
Bikaner
Jaipur
Agra
Lucknow
Kanpur
Patna
Allahabad
Varanasi
Hyderabad
Karachi
Ahmadabad
Bhopal
Jabalpur
Dhanbad
Khulna
Jamnagar
Rajkot
Vadodara
Indore
(Calcutta) Kolkata
Arabian Sea
Nagpur
Surat
INDIA
Mumbai
(Bombay)
Ulhasnagar
Pune
Sholapur
Hyderabad
Vishakhapatnam
Bay of Benga
Belgaum
Panaji
Madras
Mangalore
Bangalore
Laccadive Sea
Coimbatore
Tiruchchirappalli
Cochin
Madurai
SRI LANKA
Indian Ocean
Colombo
Indus
Ganges
Narmada
Godavari R.
Krishna R.

East Asia – Japan

Regional Maps

East Asia – China

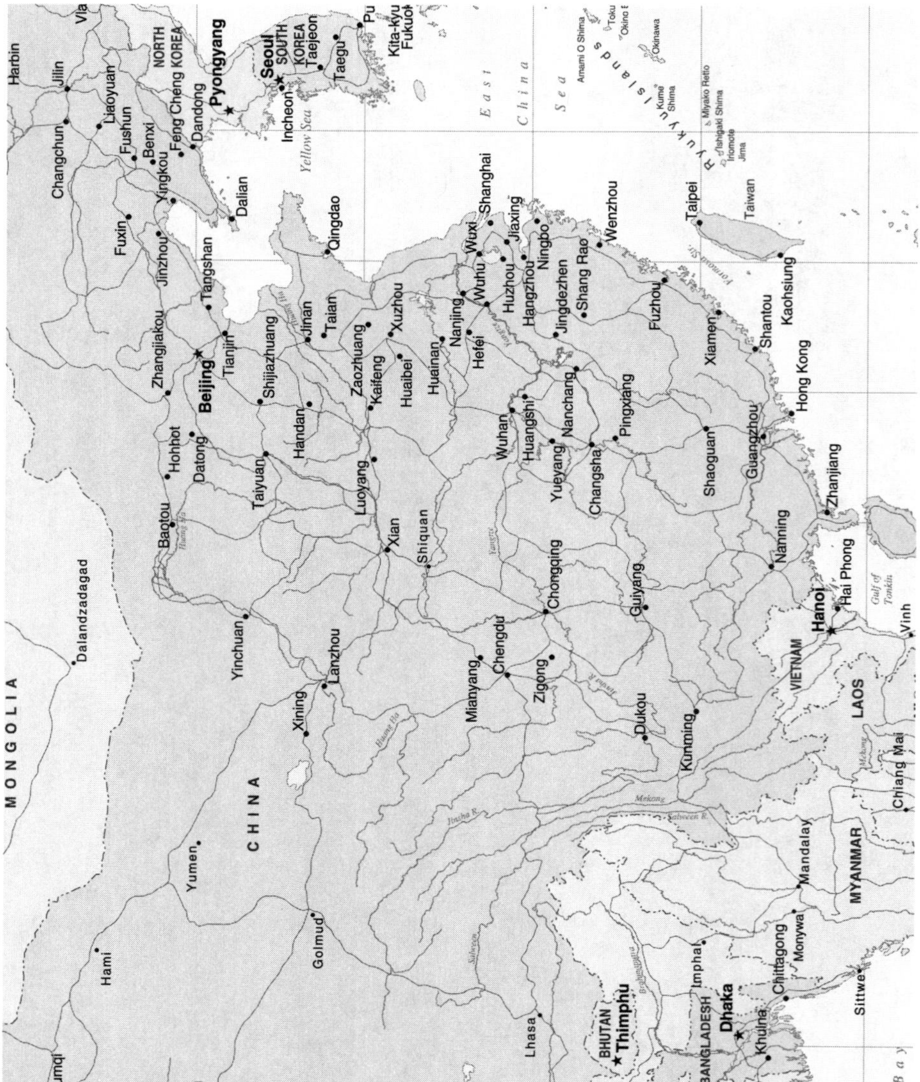

Central America and Caribbean

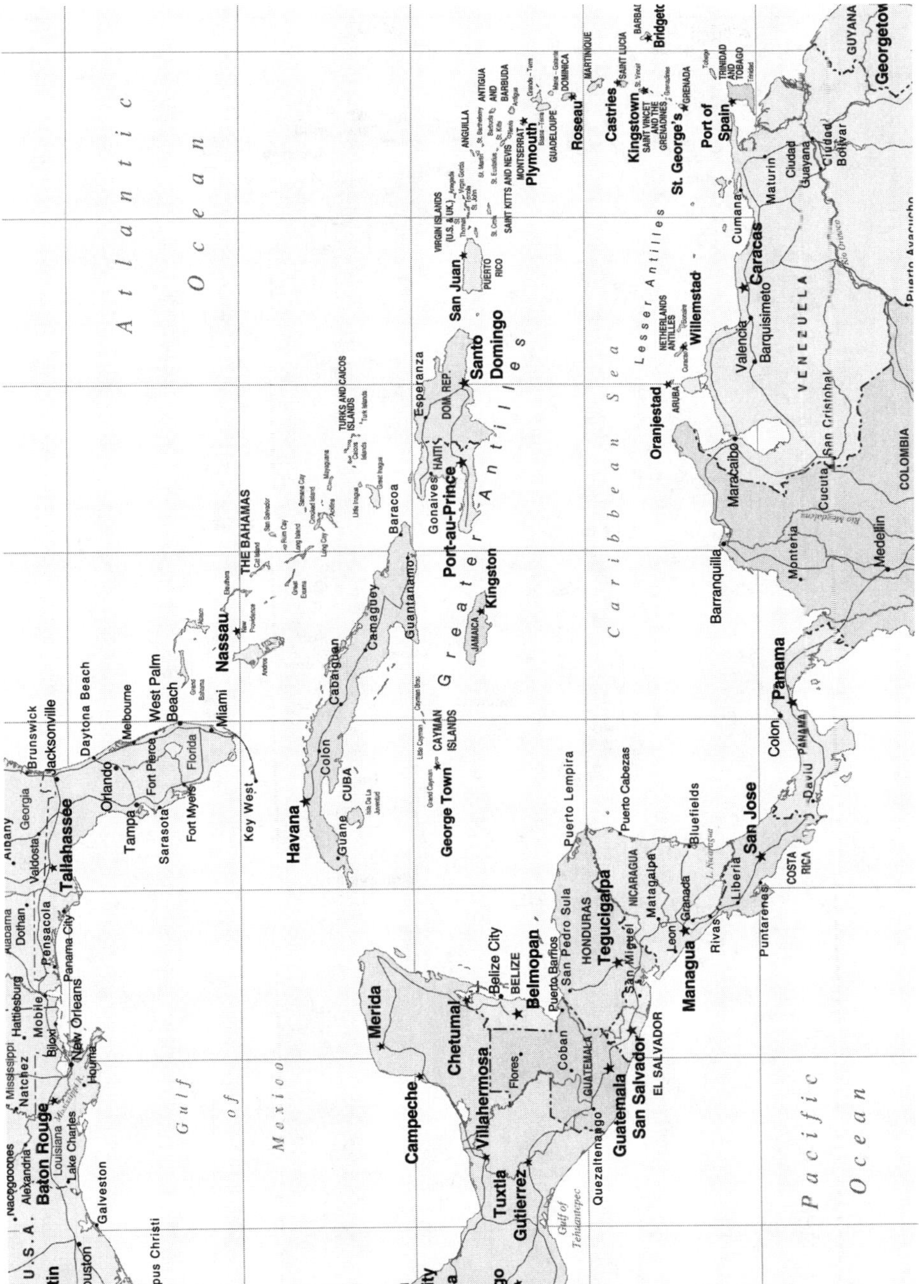

South America

North America

Accrediting Organizations

Council of International Schools: CIS

Executive Director Richard S. Tangye
Director of Accreditation Services Dr. Gerry R. Percy
Director of Higher Education Paula J. Mitchell
Operations Manager–Teacher Placement Services Mary Hardinge

Address 21A Lavant Street, Petersfield, Hampshire, GU32-3EL, United Kingdom
Phone 44 1730 263 131 **Fax** 44 1730 268 913
Email cois@cois.org **Website** www.cois.org

CIS is a not-for-profit organization committed to supporting its member schools and colleges in achieving and delivering the highest standards of international education. CIS provides accreditation of schools, teacher and leader recruitment and best practice development. CIS Higher Education assists member colleges and universities in recruiting a diverse profile of qualified international students.

Council of International Schools–Madrid Office: CISMadrid

Director of Accreditation Services Dr. Gerry R. Percy

Address C/Almirante 3/1 izda, Madrid, 28004, Spain
Phone 34 91 522 6395 **Fax** 34 91 521 4068
Email cismadrid@cois.org **Website** www.cois.org

The Accreditation Service, operated from 1970 by the European Council of International Schools (ECIS), became part of the Council of International Schools (CIS) in July 2003. CIS is a membership organization serving over 600 international schools around the world. The CIS Accreditation Process is recognized in the United States under the Recognition Program of the National Association of Independent Schools (NAIS), and CIS is a member of the NAIS Commission on Accreditation. The main purpose of the CIS programme of Evaluation and Accreditation is to support international schools in their pursuit of excellence by providing a system of self examination combined with external appraisal. The award of Accreditation also assures both a school's own constituency and the community at large that the institution so recognized has achieved high standards of professional performance and has a continuing commitment to their maintenance and to institutional improvement.

Middle States Association of Colleges and Schools: MSA

Associate Director, Committee on Institution-Wide Accreditation Jacqueline L. Gilbert
President/Executive Director Dr. F. Laird Evans

Address 3624 Market Street, Philadelphia, PA, 19104, United States of America
Phone 267 284 5000 **Fax** 610 617 1106
Email info@ces-msa.org **Website** www.ces-msa.org; www.css-msa.org

The Middle States Association (MSA) provides accreditation and school improvement services for American international schools overseas and in the Caribbean, as well as those in the Middle Atlantic region of the United States. MSA believes schools should be granted a choice of accreditation processes that best meets their developmental needs and so offers strategic planning, traditional, and content area standards protocols. Middle States enjoys the support of an International Schools

Advisory Committee (ISAC) composed of the heads of representative international schools. ISAC meets twice yearly to make accreditation recommendations and to provide MSA with guidance on policies and procedures.

New England Association of Schools and Colleges: NEASC

Executive Director, NEASC Jacob Ludes, III
Director, CAISA/NEASC Rev. Brinton W. Woodward, Jr.

Address 209 Burlington Road, Bedford, MA, 01730-1433, United States of America
Phone 781 271 0022 **Fax** 781 271 0950
Email bwwjr@worldpath.net **Website** www.neasc.org

The Commission on American and International Schools Abroad (CAISA) of the New England Association of Schools and Colleges (NEASC) provides accreditation services, peer review, and an institutional improvement process to schools in 65 countries. CAISA often collaborates in its work with the Council of International Schools (CIS). NEASC has 1,900 member institutions and is the oldest regional accrediting agency, founded in 1885.

North Central Association Commission on Accreditation and School Improvement: NCA CASI

Executive Director Kenneth F. Gose, Ed.D.

Address Commission on Accreditation and School Improvement, Arizona State University, Box 871008, Tempe, AZ, 85287-1008, United States of America
Phone 480 773 6900; 1 800 525 9517 **Fax** 480 773 6901
Email nca@ncacasi.org **Website** www.ncacasi.org

The North Central Association Commission on Accreditation and School Improvement evaluates and accredits schools including the Department of Defense Schools overseas.

Northwest Association of Accredited Schools: NAAS

Executive Secretary/Treasurer Dr. David G. Steadman
Associate Director Leonard Paul
Manager Shelli D. Clemens
Secretary/Accountant Norene Rice

Address 1510 Robert St. Suite 103, Boise, ID, 83705-5194, United States of America
Phone 208 493 5077 **Fax** 208 334 3228
Email info@northwestaccreditation.org **Website** www.northwestaccreditation.org

NAAS currently accredits over 2,000 schools in the seven northwest states of Alaska, Idaho, Montana, Oregon, Nevada, Utah and Washington as well as throughout the world. Our commission accredits elementary, middle level schools, high schools, distance education schools, supplementary education, K–12 schools and travel study schools. Schools must file an annual report and go through a self study. On-site evaluations are performed at least every six years. In order to be accredited, all schools must be in substantial compliance with the standards for accreditation.

Accreditng Organizations

SOUTHERN ASSOCIATION OF COLLEGES AND SCHOOLS, COUNCIL ON ACCREDITATION AND IMPROVEMENT: SACS CASI

President/CEO, Council on Accreditation and School Improvement Mark A. Elgart, Ed.D.
Vice President, International Services Rob Leveillee

Address 1866 Southern Lane, Decatur, GA, 30033-4097, United States of America
Phone 404 679 4500 **Fax** 404 679 4541
Email melgart@advanc-ed.org **Website** www.advanc-ed.org

AdvancED is the unified organization of the North Central Association Commission on Accreditation and School Improvement (NCA CASI), Southern Association of Colleges and Schools Council on Accreditation and School Improvement (SACS CASI), and National Study of School Evaluation (NSSE). AdvancED is dedicated to advancing excellence in education through accreditation, research, and professional services.

This unified organization creates the world's largest education community, representing 23,000 public and private schools and districts in 30 states and 65 countries and serving nearly 15 million students. The inclusion of NSSE brings to schools and districts greater access to NSSE's products, services, and strong research base on the factors that impact student learning.

The creation of AdvancED is the beginning of a new journey in the century-long histories of NCA CASI, SACS CASI, and NSSE. Through AdvancED, NCA CASI and SACS CASI will transition from setting standards for their respective regions to establishing unified quality standards for education in a global society. In essence, the transformation is from regional accreditation to a global system of accreditation, continuous improvement, and research.

NCA CASI and SACS CASI schools also will share a unified, clear and powerful accreditation process designed to help schools continuously improve. The new standards and accreditation process went into effect in 2007–08.

WESTERN ASSOCIATION OF SCHOOLS AND COLLEGES ACCREDITING COMMISSION FOR SCHOOLS: WASC

Executive Director Dr. David E. Brown
Associate Executive Director Marilyn S. George, Ed. D
Associate Executive Director, Operations George Bronson, Ed. D

Address 533 Airport Boulevard, Suite 200, Burlingame, CA, 94010-2009, United States of America
Phone 1 650 696 1060 **Fax** 1 650 696 1867
Email mail@acswasc.org **Website** www.acswasc.org

The Western Association of Schools and Colleges Accrediting Commission for Schools (WASC) was formed in 1962 and is one of six regional accrediting bodies in the United States. WASC is a nonprofit, voluntary, non-governmental association that accredits over 4,000 public and private schools in California, Hawaii, Fiji, Guam, American Samoa, Commonwealth of the Northern Mariana Islands, and American/international schools in Asia. WASC's mission is to foster excellence in member schools through a process of continuing evaluation and to recognize schools that meet an acceptable level of quality.

Organizations Supporting International Education

ACADEMY FOR INTERNATIONAL SCHOOL HEADS: AISH
Chief Executive Officer Bambi Betts

Address 110 Breeds Hill Road Unit 2, Hyannis, MA, 02601, United States of America
Phone 508 790 1748 **Fax** 508 790 1749
Email aishoffice@aol.com **Website** www.AcademyISH.org

AMERICAN ASSOCIATION OF SCHOOL ADMINISTRATORS: AASA
Executive Director Daniel A. Domenech, Ed.D
COO Charles Woodruff

Address 801 N. Quincy Street, Suite 700, Arlington, VA, 22203-1730, United States of America
Phone 703 528 0700 **Fax** 703 841 1543
Email info@aasa.org **Website** www.aasa.org

AASA, founded in 1865, is the professional organization for more than 13,000 educational leaders across the United States. AASA's mission is to support and develop effective school system leaders who are dedicated to the highest quality education for all children. AASA's major focus is standing up for public education. For more information, please visit www.aasa.org.

AMERICAN SCHOOLS ASSOCIATION OF CENTRAL AMERICA, COLOMBIA-CARIBBEAN AND MEXICO: TRI-ASSOCIATION
Executive Director Mary Virginia Sanchez

Address Executive Director (ASQ), c/o US Embassy Quito, Unit 5372 Box 004, APO AA 34039
Phone (593-2) 244-9141 or (593-2) 247-4795 Ext.3
Fax (593-2) 2434 985 or (593-2) 2472 972
Email marsanc@uio.satnet.net **Website** www.tri-association.org

The American Schools Association of Central America, Colombia-Caribbean and Mexico is a service organization with a special relationship to three regional organizations, The Association of American Schools in Central America, The Association of Colombian-Caribbean American Schools, and The Association of the American Schools of Mexico. The Association works with 61 schools in order to explore ways to achieve better understanding through international education, improve the quality of teaching and learning in the member schools, provide an avenue for communication and cooperation among member institutes, and to facilitate cooperation with national, state, local, and nongovernmental agencies in the field of international education.

Supporting Organizations

Association for the Advancement of International Education: AAIE

Executive Director Ms. Elsa Lamb
Administrative Assistant Sam Cohen

Address 3970 RCA Blvd. Suite 7000, Nova Southeastern University, Palm Beach Gardens, FL. 33410, United States of America
Phone 954-262-5691/5692 **Fax** 954-262-2887
Email g.elamb@nova.edu **Website** www.aaie.org

AAIE's mission is to inspire and support leaders in international education to achieve excellence and innovation by creating a dynamic, global community that:

- Provides forums for discussion and the resolution of common issues;
- Promotes advancements in school leadership, educational research, and best practice;
- Develops partnerships with institutions and associations worldwide; and
- Fosters networks of personal and professional relationships.

Association of American Schools in Central America: AASCA

President Linda A. Niehaus
Vice President/Treasurer Ron Vair
Secretary Adolfo Gonzalez

Address c/o Linda A. Niehaus, Marian Baker School, SJO 751, P.O. Box 025331, Miami, FL, 33102-5331, United States of America
Phone 506 2273 0024 **Fax** 506 2273 0280
Email lniehaus@mbs.ed.cr **Website** www.aasca.net

The Association of American Schools in Central America was founded to provide a collective means of serving the needs and interests of the member schools through sharing ideas, programs, facilities and experiences. The goals of the Association through the sharing of resources and information are to assist member schools in establishing and maintaining high standards, to enhance the multicultural/bilingual aspects of member schools, to provide qualified consultants for inservice to teachers and administrators, to help orient new personnel to the schools, to assist in the selection and procurement of educational materials and equipment, and to develop communications and relations among students and staffs of member schools. The Association currently has 18 member schools.

Association of American Schools in South America: AASSA

Executive Director Paul Poore

Address 12333 NW 18th Street, Suite 5, Pembroke Pines, FL, 33026, United States of America
Phone 1 954 436 4034 **Fax** 1 954 436 4092
Email aassa@bellsouth.net **Website** www.aassa.com

Established in 1961, AASSA is a nonprofit membership association currently serving 41 American/international schools throughout South America and offshore islands. AASSA is administered by an executive director who employs a professional staff to assist with publications, inservice programs, grant management, purchasing, shipping, and accounting. The association serves as a structure through which personnel in member schools can plan cooperatively to attain common goals and to solve mutual problems. AASSA seeks to broaden the dimensions of education and to enhance the quality of teaching and learning in member schools.

Association of American Schools of Mexico: ASOMEX

President Ms. Janet Heinze
Vice President/Treasurer Mirtha Stappung
Secretary Hortensia Preito

Address The American School of Tampico, Calle Hidalgo 100, Col. Tancol, Tampico, Tam., 89320, Mexico
Phone 52 833 227 2081, ext 114/111; 52 833 227 2084
Fax 52 833 227 2080
Email egutierrez@ats.edu.mx **Website** www.ats.edu.mx

ASOMEX is the oldest of the regional associations and has a long history of promoting an American type of education in the Mexican Republic. Its focus is school improvement and the organization of staff in-service and student interaction within its member schools. Currently, there are eighteen active members. New members must be either accredited U.S. institutions or candidates for accreditation.

Association of Christian Schools International: ACSI

President Brian Simmons, Ed.D.
Vice President, International Ministries Daniel J. Egeler, Ed.D.
International Director, Latin America & Asia David K. Wilcox, Ph.D.
International Director, Europe, CIS & Africa Michael Epp, M.Ed.

Address PO Box 65130, Colorado Springs, CO, 80962-5130, United States of America
Phone 1 719 528 6906 **Fax** 1 719 867 6181
Email international@acsi.org **Website** www.acsi.org

The Association of Christian Schools International is a service organization for Protestant Christian schools in over 105 countries. The association assists its international member schools in recruiting new staff, organizing international conferences, providing accreditation services, offering a transcript depository, and developing educational resource materials, texts, and other publications.

Association of Colombian-Caribbean American Schools: ACCAS

President Jack Delman
Vice President Michael Adams

Address Avda. Sarasota, esq Nunez de Caceres, Bella Vista, Santo Domingo, Dominican Republic
Phone 809 947 1005 **Fax** 809 533 9222
Email jdelman@cms.edu.do **Website** www.accas.org

The Association of Colombian-Caribbean American Schools is one of the three regional associations affiliated with the Tri-Association. Our membership of 21 schools supports the continuation of an American education in our part of the world. Our focus is on school improvement, encouraging an ongoing program of staff development and teacher and student interactions. New members must be either U.S. accredited institutions or candidates for accreditation.

Supporting Organizations

ASSOCIATION OF INTERNATIONAL SCHOOLS IN AFRICA: AISA

Executive Director Mr. Peter Bateman

Address c/o International School of Kenya, Peponi Road, PO Box 14103, Nairobi, 00800, Kenya
Phone 254 20 4182 578; 254 20 4183 622
Fax 254 20 4180 596; 254 20 4183 272
Email pbateman@aisa.or.ke **Website** www.aisa.or.ke

The Association of International Schools in Africa is a support organization for over 95 international schools in sub-Saharan Africa. In addition, we have 47 school related business associate members. Our services include providing two regional teachers' conferences and one administrators' conference each October/November, regular newsletters, consultants for professional development in schools, institutes on current professional topics, various statistical surveys, a yearly membership directory, and several scholarships to professional courses. We also have a website which is updated on a regular basis and from which information on our organization can be obtained. In addition, we serve as a central office where schools and teachers can request information and maintain contact.

CANADIAN ASSOCIATION OF INDEPENDENT SCHOOLS: CAIS

Executive Director (Interim) William Mitchell

Address 202-12 Bannockburn Ave, Toronto, ON, M5M 2M8, Canada
Phone 416 780 1779 **Fax** 416 780 9301
Email admin@cais.ca **Website** www.cais.ca

The Canadian Association of Independent Schools is a membership association representing 82 schools with founding dates from 1788 to 2005. Member schools, all "nonprofit," are committed to excellence and provide outstanding academic preparation for higher education. CAIS schools also provide a wide spectrum of co-curricular activities related to arts, athletics, leadership development, and community service. Our member schools offer a range of choices for students and teachers including various combinations of co-education, single-gender environments, boarding and day programs.

CENTRAL AND EASTERN EUROPEAN SCHOOLS ASSOCIATION: CEESA

Executive Director Mr. David M. Cobb

Address Vocarska 106, Zagreb, 10000, Croatia
Phone 385 1 460 9935 **Fax** 385 1 460 9936
Email office@ceesa.org **Website** www.ceesa.org

The Central and Eastern European Schools Association facilitates communication among schools in the region as well as with service providers and other regional organizations. It promotes professional development for teachers, administrators and board members while also promoting activities for students and providing services to members as needed.

College Board, The

Vice President, Relationship Development James M. Montoya

Address 1233 20th Street, NW, Suite 600, Washington, DC, 20036, United States of America
Phone 202 741 4700 **Fax** 202 741 4745
Email Internatl@collegeboard.org **Website** www.collegeboard.com

The College Board is a not-for-profit membership association whose mission is to connect students to college success and opportunity. Founded in 1900, the association is composed of more than 5,000 schools, colleges, universities, and other educational organizations. Each year, the College Board serves seven million students and their parents, 23,000 high schools, and 3,500 colleges through major programs and services in college admissions, guidance, assessment, financial aid, enrollment, and teaching and learning. Among its best-known programs are the SAT®, the PSAT/NMSQT®, and the Advanced Placement Program® (AP®). The College Board is committed to the principles of excellence and equity, and that commitment is embodied in all of its programs, services, activities, and concerns.

College Board, The (Advance Placement (AP) Program and PSAT/NMSQT Program)

Associate Director, International Services Clay T. Hensley

Address 45 Columbus Avenue, New York, NY, 10023, United States of America
Phone 212 373 8723 **Fax** 212 262 0946
Email chensley@collegeboard.org **Website** apcentral.collegeboard.com

The International Services unit of the College Board is dedicated to our mission to connect students to college success and opportunities. The College Board is a not-for-profit membership organization committed to excellence and equity in education. The International Services unit supports schools outside of the United States who participate in College Board programs, such as AP® and PSAT/NMSQT®. International Services also promotes AP recognition at universities outside the United States, and supports other College Board programs and services including SAT®, MyRoad™, CollegeEd™, and Springboard™. The College Board places a strong emphasis on access and equity for all its programs, including AP® and PSAT/NMSQT®. The goal of the International Services team is to provide exemplary service to international schools and to their students, teachers, administrators, and parents.

Supporting Organizations

Council of British International Schools: COBIS

General Secretary Dr. Fiona Rogers

Address Pembroke House, 8 St Christophers Place, Farnborough, Hampshire, GU14 0NH, United Kingdom
Phone 44 1865 488 564 **Fax** 44 1865 488 666
Email general.secretary@cobis.org.uk **Website** www.cobis.org.uk

COBIS is a Membership Association of high-quality British international schools worldwide, with member schools and affiliates in more than 35 countries. Member schools offer an educational program based on the National Curriculum for England and Wales. COBIS is a member of the Independent Schools Council (ISC) in the UK and member schools undergo an inspection by the UK-based Independent Schools Inspectorate (ISI) to gain accreditation. COBIS provides: Quality assurance in member schools; Representation with the British government, educational bodies and the corporate sector; A network of support through contacts, consultancies, information and marketing; A forum for discussion through conferences, seminars and continuing professional development; Access to information about developments and trends in UK education; Information for parents; and Job listings for teachers.

Council of International Schools (Office of Higher Education–Ithaca, New York): CIS

Director Paula J. Mitchell

Address 401 East State Street, Suite 405, Ithaca, NY, 14850, United States of America
Phone 1 607 272 5758 **Fax** 1 607 272 5051
Email paulamitchell@cois.org **Website** www.cois.org

The Council of International Schools (CIS) is a not-for-profit association of schools and post-secondary institutions working collaboratively for the continuous improvement of international education. Through a portfolio of services, the CIS Office of Higher Education links our higher education and secondary school members, and supports their efforts to assist prospective undergraduate students at schools worldwide to matriculate at CIS higher education member institutions.

Council of International Schools (Office of Higher Education–San Diego, California): CIS

Associate Director Thomas C. LePere

Address 2722 Ariane Drive #38, San Diego, CA, 92117, United States of America
Phone 858 483 1673 **Fax** 858 581 1585
Email tomlepere@cois.org **Website** www.cois.org

The Council of International Schools (CIS) is a not-for-profit association of schools and post-secondary institutions working collaboratively for the continuous improvement of international education. Through a portfolio of services, the CIS Office of Higher Education links our higher education and secondary school members, and supports their efforts to assist prospective undergraduate students worldwide to matriculate at CIS higher education member institutions.

Council of International Schools Australiasian Office: CIS Australiasia

Manager and Regional Accreditation Officer–Australasia Ray Davis
Branch Administrator–Australasia Alecia Duke

Address 19 Prospect Hill Rd, Chamberwell, Victoria, 3125, Australia
Phone 61 3 9277 5650 **Fax** 61 3 9277 5655
Email cisaus@cois.org **Website** www.cois.org

The Council of International Schools is the premiere organization in International Education for the accreditation of schools and Best Practice development. CIS is a not-for-profit organization of a truly worldwide international educational community comprising over 500 member schools and 400 colleges/universities. It has experience of K–12 education in more than 100 countries and many of the Council's Officers and Consultants are former heads of internationals schools. The central purpose of CIS is to enable member organizations to achieve and deliver the highest standards in International Education and continually improve the outcome of student learning.

East Asia Regional Council of Overseas Schools: EARCOS

Executive Director Richard T. Krajczar

Address Brentville Subdivision, Barangay Mamplasan, Biñan, Laguna, 4024, Philippines
Phone 63 49 511 5993 or 5994 **Fax** 63 49 511 4694
Email info@earcos.org **Website** www.earcos.org

The East Asia Regional Council of Overseas Schools (EARCOS) is a nonprofit 501(C)3, incorporated in the state of Delaware, USA, with a regional office in Biñan, Laguna, Philippines. Membership in EARCOS is open to elementary and secondary schools in East Asia which offer an educational program using English as the primary language of instruction, and to other organizations, institutions, and individuals interested in the mission and vision of the Council. Objectives and purposes are to promote intercultural understanding and international friendship through the activities of Member Schools, to broaden the dimensions of education of all schools involved in the Council in the interest of a total program of education, to advance the professional growth and welfare of individuals belonging to the educational staff of member schools, to facilitate communication and cooperative action between and among all associated schools, and to cooperate with other organizations and individuals pursuing the same objectives as the Council.

Supporting Organizations

European Council of International Schools: ECIS

Executive Director/CEO Jean Vahey
Deputy Executive Director Mary E. Langford

Address 21B Lavant Street, Petersfield, Hampshire, GU32 3EL, United Kingdom
Phone 44 1730 268 244 **Fax** 44 1730 267 914
Email ecis@ecis.org **Website** www.ecis.org

ECIS is a nonprofit membership organization that promotes the ideals and best practice of international education. ECIS leads in addressing significant current and future educational and global issues in support of its members in Europe and worldwide. Hundreds of international schools and individual members, along with numerous educational service-providers, suppliers, consultants, educational programs and partner organizations form a collaborative network that benefits from the varied and comprehensive services provided by ECIS. ECIS also offers an innovative range of professional development certificate programs for trustees and governors, heads and directors, senior and middle level administrators and teachers. Details are available on the ECIS website: www.ecis.org.

Inter-Regional Center, Inc.: IRC

Director Burton Fox, Ed.D.

Address PO Box 020470, Tuscaloosa, AL, 35402, United States of America
Phone 1 205 391 0727 **Fax** 1 205 391 0927

The Inter-Regional Center, Inc., established in 1969, provides seminars and workshops for international school board members, chief administrators, and educational specialists on an annual basis. Additionally, the IRC provides consultative services to international schools on site.

International Baccalaureate North America: IBNA

Regional Director Drew Deutsch

Address 475 Riverside Drive, Suite 240, New York, NY, 10115, United States of America
Phone 1 212 696 4464 **Fax** 1 212 889 9242
Email ibna@ibo.org **Website** www.ibo.org

Quality Education for a better world.
The International Baccalaureate (IB) offers high quality programmes of international education to a worldwide community of schools. There are more than 644,000 IB students at 2,378 schools in 128 countries.

International Baccalaureate Organization: IBO

Director General Jeffrey Beard
Deputy Director General Ian Hill

Address Route des Morillons 15, 1218 Grand-Saconnex, Geneva, Switzerland
Phone 41 22 791 7740 **Fax** 41 22 791 0277
Email ibhq@ibo.org **Website** www.ibo.org

The International Baccalaureate Organization (IBO) is a nonprofit, Swiss educational foundation that was established in 1968. The Diploma Programme for which it is best known was developed by a group of schools seeking to establish a common curriculum and a university entry credential for geographically mobile students. They believed that an education emphasizing critical thinking and exposure to a variety of points of view would encourage intercultural understanding and acceptance of others by young people. They designed a comprehensive curriculum for the last two years of secondary school that could be administered in any country and that would be recognized by universities worldwide. Grants from UNESCO, the Century Fund, the Ford Foundation, and other groups made it possible to further develop the Diploma Programme which is now offered by a wide variety of schools and is accepted by universities around the world.

Today the IBO offers three programmes to schools. The Diploma Programme is for students in the final two years of secondary school. The Middle Years Programme (MYP), adopted in 1994, is for students aged 11 to 16, and the Primary Years Programme, adopted in 1997, is for students aged 3 to 12. All programmes are available in English, French, and Spanish. The MYP is also available in Chinese. The IBO in May of 2006 had 1,779 authorized schools in 122 countries. The number is nearly evenly divided between state schools and private, including international, schools.

The IBO provides a wide range of services to the schools that are authorized to administer its programmes. These include curriculum and assessment development, professional development activities for teachers, and research on issues related to international education. The IBO's website provides information about the organization and its programmes.

International Schools Services: ISS

President Roger Hove

Address 15 Roszel Road, PO Box 5910, Princeton, NJ, 08543-5910, United States of America
Phone 1 609 452 0990 **Fax** 1 609 452 2690
Email iss@iss.edu **Website** www.iss.edu

A nonprofit corporation dedicated to educational excellence for children attending international schools worldwide since 1955, International Schools Services is the world leader in providing a comprehensive range of quality educational services for schools, educators, families and corporations. Headquartered in Princeton, New Jersey, International Schools Services is led by a team of professionals, each with decades of overseas educational experience. We pride ourselves in offering individualized assistance to international schools facing the many challenges unique to the overseas community.

Supporting Organizations

MEDITERRANEAN ASSOCIATION OF INTERNATIONAL SCHOOLS: MAIS

Executive Director Reina L. O'Hale

Address c/o American School of Madrid, Apartado 80, Madrid, 28080, Spain
Phone 34 91 740 1900 **Fax** 34 91 357 2678
Email rohale@mais-web.org **Website** www.mais-web.org

The Mediterranean Association of International Schools is a professional organization that strives to improve the quality of education in its member schools through several venues. It promotes the professional development of faculty, administrators, and school board members, effects communication and interchange, and creates international understanding. MAIS serves as a liaison between its 32 member schools, host country schools, associate member organizations and other regional, professional, and in-service organizations. At present, MAIS is composed of schools located in Spain, Portugal, Morocco, Tunisia, Italy, Egypt, France, and Cyprus. In addition, several associate members, such as schools outside the Mediterranean region, colleges, businesses, and interested individuals support MAIS endeavors and have joined the organization.

NATIONAL ASSOCIATION OF BRITISH SCHOOLS IN SPAIN: NABSS

President Ms. Anne Farré

Address British School of Barcelona, c/Giuesta 26, Apartado 172, 08860 Castelldefels, Barcelona, Spain
Phone 34 93 665 1584 **Fax** 34 93 664 1444
Email info@nabss.org **Website** www.nabss.org

NABSS is an organization comprising over 40 British schools in Spain. In order to become members, schools have to be fully authorized via a rigorous inspection system. The association represents schools' interests, for example in educational issues involving the British or Spanish authorities, and offers advice and high-level training. In these ways we try to ensure that the schools stay up-to-date and offer a quality education. Although there are some curricular differences between schools-and, of course, each school has its own particular personality and style-they all follow the British curriculum in English and usually teach a few obligatory subjects in Spanish. All in all, the British schools, with the support of the association, provide a broad and bicultural education for students.

National Association of Elementary School Principals: NAESP

Executive Director Gail Connelly

Address 1615 Duke Street, Alexandria, VA, 22314-3483, United States of America
Phone 1 703 684 3345 **Fax** 1 703 518 6285
Email vferrandino@naesp.org **Website** www.naesp.org

Established in 1921, the National Association of Elementary School Principals serves 29,000 Elementary and Middle School Principals in the United States, Canada and overseas.

National Association of Independent Schools: NAIS

President Patrick F. Bassett

Address 1620 L Street, NW, Suite 1100, Washington, DC, 20036-5605, United States of America
Phone 1 202 973 9700 **Fax** 1 202 973 9790
Email info@nais.org **Website** www.nais.org

NAIS, representing over 1,200 schools nationally and internationally, has as its mission to be the national voice of independent schools and the center for collective action. Visitors to its website, www.nais.org, will find a cornucopia of information, statistics, monographs, and other resources on topics related to pre-collegiate education.

National Association of Secondary School Principals: NASSP

Executive Director Gerald N. Tirozzi, Ph.D.

Address 1904 Association Drive, Reston, VA, 20191, United States of America
Phone 1 703 860 7205 **Fax** 1 703 476 9214
Email tirozzig@principals.org **Website** www.principals.org

The National Association of Secondary School Principals-the preeminent organization and the national voice for middle level and high school principals, assistant principals, and aspiring school leaders-provides its members the professional resources to serve as visionary leaders. NASSP promotes the intellectual growth, academic achievement, character development, leadership development, and physical well-being of youth through its programs and student leadership services. NASSP sponsors the National Honor Society™, the National Junior Honor Society™, and the National Association of Student Councils™.

Supporting Organizations

NEAR EAST SOUTH ASIA COUNCIL OF OVERSEAS SCHOOLS: NESA

Executive Director Mr. David Chojnacki
Executive Assistant/Business Manager Jill Kalamaris

Address The NESA Center c/o American College of Greece, Gravias 6 Street, Aghia Paraskevi, Athens, 153-42, Greece
Phone 30 210 600 9821 **Fax** 30 210 600 9928
Email nesa@nesacenter.org **Website** www.nesacenter.org

NESA is a nonprofit, voluntary association of more than 75 American/international schools in the Middle East and the Asian subcontinent, stretching from Libya and Greece in the west to India, Bangladesh, India and Sri Lanka in the east. A "community of communities", we strive to create a sense of belonging and identity, diminish feelings of professional isolation and foster a culture of mutual support and professional engagement. Our vision is to create dynamic, collaborative professional relationships which transcend current barriers and boundaries in order to maximize student learning in our member schools.

OFFICE OF OVERSEAS SCHOOLS: A/OS

Director Keith D. Miller, Ph.D.

Address 2401 E Street NW, Room H328, Department of State, Washington, DC, 20522-0328, United States of America
Phone 1 202 261 8200 **Fax** 1 202 261 8224
Email OverseasSchools@state.gov **Website** www.state.gov/m/a/os

OVERSEAS ASSOCIATION FOR COLLEGE ADMISSION COUNSELING: OACAC

President David Allen
President-Elect Bridget Herrera
Past President Jane Lowery
Executive Assistant Doug Thompson

Address 36 Reservoir Road, Marlboro, NY, 12542, United States of America
Phone 1 845 236 3074 **Fax** 1 845 236 2626
Email thompson@oacac.com **Website** www.oacac.com

The mission of the Overseas Association for College Admission Counseling (OACAC) is to facilitate global interaction among counselors and institutions in support of students in their transition from secondary to higher education. OACAC is a chartered regional organization affiliated with the U.S.-based National Association for College Admission Counseling.

South Asia Inter School Association: SAISA

Executive Secretary Rose Puffer
Athletic Director Shane van Staden

Address International School of Islamabad, Sector H-9/1, Johar Rd,
Post Box No. 1124, Islamabad, 44000, Pakistan
Phone 92 51 443 4950 **Fax** 92 51 444 0193
Email rpuffer@isoi.edu.pk **Website** www.isoi.edu.pk

SAISA (South Asia Inter School Association) is a ten member organization of international schools located in the South Asia region. The purpose of SAISA is to "promote and coordinate regional professional development activities, academic and cultural festivals, athletic tournaments, and other events deemed appropriate by the member schools." The member schools are the American Embassy School in New Delhi, American School of Bombay, American International School–Chennai, American International School/Dhaka, International School of Islamabad, Karachi American School, Lahore American School, Lincoln School in Kathmandu, Murree Christian School in Murree, Pakistan, and the Overseas School of Colombo. This last year SAISA sponsored regional athletic events in volleyball, basketball, soccer, swimming, and track and field as well as a music festival, an art festival and a math competition.

Swiss Group of International Schools: SGIS

Chair Richard McDonald
Secretary Jacqueline Chan-Kam

Address 66, chemin de la Caracole, Genthod Parc, Genthod 1294, Geneva, Switzerland
Phone 41 22 791 1606
Email info@sgischools.com **Website** www.sgischools.com

The Swiss Group of International Schools (SGIS) has existed since the mid 1960s. SGIS exists to support international schools in Switzerland and neighboring countries in achieving their educational goals and to provide representation on issues of common interest. SGIS is a non-profit organization whose purpose is to:

- promote closer links among teachers, administrators, and students of its member's schools;
- promote professional development for teachers and administrators;
- provide opportunities for arranging educational, cultural, and sporting activities among member schools;
- provide a forum for the sharing of educational resources;
- represent the concerns of international schools in Switzerland to local and federal authorities;
- cooperate and maintain professional contacts with other regional and international educational bodies and associations.

Index

A

B

G

H

K

L

R

S

T

U